JN442144

제5판

회계원리 연습

조석희

퍼블리셔

머 리 말

본서의 초판 출간이후 본서에 보내준 독자 여러분들의 많은 관심과 사랑에 머리 숙여 감사드린다. 본서의 제5판에서 역점을 둔 부분은 다음과 같다.

첫째, 기존에 다소 미흡하게 서술되었던 주요내용 요약 부분을 정돈하여 독자들이 빠른 시간 안에 회계원리의 핵심적인 내용을 정리할 수 있도록 하였다.

둘째, 새롭게 출제된 공무원 기출문제들을 추가로 반영하였고, 회계원리 수준에서도 충분히 해결이 가능하다고 판단되는 공인회계사나 세무사 등의 시험문제도 추가 반영하여 최신의 출제경향을 파악하는데 도움이 되도록 하였다.

셋째, 최근 중요성이 높아지고 있는 제13장 '재무제표의 작성과 표시 및 분석'을 제13장과 제14장으로 분할하였다. 이에 따라, 제13장에서는 재무제표 작성과 표시의 일반원칙과 회계변경 및 오류수정 등에 대해 다루었고, 제14장에서는 재무비율 분석 및 주당이익 정보에 대해 다루었다.

저자의 능력범위 내에서 최선을 다해 개정하였지만 여전히 부족함이 많은 책이다. 독자 여러분들의 건설적인 의견을 기다린다.

2022년 3월
안동대학교 연구실에서
저자 씀

초판머리말

최근 기업의 재무보고 환경은 국제회계기준(IFRS)의 도입과 함께 급속도로 변화되었으며, 이와 함께 우리나라의 회계교육환경도 발 빠르게 변화되고 있는 상황이다. 이러한 변화 속에서, 회계학 학습의 입문과정이라 할 수 있는 회계원리 교육의 틀도 상당부분 수정·발전되고 있다.

회계원리의 학습단계에서는 전통적 부기의 영역인 회계기록과 재무제표 작성의 원리 그리고 상품매매기업의 회계순환과정에 대한 올바른 이해를 기초로 그 밖의 국제회계기준에서 규정하고 있는 여러 재무제표 요소들의 인식과 측정의 원칙적인 내용들을 학습하여야하기 때문에 그 분량이 과거에 비해 방대해 졌다. 이러한 이유로 최근의 경상계열 저학년 학생들이 회계학 학습과정에서 겪는 부담 또한 커졌음을 실감한다.

이러한 상황에서 본서는 재무회계 분야에서 심화된 단계의 학습을 원활히 하기 위해 회계원리 수준에서 반드시 학습하고 넘어가야 할 학습내용의 범위를 제시하고 양질의 문제를 활용한 응용능력 향상에 도움을 줄 수 있도록 하였다. 그리고 본서는 국계회계기준의 도입이후에 출제된 공무원 시험 등의 문제들을 거의 100% 수록하여 회계원리 수준으로 출제가 되고 있는 각종 공무원 시험 및 자격시험에 충실한 대비가 될 수 있도록 하였다. 뿐만 아니라 2018년 시행 국제회계기준서인 IFRS 9(금융상품)과 IFRS 15(고객과의 계약에서 생기는 수익)의 핵심적인 내용을 정리하여 수록함은 물론 과거의 공무원 시험 등의 기출문제를 새로운 기준서의 입장에서 각색하여 문제로 수록하였다.

본서는 총 3개의 편과 12개의 장으로 구성되었다. 제I편은 회계 기초개념의 정립과 국제회계기준의 큰 틀에 대한 이해 및 회계순환과정에 대한 전반적 이해를 목적으로 하는 내용을 다루고, 제II편에서는 개별 재무제표 요소들의 인식과 측정문제를 다루며, 제III편에서는 현금흐름표의 작성과 재무제표 분석 및 기타 주제들을 다루고 있다. 그리고 각 장의 구성은 내용요약 부분과 기출 및 연습문제 그리고 정답 및 해설이라는 3개의 절로 구성된다. 내용요약 부분에서는 회계원리에서 꼭 이해하고 넘어가야 할 핵심적인 사항들을 체계적이고 간결하게 정리하였으며, 내용이 어렵지는 않지만 오해하기 쉬운 부분 그리고 난해하지만 공무원 시험 등에 자주 출제되는 중요한 부분에 대해서는 상세한 설명을 곁들이기도 하였다. 그리고 기출 및 연습문제 부분에서는 주로 공무원시험(국가직 7, 9급, 지방직 및 관세직 9급 등)의 문제들로 구성하였고, 필요한 경우 적절한 난이도의 공인회계사나 세무사시험의 기출문제를 변형한 문제들도 포함시켰다. 정답 및 해설 부분에서는 단순한 암기식 풀이법이 아닌 여러 가지 문제 상황에 적용이 가능한 큰 틀의 해법을 제시하고 일관된 방법으로 체계적으로 해설하였다.

회계학 공부를 너무도 쉽게 포기해 버리는 학생들에 대한 걱정과 좋은 대안을 찾기 위한 고민 그리고 굳은 각오와 함께 본 교재의 집필을 시작하게 되었지만, 여전히 부족함이 많은 책이다. 본 교재를 이용한 학습과 관련하여 궁금한 사항이 있는 경우 출판사 또는 학교의 연락처로 문의해 주기 바라며, 아울러 교재의 미진한 부분에 대한 독자 여러분들의 아낌없는 조언과 건설적 비판을 기다린다. 아무쪼록 본서를 이용하여 학습하는 모든 학생들의 앞날에 무궁한 발전이 있기를 기원한다.

이 책이 발간되기까지 바쁜 연구와 강의일정 그리고 본 교재의 원고 집필 작업과정에서 가정에 충실하지 못한 남편을 이해하고 오히려 따뜻한 격려로 마음의 위안을 준 사랑스러운 아내 李知惠, 늘 함께 있어주지 못하는 아빠를 이해하고 변함없이 따라주는 큰아들 成彬 그리고 부족한 아빠를 가장 든든한 후원자로 생각하고 자라주는 귀염둥이 둘째아들 成駿에게도 이 책을 통해 자주 표현하지 못했던 사랑의 마음을 전합니다.

아울러 보잘 것 없는 본서의 출간을 흔쾌히 허락해 주신 도서출판 탐진의 최재범 사장님과 어지럽게 기술된 원고를 깔끔하게 정돈된 책으로 만들어준 편집부 직원 여러분들께 감사의 말씀을 드립니다.

창밖에 펼쳐질 벚꽃들의 향연을 기다리며
2017년 3월
국립안동대학교 연구실에서
저자 씀

차 례

CHAPTER 1 회계의 기초와 재무보고 완성

CHAPTER 2 회계기록과 재무제표 작성의 원리

CHAPTER 10 자본회계

CHAPTER 11 수익과 비용

CHAPTER 12 현금흐름표

CHAPTER 13 재무제표의 작성과 표시

CHAPTER 14 재무비율 분석과 주당이익

CHAPTER 1

회계의 기초와 재무보고

제 1 절 주요내용 요약

학습목표

Ⅰ. 회계의 기초개념

Ⅱ. 회계원칙과 외부감사제도

Ⅲ. 재무보고를 위한 개념체계

Ⅰ 회계의 기초개념

1. 회계의 정의와 회계시스템

(1) 회계의 정의

회계(accounting)란 특정 경제실체에 발생한 경제적 사건을 기록 및 요약·정리하여 생성한 회계정보를 정보이용자에게 보고하는 체계적인 과정이다. 이러한 과정은 보통 회계원칙 및 회계시스템과 연관되어 있다.

(2) 회계원칙

회계원칙(accounting principles)이란 거래를 인식하고 측정하는 방법과 재무제표에 보고하는 방법에 적용하여야 할 지침을 말하는데, 회계원칙이 권위 있는 다수 전문가들의 지지와 동의를 얻는 경우 일반적으로 인정된 회계원칙(GAAP, generally accepted accounting principles)이라고 한다. 우리나라의 일반적으로 인정된 회계원칙에는 한국채택국제회계기준(K-IFRS) 등이 있다.

(3) 회계시스템

회계시스템이란 최초기록(분개)과 전기 및 결산의 과정을 거치는 재무제표를 작성하기 위한 일련의 절차를 의미한다. 거래의 발생으로부터 재무제표 작성 및 보고에 이르는 과정은 보통 다음과 같이 나타낼 수 있다.

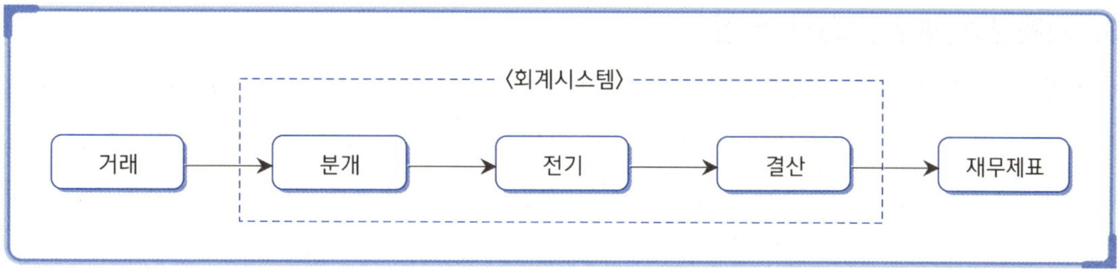

상기의 절차 중 분개와 전기 및 결산과정의 효율성 향상을 위하여 기업들은 보통 회계시스템을 구축하여 운영하고 있는데 이 부분은 회계원칙(또는 구체화된 회계기준)의 적용 및 규율대상이 아니다. 회계원칙은 거래를 회계시스템(또는 수기장부)에 반영하는 방법(이를 '인식과 측정의 원칙'이라고 함)과 회계시스템을 거쳐 산출된 회계정보를 재무제표에 표시하여 보고하는 방법(이를 '재무제표 표시와 공시의 원칙'이라고 함)을 규정한다.

(4) 재무제표

재무제표란 회계정보를 효과적이고 효율적으로 전달하기 위한 대표적인 수단으로서 한국채택국제회계기준에서는 보고기간 말 재무상태표와 보고기간에 대한 포괄손익계산서, 자본변동표, 현금흐름표 및 주석을 재무제표의 종류로 열거하고 있다.

2. 회계정보이용자와 회계의 분류

(1) 회계정보이용자 구분

회계정보이용자는 기업외부의 이용자(투자자, 대여자와 그 밖의 채권자 등)와 기업내부의 이용자(경영진, 종업원 등)로 구분가능하며, 이를 기준으로 회계를 대분류할 수 있다.

(2) 회계의 분류

외부 정보이용자를 위한 회계를 재무회계(financial accounting)라고 하고, 내부 정보이용자를 위한 회계를 관리회계(managerial accounting)라고 한다. 재무회계의 목적은 기업외부의 다양한 정보이용자들의 경제적 의사결정에 유용한 기업의 재무정보를 제공하는데 있는데, 이러한 목적을 달성하기 위해 이루어지는 재무보고를 일반목적의 재무보고라고 한다. 일반목적재무보고는 회계원칙의 준수가 요구되며, 대표적인 정보제공수단으로 재무제표가 사용되는 특징이 있다. 그러나 관리회계는 기업내부 정보이용자들의 관리 및 통제 등의 수단으로 활용되는 정보의 제공을 목적으로 하고, 회계원칙의 적용을 받지 않으며 보고수단도 재무제표에 국한되지 않는다.

3. 회계정보(재무정보)의 유형

일반목적재무보고서는 보고기업의 재무상태에 관한 정보와 재무상태 변동에 관한 정보를 제공한다. 이 두 유형의 정보는 기업에 대한 자원 제공 관련 의사결정에 유용한 투입요소를 제공하는데, 구체적으로 기업의 경제적 자원과 기업에 대한 청구권 및 이들을 변동시키는 거래와 그 밖의 사건의 영향에 대한 정보도 제공한다.

(1) 재무상태에 관한 정보

재무상태에 관한 정보는 ①기업의 경제적 자원과 ②보고기업에 대한 청구권을 말한다.

(2) 재무상태의 변동에 관한 정보

재무상태의 변동에 관한 정보는 기업의 경제적 자원과 보고기간에 대한 청구권의 변동에 관한 정보로서 이러한 정보는 그 기업의 재무성과, 그리고 채무상품 또는 지분상품의 발행과 같은 그 밖의 사건 또는 거래에서 발생한다. 따라서 재무상태의 변동은 ①재무성과에 기인한 변동과 ②재무성과에 기인하지 않는 변동으로 구분될 수 있다. 보고기업의 미래 순현금유입액에 대한 전망과 기업의 경제적자원에 대한 경영진의 수탁책임을 올바르게 평가하기 위하여 정보이용자는 이 두 가지 변동을 구별할 수 있는 능력이 필요하다.

(3) 회계정보(재무정보)의 보고수단 : 재무제표(F/S, financial statements)

재무제표의 종류	제공되는 재무정보
재무상태표(B/S)	일정시점 기업의 재무상태(경제적 자원과 청구권)에 관한 정보
포괄손익계산서(I/S)	일정기간 동안 기업의 재무성과에 관한 정보
자본변동표(C/E)	일정기간 동안 기업의 자본변동에 관한 정보
현금흐름표(C/F)	일정기간 동안 기업의 현금흐름에 관한 정보
주석(Notes)	재무제표 작성 근거와 구체적인 회계정책에 관한 정보 등

II 회계원칙과 외부감사제도

1. 우리나라의 회계원칙

(1) 회계원칙의 정의

회계원칙이란 거래를 인식하고 측정하여 재무제표에 표시 및 공시하는 방법론으로서 회계정보의 산출 및 보고시 따라야 하는 지침으로 정의할 수 있다.

(2) 우리나라의 회계원칙

우리나라의 회계원칙은 기업의 성격과 규모에 따라 3가지로 나눌 수 있으며, 회계원칙별 근거법령과 적용대상 기업은 다음과 같다.

회계원칙	근거법령	적용대상 기업
한국채택국제회계기준	주식회사 등의 외부감사에 관한 법률	상장기업 등
일반기업회계기준		외부감사대상 비상장기업
중소기업회계기준	상법시행령	외부감사제외 비상장기업

2. 한국채택국제회계기준

(1) 한국채택국제회계기준이란?

국제회계기준(IFRS, International Financial Reporting Standards)은 국제회계기준위원회(IASB, International Accounting Standards Board)가 제정한 국제회계기준서(standards) 및 국제회계기준해석서(interpretations)를 통칭하는 것이고, 이를 근거로 한국회계기준원 회계기준위원회에서 제정 및 개정한 회계기준을 한국채택국제회계기준(K-IFRS, Korean International Financial Reporting Standards)이라고 한다.

(2) 국제회계기준의 특징

국제회계기준은 여러 가지 특징을 가지고 있으나, 가장 중요한 특징으로는 다음과 같은 것들이 있다.

① 국제회계기준은 원칙중심(principle based)의 회계기준이다. 원칙중심의 회계기준은 규칙중심(rule based)의 회계기준과 상반되는 말로서, 특정상황에 적용할 구체적인 회계처리 방법을 규정하기 보다는 회계처리를 위한 개념적 원칙만을 설명하고 있다

는 점이 특징이다.

② 국제회계기준은 공정가치 측정(fair value measurement)을 강조하고 있다. 다만, 국제회계기준을 적용하더라도 공정가치 측정기준이 가장 일반적인 측정기준이 되는 것은 아니며, 국제회계기준의 각 기준서에서는 공정가치 이외의 여러 측정기준을 함께 적용할 것을 규정하고 있다.

③ 국제회계기준은 연결재무제표(consolidated financial statements)를 주재무제표로 규정하고 있다. 여기서 주의할 점은 우리나라에서 국제회계기준의 채택으로 연결재무제표를 새로이 작성하게 된 것은 아니고, 국제회계기준의 도입으로 인하여 과거부터 존재해 오던 연결재무제표의 위상이 달라진 것으로 보아야 한다.

3. 외부감사제도

(1) 외부감사제도의 의의

외부감사제도란 기업이 작성한 재무제표를 외부의 독립된 회계전문가(공인회계사)가 작성기준에 따라 바르게 작성되었는지를 감사하여 그 감사의견을 제시하는 제도를 의미한다. 기업의 재무제표가 외부감사를 받음으로써 공시되는 재무제표(재무정보)의 신뢰성이 향상된다.

(2) 감사의견의 종류

감사의견의 종류는 다음 4가지로 구분되며, 각각의 의견이 표명되는 상황은 다음과 같다.

감사의견 명칭	해당의견이 표명되는 상황
적정의견	적절한 수준의 감사증거가 입수된 결과, 재무제표상에 중요한 왜곡표시가 없다고 판단되는 경우
한정의견	• 적절한 수준의 감사증거가 입수된 결과, 재무제표상의 왜곡표시가 중요하지만 동시에 전반적이지는 않다고 판단되는 경우 • 적절한 수준의 감사증거가 입수되지 못하여, 발견되지 아니한 왜곡표시의 영향이 중요하지만 동시에 전반적이지는 않다고 판단되는 경우
부적정의견	적절한 수준의 감사증거가 입수된 결과, 재무제표상의 왜곡표시가 중요하며 동시에 전반적이라고 판단되는 경우
의견거절	적절한 수준의 감사증거가 입수되지 못하여, 발견되지 아니한 왜곡표시의 영향이 중요하고 동시에 전반적일 수 있다고 판단되는 경우

III 재무보고를 위한 개념체계

1. 재무보고를 위한 개념체계의 의의

(1) 재무보고를 위한 개념체계란?

재무보고를 위한 개념체계(이하 '개념체계')는 재무회계의 이론적 기초를 형성하는 개념적 틀 또는 재무제표의 작성과 표시에 적용되는 여러 가지 회계개념들의 논리적 집합체로서, 현재 국제회계기준위원회(IASB)가 제정한 "재무보고를 위한 개념체계"가 존재한다.

(2) 재무회계개념체계의 목적(역할)

① 한국회계기준위원회가 일관된 개념에 기반하여 한국채택국제회계기준(이하, '회계기준'이라 한다.)을 제·개정하는 데 도움을 준다.

② 특정 거래나 다른 사건에 적용할 회계기준이 없거나 회계기준에서 회계정책 선택이 허용되는 경우에 재무제표 작성자가 일관된 회계정책을 개발하는 데 도움을 준다.

③ 모든 이해관계자가 회계기준을 이해하고 해석하는 데 도움을 준다.

(3) 재무회계개념체계의 위상

개념체계는 회계기준이 아니다. 따라서 이 개념체계의 어떠한 내용도 회계기준이나 회계기준의 요구사항에 우선하지 아니한다. 개념체계는 회계기준위원회가 관련 업무를 통해 축적한 경험을 토대로 수시로 개정될 수 있는데, 개념체계가 개정되었다고 하여, 자동으로 회계기준이 개정되는 것은 아니다. 회계기준은 회계기준위원회의 정규적인 절차에 따라서만 개정되고 시행되어 효력이 발생하는 것이다.

2. 개념체계의 구성

개념체계는 총 8개의 장으로 구성되어 있는데, 그 내용은 다음과 같다.

(1) 일반목적재무보고의 목적

(2) 유용한 재무보고의 질적특성

(3) 재무제표와 보고기업

(4) 재무제표 요소

(5) 인식과 제거

(6) 측정

(7) 표시와 공시

(8) 자본 및 자본유지개념

이하에서는 상기 내용 중 회계원리(또는 이를 대상으로 하는 각종 국가고시 등) 수준에서 학습이 필요한 내용만을 선별하여 설명하기로 한다.

3. 일반목적재무보고

(1) 일반목적재무보고의 대상

일반목적재무보고(서)가 대상으로 하는 주요 정보이용자는 현재 및 잠재적 투자자, 대여자와 그 밖의 채권자이다. 왜냐하면, 이들은 일반적으로 자신들에게 직접 정보를 제공하도록 보고기업에 요구할 수 없고, 그들이 필요로 하는 재무정보의 많은 부분을 일반목적재무보고서에 의존해야만하기 때문이다. 보고기업의 경영진도 해당 기업에 대한 재무정보에 관심이 있으나 경영진은 필요로 하는 재무정보를 내부에서 구할 수 있기 때문에 일반목적재무보고서에 의존할 필요가 없다.

(2) 일반목적재무보고의 목적

일반목적재무보고의 목적은 현재 및 잠재적 투자자, 대여자와 그 밖의 채권자가 기업에 자원을 제공하는 것과 관련된 의사결정을 할 때 유용한 보고기업 재무정보를 제공하는 것이다. 여기서의 의사결정은 현재 및 잠재적 투자자, 대여자와 그 밖의 채권자가 기대하는 수익(예를 들어, 배당, 원금 및 이자의 지급 또는 시장가격의 상승)에 의존하고, 이들의 수익에 대한 기대는 기업에 유입될 미래 순현금유입의 금액, 시기 및 불확실성(전망) 그리고 기업의 경제적자원에 대한 경영진의 수탁책임에 대한 그들의 평가에 달려 있다. 그리고 이러한 평가를 하기 위하여 현재 및 잠재적 투자자, 대여자와 그 밖의 채권자는 다음의 정보를 필요로 한다.

① 기업의 경제적자원, 기업에 대한 청구권 및 그러한 자원과 청구권의 변동
② 기업의 경영진과 이사회가 기업의 경제적자원 사용에 대한 그들의 책임을 얼마나 효율적이고 효과적으로 이행했는지 여부

(3) 일반목적재무보고의 한계

일반목적재무보고서는 현재 및 잠재적 투자자, 대여자와 그 밖의 채권자가 필요로 하는 모든 정보를 제공하지는 않으며 제공할 수도 없다. 한편, 일반목적재무보고서는 보고기업의 가치를 보여주기 위해 고안된 것이 아니다. 그러나 그것은 현재 및 잠재적 투자자, 대

여자와 그 밖의 채권자가 보고기업의 가치를 추정하는 데 도움이 되는 정보를 제공한다.

한편, 재무보고서는 정확한 서술보다는 상당 부분 추정, 판단 및 모형에 근거한다. 예를 들어, 재무보고서의 화폐금액을 직접 관측할 수 없어 추정해야만 하는 경우에는 측정불확실성(measurement uncertainty)이 발생한다. 이 경우 측정불확실성이 높은 수준이더라도 그러한 추정이 무조건 유용한 재무정보를 제공하지 못하는 것은 아니다. 합리적인 추정치의 사용은 재무정보의 작성에 필수적인 부분이며, 추정이 명확하고 정확하게 기술되고 설명되는 한 정보의 유용성을 저해하지 않는다.

4. 유용한 재무정보의 질적 특성

(1) 의의

재무정보가 유용하기 위해서는 목적적합해야 하고 나타내고자 하는 바를 충실하게 표현해야 한다. 재무정보가 비교가능하고, 검증가능하며, 적시성 있고, 이해가능한 경우 그 재무정보의 유용성은 보강된다. 유용한 재무정보의 질적특성은 그 밖의 방법으로 제공되는 재무정보 뿐만 아니라 재무제표에서 제공되는 재무정보에도 적용된다.

(2) 질적특성의 체계

구 분	질적 특성 (하부 속성)
근본적 질적특성	목적적합성 (예측가치와 확인가치, 중요성)
	표현충실성 (완전한 서술, 중립적 서술, 오류 없는 서술)
보강적 질적특성	비교가능성, 검증가능성, 적시성, 이해가능성

(3) 근본적 질적특성

유용한 재무정보의 근본적 질적 특성은 목적적합성과 표현충실성이다.

① 목적적합성 : 목적적합한 재무정보는 이용자들의 의사결정에 차이가 나도록 할 수 있으며, 재무정보에 예측가치, 확인가치 또는 이 둘 모두가 있다면 그 재무정보는 의사결정에 차이가 나도록 할 수 있다.

a. 예측가치

이용자들이 미래 결과를 예측하기 위해 사용하는 절차의 투입요소로 재무정보가 사용될 수 있다면, 그 재무정보는 예측가치를 갖는다. 재무정보가 예측가치를 갖기 위해서 그 자체가 예측치 또는 예상치일 필요는 없다.

b. 확인가치

재무정보가 과거 평가에 대해 피드백을 제공한다면 (과거 평가를 확인하거나 변경시킨다면) 확인가치를 갖는다.

c. 중요성

재무보고서에 정보를 누락하거나 잘못기재하거나 불분명하게 하여, 이를 기초로 내리는 주요 이용자들의 의사결정에 영향을 줄 것으로 합리적으로 예상할 수 있다면 그 정보는 중요한 것이다. 또한 중요성은 개별 기업 재무보고서 관점에서 해당 정보와 관련된 항목의 성격이나 규모 또는 이 둘 다에 근거하여 해당 기업에 특유한 측면의 목적적합성을 의미한다. 따라서 회계기준위원회는 중요성에 대한 획일적인 계량 임계치를 정하거나 특정한 상황에서 무엇이 중요한 것인지를 미리 결정할 수 없다.

참고 예측가치와 확인가치의 상호연관성

재무정보의 예측가치와 확인가치는 상호 연관되어 있다. 예측가치를 갖는 정보는 확인가치도 갖는 경우가 많다. 예를 들어, 미래 연도 수익의 예측 근거로 사용될 수 있는 당해 연도 수익 정보를 과거 연도에 행한 당해 연도 수익 예측치와 비교할 수 있다. 그 비교 결과는 이용자가 그 과거 예측에 사용한 절차를 수정하고 개선하는 데 도움을 줄 수 있다.

② 표현충실성 : 재무정보가 나타내고자 하는 현상의 실질을 충실하게 표현하고 있을 때 그 재무정보는 표현충실성을 가진다. 재무정보가 표현충실성을 가지기 위해서 그 재무정보에 포함된 서술은 완전하고, 중립적이며, 오류가 없어야 한다.

a. 완전한 서술

완전한 서술이란 이용자가 서술되는 현상을 이해하는 데 필요한 모든 정보를 포함하는 서술을 말한다.

b. 중립적 서술

중립적 서술은 재무정보의 선택이나 표시에 편의가 없는 것이다. 그렇다고 하여 중립적 정보는 목적이 없거나 행동에 대한 영향력이 없는 정보를 의미하지 않는다.

c. 오류 없는 서술

오류가 없다는 것은 현상의 기술에 오류나 누락이 없고, 보고 정보를 생산하는 데 사용되는 절차의 선택과 적용 시 절차 상 오류가 없음을 의미한다. 이 맥락에서 오류가 없다는 것은 모든 면에서 완벽하게 정확하다는 것을 의미하지는 않는다.

참고 근본적 질적특성간의 상충

> 경우에 따라 경제적 현상에 대한 유용한 정보를 제공한다는 재무보고의 목적을 달성하기 위해 근본적 질적특성 간 절충('trade-off')이 필요할 수도 있다. 예를 들어, 어떤 현상에 대한 가장 목적적합한 정보가 매우 불확실한 추정치일 수 있다. 어떤 경우에는 추정치 산출에 포함된 측정불확실성의 수준이 너무 높아 그 추정치가 현상을 충분히 충실하게 표현할 수 있을지 의심스러울 수 있다. 그러한 경우에는 추정치에 대한 기술과 추정치에 영향을 미치는 불확실성에 대한 설명이 부연된다면 매우 불확실한 추정치도 가장 유용한 정보가 될 수 있다.

(4) 보강적 질적특성

비교가능성, 검증가능성, 적시성 및 이해가능성은 목적적합하고 충실하게 표현된 정보의 유용성을 보강시키는 질적 특성이다.

① 비교가능성 : 정보이용자가 항목 간의 유사점과 차이점을 식별하고 이해할 수 있게 하는 질적 특성이다.

② 검증가능성 : 합리적인 판단력이 있고 독립적인 서로 다른 관찰자가 어떤 서술이 충실한 표현이라는 데 대체로 의견이 일치할 수 있다는 것을 의미한다.

③ 적시성 : 의사결정에 영향을 미칠 수 있도록 의사결정자가 정보를 제때에 이용가능하게 하는 것을 의미한다.

④ 이해가능성 : 정보를 명확하고 간결하게 분류하고, 특징지으며, 표시하면 이해가능하게 된다.

(5) 유용한 재무보고에 대한 원가제약

원가는 재무보고로 제공될 수 있는 정보에 대한 포괄적 제약요인이다.

재무정보의 보고에는 원가가 소요되고, 해당 정보 보고의 효익이 그 정보를 제공하고 사용하는데 발생하는 원가를 정당화할 수 있어야 한다.

5. 재무제표와 보고기업

(1) 재무제표의 목적

재무제표의 목적은 보고기업에 유입될 미래순현금흐름에 대한 전망과 보고기업의 경제적자원에 대한 경영진의 수탁책임을 평가하는 데 유용한 보고기업의 자산, 부채, 자본, 수익 및 비용에 대한 재무정보를 재무제표이용자들에게 제공하는 것이다

(2) 재무제표의 기본가정 : 계속기업의 가정

재무제표는 일반적으로 보고기업이 계속기업이며 예측가능한 미래에 영업을 계속할 것이라는 가정 하에 작성된다. 따라서 기업이 청산을 하거나 거래를 중단하려는 의도가 없으며, 그럴 필요도 없다고 가정한다. 만약 그러한 의도나 필요가 있다면, 재무제표는 계속기업과는 다른 기준에 따라 작성되어야 한다. 그러한 경우라면, 사용된 기준을 재무제표에 기술한다.

현재 재무보고를 위한 개념체계상 재무제표의 기본가정으로 존재하는 것은 계속기업이 유일하다. 이 가정을 충족하는 경우에만 역사적 원가주의에 의한 회계처리 및 감가상각의 회계처리 등 기타 수익비용의 대응원칙이 적용되는 회계처리 방법이 정당성을 부여받게 된다.

(3) 보고기업

보고기업은 재무제표를 작성해야 하거나 작성하기로 선택한 기업이다. 보고기업은 단일의 실체이거나 어떤 실체의 일부일 수 있으며, 둘 이상의 실체로 구성될 수도 있다. 보고기업이 반드시 법적 실체일 필요는 없다.

기업(지배기업)이 다른 기업(종속기업)을 지배하는 경우가 있다. 보고기업이 지배기업과 종속기업으로 구성된다면 그 보고기업의 재무제표를 '연결재무제표(consolidated financial statements)'라고 부르고, 보고기업이 지배기업 단독인 경우 그 보고기업의 재무제표를 '비연결재무제표(unconsolidated financial statements)'라고 부른다.

한편, 보고기업이 지배-종속관계로 모두 연결되어 있지는 않은 둘 이상 실체들로 구성된다면 그 보고기업의 재무제표를 '결합재무제표(combined financial statements)'라고 부른다.

6. 재무제표 요소의 정의

개념체계에 정의된 재무제표 요소는 ①보고기업의 재무상태와 관련된 자산, 부채 및 자본 그리고 ② 보고기업의 재무성과와 관련된 수익(income) 및 비용이 있다.

(1) 경제적 자원과 청구권을 나타내는 재무제표 요소

구 분	재무제표 요소	정의 또는 설명
경제적자원	자 산	과거사건의 결과로 기업이 통제하는 현재의 경제적자원. (경제적자원 : 경제적효익을 창출할 잠재력을 지닌 권리)
청 구 권	부 채	과거사건의 결과로 기업의 경제적자원을 이전해야 하는 현재의무
	자 본	기업의 자산에서 모든 부채를 차감한 후의 잔여지분

참고 1 자산의 특징

(1) 자산은 과거 거래나 그 밖의 사건에서 발생한다.

(2) 경제적자원에 대한 통제를 위하여 반드시 그 자원을 소유할 필요는 없다.

(3) 경제적효익을 창출할 가능성이 낮더라도 해당 권리가 경제적자원의 정의를 충족할 수 있다.

(4) 지출의 발생과 자산의 취득은 밀접하게 관련되어 있으나 양자가 반드시 일치하는 것은 아니다.

(5) 자산은 미래경제적효익 자체를 의미하는 것이 아니라, 미래경제적효익을 창출할 수 있는 현재의 권리를 말한다. 경제적자원의 가치가 미래경제적효익을 창출할 현재의 잠재력에서 도출되지만, 경제적자원은 그 잠재력을 포함한 현재의 권리이며, 그 권리가 창출할 수 있는 미래경제적효익이 아니다. 예를 들어, 미래 특정시점에 상품을 정상가격보다 ₩10,000 싸게 구입할 수 있는 권리가 있는 경우, 자산은 미래 경제적 효익인 ₩10,000을 의미하는 것이 아니라 상품을 저렴하게 살 수 있는 현재의 권리를 말하게 된다.

(6) 경제적효익을 창출할 잠재력을 지닌 권리는 반드시 상대방의 의무에 해당할 필요는 없다.

(7) 기업이 가진 모든 권리가 그 기업의 자산이 되는 것은 아니다. 예를 들어 다른 당사자들 모두가 자유롭게 이용할 수 있는 공공시설물 등에 대한 권리는 기업에 의해 통제되는 자산이 아니다.

참고 2 부채의 존재요건

(1) 기업에게 의무가 있다.

① 의무는 항상 다른 당사자(또는 당사자들)에게 이행해야 하는데, 여기서 의무를 이행할 대상인 당사자(또는 당사자들)의 신원을 알 필요는 없다.

② 의무에는 의제의무(법적 또는 계약적 의무가 아닌 의무)를 포함한다.

③ 의무의 범위에는 불확실한 의무도 포함한다.

(2) 의무는 경제적자원을 이전하는 것이다.

기업이 경제적자원의 이전을 요구받을 것이 확실하거나 그 가능성이 높아야 하는 것은 아니다. 즉, 경제적자원의 이전가능성이 낮더라도 의무가 부채의 정의를 충족할 수 있다.

(3) 의무는 과거사건의 결과로 존재하는 현재의무이다.

현재의무는 다음 모두에 해당하는 경우에만 과거사건의 결과로 존재한다.

① 기업이 이미 경제적효익을 얻었거나 조치를 취했고,

② 그 결과로 기업이 이전하지 않아도 되었을 경제적자원을 이전해야 하거나 이전하게 될 수 있는 경우

(2) 경제적 자원과 청구권의 변동을 나타내는 재무제표 요소

구 분	재무제표 요소	정의 또는 설명
재무성과를 반영하는 경제적자원 및 청구권의 변동	수 익	자본의 증가를 가져오는 자산의 증가나 부채의 감소로서, 자본청구권 보유자의 출자와 관련된 것은 제외
	비 용	자본의 감소를 가져오는 자산의 감소나 부채의 증가로서, 자본청구권 보유자에 대한 분배와 관련된 것은 제외
그 밖의 경제적자원 및 청구권의 변동	-	자본청구권 보유자에 의한 출자와 그들에 대한 분배
	-	자본의 증가나 감소를 초래하지 않는 자산이나 부채의 교환

7. 재무제표요소의 인식

(1) 인식의 개념

인식은 자산, 부채, 자본, 수익 또는 비용과 같은 재무제표 요소 중 하나의 정의를 충족하는 항목을 재무상태표나 재무성과표에 포함하기 위하여 포착하는 과정이다. 자산, 부채 또는 자본이 재무상태표에 인식되는 금액을 '장부금액'이라고 한다.

(2) 인식기준

자산, 부채 또는 자본의 정의를 충족하는 항목만이 재무상태표에 인식된다. 마찬가지로 수익이나 비용의 정의를 충족하는 항목만이 재무성과표에 인식된다. 그러나 그러한 요소 중 하나의 정의를 충족하는 항목이라고 할지라도 항상 인식되는 것은 아니다.

자산이나 부채를 인식하고 이에 따른 결과로 수익, 비용 또는 자본변동을 인식하는 것이 재무제표이용자들에게 다음과 같이 유용한 정보를 모두 제공하는 경우에만 자산이나 부채를 인식한다.

① 자산이나 부채에 대한 그리고 이에 따른 결과로 발생하는 수익, 비용 또는 자본변동에 대한 목적적합한 정보 (목적적합성)

② 자산이나 부채 그리고 이에 따른 결과로 발생하는 수익, 비용 또는 자본변동의 충실한 표현 (표현충실성)

8. 재무제표요소의 측정

특정항목을 재무제표에 인식하기 위해서는 화폐단위로 수량화시켜야 하는데, 이를 위해서는 측정기준을 선택해야 한다. 측정기준은 측정 대상 항목에 대해 식별된 속성(예: 역사적 원가, 공정가치 또는 이행가치)을 말한다. 자산이나 부채에 측정기준을 적용하면 해당 자산이나 부채, 관련 수익과 비용의 측정치가 산출된다.

(1) 측정기준의 종류

구 분	정 의
역사적 원가	자산 : 취득 또는 창출을 위해 지급한 대가 +거래원가 부채 : 발생시키거나 인수하면서 수취한 대가 - 거래원가

<table>
<tr><td rowspan="4">현 행
가 치</td><td>공정가치</td><td>측정일에 시장참여자 사이의 정상거래에서 자산을 매도할 때 받거나 부채를 이전할 때 지급하게 될 가격</td></tr>
<tr><td>사용가치</td><td>기업이 자산의 사용과 궁극적인 처분으로 얻을 것으로 기대하는 현금흐름 또는 그 밖의 경제적효익의 현재가치</td></tr>
<tr><td>이행가치</td><td>기업이 부채를 이행할 때 이전해야 하는 현금이나 그 밖의 경제적자원의 현재가치</td></tr>
<tr><td>현행원가</td><td>자산 : 측정일 현재 동등한 자산의 원가로서 측정일에 지급할 대가 + 그 날에 발생할 거래원가
부채 : 측정일 현재 동등한 부채에 대해 수취할 수 있는 대가 − 그 날에 발생할 거래원가</td></tr>
</table>

(2) 측정기준의 적용

① 측정과 추정불확실성

자산이나 부채를 인식하기 위해서는 측정을 해야 하는데 많은 경우 측정은 추정되어야 하며 따라서 측정불확실성의 영향을 받는다. 합리적인 추정의 사용은 재무정보 작성의 필수적인 부분이며 추정치를 명확하고 정확하게 기술하고 설명한다면 정보의 유용성을 훼손하지 않는다. 높은 수준의 측정불확실성이 있더라도 그러한 추정치가 유용한 정보를 반드시 제공하지 못하는 것은 아니다.

② 상각후원가

상각후원가는 역사적 원가 측정기준을 금융자산과 금융부채에 적용하는 한 가지 방법이다. 금융자산과 금융부채의 상각후원가는 최초 인식 시점에 결정된 이자율로 할인한 미래현금흐름 추정치를 반영하며, 이자의 발생, 금융자산의 손상 및 수취 또는 지급과 같은 후속 변동을 반영하기 위해 시간의 경과에 따라 갱신된다.

③ 자본의 측정

자본은 인식된 모든 자산의 장부금액에서 인식된 모든 부채의 장부금액을 차감한 금액과 동일한 것으로서 자본의 총장부금액(총자본)은 직접 측정하지 않는다. 일반목적재무제표는 기업의 가치를 보여주도록 설계되지 않았기 때문에 자본의 총장부금액은 일반적으로 기업의 자본청구권에 대한 시가총액과 동일하지 않다.

9. 거래 및 손익 그리고 자본의 구분

(1) 자본거래와 손익거래의 구분

거래는 거래상대방에 따라 자본거래와 손익거래로 구분하여 기록된다. 자본거래는 보고기업과 보고기업의 지분참여자 사이의 거래를 말하고, 손익거래는 그 밖의 제3자와의 거래 등을 말한다.

(2) 자본거래

자본거래는 해당 거래의 결과가 포괄손익계산서에 영향을 주지 않고 곧 바로 재무상태표에 반영되지만, 손익거래의 결과는 포괄손익계산서에 수익과 비용으로 인식될 수 있으며, 이렇게 인식된 거래결과는 최종적으로 재무상태표에 반영된다.

(3) 손익거래

손익거래의 결과로 발생하는 손익은 당기손익(profit or loss, net income)과 기타포괄손익(OCI, other comprehensive income)으로 구분된다. 개념적으로 당기손익은 실현된 손익을 의미하고, 기타포괄손익은 실현되지 않은 손익을 의미하지만, 국제회계기준에서는 이러한 개념을 엄격히 적용하여 손익을 구분하지는 않는다. 국제회계기준에서는 기타포괄손익으로 처리할 항목을 열거식으로 규정하고 있으며, 이에 해당하지 않는 손익은 모두 당기손익으로 반영하도록 하고 있다.

(4) 손익의 구분과 자본의 분류

자본은 발생원천에 따라 납입자본과 유보이익으로 구분된다. 일반적으로 납입자본은 지분참여자와의 거래, 즉 자본거래를 통해 유입된 자본을 의미하고 유보이익은 손익거래의 결과 인식된 포괄손익의 누적액(유출되거나 처분되지 않은)을 의미한다. 한편 포괄손익은 다시 당기손익과 기타포괄손익으로 구분되기 때문에, 유보이익도 당기손익의 누적부분과 기타포괄손익의 누적부분으로 구분하는 것이 일반적이다. 당기손익의 누적부분을 이익잉여금이라고 하고, 기타포괄손익의 누적부분을 기타포괄손익누계액이라고 한다. 다음의 그림은 이러한 거래, 손익 그리고 자본의 관계를 요약적으로 나타내고 있다.

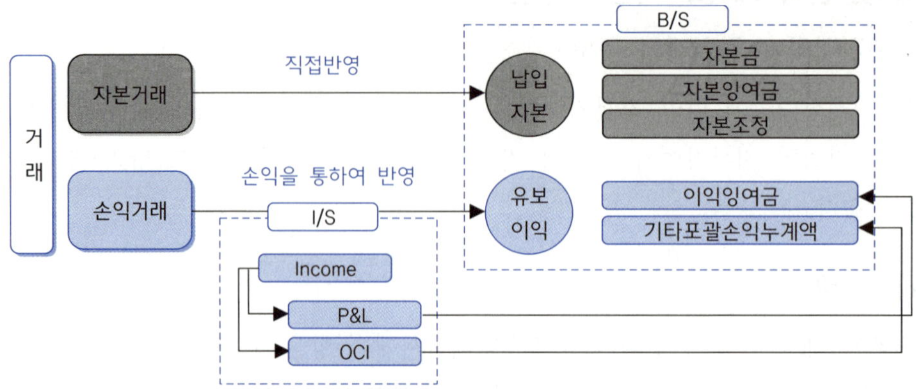

I/S : 포괄손익계산서(Income Statement)

Income : 손익

P&L : 당기손익(Profit or Loss)

OCI : 기타포괄손익(Other Comprehensive Income)

B/S : 재무상태표(Balance Sheet, Statement of Financial Position)

위의 그림은 기업에서 발생한 모든 거래(자본거래와 손익거래 모두)가 기업의 자본(납입자본과 유보이익)에 영향을 미치는 과정을 보여주고 있다. 다만, 자본거래의 경우에는 직접 납입자본(자본)을 증가시키고 기업의 손익에는 아무런 영향을 주지 못하는 반면, 손익거래의 경우에는 기업의 손익에 미치는 영향이 일단은 포괄손익계산서에 반영되고 이렇게 반영된 손익의 집계결과가 최종적으로 기업의 유보이익(자본)에 반영되는 모습을 나타내고 있다.

제 2 절 기출 및 연습문제

일반목적재무보고와 한국채택국제회계기준

대표예제

다음은 한국채택국제회계기준 및 재무보고를 위한 개념체계를 기초로 한 설명들이다. 가장 옳게 설명하고 있는 것은?

① 국제회계기준위원회가 제정한 '재무보고를 위한 개념체계'는 국제회계기준의 여러 기준서 중에서 가장 우선적으로 적용하여야 할 기준서이다.

② 우리나라에 국제회계기준이 도입됨으로 인하여 과거에 작성하지 않던 연결재무제표를 작성하게 되었다.

③ 일반목적재무보고의 목적은 기업의 내부 및 외부정보이용자들에게 유용한 재무정보를 제공하는데 있다.

④ 국제회계기준이 자산과 부채에 대한 공정가치 측정을 강조하고 있기는 하지만 공정가치 측정기준은 여전히 가장 일반적인 측정기준으로 보기는 어렵다.

해답 ④

우리나라에서 2011년부터 의무적용이 시작된 국제회계기준은 자산과 부채에 대한 공정가치 측정을 강조하고 있기는 하지만 여전히 가장 일반적인 측정기준으로 간주되는 측정기준은 역사적 원가이다. 따라서 보기 ④가 옳은 설명이다.

① 국제회계기준위원회가 제정한 재무보고를 위한 개념체계는 국제회계기준의 일부가 아니므로 거래의 인식과 측정 및 재무제표 표시 등에 있어서 다른 국제회계기준의 각 기준서보다 우선적용 되는 것은 아니다.

② 우리나라에 국제회계기준이 도입됨으로 인하여 연결재무제표가 주재무제표가 되었을 뿐 과거에 작성하지 않던 재무제표를 새로 작성하게 된 것은 아니다.

③ 일반목적재무보고의 목적은 기업의 외부정보이용자들에게 유용한 재무정보를 제공하는데 있는 것이지 내부정보이용자들에 대한 정보제공은 포함되지 않는다.

01 한국채택국제회계기준의 재무보고를 위한 개념체계에서 규정하고 있는 일반목적재무보고의 유용성 및 한계 등에 대한 내용으로 옳지 않은 것은? [국가직 9급, 2016 기출수정]

① 합리적인 추정의 사용은 재무정보의 작성에 필수적인 부분이며, 추정이 명확하고 정확하게 기술되고 설명되는 한 정보의 유용성을 저해하지 않는다.

② 일반목적재무보고서는 현재 및 잠재적 투자자, 대여자와 그 밖의 채권자가 필요로 하는 모든 정보를 제공한다.

③ 일반목적재무보고서는 현재 및 잠재적 투자자, 대여자와 그 밖의 채권자가 보고기업의 가치를 추정하는 데 도움이 되는 정보를 제공한다.

④ 측정불확실성이 높은 수준이더라도 그러한 추정이 무조건 유용한 재무정보를 제공하지 못하는 것은 아니다.

02 한국채택국제회계기준에 대한 설명으로 옳지 않은 것은? [국가직 9급, 2011 기출수정]

① 2011년부터 우리나라의 상장법인은 한국채택국제회계기준을 의무적으로 적용하여야 했었다.

② 과거의 기업회계기준이 규칙중심의 회계기준이었던 데 비하여 한국채택국제회계기준은 원칙중심의 회계기준이다.

③ 한국채택국제회계기준은 연결재무제표를 주 재무제표로 한다.

④ 한국채택국제회계기준은 과거의 기업회계기준에 비해 자산과 부채를 측정함에 있어 공정가치보다는 역사적 원가를 반영하도록 하고 있다.

03 한국채택국제회계기준의 특징과 관련된 설명 중에서 옳지 않은 것은? [국가직 9급, 2021 기출]

① 연결재무제표를 주재무제표로 작성함으로써 개별기업의 재무제표가 보여주지 못하는 경제적 실질을 더 잘 반영할 수 있을 것으로 기대된다.

② 주식회사 등의 외부감사에 관한 법률의 적용을 받는 모든 기업이 한국채택국제회계기준을 회계기준으로 삼아 재무제표를 작성하여야 한다.

③ 과거 규정중심의 회계기준이 원칙중심의 회계기준으로 변경되었다.

④ 자산과 부채의 공정가치평가 적용이 확대되었다.

04 한국채택국제회계기준에 의한 재무제표의 종류가 아닌 것은? [국가직 9급, 2012 기출]

① 재무상태표 ② 포괄손익계산서

③ 현금흐름표 ④ 사업보고서

05 재무제표와 관련된 설명 중 옳은 것만을 모두 고른 것은? [국가직 9급, 2018 기출수정]

ㄱ. 현금흐름표는 일정 회계기간 동안의 기업의 영업활동, 투자활동, 재무활동으로 인한 현금의 유입과 유출에 관한 정보를 제공한다.
ㄴ. 재무상태표는 일정시점의 기업의 재무상태에 관한 정보를 제공한다.
ㄷ. 자본변동표는 일정 회계기간 동안의 기업의 재무성과에 관한 정보를 제공한다.
ㄹ. 재무제표의 작성과 표시에 대한 책임은 소유주인 주주에게 있고, 반드시 공인회계사에게 외부검토를 받아야 한다.
ㅁ. 포괄손익계산서에서는 당기순손익에 기타포괄손익을 더한 총포괄손익을 나타낸다.

① ㄱ, ㄴ, ㄷ ② ㄱ, ㄴ, ㅁ

③ ㄴ, ㄷ, ㄹ ④ ㄷ, ㄹ, ㅁ

06 주식회사 등의 외부감사에 관한 법률 상 기업의 재무제표 작성책임이 있는 자는?

[국가직 9급, 2020 기출]

① 회사의 대표이사와 회계담당 임원(회계담당 임원이 없는 경우에는 회계업무를 집행하는 직원)

② 주주 및 채권자

③ 공인회계사

④ 금융감독원

07 회계정보와 관련한 설명으로 옳지 않은 것은? [국가직 9급, 2021 기출]

① 경영자는 회계정보를 생산하여 외부 이해관계자들에게 공급하는 주체로서 회계정보의 공급자이므로 수요자는 아니다.

② 경제의 주요 관심사는 유한한 자원을 효율적으로 사용하는 것인데, 회계정보는 우량기업과 비우량기업을 구별하는 데 이용되어 의사결정에 도움을 준다.

③ 회계정보의 신뢰성을 확보하기 위하여 기업은 회계기준에 따라 재무제표를 작성하고, 외부감사인의 감사를 받는다.

④ 외부감사는 전문자격을 부여받은 공인회계사가 할 수 있다.

08 일반목적재무보고에 대한 설명으로 옳지 않은 것은? [지방직 9급, 2019 기출수정]

① 현재 및 잠재적 투자자, 대여자와 그 밖의 채권자는 기업의 경영진과 이사회가 기업의 경제적자원 사용에 대한 그들의 책임을 얼마나 효율적이고 효과적으로 이행했는지 여부에 대한 정보를 필요로 한다.

② 일반목적재무보고의 목적은 현재 및 잠재적 투자자, 대여자와 그 밖의 채권자가 기업에 자원을 제공하는 것과 관련된 의사결정을 할 때 유용한 보고기업 재무정보를 제공하는 것이다.

③ 외부 이해관계자들과 마찬가지로 보고기업의 경영진도 해당 기업의 경영의사결정을 위해 일반목적재무보고서에 가장 많이 의존한다.

④ 재무보고서는 정확한 서술보다는 상당 부분 추정, 판단 및 모형에 근거한다.

09 일반목적재무보고에 대한 설명으로 옳지 않은 것은? [국가직 7급, 2021 기출]

① 많은 현재 및 잠재적 투자자, 대여자 및 그 밖의 채권자는 정보를 제공하도록 보고기업에 직접 요구할 수 없다.

② 일반목적재무보고서는 현재 및 잠재적 투자자, 대여자와 그 밖의 채권자가 필요로 하는 모든 정보를 제공한다.

③ 일반목적재무보고서는 보고기업의 가치를 보여주기 위해 고안된 것이 아니다.

④ 경영진은 필요로 하는 재무정보를 내부에서 구할 수 있기 때문에 일반목적재무보고서에 의존할 필요가 없다.

유용한 재무정보의 질적특성

대표예제 지방직 9급, 2014 기출

유용한 재무정보의 근본적 질적 특성에 대한 설명으로 옳은 것은?

① 정보이용자가 항목 간의 유사점과 차이점을 식별하고 이해할 수 있어야 한다.

② 합리적인 판단력이 있는 독립적인 서로 다른 관찰자가 어떤 서술이 표현충실성에 있어, 비록 반드시 완전히 의견이 일치하지는 못하더라도, 합의에 이를 수 있다는 것을 의미한다.

③ 의사결정에 영향을 미칠 수 있도록 의사결정자가 정보를 제때에 이용 가능해야 한다.

④ 완벽하게 충실한 표현을 하기 위해서 서술은 완전하고, 중립적이며, 오류가 없어야 한다.

해답 ④

근본적 질적특성에는 목적적합성과 표현충실성이 있고, 표현충실성의 하부속성으로 완전한 서술, 중립적 서술 그리고 오류 없는 서술이 있으므로 보기 ④가 옳은 설명이다. 다른 문항에 대해서도 살펴보면 다음과 같다.

① 정보이용자가 항목 간의 유사점과 차이점을 식별하고 이해할 수 있으려면 재무정보에 비교가능성이 있어야 한다. 비교가능성은 보강적 질적특성에 해당한다.

② 검증가능성은 합리적인 판단력이 있고 독립적인 서로 다른 관찰자가 어떤 서술이 표현충실성에 있어, 비록 반드시 완전히 의견이 일치하지는 않더라도, 합의에 이를 수 있다는 것을 의미한다. 검증가능성 역시 보강적 질적특성에 해당한다.

③ 정보가 제때에 제공되어 정보이용자의 의사결정에 영향을 미칠 수 있다면 해당 재무정보는 적시성을 가진다. 적시성 역시 보강적 질적특성에 해당한다. 제시된 보기 ①~③에서 설명된 질적특성 이외의 보강적 질적특성으로 이해가능성이 있다. 이해가능성은 정보를 명확하고 간결하게 분류하고, 특징지으며, 표시할 때 얻을 수 있는 질적특성이다.

10 재무정보의 질적특성 중 보강적 질적특성에 해당하는 것은? [국가직 9급, 2013 기출]

① 예측역할과 확인역할　　② 검증가능성

③ 중립성　　④ 완전성

11 다음 설명에 해당하는 재무정보의 질적 특성은? [국가직 9급, 2015 기출]

> 재무정보가 유용하기 위해서는 서술이 완전하고, 중립적이며, 오류가 없어야 한다.

① 목적적합성　　② 검증가능성

③ 표현충실성　　④ 비교가능성

12 유용한 재무정보의 질적 특성에 대한 설명으로 옳지 않은 것은? [국가직 9급, 2019 기출수정]

① 재무정보에 예측가치, 확인가치 또는 이 둘 모두가 있다면 그 재무정보는 의사결정에 차이가 나도록 할 수 있다.

② 비교가능성은 정보이용자가 항목 간의 유사점과 차이점을 식별하고 이해할 수 있게 하는 질적 특성으로 일관성과 동일하며 통일성과는 다른 개념이다.

③ 재무정보가 유용하기 위해서는 목적적합한 현상을 표현하는 것뿐만 아니라 나타내고자 하는 현상을 충실하게 표현해야 한다. 이때, 완벽하게 표현충실성을 위해서 서술은 완전하고, 중립적이며, 오류가 없어야 한다.

④ 적시성은 의사결정에 영향을 미칠 수 있도록 의사결정자가 정보를 제때에 이용가능하게 하는 것을 의미하며 일반적으로 정보는 오래될수록 유용성이 낮아진다.

13 의사결정에 유용한 정보가 되기 위해 재무제표 정보가 갖추어야 할 질적 특성인 목적적합성과 관련이 가장 적은 것은? [지방직 9급, 2011 기출]

① 예측가치　　② 확인가치

③ 중요성　　④ 신중성

14 재무보고를 위한 개념체계에 대한 설명으로 옳지 않은 것은? [국가직 7급, 2012 기출수정]

① 일반목적재무보고서에 정보를 누락하거나 잘못기재하는 경우 또는 불분명하게 기재하는 경우, 이를 기초로 내리는 주요 정보 이용자들의 의사결정에 영향을 줄것으로 합리적으로 예상할 수 있다면 그 정보는 중요한 것이다. 따라서 중요성은 목적적합성의 한 측면이라고 할 수 있다.

② 완벽한 표현충실성을 위해서는 서술이 완전하고, 중립적이며 서술에 오류가 없어야 할 것이다.

③ 기업이 전액 정부보조금을 받아 유형자산을 취득한 경우 실제 지출하거나 희생한 원가가 없기 때문에 취득원가를 ₩0으로 보고함으로써 표현충실성의 질적 특성과 의사결정에의 유용성을 동시에 충족시켜줄 수 있다.

④ 재무회계정보의 바람직한 속성 중 목적적합성과 표현충실성은 근본적 질적 특성으로서 이에 대한 보강적 질적 특성으로 비교가능성, 검증가능성, 적시성, 이해가능성이 있다.

15 한국채택국제회계기준의 재무보고를 위한 개념체계에서 규정한 유용한 재무정보의 질적 특성의 내용으로 옳지 않은 것은? [국가직 9급, 2016 기출]

① 목적적합한 재무정보는 정보이용자의 의사결정에 차이가 나도록 할 수 있다.

② 정보이용자들이 미래 결과를 예측하기 위해 사용하는 절차의 투입요소로 재무정보가 사용될 수 있다면, 그 재무정보는 예측가치를 갖는다.

③ 중립적 서술은 재무정보의 선택이나 표시에 편의가 없는 것을 의미하는 것으로, 중립적 정보는 목적이 없고 행동에 대한 영향력이 없는 정보를 의미한다.

④ 완전한 서술은 필요한 기술과 설명을 포함하여 정보이용자가 서술되는 현상을 이해하는 데 필요한 모든 정보를 포함하는 것이다.

16 유용한 재무정보의 보강적 질적 특성에 대한 설명으로 옳지 않은 것은? [지방직 9급, 2012 기출수정]

① 보고기업에 대한 정보는 다른 기업에 대한 유사한 정보와 비교할 수 있으면 해당 재무정보는 더욱 유용하다.

② 재무보고서는 나타내고자 하는 현상을 완전하고, 중립적이며, 오류가 없이 서술하여야 한다.

③ 의사결정에 영향을 미칠 수 있도록 의사결정자가 정보를 제때에 이용가능하게 하면 해당 재무정보는 더욱 유용하다.

④ 정보를 명확하고 간결하게 분류하고, 특징지으며, 표시하는 것은 정보를 이해가능하게 한다.

17 정보이용자가 어떤 회계정보를 이용하여 의사결정을 할 때 그 정보가 없는 경우와 비교하여 보다 유리한 차이를 낼 수 있는 회계정보의 질적특성은? [지방직 9급, 2015 기출]

① 목적적합성 ② 표현충실성

③ 적시성 ④ 비교가능성

18 유용한 재무정보의 질적특성을 근본적 질적특성과 보강적 질적특성으로 구분할 경우 보강적 질적특성으로 옳지 않은 것은? [국가직 9급, 2014 기출]

① 비교가능성 ② 검증가능성

③ 적시성 ④ 예측가능성

19 재무보고를 위한 개념체계에서 제시된 회계정보의 질적 특성에 대한 설명으로 옳지 않은 것은? [국가직 9급, 2020 기출]

① 표현충실성은 모든 면에서 정확한 것을 의미한다.

② 검증가능성은 정보가 나타내고자 하는 경제적 현상을 충실히 표현하는지를 정보이용자가 확인하는 데 도움을 준다.

③ 정보를 정확하고 간결하게 분류하고, 특정 지으며, 표시하는 것은 정보를 이해가능하게 한다.

④ 적시성은 의사결정에 영향을 미칠 수 있도록 의사결정자가 정보를 제때에 이용가능하게 하는 것을 의미한다.

20 재무보고를 위한 개념체계의 내용으로 옳지 않은 것은? [국가직 7급, 2013 기출]

① 유용한 재무정보의 질적 특성은 재무제표에서 제공되는 재무정보에도 적용되며, 그 밖의 방법으로 제공되는 재무정보에도 적용된다.

② 재무정보가 유용하기 위한 근본적 질적 특성은 목적적합성과 적시성이다.

③ 재무정보에 예측가치, 확인가치 또는 이 둘 모두가 있다면 그 재무정보는 의사결정에 차이가 나도록 할 수 있다.

④ 완벽하게 충실한 표현을 하기 위해서는 서술은 완전하고, 중립적이며, 오류가 없어야 한다.

21 재무보고를 위한 개념체계에 대한 설명으로 옳지 않은 것은? [국가직 7급, 2016 기출]

① 정보이용자들이 미래 결과를 예측하기 위해 사용하는 절차의 투입요소로 재무정보가 사용될 수 있다면, 그 재무정보는 예측가치를 갖는다.

② 회계기준위원회는 중요성에 대한 획일적인 계량 임계치를 정하거나 특정한 상황에서 무엇이 중요한 것인지를 미리 결정할 수 있다.

③ 중요성은 개별 기업 재무보고서 관점에서 해당 정보와 관련된 항목의 성격이나 규모 또는 이 둘 모두에 근거하여 해당 기업에 특유한 측면의 목적적합성을 의미한다.

④ 재무정보가 과거 평가에 대해 피드백을 제공한다면(과거 평가를 확인하거나 변경시킨다면) 확인가치를 갖는다.

22 재무정보의 질적특성에 대한 설명으로 옳지 않은 것은? [국가직 9급, 2017 기출]

① 목적적합한 재무정보는 정보이용자의 의사결정에 차이가 나도록 할 수 있다.

② 재무정보가 예측가치를 갖기 위해서는 그 자체가 예측치 또는 예상치일 필요는 없으며, 정보이용자들이 미래결과를 예측하기 위해 사용하는 절차의 투입요소로 사용될 수 있다면 그 재무정보는 예측가치를 갖는다.

③ 비교가능성은 정보이용자가 항목 간의 유사점과 차이점을 식별하고 이해할 수 있게 하는 질적 특성이다.

④ 오류가 없다는 것은 현상의 기술에 오류나 누락이 없고, 보고정보를 생산하는 데 사용되는 절차의 선택과 적용 시 절차상 오류가 없음을 의미하므로 모든 면에서 완벽하게 정확하다는 것이다.

23 '유용한 재무정보의 질적 특성' 중 목적적합성에 대한 설명으로 옳지 않은 것은? [국가직 7급, 2020 기출]

① 재무정보에 예측가치, 확인가치 또는 이 둘 모두가 있다면 그 재무정보는 의사결정에 차이가 나도록 할 수 있다.

② 재무정보가 과거 평가에 대해 피드백을 제공한다면(과거 평가를 확인하거나 변경시킨다면) 확인가치를 갖는다.

③ 재무정보의 예측가치와 확인가치는 상호 연관되어 있다.

④ 재무정보가 예측가치를 갖기 위해서는 그 자체가 명백한 예측치 또는 예상치 형태를 갖추어야만 한다.

24 재무보고를 위한 개념체계 중 '표현충실성'에 대한 설명으로 옳지 않은 것은?

[국가직 7급, 2017 기출]

① 기업의 경제적 상황을 이해하는 데 필요한 정보를 완전히 포함하도록 해야 한다.

② 특정 정보이용자에게 유리하도록 정보를 선택적으로 제공하지 않아야 한다.

③ 추정치의 경우 추정 금액을 정확하게 기술하고 추정 절차의 성격과 한계를 설명하도록 한다.

④ 향후 어떤 결과를 초래할 것인지 예측하는 데 도움이 되도록 해야 한다.

25 재무정보의 질적 특성에 대한 설명으로 옳지 않은 것은? [국가직 9급, 2018 기출]

① 유용한 재무정보의 근본적 질적 특성은 목적적합성과 표현충실성이다.

② 재무정보에 예측가치, 확인가치 또는 이 둘 모두가 있다면 의사결정에 차이가 나도록 할 수 있다.

③ 검증가능성은 정보이용자가 항목 간의 유사점과 차이점을 식별하고 이해할 수 있게 하는 질적 특성이다.

④ 적시성은 의사결정에 영향을 미칠 수 있도록 의사결정자가 정보를 제때에 이용가능하게 하는 것을 의미한다.

26 재무정보의 질적 특성 중 중요성에 대한 설명으로 옳은 것은? [지방직 9급, 2018 기출]

① 근본적 질적 특성인 표현충실성을 갖추기 위한 요소이다.

② 인식을 위한 최소요건으로 정보이용자가 항목 간의 유사점과 차이점을 식별할 수 있게 한다.

③ 의사결정에 영향을 미칠 수 있도록 정보이용자가 정보를 적시에 이용 가능하게 하는 것을 의미한다.

④ 기업마다 다를 수 있기 때문에 기업 특유의 측면을 고려해야 한다.

27 재무정보의 질적 특성에 대한 설명으로 옳지 않은 것은? [국가직 9급, 2019 기출]

① 정보가 누락되거나 잘못 기재된 경우 특정 보고기업의 재무정보에 근거한 정보이용자의 의사결정에 영향을 줄 수 있다면 그 정보는 중요한 것이다.

② 재무정보에 예측가치, 확인가치 또는 이 둘 모두가 있다면 그 재무정보는 의사결정에 차이가 나도록 할 수 있다.

③ 검증가능성은 나타내고자 하는 현상을 충실하게 표현해야 한다는 표현충실성의 특성에 해당한다.

④ 이해가능성은 목적적합하고 충실하게 표현된 정보의 유용성을 보강시키는 질적 특성에 해당한다.

재무제표와 보고기업

대표예제 지방직 9급, 2014 기출

재무보고를 위한 개념체계에서 언급하고 있는 기본가정에 대한 설명으로 옳지 않은 것은?

① 재무제표는 일반적으로 기업이 계속기업이며 예상가능한 기간 동안 영업을 계속할 것이라는 가정하에 작성된다.

② 계속기업의 가정은 재무제표항목들을 역사적 원가로 보고하는 것에 정당성을 부여한다.

③ 유형자산에 대한 감가상각은 기업실체가 계속된다는 가정을 전제로 한다.

④ 경영활동을 청산하거나 중요하게 축소할 의도나 필요성이 있다면 계속기업을 가정한 기준과는 다른 기준을 적용하여 작성하는 것이 타당할 수 있으며 이때 적용한 기준은 별도로 공시할 필요가 없다.

해설 ④

보고기업이 재무제표를 작성함에서 있어서 계속기업의 가정이 타당하지 않은 경우 계속기업을 가정한 기준과는 다른 기준을 적용하여 작성하는 것이 타당할 수 있으며 이때 적용한 기준은 별도로 공시하여야 한다.
현재 재무보고를 위한 개념체계상 재무제표의 기본가정으로 존재하는 것은 계속기업이 유일하다. 계속기업의 가정은 기업이 예상가능한 기간 동안 영업을 계속할 것이라는 가정을 의미하는 것으로, 이 가정을 충족하는 경우에만 역사적 원가주의에 의한 회계처리 및 감가상각의 회계처리 등이 정당성을 부여받게 된다.

28 한국채택국제회계기준의 개념체계에 명시된 계속기업의 가정과 관련성이 가장 적은 것은?

[지방직 9급, 2013 기출]

① 역사적 원가주의 ② 수익 · 비용대응

③ 감가상각 ④ 청산가치

29 기업회계기준서 제1001호 '재무제표 표시'에 따른 재무제표 작성 및 표시의 일반원칙으로 옳지 않은 것은?

[국가직 9급, 2015 기출수정]

① 재무제표는 기업의 재무상태, 재무성과 및 현금흐름을 공정하게 표시해야 한다.

② 경영진이 기업을 청산하거나 경영활동을 중단할 의도를 가지고 있는 경우에도 계속기업을 전제로 재무제표를 작성한다.

③ 개념체계에 정의된 재무제표 요소 중 보고기업의 재무상태와 관련된 요소로는 자산, 부채 및 자본이 있다.

④ 개념체계에 정의된 재무제표 요소 중 보고기업의 재무성과와 관련된 요소로는 수익(income) 및 비용이 있다.

30 재무제표와 보고기업에 대한 설명으로 옳지 않은 것은? [국가직 7급, 2021 기출]

① 보고기업은 단일의 실체이거나 어떤 실체의 일부일 수 있으며, 둘 이상의 실체로 구성될 수도 있으므로, 보고기업이 반드시 법적 실체일 필요는 없다.

② 보고기업이 지배기업 단독인 경우 그 보고기업의 재무제표를 '비연결재무제표'라고 부른다.

③ 보고기업이 지배-종속관계로 모두 연결되어 있지는 않은 둘 이상 실체들로 구성된다면, 그 보고기업의 재무제표를 '결합재무제표'라고 부른다.

④ 연결재무제표는 특정 종속기업의 자산, 부채, 자본, 수익 및 비용에 대한 별도의 정보를 제공하기 위해 만들어졌다.

31 재무보고를 위한 개념체계에서 보고기업에 대한 설명으로 옳지 않은 것은? [국가직 9급, 2021 기출]

① 보고기업은 재무제표를 작성해야 하거나 작성하기로 선택한 기업이다.

② 보고기업은 둘 이상의 실체로 구성될 수도 있다.

③ 보고기업은 반드시 법적 실체와 일치한다.

④ 보고기업이 지배기업과 종속기업으로 구성된다면 그 보고기업의 재무제표를 연결재무제표라고 한다.

재무제표 요소의 정의 및 인식과 측정

대표예제

다음은 '재무보고를 위한 개념체계'에서 규정하고 있는 자산에 관련된 설명이다. 가장 옳은 것은?

① 자산이란 과거사건의 결과로 기업이 통제하는 현재의 경제적자원을 말하며, 경제적자원에 대한 통제를 위하여 반드시 그 자원을 소유하여야 한다.

② 자산은 미래경제적효익을 창출할 수 있는 현재의 권리를 말하는 것으로서 구체적으로는 미래경제적효익 자체를 의미하는 것이다.

③ 경제적효익을 창출할 잠재력을 지닌 권리는 반드시 상대방의 의무에 해당하여야 한다.

④ 기업이 가진 모든 권리가 그 기업의 자산이 되는 것은 아니다.

해답 ④

자산이란 과거사건의 결과로 기업이 통제하는 현재의 경제적자원으로서 경제적효익을 창출할 잠재력을 지닌 권리로 정의된다. 보기 ④이외의 모든 설명에는 오류가 있다. 이와 관련하여 자산의 특징을 열거하면 다음과 같다.

① 자산은 과거 거래나 그 밖의 사건에서 발생한다.

② 경제적자원에 대한 통제를 위하여 반드시 그 자원을 소유할 필요는 없다.

③ 경제적효익을 창출할 가능성이 낮더라도 해당 권리가 경제적자원의 정의를 충족할 수 있다.

④ 지출의 발생과 자산의 취득은 밀접하게 관련되어 있으나 양자가 반드시 일치하는 것은 아니다.

⑤ 자산은 미래경제적효익 자체를 의미하는 것이 아니라, 미래경제적효익을 창출할 수 있는 현재의 권리를 말한다.

⑥ 경제적효익을 창출할 잠재력을 지닌 권리는 반드시 상대방의 의무에 해당할 필요는 없다.

⑦ 기업이 가진 모든 권리가 그 기업의 자산이 되는 것은 아니다.

32 부채의 정의에 대한 설명으로 옳지 않은 것은? [국가직 7급, 2021 기출수정]

① 의무는 항상 다른 당사자(또는 당사자들)에게 이행해야 하며, 다른 당사자(또는 당사자들)는 사람이나 또 다른 기업, 사람들 또는 기업들의 집단, 사회 전반이 될 수 있는데, 의무를 이행할 대상인 당사자(또는 당사자들)의 신원을 반드시 알아야 한다.

② 기업이 실무 관행, 공개한 경영방침, 특정 성명(서)과 상충되는 방식으로 행동할 실제 능력이 없는 경우, 기업의 그러한 실무관행, 경영방침이나 성명(서)에서 의무가 발생할 수도 있다.

③ 의무에는 기업이 경제적자원을 다른 당사자(또는 당사자들)에게 이전하도록 요구받게 될 잠재력이 있어야 하며, 그러한 잠재력이 존재하기 위해서는, 기업이 경제적자원의 이전을 요구받을 것이 확실하거나 그 가능성이 높아야 하는 것은 아니다.

④ 새로운 법률이 제정되는 경우에는 법률제정 그 자체만으로 기업에 현재의무를 부여하기에 충분하지 않다.

33 재무보고를 위한 개념체계에 대한 설명으로 옳은 것만을 모두 고른 것은? [지방직 9급, 2016 기출수정]

㉠ 자산이나 부채를 인식하고 이에 따른 결과로 수익, 비용 또는 자본변동을 인식하는 것이 재무제표이용자들에게 유용한 정보를 모두 제공하는 경우에만 자산이나 부채를 인식한다.
㉡ 재무정보가 유용하기 위해서는 목적적합해야 하고 나타내고자 하는 바를 충실하게 표현해야 한다.
㉢ 비교가능성, 검증가능성, 중요성 및 이해가능성은 목적적합하고 충실하게 표현된 정보의 유용성을 보강시키는 질적 특성이다.
㉣ 재무보고를 위한 개념체계와 한국채택국제회계기준이 서로 상충하는 경우에는 개념체계가 우선하여 적용된다.

① ㄱ, ㄴ　　② ㄱ, ㄷ
③ ㄴ, ㄷ　　④ ㄴ, ㄹ

34 자산의 측정에 대한 설명으로 옳지 않은 것은? [국가직 9급, 2012 기출수정]

① 자산의 역사적 원가는 취득 또는 창출을 위해 지급한 대가에 거래원가를 합산한 개념이다.

② 취득시점에서 취득원가로 기록한 후 자산이나 부채의 기간경과에 따라 조정하는 상각후원가는 현행가치의 범주에 속한다.

③ 부채의 역사적 원가는 발생시키거나 인수하면서 수취한 대가에서 거래원가를 차감한 개념이다.

④ 공정가치는 측정일에 시장참여자 사이의 정상거래에서 자산을 매도할 때 받거나 부채를 이전할 때 지급하게 될 가격으로 정의된다.

35 재무상태 또는 성과측정과 관련된 재무제표 요소에 대한 설명으로 옳지 않은 것은? [지방직 9급, 2014 기출수정]

① 자산은 과거사건의 결과로 기업이 통제하는 현재의 경제적자원이다.

② 부채는 과거사건의 결과로 기업의 경제적자원을 이전해야 하는 현재의무이다.

③ 자본은 기업의 자산에서 모든 부채를 차감한 후의 잔여지분으로 자산과 부채 금액의 측정에 따라 결정되며, 자본 총액은 기업이 발행한 주식의 시가 총액과 같다.

④ 수익은 자본의 증가를 가져오는 자산의 증가나 부채의 감소로서, 자본청구권 보유자의 출자와 관련된 것은 제외한다.

36 다음은 재무보고를 위한 개념체계상의 자산과 관련된 설명이다. 타당하지 않은 것은?

[KICPA, 2010 기출수정]

① 수취채권과 부동산을 포함한 많은 종류의 자산은 소유권 등 법률적 권리와 관련되어 있다. 그런데 자산을 인식함에 있어서 소유권을 가지고 있는가의 여부가 필수적인 것은 아니다.

② 경제적효익을 창출할 가능성이 낮더라도 해당 권리가 경제적자원의 정의를 충족할 수 있다.

③ 일반적으로 지출의 발생과 자산의 취득은 밀접하게 관련되어 있다. 따라서 무상으로 증여받은 자산은 자산의 정의를 충족할 수 없다.

④ 자산은 과거의 거래나 그 밖의 사건에서 발생한다. 미래에 발생할 것으로 예상되는 거래나 사건 자체만으로는 자산이 창출되지 않는다.

37 재무상태표의 구성요소에 대한 설명으로 옳지 않은 것은? [국가직 9급, 2017 기출수정]

① 자산이란 과거사건의 결과로 기업이 통제하는 현재의 경제적자원으로서 경제적효익을 창출할 잠재력을 지닌 권리를 말한다.

② 자본은 주주에 대한 의무로서 기업이 가지고 있는 자원의 활용을 나타낸다.

③ 부채란 과거사건의 결과로 기업의 경제적자원을 이전해야 하는 현재의무이다.

④ 일반적으로 자본은 자본금, 자본잉여금, 자본조정, 기타포괄손익누계액, 이익잉여금으로 구분한다.

38 재무제표 요소의 측정에 대한 설명으로 옳지 않은 것은? [지방직 9급, 2017 기출수정]

① 역사적 원가로 측정하는 경우, 부채는 발생시키거나 인수하면서 수취한 대가에서 거래원가를 차감한 금액으로 기록한다.

② 현행원가로 측정하는 경우, 부채는 측정일 현재 동등한 부채에 대해 수취할 수 있는 대가에서 그 날에 발생할 거래원가를 차감한 금액으로 기록한다.

③ 이행가치로 측정하는 경우, 자산은 기업이 자산의 사용과 궁극적인 처분으로 얻을 것으로 기대하는 현금흐름 또는 그 밖의 경제적효익의 현재가치로 평가한다.

④ 공정가치란 측정일에 시장참여자 사이의 정상거래에서 자산을 매도할 때 받거나 부채를 이전할 때 지급하게 될 가격으로 정의된다.

39 자산은 '과거사건의 결과로 기업이 통제하는 현재의 경제적자원'으로 정의되는데 이에 대한 설명으로 옳지 않은 것은? [국가직 9급, 2018 기출수정]

① 과거사건의 결과라는 것은 미래에 발생할 것으로 예상되는 거래나 사건만으로는 자산을 인식하지 않는다는 것을 의미한다.

② 미래 경제적 효익은 직접 혹은 간접으로 기업의 미래현금흐름창출에 기여하는 잠재력을 의미한다.

③ 기업이 통제하고 있다는 것은 자산으로부터 발생하는 미래 경제적 효익을 해당 기업만이 누릴 수 있어야 한다는 것을 의미한다.

④ 경제적 효익에 대한 기업의 통제력은 일반적으로 법률적 권리로부터 나오므로 법적인 소유권이 없으면 자산으로 인식할 수 없다는 것을 의미한다.

40 재무보고를 위한 개념체계 중 부채에 대한 설명으로 옳지 않은 것은? [국가직 9급, 2019 기출수정]

① 과거사건의 결과로 기업이 경제적자원을 이전해야 하는 현재의무를 수반하더라도 금액을 추정해야 한다면 부채가 아니다.

② 의무란 기업이 회피할 수 있는 실제 능력이 없는 책무나 책임을 말하며, 의무는 항상 다른 당사자(또는 당사자들)에게 이행해야 한다.

③ 많은 의무가 계약, 법률 또는 이와 유사한 수단에 의해 성립되며, 당사자(또는 당사자들)가 채무자에게 법적으로 집행할 수 있도록 한다.

④ 기업이 실무 관행, 공개한 경영방침, 특정 성명(서)과 상충되는 방식으로 행동할 실제 능력이 없는 경우, 기업의 그러한 실무 관행, 경영방침이나 성명(서)에서 의무가 발생할 수도 있다.

41 '재무보고를 위한 개념체계'에 대한 설명으로 옳지 않은 것은? [국가직 7급, 2019 기출수정]

① 자산, 부채, 자본 그리고 수익이나 비용의 정의를 충족하는 항목만이 재무상태표 또는 재무성과표에 인식된다.

② 일반목적재무보고의 목적은 현재 및 잠재적 투자자, 대여자와 그 밖의 채권자가 기업에 자원을 제공하는 것과 관련된 의사결정을 할 때 유용한 보고기업 재무정보를 제공하는 것이다.

③ 비교가능성, 검증가능성, 중요성 및 적시성은 목적적합하고 충실하게 표현된 정보의 유용성을 보강해 주는 질적 특성이다.

④ 부채는 과거사건의 결과로 기업이 경제적자원을 이전해야 하는 현재의무이다.

42 재무제표 요소의 측정에 대한 다음의 설명과 가장 관련이 있는 측정기준은?

[국가직 9급, 2019 기출수정]

> • 자산은 측정일 현재 동등한 자산의 원가로서 측정일에 지급할 대가와 그 날에 발생할 거래원가를 포함한 금액으로 평가한다.
> • 부채는 측정일 현재 동등한 부채에 대해 수취할 수 있는 대가에서 그 날에 발생할 거래원가를 차감한 금액으로 평가한다.
> • 이 측정기준은 기업이 자산을 취득하거나 부채를 발생시킬 시장에서의 가격을 반영한다.

① 역사적원가　　② 현행원가

③ 사용가치 또는 이행가치　　④ 공정가치

43 재무보고를 위한 개념체계에서 제시된 '측정'에 대한 설명으로 옳지 않은 것은?

[국가직 7급, 2020 기출]

① 역사적 원가와는 달리 자산이나 부채의 현행가치는 자산이나 부채를 발생시킨 거래나 그 밖의 사건의 가격으로부터 부분적으로라도 도출되지 않는다.

② 자산의 공정가치는 측정일 현재 동등한 자산의 원가로서 측정일에 지급할 대가와 그날에 발생할 거래원가를 포함한다.

③ 사용가치는 기업이 자산의 사용과 궁극적인 처분으로 얻을 것으로 기대하는 현금흐름 또는 그 밖의 경제적효익의 현재가치이다.

④ 사용가치와 이행가치는 직접 관측될 수 없으며 현금흐름기준 측정기법으로 결정된다.

44 재무제표에 대한 설명으로 옳지 않은 것은? [지방직 9급, 2019 기출수정]

① 자산이나 부채를 인식하고 이에 따른 결과로 수익, 비용 또는 자본변동을 인식하는 것이 재무제표이용자들에게 유용한 정보를 제공하는 경우에만 자산이나 부채를 인식한다.

② 자산을 취득하거나 창출할 때의 역사적 원가는 자산의 취득 또는 창출에 발생한 원가의 가치로서, 자산을 취득 또는 창출하기 위하여 지급한 대가와 거래원가를 포함한다.

③ 재무제표는 일반적으로 보고기업이 계속기업이며 예측가능한 미래에 영업을 계속할 것이라는 가정 하에 작성된다.

④ 역사적 원가 측정기준을 금융자산과 금융부채에 적용하는 한 가지 방법은 공정가치로 측정하는 것이다.

제 3 절 정답 및 해설

일반목적재무보고와 한국채택국제회계기준

01 ②

일반목적재무보고서는 현재 및 잠재적 투자자, 대여자와 채권자가 필요로 하는 모든 정보를 제공하지는 않으며 제공할 수도 없다. 이것은 일반목적재무보고서가 가진 한계점이다. 참고로 재무회계개념체계에서는 일반목적재무보고(서)의 주요 한계점으로서 정보이용자의 의사결정에 도움이 되는 모든 정보를 제공하지 않는다는 점과 보고기업의 가치를 보여주기 위해 고안된 것이 아니라는 점을 들고 있다.

02 ④

공정가치 측정을 강조하고 있는 것은 한국채택국제회계기준의 큰 특징이다. 한국채택국제회계기준은 국제회계기준을 기초로 제정된 것이기 때문에 국제회계기준의 특징인 이른바, 원칙중심(principle based)의 회계기준이라는 점과 공정가치 측정(fair value measurement)을 강조하고 있다는 점 그리고 연결재무제표(consolidated financial statements)를 주 재무제표로 규정하고 있다는 특징을 가진다.

03 ②

모든 외부감사대상기업이 한국채택국제회계기준을 적용하는 것은 아니다.

04 ④

한국채택국제회계기준에서 규정하고 있는 재무제표의 종류에는 재무상태표, 포괄손익계산서, 자본변동표, 현금흐름표 및 주석이다. 사업보고서는 자본시장과 금융투자업에 관한 법률에 따라 거래소에 주권이나 사채권을 상장한 법인이 정기적으로 금융위원회와 거래소에 제출하는 보고서로서 동 보고서에는 기업의 재무정보가 포함되기는 하나, 한국채택국제회계기준에 열거된 재무제표는 아니다.

05 ②

ㄷ. 자본변동표는 일정 회계기간 동안의 기업의 자본의 변동내역에 관한 정보를 제공한다.
ㄹ. 재무제표의 작성과 표시에 대한 책임은 기업의 경영진에게 있고, 일정한 조건을 충족하는 경우에만 공인회계사에게 외부검토를 받아야 한다.

06 ①

주식회사 등의 외부감사에 관한 법률 제6조(재무제표의 작성 책임 및 제출) ①항에서는 다음과 같이 규정하고 있다.

"회사의 대표이사와 회계담당 임원(회계담당 임원이 없는 경우에는 회계업무를 집행하는 직원을 말한다. 이하 이 조에서 같다)은 해당 회사의 재무제표를 작성할 책임이 있다."

07 ①

경영자는 회계정보의 생산(공급)자이면서 수요자이기도 하다. 경영자는 기업의 경영의사결정을 위하여 해당 기업의 회계정보를 필요로 한다.

08 ③

보고기업의 경영진도 해당 기업에 대한 재무정보에 관심이 있다. 그러나 경영진은 필요로 하는 재무정보를 내부에서 구할 수 있기 때문에 일반목적재무보고서에 의존할 필요가 없다.

09 ②

일반목적재무보고서의 한계로서, 일반목적재무보고서는 현재 및 잠재적 투자자, 대여자와 그 밖의 채권자가 필요로 하는 모든 정보를 제공하지 못한다.

유용한 재무정보의 질적특성

10 ②

예측역할(예측가치)과 확인역할(확인가치)은 목적적합성의 하부속성이고 중립성(중립적 서술)과 완전성(완전한 서술)은 오류 없는 서술과 함께 표현충실성의 하부속성으로서 이 모두는 근본적 질적특성에 해당한다. 보기 ②의 검증가능성은 비교가능성, 적시성 그리고 이해가능성과 함께 보강적 질적특성을 구성한다.

11 ③

주어진 내용은 표현충실성에 대한 설명이다.

12 ②

일관성은 비교가능성과 관련은 되어 있지만 동일하지는 않다. 일관성은 한 보고기업 내에서 기간 간 또는 같은 기간 동안에 기업 간, 동일한 항목에 대해 동일한 방법을 적용하는 것을 말한다. 비교가능성은 목표이고 일관성은 그 목표를 달성하는 데 도움을 준다.

13 ④

재무정보에 예측가치, 확인가치 또는 이 둘 모두가 있다면 그 재무정보는 의사결정에 차이가 나도록 할 수 있으며, 이는 목적적합한 재무정보가 가지는 핵심적인 특징이다. 그리고 일반목적재무보고서에 정보를 누락하거나 잘못기재하는 경우 또는 불분명하게 기재하는 경우, 이를 기초로 내리는 주요 정보 이용자들의 의사결정에 영향을 줄것으로 합리적으로 예상할 수 있다면 그 정보는 중요한 것이다. 즉, 중요성은 개별 기업 재무보고서 관점에서 해당 정보와 관련된 항목의 성격이나 규모 또는 이 둘 다에 근거하여 해당 기업에 특유한 측면의 목적적합성을 의미한다. 따라서 목적적합성은 예측가치, 확인가치 및 중요성과 깊은 관련이 있다.

14 ③

유형자산의 취득원가를 ₩0으로 보고하는 것은 실제 발생한 원가에 대한 충실한 표현일 수는 있지만 해당 원가정보가 유용한 정보라고는 볼 수 없다.

15 ③

중립적 정보는 목적이 없거나 행동에 대한 영향력이 없는 정보를 의미하지 않는다. 오히려 목적적합한 재무정보는 정의상 정보이용자의 의사결정에 차이가 나도록 할 수 있는 정보이다.

16 ②

재무보고서가 나타내고자 하는 현상을 완전하고, 중립적이며, 오류가 없이 서술하여야 하는 것은 표현충실성(근본적 질적특성)에 대한 설명이다. 보기 ①은 비교가능성, 보기 ③은 적시성 그리고 보기 ④는 이해가능성에 대한 설명으로서 이들은 모두 보강적 질적특성에 해당된다.

17 ①

목적적합한 재무정보는 정보이용자의 의사결정에 차이가 나도록 할 수 있다. 이것이 목적적합성의 핵심이다.

18 ④

예측가능성(예측가치)은 목적적합성과 관련이 깊은 개념으로서, 목적적합성은 근본적 질적특성에 해당한다.

19 ①

오류가 없다는 것은 현상의 기술에 오류나 누락이 없고, 보고 정보를 생산하는 데 사용되는 절차의 선택과 적용 시 절차 상 오류가 없음을 의미한다. 이 맥락에서 오류가 없다는 것은 모든 면에서 완벽하게 정확하다는 것을 의미하지는 않는다.

20 ②

재무정보가 유용하기 위한 근본적 질적 특성은 목적적합성과 표현충실성이다.

21 ②

중요성에 대한 판단은 기업 및 기업환경의 특유한 측면을 고려하여야 하므로 회계기준위원회가 일률적으로 판단할 수 없는 것이다.

22 ④

표현충실성은 모든 면에서 정확한 것을 의미하지는 않는다. 오류가 없다는 것은 현상의 기술에 오류나 누락이 없고, 보고 정보를 생산하는 데 사용되는 절차의 선택과 적용 시 절차 상 오류가 없음을 의미한다. 이 맥락에서 오류가 없다는 것은 모든 면에서 완벽하게 정확하다는 것을 의미하지는 않는다.

23 ④

재무정보가 예측가치를 갖기 위해서는 그 자체가 명백한 예측치 또는 예상치 형태를 갖출 필요는 없다. 예를들어, 당기와 전기의 당기순이익에 대한 비교 표시는 그 자체로 예측치 또는 예상치가 아니지만 차기의 당기순이익을 예측하는데에 목적적합할 수 있다.

24 ④

표현충실성 그 자체가 반드시 유용한 정보를 만들어 내는 것은 아니다. 추정치로서 금액을 명확하고 정확하게 기술하고, 추정 절차의 성격과 한계를 설명하며, 그 추정치를 도출하기 위한 적절한 절차를 선택하고 적용하는 데 오류가 없다면 그 추정치의 표현은 충실하다고 할 수 있다.

25 ③

보기 ③의 설명은 검증가능성이 아니라 비교가능성에 대한 설명이다.

26 ④

① 중요성은 표현충실성 보다는 목적적합성과 관련이 깊다.
② 인식을 위한 최소요건인 것은 맞다. 그러나 이후의 표현은 비교가능성에 대한 설명이다.
③ 적시성에 대한 설명이다.

27 ③

검증가능성 역시 이해가능성과 마찬가지로 목적적합하고 충실하게 표현된 정보의 유용성을 보강시키는 질적 특성에 해당한다.

재무제표와 보고기업

28 ④

청산가치는 계속기업의 가정이 성립되지 않는 경우 사용될 수 있는 대안적인 측정 기준이다.

29 ②

경영진이 기업을 청산하거나 경영활동을 중단할 의도를 가지고 있는 경우에는 계속기업을 전제로 하여 재무제표를 작성하면 아니 된다. 이 경우에는 다른 적절한 기준(예를 들어 청산가치)으로 재무제표를 작성하여야 한다. 그리고 이때 적용한 기준은 별도로 공시하여야 한다.

30 ④

연결재무제표는 지배기업과 종속기업의 통합된 재무정보를 제공한다. 종속기업의 별도정보를 제공한다고 보기는 어렵다.

31 ③

보고기업은 반드시 법적 실체일 필요는 없다.

재무제표 요소의 정의 및 인식과 측정

32 ①

부채를 발생시키는 기업의 의무와 관련하여, 의무는 항상 다른 당사자(또는 당사자들)에게 이행해야 하는데, 여기서 의무를 이행할 대상인 당사자(또는 당사자들)의 신원을 알 필요는 없다.

33 ①

중요성은 개별 기업 재무보고서 관점에서 해당 기업에 특유한 측면의 목적적합성(근본적 질적특성)을 의미한다. 재무회계개념체계는 회계기준이 아니므로 한국채택국제회계기준과 서로 상충되는 경우에는 한국채택국제회계기준이 우선하여 적용된다.

34 ②

상각후원가는 역사적 원가의 범주에 포함되는 개념이다.

35 ③

자본은 기업의 자산에서 모든 부채를 차감한 후의 잔여지분으로 자산과 부채 금액의 측정에 따라 종속적으로 결정되는 것이므로, 자본 총액은 기업이 발행한 주식의 시가 총액과는 다른 것이다.

36 ③

자산의 취득에는 보통 지출의 발생을 수반하므로 지출의 발생과 자산의 취득이 밀접하게 관련되어 있는 것은 맞다. 그러나 자산은 과거 사건의 결과로 기업이 통제하고 있고 미래 경제적 효익이 유입될 것으로 기대되는 자원으로 정의되므로, 지출의 발생이 없다고 해서 자산으로 정의되지 않는 것은 아니다.

37 ②

자본은 자산에서 부채를 차감한 잔여지분으로서 주주의 청구권으로 해석할 수 있다. 주주에 대한 의무로 보기는 어렵다.

38 ③

주어진 보기는 이행가치가 아니라 사용가치에 대한 설명이다. 이행가치는 기업이 부채를 이행할 때 이전해야 하는 현금이나 그 밖의 경제적자원의 현재가치를 말한다.

39 ④

자산으로 인식할 수 있는지 여부는 법적 소유권의 존재여부와 무관하다.

40 ①

합리적인 추정의 사용은 재무정보 작성의 필수적인 부분이며 추정치를 명확하고 정확하게 기술하고 설명한다면 정보의 유용성을 훼손하지 않는다.

41 ③

중요성은 근본적 질적특성인 목적적합성과 관련된 특성이다.

42 ②

보기의 측정기준은 현행원가에 대한 설명이다.

43 ②

보기 ②는 현행원가에 대한 설명이다.

44 ④

역사적 원가 측정기준을 금융자산과 금융부채에 적용하는 한 가지 방법은 상각후원가로 측정하는 것이다. 공정가치는 현행원가 측정기준에 해당하는 것으로서 역사적 원가 측정기준을 적용하는 방법은 아니다.

CHAPTER 2

회계기록과 재무제표 작성의 원리

ACCOUNTING PRACTICE

제 1 절 주요내용 요약

학습목표

Ⅰ. 회계순환과정의 기초

Ⅱ. 거래의 기록과 집계

Ⅲ. 수정분개와 재무제표 작성

Ⅰ 회계순환과정의 기초

1. 회계순환과정

(1) 회계순환과정

발생한 거래를 분개장(또는 전산시스템)에 분개하고, 이를 전기하여 총계정원장의 각 계정에 이관시켜 계정별 정보를 누적 관리하다가 보고기간 말에 결산수정분개와 추가적인 전기를 거쳐 보고기간 말의 재무상태와 보고기간 동안의 재무성과를 확정한 후 이를 반영한 재무제표를 작성하는 절차가 매 보고기간 마다 반복되는데, 이러한 일련의 과정을 회계순환과정이라고 한다. 이렇게 회계적 순환을 거치는 한 보고기간 동안의 회계과정은 결국 회계기록과 재무제표 작성의 과정으로 이해할 수 있는데, 이에 대해 자세히 살펴보면 다음과 같다.

(2) 회계기록과 재무제표 작성과정

회계기록과 재무제표 작성의 과정은 다음과 같이 여러 단계로 구분할 수 있다.

단계구분	주요 절차 또는 절차의 의미
최초분개	거래에 대한 최초기록
전기	원장(총계정원장) 작성
시산표 작성	수정전시산표 작성
	수정분개 및 추가전기
	수정후시산표 작성
계정마감	마감분개
	마감분개에 대한 전기
재무제표 작성	재무상태표와 포괄손익계산서 작성

2. 거래의 식별과 거래요소

〈거래의 식별과 거래요소〉

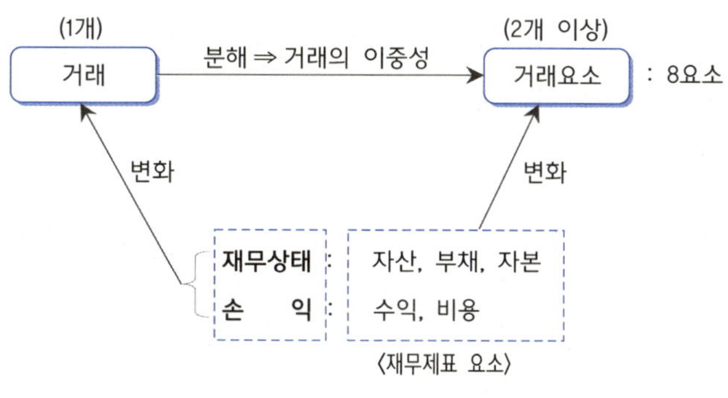

(1) 거래와 거래의 이중성

거래는 회계정보를 생산하는 원재료가 되는 것으로, 재무상태 등을 변화시키는 경제적 사건을 의미한다. 그리고, 거래의 이중성(duality of transaction)이란 하나의 거래가 둘 이상의 거래요소를 발생시킨다는 회계상 거래가 가진 고유의 특성이다. 거래를 기록하기 위해서는 거래를 분해하여야 하는데, 거래를 분해할 수 있는 이유는 거래가 가진 이중적 성격에 기인한다.

(2) 재무제표 요소

재무상태와 재무성과(손익)를 측정하기 위한 요소로 자산, 부채, 자본, 수익, 비용이 있는데 이들을 재무제표 요소라고 부른다.

(3) 거래요소

거래요소는 재무제표 요소의 변화를 의미하는 것이고 변화의 방향 등을 고려하는 경우 다음과 같은 총 8가지의 요소로 나누어진다.

차변요소	대변요소
자산의 증가	자산의 감소
부채의 감소	부채의 증가
자본의 감소	자본의 증가
비용의 발생	수익의 발생

3. 회계등식과 대차평균의 원리

(1) 회계등식

재무제표 요소는 재무상태표와 포괄손익계산서상에서 개념적으로 고유한 위치를 가진다. 다음은 이러한 고유위치를 나타내고 있다.

재무상태표		포괄손익계산서	
자산	부채	비용	수익
	자본	이익	
(차변)	(대변)	(차변)	(대변)

위의 그림은 재무제표 요소 중 자산과 비용은 차변에 위치하고, 부채와 자본 그리고 수익은 대변에 위치함을 나타낼 뿐만 아니라 자산은 부채와 자본의 합과 같고 수익에서 비용을 차감하면 이익이 산출됨을 나타내고 있기도 하다. 기본적인 회계등식은 이를 식의 형태로 나타낸 것인데, 이를 보다 확장한 회계등식으로 나타내기도 한다. 회계등식은 다음과 같이 요약할 수 있다.

구 분		회계등식의 형태		
기본적 회계등식	재무상태표 등식	자산	=	부채 + 자본
	포괄손익계산서 등식	비용 + 이익	=	수익
확장된 회계등식	결합 회계등식	자산 + 비용 + 이익	=	부채 + 자본 + 수익
	시산표 등식	자산 + 비용	=	부채 + 자본 + 수익

상기 회계등식을 해석하고 적용함에 있어 유의할 점은 결합 회계등식에 포함된 자본과 시산표 등식에 포함된 자본은 다른 것이라는 것이다. 결합 회계등식은 재무상태표 등식과 포괄손익계산서 등식의 차변은 차변끼리 더하고 대변은 대변끼리 더한 것으로서 재무상태표 등식의 대변에 포함된 자본이 보고기간 말의 자본(기말자본)을 의미하므로 결합 회계등식에 포함된 자본역시 동일한 의미를 가진다. 그러나 시산표 등식상의 자본은 시산표상의 자본을 의미하는 것으로서, 이는 보고기간 동안 수익과 비용의 발생으로 인하여 변동된 자본을 제외한 자본을 의미한다. 따라서 보고기간 동안 자본거래가 발생하지 않았다면 시산표 등식에 있는 자본은 보고기간 초의 자본(기초자본)을 의미한다. 요약하면 결합 회계등식상의 자본과 시산표 등식상의 자본은 다음의 관계를 가진다.

자본(결합 회계등식) = 자본(시산표 등식) + 이익(보고기간 중 발생)

(2) 대차평형의 원리

대차평형의 원리란 발생한 거래를 기록한 결과로 나타나는 차변요소와 대변요소의 금액합계는 항상 동일하다는 원리이다. 예를 들어, 은행에서 차입한 ₩100,000의 차입금을 이자발생액 ₩10,000을 가산하여 ₩110,000에 상환하는 경우, 차입금(부채)의 감소 ₩100,000과 현금(자산)의 감소 ₩110,000 그리고 이자비용(비용)의 발생 ₩10,000이 있는 것으로 분석된다. 이와 같은 하나의 거래를 통해 총 3개의 거래요소 즉, 자산의 감소, 부채의 감소, 비용의 발생이라는 거래요소가 생겨나는데, 이중에서 부채의 감소(₩100,000)와 비용의 발생(₩10,000)은 차변요소이고 자산의 감소(₩110,000)는 대변요소이다. 결과적으로 차변요소는 총 ₩100,000과 ₩10,000의 합계인 ₩110,000의 금액으로 기록되어 대변요소에 기록되는 ₩110,000과 동일하게 된다. 이를 대차평형의 원리라고 한다. 이상에서는 대차평형의 원리를 비록 하나의 거래를 통해 예시하였지만 여러 거래를 누적한 효과를 살펴보더라도 동일한 결과가 나타나는데 이를 통해 회계등식을 설명할 수 있다.

(3) 회계등식과 대차평형의 원리 간 관계

대차평형의 원리는 회계등식을 거래요소 관점에서 다시 정의한 것으로 볼 수 있다. 회계등식에 사용되는 재무제표 요소는 결국 거래의 결과로 누적된 잔액(자산, 부채 그리고 자본)이나 순발생액(수익과 비용)을 의미하는 것이므로, 회계등식은 최종 누적액의 관점에서 등식을 구성한 것이고 대차평형의 원리는 거래에 의한 재무제표 요소의 변화관점에서 등식을 구성한 것이다.

4. 자본의 변화와 거래인식

재무상태(자본)의 변화는 거래(자본거래 + 손익거래)의 결과이므로 자본의 변화는 자본거래 효과와 손익거래 효과로 구분하여 파악할 수도 있다. 거래의 효과와 자본의 변화사이에는 다음의 관계식이 성립한다.

> ① 자본의 변화 = 기말자본 - 기초자본 = 자산 증가 - 부채 증가 = ② + ③
> ② 자본거래 효과 = 유상증자 등 - 현금배당 등
> ③ 손익거래 효과 = 총포괄손익 = 당기손익 + 기타포괄손익 = 수익총액 - 비용총액

한국채택국제회계기준에서 기타포괄손익으로 인식하도록 규정한 항목은 재평가잉여금과 기타포괄손익-공정가치 측정 금융자산평가이익 등이 있으며, 이들을 제외한 대부분의 손익항목은 당기손익으로 인식한다.

II 거래의 기록과 집계

1. 거래의 최초기록(분개) 방법

(1) 분개(journalizing)의 의미

분개란 발생한 거래가 재무상태 및 재무성과(손익)에 미치는 영향을 분석하여 거래의 효과를 회계장부(분개장)에 차변과 대변으로 나누어 기록하는 최초의 거래기록행위를 의미한다.

(2) 분개기록의 대상

분개기록의 대상은 거래이지만 거래는 사실 추상적 개념으로서 이의 효과는 재무상태

와 손익의 구성요소인 자산, 부채, 자본 및 수익과 비용, 이른바 재무제표 요소의 변화형태로 기록하게 된다.

(3) 분개기록의 장소 : 분개장

발생된 거래는 그 거래가 발생한 순서대로 분개장에 기록된다. 거래의 분석으로부터 기록되는 분개장의 최종 기록내용은 다음과 같다.

분 개 장

일 자	회 계 처 리							
X월 X일	(차)	현	금	×××	(대)	자 본 금		×××

(4) 분개기록의 원리

분개기록의 원리는 기본 회계등식에서부터 출발한다. 기본 회계등식은 자산은 부채와 자본의 합계와 같다는 것으로서, 이 식은 어느 시점에나 성립하여야 한다. 따라서 다음이 성립하여야 한다.

- 기초 : 기초자산 = 기초부채 + 기초자본 ------------------ 식 (1)
- 기말 : 기말자산 = 기말부채 + 기말자본 ------------------ 식 (2)

한편 위 식 (2)에서 식 (1)을 차감하면, 자산, 부채 및 자본의 변동에 관한 다음의 등식을 얻는다.

- 자산변동 = 부채변동 + 자본변동 ------------------ 식 (3)

식 (3)에서 분개기록의 원리를 도출하기 위해서 다음의 3가지 기본적인 등식을 추가한다.

- 자본변동 = 납입자본 변동 + 손익발생 ------------------ 식 (4)
- 변동 = 증가 − 감소 ------------------ 식 (5)
- 손익발생 = 수익발생 − 비용발생 ------------------ 식 (6)

이제 식 (3)에 식 (4), (5), (6)을 반영하여 정리하면 다음의 등식을 얻는다.

- 자산변동 = 부채변동 + 납입자본변동 + 손익발생 ------------------ 식 (7)
- 자산증가 − 자산감소 = 부채증가 − 부채감소 + 납입자본 증가 − 납입자본 감소 + 수익발생 − 비용발생 -- 식 (8)

위 식 (8)은 합산부호(+)와 차감부호(−)가 공존한다. 차감부호를 없애기 위해서 차감부호(−)가 붙어있는 항을 이항하여 정리하면 다음과 같다.

> • 자산증가 + 부채감소 + 납입자본 감소 + 비용발생 = 자산감소 + 부채증가 + 납입자본 증가 + 수익발생
>
> 차변요소   대변요소

위의 등식은 거래의 8요소가 자연스럽게 차변요소와 대변요소로 맞물려 있는 모습을 나타내고 있다.

예를 들어, 현금이라는 자산을 100만원 감소시켜 건물임차료를 지급하였다면, ① 자산(현금)의 감소가 생김과 동시에 ② 비용(임차료비용)의 발생이 일어나게 된다. 이러한 거래효과를 차변요소와 대변요소로 구분하여 생각하면, 다음과 같이 분석될 수 있다.

> ① 자산(현금)의 감소 → 대변요소 100만원
> ② 비용(임차료비용)의 발생 → 차변요소 100만원

그리고 위와 같은 분석내용을 토대로 관련거래를 분개하면 다음과 같다.

> (차) 임차료비용 100만 (대) 현 금 100만

2. 계정의 기입(전기) 방법

(1) 계정(account)의 의의

계정이란 재무제표요소의 구체적인 항목에 붙여진 이름이다. 예를 들어, 자산이라는 재무제표요소는 현금이나 기계장치라는 보다 구체화된 계정과목으로 세분된다. 개념상 계정은 다음과 같은 T자 형태의 모양을 가진다고 본다.

계정명칭(계정과목)

차변(Dr)	대변(Cr)

(2) 전기(posting)의 의미

전기란 분개장(또는 전산시스템의 전표입력내용)의 정보를 총계정원장(G/L, general ledger)의 각 계정에 옮겨 적는 행위를 말한다. 이러한 행위를 통해서 거래의 순서별로 기록된 분개정

보가 계정별 정보로 반영되게 된다. 여기서 총계정원장이란 회사의 회계기록에 사용될 수 있는 모든계정이 관리되는 회계장부를 말하는데, 통상적으로 원장(ledger)이라고 부르기도 한다.

(3) 전기의 방법

분개기록에 사용된 거래요소에는 계정의 증감정보가 들어있다. 전기는 분개 정보를 이용하여 계정의 차변과 대변에 분개된 거래요소를 해당계정에 반영하는 것이다. 이를 계정의 종류별로 나누어 구체적으로 살펴보면 다음과 같다.

① 재무상태표 계정

자산계정의 경우 증가된 부분은 차변에 기록하고 감소된 부분은 대변에 기록하며, 일정시점에서 대변합계금액을 초과하는 차변합계금액이 해당시점의 잔액으로 파악된다. 부채나 자본의 경우에는 증가된 부분을 대변에 기록하고 감소된 부분은 차변에 기록하며, 일정시점에서 차변합계금액을 초과하는 대변합계금액이 해당시점의 잔액으로 파악된다.

② 포괄손익계산서 계정

수익이 발생한 경우에는 대변에 기록하고 비용이 발생한 경우에는 차변에 기록하는데, 소멸된 수익과 비용에 대해서는 반대편에 기록하여 일정기간 동안 수익계정의 차변합계금액을 초과하는 대변합계금액이 수익의 순발생액으로 파악되고, 비용계정의 대변합계금액을 초과하는 차변합계금액이 비용의 순발생액으로 파악된다.

3. 계정의 집계 : (수정전)시산표의 작성

(1) 시산표(T/B, trial balance)의 의의

시산표는 이전의 회계기록인 분개와 전기의 결과로 계정에 반영된 정보를 정리하여, 차변과 대변으로 구성된 단일의 표로 작성한 계정의 집계표이다. 시산표를 작성하는 목적은 그 동안의 회계기록(분개 및 전기)이 정확한지를 필요시 마다 검증하고, 결산시 재무제표 작성을 용이하게 하기 위함이다.

(2) 시산표의 종류

시산표는 집계되는 정보의 범위에 따라 합계시산표, 잔액시산표 그리고 합계잔액시산표로 구분되는데, 합계잔액시산표의 형식은 다음과 같다.

합계잔액시산표

차변		계정과목	대변	
잔액	합계		합계	잔액
×××	×××	자산계정	×××	
	×××	부채계정	×××	×××
	×××	자본계정	×××	×××
	×××	수익계정	×××	×××
×××	×××	비용계정	×××	
×××	×××	합 계	×××	×××

III 수정분개와 재무제표 작성

1. 수정분개

(1) 수정분개가 필요한 상황

모든 기업들의 일상적 거래기록이 항상 발생기준에 따라 회계처리되는 것은 아니고, 경우에 따라서는 현금을 받거나 지출하는 시점에 금액 전체를 수익 또는 비용으로 기록(현금주의)하기도 하는데, 이러한 경우에는 재무제표 작성 전에 반드시 이를 수정할 필요가 있다.

(2) 수정분개의 유형

수정분개의 유형은 크게 발생분개와 이연분개로 구분되는데, 각각의 내용은 다음과 같다.

유형구분	구분된 유형에 대한 설명
발생 분개	수익 또는 비용은 발생하였으나 아직 현금흐름이 일어나지 않은 항목에 대해 수익과 비용을 인식하는 분개
이연 분개	현금흐름이 발생하여 이미 수익과 비용으로 인식하였으나 아직 수익이나 비용의 인식시기가 도래하지 않은 것에 대해 수익이나 비용인식을 취소하고 자산과 부채를 인식하는 분개

(3) 수정분개에 사용되는 계정

수정분개시 기간별 손익을 배분하기 위해서는 다음과 같은 발생계정과 이연계정이 사용된다. 발생계정은 발생분개에 사용되는 계정이고, 이연계정은 이연분개에 사용되는 계정이다.

계정구분	계정과목	내용 설명
발생 계정	미수수익	수익의 인식시기는 도래하였으나 아직 대금이 회수되지 않은 경우 미래 대금의 수령권리를 나타내기 위해 사용하는 자산계정. 예를 들어, 미수이자나 미수수수료, 미수임대료 등이 있다.
	미지급비용	비용의 인식시기는 도래하였으나 아직 대금을 지급하지 않은 경우 미래 대금의 지급의무를 나타내기 위해 사용하는 부채계정. 예를 들어, 미지급이자나 미지급수수료, 미지급임차료, 미지급급여 등이 있다.
이연 계정	선수수익	수익의 인식시기는 아직 도래하지 않았으나 대금이 일찍 회수된 경우 미래 재화와 용역의 제공의무를 나타내기 위해 사용하는 부채계정. 예를 들어, 선수수수료나 선수임대료 등이 있다.
	선급비용	비용의 인식시기는 아직 도래하지 않았으나 대금을 일찍 지급한 경우 미래 재화와 용역을 제공받을 권리를 나타내기 위해 사용하는 자산계정. 예를 들어, 선급보험료나 선급임차료 등이 있다.

2. 현금기준과 발생기준

(1) 현금기준과 발생기준의 정의

현금기준(cash basis)과 발생기준(accrual basis)은 특정항목을 장부에 기록하는 시점을 정하는 기준을 말하는데, 다음과 같은 정의를 가진다.

구 분	거래의 인식시기
현금기준	현금의 유입 및 유출시점에 거래를 인식하는 방법
발생기준	현금흐름과 무관하게 거래의 발생시점에 거래를 인식하는 방법

(2) 현금기준과 발생기준의 비교

일반적으로 발생기준은 현금기준에 비해 재무상태 및 재무성과를 적절하게 보고하는 방법으로 받아들여지고 있기 때문에 한국채택국제회계기준에 따르면, 기업은 현금흐름 정보를 제외하고는 발생기준 회계를 사용하여 재무제표를 작성하여야 한다.

3. 계정의 마감

(1) 계정마감의 의의

결산일이 도래하면 계정을 마감하여 재무제표 작성에 사용하고, 차기의 회계기록을 위한 준비도 병행하게 된다. 계정마감의 의미와 방법은 재무상태표계정과 포괄손익계산서계정이 서로 다른데 구체적인 내용은 다음과 같다.

(2) 포괄손익계산서계정의 마감

포괄손익계산서계정 즉 수익과 비용계정의 마감방법은 다음과 같다. 보고기간 동안 해당계정(수익 또는 비용계정)의 순발생액을 파악하여 이를 집합손익계정에 대체시키면서 해당계정을 소멸시키고, 집합손익 계정의 순발생액을 다시 자본(이익잉여금이나 기타포괄손익누계액)계정에 대체시키면서 집합손익계정까지도 소멸시키는 방법을 사용한다. 한편 포괄손익계산서계정의 마감 시에는 다음과 같은 마감분개가 필요하며, 계정의 마감과정은 이러한 마감분개의 전기절차로 이해할 수도 있다.

① (차)	모든 수익계정	××	(대) 집합손익	××
② (차)	집합손익	××	(대) 모든 비용계정	××
③ (차)	집합손익	××	(대) 이익잉여금 등	××

수익과 비용계정이 집합손익 계정으로 마감되어 자본계정(예 : 이익잉여금)에 최종적으로 반영된 모습은 다음과 같다.

××수익

집합손익	×××	발생(현금 등)	×××
합 계	×××	합 계	×××

××비용

발생(현금 등)	×××	집합손익	×××
합 계	×××	합 계	×××

집합손익

모든 비용	×××	모든 수익	×××
이익잉여금	×××		×××
합 계	×××	합 계	×××

이익잉여금

배당(현금 등)	×××	전기이월	×××
차기이월	×××	집합손익	×××
합 계	×××	합 계	×××

(3) 재무상태표계정의 마감

재무상태표 즉 자산, 부채, 자본계정의 마감은 해당 시점의 차변합계금액과 대변합계금액의 차이를 그 시점의 잔액으로 파악하면서, 한 보고기간말의 잔액을 다음 보고기간초의 잔액으로 이월시키는 방법을 사용한다. 포괄손익계산서계정의 마감과는 달리 별도의 마감분개가 필요 없다는 점이 특징이다.

특정 자산계정의 전기말 잔액은 100이고, 당기중 취득분은 200이며 90을 처분한 경우

동 자산계정이 마감되는 과정은 다음과 같다.

××자산

전기이월	100	처분(현금 등)	90
취득(현금 등)	200		

마감 →

××자산

전기이월	100	처분(현금 등)	90
취득(현금 등)	200	차기이월	210
합 계	300	합 계	300

4. 재무상태표와 포괄손익계산서의 작성

(1) 포괄손익계산서의 작성

수정후 시산표상의 수익과 비용계정을 분류 및 요약하여 포괄손익계산서에 표시한다. 이때 수익이 비용을(에) 초과(미달)하는 금액은 순이익(손실)으로 표시한다.

(2) 재무상태표의 작성

수정후 시산표상의 자산과 부채 그리고 자본계정을 요약하여 재무상태표에 표시한다. 이때 당기 중 발생한 순이익(손실)을 자본계정(이익잉여금 또는 기타포괄손익누계액)에 반영한다.

제 2 절 기출 및 연습문제

거래의 최초기록(분개)

대표예제

회계상 거래의 식별과 기록방법에 대한 설명으로 옳은 것은?

① 회계상 거래는 일상적 의미의 거래와는 다른 개념으로서 자금의 유입과 유출이 수반되는 경제행위로 정의할 수 있다.

② 기업이 현금을 지급하고 건물을 취득하는 거래는 현금이 감소하고 동일한 금액의 건물이 증가하여 결국 자산총액에는 변화가 없게 되므로 회계상 거래로 볼 수 없다.

③ 기업의 본사사옥으로 사용할 건물의 임차계약을 체결하고 임차보증금을 지급한 경우 거래가 발생한 것이 아니므로 회계기록을 하지 않는다.

④ ₩1,000,000을 출자하여 사업을 개시하는 경우, 기업의 자산과 자본이 동일한 금액만큼 증가한다.

해답 ④

출자하여 사업을 개시하는 경우 출자한 금액만큼 현금이라는 자산이 증가하고, 동액만큼 납입자본(자본금 등)이 증가하므로 옳은 설명이다. 각각의 문항별로 살펴보면 다음과 같다.

① 회계상 거래가 일상적 의미의 거래와 다를 수 있다는 것은 맞는 설명이지만 반드시 자금의 유입이나 유출을 수반한다는 설명은 옳지 않다. 거래는 기업의 재무상태를 변화시키는 경제적 사건으로 정의되므로, 자금의 유출입이 없는 재무상태의 변화가 있다면 이 역시 거래로 볼 수 있다.

② 자산총액에는 변화가 없다 하더라도 자산내 구성이 변화하는 경우, 이 경우에도 재무상태 변화로 해석하여 거래로 식별한다.

③ 단순한 임대차 계약의 체결만으로는 회계상 거래로 식별할 수는 없으나 임차보증금을 지급한 경우 현금(자산)의 감소 임차보증금(자산)의 증가가 수반되므로 거래로 식별하여야 한다.

01 회계상 거래로 파악될 수 있는 내용으로 옳지 않은 것은? [국가직 7급, 2011 기출]

① ㈜창업은 손실처리 하였던 ₩500,000,000의 매출채권 중 ₩100,000,000을 채권추심기관을 통하여 회수하였다.

② ㈜창업은 당해연도 말 은행차입금에 대한 만기를 5년간 더 연장하는 것에 대하여 은행측 승인을 받았다.

③ ㈜창업은 보관중인 자재에 대한 재고조사에서 도난으로 인해 장부상의 금액보다 ₩500,000,000에 해당되는 재고자산이 부족한 것을 확인하였다.

④ ㈜창업은 제품전시회를 통하여 외국바이어와 ₩1,000,000,000의 수출판매계약과 함께 현지 대리점개설을 위한 양해각서(MOU)를 교환하였다.

02 다음은 기업에서 발생한 사건들을 나열한 것이다. 이 중 회계상의 거래에 해당되는 것을 모두 고른 것은? [지방직 7급, 2012 기출]

> ㉠ 현금 ₩50,000,000을 출자하여 회사를 설립하였다.
> ㉡ 원재료 ₩30,000,000을 구입하기로 계약서에 날인하였다.
> ㉢ 종업원 3명을 고용하기로 하고 근로계약서를 작성하였다. 계약서에는 월급여액과 상여금액을 합하여 1인당 ₩2,000,000으로 책정하였다.
> ㉣ 회사 사무실 임대계약을 하고 보증금 ₩100,000,000을 송금하였다.

① ㄱ, ㄴ, ㄷ, ㄹ　　② ㄱ, ㄴ, ㄹ

③ ㄱ, ㄹ　　④ ㄴ, ㄷ

03 다음 사건에서 발생시점에 분개하여야 할 회계거래는?

[국가직 9급, 2019 기출수정]

① 제품포장을 위해 계약직 직원을 일당 ₩100,000의 조건으로 매월 말 급여를 지급하기로 하고 채용하였다.

② 물류창고에서 화재가 발생하여 보유 중인 재고자산(장부금액 ₩2,000,000)이 전부 소실되었다.

③ 거래처로부터 신제품 100개를 개당 ₩1,000의 조건으로 월말까지 납품해 달라는 주문서를 받았다.

④ 다음 달 사무실을 이전하기로 하고 매월 말 ₩1,000,000의 임차료를 지급하는 계약을 건물주와 체결하였다.

04 ㈜한국이 차입금 ₩1,000과 이자 ₩120을 현금으로 변제 및 지급하였다. 이 거래에 대한 분석으로 옳은 것은?

[국가직 9급, 2013 기출]

① (차) 자산의 증가 (대) 부채의 증가와 수익발생

② (차) 자산의 증가 (대) 자산의 감소와 수익발생

③ (차) 부채의 감소와 비용의 발생 (대) 자산의 감소

④ (차) 자산의 증가와 비용의 발생 (대) 자산의 감소

회계등식과 시산표

대표예제 국가직 9급, 2013 기출수정

다음은 ㈜한국의 기말 현재 각 계정과목에 대한 잔액이다. 괄호 안에 들어갈 금액으로 가장 적절한 것은?

현 금	₩180	단기대여금	₩120
매출채권	₩267	손실충당금	₩2
상 품	₩85	건 물	₩400
매입채무	₩80	사 채	₩100
자 본 금	( )	이익잉여금	₩250

① ₩380 ② ₩620

③ ₩870 ④ ₩1,050

②

회계등식에 관한 문제이다. [자산 = 부채 + 자본]이 성립하여야 한다.

(1) 자산 = 현금 + 단기대여금 + 매출채권 − 손실충당금 + 상품 + 건물 = ₩1,050

(2) 부채 = 매입채무 + 사채 = ₩180

(3) 자본 = 자본금 + 이익잉여금 = 자산 − 부채 = ₩1,050 − ₩180 = ₩870

따라서 자본금은 ₩620이다.

참고로, 위의 자료를 이용하여 보고기간 말의 재무상태표를 작성하면 다음과 같다.

재무상태표

㈜한국 (단위 : 원)

현 금	180	매입채무	80
매출채권	267	사 채	100
손실충당금	(2)	자 본 금	?
단기대여금	120	이익잉여금	250
상 품	85		
건 물	400		
합 계	1,050	합 계	1,050

05 ㈜한국의 재무상태표상 기말자산항목과 기말부채항목이 다음과 같을 경우 기말자본의 금액은?

[국가직 9급, 2011 기출]

상 품	₩500,000	선 급 비 용	₩100,000
매 입 채 무	₩120,000	비 품	₩200,000
미 지 급 금	₩50,000	현 금	₩60,000
매 출 채 권	₩140,000	선 수 수 익	₩70,000

① ₩360,000 ② ₩560,000
③ ₩760,000 ④ ₩900,000

06 잔액시산표의 차변금액합계와 대변금액합계를 일치하지 않게 하는 경우는?

[국가직 9급, 2011 기출수정]

① 개발비 계정의 잔액을 잔액시산표의 연구비 계정에 기입하였다.
② 매출채권 계정의 잔액을 잔액시산표의 영업권 계정에 기입하였다.
③ 이자수익 계정의 잔액을 잔액시산표의 주식발행초과금 계정에 기입하였다.
④ 사채 계정의 잔액을 잔액시산표의 상각후원가 측정 금융자산 계정에 기입하였다.

07 다음 중 그 잔액이 시산표의 대변에 나타나지 않는 항목은? [국가직 9급, 2012 기출]

① 대여금 ② 미지급비용
③ 자본금 ④ 선수수익

08 ㈜한국의 수정후시산표상 자산, 부채, 수익, 비용, 자본금 금액이 다음과 같을 때, 기초이익잉여금은? [국가직 9급, 2021 기출]

계정과목	금 액	계정과목	금 액
매출	₩120,000	현금	₩130,000
매출원가	₩100,000	재고자산	₩200,000
급여	₩50,000	매입채무	₩170,000
선급비용	₩70,000	미지급금	₩50,000
미지급비용	₩80,000	미수수익	₩50,000
자본금	₩40,000	기초이익잉여금	?

① ₩40,000 ② ₩110,000
③ ₩140,000 ④ ₩300,000

09 시산표를 작성함으로써 발견할 수 있는 오류는?

[국가직 9급, 2015 기출]

① 상품을 판매한 거래에 대하여 두 번 분개한 경우

② 거래를 분개함에 있어서 차입금 계정의 차변에 기록하여야 하는데 대여금 계정의 차변에 기록한 경우

③ 실제 거래한 금액과 다르게 대변과 차변에 동일한 금액을 전기한 경우

④ 매출채권 계정의 차변에 전기해야 하는데 대변으로 전기한 경우

10 다음의 분개장 기록 내역 중 시산표 작성을 통해 항상 자동으로 발견되는 오류만을 모두 고르면?

[국가직 9급, 2021 기출]

ㄱ. 기계장치를 ₩800,000에 처분하고, '(차)현금 ₩800,000 / (대)기계장치 ₩80,000'으로 분개하였다.

ㄴ. 건물을 ₩600,000에 처분하고, '(차)현금 ₩600,000 / (대)토지 ₩600,000'으로 분개하였다.

ㄷ. 토지를 ₩300,000에 처분하고, '(차)토지 ₩300,000 / (대)현금 ₩300,000'으로 분개하였다.

ㄹ. 신입사원과 월 ₩500,000에 고용계약을 체결하고, '(차)급여 ₩500,000 / (대)미지급비용 ₩500,000'으로 분개하였다.

① ㄱ

② ㄱ, ㄹ

③ ㄱ, ㄴ, ㄷ

④ ㄱ, ㄴ, ㄷ, ㄹ

11 시산표를 작성하는 중 차변합계와 대변합계가 일치하지 않은 것을 발견하였다. 이와 관련하여 시산표상 차변합계와 대변합계가 일치하지 않는 원인은? [국가직 7급, 2020 기출]

① ₩50,000의 매입채무를 현금으로 상환하면서 분개를 누락하였다.

② ₩30,000의 토지를 외상으로 구입하면서 분개는 정확하게 하였지만, 원장으로 전기할 때 토지 계정 대신 건물 계정 차변에 ₩30,000, 미지급금 계정 대변에 ₩30,000으로 전기하였다.

③ [(차)매출채권 ₩35,000 / (대)매출 ₩35,000]의 분개를 원장으로 전기할 때 매출채권 계정 차변에 ₩53,000, 매출 계정 대변에 ₩35,000으로 전기하였다.

④ 건물 수선비를 현금 지급하면서 차변에 건물 ₩10,000, 대변에 현금 ₩10,000으로 분개하였다.

12 시산표의 작성을 통해서 발견할 수 있는 오류는? [국가직 9급, 2011 기출]

① 비품 ₩100,000을 현금으로 구입하면서 비품계정에 ₩100,000 차기하고, 현금계정에 ₩100,000 대기하는 기록을 두 번 반복하였다.

② 매입채무 ₩200,000을 현금으로 지급하면서 현금계정에 ₩100,000 대기하고, 매입채무계정에 ₩100,000 차기하였다.

③ 매출채권 ₩100,000을 현금으로 회수하면서 매출채권계정에 ₩100,000 차기하고, 현금계정에 ₩100,000 대기하였다.

④ 대여금 ₩100,000을 현금으로 회수하면서 현금계정에 ₩100,000 차기하고, 대여금계정에 ₩200,000 대기하였다.

13 시산표에 의해 발견되지 않는 오류는? [지방직 9급, 2012 기출]

① 매출채권 ₩720,000을 회수하고, 현금계정 ₩720,000을 차변기입하고, 매출채권계정 ₩702,000을 대변기입하다.

② 매출채권 ₩300,000을 회수하고, 현금계정 ₩300,000을 차변기입하고, 매출채권계정 ₩300,000을 차변기입하다.

③ 매출채권 ₩550,000을 회수하고, 현금계정 ₩550,000을 차변기입하고, 매출채권계정 대신 매입채무계정에 ₩550,000을 대변기입하다.

④ 위 모든 오류가 시산표를 작성하는 과정에서 발견될 수 있다.

14 ㈜한국은 20X2년 1월 1일에 영업을 시작하여 20X2년 12월 31일 다음과 같은 재무정보를 보고하였다. 재무제표의 설명으로 옳지 않은 것은? [국가직 9급, 2013 기출수정]

현금	₩500,000	자본금	₩200,000
사무용 가구	₩1,000,000	재고자산	₩350,000
매출	₩3,000,000	미지급금	₩200,000
잡비	₩50,000	매출원가	₩2,000,000
매입채무	₩600,000	감가상각비	₩100,000

① 재무상태표에 보고된 총자산은 ₩1,850,000이다.

② 재무상태표에 보고된 총부채는 ₩800,000이다.

③ 손익계산서에 보고된 당기순이익은 ₩800,000이다.

④ 재무상태표에 보고된 자본총계는 ₩1,050,000이다.

수정분개와 계정마감

대표예제 국가직 7급, 2012 기출

㈜대한의 회계담당자는 20X1년 회계연도 말 결산조정분개 시 다음의 사항을 누락하여 재무제표를 작성하였다. 이들 누락이 재무제표에 미치는 영향으로 옳은 것은?

- 기중에 구입한 소모품 ₩1,000,000을 소모품비로 처리하였으나 기말 현재 남아 있는 소모품은 ₩200,000이다.
- 20X1년 3월 1일 3년분 보험료 ₩3,600,000을 지급하면서 선급보험료로 처리하였다.
- 20X1년 12월 31일 현재 다음 달에 지급해야 할 12월분 급여 ₩5,000,000에 대한 회계처리가 이루어지지 않았다.
- 20X1년 당기에 발생한 이자수익 ₩1,000,000에 대한 회계처리가 이루어지지 않았다.

① 수익 ₩1,000,000 과소계상, 비용 ₩5,800,000 과소계상
② 자산 ₩800,000 과소계상, 부채 ₩5,000,000 과소계상
③ 당기순이익 ₩4,800,000 과대계상, 자산 ₩800,000 과소계상
④ 자본 ₩1,000,000 과대계상, 부채 ₩5,000,000 과소계상

정답 ①

각각의 항목들을 수정하기 위한 회계처리를 제시하면 다음과 같다.

• 소 모 품(비) :	(차)	소모품	200,000	(대)	소모품비	200,000
• (선급)보험료 :	(차)	보험료	1,000,000	(대)	선급보험료	1,000,000
• (미지급)급여 :	(차)	급 여	5,000,000	(대)	미지급급여	5,000,000
• (미수)이 자 :	(차)	미수이자	1,000,000	(대)	이자수익	1,000,000

(1) 자산의 영향 : ₩200,000 증가(과소계상)
(2) 부채의 영향 : ₩5,000,000 증가(과소계상)
(3) 자본의 영향 : ₩4,800,000 감소(과대계상)
(4) 수익의 영향 : ₩1,000,000 증가(과소계상)
(5) 비용의 영향 : ₩5,800,000 증가(과소계상)
(6) 당기순이익의 영향 : ₩4,800,000 감소(과대계상)

15 ㈜한국의 기말수정사항이 다음과 같을 때, 기말수정분개가 미치는 영향에 대한 설명으로 옳지 않은 것은? 단, 법인세는 무시한다. [국가직 9급, 2015 기출]

> • 4월 1일 1년간의 임차료 ₩120,000을 현금으로 지급하면서 전액을 임차료로 기록하였다.
> • 12월에 급여 ₩20,000이 발생되었으나, 기말 현재 미지급 상태이다.

① 수정후시산표의 차변합계가 ₩50,000만큼 증가한다.

② 당기순이익이 ₩10,000만큼 증가한다.

③ 자산총액이 ₩30,000만큼 증가한다.

④ 부채총액이 ₩20,000만큼 증가한다.

16 다음은 창고임대업을 영위하는 ㈜한국의 20X1년 결산 관련자료이다. [국가직 9급, 2019 기출]

계 정	내 용
보험료	• 기초 선급보험료 잔액 ₩3,000 • 7월 1일에 보험을 갱신하고 1년분 보험료 ₩12,000을 현금으로 지급하고 자산으로 회계처리함
임대료	• 기초 선수임대료 잔액 ₩3,000 • 4월 1일에 임대차계약을 갱신하고 1년분 임대료 ₩24,000을 현금으로 수령하고 수익으로 회계처리함

보험료와 임대료가 20X1년도 세전이익에 미치는 영향은? 단, 보험료와 임대료 이외의 다른 계정은 고려하지 않으며, 기간은 월할 계산한다.

① ₩12,000 ② ₩15,000

③ ₩18,000 ④ ₩21,000

17 ㈜한국의 20X7년 중 거래가 다음과 같을 때 옳은 것은? [국가직 9급, 2018 기출]

- ㈜한국은 20X7년 중 용역을 제공하기로 하고 현금 ₩120,000을 받았다. 20X7년 선수용역수익 계정의 기초잔액은 ₩30,000이고, 기말잔액은 ₩40,000일 때 20X7년도에 인식한 용역수익은?
- ㈜한국은 20X7년 중 건물임차료로 현금 ₩70,000을 미리 지급하였다. 20X7년 선급임차료 계정의 기초잔액은 ₩10,000이고, 기말잔액은 ₩30,000일 때 20X7년도에 인식한 임차료는?

① 용역수익 ₩110,000, 임차료 ₩50,000

② 용역수익 ₩110,000, 임차료 ₩70,000

③ 용역수익 ₩120,000, 임차료 ₩50,000

④ 용역수익 ₩120,000, 임차료 ₩70,000

18 경비용역을 제공하는 ㈜공무는 20X5년에 경비용역수익과 관련하여 현금 ₩1,000,000을 수령하였다. 경비용역 제공과 관련한 계정잔액이 다음과 같을 때, ㈜공무의 20X5년 포괄손익계산서상 경비용역수익은? 단, 경비용역수익과 관련된 다른 거래는 없다. [지방직 9급, 2018 기출수정]

	20X5년 1월 1일	20X5년 12월 31일
미수용역수익	₩700,000	₩800,000
선수용역수익	₩500,000	₩400,000

① ₩800,000 ② ₩1,000,000

③ ₩1,100,000 ④ ₩1,200,000

19 계정과목에 대한 설명으로 옳지 않은 것은? [지방직 9급, 2012 기출수정]

① 대여금 : 타인에게 현금을 대여했을 때 사용하는 계정으로, 자산계정이다.

② 손실충당금 : 기말 매출채권으로부터의 현금유입액의 현재 가치를 나타내기 위해 사용하는 매출채권총액의 차감계정으로, 자산의 차감계정이다.

③ 선급비용 : 비용으로 인식하기 전에 미리 대금을 지급한 경우에 사용하는 계정으로, 부채계정이다.

④ 선수수익 : 수익으로 인식하기 전에 미리 대금을 수취한 경우에 사용하는 계정으로, 부채계정이다.

20 다음은 ㈜한국의 임차료와 지급어음의 장부마감 전 계정별 원장이다. 장부마감시 각 계정별 원장에 기입할 내용으로 옳은 것은? [국가직 9급, 2016 기출]

임차료	
현 금 ₩50,000	선급비용 ₩40,000

지급어음	
	외상매입금 ₩50,000

① 임차료계정 원장의 차변에 차기이월 ₩10,000으로 마감한다.

② 임차료계정 원장의 대변에 집합손익 ₩10,000으로 마감한다.

③ 지급어음계정 원장의 대변에 차기이월 ₩50,000으로 마감한다.

④ 지급어음계정 원장의 차변에 집합손익 ₩50,000으로 마감한다.

21 결산정리사항 중 당기순이익에 미치는 영향이 나머지와 다른 하나는? [국가직 7급, 2012 기출]

① 선급보험료 계상　　② 선수임대료 계상

③ 대손상각비 계상　　④ 미지급이자 계상

22 20X1년 5월 31일에 월말 결산수정분개를 하기 전에 ㈜한국의 시산표상에 수익합계는 ₩7,000이고 비용합계는 ₩2,000이다. 수정전시산표에 반영되지 않은 다음의 결산수정항목들을 반영하여 산출한 20X1년 5월분 포괄손익계산서상의 당기순이익은? [국가직 7급, 2011 기출]

- 단기차입금에 대한 5월분 이자발생액이 ₩800이다.
- 5월초의 선급보험료 중 5월분에 해당하는 금액은 ₩700이다.
- 전월에 선수용역수익으로 받은 금액 가운데 5월에 용역제공이 완료된 금액은 ₩700이다.
- 용역제공은 이미 완료됐지만 아직 받지 못한 금액이 ₩600이다.

① ₩4,800　　② ₩5,000

③ ₩5,100　　④ ₩5,200

23 ㈜한국의 수정전시산표상 소모품은 ₩160,000이고, 기말 현재 남아있는 소모품이 ₩70,000이다. 수정분개로 옳은 것은?

[국가직 9급, 2013 기출]

① (차) 소모품비 ₩90,000 (대) 소 모 품 ₩90,000

② (차) 소모품비 ₩70,000 (대) 소 모 품 ₩70,000

③ (차) 소 모 품 ₩90,000 (대) 소모품비 ₩90,000

④ (차) 소 모 품 ₩70,000 (대) 소모품비 ₩70,000

24 ㈜한국의 20X2년 12월 31일 수정전시산표와 추가적 정보는 다음과 같다. 수정분개로 옳은 것은?

[국가직 9급, 2013 기출]

<수정전시산표>

매 출 채 권	₩200,000
선 수 수 익	₩60,000
선 급 임 차 료	₩120,000
선 급 보 험 료	₩24,000

<추가적 정보>

㉠ 20X2년 12월 31일을 기준으로 선수수익의 3분의 1에 해당하는 용역을 제공하였다.
㉡ 20X2년 9월 1일 1년분의 보험료를 지급하고, 선급보험료로 회계처리하였다.
㉢ 대금이 회수되지 않은 용역제공분 ₩6,000에 대하여 회계처리하지 않았다.
㉣ 6개월분의 선급임차료에 대한 거래는 20×2년 10월 1일에 발생하였다.

① ㉠ : (차) 선수수익 ₩20,000 (대) 매출원가 ₩20,000

② ㉡ : (차) 선급보험료 ₩8,000 (대) 보험료 ₩8,000

③ ㉢ : (차) 현금 ₩6,000 (대) 용역매출 ₩6,000

④ ㉣ : (차) 임차료 ₩60,000 (대) 선급임차료 ₩60,000

25 ㈜한국의 20X2년 말 소모품 재고액은 ₩50,000이다. ㈜한국은 20X3년 중에 소모품 ₩100,000어치를 현금으로 구입하고 이를 소모품비로 회계처리하였다. 20X3년 말에 소모품 재고를 실사한 결과 ₩70,000의 소모품이 남아 있음을 확인하였다. 이와 관련하여 20X3년 말의 결산수정분개로 옳은 것은?

[국가직 9급, 2014 기출]

① (차) 소 모 품 20,000 (대) 소모품비 20,000

② (차) 소모품비 20,000 (대) 소 모 품 20,000

③ (차) 소 모 품 30,000 (대) 소모품비 30,000

④ (차) 소모품비 30,000 (대) 소 모 품 30,000

26 ㈜한국의 20X4년 12월 31일 결산 시 당기순이익 ₩400,000이 산출되었으나, 다음과 같은 사항이 누락되었다. 누락 사항을 반영할 경우의 당기순이익은? 단, 법인세는 무시한다.

[국가직 9급, 2015 기출]

- 기중 소모품 ₩50,000을 구입하여 자산으로 기록하였고 기말 현재 소모품 중 ₩22,000이 남아있다.
- 20X4년 12월분 급여로 20X5년 1월 초에 지급 예정인 금액 ₩25,000이 있다.
- 20X4년 7월 1일에 현금 ₩120,000을 은행에 예금하였다(연이자율 10%, 이자지급일은 매년 6월 30일).
- 20X4년도의 임차료 ₩12,000이 미지급 상태이다.

① ₩341,000 ② ₩347,000

③ ₩353,000 ④ ₩369,000

27 회계 기말에 행할 결산수정 사항이 아닌 것은?

[국가직 9급, 2016 기출수정]

① 기중에 사용된 소모품 금액을 소모품 계정으로부터 소모품비 계정으로 대체한다.

② 거래 중인 회사의 부도로 손상이 확정된 매출채권에 대해 손실충당금과 상계처리한다.

③ 건물에 대한 감가상각비를 인식한다.

④ 실지재고조사법에 따라 상품에 대한 매출원가를 인식한다.

28 ㈜한국은 기초 소모품이 ₩5,000이었고, 기중에 소모품 ₩6,000을 추가로 구입하고 자산으로 처리하였다. 기말에 남아 있는 소모품이 ₩3,000이라면, 소모품과 관련된 기말 수정분개는?

[국가직 9급, 2011 기출]

	차 변		대 변	
①	소모품비	8,000	소 모 품	8,000
②	소 모 품	3,000	소모품비	3,000
③	소모품비	3,000	소 모 품	3,000
④	소 모 품	8,000	소모품비	8,000

29 ㈜한국은 보험료를 1년 단위로 납부한다. 보험료 납부 시에 일괄적으로 보험료로 비용처리 한 후, 기말 결산 시에 미경과분에 대하여 선급비용으로 수정분개 처리를 하지 않았다면 당기에 기업에 미치는 영향은? [국가직 9급, 2012 기출]

① 자산, 순이익, 자본의 과대계상

② 자산, 순이익, 자본의 과소계상

③ 부채의 과대계상, 순이익과 자본의 과소계상

④ 당기에 아무런 영향 없음

30 ㈜한국의 20X3년 12월 31일 수정전잔액시산표의 차변합계와 대변합계는 각각 ₩3,000,000이었다. 다음의 사항을 반영한 ㈜한국의 수정후잔액시산표의 차변합계는? [국가직 7급, 2014 기출]

㉠ 선급임차료의 소멸	₩200,000
㉡ 건물감가상각비(감가상각누계액 설정법)	450,000
㉢ 미지급급여	250,000
㉣ 금융자산평가이익(당기이익)	150,000

① ₩3,650,000 ② ₩3,850,000

③ ₩3,900,000 ④ ₩4,050,000

31 ㈜한국의 결산수정사항이 다음과 같은 경우, 기말수정분개가 미치는 영향으로 옳지 않은 것은? 단, 법인세비용에 미치는 영향은 없다고 가정한다. [지방직 9급, 2015 기출]

- 4월 1일 1년간의 보험료 ₩12,000을 지급하고 전액을 선급보험료계정에 차기하였다.
- 당해 회계연도의 임대료 수익 ₩6,000이 발생되었으나 12월 31일 현재 회수되지 않고 다음 달 말일에 회수할 예정이다.

① 수정후잔액시산표의 대변합계는 ₩6,000만큼 증가한다.

② 당기순이익이 ₩3,000만큼 증가한다.

③ 자산총액이 ₩3,000만큼 감소한다.

④ 부채총액은 변동이 없다.

32 다음은 ㈜한국과 관련된 거래이다. 기말 수정분개가 재무제표에 미치는 영향으로 옳은 것은? 단, 기간은 월할 계산한다. [국가직 9급, 2021 기출]

- 8월 1일 건물을 1년간 임대하기로 하고, 현금 ₩2,400을 수취하면서 임대수익으로 기록하였다.
- 10월 1일 거래처에 현금 ₩10,000을 대여하고, 1년 후 원금과 이자(연 이자율 4 %)를 회수하기로 하였다.
- 11월 1일 보험료 2년분 ₩2,400을 현금지급하고, 보험료로 회계처리하였다.

① 자산이 ₩2,100만큼 증가한다.

② 비용이 ₩200만큼 증가한다.

③ 수익이 ₩100만큼 증가한다.

④ 당기순이익이 ₩900만큼 증가한다.

33 수정전시산표와 수정후시산표의 비교를 통한 수정분개 추정으로 옳지 않은 것은?

[국가직 9급, 2017 기출]

구 분	계정과목	수정전시산표	수정후시산표
㉠	이자비용	₩3,000	₩5,000
	미지급이자	₩1,000	₩3,000
㉡	상품	₩1,500	₩2,500
	매입	₩6,000	₩0
	매출원가	₩0	₩5,000
㉢	선급보험료	₩2,400	₩1,200
	보험료	₩2,000	₩3,200
㉣	선수임대수익	₩1,800	₩1,200
	임대수익	₩1,500	₩2,100

	구분	회계처리			
		차 변		대 변	
①	㉠	이자비용	₩2,000	미지급이자	₩2,000
②	㉡	매출원가	₩6,000	매 입	₩7,000
		상 품	₩1,000		
③	㉢	보험료	₩1,200	선급보험료	₩1,200
④	㉣	선수임대수익	₩600	임대수익	₩600

34 ㈜한국은 20X5년 3월 1일에 건물 임대 시 1년분 임대료 ₩360,000을 현금으로 수취하고 임대수익으로 처리하였으나 기말에 수정분개를 누락하였다. 그 결과 20X5년도 재무제표에 미치는 영향으로 옳은 것은?

[지방직 9급, 2017 기출]

① 자산총계 ₩60,000 과대계상

② 자본총계 ₩60,000 과소계상

③ 부채총계 ₩60,000 과소계상

④ 비용총계 ₩60,000 과대계상

35 ㈜한국의 20X1년도 미수이자와 선수임대료의 기초잔액과 기말잔액은 다음과 같다. 당기 중 현금으로 수령한 이자는 ₩7,000이고 임대료로 인식한 수익은 ₩10,000이다. ㈜한국의 이자수익과 임대수익에 대한 설명으로 옳지 않은 것은?

[국가직 7급, 2017 기출]

구 분	기초 잔액	기말 잔액
미수이자	₩2,000	₩3,200
선수임대료	₩4,000	₩3,500

① 수익으로 인식된 이자수익은 ₩8,200이다.

② 현금으로 수령한 임대료는 ₩9,500이다.

③ 이자와 임대료로 인한 수익 증가액은 ₩17,700이다.

④ 이자와 임대료로 인한 현금 증가액은 ₩16,500이다.

36 기말수정사항이 다음과 같을 때, 기말수정분개가 미치는 영향으로 옳지 않은 것은?

[국가직 9급, 2018 기출]

- 기중에 구입한 소모품 ₩1,000,000을 소모품비로 처리하였으나, 기말 현재 남아 있는 소모품은 ₩200,000이다. 단, 기초 소모품 재고액은 없다.
- 당기에 발생한 미수이자수익 ₩1,000,000에 대한 회계처리가 이루어지지 않았다.

① 당기순이익이 ₩800,000 증가한다.

② 자산총액이 ₩1,200,000 증가한다.

③ 부채총액은 변동이 없다.

④ 수정후잔액시산표의 차변합계가 ₩1,000,000 증가한다.

37 ㈜한국이 다음 결산수정사항들을 반영한 결과에 대한 설명으로 옳은 것은?

[국가직 7급, 2017 기출수정]

<수정전시산표 잔액>

• 자 산	₩120,000	• 부 채	₩80,000
• 수 익	₩90,000	• 비 용	₩70,000

<결산수정사항>

- 당기 중 건물을 임대하면서 현금 ₩6,000을 받고 모두 수익으로 처리하였다. 이 중 당기에 해당하는 임대료는 ₩2,000이다.
- 당기 중 보험료 ₩5,000을 지급하면서 모두 자산으로 처리하였다. 이 중 다음 연도에 해당하는 보험료는 ₩2,000이다.
- 차입금에 대한 당기 발생이자는 ₩1,000이다.
- 대여금에 대한 당기 발생이자는 ₩2,000이다.

① 수정후시산표상의 수익은 ₩92,000이다.

② 수정후시산표상의 비용은 ₩78,000이다.

③ 포괄손익계산서상의 당기순이익은 ₩14,000이다.

④ 수정후시산표상의 자산총액은 ₩121,000이다.

38 ㈜한국은 실지재고조사법을 사용하고 있으며 20X1년 수정전 당기순이익은 ₩1,000,000이다. 다음의 20X1년도 결산정리사항을 반영한 후에 계산되는 ㈜한국의 당기순이익은?

[국가직 7급, 2017 기출수정]

• 매출채권 현금회수	₩130,000
• 기말재고상품의 누락	₩40,000
• 비용으로 처리한 사무용품 미사용액	₩70,000
• 정기예금에서 당기 발생한 미수이자	₩70,000
• 외상매입금 현금지급	₩150,000
• 선수수익의 실현	₩30,000
• 이자수익 중 선수분	₩100,000

① ₩1,010,000　② ₩1,020,000

③ ₩1,040,000　④ ₩1,110,000

39 ㈜한국의 다음 거래에 대한 기말수정분개로 옳지 않은 것은? 단, 모든 거래는 월할 계산한다.

[국가직 9급, 2019 기출]

구 분	거 래
㉠	12월 1일에 대여금의 향후 3개월분 이자수익 ₩9,000을 현금으로 수령하고 전액 선수수익으로 계상하였다.
㉡	소모품 ₩5,000을 현금 구입하고 소모품으로 계상하였다. 기말 실사 결과 소모품 재고는 ₩2,000이었다.
㉢	12월 1일에 향후 3개월분 이자비용 ₩3,000을 현금으로 지급하고 이를 전액 이자비용으로 계상하였다.
㉣	12월 1일에 비품 ₩6,000을 구입하였다. 비품의 내용연수는 5년, 잔존가치는 없으며 정액법으로 상각한다.

		차 변		대 변	
①	㉠	이자수익	₩3,000	선수수익	₩3,000
②	㉡	소모품비	₩3,000	소모품	₩3,000
③	㉢	선급비용	₩2,000	이자비용	₩2,00
④	㉣	감가상각비	₩100	감가상각누계액	₩100

40 ㈜한국(보험회사가 아님)은 회계연도 중에는 현금주의에 따라 회계처리하며, 기말수정분개를 통해 발생주의로 전환하여 재무제표를 작성한다. ㈜한국의 기말 수정후시산표상 차변(또는 대변)의 합계금액은 ₩1,025,000이다. 기말수정사항이 다음과 같을 때, 수정전시산표상 차변(또는 대변)의 합계금액은?

[국가직 9급, 2019 기출수정]

- 소모품 기말재고액 ₩30,000
- 기간 미경과 보험료 ₩55,000
- 미수수익 미계상액 ₩15,000
- 미지급이자 미계상액 ₩10,000

① ₩915,000
② ₩965,000
③ ₩1,000,000
④ ₩1,025,000

41 ㈜한국은 매월 말 결산을 하고 재무제표를 작성한다. ㈜한국의 20X1년 3월 31일 수정전시산표상 총수익과 총비용은 각각 ₩10,000과 ₩4,500이다. 다음과 같은 수정분개 사항이 있다고 할 때, 20X1년 3월 31일에 보고할 포괄손익계산서상 당기순이익은? [국가직 7급, 2019 기출]

- 직원의 3월 급여 ₩900이 발생하였으며 4월 10일에 지급될 예정이다.
- 3월 건물 임대료가 ₩500 발생하였으나 아직 현금으로 수취하지 못하였다.
- 건물에 대한 3월 감가상각비가 ₩400이다.
- 2월에 구입하여 자산으로 기록한 소모품 중 3월에 사용한 소모품은 ₩200이다.
- 2월에 선수수익으로 계상한 금액 중 3월에 제공한 용역이 ₩1,200이다.

① ₩4,500 ② ₩5,200
③ ₩5,700 ④ ₩6,100

42 ㈜한국의 다음 기말조정사항에 대한 수정분개가 당기순이익에 미치는 영향(증가 또는 감소)이 나머지 셋과 다른 것은? [국가직 9급, 2020 기출]

① 당기 7월 1일에 1년 만기 정기예금(연 6% 이자율)에 가입하고 현금 ₩1,000,000을 입금하였으나, 결산일까지 이자 수령일이 도래하지 않아 이자관련 회계처리는 하지 않았다.

② 비품에 대한 당기 감가상각비 ₩30,000을 회계처리 하지 않았다.

③ 당기 11월 1일에 소모품을 ₩50,000에 현금으로 구입하고 자산으로 인식하였다. 기말 결산일에 미사용 소모품₩20,000이 남아 있음을 확인하였다.

④ 당기 4월 1일부터 회사 건물을 ㈜민국에게 1년간 임대하고, 1개월에 ₩10,000씩 1년분 임대료 ₩120,000을 현금으로 받아 전액 수익으로 기록하였다.

43 ㈜한국의 20X1년 중 발생한 거래는 다음과 같다.

> (1) 20X1년 7월 1일 만기 1년의 정기예금에 현금 ₩100,000을 예치하였다. 정기예금의 연 이자율은 4%이며, 만기시점에 이자를 받는다.
> (2) 종업원에 대한 급여는 매월 말에 지급했으나, 20X1년 12월 급여 ₩1,000은 20X1년 12월 31일에 지급하지 않고 20X2년 1월 3일에 지급하였다.
> (3) 20X1년 11월 1일에 창고를 6개월간 임대하고, 1개월에 ₩1,000씩 6개월 임대료 ₩6,000을 현금으로 받아 수익으로 처리하였다.

20X1년에 발생한 기중 거래 및 결산 수정사항을 반영하여 발생기준과 현금기준으로 회계처리 하였을 때, 20X1년 당기순이익에 각각 미치는 영향은? 단, 20X1년 11월 이전의 급여는 고려하지 아니한다.

[국가직 9급, 2020 기출수정]

	발생기준	현금기준
①	₩3,000 감소	₩0
②	₩3,000 증가	₩0
③	₩3,000 증가	₩6,000 증가
④	₩3,000 감소	₩6,000 증가

44 다음은 ㈜한국의 20X1년 12월 31일 현재의 수정후시산표잔액이다.

계정과목	차변	계정과목	대변
현금	₩20,000	매입채무	₩20,000
매출채권	₩10,000	차입금	₩100,000
재고자산	₩5,000	감가상각누계액	₩50,000
토지	₩100,000	대손충당금	₩2,000
건물	₩200,000	자본금	?
매출원가	₩10,000	이익잉여금	₩9,000
감가상각비	₩5,000	매출	₩20,000
급여	₩1,000		
합 계	₩351,000	합 계	₩351,000

㈜한국의 20X1년 12월 31일 현재 재무상태표의 이익잉여금과 자본총계는?

[국가직 9급, 2020 기출]

	이익잉여금	자본총계
①	₩13,000	₩163,000
②	₩13,000	₩150,000
③	₩10,000	₩150,000
④	₩10,000	₩163,000

45 다음과 같은 현금 원장의 내용에 기반하여 추정한 날짜별 거래로 옳지 않은 것은?

[국가직 9급, 2021 기출]

현 금

1월 15일	용역수익	70,000	1월 2일	소모품	50,000
1월 18일	차입금	100,000	1월 5일	비품	75,000
			1월 31일	미지급급여	20,000

① 1월 2일 소모품 구입을 위하여 현금 ₩50,000을 지급하였다.

② 1월 15일 용역을 제공하고 현금 ₩70,000을 수취하였다.

③ 1월 18일 차입금 상환을 위하여 현금 ₩100,000을 지급하였다.

④ 1월 31일 미지급급여 ₩20,000을 현금으로 지급하였다.

거래효과의 분석과 자본의 변화

대표예제 국가직 9급, 2011 기출

㈜대한의 20X1회계연도 기초 자산총계는 ₩4,000,000이며, 기초와 기말시점의 부채총계는 각각 ₩2,000,000과 ₩1,500,000이다. 또한, 당기 포괄손익계산서상 수익총액이 ₩7,000,000, 비용총액이 ₩6,500,000이고, 당기중 주주의 출자액이 ₩1,000,000일 때 기말 자산총계는? 단, 기타포괄손익은 없는 것으로 가정한다.

① ₩2,500,000 ② ₩3,000,000

③ ₩3,500,000 ④ ₩5,000,000

해답 ④

재무상태(자본)의 변화는 거래(자본거래 + 손익거래)의 결과이다.

(1) 자본거래 효과 = 주주출자액(당기 중 배당은 없음) = ₩1,000,000

(2) 손익거래 효과 = 수익총액 − 비용총액 = ₩500,000

(3) 자본의 변화 = 기말자본 − 기초자본(₩2,000,000) = ₩1,500,000

① 기말자본 = 기말자산 − 기말부채(₩1,500,000) = ₩3,500,000

② 기말자산 = 기말부채 + 기말자본 = ₩5,000,000

참고로, 주어진 자료를 이용하여 기초와 기말시점의 재무상태표와 보고기간 동안의 거래에 대한 회계처리를 제시하면 다음과 같다.

재무상태표

㈜대한 20X1.1.1 (단위 : 원)

자산	4,000,000	부채	2,000,000
		자본	2,000,000
합계	4,000,000	합계	4,000,000

재무상태표

㈜대한 20X1.12.31. (단위 : 원)

자산	5,000,000	부채	1,500,000
		자본	3,500,000
합계	5,000,000	합계	5,000,000

- 자본거래 : (차) 현 금 1,000,000 (대) 자본금 등 1,000,000
- 손익거래 : (차) 집합손익* 500,000 (대) 이익잉여금 500,000

* 수익에서 비용을 차감한 금액(당기순손익)

46 다음 A ~ C의 세 가지 거래는 독립적인 거래이다. ㉠ ~ ㉢의 금액을 옳게 짝 지은 것은? 단, 제시된 자료 외의 자본거래는 없다.

[지방직 9급, 2018 기출]

거래	기초자산	기초부채	기말부채	기말자본	총수익	총비용	배당금
A	㉠	₩3,000	₩8,000	₩9,000	₩9,000	₩10,000	₩2,000
B	₩15,000	₩9,000	₩10,000	㉡	₩10,000	₩7,000	₩3,000
C	₩20,000	₩15,000	₩9,000	₩7,000	㉢	₩8,000	₩4,000

	㉠	㉡	㉢
①	₩12,000	₩5,000	₩12,000
②	₩12,000	₩6,000	₩12,000
③	₩15,000	₩5,000	₩14,000
④	₩15,000	₩6,000	₩14,000

47 ㈜한국의 기초자산은 ₩120,000이고, 기말자산은 ₩270,000이다. 또한 기초부채는 ₩70,000이고, 기말부채는 기초부채보다 ₩40,000이 증가하였다. 당기 중 현금출자로 인해 납입자본은 ₩42,000 증가하였고, 기타포괄이익은 ₩50,000(법인세 효과 차감 후 금액) 증가하였으며, 현금배당(당기에 선언한 것임)으로 ₩20,000을 지급하였다면 당기순이익은? 단, 주어진 자료 이외의 사항은 고려하지 않는다.

[국가직 9급, 2014 기출]

① ₩32,000
② ₩38,000
③ ₩42,000
④ ₩48,000

48 다음은 ㈜한국의 20X1년도 및 20X2년도 말 부분재무제표이다.

구 분	20X1년	20X2년
자산 총계	₩45,000	₩47,000
부채 총계	₩15,000	₩14,600
당기순이익	₩4,000	₩1,500

20X2년도 중에 ㈜한국은 ₩2,000을 유상증자하였고 현금배당으로 ₩3,000, 주식배당을 ₩1,000을 지급하였다. ㈜한국의 20X2년도 포괄손익계산서상 기타포괄손익은?

[국가직 7급, 2019 기출]

① ₩1,600　　② ₩1,700

③ ₩1,800　　④ ₩1,900

49 다음 자료에 의하여 당기총포괄이익을 계산하면? 단, 법인세는 무시한다.

[국가직 9급, 2015 기출수정]

기초자산	₩15,000	기말자산	₩25,000
기초부채	₩7,000	기말부채	₩10,000
유상증자	₩3,000	현금배당	₩500
기타포괄손익-공정가치 측정 금융자산에서 발생한 평가이익			₩1,500

① ₩1,500　　② ₩3,000

③ ₩4,500　　④ ₩6,000

50 다음 자료에 의한 당기순이익은? 단, 기타포괄손익은 없다고 가정한다. [국가직 9급, 2013 기출수정]

기초자산총액	₩30,000	기초부채총액	₩26,000
기말자산총액	₩35,000	기말부채총액	₩28,000
당기 중의 유상증자액	₩3,000	당기 중의 현금배당액	₩1,000
당기 중의 주식배당액	₩2,000		

① ₩1,000　② ₩2,000

③ ₩3,000　④ ₩4,000

51 다음 자료에 따른 당기의 수익총액은? [지방직 9급, 2013 기출]

기초자산	₩50,000	기초부채	₩30,000
기말자산	90,000	기말부채	40,000
당기비용총액	120,000		

① ₩140,000　② ₩150,000

③ ₩160,000　④ ₩170,000

52 ㈜한국의 20×1년 재무상태 및 영업성과와 관련한 자료가 다음과 같을 때 기말부채는?

[국가직 9급, 2018 기출]

기초자산	₩500	기초부채	₩400
기말자산	700	기말부채	?
총수익	200	총비용	120
유상증자	20	주주에 대한 현금배당	50

① ₩500　　② ₩520

③ ₩550　　④ ₩570

53 ㈜한국은 20X2년 1월 1일에 현금 ₩1,000,000을 출자하여 설립되었다. 20X2년 12월 31일 재무상태표에 자산과 부채가 다음과 같이 보고되었을 때, 기타 관련 사항을 반영한 20X2년 당기순이익은?

[지방직 9급, 2015 기출수정]

<자산과 부채항목>

현금과예금	₩500,000	금융자산(지분상품)	₩700,000
매입채무	300,000	매출채권	500,000
미수금	200,000	선수수익	50,000
미지급금	100,000	차입금	200,000

<기타 관련 사항>

- 기말에 자본 ₩100,000을 유상감자하였으며, 현금 ₩50,000을 배당으로 지급
- 당기에 보유 중인 금융자산에서 ₩70,000의 평가손실(기타포괄손실) 발생

① ₩470,000　　② ₩500,000

③ ₩540,000　　④ ₩570,000

54 12월 결산법인인 ㈜한국의 20X5년 기초 재무상태표상의 자산총계는 ₩300,000, 부채총계는 ₩100,000이었고, 자본항목 중 기타포괄손익누계액은 없었다. 20X5년 결산마감분개 직전 재무상태표상의 자산총계는 ₩350,000, 부채총계는 ₩120,000이었고, 포괄손익계산서상의 기타포괄이익이 ₩1,000이었다. 20X5년 결산 마감분개 직전까지 본 문제에 기술된 사항을 제외한 자본항목의 변동은 없었고 20X5 회계연도 중 현금배당금 지급액이 ₩3,000이었다면, ㈜한국의 20X5 회계연도 당기순이익은? [국가직 7급, 2015 기출]

① ₩26,000　　② ₩29,000
③ ₩32,000　　④ ₩33,000

55 ㈜한국은 20X1년 1월 1일 영업을 시작하였다. 20X1년 12월 31일 총자산과 총부채는 각각 ₩350,000과 ₩200,000이었으며, 20X1년도의 총포괄이익은 ₩125,000이었다. 그리고 20X1년 중에 배당금 ₩5,000을 현금으로 지급하였다. ㈜한국의 20X1년 1월 1일 시점의 순자산 장부금액은? [국가직 7급, 2017 기출]

① ₩5,000　　② ₩30,000
③ ₩50,000　　④ ₩150,000

56 ㈜한국의 당기 포괄손익계산서에 보고할 당기순이익은? [국가직 9급, 2019 기출]

- 기초자본은 자본금과 이익잉여금으로만 구성되어 있다.
- 기말자산은 기초자산에 비해 ₩500,000 증가하였고, 기말부채는 기초부채에 비해 ₩200,000 증가하였다.
- 당기 중 유상증자 ₩100,000이 있었다.
- 당기 중 기타포괄손익-공정가치 측정 금융자산의 평가손실 ₩10,000을 인식하였다.
- 당기 중 재평가모형을 적용하는 유형자산의 재평가이익 ₩20,000을 인식하였다. 단, 전기 재평가손실은 없다.

① ₩180,000　② ₩190,000
③ ₩200,000　④ ₩300,000

57 20×1년 기초 재무상태표와 기말 재무상태표의 자산 및 부채의 총액이 다음과 같고 수익과 비용의 합계액이 각각 ₩10,000,000과 ₩8,000,000인 경우, 20×1년의 추가적인 지분출자액은? 단, 배당금은 고려하지 않는다. [국가직 7급, 2020 기출]

구 분	기 초	기 말
자산총액	₩50,000,000	₩30,000,000
부채총액	₩65,000,000	₩20,000,000

① ₩20,000,000　② ₩23,000,000
③ ₩26,000,000　④ ₩29,000,000

58 ㈜한국의 20X1년 재무상태와 재무성과 자료는 다음과 같다. [국가직 9급, 2020 기출]

	기 초	기 말
총자산	₩5,000,000	₩6,500,000
총부채	₩2,000,000	?
총수익		₩1,000,000
총비용		₩800,000

20X1년 기중에 ₩500,000을 유상증자 하였으며, ₩100,000을 현금배당 하였을 경우, 기말 부채는? 단, 다른 자본항목의 변동은 없다.

① ₩2,700,000 ② ₩2,900,000

③ ₩3,600,000 ④ ₩4,300,000

제 3 절 정답 및 해설

거래의 최초기록(분개)

01 ④

단순한 계약이나 양해각서의 교환은 직접적으로 재무상태의 변화를 초래하지 않으므로 회계기록의 대상이 되는 거래가 아니다. 참고로 다른 보기들의 회계처리를 나타내면 다음과 같다.

	(차)		(대)	
①	현 금	100,000,000	손실충당금	100,000,000
②	장기차입금	×××	채무조정이익	×××
③	재고자산감모손실	500,000,000	재고자산	500,000,000

상기 보기 ②의 회계처리의 경우, 다른 조건이 동일하다면, 만기의 연장으로 인해 장기차입금의 현재가치가 감소하였으므로 금융부채의 감소가 있게 된다.

02 ③

원재료 구입계약서 및 근로계약서의 작성 자체로는 기업의 재무상태가 변화되지 않으므로 회계상 거래로 볼 수 없다.

03 ②

단순한 계약(직원의 채용이나 임대차 계약 등)이나 주문서의 수령 등은 회계상의 거래가 아니다. 그러나 화재의 발생으로 인한 재고자산의 소실은 자산의 감소로 인한 손실이 발생한 것이으로 발생시점에 분개하여야 하는 거래에 해당한다.

04 ③

주어진 거래를 분석하는 경우, 다음과 같은 회계처리가 가능하다.

(차)		(대)	
차입금	1,000	현 금	1,120
이자비용	120		

05 ③

기본 회계등식(자산 = 부채 + 자본)에 따라 풀이할 수 있다.

(1) 자산합계(상품, 선급비용, 비품, 현금, 매출채권) = ₩1,000,000

(2) 부채합계(매입채무, 미지급금, 선수수익) = ₩240,000

(3) 자본합계 = 자산합계 - 부채합계 = ₩760,000

참고로, 위의 자료를 이용하여 보고기간 말의 재무상태표를 작성하면 다음과 같다.

재무상태표

현 금	₩60,000	매입채무	₩120,000
매출채권	140,000	선수수익	70,000
선급비용	100,000	미지급금	50,000
상 품	500,000		
비 품	200,000	자 본	?
합 계	₩1,000,000	합 계	₩1,000,000

06 ④

재무제표요소의 위치(차변 또는 대변)가 같은 대분류 항목내에서 계정과목 분류의 오류가 있는 경우, 이로 인해 잔액시산표의 차변 및 대변합계 금액에 미치는 영향은 없다. 그러나 보기 ④의 경우 사채계정은 부채로서 대변잔액을 가지지만 상각후원가 측정 금융자산 계정은 자산으로서 차변잔액을 가지므로 이러한 오류는 시산표의 차변 및 대변합계 금액에 영향을 미치게 된다.

참고로, 회사가 수행한 오류를 수정하는 회계처리를 나타내면 다음과 같다.

① (차) 개발비(차변증가)	×××	(대) 연구비(차변감소)	×××
② (차) 매출채권(차변증가)	×××	(대) 영업권(차변감소)	×××
③ (차) 주식발행초과금(대변감소)	×××	(대) 이자수익(대변증가)	×××

④의 경우는 사채 증가(대변증가)와 금융자산 감소(차변감소)의 조정이 필요한데, 분개형식으로 나타낼 수 없다.

07 ①

시산표의 대변에는 부채 및 자본의 잔액 그리고 수익의 발생액이 나타난다. 대여금은 자산이기 때문에 그 잔액은 차변에 나타난다.

08 ①

수정후시산표상의 차변(자산과 비용)과 대변(부채, 자본과 수익)금액의 합계는 일치하여야 한다.

– 자산 : ₩450,000 (현금, 재고자산, 선급비용, 미수수익)
– 비용 : ₩150,000 (매출원가, 급여)
– 부채 : ₩300,000 (매입채무, 미지급금, 미지급비용)
– 자본 : ₩40,000 + ? (보고기간 중 발생한 손익이 반영되기 전의 금액)
– 수익 : ₩120,000 (매출)

09 ④

동일한 거래를 두 번 기록하거나 계정과목 명칭을 잘못 쓴 경우 또는 계정의 차변과 대변에 동일한 금액의 오류가 있는 경우는 시산표를 작성함으로써 발견할 수 있는 오류가 아니다.

10 ①

동일한 거래를 두 번 기록하거나 계정과목 명칭을 잘못 쓴 경우 또는 계정의 차변과 대변에 동일한 금액의 오류가 있는 경우는 시산표를 작성함으로써 발견할 수 있는 오류가 아니다. 또한 계정의 차변을 바꾸어 기록한 경우에도 금액적 오류가 없다면 시산표의 작성으로 발견할 수 있는 오류가 아니다. 차변기록과 대변기록 중 어느 한 곳에서 금액적 오류가 있는 경우, 시산표를 통하여 발견할 수 있다.

11 ③

① 분개누락 : 차변과 대변합계에 동일하게 영향을 미침 → 차변과 대변합계는 일치
② 계정과목 선택오류 : 자산의 계정과목내에서의 선택오류 → 차변과 대변합계는 일치
③ 차변계정 금액기입의 오류 : 대변기입금액은 정확하지만 차변기입금액만을 잘못 기록 → 차변과 대변합계는 불일치
④ 계정과목 선택오류 : 비용계정을 자산계정으로 잘못 기록하였지만 모두 차변계정내에서의 오류임 → 차변과 대변합계는 일치

12 ④

동일한 거래를 두 번 기록하거나 계정과목 명칭을 잘못 쓴 경우 또는 계정의 차변과 대변에 동일한 금액의 오류가 있는 경우는 시산표를 작성함으로써 발견할 수 있는 오류가 아니다. 차변기록과 대변기록 중 어느 한 곳에서 금액적 오류가 있는 경우, 시산표를 통하여 발견할 수 있다.

13 ③

동일한 거래를 두 번 기록하거나 계정과목 명칭을 잘못 쓴 경우 또는 계정의 차변과 대변에 동일한 금액의 오류가 있는 경우는 시산표를 작성함으로써 발견할 수 있는 오류가 아니다.

참고로 회사의 오류 회계처리를 나타내면 다음과 같다.

①	(차)	현 금	720,000	(대)	매출채권	702,000
②	(차)	현 금	300,000	(대)	N/A	
		매출채권	300,000			
③	(차)	현 금	550,000	(대)	매입채무	550,000

14 ③

다음과 같이 계산할 수 있다.

(1) 총자산 = 현금 + 사무용 가구 + 재고자산 = ₩1,850,000

(2) 총부채 = 미지급금 + 매입채무 = ₩800,000

(3) 총자본 = (1) − (2) = ₩1,050,000

(4) 당기수익 = 매출 ₩3,000,000

(5) 당기비용 = 잡비 + 매출원가 + 감가상각비 = ₩2,150,000

(6) 당기순이익 = ₩850,000

참고로, 위의 자료를 이용하여 보고기간 말의 재무상태표와 포괄손익계산서를 작성하면 다음과 같다.

재무상태표

현 금	₩500,000	매입채무	₩600,000
재고자산	350,000	미지급금	200,000
사무용가구	1,000,000	자본금	200,000
		이익잉여금	?
합 계	₩1,850,000	합 계	₩1,850,000

포괄손익계산서

매출원가	₩2,000,000	매 출	₩3,000,000
감가상각비	100,000		
잡 비	50,000		
당기순이익	?		
합 계	₩3,000,000	합 계	₩3,000,000

수정분개와 계정마감

15 ①

임차료와 급여에 대한 기말수정분개를 제시하면 다음과 같다.

(차) 선급임차료	30,000	(대) 임차료	30,000
(차) 급 여	20,000	(대) 미지급급여	20,000

제시된 수정분개의 결과 시산표의 차변합계는 임차료 감소 ₩30,000, 선급임차료 증가 ₩30,000, 급여 발생 ₩20,000이 반영되어 총 ₩20,000이 증가한다.

16 ①

(1) 보험료비용 = ₩3,000 + ₩12,000 × (6/12) = ₩9,000

(2) 임대료수익 = ₩3,000 + ₩24,000 × (9/12) = ₩21,000

(3) 세전이익에 미치는 영향 = (2) − (1) = ₩12,000

17 ①

본 문제는 선수용역수익과 선급임차료 계정을 분석하는 과정에서 풀이할 수 있다.

선수용역수익

용역수익	?	기 초	₩30,000
기 말	₩40,000	현 금	120,000
합 계	₩150,000	합 계	₩150,000

선급임차료

기 초	₩10,000	임차료	?
현 금	70,000	기 말	₩30,000
합 계	₩80,000	합 계	₩80,000

각각의 T계정에서, 용역수익은 ₩110,000이고, 임차료비용은 ₩50,000임을 알 수 있다.

18 ④

경비용역수익과 관련된 계정을 분석하면 다음과 같다.

(단위 : 원)

항 목	방 향	금 액	회계처리	
			차변	대변
현금흐름	수취	1,00,000	1,000,000	
미수용역수익	증가	100,000	100,000	
선수용역수익	감소	100,000	100,000	
경비용역수익				1,200,000

19 ③

선급비용이 비용으로 인식하기 전에 미리 대금을 지급한 경우에 사용하는 계정은 맞지만 부채계정이라는 설명은 사실과 다르다. 선급비용은 자산계정이다.

20 ②

재무상태표 계정의 마감목적은 잔액의 이월에 있으며, 손익계정의 마감목적은 자본(이익잉여금이나 기타포괄손익누계액)으로 대체후 소멸에 있다. 다음과 같이 마감한다.

임차료

현 금	₩50,000	선급비용	₩40,000
		집합손익	10,000
합 계	₩50,000	합 계	₩50,000

지급어음

차기이월	₩50,000	외상매입금	₩50,000
합 계	₩50,000	합 계	₩50,000

21 ①

각각의 수정분개 항목별로 당기순이익에 미치는 영향을 살펴보면 다음과 같다.

(1) 선급보험료 계상 : 보험료비용의 감소로 인한 당기순이익 증가
(2) 선수임대료 계상 : 임대료수익의 감소로 인한 당기순이익 감소
(3) 대손상각비 계상 : 비용(손상차손)의 증가로 인한 당기순이익 감소
(4) 미지급이자 계상 : 이자비용의 증가로 인한 당기순이익 감소

22 ①

주어진 내용에 대한 수정분개를 제시하면 다음과 같다.

(차)	이자비용	800	(대)	미지급이자	800
(차)	보험료	700	(대)	선급보험료	700
(차)	선수수익	700	(대)	용역매출	700
(차)	매출채권	600	(대)	용역매출	600

상기 회계처리의 결과 당기순이익은 ₩200만큼 감소한다. 따라서 수정후 당기순이익은 ₩7,000 − ₩2,000 − ₩200 = ₩4,800이다.

23 ①

수정후 시산표상의 소모품은 기말금액이 되어야 하므로 ₩90,000의 소모품을 감소시켜야 하고, 동 감소액은 사용액을 의미하므로 이를 비용(소모품비)으로 인식한다.

24 ④

각각의 추가정보에 대한 수정분개를 제시하면 다음과 같다.

㉠	(차)	선수수익	20,000	(대)	용역수익	20,000
㉡	(차)	보험료	8,000	(대)	선급보험료	8,000
㉢	(차)	매출채권	6,000	(대)	용역수익	6,000
㉣	(차)	임차료	60,000	(대)	선급임차료	60,000

25 ①

수정전시산표상 소모품의 잔액은 ₩50,000이지만, 기말 실재잔액은 ₩70,000이므로 소모품을 ₩20,000 증가시키는 동시에 과다 계상된 소모품비를 동액 만큼 감소시킨다.

26 ①

주어진 거래를 회계처리하면 다음과 같다.

(차)	소모품비	28,000	(대) 소모품	28,000
(차)	급 여	25,000	(대) 미지급급여	25,000
(차)	은행예금	120,000	(대) 현 금	120,000
(차)	미수이자	6,000	(대) 이자수익	6,000
(차)	임차료비용	12,000	(대) 미지급임차료	12,000

제시된 분개는 당기순이익 감소 ₩59,000을 나타내고 있다. 따라서 수정후 당기순이익은 ₩400,000 − ₩59,000 = ₩341,000 이다.

27 ②

손상이 확정된 매출채권에 대해 손실충당금과 상계처리하는 것은 손상이 확정된 시점에 수행해야 할 회계처리이다.

28 ①

기말 수정분개전 소모품 잔액(수정전시산표상의 잔액)은 ₩5,000 + ₩6,000 = ₩11,000 이다. 그러나 기말 소모품 잔액은 ₩3,000 이 되어야 하므로, 기말 수정분개를 통하여 소모품은 ₩8,000 감소되어야 하고, 이는 소모품 사용액을 의미하므로 소모품비로 인식한다.

29 ②

현재 보험료(비용)가 과대계상되어 있고, 동액만큼 선급보험료(자산)가 과소계상되어 있다. 비용의 과대계상은 순이익의 과소계상에 해당되어 자본의 과소계상으로 이어지므로 결국 자본과 자산이 같은 금액만큼 과소계상되어 있다.

30 ②

주어진 항목별 수정분개를 제시하면 다음과 같다.

㉠	(차)	임차료비용	200,000	(대) 선급임차료	200,000
㉡	(차)	감가상각비	450,000	(대) 감가상각누계액	450,000
㉢	(차)	종업원급여	250,000	(대) 미지급급여	250,000
㉣	(차)	금융자산	150,000	(대) 금융자산평가이익	150,000

상기 회계처리가 시산표의 차/대변 합계에 미치는 영향은 다음과 같다.
(ㄱ) : 차변합계 증가, 차변합계 감소 → 영향없음
(ㄴ) : 차변합계 증가, 대변합계 증가 ₩450,000
(ㄷ) : 차변합계 증가, 대변합계 증가 ₩250,000
(ㄹ) : 차변합계 증가, 대변합계 증가 ₩150,000
∴ 시산표의 차변합계와 대변합계가 ₩850,000 만큼 증가한다.

31 ②

필요한 기말수정분개를 제시하면 다음과 같다. 수정분개의 결과 인식된 수익금액보다 비용금액이 ₩3,000 만큼 더 크므로, 당기순이익은 ₩3,000 감소한다.

(차)	보험료비용	9,000	(대)	선급보험료(자산)	9,000
(차)	미수임대료(자산)	6,000	(대)	임대료수익	6,000

32 ④

주어진 자료를 이용하여 기말 수정분개를 예시하면 다음과 같다.

(1) 임대수익 관련 : 7개월의 임대료 ₩1,400(= ₩2,400 × 7/12)를 임대수익에서 차감하고 선수임대수익(부채)로 인식한다.

(차)	임대수익	1,400	(대)	선수임대수익	1,400

(2) 이자수익 관련 : 3개월 동안 발생한 이자수익 ₩100(= ₩10,000 × 4% × 3/12)을 미수이자(자산)로 인식한다.

(차)	미수이자	100	(대)	이자수익	100

(3) 보험료관련 : 지급한 보험료 중 2개월분을 제외한 ₩2,200(= ₩2,400 × 22/24)을 보험료비용에서 차감하고 선급보험료(자산)로 인식한다.

(차)	선급보험료	2,200	(대)	보험료비용	2,200

위와 같은 수정분개의 결과 자산은 ₩2,300이 증가하고, 부채는 ₩1,400이 증가하며, 수익과 비용은 각각 ₩1,300과 ₩2,200이 감소한다. 한편, 당기순이익은 ₩900이 증가한다.

33 ②

㉡의 경우는 매출원가를 계산하기 위한 수정분개로서 일반적으로 다음의 방법으로 수정분개를 수행한다.

(i) 수정전시산표상의 상품(기초금액)계정 금액을 매출원가로 대체시킨다.

(차)	매출원가	1,500	(대) 상 품(기초)	1,500

(ii) 수정전시산표상의 매입계정 금액을 매출원가로 대체시킨다.

(차)	매출원가	6,000	(대) 매 입	6,000

(iii) 기말 상품을 인식하면서 동 금액을 매출원가 계정에서 차감한다.

(차)	상 품(기말)	2,500	(대) 매출원가	2,500

위의 3가지 분개를 압축하여 나타내면 다음과 같다.

(차)	상 품(기말)	1,000	(대) 매 입	6,000
	매출원가	5,000		

34 ③

주어진 자료에 근거하여 당초 수행해야 했던 수정분개를 제시하면 다음과 같다.

(차)	임대수익	60,000	(대) 선수임대료	60,000

즉 수정분개를 통하여 수익 ₩60,000을 감소시켜야 했었고, 부채 ₩60,000을 증가시켜야 했는데 이를 반영하지 아니하였으므로, 수익이 ₩60,000 과대계상, 부채가 ₩60,000 과소계상 되어있다.

35 ③

이자수익과 임대료 수익에 관한 분개를 추정하면 다음과 같다.

(1) 이자수익 : ₩8,200

(차)	현 금(현금흐름)	7,000	(대) 관련손익(이자수익)	?
	미수이자(증가)	1,200		

(2) 임대료수입 : 현금유입 ₩9,500

(차)	현 금(현금흐름)	?	(대) 관련손익(임대료수익)	10,000
	선수임대료(감소)	500		

이를 반영하면, 이자와 임대료로 인한 수익증가액은 ₩18,200이다.

36 ①

주어진 자료를 이용하여 수정분개를 나타내면 다음과 같다.

(차)	소모품	200,000	(대)	소모품비	200,000
(차)	미수이자	1,000,000	(대)	이자수익	1,000,000

상기와 같은 수정분개의 결과, 당기순이익은 ₩1,200,000 만큼 증가한다.

37 ③

제시된 각 항목에 대한 수정분개를 나타내면 다음과 같다.

임 대 료 :	(차) 임대료수익	4,000	(대) 선수임대료	4,000
보 험 료 :	(차) 보험료비용	3,000	(대) 선급보험료	3,000
차입금이자 :	(차) 이자비용	1,000	(대) 미지급이자	1,000
대여금이자 :	(차) 미수이자	2,000	(대) 이자수익	2,000

위의 수정분개를 반영하여 수정후시산표상의 수익, 비용, 당기순이익 그리고 자산총액을 산출하면 다음과 같다.

(1) 수익 = ₩90,000 − ₩4,000 + ₩2,000 = ₩88,000

(2) 비용 = ₩70,000 + ₩3,000 + ₩1,000 = ₩74,000

(3) 당기순이익 = (1) − (2) = ₩14,000

(4) 자산총액 = ₩120,000 - ₩3,000 + ₩2,000 = ₩119,000

38 ④

각 항목에 대한 수정분개를 나타내면 다음과 같다.

매출채권	:	(차) 현 금	130,000	(대) 매출채권	130,000
기말상품	:	(차) 상 품(기말)	40,000	(대) 매출원가	40,000
사무용품	:	(차) 사무용품	70,000	(대) 사무용품비	70,000
미수이자	:	(차) 미수이자	70,000	(대) 이자수익	70,000
외상매입금	:	(차) 외상매입금	150,000	(대) 현 금	150,000
선수수익	:	(차) 선수수익	30,000	(대) 수 익	30,000
이자수익	:	(차) 이자수익	100,000	(대) 선수이자	100,000

위의 수정분개 중 당기순이익에 영향을 미치는 항목만을 반영하여 ㈜한국의 새로운 당기순이익을 산출하면 다음과 같다.

• 당기순이익(20X1) = ₩1,000,000 + ₩40,000 + ₩70,000 + ₩70,000 + ₩30,000 − ₩100,000
= ₩1,110,000

39 ①

㉠의 경우 수정분개는 선수수익 중 기간 경과분을 이자수익으로 대체하는 형식으로 이루어져야 한다. 수정분개를 예시하면 다음과 같다.

(차)	선수수익	3,000	(대)	이자수익	3,000

40 ③

항목별 회계처리				시산표 합계 영향
(차) 소모품	30,000	(대) 소모품비	30,000	영향없음
(차) 선급비용	55,000	(대) 보험료비용	55,000	영향없음
(차) 미수수익	15,000	(대) 수 익	15,000	₩15,000 증가
(차) 이자비용	10,000	(대) 미지급이자	10,000	₩10,000 증가
합 계				₩25,000 증가

수정분개로 인하여 시산표의 차변과 대변합계 금액이 각각 ₩25,000씩 증가한 것이므로 수정전시산표상 차변(또는 대변)의 합계금액은 ₩1,000,000(= ₩1,025,000 − ₩25,000)이다.

41 ③

(1) 수정전당기순이익 = ₩10,000 − ₩4,500 = ₩5,500

(2) 수정분개

①	(차)	급여	900	(대)	미지급급여	900
②	(차)	미수임대료	500	(대)	임대료수익	500
③	(차)	감가상각비	400	(대)	감가상각누계액	400
④	(차)	소모품비	200	(대)	소모품	200
⑤	(차)	선수수익	1,200	(대)	용역수익	1,200

(3) 수정후당기순이익 = ₩5,500 − ₩1,500 + ₩1,700 = ₩5,700

42 ①

각 보기에 제시된 거래를 분개하면 다음과 같다.

①	(차)	미수이자	30,000	(대)	이자수익*	30,000
		* ₩1,000,000 × 6% × (6/12) = ₩30,000				
②	(차)	감가상각비	30,000	(대)	감가상각누계액	30,000
③	(차)	소모품비	30,000	(대)	소모품	30,000
④	(차)	임대료수익	30,000	(대)	선수임대료(부채)	30,000

위의 분개들 중에서 ①의 경우에는 당기순이익이 증가하지만 나머지의 경우에는 당기순이익이 감소한다.

43 ③

발생기준에 의한 손익 : ₩2,000 − ₩1,000 + ₩2,000 = ₩3,000 이익증가

현금기준에 의한 손익 : ₩6,000 이익증가

44 ①

(1) 자본금 : ₩150,000 (역산)

(2) 이익잉여금 = ₩9,000 + ₩20,000 − ₩10,000 − ₩5,000 − ₩1,000
= ₩13,000

(3) 자본총계 = (1) + (2) = ₩163,000

45 ③

주어진 전기결과를 근거로 일자별 분개내용을 추정하는 문제이다. 일자별 분개내용을 추정하면 다음과 같다.

1월 2일	(차) 소모품	50,000	(대) 현금		50,000
1월 5일	(차) 비품	75,000	(대) 현금		75,000
1월 15일	(차) 현금	70,000	(대) 용역수익		70,000
1월 18일	(차) 현금	100,000	(대) 차입금		100,000
1월 31일	(차) 미지급급여	20,000	(대) 현금		20,000

1월 18일에 차입금을 상환한 것이 아니라 추가로 차입한 것으로 추정된다.

거래효과의 분석과 자본의 변화

46 ④

주어진 거래관련 자료들 간에는 다음의 등식이 성립하여야 한다.

기초자산 - 기초부채 + 총수익 - 총비용 - 배당금 = 기말자본

- 거래 A : ㉠ - 3,000 + 9,000 - 10,000 - 2,000 = 9,000, ∴ ㉠ = ₩15,000
- 거래 B : 15,000 - 9,000 + 10,000 - 7,000 - 3,000 = ㉡, ∴ ㉡ = ₩6,000
- 거래 C : 20,000 - 15,000 + ㉢ - 8,000 - 4,000, ∴ ㉢ = ₩14,000

47 ②

재무상태(자본)의 변동은 거래(자본거래 + 손익거래) 발생의 결과이다.

(1) 자본의 증가 = 자산증가 - 부채증가 = ₩150,000 - ₩40,000 = ₩110,000

(2) 자본거래 효과 = 납입자본 증가 - 현금배당 = ₩22,000

(3) 손익거래 효과 = 당기순이익 + 기타포괄이익 ₩50,000 = (1) - (2) = ₩88,000

참고로, 주어진 자료를 이용하여 기초와 기말시점의 재무상태표와 보고기간 동안의 거래에 대한 회계처리를 제시하면 다음과 같다.

재무상태표

㈜한국 20XX.1.1 (단위 : 원)

자 산	120,000	부 채	70,000
		자 본	50,000
합 계	120,000	합 계	120,000

재무상태표

㈜한국 20XX.12.31 (단위 : 원)

자 산	270,000	부 채	110,000
		자 본	160,000
합 계	270,000	합 계	270,000

• 자본거래 :	(차) 현 금	42,000	(대) 자 본 금 등	42,000
	(차) 이 익 잉 여 금	20,000	(대) 현 금	20,000
• 손익거래 :	(차) 집 합 손 익*	88,000	(대) 이 익 잉 여 금	38,000
			기타포괄손익누계액	50,000

* 수익에서 비용을 차감한 금액(당기순손익 + 기타포괄손익)

48 ④

(1) 자본의 증가 = ₩32,400 − ₩30,000 = ₩2,400

(2) 자본거래 효과 : ₩2,000 − ₩3,000 = △₩1,000

(3) 손익거래 효과

a. 당기손익 : ₩1,500원

b. 기타포괄손익 : ₩2,400 − (△₩1,000) − ₩1,500 = ₩1,900

49 ③

재무상태(자본)의 변화는 거래(자본거래 + 손익거래)의 결과이다.

(1) 자본의 변화 = 자산의 증가 − 부채의 증가 = ₩10,000 − ₩3,000 = ₩7,000

(2) 자본거래 효과 = 유상증자 − 배당 = ₩2,500

(3) 손익거래 효과 = 총포괄손익 = (1) − (2) = ₩4,500

참고로, 주어진 자료를 이용하여 기초와 기말시점의 재무상태표와 보고기간 동안의 거래에 대한 회계처리를 제시하면 다음과 같다.

재무상태표

XX기업 20XX.1.1 (단위 : 원)

자 산	15,000	부 채	7,000
		자 본	8,000
합 계	15,000	합 계	15,000

재무상태표

XX기업 20XX.12.31 (단위 : 원)

자 산	25,000	부 채	10,000
		자 본	15,000
합 계	25,000	합 계	25,000

• 자본거래 : (차) 현 금 3,000 (대) 자본금 등 3,000
(차) 이익잉여금 500 (대) 현 금 500
• 손익거래 : (차) 집합손익* 4,500 (대) 이익잉여금 3,000
기타포괄손익누계액 1,500

* 수익에서 비용을 차감한 금액(당기순손익 + 기타포괄손익)

50 ①

재무상태(자본)의 변화는 거래(자본거래 + 손익거래)의 결과이다.

(1) 자본의 변화 = 자산의 증가 − 부채의 증가 = ₩5,000 − ₩2,000 = ₩3,000

(2) 자본거래 효과 = 유상증자 − 배당(주식배당 제외) = ₩2,000

(3) 손익거래 효과 = 총포괄손익(당기순이익) = (1) − (2) = ₩1,000

참고로, 주어진 자료를 이용하여 기초와 기말시점의 재무상태표와 보고기간 동안의 거래에 대한 회계처리를 제시하면 다음과 같다.

재무상태표

XX기업 20XX.1.1 (단위 : 원)

자 산	30,000	부 채	26,000
		자 본	4,000
합 계	30,000	합 계	30,000

재무상태표

XX기업 20XX.12.31 (단위 : 원)

자 산	35,000	부 채	28,000
		자 본	7,000
합 계	35,000	합 계	35,000

• 자본거래 : (차) 현 금 3,000 (대) 자본금 등 3,000
(차) 이익잉여금 1,000 (대) 현 금 1,000
(차) 이익잉여금 2,000 (대) 자본금 2,000
• 손익거래 : (차) 집합손익* 1,000 (대) 이익잉여금 1,000

* 수익에서 비용을 차감한 금액(당기순손익)

51 ②

재무상태(자본)의 변화는 거래(자본거래 + 손익거래)의 결과이다.

(1) 자본의 변화 = 자산의 증가 − 부채의 증가 = ₩40,000 − ₩10,000 = ₩30,000

(2) 자본거래 효과 : 제시되지 않았으므로 없다고 가정

(3) 손익거래 효과 = 총포괄손익(당기순이익) = 수익총액 − 비용총액(₩120,000)
= ₩30,000

∴ 수익총액 = 당기순이익 + 비용총액 = ₩150,000

참고로, 주어진 자료를 이용하여 기초와 기말시점의 재무상태표와 보고기간 동안의 거래에 대한 회계처리를 제시하면 다음과 같다.

재무상태표

XX기업 20XX.1.1 (단위 : 원)

자 산	50,000	부 채	30,000
		자 본	20,000
합 계	50,000	합 계	50,000

재무상태표

XX기업 20XX.12.31 (단위 : 원)

자 산	90,000	부 채	40,000
		자 본	50,000
합 계	90,000	합 계	90,000

- 자본거래 : N/A
- 손익거래 : (차) 집합손익* 30,000 (대) 이익잉여금 30,000

  * 수익에서 비용을 차감한 금액(당기순손익)

52 ③

자본의 변동은 거래발생의 결과이다.

(1) 자본의 변동 = 기말자본(= 기말자산 − 기말부채) − 기초자본 ₩100
= ₩700 − 기말부채 − ₩100

(2) 거래의 효과 : ₩50 감소

① 손익거래 효과 = ₩200 − ₩120 = ₩80

② 자본거래 효과 = ₩20 − ₩50 = ₩(−)30

(3) (1)의 금액과 (2)의 금액은 동일하여야 하므로 다음식이 성립한다.

₩700 − 기말부채 − ₩100 = ₩(−)50

∴ 기말부채 = ₩550

53 ①

재무상태(자본)의 변화는 거래(자본거래 + 손익거래)의 결과이다.

(1) 자본의 변화 = 기말자본* − 기초자본 = ₩250,000

* 기말자본 = 현금과 예금 + 금융자산 − 매입채무 + 매출채권 + 미수금 − 선수수익 − 미지급금 − 차입금
= ₩1,250,000

(2) 자본거래 효과 = (−)유상감자 − 현금배당 = ₩(150,000) 자본감소

(3) 손익거래 효과 = 당기손익 + 기타포괄손익(₩70,000 손실)

결국 (1) = (2) + (3) 이므로 당기손익은 ₩470,000(이익)이어야 한다.

참고로, 주어진 자료를 이용하여 기초와 기말시점의 재무상태표와 보고기간 동안의 거래에 대한 회계처리를 제시하면 다음과 같다.

재무상태표

㈜한국 20X2.1.1 (단위 : 원)

자 산	1,000,000	부 채	0
		자 본	1,000,000
합 계	1,000,000	합 계	1,000,000

재무상태표

㈜한국 20X2.12.31 (단위 : 원)

자 산	1,900,000	부 채	650,000
		자 본	1,250,000
합 계	1,900,000	합 계	1,900,000

• 자본거래 :	(차) 자본금	100,000	(대) 현 금	100,000
	(차) 이익잉여금	50,000	(대) 현 금	50,000
• 손익거래 :	(차) 집합손익*	400,000	(대) 이익잉여금 등	400,000

* 수익에서 비용을 차감한 금액(당기순손익 + 기타포괄손익)

54 ③

재무상태(자본)의 변화는 거래(자본거래 + 손익거래)의 결과이다.

(1) 자본의 변화 = 자산의 증가 − 부채의 증가 = ₩50,000 − ₩20,000 = ₩30,000

(2) 자본거래 효과 = (−)현금배당 = ₩(3,000) 자본감소

(3) 손익거래 효과 = 당기손익 + 기타포괄손익(₩1,000 이익)

결국 (1) = (2) + (3)이므로 당기손익은 ₩32,000(이익)이어야 한다.

참고로, 주어진 자료를 이용하여 기초와 기말시점의 재무상태표와 보고기간 동안의 거래에 대한 회계처리를 제시하면 다음과 같다.

재무상태표

㈜한국 20X5.1.1 (단위 : 원)

자 산	300,000	부 채	100,000
		자 본	200,000
합 계	300,000	합 계	300,000

재무상태표

㈜한국 20X5.12.31 (단위 : 원)

자 산	350,000	부 채	120,000
		자 본	230,000
합 계	350,000	합 계	350,000

• 자본거래 :	(차) 이익잉여금	3,000	(대) 현 금	3,000
• 손익거래 :	(차) 집합손익*	33,000	(대) 이익잉여금 등	33,000

* 수익에서 비용을 차감한 금액(당기순손익 + 기타포괄손익)

55 ②

(1) 기말 순자산 = ₩350,000 − ₩200,000 = ₩150,000

(2) 기중 순자산 변동 = ₩125,000 − ₩5,000 = ₩120,000

(3) 기초 순자산 = (1) − (2) = ₩30,000

56 ②

자본증가 = 자산증가 − 부채증가 = ₩500,000 − ₩200,000 = ₩300,000 증가

(1) 자본거래 효과 : ₩100,000 증가

(2) 손익거래 효과 : ₩200,000 증가 ← 역산

① 당기순손익 : ₩190,000 (이익) ← 역산

② 기타포괄손익 : ₩(10,000) + ₩20,000 = ₩10,000 (이익)

57 ②

기초자본 : (−)₩15,000,000

기말자본 : ₩10,000,000

자본의 증가 : ₩25,000,000

포괄이익발생액 : ₩2,000,000

지분출자액 : ₩25,000,000 − ₩2,000,000 = ₩23,000,000

58 ②

총포괄손익 = 총수익 − 총비용 = ₩200,000

자본의 증가 = 유상증자 − 현금배당 + 총포괄손익 발생 = ₩600,000

기말자본 − 기초자본(₩3,000,000) = 자본의 증가 = ₩600,000

기말자본 = ₩3,600,000 = 기말 총자산(₩6,500,000) − 기말 총부채

∴ 기말 총부채 = ₩2,900,000

CHAPTER 3

상품매매거래의 회계처리

ACCOUNTING PRACTICE

제 1 절 주요내용 요약

학습목표

Ⅰ. 상품매매거래의 개요

Ⅱ. 매출과 매출원가

Ⅲ. 상품매매거래에 대한 기록방법

Ⅰ 상품매매거래의 개요

상품(재고자산)은 다른 종류의 자산(예를 들어, 유형자산 등)보다 기업의 이익창출에 직접적으로 관련된다는 점에서 더 중요한 자산이다. 따라서 상품에 대한 회계처리는 다른 유형자산 등에 대한 회계처리보다 더욱 상세하여 기업의 이익창출과정을 잘 나타낼 수 있는 방법을 사용하여야 한다. 일반적인 유형자산 등의 처분시에는 처분으로 인해 발생한 순손익(유형자산처분손익)만을 나타내는 방법으로 회계처리 하지만, 상품(재고자산)의 판매시에는 판매로 인한 수익과 판매된 상품의 원가를 모두 나타내는 방법으로 회계처리하여야 한다. 이때 사용하는 계정이 매출액과 매출원가이다.

Ⅱ 매출과 매출원가

1. 매출

(1) 매출(sales revenue)의 의미

매출이란 기업의 주요한 영업활동으로부터 발생한 수익을 말한다. 상품매매기업의 주요한 영업활동은 상품의 매매이므로, 상품매매기업의 매출액은 상품의 판매대가로 받았거나 받기로 한 금액이다.

(2) 매출액의 계산

포괄손익계산서상의 매출액은 총매출액에서 다음의 요소들을 차감한 순액을 의미한다.

구 분	구체적인 내용
매출에누리	판매하는 상품에 파손 및 그 밖의 하자 또는 거래조건 등에 의해 값을 깍아주는 것
매출환입	판매된 상품 중에 파손 및 그 밖의 하자 등으로 인해 반품된 것
매출할인	판매대금을 정해진 기일 내에 회수한 경우 그에 대한 대가로 일정액을 할인해주는 것

참고 판매운임의 경우에는 매출액에서 조정하지 아니하고 판매비와 관리비로 처리한다. 매입운임의 경우 당기 순매입액에 가산하는 점과 차이가 있으므로 유의하여야 한다.

2. 매출원가

(1) 매출원가(cost of goods sold)의 의미

매출원가란 매출이라는 수익에 직접대응되는 비용으로서 상품매매기업의 경우, 기초 및 기말상품 그리고 당기매입액과 다음의 관계를 가진다.

> 매출원가 = 기초 상품재고액 + 당기매입액 - 기말 상품재고액

(2) 당기매입액

매출원가를 계산하기 위한 당기매입액은 다음과 같은 요소들을 고려하여 계산한다.

구 분	구체적인 내용
매입에누리	판매자의 매출에누리에 해당하는 것으로서, 매입액에서 차감
매입환출	판매자의 매출환입에 해당하는 것으로서, 매입액에서 차감
매입할인	판매자의 매출할인에 해당하는 것으로서, 매입액에서 차감
매입운임	구매자가 정당하게 부담한 경우, 매입액에 가산

3. 매출총이익 및 매출총이익률 등

(1) 매출총이익(gross profit)

매출총이익이란 매출액에서 매출원가를 차감한 것으로, 상품매매기업의 1차적인 영업성과를 나타내는 측정치이다.

$$\text{매출총이익} = \text{매출액} - \text{매출원가}$$

(2) 매출총이익률

매출총이익률이란 일반적으로 매출총이익을 매출액으로 나눈 비율을 의미한다. 경우에 따라서, 매출총이익률이 매출총이익을 매출원가로 나눈 비율(매출액이익가산율)을 의미하는 경우도 있으나 이는 일반적이지 않으므로 언급이 없는 경우 일반적인 의미(매출총이익을 매출액으로 나눈 비율)로 해석한다.

$$\text{매출총이익률} = \frac{\text{매출총이익}}{\text{매출액}}$$

(3) 매출이익가산율

매출이익가산율이란 일반적으로 매출원가에 얼마의 이익을 붙여 판매하는지를 나타내는 비율을 의미한다. 다음과 같이 계산한다.

$$\text{매출이익가산율} = \frac{\text{매출총이익}}{\text{매출원가}}$$

III 상품매매거래에 대한 기록방법

1. 계속기록법과 실지재고조사법의 개념

상품매매거래에 대한 기록방법은 상품계정에 대한 변동기록을 언제 할 것이냐에 따라 계속기록법과 실지재고조사법으로 분류된다.

(1) 계속기록법

계속기록법이란 모든 상품매매거래가 일어나는 즉시 상품계정에 기록하는 방법이다. 이 기록방법은 상품판매시점에 매출원가를 일일이 기록해야 한다는 번거로운 점은 있지만, 보고기간 중 특정시점에서 상품계정의 잔액과 매출원가 발생액을 즉시 파악할 수 있다는 장점이 있다.

(2) 실지재고조사법

실지재고조사법이란 모든 상품매매거래가 일어나는 시점에는 매입과 매출에 대한 기록만 하고, 상품계정에 대한 기록은 기말 재고실사내용 까지를 반영하여 일괄 기록하는 방법이다. 이 기록방법은 상품매매시점에 상품계정을 증감시키지 않고, 매출원가 기록도 하지 않기 때문에 회계기록이 간편성하다는 장점은 있지만 보고기간 중에는 상품계정의 잔액과 매출원가 발생액을 즉시 파악할 수 없다는 단점이 있다. 따라서 이 방법을 적용하기 위해서는 기말시점에 상품계정의 금액을 변동시키고 매출원가를 인식하는 분개(수정분개)를 반드시 수행하여야 한다.

2. 기록방법 비교

시점구분	계속기록법	실지재고조사법
상품매입시	(차) 상 품 xxx (대) 현금 등 xxx	(차) 매 입 xxx (대) 현금 등 xxx
상품판매시	(차) 현금 등 xxx (대) 매 출 xxx (차) 매출원가 xxx (대) 상 품 xxx	(차) 현금 등 xxx (대) 매 출 xxx
기말결산시	수정분개 없음	(차) 매출원가 xxx (대) 상품(기초) xxx (차) 매출원가 xxx (대) 매 입 xxx (차) 상품(기말) xxx (대) 매출원가 xxx

제 2 절 기출 및 연습문제

매출액 및 매출원가의 계산과 회계처리

대표예제 국가직 9급, 2013 기출

㈜한국의 20X2년도 거래는 다음과 같다. 계속기록법을 적용하였을 경우 매출원가는? 단, 개별법을 적용한다.

- 1월 1일 전기 이월된 상품은 ₩3,000이다.
- 2월 9일 ㈜대한으로부터 상품을 현금으로 구입하였는데, 매입대금 ₩8,000에는 매입운임 ₩1,000이 포함되어 있지 않다.
- 3월 8일 기초상품을 ㈜민국에 현금으로 ₩4,000에 판매하였다.
- 7월 9일 ㈜대한으로부터 구입한 상품 중 절반을 ㈜민국에 외상으로 ₩5,000에 판매하였다.

① ₩7,500　　② ₩7,000
③ ₩4,500　　④ ₩4,000

해답 ①

상품매매기업의 매출원가는 판매된 재고자산의 원가를 말한다. 당기 판매된 상품은 전기 이월된 상품 전부와 2월 9일 매입한 상품의 절반이다. 상품매입시 부담한 운임은 상품의 취득원가에 포함시킨다. 매출원가는 다음과 같이 계산한다.

- 매출원가 = ₩3,000 + (₩8,000 + ₩1,000) × 50% = ₩7,500

참고로, 주어진 거래를 계속기록법으로 회계처리하면 다음과 같다.

일자		차변 계정	금액		대변 계정	금액
20X2.2.9 :	(차)	재고자산	9,000	(대)	현 금	9,000
20X2.3.8 :	(차)	현 금	4,000	(대)	매 출	4,000
		매출원가	3,000		재고자산	3,000
20X2.7.9 :	(차)	매출채권	5,000	(대)	매 출	5,000
		매출원가	4,500		재고자산	4,500

01 다음 중 매출원가에 영향을 미칠 수 있는 거래는 어느 것인가? [국가직 9급, 2015 기출수정]

① 유형자산을 장부금액보다 낮은 가격으로 처분한다.

② 주주총회의 의결에 따라 주주들에게 배당금을 지급한다.

③ 제품 구매의 이행을 위한 계약금을 지급한다.

④ 거래처로부터 상품 매입시 운임을 부담하였다.

02 다음과 같은 누락 사항을 반영하기 전 당기순이익이 ₩500,000인 경우, 수정후 당기순이익은? [국가직 9급, 2011 기출]

보험료 중 선급분	₩10,000
이자비용 중 미지급분	₩13,000
비용으로 처리한 소모품 중 미사용액	₩18,000
가수금 중 거래처 외상대금 회수분	₩20,000

① ₩485,000 ② ₩505,000

③ ₩515,000 ④ ₩535,000

03 다음은 ㈜한국의 외상거래와 관련된 내용이다. 20X3년도 재무제표에 미치는 영향으로 옳지 않은 것은? 단, 재고자산은 계속기록법을 적용한다. [국가직 9급, 2013 기출]

> • ㈜한국은 20X2년 4월 1일 계약금 명목으로 거래처로부터 ₩20,000을 수령하고, 20X3년 2월 1일 원가 ₩50,000인 제품을 ₩80,000에 외상으로 판매하였다.
> • 외상대금 ₩60,000은 20X4년 12월 1일에 회수할 예정이다.

① 선수금의 감소 ② 수익의 증가

③ 비유동자산의 증가 ④ 순유동자산의 증가

04 다음의 자료를 이용하여 행한 수정분개로 옳지 않은 것은? [국가직 9급, 2016 기출]

수정전시산표 항목		수정분개 사항	
상 품	₩100,000	기말상품재고액	₩300,000
매 입	₩600,000		
소모품	₩200,000	소모품 기말재고액	₩50,000
소모품비	₩0		
임차료	₩100,000	기말 미경과임차료	₩50,000
선급임차료	₩0		
감가상각비	₩0	당기 건물감가상각비	₩100,000
감가상각누계액(건물)	₩100,000		

① 차) 상 품 ₩200,000 대) 매 입 ₩600,000
  매출원가 ₩400,000

② 차) 소모품비 ₩150,000 대) 소모품 ₩150,000

③ 차) 임차료 ₩50,000 대) 선급임차료 ₩50,000

④ 차) 감가상각비 ₩100,000 대) 감가상각누계액(건물) ₩100,000

05 다음은 ㈜한국의 신용거래 및 대금회수 자료이다. 11월에 유입된 현금은? [국가직 9급, 2013 기출]

> • 11월 8일 한국상사에 상품 ₩50,000을 외상판매하였다.
> • 11월 10일 대금의 50%가 회수되었다.
> • 11월 30일 대금의 20%가 회수되었다. 단, 외상매출에 대한 신용조건은 5/10, n/30이다.

① ₩32,950　　② ₩33,750

③ ₩34,250　　④ ₩34,750

06 다음은 ㈜한국의 20X2년 12월 31일 종료되는 회계연도의 수정전시산표의 계정 일부이다.

선급보험료	₩60,000	이자수익	₩40,000
임차료	₩30,000	소모품비	₩5,000
상 품	₩100,000	매 입	₩800,000

다음 자료를 고려하여 결산수정분개를 완료했을 때, 당기순이익에 미치는 영향은? [국가직 7급, 2013 기출]

> • 선급보험료는 20X2년 12월 1일에 6개월분 화재 보험료를 현금지급한 것이다.
> • 이자수익은 20X2년 10월 1일에 6개월분의 선이자를 현금으로 받은 것이다.
> • 임차료는 20X2년 11월 1일에 3개월분 임차료를 현금 지급한 것이다.
> • 결산일 현재 미사용한 소모품은 ₩2,000이다.
> • 기말 실지재고조사 결과 상품재고는 ₩120,000이다.

① ₩782,000 감소　　② ₩798,000 감소

③ ₩812,000 감소　　④ ₩828,000 감소

07 다음 설명 중 옳지 않은 것은? [지방직 9급, 2015 기출]

① 회사 차량으로 상품을 배송하던 중 접촉사고가 발생하여 차량이 파손되고 그 손해금액이 파악된 경우 이는 회계상의 거래에 해당한다.

② 회사가 기말에 기간경과로 발생한 이자비용을 계상하기 위해 사용한 미지급비용계정은 영구계정에 해당한다.

③ 회사의 기초상품재고액이 기말상품재고액보다 큰 경우 회사의 당기상품매입액은 매출원가보다 크다.

④ 제조원가명세서는 한국채택국제회계기준에서 규정하고 있는 전체 재무제표에 포함되지 않는다.

08 ㈜한국의 20X6년 회계오류 수정 전 법인세비용차감전순이익은 ₩300,000이다. 회계오류가 다음과 같을 때, 회계오류 수정 후 20X6년도 법인세비용차감전순이익은? [국가직 7급, 2016 기출]

회계오류 사항	20×5년	20×6년
기말재고자산 오류	₩8,000 과소계상	₩4,000 과대계상
선급비용을 당기비용으로 처리	₩3,000	₩2,000

① ₩287,000　　② ₩288,000

③ ₩289,000　　④ ₩290,000

매출총이익의 결정 및 응용

대표예제 국가직 7급, 2013 기출

다음은 ㈜한국의 상품 매입 및 매출 관련 자료이다. 매출총이익은? 단, 상품의 매입과 매출은 신용으로만 이루어진다.

기초 매출채권	₩120,000	기말 매출채권	₩80,000
당기 매출관련 현금회수액	₩890,000	기초 매입채무	₩80,000
기말 매입채무	₩130,000	당기 매입관련 현금지급액	₩570,000
기초 상품재고	₩70,000	기말 상품재고	₩90,000

① ₩210,000 ② ₩250,000

③ ₩340,000 ④ ₩400,000

정답 ②

(1) 매출액 = 현금회수액 − 매출채권감소액 = ₩890,000 − ₩40,000 = ₩850,000

(2) 매입액 = 현금지급액 + 매입채무증가액 = ₩570,000 + ₩50,000 = ₩620,000

(3) 매출원가 = 매입액 − 재고자산증가액 = ₩620,000 − ₩20,000 = ₩600,000

(4) 매출총이익 = 매출액 − 매출원가 = ₩850,000 − ₩600,000 = ₩250,000

매입과 매출이 모두 신용으로만 이루어지는 경우에는 매출채권과 매입채무 계정을 분석함으로서 매출액과 매입액을 결정할 수 있고, 매출원가는 재고자산 계정을 분석함으로서 파악할 수 있다.

매출채권

기초잔액	₩120,000	현금회수	₩890,000
외상매출	?	기말잔액	80,000
합 계	₩970,000	합 계	₩970,000

매입채무

현금지급	₩570,000	기초잔액	₩80,000
기말잔액	130,000	외상매입	?
합 계	₩700,000	합 계	₩700,000

재고자산(상품)

기초잔액	₩70,000	매출원가	?
당기매입	620,000	기말잔액	₩90,000
합 계	₩690,000	합 계	₩690,000

09 다음은 ㈜한국의 기말 회계자료 중 일부이다. 포괄손익계산서에 보고될 매출액은?

[국가직 9급, 2013 기출]

기초상품재고액	₩240	당기상품매입액	₩400
기말상품재고액	₩220	당기현금매출액	₩100
매출총이익	₩180	기초매출채권	₩160
매출채권회수액	₩520		

① ₩500　　② ₩600

③ ₩700　　④ ₩800

10 ㈜한국의 20X1년의 상품매출액은 ₩1,000,000이며, 매출총이익률은 20%이다. 20X1년의 기초상품재고액이 ₩50,000이고 당기의 상품매입액이 ₩900,000이라고 할 때, 20X1년 말의 재무상태표에 표시될 기말상품재고액은?

[국가직 9급, 2019 기출]

① ₩70,000　　② ₩100,000

③ ₩150,000　　④ ₩180,000

11 ㈜한국의 20X6년 재고자산 자료가 다음과 같을 때, ㈜한국의 20×6년 매출액은?

[국가직 9급, 2016 기출]

기초상품재고	₩2,000
당기매입액	₩10,000
기말상품재고	₩4,000
매출원가에 가산되는 이익률	10%

① ₩6,600 ② ₩7,200

③ ₩8,000 ④ ₩8,800

12 ㈜대한의 20X0회계연도의 매출 및 매입 관련 자료에 대한 설명으로 옳은 것은? 단, 총매입액에는 매입운임이 포함되어 있지 않다.

[국가직 9급, 2011 기출수정]

총매출액	₩1,000	총매입액	₩700
기초재고	₩400	기말재고	₩300
매출환입	₩100	매입에누리	₩100
매출할인	₩100	매입할인	₩100
매입운임	₩100		

① 순매출액은 ₩900이다. ② 순매입액은 ₩800이다.

③ 매출원가는 ₩700이다. ④ 매출총이익은 ₩200이다.

13 다음은 상품거래와 관련된 자료이다. 매출원가 대비 매출총이익률이 25%인 경우 기말상품 재고액은? [지방직 9급, 2013 기출]

총매출액	₩1,755,000	매출에누리	₩180,000
총매입액	900,000	매입에누리	45,000
기초상품재고액	990,000		

① ₩461,250　② ₩506,250
③ ₩585,000　④ ₩615,000

14 상품매매 기업인 ㈜우리의 결산시점에서 각 계정의 잔액이 다음과 같을 때 매출원가와 매출총이익은? [지방직 9급, 2014 기출]

기초재고	₩48,000	당기총매입	₩320,000
매입에누리	₩3,000	매입할인	₩2,000
매입운임	₩1,000	매입환출	₩4,000
당기총매출	₩700,000	매출할인	₩16,000
매출에누리	₩18,000	매출환입	₩6,000
매출운임	₩1,000	광고비	₩39,000
급여	₩60,000	수선유지비	₩5,000
기말재고	₩30,000		

	매출원가	매출총이익
①	₩329,000	₩331,000
②	₩330,000	₩330,000
③	₩332,000	₩328,000
④	₩338,000	₩362,000

15 다음 자료를 이용하여 기초 상품 재고액을 계산하면? [지방직 9급, 2016 기출]

총매출액	₩300,000	매출에누리	₩20,000
총매입액	₩210,000	매입할인	₩10,000
매출총이익	₩100,000	기말 상품 재고액	₩55,000

① ₩15,000　　② ₩25,000

③ ₩35,000　　④ ₩45,000

16 ㈜한국은 20X6년 1월 1일 영업을 개시하였다. 20X6년 12월 31일 회계자료가 다음과 같을 때, 20X6년도 매출총이익은? [국가직 7급, 2016 기출]

매출총액	₩200,000	매입에누리	₩1,000
임차료	₩5,000	매입총액	₩100,000
매출운임	₩5,000	급여	₩15,000
매입운임	₩10,000	매출할인	₩5,000
매입할인	₩1,000	이자수익	₩10,000
기말상품재고	₩15,000	기계처분손실	₩2,000

① ₩102,000　　② ₩112,000

③ ₩122,000　　④ ₩132,000

17 ㈜대한의 기초 및 기말 재무상태표의 매출채권 잔액은 각각 ₩1,000,000과 ₩2,000,000이고, 기초 매출채권 중 절반이 당기 중에 현금으로 회수되었다. ㈜대한의 당기 매출원가 및 매출 총이익율이 각각 ₩7,500,000과 25%인 경우에 ㈜대한의 당기 매출액 중 현금 매출액은? [국가직 7급, 2019 기출수정]

① ₩7,000,000 ② ₩7,500,000

③ ₩8,000,000 ④ ₩8,500,000

18 ㈜한국의 수정전시산표의 각 계정잔액이 다음과 같다. 매출총이익이 ₩2,000일 때, 총매입액은? [국가직 9급, 2020 기출]

총매출	₩11,000	총매입	?
매출에누리	₩1,000	매입에누리	₩800
매출운임	₩300	매입운임	₩200
기초재고	₩600	기말재고	₩500

① ₩8,500 ② ₩8,600

③ ₩8,700 ④ ₩8,800

19 ㈜한국은 상품을 외상매출하고 거래대금을 지급받지 않는 대신 거래상대방에게 상환해야 할 같은 금액의 채무를 변제하였다. 이 거래가 ㈜한국의 자산, 부채, 수익 및 순이익에 미치는 영향을 옳게 짝지은 것은? 단, 판매한 상품의 매출원가는 거래대금의 80%이고 재고자산은 계속기록법을 적용한다. [국가직 7급, 2020 기출]

	자산	부채	수익	순이익
①	감소	감소	증가	증가
②	불변	감소	불변	증가
③	증가	불변	증가	불변
④	감소	불변	증가	불변

제 3 절 정답 및 해설

매출액 및 매출원가의 계산과 회계처리

01 ④

상품매입시 부담한 운임은 상품의 취득원가를 증가시키고, 해당 상품이 판매되는 경우 매출원가의 증가로 이어진다. 참고로 각 거래를 회계처리하면 다음과 같다.

구분		차변	금액		대변	금액
• 유형자산 처분 :	(차)	현 금	×××	(대)	유형자산	×××
		유형자산처분손실	×××			
• 배당금 지급 :	(차)	이익잉여금	×××	(대)	현 금	×××
• 계약금 지급 :	(차)	선급금	×××	(대)	현 금	×××
• 상품매입 운임 :	(차)	매 입	×××	(대)	현 금	×××
	(차)	매출원가	×××	(대)	매 입	×××

02 ③

당기순이익 ₩500,000에 다음의 수정분개를 반영하여 수정후 당기순이익을 산출한다.

	차변	금액		대변	금액
(차)	선급보험료	10,000	(대)	보험료비용	10,000
(차)	이자비용	13,000	(대)	미지급이자	13,000
(차)	소모품	18,000	(대)	소모품비	18,000
(차)	가수금(부채)	20,000	(대)	매출채권	20,000

• 수정후 당기순이익 = ₩500,000 + ₩10,000 − ₩13,000 + ₩18,000
= ₩515,000

참고로, 가수금의 발생시점과 가수금의 정리시점에 다음과 같은 회계처리가 필요하다.

구분		차변	금액		대변	금액
• 가수금 발생시 :	(차)	현 금	20,000	(대)	가수금	20,000
• 가수금 정리시 :	(차)	가수금	20,000	(대)	매출채권	20,000

03 ③

위의 거래를 회계처리하면 다음과 같다. 다음에서 확인할 수 있는 바와 같이 비유동자산의 변동은 없다.

20X2.4.1 :	(차)	현 금	20,000	(대)	선수금(유동부채)	20,000
20X3.2.1 :	(차)	선수금(유동부채)	20,000	(대)	매 출	80,000
		매출채권(유동자산)	60,000			
	(차)	매출원가	50,000	(대)	제 품(유동자산)	50,000

04 ③

당기 임차료가 ₩50,000 과대계상 되었으며, 동 금액만큼 기말 선급임차료가 과소계상되어 있다. 수정분개는 다음과 같다.

(차)	선급임차료	50,000	(대)	임차료	50,000

05 ②

각 일자별 회계처리를 제시하면 다음과 같다.

11/ 8 :	(차)	매출채권	50,000	(대)	매출	50,000
11/10 :	(차)	현금	23,750	(대)	매출채권	25,000
		매출할인	1,250			
11/30 :	(차)	현금	10,000	(대)	매출채권	10,000

06 ②

항목별 당기순이익에 미치는 영향을 분석하면 다음과 같다.

(1) 선급보험료 : 1개월분 보험료비용을 인식하여야 하므로, ₩10,000의 순이익 감소
(2) 이자수익 : 이자수익의 절반을 감소시켜야 하므로, ₩20,000의 순이익 감소
(3) 임차료 : 임차료비용의 (1/3)을 감소시켜야 하므로, ₩10,000의 순이익 증가
(4) 소모품 : 소모품비 중 ₩2,000을 감소시켜야 하므로, ₩2,000의 순이익 증가
(5) 매출원가 : 매출원가 ₩780,000의 인식으로, ₩780,000의 순이익 감소

이를 모두 고려하는 경우, 당기순이익은 총 ₩798,000이 감소한다. 참고로 수정분개를 제시하면 다음과 같다.

선급보험료 :	(차)	보험료비용	10,000	(대)	선급보험료	10,000
이 자 수 익 :	(차)	이자수익	20,000	(대)	선수이자	20,000
임 차 료 :	(차)	선급임차료	10,000	(대)	임차료비용	10,000
소 모 품 :	(차)	소모품	2,000	(대)	소모품비	2,000
매 출 원 가 :	(차)	매출원가	100,000	(대)	상품(기초)	100,000
		매출원가	800,000		매 입	800,000
		상품(기말)	120,000		매출원가	120,000

07 ③

상품재고액과 매입 및 매출원가 사이에는 다음의 등식이 성립한다.

• 기초상품 + 당기매입 = 매출원가 + 기말상품

위 등식에서, 우변의 기말상품을 이항하고, 좌변의 당기매입을 이항하여 정리하면,

• 기초상품 − 기말상품 = 매출원가 − 당기매입

위의 식의 좌변이 양수가 되므로, 우변역시 양수가 되어야 하는데, 그러려면 당기매입액이 매출원가보다 작아야 한다.

08 ①

(1) 전기말 재고자산의 과소계상 : 매출원가 과소계상 → 순이익 과대계상 ₩8,000
(2) 당기말 재고자산의 과대계상 : 매출원가 과소계상 → 순이익 과대계상 ₩4,000
(3) 전기 선급비용 과소계상 : 당기비용 과소계상 → 순이익 과대계상 ₩3,000
(4) 당기 선급비용 과소계상 : 당기비용 과대계상 → 순이익 과소계상 ₩2,000
위의 오류항목을 모두 반영하면, 현재의 순이익은 ₩13,000 과대계상되어 있으며, 이를 수정하는 경우 법인세비용차감전순이익은 ₩13,000만큼 감소한다.

• 수정 후 법인세비용차감전순이익 = ₩300,000 − ₩13,000 = ₩287,000

참고로, 수정분개를 제시하면 다음과 같다.

재고자산 오류 :	(차)	매출원가	12,000	(대)	재고자산	4,000
					이익잉여금	8,000
선급비용 오류 :	(차)	당기비용	1,000	(대)	선급비용	2,000
		이익잉여금	1,000			

매출총이익의 결정 및 응용

09 ②

매출액은 매출원가와 매출총이익의 합이며, 매출원가는 기초상품재고액에 당기매입액을 가산한 후 기말상품재고액을 차감하여 계산한다. 본 문제에서 매출채권관련 자료는 불필요한 자료들이다.

(1) 매출원가 = ₩240 + ₩400 − ₩220 = ₩420

(2) 매출액 = 매출원가 + 매출총이익 = ₩420 + ₩180 = ₩600

참고로, 매출원가를 계산하기 위해 다음과 같이 상품계정을 분석할 수 있다.

상 품

기초잔액	₩240	매출원가	?
당기매입	400	기말잔액	₩220
합 계	₩640	합 계	₩640

10 ③

(1) 매출원가 = 매출액 × (1-매출총이익률) = ₩1,000,000 × (1 − 20%) = ₩800,000

(2) 기말상품재고액 = 기초상품재고액 + 당기상품매입액 − 매출원가 = ₩150,000

11 ④

매출원가를 계산한 후 이익률을 반영하여 매출액을 계산한다.

(1) 매출원가 = 기초상품재고액 + 당기매입액 − 기말상품재고액 = ₩8,000

(2) 매출액 = 매출원가 × (1 + 이익률) = ₩8,800

참고로, 매출원가를 계산하기 위해 다음과 같이 상품계정을 분석할 수 있다.

상 품

기초잔액	₩2,000	매출원가	?
당기매입	10,000	기말잔액	₩4,000
합 계	₩12,000	합 계	₩12,000

12 ③

(1) 순매출액 = 총매출액 - 매출환입 - 매출할인 = ₩800
(2) 순매입액 = 총매입액 - 매입에누리 - 매입할인 + 매입운임 = ₩600
(3) 매출원가 = 기초재고 + 당기매입 - 기말재고 = ₩700
(4) 매출총이익 = 매출액 - 매출원가 = ₩100

참고로, 매출원가를 계산하기 위해 다음과 같이 상품계정을 분석할 수 있다.

상 품

기초잔액	₩400	매출원가	?
당기매입	600	기말잔액	₩300
합 계	₩1,000	합 계	₩1,000

13 ③

다음의 순서로 풀이한다.

(1) 매출액 = 총매출액 - 매출에누리 = ₩1,575,000

(2) 매출원가 = 매출액 × $\frac{1}{1 + \text{매출총이익률}}$* = ₩1,260,000

* 본 문제에서 매출총이익률이 매출원가를 기준으로 정의됨에 따른 변형식임

(3) 기말상품 = 기초상품 + 당기매입* - 매출원가 = ₩585,000

* 당기매입 = 총매입 - 매입에누리 = ₩855,000

참고로, 기말상품재고액을 계산하기 위해 다음과 같이 상품계정을 분석할 수 있다.

상 품

기초잔액	₩990,000	매출원가	₩1,260,000
당기매입	855,000	기말잔액	?
합 계	₩1,845,000	합 계	₩1,845,000

14 ②

(1) 매출액 = 총매출 - 매출에누리 - 매출환입 - 매출할인 = ₩660,000
(2) 매입액 = 총매입 - 매입에누리 - 매입환출 - 매입할인 + 매입운임 = ₩312,000
(3) 매출원가 = 기초상품 + 당기매입 - 기말상품 = ₩330,000
(4) 매출총이익 = 매출액 - 매출원가 = ₩330,000

참고로, 매출원가를 계산하기 위해 다음과 같이 상품계정을 분석할 수 있다.

상 품

기초잔액	₩48,000	매출원가	?
당기매입	312,000	기말잔액	₩30,000
합 계	₩360,000	합 계	₩360,000

15 ③

(1) 매출액 = 총매출액 − 매출에누리 = ₩280,000

(2) 매출원가 = 매출액 − 매출총이익 = ₩180,000

(3) 기초상품 = 매출원가 + 기말상품 − 당기매입* = ₩35,000

* 당기매입 = 총매입액 − 매입할인 = ₩200,000

참고로, 기초상품재고액을 계산하기 위해 다음과 같이 상품계정을 분석할 수 있다.

상 품

기초잔액	?	매출원가	₩180,000
당기매입	₩200,000	기말잔액	55,000
합 계	₩235,000	합 계	₩235,000

16 ①

주어진 자료를 이용하여 매출액과 매출원가 및 매출총이익을 계산하면 다음과 같다.

(1) 매출액 = 매출총액 − 매출할인 = ₩195,000 (매출운임은 판매비로 처리함)

(2) 매출원가 = 매입액* − 기말상품재고 = ₩93,000

* 매입액 = 매입총액 − 매입에누리 + 매입운임 − 매입할인 = ₩108,000

(3) 매출총이익 = 매출액 − 매출원가 = ₩102,000

참고로, 매출원가를 계산하기 위해 다음과 같이 상품계정을 분석할 수 있다.

상 품

기초잔액	₩0	매출원가	?
당기매입	108,000	기말잔액	₩15,000
합 계	₩108,000	합 계	₩108,000

17 ④

주어진 문제를 분개를 이용하여 분석하면 다음과 같다.

(1) 매출의 발생

(차) 현 금	10,000,000 − a	(대) 매 출	10,000,000
매출채권	a		

(2) 매출채권의 회수

(차) 현 금	500,000	(대) 매출채권	500,000

* 매출액 = ₩7,500,000/(1-25%) = ₩10,000,000

** 매출채권 증가 = ₩1,000,000 = a − ₩500,000, a = ₩1,500,000

*** 현금매출액 = ₩10,000,000 − ₩1,500,000 = ₩8,500,000

18 ①

매 출 액 = ₩11,000 − ₩1,000 = ₩10,000

매출원가 = ₩10,000 − ₩2,000 = ₩8,000

매 입 액 = 매출원가 + 기말재고 − 기초재고

= ₩8,000 + ₩500 − ₩600

= ₩7,900

총매입액 = 매입액 + 매입에누리 − 매입운임

= ₩7,900 + ₩800 − ₩200

= ₩8,500

19 ①

문제에 제시된 상황을 분개로 표현하면 다음과 같다. 발생된 매출금액은 100으로 가정하였다.

(차) 차입금	100	(대) 매출	100
매출원가	80	재고자산	80

위의 분개에 따르면, 자산과 부채는 모두 감소하고 수익과 비용은 추가적으로 발생한다. 다만, 수익의 발생액(100)이 비용의 발생액(80)보다 더 크므로 순이익은 20만큼 증가한다.

CHAPTER 4

재고자산

ACCOUNTING PRACTICE

제 1 절 주요내용 요약

학습목표

Ⅰ. 재고자산의 개념과 원가결정

Ⅱ. 재고자산의 원가배분

Ⅲ. 재고자산 감모손실과 평가손실

Ⅰ 재고자산의 개념과 원가결정

1. 재고자산의 정의와 취득원가 결정

(1) 재고자산의 정의

한국채택국제회계기준에서는 재고자산을 다음과 같이 정의하고 있다.

> 재고자산은 ① 통상적인 영업과정에서 판매를 위하여 보유중인 자산, ② 통상적인 영업과정에서 판매를 위하여 생산중인 자산 그리고 ③ 생산이나 용역제공에 사용될 원재료나 소모품을 말한다.

재고자산 중 판매를 위하여 보유중인 자산으로는 상품(merchandise)과 제품(finished goods)이 있는데, 상품은 상품매매기업(merchandising company)이 재판매를 위하여 기업외부로부터 구입한 재고자산을 말하고, 제품은 제조기업(manufacturing company)이 직접 제조한 재고자산을 말한다. 한편 판매를 위하여 생산중인 자산으로는 재공품(work in process)이 있으며, 생산에 투입할 목적으로 구입한 원재료(raw material)와 소모품(supplies)도 재고자산에 포함된다. 소모품과 관련하여 유의할 점은 모든 소모품을 재고자산에 포함하는 것이 아니라 생산에 투입예정인 것에 한한다는 것이다. 따라서 영업활동에 사용할 목적으로 보유하고 있는 사무용 소모품 등은 유형자산으로 분류하는 것이 타당하다.

(2) 재고자산의 취득원가

재고자산의 취득원가는 매입원가, 전환원가 및 재고자산을 현재의 장소에 현재의 상태로 이르게 하는 데 발생한 기타 원가 모두를 포함한다.

① 매입원가 : 매입가격에 수입관세와 제세금(과세당국으로부터 추후 환급받을 수 있는 금액은 제외), 매입운임, 하역료 그리고 완제품, 원재료 및 용역의 취득과정에 직접 관련된 기타 원가를 가산하고, 매입할인, 리베이트 및 기타 유사한 항목은 매입원가를 결정할 때 차감하여 결정한다.

② 전환원가 : 직접노무원가 등 생산량과 직접 관련된 원가 및 원재료를 완제품으로 전환하는데 발생하는 고정 및 변동 제조간접원가의 체계적인 배부액이 포함된다.

③ 기타 원가 : 재고자산을 현재의 장소에 현재의 상태로 이르게 하는 데 발생한 원가를 말한다.

(3) 상품매매시 발생하는 비용

상품의 매매과정에서 구매자 및 판매자 모두에게 비용이 발생할 수 있으며, 이들에게 발생하는 비용은 통상적으로 다음과 같이 처리한다.

구 분	처리방법
구매자에게 발생한 비용	재고자산의 매입원가에 가산, 즉 재고자산의 취득원가의 일부로 봄
판매자에게 발생한 비용	판매비로서 당기비용 처리

2. 재고자산 인식과 제거의 특수유형

재무상태표에 재고자산으로 보고할 금액은 기본적으로 보고시점에 기업의 재고자산 창고에 보관중인 자산으로서 정확한 실사를 통하여 파악하게 된다. 그러나 경우에 따라서는 기업이 보유하고 있지 아니한 재고자산도 해당 기업의 재고자산으로 보고하여야 하는 경우도 있는데, 이러한 원인은 재고자산의 입고시점과 재고자산의 인식시점(매입시점)이 정확히 일치하지 않는 경우 또는 재고자산의 출고시점과 재고자산의 제거시점(판매시점)이 정확히 일치하지 않는 경우에 발생한다. 이러한 경우가 발생하는 대표적인 몇 가지 사례는 다음과 같다.

(1) 운송중인 상품

운송중인 상품(goods in transit)은 미착상품이라고도 하며, 다음과 같이 처리한다.

구 분	선적지 인도기준	도착지 인도기준
판매자 입장	재고자산에서 제외	재고자산에 포함
구매자 입장	재고자산에 포함	재고자산에서 제외

(2) 위탁판매 상품

위탁판매 상품(consigned goods)은 적송품이라고도 한다. 적송품에 대해서는 수탁자가 외부고객에게 판매하기 전까지는 위탁자의 재고자산으로 처리한다. 그러나 실무에서는 수탁자가 위탁자에게 외부판매 상황을 통보하기 전까지는 위탁한 상품의 외부판매 여부를 알 수 없으므로, 위탁자는 수탁자로부터 매출계산서를 수령한 시점에 일괄하여 적송품의 매출에 대한 회계처리를 수행한다.

그리고 상품의 위탁시 위탁자가 부담한 위탁운송비는 위탁재고자산(적송품)의 취득원가에 포함하였다가 위탁매출수익의 인식시점에 매출원가로 인식한다.

(3) 시용판매 상품

시용판매를 위하여 고객에게 발송한 상품을 시송품 이라고 한다. 시송품에 대해서는 고객이 매입의사표시를 하기전까지는 판매자의 재고자산으로 처리한다.

II 재고자산의 원가배분

1. 재고자산의 단위원가 결정방법

(1) 단위원가 결정방법의 종류

판매가능상품을 매출원가와 기말재고자산으로 구분하는 절차를 의미하는 것으로서 판매가능상품의 원가배분이라고도 한다. 흔히 사용되는 단위원가 결정방법으로는 개별법, 선입선출법, 후입선출법 그리고 가중평균법이 있다. 다만 한국채택국제회계기준에서는 재무보고 목적으로 후입선출법의 사용을 금지하고 있다. 각각의 단위원가 결정방법은 다음과 같이 적용한다.

구 분	적용방법
개별법	개별단위의 원가를 정확히 추적(가정 필요 없음)
선입선출법	먼저 매입한 상품이 먼저 판매된다고 가정
후입선출법	나중에 매입한 상품이 먼저 판매된다고 가정
가중평균법	모든 매입상품이 균일하게 판매된다고 가정

위의 4가지 단위원가 결정방법 중 개별법을 제외한 3가지 방법은 단위원가 결정과정에서 특별한 가정을 하게 되는데, 이를 원가흐름의 가정(cost flow assumption)이라고 한다.

(2) 단위원가 결정방법 간 장단점 비교

앞서 설명한 4가지 단위원가 결정방법들은 나름대로의 장점과 단점을 가지고 있는데, 이러한 장단점은 다음과 같은 5가지 관점에서 생각해 볼 수 있다. 대부분의 특징들은 선입선출법과 후입선출법에서 서로 반대로 나타나고, 평균법은 중간적인 성격을 지니게 된다.

① 원가흐름의 가정과 실제물량흐름이 유사한가?

일반적으로 실물의 흐름은 선입선출법을 따르는 경우가 많으므로 선입선출법에 의한 원가흐름이 실제물량흐름과 대체로 유사한 반면, 후입선출법에 의한 원가흐름은 실물흐름과 괴리도가 높다. 한편, 개별법의 경우 물량의 실제흐름과 원가흐름이 정확히 일치하므로 가장 우수하다고 볼 수 있다.

② 재무제표 표시금액(매출원가, 기말재고자산)이 현행가치를 반영하는가?

선입선출법의 경우 매출원가는 과거의 구입가격이 반영되므로 현행가치를 반영하지 못한다고 할 수 있으나, 기말재고자산은 가장 최근에 구입된 것이므로 현행가치를 반영한다고 볼 수 있다. 이와 반대로 후입선출법의 경우 매출원가는 가장 최근 구입가격이 반영되므로 현행가치를 반영하지만, 기말재고자산의 경우 과거의 구입가격이 반영되므로 현행가치를 반영하지 못한다고 할 수 있다.

③ 수익과 비용의 대응이 잘 이루어지는가?

이는 매출(수익)과 매출원가(비용)의 대응을 의미하는데, 매출은 항상 현행가치를 반영하므로 매출원가가 현행가치를 반영하게 되는 후입선출법에서 수익과 비용의 대응이 잘 이루어진다고 볼 수 있다. 이와 같은 수익과 비용의 대응은 금액적 측면에서 살펴본 것이지만, 물리적인 대응측면에서 본다면 개별법에서 완벽한 대응이 이루어진다고도 볼 수 있다.

④ 이익조작의 가능성은 없는가?

단위원가 결정과정에서의 이익조작은 개별법과 후입선출법의 적용과정에서 가능하다. 개별법의 경우에는 판매가격이 같은 동일한 재고자산이 다수 존재하는 상황에서 가급적 낮은 가격으로 취득한 상품을 선별적으로 판매함으로서 이익을 증가시킬 수 있으며, 높은 가격으로 취득한 상품을 선별적으로 판매함으로서 이익을 감소시킬 수도 있다. 그리고 후입선출법을 사용하는 과정에서 아주 오래전에 구입한 재고자산원가가 일시에 매출원가화 되어 나타나는 '후입선출청산(LIFO liquidation)'이 일어나는 경우 급격한 이익증가로 이어질 수 있다.

⑤ 장부기록 및 재고관리의 복잡성을 유발하지는 않는가?

일반적으로 개별법을 사용하게 되면 개별 상품의 취득원가 및 그 상품의 물리적 위치를 추적하여야 함으로 재고관리가 복잡해질 수 있다.

이상의 설명내용을 기초로, 단위원가 결정방법 간 장단점을 요약하면 다음과 같다.

구 분	장 점	단 점
개별법	• 원가흐름과 물량흐름이 일치 • 완벽한 수익 · 비용 대응	• 복잡한 상품거래에 적용불가 • 이익조작 가능성 존재
선입 선출법	• 원가흐름과 물량흐름이 유사 • 기말재고자산이 현행가치 반영	• 매출원가가 과거원가 반영 • 수익 · 비용 대응의 부적절
후입 선출법	• 매출원가가 현행가치를 반영 • 수익 · 비용 대응 적절	• 원가흐름이 물량흐름과 괴리 • 기말재고자산이 과거원가 반영 • 이익조작 가능성 존재(후입선출청산)

(3) 계속기록법과 실사법에서의 단위원가 결정방법

① 상품계정의 변동에 대한 기록시점을 언제로 하는지, 즉 계속기록법과 실지재고조사법(실사법) 중 어떤 방법을 적용하는 지에 따라, 일반적인 4가지 단위원가 결정방법은 다시 세분된다.

단위원가 결정방법		기록방법
① 개별법 ② 선입선출법 ③ 후입선출법 ④ 가중평균법	&	(a) 계속기록법 (b) 실지재고조사법

② 계속기록법과 실지재고조사법 중 어느 방법을 적용하는지에 따라 후입선출법과 평균법에 의한 단위원가 결정결과는 달라진다. 그러나 개별법과 선입선출법을 적용하는 경우에는 계속기록법을 사용하는지 또는 실사법을 사용하는지에 따라 원가배분 결과가 달라지지 않는다.

(4) 단위원가 결정방법이 재무제표에 미치는 영향

물가가 지속적으로 상승하고, 재고자산 수량이 감소하지 않는 상황에서 단위원가 결정방법별 재무제표 금액을 비교하면 다음과 같다.

재무제표 항목	금액 비교
기말재고자산 (당기순이익 및 법인세 비용도 동일)	선입선출법 > 평균법 > 후입선출법
매출원가	선입선출법 < 평균법 < 후입선출법

2. 기말재고자산 금액의 추정

기말재고자산은 정확히 실사하여 재무상태표에 표시하고, 이를 매출원가 계산에 반영하는 것이 바람직할 것이지만 경우에 따라서는 보고기간 말(또는 보고기간 중의 특정일) 현재의 재고자산을 실사하는 것 자체가 불가능할 수도 있고, 실사가 가능하다 하더라도 과도한 시간과 노력이 소요된다면 실사가 비합리적일 수도 있다. 이러한 경우에는 기말 재고자산을 실사하여 정확한 금액을 파악하는 대신 합리적인 추정모형에 따라 추정할 수도 있는데, 이 때 많이 사용되는 추정모형(방법)으로서 매출총이익률법과 소매재고법이 있다.

(1) 매출총이익률법

매출총이익률법은 화재나 홍수 등으로 인하여 특정 사건이전 기말재고자산의 파악이 불가능한 상황에서 과거의 평균적인 매출총이익률 등을 이용하여 기말재고자산의 금액을 추정하는 방법이다. 한국채택국제회계기준에서는 재무보고 목적으로 이 방법의 이용을 금지하고 있다. 다음과 같은 계산모형을 사용한다.

구 분	계산공식
매출원가 측정방법	매출원가 = 매출액 × (1 − 매출총이익률)
기말재고자산 측정방법	기말재고자산 = 판매가능상품 − 매출원가

(2) 소매재고법

소매재고법은 판매가격으로 계산되어 표시된 기말재고자산 금액에 원가율을 곱하여 기말재고자산의 원가를 결정하는 방법으로서 이 방법에 의한 원가측정은 평가결과가 실제 원가와 유사한 경우에 편의상 사용할 수 있다. 소매재고법은 이익률이 유사하고 품종변화가 심한 다품종 상품을 취급하는 유통업에서 실무적으로 다른 원가측정방법을 사용할 수 없는 경우에 흔히 사용한다. 소매재고법에서는 다음과 같은 계산모형을 사용하여 기말재고자산의 원가를 결정한다.

<table>
<tr><th>구 분</th><th colspan="2">계산공식</th></tr>
<tr><td>원가측정 방법</td><td colspan="2">기말재고자산 원가 = 기말재고자산 매가 × 원가율</td></tr>
<tr><td rowspan="2">원가율의 적용</td><td>원가율의 정의</td><td>$\text{원가율} = \dfrac{\text{재고자산의 취득원가}}{\text{재고자산의 판매가격}}$</td></tr>
<tr><td>원가율의 종류</td><td>① 가중평균원가율 : 판매가능상품 전체 원가율
② 선입선출원가율 : 당기매입분 원가율</td></tr>
</table>

III 재고자산 감모손실과 평가손실

1. 재고자산감모손실

(1) 재고자산감모손실의 정의

재고자산감모손실은 장부에 기록된 재고자산의 수량보다 실사하여 파악한 재고자산의 수량이 더 적은 경우 이로 인한 손실을 의미한다. 이러한 손실이 발생하는 이유로는 상품의 보관 및 관리과정에서의 부주의에 기인한 파손이나 자연적인 증발 또는 도난 등의 요소가 있다. 감모손실금액은 다음과 같이 계산한다.

재고자산감모손실 = (장부상 수량 − 실사수량) × 장부상 단가

(2) 손실금액의 처리방법

재고자산 감모손실에 대하여 한국채택국제회계기준에서는 발생한 기간에 비용으로 처리한다고 규정하고 있으나, 일반적으로는 정상적인 감모손실과 비정상적인 감모손실로 구분하여 다음과 같이 회계처리 한다.

감모손실 구분	처리방법
정상적인 감모손실	(일반적으로) 매출원가에 포함
비정상적인 감모손실	(일반적으로) 기타 비용으로 처리

2. 재고자산평가손실

(1) 재고자산평가손실과 저가법

재고자산평가손실은 재고자산을 저가법(LCM, low of cost or market)으로 측정함에 따른 평가손실을 의미한다. 저가법이란 재고자산을 취득원가와 순실현가능가치 중 더 작은 금액으로 측정하는 방법을 말한다. 여기서 순실현가능가치는 통상적인 영업과정의 예상판매가격에서 예상되는 추가 완성원가와 판매비용을 차감한 금액을 말한다.

(2) 저가법의 적용

재고자산에 저가법을 적용하는 경우, 재고자산의 측정금액과 발생하는 평가손실의 계산 방법은 각각 다음과 같다.

구 분	내 용
재고자산 측정금액	재고자산 = Min(취득원가, 순실현가능가치)
재고자산 평가손실	재고자산 평가손실 = Max(0, 취득원가 − 순실현가능가치)

(3) 손실금액의 처리방법

재고자산평가손실에 대하여 한국채택국제회계기준에서는 당기비용으로 인식한다고 규정하고 있어 특정 계정과목을 강제하고 있지는 않지만, 기업실무에서는 일반적으로 매출원가에 포함하여 인식한다.

제 2 절 기출 및 연습문제

기말재고자산 금액의 결정

대표예제 국가직 7급, 2012 기출수정

㈜한국은 재고자산의 수량결정방법으로 실지재고조사법을 사용하고 있다. 20X1년 말 실지조사 결과 파악된 재고자산 금액은 ₩120,000이었다. 다음의 추가 자료를 결산에 반영할 경우 20X1년 매출원가는?

- 당기 판매가능 재고자산 금액 ₩700,000
- 적송품 ₩40,000(이 중 ₩22,000에 대한 매출계산서가 20X1년 12월 26일에 도착하였음)
- 미착상품 ₩15,000(FOB 선적지인도조건으로 20X1년 12월 30일에 매입처리 되었음)
- 시송품 ₩25,000(이 중 ₩12,000에 대해 고객이 매입의사를 표시하였음)

① ₩494,000　　② ₩534,000
③ ₩574,000　　④ ₩592,000

해답 ②

매출원가는 판매가능재고자산에서 기말재고자산을 차감하여 결정하는 것이므로, 문제의 핵심은 기말재고자산 금액의 결정에 있다.

항목구분	처리방법	기말재고자산
(1) 실사 재고자산	−	₩120,000
(2) 적송품	매출계산서 미도착분은 기말재고자산에 포함	18,000
(3) 미착상품	선적지 인도조건이므로 기말재고자산에 포함	15,000
(4) 시송품	매입의사표시가 없는 부분은 기말재고자산	13,000
합계금액		₩166,000

- 매출원가 = ₩700,000 − ₩166,000 = ₩534,000

01 ㈜한국의 외부감사를 맡고 있는 A회계법인은 20X1년도 12월 말 현재 미착상품(FOB 선적지 인도기준) ₩18,000에 대해 장부에는 매입으로 기록되었으나, 실지재고조사과정에서 기말재고자산에는 포함되지 않았음을 발견하였다. 수정전시산표상 기초재고자산은 ₩50,000이고, 당기매입액은 ₩180,000이고, 실지재고조사법에 의해 조사된 기말재고자산은 ₩48,000이었다. 감사과정에서 발견된 사항을 반영하였을 경우 매출원가는? 단, 재고감모손실은 없다고 가정한다. [국가직 9급, 2011 기출]

① ₩164,000 ② ₩178,000

③ ₩182,000 ④ ₩200,000

02 20X0년 12월 10일 위탁자인 ㈜한국은 수탁자인 ㈜대한에 상품을 인도하고 외상매출로 회계처리 하였다. 이러한 회계처리가 ㈜한국의 20X0년 재무제표에 미치는 영향으로 옳지 않은 것은? 단, 상품매매거래는 계속기록법을 적용한다고 가정한다. [지방직 9급, 2011 기출]

① 재고자산 과소계상 ② 매출 과대계상

③ 매출채권 과대계상 ④ 매출원가 과소계상

03 20X1년 8월 1일 ㈜한국은 개당 ₩800의 선풍기 400개를 ㈜서울에 판매를 위탁하고 운송비용 ₩1,000을 현금으로 지급하였다. ㈜서울은 20X2년 12월 31일 현재 200개의 선풍기를 판매하고 200개는 남아 있으며 판매수수료 10%, 판매촉진비 ₩2,000을 차감한 잔액을 회수하였다. 20X2년 12월 31일 현재 ㈜한국의 위탁재고자산 중 재무상태표에 포함하여 보고될 금액은 얼마인가?

[국가직 9급, 2012 기출수정]

① ₩160,000 ② ₩160,500

③ ₩142,000 ④ ₩152,000

04 ㈜한국의 20X3년 재고자산을 실사한 결과 다음과 같은 오류가 발견되었다. 이러한 오류가 20X3년 매출원가에 미치는 영향은? 단, ㈜한국은 실지재고조사법을 사용하고 있다.

[국가직 7급, 2014 기출수정]

- ㈜한국이 시용판매를 위하여 거래처에 발송한 시송품 ₩1,300,000(판매가격)에 대하여 거래처의 매입 의사표시가 있었으나, 상품의 원가가 ㈜한국의 재고자산에 포함되어 있다. 판매가격은 원가에 30%의 이익을 가산하여 결정한다.
- 20X3년 중 ㈜한국은 선적지 인도기준으로 상품을 ₩1,000,000에 구입하고 운임 ₩100,000을 지급하였는데, 해당 상품이 선적은 되었으나 아직 도착하지 않아 재고자산 실사에 누락되었다.
- 20X3년 중 ㈜한국은 도착지 인도기준으로 상품을 ₩1,000,000에 구입하고, 판매자가 부담한 운임은 ₩100,000이다. 이 상품은 회사 창고에 입고되었으나, 기말재고자산 실사에 누락되었다.

① ₩1,100,000 과대계상 ② ₩1,200,000 과대계상

③ ₩1,100,000 과소계상 ④ ₩1,200,000 과소계상

05 다음은 20X4년 12월 31일 현재 ㈜한국의 재고자산과 관련한 자료이다. 재무상태표에 표시되는 재고자산의 금액은?

[국가직 9급, 2015 기출]

- 매입을 위해 운송 중인 상품 ₩250 (FOB선적지기준 : ₩150, FOB도착지기준 : ₩100)
- 시송품 중 매입의사가 표시되지 않은 상품 : 판매가 ₩260 (원가에 대한 이익률 30%)
- 적송품 중 판매되지 않은 상품 ₩300
- 창고재고 ₩1,000원 (수탁상품 ₩100 포함)

① ₩1,550　　② ₩1,610
③ ₩1,710　　④ ₩1,750

06 ㈜대한은 ㈜민국에게 판매 위탁한 상품 중 기말 현재 판매되지 않은 상품(원가 ₩10,000)을 기말재고자산에 판매가(₩15,000)로 포함시켰다. 이로 인한 당기와 차기의 순이익에 미치는 영향으로 옳은 것은?

[국가직 9급, 2016 기출]

① 당기에만 순이익이 과대계상된다.
② 당기에만 순이익이 과소계상된다.
③ 순이익이 당기에는 과대, 차기에는 과소계상된다.
④ 순이익이 당기에는 과소, 차기에는 과대계상된다.

07 ㈜대한은 ㈜민국에 TV를 위탁하여 판매하고 있다. 20X6년 초 ㈜대한은 TV 10대(대당 판매가격 ₩1,000,000, 대당 원가 ₩800,000)를 ㈜민국에 발송하였으며, 운송업체에 발송비 ₩100,000을 지급하였다. ㈜민국은 ㈜대한으로부터 20X6년 초 수탁한 TV 10대 중 8대를 20X6년도에 판매하였다. ㈜민국의 위탁판매와 관련하여 ㈜대한이 20X6년도에 인식할 매출원가는?

[국가직 7급, 2016 기출]

① ₩6,400,000　　② ₩6,480,000

③ ₩6,500,000　　④ ₩8,100,000

08 ㈜한국의 20X5년 기초상품은 ₩2,000이고 당기상품매입액은 ₩15,000이다. 상품에 대해 실지재고조사법을 적용하고 있으며 다음의 자료를 고려하지 않은 기말상품은 ₩4,000이다. ㈜한국의 20X5년 매출원가는? 단, 상품과 관련된 평가손실과 감모손실은 없다고 가정한다.

[지방직 9급, 2017 기출수정]

- 20X5년 12월 24일에 FOB 선적지인도조건으로 매입한 상품 ₩1,000이 20X6년 1월 2일에 입고되었다.
- 시용판매한 상품 중 20X5년 말 현재 고객이 구입의사를 표시하지 않은 금액은 ₩1,000(판매가)이며 시용매출의 경우 매출총이익률은 10%이다.
- 위탁판매를 하기 위해 발송한 상품 중 기말 현재 수탁자가 보관 중인 적송품은 ₩3,000이다.

① ₩7,100　　② ₩8,100

③ ₩9,100　　④ ₩11,100

09 판매자의 기말 재고자산에 포함되지 않는 것은? [국가직 9급, 2017 기출]

① 고객이 구매의사를 표시하지 아니하고, 반환금액을 신뢰성 있게 추정할 수 없는 시용판매 상품

② 위탁판매를 하기 위하여 발송한 후, 수탁자가 창고에 보관 중인 적송품

③ 판매대금을 일정기간에 걸쳐 분할하여 회수하는 조건으로 판매 인도한 상품

④ 도착지 인도조건으로 선적되어 운송 중인 미착상품

10 ㈜대한은 20X1년 12월 초 위탁판매를 위해 ㈜민국에게 단위당 원가 ₩1,200인 상품 500개를 적송하면서 운임 ₩30,000을 현금지급 하였다. 20X2년 1월 초 위탁판매와 관련하여 ㈜대한은 ㈜민국에서 다음과 같은 판매현황을 보고받았다. [국가직 7급, 2018 기출]

매출액	400개×@₩1,500 =	₩600,000
판매수수료	₩18,000	
운임및보관료	₩12,000	(₩30,000)
㈜대한에게 송금한 금액		₩570,000

㈜대한이 위탁판매와 관련하여 20X1년 재무제표에 인식할 매출액과 적송품 금액은? 단, ㈜대한은 계속기록법을 채택하고 있다.

	매출액	적송품 금액
①	₩570,000	₩120,000
②	₩570,000	₩126,000
③	₩600,000	₩120,000
④	₩600,000	₩126,000

11 ㈜한국은 20X1년부터 상품 A(단위당 판매가 ₩100,000, 단위당 매입원가 ₩60,000)의 위탁판매를 시작하면서, 수탁자에게 단위당 ₩10,000의 판매수수료를 지급하기로 하였다. 20X1년 ㈜한국이 수탁자에게 적송한 상품 A는 100개이며, 적송운임 ₩40,000은 ㈜한국이 부담하였다. 수탁자는 이 중 50개를 20X1년에 판매하였다. 20X1년 ㈜한국이 상품 A의 위탁판매와 관련하여 인식할 당기이익은?

[지방직 9급, 2019 기출]

① ₩1,460,000 ② ₩1,480,000

③ ₩1,500,000 ④ ₩2,960,000

12 다음은 ㈜한국의 20X1년 1월 1일부터 12월 31일까지 재고자산 관련 자료이다. 20X1년 ㈜한국의 매출원가는?

[국가직 7급, 2020 기출]

- 기초 재고자산 ₩200,000
- 당기 매입액 ₩1,000,000
- 기말 재고자산 ₩100,000 (창고보관분 실사 금액)
- 미착상품 ₩60,000 (도착지 인도조건으로 매입하여 12월 31일 현재 운송 중)
- 적송품 ₩200,000 (이 중 12월 31일 현재 80% 판매 완료)
- 시송품 ₩60,000 (이 중 12월 31일 현재 고객이 매입의사표시를 한 금액 ₩20,000)

① ₩780,000 ② ₩820,000

③ ₩920,000 ④ ₩1,020,000

13 ㈜한국의 20X1년 기초재고자산은 ₩100,000, 당기매입액은 ₩200,000이다. ㈜한국은 20X1년 12월 말 결산과정에서 재고자산 실사 결과 기말재고가 ₩110,000인 것으로 파악되었으며, 다음의 사항은 고려하지 못하였다. 이를 반영한 후 ㈜한국의 20X1년 매출원가는?

[국가직 9급, 2021 기출]

- 도착지 인도조건으로 매입한 상품 ₩20,000은 20X1년 12월 31일 현재 운송 중이며, 20X2년 1월 2일 도착예정이다.
- 20X1년 12월 31일 현재 시용판매를 위하여 고객에게 보낸 상품 ₩40,000(원가) 가운데 50%에 대하여 고객이 구매의사를 표시하였다.
- 20X1년 12월 31일 현재 ㈜민국에 담보로 제공한 상품 ₩50,000은 창고에 보관 중이며, 재고자산 실사시 이를 포함하였다.

① ₩170,000　　② ₩180,000

③ ₩190,000　　④ ₩220,000

재고자산의 원가배분

대표예제 지방직 9급, 2011 기출

다음은 ㈜대한의 20X0년 3월의 재고자산 입고 및 출고에 관한 자료이다. 선입선출법을 적용하는 경우와 총평균법을 적용하는 경우, ㈜대한의 20X0년 3월 31일 현재 재고자산금액은?

날 짜	구 분	수량(개)	단가(₩)
3월 1일	월초재고	20	100
7일	매입	20	100
11일	매출	20	150
14일	매입	20	130
27일	매출	20	200
31일	월말재고	20	

	선입선출법	총평균법
①	₩2,200	₩2,200
②	₩2,200	₩2,600
③	₩2,600	₩2,200
④	₩2,600	₩2,600

해답 ③

우선 다음과 같이 재고자산에 대한 분석을 수행한 후 원가배분을 수행한다.

재고자산

(단위 : 개, 원)

3/ 1 (월초)	20 × 100 = 2,000		
3/ 7 (매입)	20 × 100 = 2,000		
		3/11 (매출)	20 × ? = ?
3/14 (매입)	20 × 130 = 2,600		
		3/27 (매출)	20 × ? = ?
		3/31 (월말)	20 × ? = ?
합 계	60 × 110 = 6,600	합 계	60 × 110 = 6,600

(1) 기말재고(선입선출법) = 20개 × ₩130(가장 최근 매입단가) = ₩2,600

(2) 기말재고(총평균법) = 20개 × ₩110 = $\left(\frac{₩66,000}{60개}\right)$ = ₩2,200

14 ㈜한국의 6월 중 재고자산 거래가 다음과 같을 때 이에 대한 설명으로 옳지 않은 것은?

[국가직 7급, 2012 기출]

일 자	적 요	수 량	단 가
6월 1일	월초재고	100개	₩10
6월 9일	매입	300개	₩15
6월 16일	매출	200개	₩25
6월 20일	매입	100개	₩20
6월 28일	매출	200개	₩30

① 회사가 총평균법을 사용할 경우 매출원가는 ₩6,000이다.

② 회사가 선입선출법을 사용할 경우 월말재고자산 금액은 ₩2,000이다.

③ 총평균법을 사용할 경우보다 이동평균법을 사용할 경우에 순이익이 더 크다.

④ 계속기록법과 선입선출법을 사용할 경우보다 실지재고조사법과 선입선출법을 사용할 경우에 매출원가가 더 크다.

15 다음은 ㈜한국의 20X3년 1월의 재고자산 입고 및 판매와 관련된 자료이다. 실지재고조사법을 사용하고 평균법을 적용할 경우 기말재고액과 매출원가는?

[지방직 9급, 2013 기출]

일 자	입 고		판매량
	수 량	단 가	
1/ 1	1,000개	₩11	–
1/ 5	1,000개	₩13	–
1/10	1,000개	₩15	–
1/15	–	–	2,500개
1/25	1,000개	₩17	–

	기말재고액	매출원가		기말재고액	매출원가
①	₩21,000	₩31,500	②	₩21,000	₩35,000
③	₩24,500	₩31,500	④	₩24,500	₩35,000

16 다음은 ㈜한국의 재고자산과 관련된 자료이다. 선입선출법으로 평가할 경우 매출총이익은? 단, 재고자산과 관련된 감모손실이나 평가손실 등 다른 원가는 없다. [국가직 7급, 2014 기출]

일 자	구 분	수 량	단 가
10월 1일	기초재고	10개	₩100
10월 8일	매입	30개	110
10월 15일	매출	25개	140
10월 30일	매입	15개	120

① ₩850 ② ₩950
③ ₩1,050 ④ ₩1,150

17 다음은 ㈜한국의 20X5년 1월의 상품매매에 관한 기록이다. 계속기록법에 의한 이동평균법으로 상품거래를 기록할 경우 20X5년 1월의 매출총이익은? [지방직 9급, 2015 기출]

일 자	내 역	수 량	매입단가	판매단가
1월 1일	전기이월	150개	₩100	
1월 15일	현금매입	50개	₩140	
1월 20일	현금매출	100개		₩150
1월 25일	현금매입	100개	₩150	
1월 28일	현금매출	100개		₩160

① ₩2,000 ② ₩4,000
③ ₩7,000 ④ ₩9,000

18 ㈜한국은 재고자산에 대해 가중평균법을 적용하고 있으며, 20X6년 상품거래 내역은 다음과 같다. 상품거래와 관련하여 실지재고조사법과 계속기록법을 각각 적용할 경우, 20X6년도 매출원가는? 단, 상품과 관련된 감모손실과 평가손실은 발생하지 않았다. [국가직 7급, 2016 기출]

일 자	적 요	수 량	단 가(₩)	금 액(₩)
01월 01일	기초재고	100개	8	800
03월 04일	매 입	300개	9	2,700
06월 20일	매 출	(200개)		
09월 25일	매 입	100개	10	1,000
12월 31일	기말재고	300개		

	실지재고조사법	계속기록법
①	₩1,800	₩1,700
②	₩1,750	₩1,700
③	₩1,700	₩1,750
④	₩1,800	₩1,750

19 재고자산에 대한 설명으로 옳은 것은? [국가직 9급, 2017 기출]

① 기초재고자산 금액과 당기매입액이 일정할 때, 기말재고자산 금액이 과대계상 될 경우 당기순이익은 과소계상 된다.

② 선입선출법은 기말에 재고로 남아있는 항목이 가장 최근에 매입 또는 생산된 항목이라고 가정하는 방법이다.

③ 실지재고조사법을 적용하면 기록유지가 복잡하고 번거롭지만 특정시점의 재고자산 잔액과 그 시점까지 발생한 매출원가를 적시에 파악할 수 있는 장점이 있다.

④ 도착지 인도기준에 의해서 매입이 이루어질 경우, 발생하는 운임은 매입자의 취득원가에 산입하여야 한다.

20 재고자산의 회계처리에 대한 설명으로 옳지 않은 것은? [지방직 9급, 2018 기출]

① 재고자산의 취득 시 구매자가 인수운임, 하역비, 운송기간 동안의 보험료 등을 지불하였다면, 이는 구매자의 재고자산의 취득원가에 포함된다.

② 위탁상품은 수탁기업의 판매시점에서 위탁기업이 수익으로 인식한다.

③ 재고자산의 매입단가가 지속적으로 하락하는 경우, 선입선출법을 적용하였을 경우의 매출총이익이 평균법을 적용하였을 경우의 매출총이익보다 더 높게 보고된다.

④ 재고자산의 매입단가가 지속적으로 상승하는 경우, 계속기록법하에서 선입선출법을 사용할 경우와 실지재고조사법하에서 선입선출법을 사용할 경우의 매출원가는 동일하다.

기말재고자산 금액의 추정 : 매출총이익률법

대표예제 국가직 7급, 2011 기출

20X1년 9월 1일에 ㈜한국의 창고에서 화재가 발생하여 재고자산이 일부 소실되었다. 남아있는 재고자산의 순실현가능가치는 ₩3,600이다. 다음의 자료를 이용하여 화재로 인한 재고자산 손실액을 구하면?

• 20X1년초 기초 재고자산	₩25,000
• 20X1년 8월말까지 재고자산 매입액	₩39,000
• 20X1년 8월말까지 매입환출 금액	₩4,000
• 20X1년 8월말까지 총매출액	₩55,000
• 20X1년 8월말까지 매출할인액	₩3,000
• 매출총이익률	30%

① ₩17,900 ② ₩20,000
③ ₩23,600 ④ ₩24,000

해답 ②

다음의 순서로 풀이한다.

(1) 매출액 = ₩55,000 − ₩3,000 = ₩52,000
(2) 순매입액 = ₩39,000 − ₩4,000 = ₩35,000
(3) 매출원가 = 매출액 × (1 − 매출총이익률) = ₩36,400
(4) 기말재고(추정) = 기초재고 + 당기매입 − 매출원가 = ₩23,600
(5) 화재손실액(추정) = 추정 기말재고 − 남은 상품금액(순실현가능가치) = ₩20,000

참고로, 기말상품(추정액) 파악을 위한 상품계정의 분석을 수행하면 다음과 같다.

재고자산(상품)

기초재고	₩25,000	매출원가	₩36,400	= ₩52,000 × (1 − 30%)
당기매입	35,000	기말재고	?	
합 계	₩60,000	합 계	₩60,000	

21 ㈜한국의 기초상품재고는 ₩200,000(원가), 당기매입액은 ₩900,000(원가), 매출액은 ₩1,000,000(매가)이며, 매출액기준 매출총이익률은 30%이다. 기말에 창고에 화재가 발생한 후 남은 상품이 ₩100,000(원가)일 때, 상품의 화재손실액은? 단, ㈜한국은 매출총이익률법에 의하여 상품을 평가한다. [국가직 9급, 2012 기출]

① ₩100,000　　② ₩200,000

③ ₩300,000　　④ ₩400,000

22 재고자산과 관련된 자료가 다음과 같을 때, 화재로 소실된 상품의 추정원가는?

[국가직 9급, 2014 기출수정]

(1) 20X3년 4월 30일 화재가 발생하여 보유하고 있던 상품 중 ₩350,000(원가)만 남고 모두 소실되었다.
(2) 20X3년 1월 1일 기초재고원가는 ₩440,000이다.
(3) 20X3년 1월 1일부터 20X3년 4월 29일까지의 매입액은 ₩900,000이다.
(4) 20X3년 1월 1일부터 20X3년 4월 29일까지의 매출액은 ₩1,000,000이다.
(5) 해당 상품의 매출원가기준 매출총이익률(=매출총이익 ÷ 매출원가)은 25%이다.

① ₩150,000　　② ₩190,000

③ ₩200,000　　④ ₩240,000

23 ㈜한국에 당기 중 화재가 발생하여 재고자산과 일부의 회계자료가 소실되었다. 소실 후 남아 있는 재고자산의 가액은 ₩1,500이었다. 복원한 회계자료를 통하여 기초재고가 ₩2,000, 기중 매입액은 ₩12,000, 기중 매출액은 ₩15,000임을 알 수 있었다. ㈜한국의 매출총이익률이 30%인 경우 화재로 소실된 재고자산 금액은?

[지방직 9급, 2014 기출]

① ₩2,000　　② ₩2,500

③ ₩3,000　　④ ₩3,500

24 ㈜한국의 재고자산과 관련한 자료가 다음과 같을 때, 홍수로 소실된 상품의 추정원가는?

[국가직 9급, 2021 기출]

- 20X1년 1월 1일 기초상품재고액은 ₩250,000이다.
- 20X1년 7월 31일 홍수가 발생하여 ₩150,000의 상품만 남고 모두 소실되었다.
- 20X1년 7월 31일까지 당기상품매입액은 ₩1,300,000이다.
- 20X1년 7월 31일까지 당기매출액은 ₩1,200,000이다.
- ㈜한국의 매출총이익률은 20%이다.

① ₩200,000　　② ₩260,000

③ ₩440,000　　④ ₩590,000

기말재고자산 금액의 추정 : 소매재고법

대표예제 세무사, 2007 기출수정

12월말 결산법인인 ㈜국세는 매출가격환원법에 의하여 기말재고자산의 원가를 추정하고 있다. ㈜국세는 총액법을 사용하고 있으며, 매출 및 매입계정을 분할하여 장부에 기록하고 있다. 다음은 ㈜국세의 20X1회계연도의 재고자산에 관한 자료이다.

항 목	원 가	판 매 가
기초재고	₩390,000	₩540,000
매 입	2,500,000	3,640,000
매입운임	20,000	
매입환출	150,000	280,000
매입할인	30,000	
총매출		2,240,000
매출환입	16,000	40,000

㈜국세는 평균법을 적용하여 매출가격환원법을 사용한다. ㈜국세의 20X1회계연도의 매출총이익은?

① ₩673,000 ② ₩660,000

③ ₩708,000 ④ ₩728,000

정답 ②

(1) 자료의 정리

- 매입액(원가) = ₩2,500,000 + ₩20,000 − ₩150,000 − ₩30,000 = ₩2,340,000
- 매입액(매가) = ₩3,640,000 − ₩280,000 = ₩3,360,000
- 매출액(매가) = ₩2,240,000 − ₩40,000 = ₩2,200,000

(2) 계정분석 및 금액계산

상 품(원가)

	원 가	매 가		원 가	매 가
기초재고	₩390,000	₩540,000	매출원가	?	₩2,200,000
당기매입	2,340,000	3,360,000	기말재고	?	1,700,000
합 계	₩2,730,000	₩3,900,000	합 계	₩2,700,000	₩3,900,000

- 원가율 = $\frac{₩2,730,000}{₩3,900,000}$ = 70%
- 기말재고 원가 = 기말재고 매가 × 원가율(평균) = ₩1,190,000
- 매출원가 = ₩2,730,000 − ₩1,190,000 = ₩1,540,000
- 매출총이익 = 매출액 − 매출원가 = ₩660,000

25 다음은 ㈜한국의 재고자산과 관련된 자료이다. 기말재고자산액은? 단, 평균원가소매재고법을 적용한다. [국가직 9급, 2013 기출]

구 분	매출가격기준	원가기준
기초재고	₩200,000	₩150,000
당기 매입액	₩1,000,000	₩750,000
당기 매출액	₩900,000	−

① ₩200,000 ② ₩210,000
③ ₩225,000 ④ ₩250,000

26 ㈜한국의 20X7년도 재고자산과 관련된 자료는 다음과 같다. 선입선출법에 의한 소매재고법을 적용할 경우 기말재고자산 원가는? [국가직 9급, 2018 기출]

구 분	원 가	소매가
기초재고	₩48,000	₩80,000
당기매입	₩120,000	₩160,000
매 출	−	₩150,000

① ₩54,000 ② ₩58,500
③ ₩63,000 ④ ₩67,500

27 선입선출소매재고법을 적용하여 추정한 기말재고자산은? [지방직 9급, 2013 기출]

	원 가	판매가격
기초재고	₩30,000	₩40,000
당기매입	50,000	60,000
매 출 액	–	70,000

① ₩24,000
② ₩25,000
③ ₩30,000
④ ₩35,000

28 소매재고법(매출가격환원법)을 적용하여 매출원가와 기말재고 원가를 계산하면? [국가직 9급, 2011 기출]

구 분	원 가	매 가
기초재고	₩240,000	₩360,000
당기매입	₩2,700,000	₩3,840,000
매 출 액	—	₩3,900,000

	매출원가	기말재고
①	₩2,640,000	₩210,000
②	₩2,640,000	₩300,000
③	₩2,730,000	₩210,000
④	₩2,730,000	₩300,000

29 ㈜한국은 재고자산평가방법으로 소매재고법을 적용하고 있다. 다음 자료를 이용한 ㈜한국의 20X7년 매출원가는? 단, 단위원가 결정방법으로 가중평균법을 적용한다. [지방직 9급, 2017 기출]

	원 가	매 가
기초재고	₩250,000	₩400,000
순매입액	₩1,250,000	₩1,600,000
매입운임	₩100,000	–
순매출액	–	₩1,800,000

① ₩1,120,000 ② ₩1,160,000
③ ₩1,280,000 ④ ₩1,440,000

30 ㈜한국은 원가기준 소매재고법을 사용하고 있으며, 원가흐름은 선입선출법을 가정하고 있다. 다음 자료를 근거로 한 기말 재고자산 원가는? [국가직 9급, 2018 기출]

구 분	원 가	판매가
기초재고	₩1,200	₩3,000
당기매입액	₩14,900	₩19,900
매출액	–	₩20,000
인상액	–	₩270
인상취소액	–	₩50
인하액	–	₩180
인하취소액	–	₩60
종업원할인	–	₩200

① ₩1,890 ② ₩1,960
③ ₩2,086 ④ ₩2,235

31 ㈜한국은 선입선출법에 의한 원가기준 소매재고법을 사용하고 있다. 기말재고액(원가)은 ₩1,600이고, 당기매입원가율이 80%인 경우 순인상액과 종업원할인은? [국가직 7급, 2021 기출]

구 분	원 가	매 가
기초재고	₩2,000	₩4,000
당기매입액	₩16,000	₩18,000
매출액		₩20,000
순인상액		㉠
순인하액		₩1,000
종업원할인		㉡

	순인상액(㉠)	종업원할인(㉡)
①	₩1,500	₩1,500
②	₩1,500	₩2,000
③	₩3,000	₩1,500
④	₩3,000	₩2,000

재고자산감모손실과 재고자산평가손실

대표예제 국가직 7급, 2012 기출

다음은 ㈜한국의 상품과 관련된 자료이다. ㈜한국이 당기에 인식해야 할 총비용은? 단, 비정상적인 감모손실은 없다.

기초상품재고액	₩100,000
당기상품매입액	₩700,000
장부상 기말상품재고액(220개, 단가 ₩1,100)	₩242,000
기말상품 실제재고수량(200개)	
기말상품 개당 순실현가능가치	₩1,000

① ₩558,000 ② ₩578,000

③ ₩580,000 ④ ₩600,000

해답 ④

(1) 재고자산감모손실 = (장부상 수량 − 실사수량) × 장부상 단가
= (220개 − 200개) × ₩1,100
= ₩22,000

(2) 기말재고자산금액 = 실제수량 × Min(장부상 단가, 순실현가능가치)
= 200개 × Min(₩1,100, ₩1,000)
= ₩200,000

(3) 재고자산평가손실 = Max[0, 실사수량 × (장부상 단가 − 순실현가능가치)]
= Max[0, 200개 × (₩1,100 − ₩1,000)]
= ₩20,000

(4) 매출원가 = 기초재고 + 당기매입 − 기말재고 − 비정상감모손실 = ₩600,000

(5) 기타비용 = 비정상감모손실 = ₩0

참고로, 다음과 같이 재고자산감모손실과 평가손실을 계산한 후 매출원가를 집계한다.

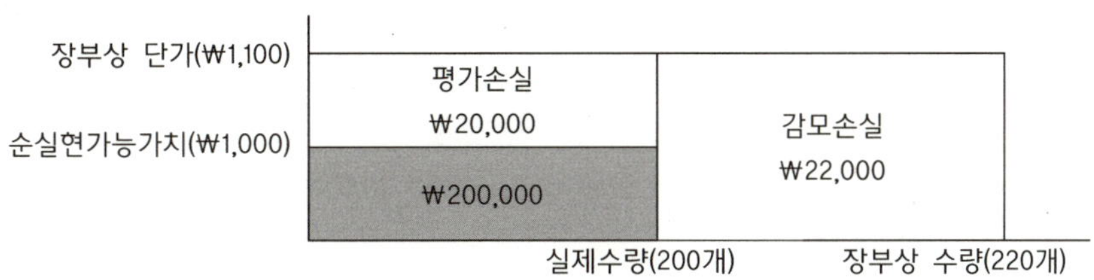

재고자산

기초재고	₩100,000	판 매	₩558,000	: 매출원가
당기매입	700,000	감모손실(정상)	22,000	: 매출원가
		감모손실(비정상)	–	: 기타비용
		평가손실	20,000	: 매출원가
		기말재고	200,000	: 재고자산
합 계	₩800,000	합 계	₩800,000	

32 다음은 도 · 소매 기업인 ㈜한국의 상품과 관련된 자료이다. [국가직 9급, 2020 기출수정]

• 기초상품재고액	₩100,000
• 당기상품매입액	₩900,000
• 기말상품재고액(장부금액)	₩220,000
• 기말상품재고액(실사금액)	₩200,000

정상적 원인에 의한 재고감모손실은 매출원가로, 비정상적 감모손실은 기타비용으로 보고하는 경우 ㈜한국이 당기에 인식해야 할 매출원가는? 단, 재고감모손실의 30%는 비정상적 원인, 나머지는 정상적 원인에 의해 발생되었다. 그리고 모든 기말상품의 순실현가능가치는 취득원가를 초과한다.

① ₩766,000　　② ₩786,000

③ ₩794,000　　④ ₩800,000

33 재고자산평가손실과 정상적 원인에 의한 재고감모손실은 매출원가로, 비정상적인 감모손실은 기타비용으로 보고하는 경우 다음 자료를 토대로 계산한 매출원가는? 단, 재고부족수량의 40%는 비정상적 원인, 나머지는 정상적 원인에 의해 발생되었다고 가정한다.

[국가직 9급, 2014 기출]

판매가능원가(= 기초재고원가 + 당기매입원가)	₩78,000
계속기록법에 의한 장부상 수량	100개
실지재고조사에 의해 파악된 기말재고 수량	90개
기말재고자산의 원가	@₩100
기말재고자산의 순실현가능가치	@₩90

① ₩69,500　　② ₩69,300

③ ₩68,400　　④ ₩68,600

34 ㈜한국의 20X1년 기말재고 관련 자료는 다음과 같으며 품목별로 저가법을 적용한다.

품목	수량	단위당 취득원가	단위당 예상판매가격	단위당 예상판매비용
상품 a	2	@₩5,000	@₩7,000	@₩1,500
상품 b	3	@₩8,000	@₩9,000	@₩2,000
상품 c	2	@₩2,500	@₩3,000	@₩1,000

기초상품재고액은 ₩50,000, 당기총매입액은 ₩1,000,000, 매입할인은 ₩50,000이며, ㈜한국은 재고자산평가손실을 매출원가에 포함한다. ㈜한국의 20X1년 포괄손익계산서상 매출원가는?

[국가직 7급, 2019 기출수정]

① ₩962,000　② ₩964,000

③ ₩965,000　④ ₩1,050,000

35 다음은 ㈜한국의 재고자산 관련 자료이다. 기말상품의 실사수량과 단위당 순실현가능가치는? 단, 재고자산감모손실은 실사수량과 장부상 재고수량의 차이로 인해 발생한 계정이며, 재고자산평가손실은 취득원가와 순실현가능가치의 차이로 인해 발생한 계정이다.

[국가직 7급, 2015 기출]

기초상품재고액(재고자산평가충당금 없음)	₩20,000
당기매입액	₩400,000
장부상 기말상품재고액(단위당 원가 ₩2,000)	₩200,000
재고자산감모손실	₩20,000
재고자산평가손실	₩18,000

	기말상품 실사수량	기말상품 단위당 순실현가능가치
①	80개	₩1,800
②	80개	₩2,000
③	90개	₩1,800
④	90개	₩2,000

36 ㈜한국의 2018년 재고자산 관련 자료는 다음과 같다.

• 기초재고액	₩10,000	• 재고자산 당기순매입액	₩100,000
• 기말 재고자산(장부수량)	100개	• 장부상 취득단가	₩500/개
• 기말 재고자산(실사수량)	90개	• 추정판매가액	₩450/개
• 현행대체원가	₩380/개	• 추정판매수수료	₩50/개

㈜한국은 재고자산감모손실 중 40%를 정상적인 감모로 간주하며, 재고자산평가손실과 정상적 재고자산감모손실을 매출원가에 포함한다. ㈜한국이 2018년 포괄손익계산서에 보고할 매출원가는? 단, 재고자산은 계속기록법을 적용하며 기초재고자산의 재고자산평가충당금은 ₩0이다.

[국가직 9급, 2019 기출]

① ₩60,000　　② ₩71,000

③ ₩75,000　　④ ₩79,000

37 ㈜한국은 재고자산(상품)의 원가배분과 관련하여 실지재고조사법과 총평균법을 적용하고 있으며, 기초에 재고자산평가충당금은 없다. 다음 자료를 기초로 기말 재고자산평가충당금을 구하면?

[국가직 7급, 2020 기출수정]

• 기말 상품 장부상 취득단가	₩85/개
• 기말 상품 현행대체원가	₩74/개
• 기말 상품 순실현가능가치	₩83/개
• 기말 상품(장부수량)	480개
• 기말 상품(실사수량)	476개

① ₩0　　② ₩340

③ ₩952　　④ ₩5,236

38 20X1년 초 설립한 ㈜한국의 20X1년 말 수정전시산표는 회계기록상 계정잔액의 오류가 없었음에도 불구하고, 차변 합계와 대변 합계가 일치하지 않았다.

계정과목	차변	대변
현 금	₩200	−
매 출	₩300	−
매출채권	₩500	−
건 물	₩1,000	−
미지급금	−	₩150
재고자산	₩200	−
선급보험료	₩50	−
자 본 금	−	₩1,000
소 모 품	₩30	−
선수수익	₩50	−
미수수익	₩10	−
차 입 금	−	₩500
매입채무	₩50	−
임차비용	₩30	−
급 여	₩30	−
합 계	₩2,390	₩1,710

위의 수정전시산표상의 오류와 다음 결산조정사항을 반영한 후 ㈜한국의 20X1년 말 수정후시산표상 차변 합계는? 단, ㈜한국은 저가법 적용 시 재고자산평가충당금 계정을 사용한다.

[국가직 9급, 2020 기출]

- 20X1년 말 재고자산의 순실현가치는 ₩10으로 확인되었다.
- 차입금의 차입일은 20X1년 7월 1일, 연 이자율 4%, 만기 1년이며, 이자는 차입원금 상환시 일시 지급한다.

① ₩1,850　　② ₩2,050

③ ₩2,250　　④ ₩2,590

제 3 절 정답 및 해설

기말재고자산 금액의 결정

01 ①

FOB선적지 인도기준의 미착상품은 구매자의 재고자산에 해당한다. 따라서 기말재고자산은 ₩66,000(= ₩48,000 + ₩18,000)이다.

- 매출원가 = 기초재고 + 당기매입 − 기말재고 = ₩164,000

02 ④

상품위탁시 매출이 발생한 것이 아닌데 회사는 매출 및 매출채권에 대한 기록을 하였으므로 매출과 매출채권 및 매출원가가 과대계상되어 있고, 재고자산이 과소계상되어 있다. 회사의 회계처리는 다음과 같다.

(차)	매출채권	×××	(대)	매 출	×××
(차)	매출원가	×××	(대)	재고자산	×××

03 ②

수탁자가 보관하고 있는 위탁재고자산은 위탁자의 재고자산에 포함시켜야 한다. 다만, 상품 위탁시 발생한 운송비는 위탁재고자산의 취득원가에 포함시켰다가 매출수익의 인식과 함께 매출원가로 인식한다.

- 위탁재고자산 = 200개 × ₩800 + ₩1,000 × $\left(1 - \frac{200}{400}\right)$ = ₩160,500

04 ①

오류의 내용은 다음과 같이 분석이 가능하다.

(1) 시용판매분 : $\frac{₩1,300,000}{1.3}$ = ₩1,000,000 재고자산 감소
(2) 미착상품(선적지 인도기준) : ₩1,000,000 + ₩100,000 = ₩1,100,000 재고자산 증가
(3) 재고실사 누락 : ₩1,000,000 재고자산 증가

(4) 매출원가 영향 : 재고자산 순증가 ₩1,100,000만큼 매출원가를 감소시켜야 하므로, 현재의 상태는 매출원가가 ₩1,100,000 만큼 과대계상되어 있다.

05 ①

매입을 위한 운송중인 상품은 선적지 인도기준인 경우에만, 시송품은 매입의사표시가 없는 것만, 적송품은 수탁자가 외부에 판매하지 않은 것만 기말상품에 포함되며, 기업 자신의 창고에 보관중인 상품이라 하더라도 타사의 판매위탁을 받은 수탁상품은 기업의 기말상품에 포함시키지 않는다. 따라서 기말상품은 다음과 같이 계산한다.

- 기말상품 $= ₩150 + \frac{₩260}{1.3} + ₩300 + ₩1{,}000 - ₩100 = ₩1{,}550$

06 ③

판매 위탁한 상품 중 판매되지 않은 상품은 기말재고자산에 포함하여야 한다. 현재 재고자산은 ₩15,000만큼 과대계상되어 있다. 이는 당기 매출원가의 과소계상(당기순이익의 과대계상)과 차기 매출원가의 과대계상(당기순이익의 과소계상)을 초래한다.

07 ②

위탁판매의 수익인식시기는 수탁자가 외부 고객에게 판매한 시점이므로 보고기간 말 현재 수탁자가 보관중인 재고자산은 위탁자의 재고자산으로 보고하고, 위탁판매를 위해 발생한 운반비용은 위탁재고자산의 원가에 포함하였다가, 외부판매시점에 매출원가화 된다.

- 위탁매출원가 = (위탁상품총원가 + 발송비용) × 판매비율

$$= (10\text{대} \times ₩800{,}000 + ₩100{,}000) \times \frac{8}{10} = ₩6{,}480{,}000$$

08 ②

매출원가는 기초상품에 당기상품매입액을 더하고 기말상품을 차감하여 계산하므로, 정확한 기말상품의 금액을 계산하는 것이 무엇보다 중요하다.

(1) 기말상품 = ₩4,000 + ₩1,000(선적지 인도조건 매입분)
+ ₩900(= 1,000 − 1,000 × 10%)(매입의사표시 없는 시용판매분)
+ ₩3,000(수탁자가 미판매한 적송품)
= ₩8,900

(2) 매출원가 = ₩2,000(기초상품) + ₩15,000(당기매입분) − ₩8,900 = ₩8,100

09 ③

기말재고자산의 기간귀속에 대한 전형적인 문제로서, 각각의 상품들에 대해서는 다음과 같이 판단한다.

① 시용판매 : 고객이 구매의사표시를 하기 전까지는 판매자의 재고자산으로 본다.

② 위탁판매 : 수탁자가 외부고객에게 판매하기 전까지는 판매자의 재고자산으로 본다.

③ 할부판매 : 대금회수의 방법을 제외하고는 일반적인 판매형태와 다르지 않으므로 인도시점부터 판매자의 재고자산에서 차감한다. 보기에서는 기말재고자산에 포함한다고 하였으므로 옳지 않은 설명이다.

④ 미착상품(도착지 인도조건) : 도착지 인도조건으로 선적되어 운송 중인 미착상품의 경우에는 해당 상품이 기업에 도착하기 전까지는 매매가 이루어진 것이 아니므로 판매자의 기말 재고자산에 포함하여야 한다.

10 ④

매출액은 ㈜민국이 외부 고객에게 판매한 가격으로 계산하고, 적송품은 ㈜민국이 보유한 미판매 재고자산의 가격으로 계산한다. 다만, 적송운임은 적송품의 원가에 포함한다.

- 매출액 = ₩600,000
- 적송품 = $(500\text{개} \times ₩1,200 + ₩30,000) \times \frac{100\text{개}}{500\text{개}}$ = ₩126,000

11 ②

위탁판매 관련이익 = 매출액 − 매출원가 − 판매수수료 = ₩1,480,000

(1) 매출액 = ₩100,000 × 50개 = ₩5,000,000

(2) 매출원가 = ₩60,000 × 50개 + ₩40,000 × (50/100) = ₩3,020,000

(3) 판매수수료 = ₩10,000 × 50개 = ₩500,000

12 ④

매출원가 = 기초 재고자산 + 당기 매입액 − 기말 재고자산 = ₩1,020,000

기말 재고자산 = ₩100,000 + ₩200,000 × 20% + ₩40,000 = ₩180,000

13 ①

항목별로 당기매입액과 기말재고자산에서 조정할 금액을 분석하면 다음과 같다.

- 도착지 인도조건의 미착상품 : 조정 없음
- 시용판매상품 : ₩20,000 (50%에 해당하는 상품)를 기말재고자산에 가산
- 담보로 제공한 상품 : 조정 없음

따라서 매출원가는 ₩170,000(=₩100,000 + ₩200,000 − ₩130,000)이다.

재고자산의 원가배분

14 ④

선입선출법과 개별법을 사용하는 경우, 계속기록법과 실지재고조사법 중 어느 것을 이용하여 원가를 배분하여도 동일한 결과가 나온다. 따라서 보기 ④가 잘못되어 있다. 참고로 각각의 원가배분방법에 따른 계산결과를 살펴보면 다음과 같다.

재고자산(상품)

(단위 : 개, 원)

차변		대변	
6/ 1 (월초)	100 × 10 = 1,000		
6/ 9 (매입)	300 × 15 = 4,500		
		6/16 (매출)	200 × ? = ?
6/20 (매입)	100 × 20 = 2,000		
		6/28 (매출)	200 × ? = ?
		6/30 (월말)	100 × ? = ?
합 계	500 × 15 = 7,500	합 계	500 × 15 = 7,500

(1) 총평균법

① 기말재고 = 100개 × ₩15(총평균단가) = ₩1,500

② 매출원가 = ₩7,500 − ₩1,500 = ₩6,000

(2) 이동평균법

① 이동평균단가의 계산

일 자	변동수량(개)	누적수량(개)	변동금액(₩)	누적금액(₩)	평균단가(₩)
6/ 1 (월초)		100		1,000	10
6/ 9 (매입)	300	400	4,500	5,500	13.75
6/16 (매출)	(200)	200	(2,750)	2,750	13.75
6/20 (매입)	100	300	2,000	4,750	15.833···
6/28 (매출)	(200)	100	(3,166.66···)	1,583.33···	15.833···

② 기말재고 = 100개 × ₩15.83(이동평균단가) = ₩1,583

③ 매출원가 = ₩7,500 − ₩1,583 = ₩5,917

(3) 선입선출법

① 기말재고 = 100개×₩20(6/20 매입분 단가) = ₩2,000

② 매출원가 = ₩7,500 − ₩2,000 = ₩5,500

15 ②

우선 다음과 같이 재고자산에 대한 분석을 수행한 후 원가배분을 수행한다.

재고자산

(단위 : 개, 원)

차변		대변	
1/ 1 (월초)	1,000 × 11 = 11,000		
1/ 5 (매입)	1,000 × 13 = 13,000		
1/10 (매입)	1,000 × 15 = 15,000		
		1/15 (매출)	2,500 × ? = ?
1/25 (매입)	1,000 × 17 = 17,000		
		1/31 (월말)	1,500 × ? = ?
합 계	4,000 × 14 = 56,000	합 계	4,000 × 14 = 56,000

(1) 기말재고(총평균법) = 1,500개 × ₩14(총평균단가) = ₩21,000

(2) 매출원가(총평균법) = 2,500개 × ₩14(총평균단가) = ₩35,000

16 ①

우선 다음과 같이 재고자산에 대한 분석을 수행한 후 원가배분을 수행한다.

재고자산

(단위 : 개, 원)

차변		대변		
10/ 1 (월초)	10 × 100 = 1,000			
10/ 8 (매입)	30 × 110 = 3,300			
		10/15 (매출)	25 × ? = ?	(판매단가 : ₩140)
10/30 (매입)	15 × 120 = 1,800	10/31 (월말)	30 × ? = ?	
합 계	55 × 110.91 = 6,100	합 계	55 × 110.91 = 6,100	

(1) 매출액 = 25개 × ₩140 = ₩3,500

(2) 매출원가 = 10개 × ₩100 + 15개 × 110 = ₩2,650

(3) 매출총이익 = ₩3,500 − ₩2,650 = ₩850

17 ③

우선 다음과 같이 재고자산에 대한 분석을 수행한 후 원가배분을 수행한다.

재고자산

(단위 : 개, 원)

1/ 1 (월초) 150 × 100 = 15,000	
1/15 (매입) 50 × 140 = 7,000	
	1/20(매출) 100 × ? = ? (판매단가 : ₩150)
1/25 (매입) 100 × 150 = 15,000	
	1/28 (매출) 100 × ? = ? (판매단가 : ₩160)
	1/31 (월말) 100 × ? = ?
합 계 300 × 123 = 37,000	합 계 300 × 123 = 37,000

(1) 이동평균단가의 계산

일 자	변동수량(개)	누적수량(₩)	변동금액(₩)	누적금액(₩)	평균단가(₩)
1/ 1 (기초)		150		15,000	100
1/15 (매입)	50	200	7,000	22,000	110
1/20 (매출)	(100)	100	(11,000)	11,000	110
1/25 (매입)	100	200	15,000	26,000	130
1/28 (매출)	(100)	100	(13,000)	13,000	130

(2) 매출원가(이동평균법) = 100개 × ₩110 + 100개 × ₩130 = ₩24,000

(3) 매출액 = 100개 × ₩150 + 100개 × ₩160 = ₩31,000

(4) 매출총이익 = ₩31,000 − ₩24,000 = ₩7,000

18 ④

우선 다음과 같이 재고자산에 대한 분석을 수행한 후 원가배분을 수행한다.

재고자산

(단위 : 개, 원)

1/ 1 (기초) 100 × 8 = 800	
3/ 4 (매입) 300 × 9 = 2,700	
	6/20 (매출) 200 × ? = ?
9/25 (매입) 100 × 10 = 1,000	
	12/31 (기말) 300 × ? = ?
합 계 500 × 9 = 4,500	합 계 500 × 9 = 4,500

(1) 이동평균단가의 계산

일 자	변동수량(개)	누적수량(개)	변동금액(₩)	누적금액(₩)	평균단가(₩)
1/ 1 (기초)		100		800	8
3/ 4 (매입)	300	400	2,700	3,500	8.75
6/20 (매출)	(200)	200	(1,750)	1,750	8.75
9/25 (매입)	100	300	1,000	2,750	$\frac{55}{6}$

(2) 매출원가의 계산

① 총평균법 : 200 × ₩9 = ₩1,800

② 이동평균법 : 200 × ₩8.75 = ₩1,750

19 ②

주어진 보기별로 분석하면 다음과 같다.

① 다음의 등식을 이용하여 분석하는 것이 편리하다.

- 기초재고자산 + 당기매입액 = 매출원가 + 기말재고자산

위 등식의 차변이 고정되어 있는 상태에서 기말재고자산 금액이 과대계상되었다면 매출원가는 과소계상될 수 밖에 없다. 매출원가의 과소계상은 당기순이익의 과대계상으로 이어진다. 따라서 당기순이익이 과소계상 된다는 설명은 옳지 않다.

② 선입선출법은 먼저 매입 또는 생산된 상품 또는 제품이 먼저 판매된다고 가정하는 방법이므로 기말에 재고로 남아있는 항목은 가장 늦게(최근에) 매입 또는 생산된 항목이라고 가정하는 방법이 된다. 옳은 설명이다.

③ 기록유지가 복잡하고 번거롭지만 특정시점의 재고자산 잔액과 그 시점까지 발생한 매출원가를 적시에 파악할 수 있는 장점이 있는 방법은 실지재고조사법이 아니라 계속기록법이다.

④ 도착지 인도기준에 의해서 매입이 이루어질 경우, 발생하는 운임은 (일반적으로) 판매자가 부담하고 동 운임은 판매자의 판매비(당기비용)로 인식한다.

20 ③

매출총이익은 매출액에서 매출원가를 차감하여 결정된다. 여기서 원가흐름의 가정과 관련이 있는 것은 매출원가 뿐인데, 선입선출법을 적용하였을 경우 매출원가는 평균법을 적용하였을 경우보다 더 이른 시기에 매입한 재고자산의 원가가 반영된다. 재고자산의 매입단가가 지속적으로 하락하는 상황이므로, 선입선출법을 적용하는 경우의 매출원가(더 이른 시기에 매입한 재고자산의 매입원가)가 더 커지고, 매출총이익은 작아지게 된다.

기말재고자산 금액의 추정 : 매출총이익률법

21 ③

다음의 순서로 풀이한다.

(1) 매출원가 = 매출액 × (1 − 매출총이익률) = ₩700,000

(2) 기말재고(추정) = 기초재고 + 당기매입 − 매출원가 = ₩400,000

(3) 화재손실액(추정) = 추정 기말재고 − 남은 상품금액 = ₩300,000

참고로, 기말상품(추정액) 파악을 위한 상품계정의 분석을 수행하면 다음과 같다.

재고자산(상품)

기초재고	₩200,000	매출원가	₩700,000	= ₩1,000,000 × (1 − 30%)
당기매입	900,000	기말재고	?	
합 계	₩1,100,000	합 계	₩1,100,000	

22 ②

매출액으로부터 매출원가를 추정한 후 소실전 상품의 금액을 추정하여 소실액을 계산한다.

(1) 매출원가 = 매출액 × $\frac{1}{1 + 25\%}$ = ₩800,000

(2) 소실전 기말재고(추정액) = 기초재고 + 당기매입 − 매출원가 = ₩540,000

(3) 상품 소실액 = ₩540,000 − ₩350,000 = ₩190,000

참고로, 기말상품(추정액) 파악을 위한 상품계정의 분석을 수행하면 다음과 같다.

재고자산(상품)

기초재고	₩440,000	매출원가	₩800,000
당기매입	900,000	기말재고	?
합 계	₩1,340,000	합 계	₩1,340,000

23 ①

매출액으로부터 매출원가를 추정한 후 소실전 상품의 금액을 추정한다.

(1) 매출원가 = 매출액 × (1 − 매출총이익률) = ₩10,500

(2) 소실전 기말재고(추정액) = 기초재고 + 당기매입 − 매출원가 = ₩3,500

(3) 소실된 재고자산 = ₩3,500 − ₩1,500 = ₩2,000

참고로, 재고자산계정은 다음과 같이 분석될 수 있다.

재고자산

기초재고	₩2,000	매출원가	₩10,500	= ₩15,000 × (1 − 30%)
당기매입	12,000	기말재고	?	
합 계	₩14,000	합 계	₩14,000	

24 ③

매출액으로부터 매출원가를 추정한 후 소실전 상품의 금액을 추정한 후 남아있는 상품의 금액을 차감하여 소실된 상품의 금액을 구한다.

(1) 매출원가 = 매출액 × (1 − 매출총이익률) = ₩960,000

(2) 소실전 상품(추정액) = 기초상품 + 당기매입 − 매출원가 = ₩590,000

(3) 소실된 재고자산 = ₩590,000 − ₩150,000 = ₩440,000

참고로, 상품계정은 다음과 같이 분석될 수 있다.

상품

기초상품	₩250,000	매출원가	₩960,000	= ₩1,200,000 × (1 − 20%)
당기매입	1,300,000	기말상품	?	
합 계	₩1,550,000	합 계	₩1,550,000	

기말재고자산 금액의 추정 : 소매재고법

25 ③

상 품

	원 가	매 가		원 가	매 가
기초재고	₩150,000	₩200,000	매 출	?	₩900,000
당기매입	750,000	1,000,000	기말재고	?	300,000
합 계	₩900,000	₩1,200,000	합 계	₩900,000	₩1,200,000

(1) 원가율(평균) = ₩900,000 ÷ ₩1,200,000 = 75%

(2) 기말재고 매가 = 기초재고 매가 + 당기매입 매가 - 당기 매출 = ₩300,000

(3) 기말재고 원가 = ₩300,000 × 75% = ₩225,000

26 ④

상 품

	원 가	매 가		원 가	매 가
기초재고	₩48,000	₩80,000	매 출	?	₩150,000
당기매입	120,000	160,000	기말재고	?	90,000
합 계	₩168,000	₩240,000	합 계	₩168,000	₩240,000

(1) 선입선출원가율 = $\frac{₩120,000}{₩160,000}$ = 75%

(2) 기말재고 매가 = 기초재고 매가 + 당기매입 매가 - 매출액 = ₩90,000

(3) 기말재고 원가 = 기말재고 매가 × 원가율 = ₩67,500

27 ②

상 품

	원 가	매 가		원 가	매 가
기초재고	₩30,000	₩40,000	매 출	?	₩70,000
당기매입	50,000	60,000	기말재고	?	30,000
합 계	₩80,000	₩100,000	합 계	₩80,000	₩100,000

(1) 선입선출원가율 = $\frac{5}{6}$

(2) 기말재고 매가 = 기초재고 매가 + 당기매입 매가 − 매출액 = ₩30,000

(3) 기말재고 원가 = 기말재고 매가 × 원가율 = ₩25,000

28 ③

평균원가율 계산을 전제로 다음과 같이 소매재고법을 적용한다.

상 품

	원 가	매 가		원 가	매 가
기초재고	₩240,000	₩360,000	매 출	?	₩3,900,000
당기매입	2,700,000	3,840,000	기말재고	?	300,000
합 계	₩2,940,000	₩4,200,000	합 계	₩2,940,000	₩4,200,000

(1) 원가율(평균) = ₩2,940,000 ÷ ₩4,200,000 = 70%

(2) 기말재고 매가 = 기초재고 매가 + 당기매입 매가 − 당기 매출 = ₩300,000

(3) 기말재고 원가 = ₩300,000 × 70% = ₩210,000

(4) 매출원가 = 기초재고 원가 + 당기매입 원가 − 기말재고 원가 = ₩2,730,000

29 ④

상 품

	원 가	매 가		원 가	매 가
기초재고	₩250,000	₩400,000	매 출	?	₩1,800,000
당기매입	1,350,000	1,600,000	기말재고	?	200,000
합 계	₩1,600,000	₩2,000,000	합 계	₩1,600,000	₩2,000,000

(1) 원가율(평균) = $\frac{₩1,600,000}{₩2,000,000}$ = 80%

(2) 기말재고 매가 = 기초재고 매가 + 당기매입 매가 - 당기 매출 = ₩200,000

(3) 기말재고 원가 = ₩200,000 × 80% = ₩160,000

(4) 매출원가 = 기초재고 원가 + 당기매입 원가 - 기말재고 원가 = ₩1,440,000

30 ③

다음과 같이 소매재고법을 적용한다.

상 품

	원 가	매 가		원 가	매 가
기초재고	₩1,200	₩3,000	매 출	?	₩20,000
당기매입	14,900	19,900	종업원할인	-	200
인상액	-	270			
인상취소액	-	(50)			
인하액	-	(180)			
인하취소액	-	60	기말재고	?	2,800
합 계	₩16,100	₩23,000	합 계	₩16,100	₩23,000

(1) 선입선출원가율 = $\frac{₩14,900}{₩20,000}$ = 74.5%

(2) 기말재고 매가 = 기초재고 매가 + 당기매입 매가 - 매출액 + 종업원할인
= ₩2,800

(3) 기말재고 원가 = 기말재고 매가 × 원가율 = ₩2,086

31 ④

다음과 같이 소매재고법을 적용한다.

상 품

	원 가	매 가		원 가	매 가
기초재고	₩2,000	₩4,000	매 출	?	₩20,000
당기매입	16,000	18,000	종업원할인	–	㉡
순인상액	–	㉠			
순인하액	–	(1,000)	기말재고	1,600	
합 계	₩18,000	₩24,000	합 계	₩18,000	₩24,000

(1) 선입선출(당기매입)원가율 : $\frac{₩16,000}{₩18,000 + ㉠ - ₩1,000}$ = 80%, ㉠ = ₩3,000

(2) 종업원할인액 = ₩24,000 − 매출액 − 기말재고 매가 = ₩2,000

(3) 기말재고 매가 = 기말재고 원가 × (1/원가율) = ₩2,000

재고자산감모손실과 재고자산평가손실

32 ③

장부상매출원가 = ₩100,000 + ₩900,000 − ₩220,000 = ₩780,000
정상감모손실 = (₩220,000 − ₩200,000) × 70% = ₩14,000
감모손실을 반영한 매출원가 = ₩794,000

33 ①

(1) 재고자산감모손실 = (장부상 수량 − 실사수량) × 장부상 단가
= (100개 − 90개) × ₩100
= ₩1,000 (비정상감모손실 ₩400)

(2) 기말재고자산금액 = 실제수량 × Min(장부상 단가, 순실현가능가치)
= 90개 × Min(₩100, ₩90)
= ₩8,100

(3) 재고자산평가손실 = Max[0, 실사수량 × (장부상 단가 − 순실현가능가치)]
= Max[0, 90개 × (₩100 − ₩90)]
= ₩900

(4) 매출원가 = 기초재고 + 당기매입 − 기말재고 − 비정상감모손실 = ₩69,500

(5) 기타비용 = 비정상감모손실 = ₩400

참고로, 다음과 같이 재고자산감모손실과 평가손실을 계산한 후 매출원가를 집계한다.

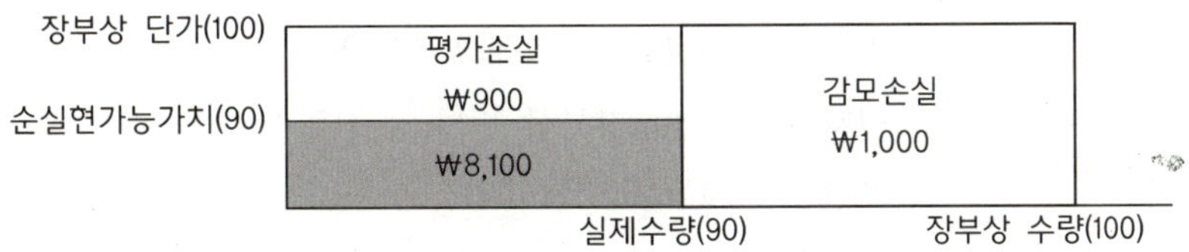

재고자산

기초재고	×××	판 매	₩68,000	: 매출원가
당기매입	×××	감모손실(정상)	600	: 매출원가
		감모손실(비정상)	400	: 기타비용
		평가손실	900	: 매출원가
		기말재고	8,100	: 재고자산
합 계	₩78,000	합 계	₩78,000	

34 ③

(1) 매출원가 = 기초상품재고액 + 당기상품매입액 - 기말상품재고액

= ₩50,000 + ₩950,000 - ₩35,000

= ₩965,000

(2) 기말상품재고액 = ₩5,000 × 2 + ₩7,000 × 3 + ₩2,000 × 2 = ₩35,000

35 ③

다음과 같은 분석틀을 이용하여 풀이할 수 있다.

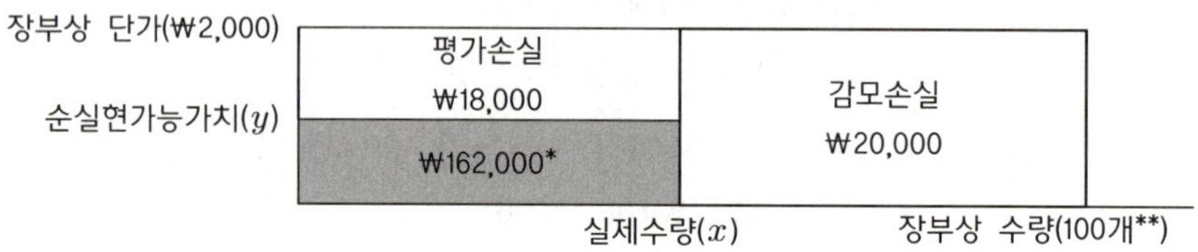

* ₩200,000 - ₩20,000 - ₩18,000 = ₩162,000

** ₩200,000 ÷ ₩2,000 = 100개

(100개 - x개) × ₩2,000 = ₩20,000, 기말실사수량(x) = 90개

90개 × (₩2,000 - ₩y) = ₩18,000, 순실현가능가치(y) = ₩1,800

36 ②

(1) 재고자산감모손실 = (장부상 수량 - 실사수량) × 장부상 단가

= (100개 - 90개) × ₩500

= ₩5,000 (비정상감모손실 ₩3,000)

(2) 기말재고자산금액 = 실제수량 × Min(장부상 단가, 순실현가능가치)

= 90개 × Min(₩500, ₩400)

= ₩36,000

(3) 재고자산평가손실 = Max[0, 실사수량 × (장부상 단가 - 순실현가능가치)]

= Max[0, 90개 × (₩500 - ₩400)]

= ₩9,000

(4) 매출원가 = 기초재고 + 당기매입 - 기말재고 - 비정상감모손실 = ₩71,000

(5) 기타비용 = 비정상감모손실 = ₩3,000

참고로, 다음과 같이 재고자산감모손실과 평가손실을 계산한 후 매출원가를 집계한다.

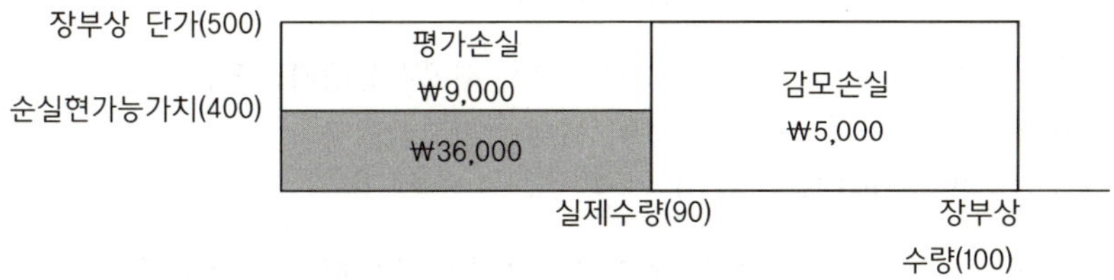

재고자산

기초재고	10,000	판 매	₩60,000	: 매출원가
당기매입	100,000	평가손실	9,000	: 매출원가
		감모손실(정상)	2,000	: 매출원가
		감모손실(비정상)	3,000	: 기타비용
		기말재고	36,000	: 재고자산
합 계	₩110,000	합 계	₩110,000	

37 ③

재고자산 평가의 기준금액은 순실현가능가치이다. 재고자산평가손실은 장부상 취득단가가 순실현가능가치보다 높을 때 발생하는 것으로서 다음과 같이 계산한다.

- 재고자산평가손실 = 476개 × (₩85 − ₩83) = ₩952

38 ③

결산조정사항을 반영하는 분개는 다음과 같다.

(차)	재고자산평가손실	10	(대)	재고자산평가충당금	10
(차)	이자비용(*)	10	(대)	미지급이자	10

* ₩500 × 4% × (6/12) = ₩10

수정전시산표상의 오류를 수정하고, 결산조정분개를 반영한 수정후시산표는 다음과 같다.

계정과목	차변	대변
현 금	₩200	–
매 출 채 권	₩500	–
건 물	₩1,000	–
재 고 자 산	₩200	–
소 모 품	₩30	–
선 급 보 험 료	₩50	–
미 수 수 익	₩10	–
미 지 급 금	–	₩150
선 수 수 익	–	₩50
차 입 금	–	₩500
매 입 채 무	–	₩50
미 지 급 이 자	–	₩10
재고자산평가충당금	–	₩190
자 본 금	–	₩1,000
매 출	–	₩300
임 차 비 용	₩30	–
급 여	₩30	–
재고자산평가손실	₩190	–
이 자 비 용	₩10	–
합 계	₩2,250	₩2,250

CHAPTER 5

유형자산

ACCOUNTING PRACTICE

제 1 절 주요내용 요약

학습목표

Ⅰ. 유형자산의 개념과 원가결정

Ⅱ. 유형자산의 감가상각

Ⅲ. 유형자산의 재평가와 손상

Ⅳ. 차입원가의 자본화

Ⅴ. 유형자산 계정의 분석

Ⅰ 유형자산의 개념과 원가결정

1. 유형자산의 정의와 인식기준

(1) 유형자산의 정의

유형자산이란 재화나 용역의 생산이나 제공, 타인에 대한 임대 또는 관리활동에 사용할 목적으로 보유하는 물리적 형태가 있는 자산으로서 한 회계기간을 초과하여 사용할 것이 예상되는 자산을 말한다.

(2) 유형자산의 인식기준

유형자산으로 인식되기 위해서는 다음의 인식기준을 모두 충족하여야 한다.

① 자산으로부터 발생하는 미래경제적효익이 기업에 유입될 가능성이 높다.

② 자산의 원가를 신뢰성 있게 측정할 수 있다.

2. 유형자산 취득원가 결정의 일반원칙

(1) 유형자산의 최초측정

유형자산의 최초 인식시점에 원가로 측정하며, 유형자산의 원가는 인식시점의 현금가격상당액이다. 현금가격상당액이라는 표현은 자산(유형자산, 투자부동산, 무형자산)에 대한 취득 대금의 지급기간이 일반적인 신용기간을 초과하는 경우 그 자산의 취득원가 산정을 위한 기초금액으로 공정가치 또는 이의 추정치로서의 현재가치와 동일한 의미로 사용된다.

(2) 유형자산 원가의 구성요소

유형자산의 원가는 다음과 같이 구성된다.

① 관세 및 환급불가능한 취득 관련 세금을 가산하고 매입할인과 리베이트 등을 차감한 구입가격

② 경영진이 의도하는 방식으로 자산을 가동하는 데 필요한 장소와 상태에 이르게 하는 데 직접 관련되는 원가

③ 자산을 해체, 제거하거나 부지를 복구하는 데 소요될 것으로 최초에 추정되는 원가

(3) 유형자산의 원가 구성요소인지 여부의 판단사례

원가를 구성하는 경우	원가를 구성하지 않는 경우
① 유형자산의 매입 또는 건설과 직접적으로 관련되어 발생한 종업원급여 ② 설치장소 준비 원가 ③ 최초의 운송 및 취급 관련 원가 ④ 설치원가 및 조립원가 ⑤ 유형자산이 정상적으로 작동되는지 여부를 시험하는 과정에서 발생하는 원가. 단, 시험과정에서 생산된 재화의 순매각금액은 당해 원가에서 차감한다. ⑥ 전문가에게 지급하는 수수료	① 새로운 시설을 개설하는 데 소요되는 원가 ② 새로운 상품과 서비스를 소개하는 데 소요되는 원가(예 : 광고 및 판촉활동과 관련된 원가) ③ 새로운 지역에서 또는 새로운 고객층을 대상으로 영업을 하는 데 소요되는 원가(예: 직원 교육훈련비) ④ 관리 및 기타 일반간접원가

3. 유형자산의 일괄구입

(1) 자산원가의 배분

유형자산의 일괄구입시 각 자산계정의 기록의 위해서는 각 자산별 원가를 결정하여야 하는 데, 이때, 각 자산의 상대적 공정가치를 기준으로 개별자산에 배분한다.

(2) 토지와 건물을 함께 구입하여 건물은 철거하고 새 건물을 신축하는 경우

① 토지의 정지비용 : 토지원가 가산

② 건물의 철거비용 : 토지원가 가산

③ 건물의 철거시 잔존폐물의 매각수익 : 가산되는 철거비용에서 차감

(3) 사용중인 건물을 철거하고 새 건물을 신축하는 경우

① 철거되는 건물의 장부금액 : 처분손실(당기비용)로 인식

② 건물의 철거비용 : 처분손실(당기비용)에 가산

4. 유형자산의 교환취득

유형자산의 취득원가는 동 자산의 취득에 소요된 자산의 공정가치이다. 현금을 지급하고 취득한 경우에는 제공자산의 공정가치가 분명하여 취득원가 결정에 큰 문제가 없지만, 현금을 지급하는 대신 사용 중인 비화폐성자산을 제공한 경우, 해당자산의 가치측정 기준이 필요하다. 교환으로 취득한 유형자산의 취득원가 결정은 해당 거래에 상업적 실질이 있는지 여부에 따라 달라진다.

(1) 상업적 실질이 있는 교환거래에서 취득한 자산

상업적 실질이 있는 교환거래에서 취득한 자산의 취득원가는 제공한 자산의 공정가치로 한다. 따라서 교환의 대상이 된 제공자산의 처분손익은 제공한 자산의 공정가치와 장부금액의 차이가 된다. 다만 취득한 자산의 공정가치가 더 명확한 경우에는 취득한 자산의 공정가치를 취득한 자산의 취득원가로 한다. 한편 교환대상이 된 두 자산 모두의 공정가치가 불확실하다면 제공한 자산의 장부금액을 취득한 자산의 취득원가로 하는데, 이 경우에는 제공한 자산에 대한 처분손익이 인식되지 않는다.

(2) 상업적 실질이 없는 교환거래에서 취득한 자산

상업적 실질이 없는 교환거래에서 취득한 자산의 취득원가는 제공한 자산의 장부금액으로 한다. 따라서 이 경우에는 제공한 자산에 대한 처분손익이 인식되지 않는다.

5. 유형자산의 후속원가

유형자산의 최초 인식시점 이후 지출에 대해서는 해당 지출의 성격에 따라 유형자산의 원가에 가산하거나 지출시점에 당기비용으로 처리할 수 있다. 전자를 자본적 지출이라 하고 후자를 수익적 지출이라 한다.

(1) 자본적 지출

유형자산에 대한 최초 인식시점 이후의 지출로서 동 지출로 인하여 이로 인한 미래 경제적 효익의 유입가능성이 높고 금액을 신뢰성 있게 측정가능할 때 자산의 원가로 처리

하는 지출을 말한다. 대표적인 예로 건물의 증축이나 냉난방장치의 설치 등이 있다. 회계처리를 예시하면 다음과 같다.

(차) 유형자산 ××× (대) 현 금 ×××

(2) 수익적 지출

유형자산에 대한 최초 인식시점 이후의 지출로서 동 지출로 인하여 이로 인한 미래 경제적 효익의 유입가능성이 높지 않은 경우 당기비용으로 처리하는 지출을 말한다. 대표적인 예로 유형자산에 대한 수선유지 성격의 지출이나 파손된 유리 등의 원상복구를 위한 지출 등이 있다. 회계처리를 예시하면 다음과 같다.

(차) 수선유지비 ××× (대) 현 금 ×××

II 유형자산의 감가상각

1. 유형자산의 감가상각에 대한 기본개념

(1) 감가상각의 정의

유형자산의 감가상각이란 자산의 원가(감가상각대상금액)를 그 자산의 내용연수에 걸쳐 체계적으로 배분하여 비용(감가상각비)으로 인식하는 절차를 말한다.

(2) 감가상각의 단위

유형자산을 구성하는 일부의 원가가 당해 유형자산의 전체원가에 비교하여 유의적이라면, 해당 유형자산을 감가상각할 때 그 부분은 별도로 구분하여 감가상각한다.

(3) 감가상각비의 처리

각 기간의 감가상각액은 다른 자산의 장부금액에 포함되는 경우가 아니라면 당기손익으로 인식한다.

(4) 감가상각의 개시

유형자산의 감가상각은 자산이 사용가능한 때부터 시작한다. 즉, 경영진이 의도하는 방식으로 자산을 가동하는 데 필요한 장소와 상태에 이른 때부터 감가상각을 시작한다.

(5) 감가상각의 중단

감가상각은 유형자산의 잔존가치가 장부금액을 초과하거나, 해당 유형자산이 매각예정자산으로 분류되는(또는 매각예정으로 분류되는 처분자산집단에 포함되는) 날과 자산이 제거되는 날 중 이른 날에 중지한다. 이와 관련하여 다음사항에 유의하여야 한다.

① 유형자산의 공정가치가 장부금액을 초과하더라도 잔존가치가 장부금액을 초과하지 않는 한 감가상각액을 계속 인식한다.

② 유형자산이 운휴 중이거나 적극적인 사용상태가 아니어도, 감가상각이 완전히 이루어지기 전까지는 감가상각을 중단하지 않는다. 그러나 유형자산의 사용정도에 따라 감가상각을 하는 경우에는 생산활동이 이루어지지 않을 때 감가상각액을 인식하지 않을 수 있다.

2. 감가상각의 요소와 감가상각비의 계산

(1) 감가상각의 요소

감가상각을 하기 위해서는 이를 위한 다음의 세 가지 요소가 정의되어야 한다. 이러한 요소들은 회계추정의 과정을 통해 결정되는 것이므로 이러한 요소의 변경이 있는 경우에는 회계추정의 변경으로 보아 전진적으로 회계처리한다.

① 상각대상금액 = 취득원가 − 잔존가치

② 내용연수(= 감가상각기간) : 자산의 예상 사용기간 또는 사용정도를 나타낼 수 있는 유사한 단위

③ 상각방법 : 상각대상자산에 내재된 경제적 효익의 소비형태를 반영할 수 있도록 상각대상금액을 내용연수 동안 배분하는 합리적이고 체계적인 방법

(2) 감가상각비의 계산

일반적으로 많이 사용되는 감가상각방법으로 정액법, 정률법, 이중체감법, 연수합계법 그리고 생산량비례법이 있는데, 이들 방법에 의한 감가상각비의 계산공식은 다음과 같다.

① 정액법 : 상각대상금액 × $(\frac{1}{n})$. 단, n = 자산의 내용연수(이하 동일)

② 정률법 : 기초장부금액 × 상각률

③ 이중체감법 : 기초장부금액 × 상각률(= $\frac{2}{n}$)

④ 연수합계법 : 상각대상금액 × $\frac{\text{역순으로 나타낸 해당연도 수(2차연도이면} \rightarrow n-1)}{\text{내용연수 합계}(= 1 + 2 + \cdots + n)}$

⑤ 생산량비례법 : 상각대상금액 × $\frac{\text{당기생산량}}{\text{총생산량}}$

Ⅲ 유형자산의 재평가와 손상

1. 유형자산의 재평가

유형자산의 최초 인식 후에는 원가모형이나 재평가모형 중 하나를 회계정책으로 선택하여 유형자산 분류별로 동일하게 적용하여야 한다.

(1) 재평가모형의 적용

최초 인식 후에 공정가치를 신뢰성 있게 측정할 수 있는 유형자산은 재평가일의 공정가치에서 이후의 감가상각누계액과 손상차손누계액을 차감한 재평가금액을 장부금액으로 한다. 재평가는 보고기간말에 자산의 장부금액이 공정가치와 중요하게 차이나지 않도록 주기적으로 수행한다. 또한, 특정 유형자산을 재평가할 때, 해당 자산이 포함되는 유형자산 분류 전체를 재평가한다.

(2) 재평가로 인한 유형자산 장부금액의 조정방법

재평가일에 재평가 대상자산을 다음 중 하나의 방법으로 회계처리한다.

① 자산 장부금액의 재평가와 일치하는 방식으로 자산의 총장부금액을 조정하는 방법

② 자산의 총장부금액에서 감가상각누계액을 제거하는 방법

(3) 재평가차액의 처리방법

재평가차액이란 재평가직전 유형자산의 장부금액(직전 장부금액)과 재평가일의 공정가치(공정가치)간 차이를 의미한다. 재평가증가분이란 공정가치에서 직전 장부금액을 차감한 잔액이 양(+)의 값을 가지는 경우 동 금액을 말하며, 재평가감소분은 이와 반대되는 경우에 발생한다.

구 분	평가 증감구분	처리방법
최초 재평가	재평가증가분	재평가잉여금(기타포괄이익)
	재평가감소분	재평가손실(당기손실)
후속적 재평가	재평가증가분	전기 이전 누적 재평가감소분까지는 재평가이익(당기이익)으로 처리하고, 초과분은 재평가잉여금(기타포괄이익)으로 처리
	재평가감소분	전기 이전 누적 재평가증가분까지는 재평가잉여금 변동(기타포괄손실)으로 처리하고, 초과분은 재평가손실(당기손실)로 처리

2. 유형자산 손상차손의 기본개념

(1) 자산손상의 개념과 손상차손

자산의 장부금액이 회수가능액을 초과할 때 자산은 손상된 것이다. 따라서 자산의 손상차손을 인식하기 위해서 또는 적어도 손상차손을 인식하여야 하는지 여부를 결정하기 위해서는 반드시 회수가능액을 추정하여야 한다. 그러나 모든 자산(또는 자산의 집단)에 대해서 회수가능액을 추정하기는 너무나 어렵기 때문에, 한국채택국제회계기준에서는 손상차손이 생겼을 수 있는 몇 가지 징후(손상징후)를 규정하고, 이러한 손상징후 중 어느 하나라도 있다면 정식으로 회수가능액을 추정(손상검사)하도록 하고 있다. 그러나 손상차손이 존재한다는 징후가 없으면 특별한 자산을 제외하고는 정식으로 회수가능액을 추정할 필요가 없다. 여기서 특별한 자산이란 손상징후와 무관하게 매 보고기간말 회수가능액을 추정할 필요가 있는 다음의 3가지 자산을 말한다.

① 내용연수가 비한정인 무형자산
② 아직 사용할 수 없는 무형자산
③ 사업결합으로 취득한 영업권

결론적으로 자산손상에 관한 회계처리를 위한 사전절차의 형태는 크게 두 가지로 구분된다. 첫째는 매 보고기간 말마다 손상징후가 있는지를 검토하고, 해당 징후가 있다면 손상검사를 하는 것이고, 둘째는 상기 열거된 3가지 자산에 대해서만 적용되는 것으로서, 보고기간 말 손상징후의 존재여부 검토절차 없이 곧바로 손상검사를 실시하는 것이다.

(2) 손상징후의 존재여부 검토

자산손상 징후가 있는지를 검토할 때는 외부정보원천과 내부정보원천에서 얻을 수 있는 증거를 최대한 고려하여야 한다. 예를 들어, 회계기간 중에 자산의 가치가 시간의 경과나 정상적인 사용에 따라 하락할 것으로 예상되는 수준보다 유의적으로 더 하락하였다는 관측 가능한 징후가 있다면 이는 기업외부 정보원천으로부터 확인할 수 있는 자산손상의 징후가 된다. 또한 자산이 진부화하거나 물리적으로 손상되었다는 증거는 기업내부 정보원천으로부터 확인할 수 있는 자산손상의 징후가 된다.

(3) 손상검사와 손상차손금액의 결정

손상검사는 자산의 현재 장부금액과 회수가능액을 비교하는 절차를 말하고, 이를 통하여 회수가능액이 더 낮은 것으로 판단되는 경우 두 금액의 차액을 손상차손금액으로 결정한다. 여기서 가장 중요한 것은 회수가능액을 결정하는 것이다.

(4) 회수가능액

한국채택국제회계기준에 따르면 자산의 회수가능액은 순공정가치와 사용가치 중 더 많은 금액으로 정의한다. 여기서 순공정가치란 처분 부대원가를 차감한 공정가치를 말하고, 사용가치란 자산 등에서 얻을 것으로 예상되는 미래현금흐름의 현재가치를 말한다.

3. 유형자산 손상차손의 인식과 측정

(1) 손상차손

자산의 회수가능액이 장부금액에 못 미치는 경우에 자산의 장부금액을 회수가능액으로 감액하는데 해당 감소금액은 손상차손이다.

(2) 손상차손의 손익분류

손상차손은 곧바로 당기손익으로 인식한다. 다만 자산이 재평가모형을 적용하는 유형자산 등인 경우 동 재평가자산의 손상차손은 재평가감소액으로 처리되므로 기타포괄손익으로 인식될 수도 있다.

(3) 손상차손 인식후의 감가상각

손상차손을 인식한 후에 수정된 장부금액에서 잔존가치를 뺀 금액을 자산의 남은 내용연수에 걸쳐 체계적인 방법으로 배분하기 위하여, 자산의 감가상각액이나 상각액을 미래기간에 걸쳐 조정한다.

(4) 손상차손의 환입

보고일마다 영업권을 제외한 자산에 대해 과거 기간에 인식한 손상차손이 더는 존재하지 않거나 감소되었을 수 있는 징후가 있는지를 검토하여, 해당 징후가 있는 경우에는 해당 자산의 회수가능액을 추정하고, 자산의 장부금액을 회수가능액으로 증액하면서 손상차손환입(당기이익)을 인식한다. 손상차손의 환입과 관련한 구체적인 회계처리 지침은 다음과 같다.

구 분	회계처리 지침
손상차손환입의 요건	과거 기간에 인식한 손상차손은 직전 손상차손을 인식한 이후 회수가능액을 산정하기 위해 사용한 추정치가 달라진 경우에만 환입
손상차손환입의 한도	자산의 손상차손환입으로 증액된 장부금액은 과거에 손상차손을 인식하기 전 장부금액의 감가상각 또는 상각 후 남은 금액을 초과할 수 없음
영업권에 대한 규정	영업권에 인식한 손상차손은 후속 기간에 환입하지 아니함

(5) 손상차손환입의 손익구분

자산의 손상차손환입은 곧바로 당기손익으로 인식하는 것이 원칙이지만, 다른 한국채택국제회계기준서에 따라 재평가금액을 장부금액으로 하는 경우 재평가자산의 손상차손환입은 재평가증가액으로 처리한다. 따라서 기타포괄이익으로 인식될 수도 있다.

Ⅳ 차입원가의 자본화

1. 차입원가 자본화의 의의

차입원가의 자본화란 적격자산의 취득과 관련하여 조달한 차입금에서 발생한 이자비용 등을 해당 적격자산의 취득원가로 인식하는 회계처리 방법을 말한다. 이러한 회계처리를 수행하는 이유는 상기 차입원가가 해당자산의 취득을 위한 부대비용 성격을 가지기 때문인 것인데, 동 원가는 해당자산이 미래에 경제적효익을 창출하는 시점에 비용으로 인식하는 것이 수익·비용 대응의 관점에서 타당함으로 발생시점에 비용으로 인식하지 아니하고 해당자산에 내재된 경제적 효익이 소멸하는 과정에서 감가상각 절차를 통해 비용으로 인식하기 위한 것이다.

이와 관련된 회계처리를 예시하면 다음과 같다.

[차입원가의 발생시]

(차) 이자비용 등 XXX (대) 현금 등 XXX

[차입원가의 자본화시]

(차) 유형자산 등 XXX (대) 이자비용 등 XXX

2. 차입원가 자본화의 요건

차입원가가 자본화되기 위해서는 자본화대상자산의 요건, 자본화가능차입원가의 요건 그리고 자본화기간의 요건이 모두 충족되어야 한다.

(1) 자본화대상자산

자본화대상자산은 적격자산이라고도 하는데, 적격자산의 정의 및 분류사례 등을 다음과 같다.

구 분	내 용		
적격자산의 정의	의도된 용도로 사용(또는 판매) 가능하게 하는 데 상당한 기간을 필요로 하는 자산		
적격자산으로 분류되는 사례	• 재고자산 • 무형자산	• 제조설비자산 • 투자부동산	• 전력생산설비 • 생산용식물
적격자산이 될 수 없는 사례	• 금융자산과 단기간 내에 제조되거나 다른 방법으로 생산되는 재고자산 • 취득시점에 의도된 용도로 사용(또는 판매) 가능한 자산		

(2) 자본화대상 차입원가

구 분	내 용
차입원가(정의)	자금의 차입과 관련하여 발생하는 이자 및 기타 원가
자본화 가능차입원가(정의)	적격자산의 취득, 건설 또는 생산과 직접 관련된 차입원가는 당해 적격자산과 관련된 지출이 발생하지 아니하였다면 부담하지 않았을 차입원가
차입원가에 포함되는 항목(예시)	• 유효이자율법으로 계산된 이자비용 • 리스부채 관련 이자 • 외화차입금 관련 외환차이 중 이자원가의 조정으로 볼 수 있는 부분
차입원가의 발생유형	• 특정 적격자산을 획득하기 위한 목적으로 특정하여 자금을 차입하는 경우 (특정차입금) • 일반적인 목적으로 자금을 차입하고 이를 적격자산의 취득을 위해 사용하는 경우 (일반차입금)

(3) 자본화기간

차입원가는 자본화 개시일부터 적격자산 원가의 일부로 자본화하고, 자본화중단기간을 고려(자본화를 중단)하여 자본화 종료시점까지 자본화한다.

구 분	내 용
자본화개시일	최초로 다음 조건을 모두 충족시키는 날 ① 적격자산에 대하여 지출한다. ② 차입원가를 발생시킨다. ③ 적격자산을 의도된 용도로 사용(또는 판매) 가능하게 하는 데 필요한 활동을 수행한다.
자본화중단기간	적격자산에 대한 적극적인 개발활동을 중단한 기간
자본화종료시점	적격자산을 의도된 용도로 사용(또는 판매) 가능하게 하는 데 필요한 대부분의 활동이 완료된 시점

3. 자본화할 차입원가의 산출

다음은 자본화할 차입원가를 산출하기 위한 일반적인 절차를 설명하기 위한 표이다. 자본화할 차입원가는 우선 평균지출액을 계산(1단계)하고, 동 금액에 적용할 이자율을 파악하거나 계산(2단계)한 후 최종적으로 자본화할 차입원가를 계산(3단계)한다.

구 분	(1) 평균지출액	(2) 이자율	(3) 차입원가
특정차입금 관련	XXX	X %	XX
일반차입금 관련	XXX	X %	XX
합 계	XXX		XX

(1) 평균지출액

평균지출액은 자본화대상 보고기간 동안 적격자산에 대해 지출된 금액의 연평균 환산금액을 의미한다. 예를 들어, 자본화기간이 당해 보고기간의 4월 1일부터 12월 31일까지이고 보고기간 중의 자본화의 중단이 없는 경우, 적격자산에 대한 지출이 당해 보고기간의 4월 1일과 7월 1일에 ₩1,000,000과 ₩2,000,000만큼 발생한 경우, 당해 보고기간의 적격자산에 대한 평균지출액은 다음과 같이 계산할 수 있다.

• 평균지출액 = ₩1,000,000 × (9/12) + ₩2,000,000 × (6/12) = ₩1,750,000

(2) 자본화이자율

특정차입금에서 발생한 차입원가는 발생한 금액 전액을 자본화하는 것이므로 별도의 자본화이자율을 계산할 필요가 없지만, 일반차입금에서 발생한 차입원가를 자본화하기 위해서는 자본화이자율이 필요하다. 왜냐하면, 일반차입금에서 발생한 차입원가는 평균지출액을 먼저 특정차입금으로 조달한 후 나머지 금액을 일반차입금으로 조달하였다고 가정하여 적격자산의 취득에 사용된 일반차입금을 계산하고 동 계산금액에 자본화이자율을 곱하여 계산되기 때문이다. 여기서는 일반차입금에 적용할 자본이자율은 회계기간에 존재하는 기업의 모든 차입금에서 발생된 차입원가를 가중평균하여 산정한다. 그러나 어떤 적격자산을 의도된 용도로 사용(또는 판매) 가능하게 하는 데 필요한 대부분의 활동이 완료되기 전까지는, 그 적격자산을 취득하기 위해 특정 목적으로 차입한 자금에서 생기는 차입원가는 위에서 기술된 자본화이자율 산정에서 제외한다.

(3) 자본화할 차입원가의 산출

① 특정차입금 관련 차입원가

회계기간동안 특정차입금으로부터 실제 발생한 차입원가에서 당해 차입금의 일시적 운용에서 생긴 투자수익을 차감한 금액을 자본화가능차입원가로 결정한다.

② 일반차입금 관련 차입원가

당해 자산 관련 지출액(평균지출액)에 자본화이자율을 적용하는 방식으로 자본화가능차입원가를 결정한다. 다만, 회계기간 동안 자본화한 차입원가는 당해 기간 동안 실제 발생한 차입원가를 초과할 수 없다.

V 유형자산 계정의 분석

1. 유형자산 계정분석의 의의

유형자산 중 감가상각자산 계정의 증감변화는 취득과 처분 및 감가상각 등으로 인한 변화가 함께 맞물려 있기 때문에 다음과 같은 형식을 이용한 계정분석이 유용할 때가 많다. 여기서는 우선 유형자산(순액)에 대한 계정분석 방법을 먼저 살펴본 후, 감가상각누계액에 대한 계정분석을 추가적으로 살펴보기로 한다.

2. 유형자산(순액)에 대한 계정분석

유형자산(순액)

① 기초금액	×××	③ 감가상각	×××
② 당기취득	×××	④ 처분금액	×××
		⑤ 기말금액	×××
합　계	×××	합　계	×××

위 T계정에 표시된 각각의 번호(①~⑤)에 대한 구체적인 설명은 다음과 같다.

① 기초시점의 취득원가에서 감가상각누계액을 차감한 금액이다.

② 당기 취득한 유형자산의 취득원가이다.

③ 당기 유형자산에 대해 감가상각비로 계상한 금액이다. 감가상각비의 자본화(예를 들어 제품원가에 투입 등)가 있는 경우 포괄손익계서상의 감가상각비와 다를 수 있다.

④ 당기 처분한 유형자산의 처분당시 장부금액으로서 다음의 두 식으로 표현이 가능한다.

- 처분금액 = 처분자산의 취득원가 - 처분당시 감가상각누계액
- 처분금액 = 처분으로 인한 현금유입액 - 유형자산처분이익 + 유형자산처분손실

⑤ 기말시점의 취득원가에서 감가상각누계액을 차감한 금액이다.

3. 감가상각누계액에 대한 계정분석

상기 (1)의 '유형자산(순액)'계정의 분석결과 파악되지 않는 금액이 있을 경우, 감가상각누계액 계정을 분석함으로서 추가적인 정보를 얻을 수 있다.

감가상각누계액

③ 처분금액	×××	① 기초금액	×××
④ 기말금액	×××	② 감가상각비	×××
합　계	×××	합　계	×××

상기 계정분석내용은 다음의 등식을 나타내고 있다.

> 감가상각비(②) = 기말 감가상각누계액(④) + 유형자산의 처분으로 감소한 감가상각누계액(③)
> 　　　　　　　　- 기초 감가상각누계액(①)

제 2 절 기출 및 연습문제

유형자산의 의의 및 취득원가 결정

대표예제 국가직 9급, 2013 기출

㈜한국은 건물신축을 위해 영업용 토지를 ₩1,000,000에 매입하였다. 매입시 지급한 현금은 다음과 같다. 토지의 취득원가는?

구건물(상기 토지와 함께 구입) 철거비용	₩225,000
소유권 이전 등기료	₩70,000
취득세	₩7,000
전세입주자 모집광고비	₩80,000

① ₩1,382,000 ② ₩1,302,000
③ ₩1,077,000 ④ ₩1,000,000

정답 ②

토지와 건물을 함께 취득하여 건물은 철거하고 토지만을 사용하는 경우 취득대금 전액은 토지의 원가에 배분하고, 건물의 철거비용이 발생한 경우 토지의 원가에 가산한다. 한편 토지의 소유권이전비용이나 취득세는 취득부대비용에 해당하므로 토지의 원가에 가산하지만 전세입주자 모집광고비는 임대수익을 얻기 위한 비용에 해당하므로 영업비용(당기비용)으로 처리한다.

따라서 토지의 취득원가는,
₩1,000,000 + ₩225,000 + ₩70,000 + ₩7,000 = ₩1,302,000이다.

01 다음 중 유형자산에 해당되는 것은? [국가직 7급, 2011 기출]

① 주택시장의 침체로 인하여 건설회사가 소유하고 있는 미분양상태의 아파트

② 남해안에서 양식 중인 5년 된 양식장의 참치

③ 해양 천연가스를 발굴하기 위하여 설치한 대형 해양탐사 구조물

④ 시세가 상승할 것으로 예측하여 취득하였으나 아직 사용목적을 결정하지 못한 대도시 외곽의 토지

02 유형자산의 취득원가에 대한 설명으로 옳지 않은 것은? [국가직 9급, 2016 기출수정]

① 지상 건물이 있는 토지를 일괄취득하여 구 건물을 계속 사용할 경우 일괄구입가격을 토지와 건물의 공정가치에 따라 배분한다.

② 토지의 취득 시 중개수수료, 취득세, 등록세와 같은 소유권 이전비용은 토지의 취득원가에 포함한다.

③ 기계장치를 취득하여 기계장치를 의도한 용도로 사용하기 적합한 상태로 만들기 위해서 지출한 시운전비는 기계장치의 취득원가에 포함한다.

④ 건물 신축을 목적으로 건물이 있는 토지를 일괄취득한 경우, 구 건물의 철거비용은 신축 건물의 취득원가에 가산한다.

03 유형자산 취득원가를 인식할 때 경영진이 의도하는 방식으로 자산을 가동하기 위해 필요한 장소와 상태에 이르게 하는 데 직접 관련되는 원가의 예로 옳지 않은 것은?

[국가직 7급, 2013 기출]

① 설치장소 준비 원가

② 최초의 운송 및 취급 관련 원가

③ 새로운 시설을 개설하는 데 소요되는 원가

④ 전문가에게 지급하는 수수료

04 ㈜대한은 다음 자료와 같이 기계장치를 취득하였다. 기계장치의 취득원가는?

[국가직 9급, 2011 기출]

기계장치 구입대금	₩20,000	운반비	₩1,000
설치비	₩3,000	시운전비	₩2,000
구입 후 수선비	₩2,000		

① ₩21,000　　② ₩25,000

③ ₩26,000　　④ ₩28,000

05 ㈜한국은 20X1년 초에 토지를 새로 구입한 후, 토지 위에 새로운 사옥을 건설하기로 하였다. 이를 위해 토지 취득 후 토지 위에 있는 창고건물을 철거하였다. 토지의 취득 후 바로 공사를 시작하였으며, 토지 취득 및 신축 공사와 관련된 지출내역은 다음과 같다. 20X1년 12월 31일 현재 사옥 신축공사가 계속 진행 중이라면 건설중인자산으로 계상할 금액은?

[국가직 9급, 2021 기출]

• 토지의 구입가격	₩20,000
• 토지의 구입에 소요된 부대비용	₩1,300
• 토지 위의 창고 철거비용	₩900
• 새로운 사옥의 설계비	₩2,000
• 기초공사를 위한 땅 굴착비용	₩500
• 건설자재 구입비용	₩4,000
• 건설자재 구입과 직접 관련된 차입금에서 발생한 이자	₩150
• 건설 근로자 인건비	₩1,700

① ₩8,200　② ₩8,350
③ ₩9,100　④ ₩9,250

06 ㈜한국은 당국의 허가를 받아서 자연보호구역 내의 소유토지에 주차장을 설치하였다. 이때 당국의 주차장 설치 허가조건은 3년 후 주차장을 철거하고 토지를 원상복구하는 것이다. 주차장은 20X7년 1월 1일 ₩5,000,000에 설치가 완료되어 사용하기 시작하였으며, 동일자에 3년 후 복구비용으로 지출될 것으로 예상되는 금액은 ₩1,000,000으로 추정되었다. 이런 복구의무는 충당부채에 해당한다. 20X7년도 주차장(구축물)의 취득원가는? 단, 복구공사 소요액의 현재가치 계산에 적용할 유효이자율은 연 10%이며, 3년 후 ₩1의 현재가치는 0.7513이다.

[국가직 9급, 2018 기출]

① ₩4,248,700　② ₩5,000,000
③ ₩5,751,300　④ ₩6,000,000

07 ㈜한국은 공장 건물을 신축하기 위해 ㈜대한으로부터 장부금액이 각각 ₩50,000과 ₩100,000인 건물과 토지를 ₩300,000에 일괄 취득하였다. 취득 즉시 ㈜한국은 기존 건물을 철거하면서 철거비 ₩20,000을 지출하였고 공장 건물 신축공사를 시작하였다. ㈜한국이 인식할 토지의 취득원가는?

[국가직 9급, 2019 기출수정]

① ₩200,000 ② ₩220,000
③ ₩300,000 ④ ₩320,000

08 ㈜한국은 20X9년 공장을 신축하기 위해 토지를 취득하였다. 취득한 토지에는 철거 예정인 건물이 있었으며 20X9년 관련 자료는 다음과 같다.

• 토지와 건물 일괄 취득가격	₩1,000,000 (토지와 건물의 상대적 공정가치 비율 3:1)
• 토지 취득세 및 등기비용	₩100,000
• 공장신축 전 토지를 운영하여 발생한 수입	₩80,000
• 건물 철거비용	₩50,000
• 건물 철거 시 발생한 폐자재 처분수입	₩40,000
• 영구적으로 사용 가능한 하수도 공사비	₩100,000

㈜한국의 20X9년 토지 취득원가는?

[국가직 7급, 2019 기출수정]

① ₩960,000 ② ₩1,110,000
③ ₩1,130,000 ④ ₩1,210,000

09 ㈜한국은 20X1년 초 토지, 건물 및 기계장치를 일괄취득하고 현금 ₩1,500,000을 지급하였다. 취득일 현재 자산의 장부금액과 공정가치가 다음과 같을 때, 각 자산의 취득원가는? 단, 취득자산은 철거 혹은 용도변경 없이 계속 사용한다.

[국가직 9급, 2019 기출]

구 분	장부금액	공정가치
토 지	₩1,095,000	₩1,350,000
건 물	₩630,000	₩420,000
기계장치	₩380,000	₩230,000

	토 지	건 물	기계장치
①	₩1,350,000	₩420,000	₩230,000
②	₩1,095,000	₩630,000	₩380,000
③	₩1,095,000	₩315,000	₩162,500
④	₩1,012,500	₩315,000	₩172,500

10 ㈜한국은 20X1년 한 해 동안 영업사업부 건물의 일상적인 수선 및 유지를 위해 ₩5,300을 지출하였다. 이 중 ₩3,000은 도색비용이고 ₩2,300은 소모품 교체 비용이다. 또한, 해당 건물의 승강기 설치에 ₩6,400을 지출하였으며 새로운 비품을 ₩9,300에 구입하였다. 위의 거래 중 20X1년 12월 31일 재무상태표에 자산으로 기록할 수 있는 지출의 총액은?

[국가직 9급, 2020 기출]

① ₩11,700 ② ₩15,700
③ ₩18,000 ④ ₩21,000

유형자산의 교환에 의한 취득

대표예제 지방직 9급, 2014 기출

㈜민국은 취득원가 ₩500,000, 감가상각누계액 ₩300,000인 기계장치를 보유하고 있다. ㈜민국은 해당 기계장치를 제공함과 동시에 현금 ₩50,000을 수취하고 새로운 기계장치와 교환하였다. ㈜민국이 보유하고 있던 기계장치의 공정가치가 ₩300,000으로 추정될 때, 교환에 의한 회계처리로 옳지 않은 것은?

① 상업적 실질이 있는 경우 새로운 기계장치의 취득원가는 ₩250,000으로 인식한다.

② 상업적 실질이 있는 경우 제공한 기계장치의 처분이익은 ₩50,000으로 인식한다.

③ 상업적 실질이 결여된 경우 새로운 기계장치의 취득원가는 ₩150,000으로 인식한다.

④ 상업적 실질이 결여된 경우 제공한 기계장치의 처분손익은 인식하지 않는다.

해답 ②

상업적 실질이 있는 경우, 교환으로 취득한 자산의 취득원가는 제공한 자산의 공정가치이다. 다만 현금 ₩50,000을 수취하였으므로, 제공받은 기계장치의 취득원가는 ₩250,000 (= ₩300,000 − ₩50,000)이고, 제공자산의 장부금액과 공정가치의 차이는 유형자산처분손익(당기손익)으로 인식된다. 이 경우 유형자산처분손익은 제공한 자산의 공정가치와 장부금액간 차이로 계산한다.

• 유형자산처분손익 = ₩300,000 − (₩500,000 − ₩300,000) = ₩100,000(이익)

그리고 상업적 실질이 없다면, 제공받은 자산의 취득원가는 제공한 자산의 장부금액인 ₩150,000(= ₩500,000 − ₩300,000 − ₩50,000) 으로 인식되며, 관련된 유형자산처분손익은 인식되지 않는다. 관련된 회계처리를 나타내면 다음과 같다.

(1) 상업적 실질이 있는 경우

(차)	현 금	50,000	(대)	(구) 기계장치	500,000
	감가상각누계액(구)	300,000		유형자산처분이익 (당기이익)	100,000
	신 기계장치	250,000			

(2) 상업적 실질이 없는 경우

(차)	현 금	50,000	(대)	(구) 기계장치	500,000
	감가상각누계액(구)	300,000			
	신 기계장치	150,000			

11 20X4년 1월 1일 ㈜한국은 당사의 기계장치 X를 ㈜민국의 기계장치 Y와 교환하고, ㈜한국은 ㈜민국으로부터 현금 ₩100,000을 수령하였다. 각 회사의 기계장치의 장부금액과 공정가치에 대한 정보는 다음과 같다. 기계장치 X와 기계장치 Y의 교환거래가 상업적 실질이 있는 경우와 상업적 실질이 없는 경우 각각에 대하여 ㈜한국이 교환으로 취득한 기계장치 Y의 취득원가를 계산하면?

[국가직 9급, 2015 기출수정]

구 분	기계장치 X	기계장치 Y
장부금액	₩400,000	₩300,000
공정가치	₩700,000	₩600,000

	상업적 실질이 있는 경우	상업적 실질이 없는 경우
①	₩300,000	₩600,000
②	₩500,000	₩200,000
③	₩600,000	₩300,000
④	₩700,000	₩400,000

12 ㈜한국은 사용 중인 기계장치 A(장부금액 ₩300,000, 공정가치 ₩150,000)를 ㈜대한의 사용 중인 기계장치 B(장부금액 ₩350,000, 공정가치 ₩250,000)와 교환하였으며 공정가치 차액에 대하여 현금 ₩100,000을 지급하였다. 해당 교환거래가 상업적 실질이 존재하는 경우, ㈜한국과 ㈜대한이 각각 인식할 유형자산처분손실은?

[국가직 7급, 2020 기출]

	㈜한국	㈜대한
①	₩100,000	₩100,000
②	₩100,000	₩150,000
③	₩150,000	₩100,000
④	₩150,000	₩150,000

13 ㈜대한은 보유 중인 유형자산을 ㈜민국의 유형자산과 교환하였다. 교환일에 ㈜대한이 보유하고 있는 유형자산의 장부금액은 ₩600,000(취득원가 ₩800,000, 감가상각누계액 ₩200,000)이고, 공정가치는 ₩650,000이다. ㈜대한은 ㈜민국에게 현금 ₩100,000을 추가로 지급하였으며, 동 교환거래는 상업적 실질이 있다. ㈜대한이 교환으로 취득한 유형자산의 취득원가는?

[국가직 7급, 2014 기출]

① ₩600,000　　② ₩650,000

③ ₩700,000　　④ ₩750,000

14 ㈜대한은 20X6년 7월 1일 기계장치를 ㈜민국의 기계장치와 교환하면서 현금 ₩500,000을 추가로 지급하였다. 교환시점에서 두 기계장치의 공정가치는 명확하였으며, 기계장치에 대한 장부금액과 공정가치는 다음과 같다. ㈜대한이 교환시점에서 인식할 기계장치의 취득원가는? 단, 이 교환거래는 상업적 실질이 있다.

[국가직 7급, 2016 기출]

구 분	㈜대한	㈜민국
장부금액	₩2,000,000	₩5,000,000
공정가치	₩2,700,000	₩3,100,000

① ₩2,500,000　　② ₩3,100,000

③ ₩3,200,000　　④ ₩3,600,000

15 ㈜대한은 20X2년 1월 1일에 사용중인 승용차(취득원가 ₩60,000, 감가상각누계액 ₩20,000)를 공정가치가 ₩75,000인 운반용 트럭과 교환하고 현금 ₩30,000을 지급하였다. 이 거래가 상업적 실질이 있을 때, ㈜대한이 인식할 유형자산처분손익은?

[국가직 7급, 2013 기출]

① ₩5,000 처분이익　② ₩5,000 처분손실

③ ₩10,000 처분이익　④ ₩10,000 처분손실

16 ㈜대한과 ㈜민국은 사용하고 있는 기계장치를 서로 교환하였으며 이 교환은 상업적 실질이 있다. 교환시점에서 기계장치와 관련된 자료는 다음과 같다.

구 분	㈜대한	㈜민국
취득금액	₩700,000	₩600,000
장부금액	₩550,000	₩350,000

이 교환거래로 ㈜대한은 ₩100,000의 손실을, ㈜민국은 ₩50,000의 손실을 인식하였다. 동 교환거래는 공정가치 차이만큼 현금을 수수하는 조건이다. ㈜대한이 ㈜민국으로부터 현금을 수령하였다고 가정할 경우, ㈜대한이 수령한 현금액은? 단, 교환거래로 발생한 손익은 제시된 손익 이외에는 없다.

[국가직 7급, 2018 기출수정]

① ₩100,000　② ₩150,000

③ ₩400,000　④ ₩450,000

17 ㈜대한은 20X1년 1월 1일 컴퓨터 A(취득원가 ₩2,100,000, 잔존가치 ₩100,000, 내용연수 5년, 정액법 상각)를 취득하였다. 20X3년 1월 1일 ㈜대한은 사용하고 있는 컴퓨터 A를 ㈜민국의 신형 컴퓨터 B와 교환하면서 현금 ₩1,500,000을 추가로 지급하였다. 교환 당시 컴퓨터 A의 공정가치는 ₩1,325,450이며, 이 교환은 상업적 실질이 있다. ㈜대한이 인식할 유형자산 처분손익은?

[지방직 9급, 2018 기출]

① 처분손실 ₩25,450　　② 처분이익 ₩25,450

③ 처분손실 ₩65,450　　④ 처분이익 ₩65,450

유형자산 감가상각의 기본문제

대표예제 지방직 9급, 2012 기출

㈜대한과 ㈜한국은 20X0년 1월 1일에 각각 동일한 기계를 ₩100,000에 취득하였다. 두 회사 모두 기계의 내용연수는 4년이고, 잔존가치는 ₩10,000으로 추정한다. 이 기계의 감가상각을 위하여 ㈜대한은 상각률 40%의 정률법을 적용하고, ㈜한국은 연수합계법을 적용한다면, 두 회사의 20X1년 12월 31일 재무상태표에 보고되는 이 기계에 대한 감가상각누계액의 차이는?

① ₩1,000 ② ₩4,000

③ ₩5,400 ④ ₩6,000

해답 ①

두 기업의 감가상각누계액은 다음과 같이 계산할 수 있다.

(1) ㈜대한(정률법) : ₩100,000 × 40% + ₩100,000 × (1 − 40%) × 40% = ₩64,000

(2) ㈜한국(연수합계법) : (₩100,000 − ₩10,000) × $\frac{4+3}{1+2+3+4}$ = ₩63,000

참고로, 감가상각누계액 및 유형자산 장부금액 파악을 위해 다음의 상각표를 작성할 수도 있다.

(1) 정률법(상각률 40%)

일 자	감가상각비	감가상각누계액	장부금액
20X0. 1. 1.			₩100,000
20X0.12.31.	₩100,000 × 40% = ₩40,000	₩40,000	60,000
20X1.12.31.	60,000 × 40% = 24,000	64,000	36,000
20X2.12.31.	36,000 × 40% = 14,400	78,400	21,600
20X3.12.31.	90,000 − 78,400 = 11,600	90,000	10,000

(2) 연수합계법

일 자	감가상각비	감가상각누계액	장부금액
20X0. 1. 1.			₩100,000
20X0.12.31.	₩90,000 × (4/10) = ₩36,000	₩36,000	64,000
20X1.12.31.	90,000 × (3/10) = 27,000	63,000	37,000
20X2.12.31.	90,000 × (2/10) = 18,000	81,000	19,000
20X3.12.31.	90,000 × (1/10) = 9,000	90,000	10,000

18 유형자산의 감가상각에 대한 설명으로 옳지 않은 것은? [국가직 9급, 2013 기출]

① 감가상각의 본질은 합리적이고 체계적인 원가의 배분과정이다.

② 한국채택국제회계기준은 감가상각방법으로 정액법, 체감잔액법, 생산량비례법 등을 예시하고 있다.

③ 감가상각방법은 자산에 내재된 미래 경제적효익의 예상소비형태를 반영하여야 한다.

④ 감가상각방법이 체계적이어야 한다는 것은 한번 결정된 방법은 매기 계속해서 적용하여야 한다는 의미이다.

19 유형자산의 감가상각에 대한 설명 중 옳지 않은 것은? [국가직 9급, 2017 기출]

① 유형자산의 기말 공정가치 변동을 반영하기 위해 감가상각한다.

② 감가상각방법은 자산의 미래경제적효익이 소비될 것으로 예상되는 형태를 반영한다.

③ 각 기간의 감가상각액은 다른 자산의 장부금액에 포함되는 경우가 아니라면 당기손익으로 인식한다.

④ 잔존가치, 내용연수, 감가상각방법은 적어도 매 회계연도 말에 재검토한다.

20 자산의 감가상각 및 상각에 대한 설명으로 옳지 않은 것은? [국가직 9급, 2019 기출]

① 유형자산을 구성하는 일부의 원가가 당해 유형자산의 전체원가에 비교하여 유의적이라면, 해당 유형자산을 감가상각할 때 그 부분은 별도로 구분하여 감가상각한다.

② 내용연수가 유한한 무형자산의 상각기간과 상각방법은 적어도 매 회계연도 말에 검토한다.

③ 내용연수가 비한정적인 무형자산에 대해 상각비를 인식하지 않는다.

④ 정액법을 적용하여 상각하던 기계장치가 유휴상태가 되면 감가상각비를 인식하지 않는다.

21 자산의 회계처리에 대한 내용으로 옳지 않은 것은? [국가직 7급, 2017 기출]

① 1년 이내에 소멸되는 소모품은 유동자산이다.

② 자동차 회사가 제조한 자동차를 운송하기 위하여 보유하는 차량은 유형자산이고 감가상각을 한다.

③ 커피숍에서 판매를 위해 전시한 커피잔은 재고자산이다.

④ 자체 사용목적으로 건설 중인 건물은 비유동자산이고 감가상각을 한다.

22 ㈜대한은 20X0년 7월 1일에 취득원가 ₩650,000, 잔존가치 ₩50,000의 기계장치를 취득한 후 사용해오고 있다. 이 기계장치의 내용연수가 3년이고, 기계장치에 대한 감가상각방법으로 정액법을 사용한다고 할 때, 20X1년말 재무상태표에 보고되어야 할 이 기계장치의 장부금액은? [지방직 9급, 2011 기출]

① ₩300,000 ② ₩350,000

③ ₩400,000 ④ ₩450,000

23 ㈜한국은 20X1년 7월 1일에 건물이 정착되어 있는 토지를 ₩900,000에 취득하였다. 취득 과정에서 발생한 수수료는 ₩100,000이었으며, 취득한 건물의 추정내용연수는 10년이다. 취득시점에서 토지 및 건물의 공정가치는 각각 ₩300,000과 ₩900,000이다. 건물의 잔존가치는 ₩50,000으로 추정하였으며, 감가상각방법은 정액법을 사용하고, 기중 취득자산의 감가상각비는 월할 계산한다. 해당건물의 20X1년도 감가상각비는 얼마인가? [국가직 7급, 2011 기출]

① ₩31,875　　② ₩35,000

③ ₩42,500　　④ ₩63,750

24 ㈜한국은 20X1년 1월 1일에 추정내용연수가 8년이고 잔존가치는 ₩800,000인 절삭기계를 구입하였다. 연수합계법에 따라 20X4년 12월 31일에 계상한 감가상각비는 ₩1,000,000이었다. 이 기계의 취득원가는? [국가직 7급, 2012 기출]

① ₩7,200,000　　② ₩8,000,000

③ ₩9,800,000　　④ ₩9,000,000

25 ㈜한국은 20X1년 10월 1일에 기계장치를 ₩1,200,000(내용연수 4년, 잔존가치 ₩200,000)에 취득하고 연수합계법을 적용하여 감가상각하고 있다. 20X2년말 포괄손익계산서와 재무상태표에 보고할 감가상각비와 감가상각누계액은? 단, 감가상각비는 월할 계산한다. [국가직 9급, 2018 기출]

① 감가상각비 ₩375,000,　감가상각누계액 ₩475,000

② 감가상각비 ₩375,000,　감가상각누계액 ₩570,000

③ 감가상각비 ₩450,000,　감가상각누계액 ₩475,000

④ 감가상각비 ₩450,000,　감가상각누계액 ₩570,000

26 ㈜한국은 20X1년 7월 1일 생산에 필요한 기계장치를 ₩1,200,000에 취득(내용연수 4년, 잔존가치 ₩200,000)하였다. 동 기계장치를 연수합계법을 적용하여 감가상각할 때, 20X4년 손익계산서에 보고할 감가상각비는? 단, 원가모형을 적용하고 손상차손은 없으며, 감가상각은 월할 계산한다. [국가직 9급, 2021 기출]

① ₩50,000 ② ₩150,000
③ ₩180,000 ④ ₩250,000

27 ㈜한국은 20X1년 5월 1일에 기계장치를 취득하여 사용가능하게 되었으나, 동 기계장치는 20X1년 7월 1일부터 사용하기 시작하였고 정액법으로 감가상각한다. 기계장치의 내용연수는 5년이고 잔존가치는 취득원가의 10%이다. 20X2년 말의 감가상각누계액이 ₩810,000일 때, 동 기계의 취득원가는? 단, 기계장치는 월할 상각한다. [국가직 7급, 2013 기출수정]

① ₩1,000,000 ② ₩2,700,000
③ ₩3,000,000 ④ ₩4,000,000

28 ㈜한국은 20X5년 7월 1일 토지와 건물을 ₩2,000,000에 일괄취득 하였으며, 취득 당시 토지의 공정가치는 ₩1,000,000, 건물의 공정가치는 ₩1,500,000이었다. 건물의 경우 원가모형을 적용하며, 연수합계법(내용연수 3년, 잔존가치 ₩0)으로 상각한다. 건물에 대해 20X6년에 인식할 감가상각비는? 단, 감가상각비는 월할 상각한다. [국가직 9급, 2017 기출]

① ₩750,000 ② ₩625,000
③ ₩600,000 ④ ₩500,000

29 ㈜용암은 20X1년 10월 1일에 기계장치를 현금으로 구입하여 즉시 제품생산에 투입하였다. 취득시점에서 이 기계장치의 내용연수는 3년 잔존가치는 ₩12,000으로 추정하였다. ㈜용암은 이 기계장치에 대해 원가모형을 적용하여 연수합계법으로 감가상각을 하고 있는데, 20X1년말에 인식한 감가상각비는 ₩60,000이었다. 20X2년 12월 31일 기계장치의 장부금액은 얼마인가? 단, 감가상각비는 월할 계산하며, 이 기계장치에 대한 취득시점 이후 자산손상은 없었다.

[KICPA, 2010 기출]

① ₩160,000 ② ₩200,000
③ ₩212,000 ④ ₩260,000

30 ㈜한국은 화재보험에 가입된 기계장치를 사용하고 있으며, <3월 말 수정후시산표 일부>의 기계장치와 관련된 계정은 다음과 같다.

<3월 말 수정후시산표 일부>

- 선급보험료 : ₩450,000
- 기계장치 : ₩6,000,000(감가상각누계액 ₩2,400,000)

다음의 <추가자료>를 고려하여 기계장치의 화재보험료 1년 총액과 3월 말 기준 기계장치의 잔존내용연수는? 단, ㈜한국은 매월 말 결산을 수행한다. [국가직 9급, 2019 기출]

<추가자료>

- 매년 1월 1일 기계장치에 대한 화재보험을 갱신하며, 보험료 12개월분을 미리 현금으로 지급한다.
- 기계장치의 내용연수는 5년, 잔존가치 ₩0, 정액법으로 상각한다.
- 선급보험료 : ₩450,000
- 기계장치 : ₩6,000,000(감가상각누계액 ₩2,400,000)

	화재보험료 1년 총액	3월말 기준 기계장치의 잔존내용연수
①	₩450,000	12개월
②	₩450,000	24개월
③	₩600,000	36개월
④	₩600,000	60개월

31 ㈜한국은 20X1년 초 차량 A(내용연수 4년, 잔존가치 ₩0, 감가상각방법 연수합계법 적용)를 ₩900,000에 매입하면서 취득세 ₩90,000을 납부하였고, 의무적으로 매입해야 하는 국공채를 액면가 ₩100,000(현재가치 ₩90,000)에 매입하였다. 차량 A를 취득한 후 바로 영업활동에 사용하였을 때, 차량 A와 관련하여 ㈜한국이 인식할 20X2년 감가상각비는?

[지방직 9급, 2019 기출]

① ₩300,000　　② ₩324,000

③ ₩400,000　　④ ₩432,000

감가상각요소의 후속변경

대표예제 국가직 9급, 2011 기출

㈜한국은 20X1년 초에 기계장치를 ₩5,000,000에 구입하였으며, 이 기계장치의 잔존가치는 없고 내용연수는 10년이며, 감가상각은 정액법에 의한다. 이 기계장치를 5년간 사용한 후 20X6년 초에 ₩1,500,000을 들여 대폭적인 수선을 한 결과 내용연수가 3년 더 연장되었다. 20X6년 말에 계상해야 할 감가상각비는?

① ₩312,500　　② ₩500,000
③ ₩520,000　　④ ₩800,000

해답 ②

유형자산에 대한 후속적 지출의 결과 내용연수가 연장되었다면 이는 자본적 지출로 처리하여 동 지출액을 취득원가에 가산하고, 새로이 연장된 잔존내용연수에 따라 감가상각을 수행하여야 한다. 20X6년의 감가상각비는 다음과 같이 계산한다.

(1) 20X5년말 유형자산의 장부금액 = ₩5,000,000 × $\left(1-\frac{5}{10}\right)$ = ₩2,500,000
(2) 자본적지출 이후 새로운 장부금액 = ₩2,500,000 + ₩1,500,000 = ₩4,000,000
(3) 연장된 새로운 잔존내용연수 = 10년 − 5년 + 3년 = 8년
(4) 감가상각비(20X6년) = ₩4,000,000 ÷ 8년 = ₩500,000

참고로, 취득 이후부터 20X6년말 까지 회계처리를 예시하면 다음과 같다.

20X1 초 :	(차) 유형자산	5,000,000	(대) 현 금	5,000,000
20X1 ~ 20X5 말 :	(차) 감가상각비	500,000	(대) 감가상각누계액	500,000
20X6 초 :	(차) 유형자산	1,500,000	(대) 현 금	1,500,000
20X6 말 :	(차) 감가상각비	500,000	(대) 감가상각누계액	500,000

32 ㈜한국은 20X1년 1월 1일에 기계장치를 ₩100,000(내용연수 4년, 잔존가치 ₩20,000)에 취득하여 정액법으로 상각하였다. 20X3년 1월 1일에 이 기계에 부속장치를 설치하기 위하여 ₩40,000을 추가 지출하였으며, 이로 인하여 기계의 잔존 내용연수가 2년 증가하였고 20X3년도부터 연수합계법을 적용하기로 하였다. 20X3년도 감가상각비는? [지방직 9급, 2013 기출수정]

① ₩20,000　② ₩24,000
③ ₩28,000　④ ₩32,000

33 ㈜구봉은 20X1년 1월 1일에 생산용 기계 1대를 ₩100,000에 구입하였다. 이 기계의 내용연수는 4년, 잔존가액은 ₩20,000으로 추정되었으며 정액법에 의해 감가상각하고 있었다. ㈜구봉은 20×3년도 초에 동 기계의 성능을 현저히 개선하여 사용할 수 있게 하는 대규모의 수선을 시행하여 ₩16,000을 지출하였다. 동 수선으로 내용연수는 2년이 연장되었으나 잔존가치는 변동이 없을 것으로 추정된다. 이 기계와 관련하여 20X3년도에 인식될 감가상각비는? [지방직 9급, 2018 기출]

① ₩28,000　② ₩24,000
③ ₩20,000　④ ₩14,000

34 ㈜한국은 20X0년 초에 기계장치를 취득하고 정액법으로 감가상각 하였다. 기계장치의 취득원가는 ₩5,000이며, 내용연수는 4년, 잔존가치는 ₩1,000으로 추정하였다. 20X2년 초에 기업환경의 변화로 기계장치의 내용연수가 20X5년 말까지 연장될 것으로 추정하였다. 20X2년부터 기계장치의 감가상각방법을 정액법에서 연수합계법으로 변경하기로 하였으며, 이러한 변경의 타당성은 인정된다. 20X2년도 기계장치의 감가상각비는? [지방직 9급, 2013 기출수정]

① ₩600　② ₩700
③ ₩800　④ ₩900

35 ㈜한국은 20X2년 초에 업무용 차량운반구를 ₩10,000(내용연수 5년, 잔존가치 ₩0)에 취득하여 정액법으로 감가상각하여 오다가 20X3년부터 감가상각방법을 연수합계법으로 변경하였다. 다른 사항은 변화가 없고 원가모형을 적용한다고 가정할 경우, 20X3년 말 재무상태표에 표시되는 동 차량운반구의 장부금액은?

[국가직 9급, 2014 기출]

① ₩6,000　　② ₩5,200
③ ₩4,800　　④ ₩4,200

36 ㈜한국은 20X2년 1월 1일 기계(내용연수 5년, 잔존가치 ₩100,000)를 ₩600,000에 취득하였다. ㈜한국은 당해 기계에 대하여 원가모형을 적용하고 있으며, 감가상각방법으로 정액법을 사용한다. ㈜한국은 20X3년에 정당한 사유에 의하여 감가상각방법을 연수합계법으로 변경하였고, 잔존가치는 없는 것으로 재추정하였다. 당해 기계에 대하여 ㈜한국이 20X3년 12월 31일에 인식할 감가상각비는?

[국가직 7급, 2014 기출]

① ₩100,000　　② ₩125,000
③ ₩200,000　　④ ₩250,000

37 ㈜한국은 20X0년 1월 1일 건물을 ₩1,000,000에 구입하여 20X5년 12월 31일까지 정액법(내용연수는 10년, 잔존가치 ₩100,000)으로 감가상각하였다. 20X6년 1월 1일 동 건물에 대해 감가상각 방법을 정액법에서 연수합계법으로 변경하였으며, 잔존가치는 ₩40,000으로 재추정하였고 향후 5년을 더 사용할 수 있을 것으로 예상하였다. 20X6년 말에 인식해야 할 동 건물의 감가상각비는? 단, 유형자산에 대해 원가모형을 적용한다.

[국가직 7급, 2016 기출]

① ₩84,000　　② ₩90,000
③ ₩96,000　　④ ₩140,000

38 ㈜한국은 20X1년 1월 1일에 기계장치를 ₩450,000에 취득하면서 운송비와 설치비로 ₩50,000을 지출하였다. 이 기계장치는 내용연수 5년, 잔존가치 ₩0으로 정액법을 적용하여 감가상각하고 있다. 20X3년 1월 1일 사용 중이던 동 기계장치의 생산능력을 높이고 사용기간을 연장하기 위해 ₩100,000을 지출하였으며, 일상적인 수선을 위해 ₩5,000을 지출하였다. 지출의 결과로 기계장치의 내용연수는 5년에서 7년으로 연장되었으며 잔존가치는 ₩50,000으로 변경되었다. ㈜한국이 20X3년도에 인식해야 할 감가상각비는? 단, 원가모형을 적용하며 손상차손은 없다. [국가직 9급, 2019 기출]

① ₩50,000　　② ₩60,000

③ ₩70,000　　④ ₩80,000

39 ㈜국세는 20X2년 1월 1일 기계장치를 ₩4,500,000에 구입하였으며, 설치 및 시험가동 등으로 ₩500,000을 지출하였다. 이로 인해 기계장치는 20X2년 4월 1일부터 사용 가능하게 되었다. 동 기계장치의 내용연수는 5년, 잔존가치는 ₩500,000으로 추정되며, 이중체감법(상각률은 정액법의 2배)으로 감가상각을 한다. ㈜국세는 매년 말 잔존가치를 재검토하고 있는데, 20X4년 말 현재 동 기계장치를 거래하는 시장이 활성화됨으로써 잔존가치가 ₩2,500,000으로 증가할 것으로 추정하였다. ㈜국세가 20X4년도에 인식하여야 할 감가상각비는 얼마인가? 단, ㈜국세는 동 기계장치에 대하여 원가모형을 적용하고, 감가상각은 월할계산하며, 손상차손 및 손상차손환입은 고려하지 않는다. [세무사, 2012 기출]

① ₩0　　② ₩420,000

③ ₩580,000　　④ ₩840,000

40 ㈜한국은 20X6년 4월초 기계장치를 ₩1,000,000에 취득하였다. 해당자산의 내용연수는 4년, 잔존가치는 0이며, 연수합계법으로 감가상각하였다. ㈜한국은 20X8년 1월초 기계장치의 잔존가치를 ₩105,000로 변경하였으며 감가상각방법은 정액법으로 변경하였다. 잔존가치와 감가상각방법의 변경 외 다른 회계추정의 변동이 없다면, 20X8년 인식할 감가상각비는? 단, 추정치의 변경은 모두 정당한 회계변경으로 가정하고, 감가상각비는 월할 상각한다. [국가직 7급, 2019 기출]

① ₩90,000 ② ₩120,000

③ ₩165,000 ④ ₩220,000

유형자산의 처분

대표예제 국가직 9급, 2011 기출수정

㈜한국은 20X1년 7월 1일 ₩2,000,000에 취득하여 보유 중인 기계장치(유형자산)를 20X3년 10월 1일에 처분하였다. 처분대가로 받은 금액은 ₩800,000이며, 처분수수료 ₩23,000이 추가로 발생하였다. 처분되는 유형자산은 내용연수 5년, 잔존가치 ₩200,000으로 결정하여 변경 없이 감가상각하였다. ㈜한국이 동 자산의 감가상각방법으로 이중체감법을 적용한 경우와 연수합계법을 적용한 경우, 각 경우별 유형자산 처분손익을 계산하면?

	이중체감법	연수합계법
①	₩105,000 처분손실	₩30,000 처분손실
②	₩105,000 처분이익	₩53,000 처분손실
③	₩128,000 처분손실	₩53,000 처분이익
④	₩128,000 처분이익	₩62,000 처분이익

해답 ②

이중체감법과 연수합계법에 따른 기계장치 장부금액의 변동내역과 유형자산처분손익을 구하고, 회계처리를 예시하면 다음과 같다. 단, ㈜한국의 보고기간은 매년 1월 1일부터 12월 31일까지로 가정한다.

(1) 이중체감법(상각률 $= \frac{1}{5} \times 2 = 40\%$)

일 자	감가상각비 등		장부금액
20X1. 7. 1.			₩2,000,000
20X1.12.31.	₩2,000,000 × 40% × (6/12) =	₩400,000	1,600,000
20X2.12.31.	₩1,600,000 × 40% =	640,000	960,000
20X3.10. 1.	₩960,000 × 40% × (9/12) =	288,000	672,000

• 유형자산처분손익 = (₩800,000 − ₩23,000) − ₩672,000 = ₩105,000 이익

(차)	감가상각비	288,000	(대)	감가상각누계액	288,000
(차)	현 금	777,000	(대)	기계장치	2,000,000
	감가상각누계액	1,328,000		유형자산처분이익	105,000

(2) 연수합계법

일 자	감가상각비 등		장부금액
20X1. 7. 1.			₩2,000,000
20X2. 7. 1.	(₩2,000,000 − ₩200,000) × (5/15) =	₩600,000	1,400,000
20X3. 7. 1.	(₩2,000,000 − ₩200,000) × (4/15) =	480,000	920,000
20X3.10. 1.	(₩2,000,000 −₩200,000) × (3/15) ×(3/12) =	90,000	830,000

• 유형자산처분손익 = (₩800,000 − ₩23,000) − ₩830,000 = ₩(53,000) 손실

(차)	감가상각비*	330,000	(대)	감가상각누계액	330,000
(차)	현 금	777,000	(대)	기계장치	2,000,000
	감가상각누계액	1,170,000			
	유형자산처분손실	53,000			

* ₩480,000 × (6/12) + ₩90,000 = ₩330,000

41 ㈜한국은 20X5년 4월 1일 기계장치를 ₩80,000에 취득하였다. 이 기계장치는 내용연수가 5년이고 잔존가치가 ₩5,000이며, 연수합계법에 의해 월할로 감가상각한다. ㈜한국이 이 기계장치를 20X6년 10월 1일 ₩43,000에 처분한 경우 기계장치 처분손익은? 단, ㈜한국은 원가모형을 적용한다.

[국가직 9급, 2016 기출]

① 처분손실 ₩2,000　　② 처분이익 ₩2,000
③ 처분손실 ₩3,000　　④ 처분이익 ₩3,000

42 ㈜한국은 20X0년 1월 1일에 기계장치를 ₩5,000,000에 매입하였다. 기계장치의 잔존가치는 ₩500,000이고, 내용연수는 5년이다. 20X2년 12월 31일에 해당 기계를 ₩2,000,000에 매각했다. 해당 기계를 연수합계법으로 감가상각할 때, 매각시 인식할 유형자산처분손익은?

[국가직 9급, 2012 기출수정]

① 처분이익 ₩500,000　　② 처분이익 ₩600,000
③ 처분손실 ₩500,000　　④ 처분손실 ₩600,000

43 ㈜한국은 20X6년 5월 1일 기계장치를 ₩4,000,000에 취득하였다. 추정잔존가치는 취득원가의 10%, 내용연수는 3년, 감가상각방법은 연수합계법이며 감가상각비는 월할로 계산한다. ㈜한국이 이 기계장치를 20X7년 8월 31일 ₩2,000,000에 처분할 경우 처분시점의 감가상각누계액과 처분손익은? 단, 원가모형을 적용하며 손상차손은 없다고 가정한다.

[국가직 9급, 2018 기출수정]

① 감가상각누계액 ₩1,000,000, 처분손실 ₩1,000,000
② 감가상각누계액 ₩1,800,000, 처분손실 ₩200,000
③ 감가상각누계액 ₩2,200,000, 처분이익 ₩200,000
④ 감가상각누계액 ₩2,600,000, 처분이익 ₩600,000

유형자산의 재평가

대표예제 국가직 7급, 2013 기출

㈜대한은 20X1년 초에 토지를 ₩10,000에 구입하였다. ㈜대한은 이 토지에 대해 재평가모형을 적용하고 있으며, 20X1년 말에 ₩14,000, 20X2년 말에 ₩8,000으로 각각 재평가되었다. 20X2년 말에 시행한 토지의 재평가가 20X2년도 당기순이익에 미치는 영향은?

① 영향 없음
② ₩2,000 감소
③ ₩4,000 감소
④ ₩6,000 감소

해설 ②

유형자산에 재평가모형을 적용하는 경우 재평가증가액은 재평가잉여금(기타포괄이익)으로 처리하고, 재평가감소액은 재평가손실(당기손실)로 처리하는 것이 원칙이다. 다만, 이전 재평가의 결과로 인식한 손익에 대해서는 당해 재평가증감액의 처리시 고려하여야 한다. 본 문제의 경우 다음과 같이 회계처리 된다.

20X1.초 :	(차)	토 지	10,000	(대)	현 금	10,000
20X1.말 :	(차)	토 지	4,000	(대)	재평가잉여금 (기타포괄이익)	4,000
20X2.말 :	(차)	재평가잉여금 (기타포괄이익)	4,000	(대)	토 지	6,000
		재평가손실 (당기손실)	2,000			

44 ㈜한국은 취득원가 ₩100,000의 토지를 20X0년 5월 3일에 처음으로 재평가하였다. 이 토지가 ₩150,000으로 재평가된 경우, 20X0년 말 ㈜한국의 재무제표에 미치는 영향으로 옳은 것은? [지방직 9급, 2011 기출]

① 재평가이익 ₩50,000만큼의 이익잉여금이 증가한다.

② 재평가이익 ₩50,000은 포괄손익계산서에 보고되지 않는다.

③ 재평가이익 ₩50,000만큼의 당기순이익이 증가한다.

④ 재평가이익 ₩50,000만큼의 자본이 증가한다.

45 ㈜한국은 기계장치를 20X6년 1월 1일 ₩100,000에 취득하여 정액법(내용연수 3년, 잔존가치 ₩10,000)으로 감가상각하였다. 20X6년 말 기계장치의 공정가치가 ₩90,000인 경우 재평가모형 적용시 인식할 재평가잉여금은? [지방직 9급, 2017 기출]

① ₩10,000 ② ₩20,000

③ ₩30,000 ④ ₩40,000

46 ㈜한국은 보유하고 있는 토지에 대하여 20X1년부터 매년 말 재평가모형을 적용하여 평가하고 있다. 다음은 ㈜한국이 보유하고 있는 토지의 장부금액(재평가직전)과 공정가치에 대한 자료이다. 20X4년 말 현재 ㈜한국의 토지와 관련된 기타포괄손익누계액은? [국가직 9급, 2012 기출수정]

구 분	재평가직전 장부금액	공정가치
20X1년말	₩28,000	₩30,000
20X2년말	₩30,000	₩27,000
20X3년말	₩27,000	₩35,000
20X4년말	₩35,000	₩31,000

① ₩2,000 ② ₩3,000

③ ₩4,000 ④ ₩5,000

47 ㈜한국은 20X4년 초 취득원가 ₩50,000의 토지를 매입하였으며, 재평가모형을 적용하고 있다. 해당 토지의 20X4년 말 공정가치는 ₩45,000으로 추정되어 ₩5,000의 당기손실을 인식하였다. 20X5년 말 토지의 공정가치는 ₩52,000으로 추정된다. ㈜한국의 20X5년 말 토지에 대한 회계처리로 옳은 것은? [국가직 7급, 2015 기출]

① (차) 토 지	₩7,000	(대)	재평가이익	₩5,000
			재평가잉여금	₩2,000
② (차) 토 지	₩7,000	(대)	재평가이익	₩7,000
③ (차) 토 지	₩7,000	(대)	재평가이익	₩2,000
			재평가잉여금	₩5,000
④ (차) 토 지	₩7,000	(대)	재평가잉여금	₩7,000

48 ㈜지방은 20X1년 중에 토지를 ₩100,000에 취득하였으며, 매 보고기간마다 재평가모형을 적용하기로 하였다. 20X1년말과 20X2년말 현재 토지의 공정가치가 각각 ₩120,000과 ₩90,000 이라고 할 때, 다음 설명 중 옳은 것은? [지방직 9급, 2014 기출]

① 20X1년에 당기순이익이 ₩20,000 증가한다.

② 20X2년에 당기순이익이 ₩10,000 감소한다.

③ 20X2년말 현재 재평가잉여금 잔액은 ₩10,000이다.

④ 20X2년말 재무상태표에 보고되는 토지 금액은 ₩100,000이다.

49 ㈜한국은 유형자산에 대하여 재평가모형을 사용하고 있으며, 토지를 20×1년 초 ₩1,000,000에 취득하였다. 20×1년 말 재평가 결과 토지의 공정가치는 ₩900,000이었고, 20×2년 말 재평가 결과 토지의 공정가치가 ₩1,050,000인 경우, 20×2년 말 당기손익에 포함될 자산재평가이익과 자본항목에 표시될 재평가잉여금은? [국가직 9급, 2021 기출]

	자산재평가이익	재평가잉여금
①	₩0	₩50,000
②	₩50,000	₩100,000
③	₩100,000	₩50,000
④	₩150,000	₩150,000

50 20X1년 초 설립된 ㈜한국의 20X1년 수정전시산표를 근거로 계산한 당기순이익은 ₩300,000이다. 다음 20X1년 중 발생한 거래의 분개에 대하여 결산수정사항을 반영하여 계산한 수정 후 당기순이익은? 단, 결산수정분개는 월 단위로 계산한다. [국가직 7급, 2018 기출]

날 짜	기중분개		결산수정사항
3월 1일	차변) 토지	₩1,000,000	토지는 재평가모형을 적용하며, 기말 공정가치는 ₩1,050,000
	대변) 현금	₩1,000,000	
10월 1일	차변) 선급보험료	₩120,000	1년분 화재보험료를 미리 지급함
	대변) 현금	₩120,000	
11월 1일	차변) 현금	₩90,000	6개월분 임대료를 미리 받음
	대변) 임대수익	₩90,000	
12월 1일	차변) 현금	₩1,000,000	차입 시 이자율 연 6%, 이자와 원금은 6개월 후 일괄 상환조건
	대변) 단기차입금	₩1,000,000	

① ₩180,000　　② ₩205,000

③ ₩235,000　　④ ₩255,000

51 ㈜한국의 20X7년 수정전시산표와 결산수정사항을 근거로 재무상태표에 공시될 자본은?

[지방직 9급, 2018 기출수정]

〈20X7년 수정전시산표〉

차변 과목	차변 금액	대변 과목	대변 금액
현금	₩15,000	매입채무	₩3,000
매출채권	₩5,000	미지급금	?
재고자산	₩3,500	단기차입금	₩25,000
토지	₩10,000	감가상각누계액	?
건물	₩50,000	자본금	₩10,000
소모품	₩1,500	이익잉여금	₩21,000
매출원가	₩2,500	매출	₩18,000
보험료	₩500		
급여	₩1,000		
합계	₩89,000	합계	₩89,000

〈결산수정사항〉

(1) 광고선전비 ₩1,000이 발생하였으나 결산일 현재 지급하지 않았다.
(2) 결산일 현재 소모품 잔액은 ₩500이다.
(3) 건물은 20X6년 7월 1일 취득하였으며 취득금액 ₩50,000, 내용연수 4년, 잔존가치 ₩10,000, 연수합계법을 적용하여 월할 감가상각한다.
(4) 재평가모형을 적용하는 유형자산으로 분류된 토지는 20X7년 중 취득하였으며 20X7년 결산 시 재평가를 실시한다. 20X7년 말 공정가치는 ₩7,000이다.
(5) 단기차입 조건은 무이자 조건이며, 매출채권에 대한 대손충당금은 고려하지 않는다.

① ₩5,000
② ₩22,500
③ ₩26,000
④ ₩29,000

52 ㈜한국은 20×1년 초 기계장치를 ₩10,000(정액법 상각, 내용연수 4년, 잔존가치 ₩2,000, 원가모형 적용)에 취득하였다. 기계장치 관련 자료가 다음과 같을 때 옳은 것은? [국가직 7급, 2021 기출]

- 20×2년 중 최초로 기계장치에 대해 재평가모형으로 변경하였으며, 재평가 시 기존의 감가상각누계액은 전액 제거한 후 공정가치로 평가한다. (상각방법, 내용연수, 잔존가치의 변동은 없다)
- 20×2년 말 기계장치의 공정가치는 ₩12,000이다.
- 20×3년 말 기계장치를 현금 ₩8,000을 받고 처분하였다.

① 20×1년 감가상각비는 ₩2,500이다.

② 20×2년 재평가잉여금은 ₩4,000이다.

③ 20×3년 감가상각비는 ₩5,000이다.

④ 20×3년 기계장치 처분이익은 ₩2,000이다.

유형자산의 손상

대표예제 국가직 7급, 2014 기출

㈜한국은 20X2년 1월 1일에 기계장치(내용연수는 5년, 잔존가치는 없음)를 ₩100,000에 취득하였다. ㈜한국은 당해 기계장치에 대하여 원가모형을 적용하고 있으며, 감가상각방법으로 정액법을 사용한다. 20X2년 말 동 기계장치의 회수가능액이 ₩40,000으로 하락하여 손상차손을 인식하였다. 그러나 20X3년 말 동 기계장치의 회수가능액이 ₩70,000으로 회복되었다. 20X3년 말에 인식할 손상차손환입액은?

① ₩20,000　　② ₩30,000

③ ₩40,000　　④ ₩50,000

해답 ②

과거 손상차손을 인식하였던 유형자산에 대해 해당 손상차손을 환입하는 경우, 환입 후 유형자산의 장부금액은 손상차손을 인식하기 전 상각 후 남은 금액을 초과할 수 없다.

(1) 20X2년말 손상차손 = ₩40,000

① 장부금액(손상전) = ₩100,000 − ₩100,000 × $\frac{1}{5}$ = ₩80,000

② 20X2년말 회수가능액 = ₩40,000

(2) 20X3년말 손상차손환입 = ₩30,000

① 장부금액(환입전) = ₩40,000 − ₩40,000 × $\frac{1}{4}$ = ₩30,000

② 환입기준금액 = Min(회수가능액, 한도액*) = ₩60,000

* 한도액 : 손상차손을 인식하지 않았을 경우 장부금액(₩60,000 = ₩100,000 × $\frac{3}{5}$)

참고로, 주어진 자료를 이용한 회계처리를 예시하면 다음과 같다.

20X2. 1. 1. :	(차)	기계장치	100,000	(대)	현 금	100,000
20X2.12.31. :	(차)	감가상각비	20,000	(대)	감가상각누계액	20,000
	(차)	손상차손	40,000	(대)	손상차손누계액	40,000
20X3.12.31. :	(차)	감가상각비	10,000	(대)	감가상각누계액	10,000
	(차)	손상차손누계액	30,000	(대)	손상차손환입	30,000

53 ㈜한국은 20X2년 초 기계장치를 ₩30,000에 취득하였다. 동 기계장치의 내용연수는 3년이고, 잔존가치는 ₩0이며, 정액법으로 감가상각한다. 20X2년 말 순공정가치가 ₩15,000(사용가치 ₩14,000)으로 급격히 하락하여, ㈜한국은 동 기계장치를 손상처리 하였다. ㈜한국이 원가모형을 채택할 때, 20X2년에 인식할 유형자산 손상차손은?

① ₩5,000
② ₩6,000
③ ₩7,000
④ ₩8,000

54 ㈜한국은 20X1년 7월 1일 건물을 ₩11,000에 취득하여 정액법(잔존가치는 ₩1,000이고 내용연수는 10년)으로 월할 상각하고 있다. ㈜한국은 당기 중 예상치 못한 금융위기로 인해 부동산가격이 폭락함에 따라 손상징후가 있다고 판단하였다. 20X1년 12월 31일 현재 동 건물의 순공정가치는 ₩2,000으로 추정되고 사용가치는 ₩2,500이다. 당해 건물에 대해 원가모형을 적용한다고 할 때, ㈜한국이 20X1년 12월 31일에 인식해야 할 손상차손은? [국가직 7급, 2012 기출수정]

① ₩0
② ₩8,000
③ ₩8,500
④ ₩9,000

55 ㈜한국은 20X5년 초에 취득원가 ₩850,000의 기계장치를 구입하고, 원가모형을 적용하였다. 내용연수는 4년(잔존가치 ₩50,000)이며, 감가상각은 정액법에 의한다. 20X6년 말에 처음으로 손상징후가 있었으며, 기계장치의 순공정가치와 사용가치는 각각 ₩300,000과 ₩350,000이었다. 20X6년 말에 인식해야할 손상차손은? [지방직 9급, 2016 기출]

① ₩0
② ₩50,000
③ ₩100,000
④ ₩150,000

56 원가모형에 의하여 평가하고 있는 ㈜대한의 기계장치와 관련하여 20X1년 12월 31일 결산일 현재 인식해야 할 손상차손환입은? [국가직 9급, 2011 기출]

> ㈜대한은 20X0년 1월 1일 잔존가치 ₩0, 내용연수 5년인 기계장치를 ₩500,000에 구입하여 정액법으로 감가상각하기로 하였다. 20X0년 12월 31일 ㈜대한은 해당 기계장치의 손상징후가 있어 손상검사를 실시하여 회수가능액을 추정한 결과 순공정가치가 ₩200,000, 사용가치가 ₩150,000이었고, 20X1년 12월 31일 기계장치의 회수가능액은 ₩400,000이었다.

① ₩100,000　　② ₩150,000

③ ₩200,000　　④ ₩250,000

57 ㈜한국은 20X4년 초에 기계장치(잔존가치 ₩0, 내용연수 5년, 정액법 상각)를 ₩5,000에 취득하고, 원가모형을 사용하여 측정하고 있다. 20X4년 말에 손상징후가 있어 손상검사를 실시한 결과, 기계장치의 순공정가치는 ₩2,500, 사용가치는 ₩2,800으로 판명되었다. 이후 20X5년 말에 손상이 회복되어 기계장치의 회수가능액이 ₩4,000이 된 경우 기계장치의 장부금액은? [지방직 9급, 2015 기출]

① ₩2,100　　② ₩3,000

③ ₩3,300　　④ ₩4,000

58 ㈜한국은 20X0년 1월 1일에 기계장치를 ₩1,000,000에 취득하였다. ㈜한국은 이 기계장치에 대하여 원가모형을 적용하며, 연수합계법(내용연수는 4년, 잔존가치는 0)으로 상각한다. 20X0년 말, 20X1년 말, 20X2년 말 동 자산의 회수가능액은 각각 ₩650,000, ₩180,000, ₩120,000이었다. 20X2년 말 회계처리로 옳은 것은?

[국가직 7급, 2013 기출수정]

① (차) 손상차손누계액 ₩40,000 (대) 손상차손환입액 ₩40,000

② (차) 손상차손누계액 ₩60,000 (대) 손상차손환입액 ₩60,000

③ (차) 감가상각누계액 ₩40,000 (대) 손상차손환입액 ₩40,000

④ (차) 기계장치 ₩60,000 (대) 손상차손환입액 ₩60,000

59 ㈜한국은 20X5년 1월 1일에 기계장치(내용연수 5년, 잔존가치 ₩0, 정액법 상각)를 ₩200,000에 취득하고 원가모형을 적용하였다. 20X5년 말 기계장치의 순공정가치와 사용가치는 각각 ₩120,000, ₩100,000이었다. 20X6년 7월 1일에 ₩90,000의 현금을 받고 처분하였다. ㈜한국이 인식할 유형자산처분손익은? 단, 감가상각비는 월할 상각한다.

[국가직 9급, 2016 기출]

① 처분이익 ₩50,000

② 처분이익 ₩30,000

③ 처분손실 ₩15,000

④ 처분손실 ₩12,000

60 ㈜한국은 20×1년 초 기계를 ₩480,000(내용연수 5년, 잔존가치 ₩0, 정액법 상각)에 구입하고 원가모형을 채택하였다. 20×2년 말 그 기계에 손상징후가 있었으며, 이때 기계의 순공정가치는 ₩180,000, 사용가치는 ₩186,000으로 추정되었다. 20×3년 말 회수가능액이 ₩195,000으로 회복되었다면 옳지 않은 것은?

[국가직 9급, 2018 기출]

① 20×2년 말 손상차손 인식 전 장부금액은 ₩288,000이다.

② 20×2년 말 손상차손으로 인식할 금액은 ₩102,000이다.

③ 20×3년 말 감가상각비로 인식할 금액은 ₩62,000이다.

④ 20×3년 말 손상차손환입액으로 인식할 금액은 ₩71,000이다.

61 ㈜한국은 20X1년 1월 1일에 기계장치를 ₩4,000,000(정액법 상각, 내용연수 5년, 잔존가치 ₩0, 원가모형 적용)에 취득하였다. 각 회계연도 말 기계장치에 대한 회수가능액은 다음과 같다.

- 20X1년 말 ₩3,200,000
- 20X2년 말 ₩1,800,000
- 20X3년 말 ₩1,200,000
- 20X4년 말 ₩2,000,000

㈜한국은 20X2년 말에 기계장치에 대해 손상차손이 발생하였고, 20X4년 말에 손상차손환입이 발생하였다고 판단하였다. 20X4년에 계상될 손상차손환입액은? [국가직 7급, 2021 기출]

① ₩200,000　　② ₩600,000

③ ₩800,000　　④ ₩1,400,000

차입원가의 자본화

대표예제 국가직 9급, 2019 기출

㈜한국은 20×1년 7월 1일부터 공장건물 신축공사를 시작하여 20×2년 4월 30일에 완공하였다. ㈜한국이 공장건물의 차입원가를 자본화하는 경우 20×1년도 포괄손익계산서상 당기손익으로 인식할 이자비용은? 단, 이자비용은 월할 계산한다.

[공사대금 지출]

20×1. 7. 1.	20×1. 10. 1.
₩50,000	₩40,000

[차입금 현황]

구 분	금 액	차입일	상환(예정)일	연이자율
특정차입금	₩50,000	20×1. 7. 1.	20×2. 4. 30.	8%
일반차입금	₩25,000	20×1. 1. 1.	20×2. 6. 30.	10%

① ₩1,000　　② ₩1,500
③ ₩2,000　　④ ₩2,500

해답 ②

다음과 같은 순서로 풀이한다.

(1) 평균지출액 = ₩50,000 × (6/12) + ₩40,000 × (3/12) = ₩35,000

(2) 자본화이자율 = 10% (일반차입금의 평균이자율)

(3) 자본화할 차입원가

구 분	평균지출액	이자율	금융비용(차입원가)
특정차입금 관련	₩25,000	8%	₩2,000
일반차입금 관련	10,000	10%	1,000*
합 계	₩35,000		₩3,000

* 자본화할 차입원가의 한도 = ₩25,000 × 10% = ₩2,500

(4) 당기발생 총 이자비용 = ₩50,000 × 8% × (6/12) + ₩25,000 × 10% = ₩4,500

(5) 당기손익으로 인식할 이자비용 = (4) − (3) = ₩1,500

62 ㈜대한은 20X1년 1월 1일에 자가사용 목적으로 공장을 착공하여 20X2년 9월 30일 완공하였다. 공사 관련 지출과 차입금에 대한 자료는 다음과 같다. ㈜대한이 20X1년에 자본화할 차입원가는? 단, 차입금의 일시적 운용수익은 없으며, 기간은 월할 계산한다. [국가직 7급, 2018 기출]

[공사대금 지출]

일 자	금 액
20X1. 1.1.	₩3,000
20X1.10.1.	₩2,000

[차입금 현황]

구 분	금 액	이자율(연)	기 간
특정차입금	₩1,000	4%	20X0. 12. 1. ~ 20X3. 12. 31.
일반차입금A	₩1,000	5%	20X1. 1. 1. ~ 20X2. 11. 30.
일반차입금B	₩2,000	8%	20X0. 7. 1. ~ 20X3. 6. 30.

① ₩40
② ₩175
③ ₩215
④ ₩280

63 ㈜ABC는 당기말에 완공한 사옥건설과 관련하여 총차입원가 ₩109,000을 자본화하였고 사옥건물에 대한 연평균지출액은 ₩1,050,000이었다. ㈜ABC는 사옥건설을 위한 목적으로 특정차입금을 은행으로부터 연 10% 이자율로 ₩600,000을 직접 차입하였으며, 이 중에서 ₩200,000은 연 8% 이자지급조건의 정기예금에 예치하여 ₩16,000의 이자수익이 발생하였다. 따라서 특정차입금으로 사용한 연평균지출액은 ₩400,000이었다. 특정차입금으로 사용하지 않은 지출액은 전액 일반차입금으로 지출되었다고 가정한다. 일반차입금에 대한 자본화이자율은 얼마인가? [KICPA 1차, 2014 기출수정]

① 연 8%
② 연 9%
③ 연 10%
④ 연 11%

64 ㈜한국은 20X1년 1월 1일부터 적격자산인 공장건물을 신축하기 시작하였으며, 20X2년 10월 31일 완공하였다. 공사대금 지출 및 신축공사와 관련되는 차입금의 자료는 다음과 같다.

구 분	지출일 · 차입일	금 액	상환일	이자율
공사대금 지출액	20×1.01.01	₩100,000	–	–
특정목적 차입금	20×1.01.01	₩80,000	20×1.12.31	연 5%
일반목적 차입금	20×1.01.01	₩200,000	20×1.12.31	연 10%

㈜한국이 20X1년 공장건물 신축과 관련하여 자본화한 차입원가는? 단, 이자비용은 월할 계산한다.

[국가직 7급, 2021 기출]

① ₩4,000　　② ₩6,000

③ ₩20,000　　④ ₩24,000

유형자산 장부금액과 손익의 추정 및 기타문제

대표예제 지방직 9급, 2011 기출

㈜대한은 20X0년도 포괄손익계산서상 기계장치와 관련하여 감가상각비 ₩35,000, 처분손실 ₩10,000을 보고하였다. 20X0년도 중 취득한 기계장치가 ₩155,000인 경우, 다음 자료를 이용하여 기계장치를 처분하고 수수한 현금액을 계산하면? 단, 기계장치 처분은 전액 현금으로 이루어지며, 법인세비용은 없는 것으로 가정한다.

구 분	20X0년 1월 1일	20X0년 12월 31일
기계장치	₩100,000	₩200,000
감가상각누계액	(20,000)	(40,000)

① ₩10,000　　② ₩20,000

③ ₩30,000　　④ ₩40,000

해답 ③

감가상각자산의 계정분석은 다음과 같이 수행한다.

유형자산(순액)

차변	금액	대변	금액	비고
기초금액	₩80,000	감가상각	₩35,000	: 감가상각비
당기취득	155,000	처분금액	40,000	: 처분당시 장부금액*
		기말금액	160,000	
합 계	₩235,000	합 계	₩235,000	

* 처분당시 장부금액 ₩40,000 = 처분자산의 취득원가 − 감가상각누계액
= 처분대가(x) − 처분이익 + 처분손실
= x + ₩10,000

위의 계정분석의 결과 처분시 수수한 현금(x)은 ₩40,000 − ₩10,000 = ₩30,000이다.

65 다음은 ㈜한국의 기계장치 장부금액 자료이다.

	20X4년 기말	20X5년 기말
기계장치	₩11,000,000	₩12,500,000
감가상각누계액	(4,000,000)	(4,500,000)

㈜한국은 20X5년 초에 장부금액 ₩1,500,000(취득원가 ₩2,500,000, 감가상각누계액 ₩1,000,000)인 기계장치를 ₩400,000에 처분하였다. 20X5년에 취득한 기계장치의 취득원가와 20X5년에 인식한 감가상각비는? 단, 기계장치에 대해 원가모형을 적용한다. [지방직 9급, 2016 기출]

	취득원가	감가상각비
①	₩3,000,000	₩500,000
②	₩3,000,000	₩1,500,000
③	₩4,000,000	₩1,500,000
④	₩4,000,000	₩2,000,000

66 다음은 ㈜한국이 보유하고 있는 건물들에 대한 자료이다. 당기에 매각한 건물들의 취득원가는?

[국가직 9급, 2013 기출수정]

당기 건물 취득금액	₩210,000
당기 건물 감가상각비	₩110,000
건물의 기초장부금액	₩130,000
건물의 기말장부금액	₩220,000
당기에 매각한 건물의 감가상각누계액	₩40,000

① ₩10,000　　② ₩50,000
③ ₩90,000　　④ ₩120,000

67 유형자산의 회계처리에 대한 설명으로 옳지 않은 것은? [국가직 9급, 2014 기출]

① 액면금액이 있는 주식을 발행하여 유형자산을 취득하는 경우 해당 주식의 발행금액이 액면금액 이상이면 액면금액에 해당되는 금액은 자본금으로, 액면금액을 초과하는 금액은 주식발행초과금으로 계상한다.

② 취득한 기계장치에 대한 취득세와 등록세 및 보유기간 중 발생된 화재보험료는 기계장치의 취득원가에 포함하여 감가상각한다.

③ 건설회사가 보유하고 있는 중장비의 주요 구성부품(예를 들면 궤도, 엔진, 굴삭기에 부착된 삽 등)의 내용연수와 경제적 효익의 소비행태가 다르다면, 해당 구성부품은 별도의 자산으로 계상하고 감가상각할 수 있다.

④ 유형자산의 내용연수가 경과되어 철거하거나 해체하게 될 경우 원상대로 회복시키는데 소요될 복구비용(현재가치로 할인한 금액)은 유형자산의 취득원가에 포함한다.

제 3 절 정답 및 해설

유형자산의 의의 및 취득원가 결정

01 ③

①과 ②는 재고자산에 해당하고, ④는 투자부동산에 해당한다. 참고로 유형자산, 재고자산 및 투자부동산 각각의 정의는 다음과 같다.

- 유형자산 : 재화나 용역의 생산이나 제공, 타인에 대한 임대 또는 관리활동에 사용할 목적으로 보유하는 물리적 형태가 있는 자산으로서 한 회계기간을 초과하여 사용할 것이 예상되는 자산
- 재고자산 : 통상적인 영업활동과정에서 판매를 위해 보유중이거나 판매를 위해 생산 중인 자산 또는 생산이나 용역제공에 사용될 원재료 및 소모품
- 투자부동산 : 임대수익이나 시세차익 또는 두 가지 모두를 얻기 위하여 소유자나 금융리스의 이용자가 보유하고 있는 부동산

02 ④

건물 신축을 목적으로 건물이 있는 토지를 일괄취득한 경우, 구 건물의 철거비용은 신축건물이 아닌 토지의 취득원가에 가산한다.

03 ③

새로운 시설을 개설하는 데 소요되는 원가에 대해서 당기비용으로 처리하도록 규정하고 있다. 참고로 한국채택국제회계기준에서는 다음의 항목들에 대해서는 유형자산의 원가를 구성하지 않는 것으로 규정하고 있다.

- 새로운 시설을 개설하는 데 소요되는 원가
- 새로운 상품과 서비스를 소개하는 데 소요되는 원가(예: 광고 및 판촉활동과 관련된 원가)
- 새로운 지역에서 또는 새로운 고객층을 대상으로 영업을 하는 데 소요되는 원가(예: 직원 교육훈련비)
- 관리 및 기타 일반간접원가

04 ③

경영진이 의도하는 방식으로 자산을 가동하는 데 필요한 장소와 상태에 이르게 하는 데 직접 관련되는 원가는 유형자산의 원가를 구성한다. 이에 해당하는 원가로는 설치원가 및 조립원가, 유형자산이 정상적으로 작동되는지 여부를 시험하는 과정에서 발생하는 원가 등이 있다. 다만, 구입 후 수선비는 취득 완료이후의 지출이므로 유형자산의 원가를 구성하지 않는다.
따라서, 기계장치의 취득원가는
₩20,000 + ₩1,000 + ₩3,000 + ₩2,000 = ₩26,000이다.

05 ②

토지와 건물을 함께 취득하여 건물은 철거하고 토지만을 사용하는 경우 취득대금 전액은 토지의 원가에 배분하고, 건물의 철거비용 및 토지의 정지비용이 발생한 경우 토지의 원가에 가산한다. 그러나 (건물 신축을 필요한) 기초공사를 위한 땅 굴착비용은 신축하는 건물의 원가로 집계하는 것이 타당하다. 본 문제에서 건설중인자산의 원가는 향후 건물의 원가로 대체될 부분에 한정되는 것이므로, 토지의 원가는 포함하지 않아야 한다.
한편, 취득에 장기간이 소요되는 일정한 자산의 취득과정에서 불가피하게 발생하는 차입원가는 취득하는 자산의 취득원가에 포함시켜야 한다.

따라서 건설중인자산의 원가는,
₩2,000 + ₩500 + ₩4,000 + ₩150 + ₩1,700 = ₩8,350이다.

06 ③

자산을 해체, 제거하거나 부지를 복구하는 데 소요될 것으로 최초에 추정되는 원가(현재가치에 해당하는 금액)은 당해 유형자산의 취득원가에 포함한다.
• 구축물의 취득원가 = ₩5,000,000 + ₩1,000,000 × 0.7513 = ₩5,751,300

07 ④

기존 건물은 취득후 철거하는 것이므로 일괄취득가격은 모두 토지만의 취득원가로 처리한다. 그리고 기존 건물의 철거는 토지의 사용을 위한 것이므로 건물의 철거비 역시 토지의 원가에 포함하여야 한다.

08 ④

토지의 취득원가는 다음과 같이 구성된다.

원가구성항목	금 액	비 고
취득가격	₩1,000,000	건물은 철거예정이므로 모두 토지의 원가임
취득세 등	100,000	
건물철거비용	50,000	
폐자재처분수입	(40,000)	
하수도공사비	100,000	영구적으로 사용가능 하므로 토지의 원가임
차가감계	₩1,210,000	

09 ④

사업결합기준서(K-IFRS 1103호 문단 2)에 따라 사업을 구성하지 않는 자산 집단을 취득한 경우 자산집단의 원가는 매수일의 상대적 공정가치에 기초하여 각각의 식별할 수 있는 자산과 부채에 배분한다.

구 분	공정가치	공정가치비율	배분액
토 지	₩1,350,000	67.5%	₩1,012,500
건 물	420,000	21.0%	315,000
기계장치	230,000	11.5%	172,500
합 계	₩2,000,000	100.0%	₩1,500,000

10 ②

건물의 일상적인 수선 및 유지를 위한 지출 ₩5,300은 수익적 지출에 해당하여 당기비용으로 처리하는 것이 타당하고, 승강기설치에 대한 지출은 자본적 지출에 해당하여 건물 또는 별도의 기계장치로 인식하고 비품 또한 자산으로 인식한다.

따라서 자산으로 기록할 수 있는 지출의 총액은 ₩3,400과 ₩9,300의 합인 ₩15,700이다.

유형자산의 교환에 의한 취득

11 ③

교환으로 취득한 자산의 취득원가는 당해 교환거래에 상업적 실질이 있는 경우에는 원칙적으로 제공한 자산의 공정가치로 하고, 상업적 실질이 없는 경우에는 제공한 자산의 장부금액으로 한다.

(1) 상업적 실질이 있는 경우 : 취득원가 = ₩700,000 − ₩100,000 = ₩600,000

(2) 상업적 실질이 없는 경우 : 취득원가 = ₩400,000 − ₩100,000 = ₩300,000

참고로 회계처리를 예시하면 다음과 같다.

(1) 상업적 실질이 있는 경우

(차)	기계장치(Y)	600,000	(대)	기계장치(X)	400,000
	현 금	100,000		유형자산처분이익 (당기이익)	300,000

(2) 상업적 실질이 없는 경우

(차)	기계장치(Y)	300,000	(대)	기계장치(X)	400,000
	현 금	100,000			

12 ③

상업적 실질이 있는 교환거래로 취득한 유형자산의 취득원가는 이전한 자산의 공정가치로 측정하고, 이전한 자산의 자산의 장부금액과 공정가치의 차이는 당기손익(처분손익)으로 인식한다. 따라서 각회사의 입장에서 교환시점에 다음과 같이 회계처리할 수 있다.

〈㈜한국〉

(차)	기계장치 B	250,000	(대)	기계장치 A	300,000
	유형자산처분손실	150,000		현금	100,000

〈㈜대한〉

(차)	기계장치 A	150,000	(대)	기계장치 B	350,000
	현금	100,000			
	유형자산처분손실	100,000			

13 ④

상업적 실질이 있는 경우, 교환으로 취득한 자산의 취득원가는 제공한 자산의 공정가치이다. 다만 현금 ₩100,000을 추가지급 하였으므로, 동 금액도 제공한 자산에 포함시켜야 한다. 교환으로 취득한 자산의 취득원가는 다음과 같다.

• 취득원가 = 제공한 유형자산 공정가치 ₩650,000 + 현금 ₩100,000 = ₩750,000

참고로, 회계처리를 예시하면 다음과 같다.

(차)			(대)		
	유형자산(신자산)	750,000		유형자산(구자산)	800,000
	감가상각누계액 (구자산)	200,000		현 금	100,000
				유형자산처분이익 (당기이익)	50,000

14 ③

상업적 실질이 있는 경우, 교환으로 취득한 자산의 취득원가는 제공한 자산의 공정가치이다. 다만 현금 ₩500,000을 추가지급 하였으므로, 동 금액도 제공한 자산에 포함시켜야 한다. 교환으로 취득한 자산의 취득원가는 다음과 같다.

• 취득원가 = 제공한 유형자산 공정가치 ₩2,700,000 + 현금 ₩500,000 = ₩3,200,000

참고로, 회계처리를 예시하면 다음과 같다.

(차)			(대)		
	기계장치(신자산)	3,200,000		기계장치(구자산)	2,000,000
				현 금	500,000
				유형자산처분이익 (당기이익)	700,000

15 ①

상업적 실질이 있는 경우, 교환으로 취득한 자산의 취득원가는 제공한 자산의 공정가치이다. 다만 제공한 자산인 승용차의 공정가치를 알지 못하므로, 운반용 트럭의 취득원가는 동 트럭의 공정가치에 기초하여 계산하여야 한다. 다음과 같이 회계처리 한다.

(차)			(대)		
	운반용트럭(신자산)	75,000		승용차(구자산)	60,000
	감가상각누계액 (구자산)	20,000		현 금	30,000
				유형자산처분이익 (당기이익)	5,000

16 ②

상업적 실질이 있는 교환의 경우 취득원가는 교환된 자산의 공정가치로 결정하며, 처분된 자산의 처분손익은 교환당시 장부금액과 교환된 자산의 공정가치 차이이다. 따라서 ㈜대한보유 기계장치의 공정가치는 ₩450,000이고, ㈜민국보유 기계장치의 공정가치는 ₩300,000이다.

〈㈜대한〉

(단위 : 원)

항 목	방 향	장부금액	공정가치	회계처리	
				차변	대변
기계장치	제 공	550,000	450,000		550,000
기계장치	수 령	–	300,000	300,000	
현 금	수 령	–	150,000	150,000	
처분손익				100,000	

〈㈜민국〉

(단위 : 원)

항 목	방 향	장부금액	공정가치	회계처리	
				차변	대변
기계장치	제 공	350,000	300,000		350,000
기계장치	수 령	–	450,000	450,000	
현 금	제 공	150,000	150,000		150,000
처분손익				50,000	

참고로, 관련된 회계처리를 제시하면 다음과 같다.

〈㈜대한〉

(차)	기계장치(신자산)	300,000	(대)	기계장치(구자산)	700,000
	감가상각누계액 (구자산)	150,000			
	현 금	150,000			
	유형자산처분손실 (당기손실)	100,000			

〈㈜민국〉

(차)	기계장치(신자산)	450,000	(대)	기계장치(구자산)	600,000
	감가상각누계액 (구자산)	250,000		현 금	150,000
	유형자산처분손실 (당기손실)	50,000			

17 ②

상업적 실질이 있는 교환의 경우 취득원가는 교환된 자산의 공정가치로 결정하며, 처분된 자산의 처분손익은 교환당시 장부금액과 교환된 자산의 공정가치 차이이다.

(단위 : 원)

항 목	방 향	장부금액	공정가치	회계처리	
				차변	대변
컴퓨터 A*	제 공	1,300,000	1,325,450		1,300,000
컴퓨터 B	수 령	–	?	2,825,450	
현 금	지 급	1,500,000	1,500,000		1,500,000
처분손익					25,450

* 컴퓨터 A의 장부금액 = ₩2,100,000 - ₩2,000,000×$\frac{1}{5}$×2년 = ₩1,300,000

유형자산 감가상각의 기본문제

18 ④

감가상각방법이 체계적이어야 한다는 것은 구체적인 측정모형(측정공식)에 따라야 한다는 것을 의미한다. 한국채택국제회계기준에 따르면 감가상각의 방법은 매 보고기간말에 재검토하여 수정되어야 하는 것이므로 한번 결정된 방법을 매기 계속해서 적용하여야 하는 것은 아니다.

19 ①

유형자산의 감가상각은 동 자산의 공정가치 변동을 반영하기 위한 것이 아니라, 감가상각대상금액을 내용연수 동안 체계적으로 배부하여 비용 또는 다른 자산의 원가로 인식하기 위한 것이다.

20 ④

유형자산이 운휴 중이거나 적극적인 사용상태가 아니어도, 감가상각이 완전히 이루어지기 전까지는 감가상각을 중단하지 않는다. 그러나 유형자산의 사용정도에 따라 감가상각을 하는 경우에는 생산활동이 이루어지지 않을 때 감가상각액을 인식하지 않을 수 있다. 따라서 정액법은 사용정도에 따라 감가상각을 하는 방법이 아니므로 유휴상태가 되어도 감가상각비를 인식하여야 한다.

21 ④

유형자산의 감가상각은 자산이 사용가능한 때부터 시작한다. 즉, 경영진이 의도하는 방식으로 자산을 가동하는 데 필요한 장소와 상태에 이른 때부터 시작한다.

22 ②

• 기계장치 장부금액 = $₩650,000 - (₩650,000 - ₩50,000) \times \frac{1.5}{3}$ = ₩350,000

참고로, 감가상각누계액 및 유형자산 장부금액 파악을 위해 다음의 상각표를 작성할 수도 있다.

일 자	상각비	감가상각누계액	장부금액
20X0.7.1			₩650,000
20X1.7.1	(₩650,000 − 50,000) × (1/3) = ₩200,000	₩200,000	450,000
20X2.7.1	(₩650,000 − 50,000) × (1/3) = 200,000	400,000	250,000
20X3.7.1	(₩650,000 − 50,000) × (1/3) = 200,000	600,000	50,000

본 문제는 상각방법으로 정액법을 규정하고 있으므로, 상기 상각표에서 20X1년 12월 31일의 장부금액은 20X1년 7월 1일과 20X2년 7월 1일의 장부금액을 직선보간하는 방법으로도 계산할 수 있다.

• 기계장치 장부금액 = $₩450,000 - (450,000 - 250,000) \times \frac{6}{12}$ = ₩350,000

23 ②

건물의 취득원가를 먼저 계산한 후 감가상각비를 계산한다.

(1) 토지와 건물의 취득원가 합계액 = ₩900,000 + ₩100,000 = ₩1,000,000

(2) 건물의 취득원가 = $₩1,000,000 \times \frac{900,000}{300,000 + 900,000}$ = ₩750,000

(3) 20×1년도 감가상각비 = $(₩750,000 - ₩50,000) \times \frac{1}{10} \times \frac{6}{12}$ = ₩35,000

참고로, 토지와 건물의 일괄취득 및 감가상각의 회계처리를 예시하면 다음과 같다.

20X1.7.1 :	(차)	토 지	250,000	(대)	현 금	1,000,000
		건 물	750,000			
20X1.12.31 :	(차)	감가상각비	35,000	(대)	감가상각누계액	35,000

24 ②

기계장치의 취득원가를 미지수(x)로 놓고 감가상각비를 계산하면 ₩1,000,000이 되어야 한다.

• $(x - ₩800,000) \times \frac{5}{1+2+3+4+5+6+7+8} = ₩1,000,000$

$x = ₩8,000,000$

25 ①

연수합계법에 의한 감가상각금액의 계산에 앞서 다음 금액을 계산한다.

(1) 감가상각대상금액 = ₩1,200,000 − ₩200,000 = ₩1,000,000

(2) 내용연수의 합계 = 1 + 2 + 3 + 4 = 10

(3) 감가상각비(20X2년) = $₩1,000,000 \times \left(\frac{4}{10} \times \frac{9}{12} + \frac{3}{10} \times \frac{3}{12}\right) = ₩375,000$

(4) 감가상각누계액(20X2년말) = $₩1,000,000 \times \left(\frac{4}{10} + \frac{3}{10} \times \frac{3}{12}\right) = ₩475,000$

26 ②

상각대상금액(연수합계법) = ₩1,200,000 − ₩200,000 = ₩1,000,000

1차연도(X1.7.1.~X2.6.30.) 상각비 = $₩1,000,000 \times \frac{4}{1+2+3+4} = ₩400,000$

2차연도(X2.7.1.~X3.6.30.) 상각비 = $₩1,000,000 \times \frac{3}{1+2+3+4} = ₩300,000$

3차연도(X3.7.1.~X4.6.30.) 상각비 = $₩1,000,000 \times \frac{2}{1+2+3+4} = ₩200,000$

4차연도(X4.7.1.~X5.6.30.) 상각비 = $₩1,000,000 \times \frac{1}{1+2+3+4} = ₩100,000$

따라서, 20X4년의 감가상각비 = $₩200,000 \times \frac{1}{2} + ₩100,000 \times \frac{1}{2} = ₩150,000$

27 ②

기계장치의 취득원가를 미지수(x)로 놓고 감가상각누계액을 계산하면 ₩810,000이 되어야 한다. 한편 감가상각의 개시일은 실제사용일이 아닌 사용가능일(취득완료일)이다. 따라서 20X2년말 까지는 전체 60개월 중 20개월(20X1년도 8개월과 20X2년도 12개월의 합)이 경과하였다.

- $x \times (1 - 10\%) \times \frac{20}{60} = ₩810,000$

$x = ₩2,700,000$

28 ④

건물의 감가상각비를 계산하기 위해서는 건물의 취득원가를 먼저 결정하여야 한다. 건물의 취득원가와 연수합계법을 적용한 20X6년도의 감가상각비는 다음과 같이 계산된다.

(1) 건물의 취득원가 $= ₩2,000,000 \times \frac{1,500,000}{1,000,000 + 1,500,000} = ₩1,200,000$

(2) 감가상각비(20X6) $= (₩1,200,000 - 0) \times \frac{3 \times \frac{6}{12} + 2 \times \frac{6}{12}}{1 + 2 + 3} = ₩500,000$

29 ③

(1) 취득원가 계산

취득원가를 미지수(x)로 놓고, 20X1년의 감가상각비가 ₩60,000인 점을 고려하면, 다음의 등식이 성립해야 하다.

- $(x - ₩12,000) \times \frac{3}{1 + 2 + 3} \times \frac{3}{12} = ₩60,000$

따라서 취득원가(x)는 ₩492,000이다.

(2) 20X2년 감가상각비 계산 = ① + ② = ₩220,000

① 1차 연도 감가상각비 $= (₩492,000 - ₩12,000) \times \frac{3}{1 + 2 + 3} \times \frac{9}{12} = ₩180,000$

② 2차 연도 감가상각비 $= (₩492,000 - ₩12,000) \times \frac{3}{1 + 2 + 3} \times \frac{3}{12} = ₩40,000$

(3) 20X2년말 장부금액 = ₩492,000 − ₩60,000 − ₩220,000 = ₩212,000

30 ③

화재보험료 1년 총액을 A라하고, 3월말 기준 기계장치의 잔존내용연수를 B라하면,
(1) 3월말 선급보험료 ₩450,000 = A × (9/12), A = ₩600,000
(2) 3월말 기계장치 장부금액 ₩3,600,000 = ₩6,000,000 × (B/5), B = 3년

31 ①

다음과 같이 차량운반구의 취득원가를 결정한 후 20X2년의 감가상각비를 구할 수 있다.
(1) 차량운반구의 취득원가(20X1년초) = ₩900,000 + ₩90,000 + ₩10,000 = ₩1,000,000
(2) 감가상각비(20X2년) = $₩1,000,000 \times \frac{3}{1+2+3+4}$ = ₩300,000

감가상각요소의 후속변경

32 ④

정당한 사유에 의하여 감가상각의 요소를 재추정한 경우, 변경 후의 추정금액, 내용연수 및 감가상각방법에 따라 감가상각비를 계산한다.

(1) 감가상각대상금액 = $₩100,000 - 80,000 \times \frac{2}{4} + 40,000 - 20,000$ = ₩80,000
(2) 내용연수 = 4년 - 2년 + 2년 = 4년
(3) 20X3년도의 감가상각비(연수합계법) = $₩80,000 \times \frac{4}{1+2+3+4}$ = ₩32,000

33 ④

대규모 수선을 자본적 지출로 해석하여 감가상각을 계속한다. 자본적 지출로 인하여 감가상각방법의 변경되었다는 증거가 없으므로 정액법을 사용하여 감가상각한다.

(1) 감가상각비 = $(취득원가 - 잔존가치) \times \frac{1}{내용연수}$
(2) 취득원가(자본적 지출 직후) = $\{₩100,000 - ₩80,000 \times \frac{2}{4}\} + ₩16,000$ = ₩76,000
(3) 잔존가치 = ₩20,000

(4) 내용연수(잔존내용연수) = 4년 - 2년 + 2년 = 4년

(5) 감가상각비 = (₩76,000 - ₩20,000) × $\frac{1}{4}$ = ₩14,000

34 ③

정당한 사유에 의하여 감가상각의 요소를 재추정한 경우, 변경 후의 추정금액, 내용연수 및 감가상각방법에 따라 감가상각비를 계산한다.

(1) 20X2년초 기계장치의 장부금액 = ₩5,000 - ₩4,000 × $\frac{2}{4}$ = ₩3,000

(2) 20X2년도의 감가상각비(연수합계법) = (₩3,000 - 1,000) × $\frac{4}{1+2+3+4}$ = ₩800

35 ③

정당한 사유에 의하여 감가상각의 요소를 재추정한 경우, 변경 후의 추정금액, 내용연수 및 감가상각방법에 따라 감가상각비를 계산한다.

(1) 20X3년초 장부금액 = ₩10,000 - ₩10,000 × $\frac{1}{5}$ = ₩8,000

(2) 20X3년말 장부금액 = ₩8,000 - 8,000 × $\frac{4}{1+2+3+4}$ = ₩4,800

= ₩8,000 × $\frac{3+2+1}{1+2+3+4}$ = ₩4,800

36 ③

정당한 사유에 의하여 감가상각의 요소를 재추정한 경우, 변경 후의 추정금액, 내용연수 및 감가상각방법에 따라 감가상각비를 계산한다.

(1) 20X3년초의 기계 장부금액 = ₩600,000 - ₩500,000 × $\frac{1}{5}$ = ₩500,000

(2) 20X3년도의 감가상각비 = ₩500,000 × $\frac{4}{1+2+3+4}$ = ₩200,000

37 ④

정당한 사유에 의하여 감가상각의 요소를 재추정한 경우, 변경 후의 추정금액, 내용연수 및 감가상각방법에 따라 감가상각비를 계산한다.

(1) 20X6년초의 건물 장부금액 = ₩1,000,000 − ₩900,000 × $\frac{6}{10}$ = ₩460,000

(2) 20X6년도의 감가상각비(연수합계법) = (₩460,000 − 40,000) × $\frac{5}{5+4+3+2+1}$
= ₩140,000

38 ③

20X3년의 감가상각비(정액법) = (20X3년초 장부금액 − 잔존가치) × (1/잔존내용연수)
(1) 20X3년초 장부금액 = (₩450,000 + ₩50,0000) × (3/5) + ₩100,000 = ₩400,000
(2) 잔존가치 = ₩50,000
(3) 잔존내용연수 = 당초 5년 − 경과 2년 + 연장 2년 = 5년
∴ 감가상각비(20X3) = (₩400,000 − ₩50,000) × (1/5) = ₩70,000

39 ①

이중체감법을 적용하기 위한 상각률은 40%(= $\frac{1}{5}$ × 2)로서, 이를 이용하여 기계장치의 장부금액 조정(상각)표를 작성하면 다음과 같다.

일 자	감가상각비	장부금액
20X2. 4. 1.		₩5,000,000
20X2.12.31.	₩5,000,000 × 40% × 9/12 = ₩1,500,000	3,500,000
20X3.12.31.	₩3,500,000 × 40% = ₩1,400,000	2,100,000
20X4.12.31.	장부금액이 잔존가치보다 낮으므로 상각중단(감가상각비 ₩0)	2,100,000

상기 상각표에서 20X4년 감가상각비를 인식하기 전 장부금액(₩2,100,000)이 추정 잔존가치인 ₩2,500,000 보다 낮으므로, 감가상각을 중단한다.

40 ②

(1) 감가상각비(20X8)(산식) = (기초장부금액 − ₩105,000) × $\frac{1}{\text{잔존내용연수}}$

(2) 20X8년초 장부금액 = ₩1,000,000 − ₩1,000,000 × $\frac{4+3\times(9/12)}{1+2+3+4}$
= ₩375,000

(3) 감가상각비(20X8) = (₩375,000 − ₩105,000) × (1/2.25) = ₩120,000

유형자산의 처분

41 ①

기계장치의 처분손익은 순 처분금액과 장부금액의 차이로 계산한다.

(1) 장부금액(처분시점) $= ₩80,000 - 75,000 \times \dfrac{5 + 4 \times \dfrac{6}{12}}{1+2+3+4+5} = ₩45,000$

(2) 처분손익 = ₩43,000 − 45,000 = ₩(2,000) 처분손실

참고로, 기계장치 장부금액의 변동 및 처분시점의 회계처리를 예시하면 다음과 같다.

일 자	감가상각비 등	장부금액
20X5. 4.1.		₩80,000
20X6. 4.1.	(₩80,000 − ₩5,000) × (5/15) = ₩25,000	55,000
20X6.10.1.	(₩80,000 − ₩5,000) × (4/15) × (6/12) = ₩10,000	45,000

(차)	감가상각비*	14,250	(대)	감가상각누계액	14,250

* ₩25,000 × (3/12) + 10,000 = ₩14,250

(차)	현 금	43,000	(대)	기계장치	80,000
	감가상각누계액	35,000			
	유형자산처분손실	2,000			

42 ②

유형자산처분손익은 순매각금액과 매각당시장부금액을 비교하여 산출한다.

(1) 순매각금액 = ₩2,000,000

(2) 장부금액 $= ₩5,000,000 - 4,500,000 \times \dfrac{5+4+3}{1+2+3+4+5} = ₩1,400,000$

(3) 유형자산처분손익 = (1) − (2) = ₩600,000 (이익)

43 ③

(1) 상각대상금액 = ₩4,000,000 × (1 − 10%) = ₩3,600,000

(2) 내용연수의 합계 = 1 + 2 + 3 = 6년

(3) 처분시점의 감가상각누계액 $= ₩3,600,000 \times \left(\dfrac{3}{6} + \dfrac{2}{6} \times \dfrac{4}{12}\right) = ₩2,200,000$

(4) 처분시점의 장부금액 = ₩4,000,000 − ₩2,200,000 = ₩1,800,000

(5) 처분손익 = ₩2,000,000 − ₩1,800,000 = ₩200,000 (이익)

유형자산의 재평가

44 ④

유형자산에 재평가모형을 적용하는 경우 재평가증가액은 기타포괄이익(재평가잉여금)으로 처리하고, 동액만큼 기타포괄손익누계액이 증가하여 자본증가로 이어진다.

참고로, 본 문제 상황을 회계처리로 예시하면 다음과 같다.

20X0.5.3 : (차) 토 지	50,000	(대) 재평가잉여금 (기타포괄이익)	50,000

45 ②

20X6년말 재평가잉여금은 공정가치에서 재평가전 장부금액을 차감하여 계산할 수 있다.

(1) 재평가전 장부금액(20X6년말)

$$= ₩100,000 - (₩100,000 - ₩10,000) \times \frac{1}{3} = ₩70,000$$

(2) 재평가잉여금(20X6년말) = ₩90,000 − ₩70,000 = ₩20,000

46 ②

유형자산에 재평가모형을 적용하는 경우 재평가증가액은 재평가잉여금(기타포괄이익)으로 처리하고, 재평가감소액은 재평가손실(당기손실)로 처리하는 것이 원칙이다. 다만, 이전 재평가의 결과로 인식한 손익에 대해서는 당해 재평가증감액의 처리시 고려하여야 한다. 본 문제의 경우 비상각자산(토지)에 대한 재평가잉여금의 잔액을 묻고 있으므로, 이는 공정가치에서 취득원가(취득연도인 20X1년말의 재평가직전 장부금액)를 차감한 ₩3,000이다. 다음의 그림은 재평가로 인한 토지 장부금액의 변동과 손익의 인식과정을 나타낸다.

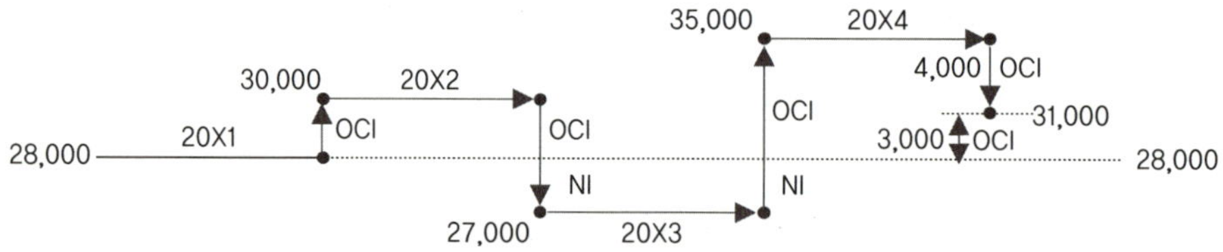

이를 토대로 각 연도별 손익영향 및 기타포괄손익누계액을 분석하면 다음과 같다.

	20X1	20X2	20X3	20X4
총포괄손익 영향	₩2,000	₩(3,000)	₩8,000	₩(4,000)
당기순손익 영향	–	(1,000)	1,000	–
기타포괄손익 영향	2,000	(2,000)	7,000	(4,000)
기타포괄손익누계액	₩2,000	–	₩7,000	₩3,000

참고로, 주어진 자료를 이용하여 회계처리를 예시하면 다음과 같다.

20X1.말 :	(차)	토 지	2,000	(대)	재평가잉여금 (기타포괄이익)	2,000
20X2.말 :	(차)	재평가잉여금 (기타포괄손실)	2,000	(대)	토 지	3,000
		재평가손실 (당기손실)	1,000			
20X3.말 :	(차)	토 지	8,000	(대)	재평가이익 (당기이익)	1,000
					재평가잉여금 (기타포괄이익)	7,000
20X4.말 :	(차)	재평가잉여금 (기타포괄손실)	4,000	(대)	토 지	4,000

47 ①

유형자산에 재평가모형을 적용하는 재평가증가액은 재평가잉여금(기타포괄이익)으로 처리하고, 재평가감소액은 재평가손실(당기손실)로 처리하는 것이 원칙이다. 다만, 이전 재평가의 결과로 인식한 손익에 대해서는 당해 재평가증감액의 처리시 고려하여야 한다. 따라서 20X5년말 재평가증가액 ₩7,000(= ₩52,000 – 45,000) 중 20X4년말에 당기손실로 인식한 ₩5,000은 당기이익(재평가이익)으로 인식하고 잔여액 ₩2,000은 기타포괄이익(재평가잉여금)으로 인식한다.

48 ②

유형자산에 재평가모형을 적용하는 재평가증가액은 재평가잉여금(기타포괄이익)으로 처리하고, 재평가감소액은 재평가손실(당기손실)로 처리하는 것이 원칙이다. 다만, 이전 재평가의 결과로 인식한 손익에 대해서는 당해 재평가증감액의 처리시 고려하여야 한다. 본 문제의 경우 다음과 같이 회계처리 된다.

20X1.중 :	(차) 토 지	100,000	(대) 현 금	100,000
20X1.말 :	(차) 토 지	20,000	(대) 재평가잉여금 (기타포괄이익)	20,000
20X2.말 :	(차) 재평가잉여금 (기타포괄손실)	20,000	(대) 토 지	30,000
	재평가손실 (당기손실)	10,000		

상기 회계처리의 결과,

① 20X1년 당기순이익은 변화가 없고,

② 20X2년 당기순이익이 ₩10,000 감소하며,

③ 20X2년말 현재 재평가잉여금 잔액은 없다. 그리고

④ 20X2년말 재무상태표에 보고되는 토지 금액은 현재 공정가치인 ₩90,000이다.

49 ③

유형자산에 재평가모형을 적용하여 발생한 재평가증가액 중 전기이전 재평가시 재평가손실(당기손실)로 인식한 금액은 재평가이익(당기이익)으로 인식하고, 이를 초과하는 금액에 대해서만 재평가잉여금(기타포괄이익)으로 인식하다. 본 문제의 경우 다음과 같이 회계처리 된다.

20X1.초 :	(차) 토 지	1,000,000	(대) 현 금	1,000,000
20X1.말 :	(차) 재평가손실(당기손실)	100,000	(대) 토지	100,000
20X2.말 :	(차) 토지	150,000	(대) 재평가이익(당기이익)	100,000
			재평가이잉여금(기타포괄이익)	50,000

따라서, 20×2년 말 당기손익에 포함될 자산재평가이익은 ₩100,000이고, 재평가잉여금은 ₩50,000이다.

50 ②

항목별로 당기순이익에 미치는 영향을 분석하면 다음과 같다.

(1) 토지의 재평가 : 당기순이익에 영향없음

(2) 화재보험료 선급분 : ₩30,000을 보험료로 대체 → 당기순이익 감소

(3) 선수임대료 수령분 : ₩60,000을 임대수익에 차감 → 당기순이익 감소

(4) 차입금 이자 : ₩5,000의 이자비용 발생 → 당기순이익 감소

∴ 수정후 당기순이익 = ₩300,000 − 30,000 − 60,000 − 5,000 = ₩205,000

51 ③

재무상태표에 공시될 자본은 수정전시산표상의 자본총액에서 수정분개로 인한 자본총계의 변동액을 가감한 금액과 같다.

• 수정전시산표상의 자본 = 자본금 ₩10,000 + 이익잉여금(기초) ₩21,000
+ 수익합계 - 비용합계 = ₩45,000

• 수정분개 반영

(1) 광고비 발생액 ₩1,000 → 자본총계 감소

(2) 소모품비 발생액 ₩1,000 → 자본총계 감소

(3) 건물 감가상각비 ₩14,000* → 자본총계 감소

* 감가상각비(연수합계법) = $40,000 \times \left(\frac{4 \times \frac{6}{12} + 3 \times \frac{6}{12}}{1+2+3+4} \right)$ = ₩14,000

(4) 토지의 재평가손실 = ₩3,000 → 자본총계 감소

(5) 영향없음

∴ 재무상태표상의 자본 = ₩45,000 - 1,000 - 1,000 - 14,000 - 3,000 = ₩26,000

참고로, 결산수정사항에 대한 수정분개를 나타내면 다음과 같다.

(1)	(차) 광고선전비	1,000	(대) 미지급비용	1,000
(2)	(차) 소모품비	1,000	(대) 소모품	1,000
(3)	(차) 감가상각비	14,000	(대) 감가상각누계액	14,000
(4)	(차) 재평가손실	3,000	(대) 토 지	3,000
(5)	해당 없음			

52 ③

기계장치의 장부금액 흐름을 분석하면 다음과 같다.

구 분	계산내역	금 액
20X1년 초 취득		10,000
20X1년 감가상각비	(10,000 − 2,000)/4 = 2,000	(2,000)
20X1년말 장부금액		8,000
20X2년 감가상각비		(2,000)
20X2년말 장부금액(재평가전)		6,000
20X2년말 재평가 증가액		6,000
20X2년말 재평가후 장부금액		12,000
20X3년 감가상각비	(12,000 − 2,000)/2 = 5,000	(5,000)
20X3년말 처분당시 장부금액		7,000

• 유형자산(기계장치) 처분이익 = ₩8,000 − ₩7,000 = ₩1,000

유형자산의 손상

53 ①

유형자산의 손상차손은 손상차손인식 직전 장부금액이 회수가능액을 초과하는 금액이다. 손상차손은 다음의 (1)에서 (2)를 차감한 ₩5,000이다.

(1) 장부금액 = ₩30,000 × $(1 - \frac{1}{3})$ = ₩20,000

(2) 회수가능액 = Max(순공정가치, 사용가치) = ₩15,000

(3) 손상차손 = ₩20,000 − ₩15,000 = ₩5,000

참고로, 주어진 자료를 이용한 회계처리를 예시하면 다음과 같다.

20X2. 1. 1. :	(차)	기계장치	30,000	(대)	현 금	30,000
20X2.12.31. :	(차)	감가상각비	10,000	(대)	감가상각누계액	10,000
	(차)	손상차손	5,000	(대)	손상차손누계액	5,000

54 ②

유형자산의 손상차손은 손상차손인식 직전 장부금액이 회수가능액을 초과하는 금액이다.

(1) 장부금액 = ₩11,000 − (₩11,000 − ₩1,000) × $\frac{1}{10}$ × $\frac{6}{12}$ = ₩10,500

(2) 회수가능액 = Max(순공정가치, 사용가치) = ₩2,500

(3) 손상차손 = ₩10,500 − ₩2,500 = ₩8,000

참고로 주어진 자료를 이용한 회계처리를 예시하면 다음과 같다.

20X1. 7. 1. :	(차)	건 물	11,000	(대)	현 금	11,000
20X1.12.31. :	(차)	감가상각비	500	(대)	감가상각누계액	500
	(차)	손상차손	8,000	(대)	손상차손누계액	8,000

55 ③

손상차손 = 손상차손 인식전 장부금액 − 회수가능액

(1) 손상차손 인식 전 장부금액 = ₩850,000 − ₩800,000 × $\frac{2}{4}$ = ₩450,000

(2) 회수가능액 = Max(₩300,000, 350,000) = ₩350,000

(3) 손상차손 = ₩450,000 − ₩350,000 = ₩100,000

참고로 주어진 자료를 이용한 회계처리를 예시하면 다음과 같다.

20X5. 1. 1. :	(차)	기계장치	850,000	(대)	현 금	850,000
20X5.12.31. :	(차)	감가상각비	200,000	(대)	감가상각누계액	200,000
20X6.12.31. :	(차)	감가상각비	200,000	(대)	감가상각누계액	200,000
	(차)	손상차손	100,000	(대)	손상차손누계액	100,000

56 ②

과거 손상차손을 인식하였던 유형자산에 대해 해당 손상차손을 환입하는 경우, 환입 후 유형자산의 장부금액은 손상차손을 인식하기 전 상각 후 남은 금액을 초과할 수 없다.

(1) 20X0년말 손상차손 = ₩200,000

① 장부금액(손상전) = ₩500,000 − ₩500,000 × $\frac{1}{5}$ = ₩400,000

② 20X0년말 회수가능액 = Max(₩200,000, ₩150,000) = ₩200,000

(3) 20X1년말 손상차손환입 = ₩150,000

① 장부금액(환입전) = ₩200,000 − ₩200,000 × $\frac{1}{4}$ = ₩150,000

② 환입기준금액 = Min(회수가능액, 한도액*) = ₩300,000

* 한도액 : 손상차손을 인식하지 않았을 경우 장부금액. 다음과 같이 계산한다.

한도액 = ₩500,000 − 500,000 × $\frac{2}{5}$ = ₩300,000

참고로, 주어진 자료를 이용한 회계처리를 예시하면 다음과 같다.

20X0. 1. 1. :	(차)	기계장치	500,000	(대)	현 금	500,000
20X0.12.31. :	(차)	감가상각비	100,000	(대)	감가상각누계액	100,000
	(차)	손상차손	200,000	(대)	손상차손누계액	200,000
20X1.12.31. :	(차)	감가상각비	50,000	(대)	감가상각누계액	50,000
	(차)	손상차손누계액	150,000	(대)	손상차손환입	150,000

57 ②

과거 손상차손을 인식하였던 유형자산에 대해 해당 손상차손을 환입하는 경우, 환입 후 유형자산의 장부금액은 손상차손을 인식하기 전 상각 후 남은 금액을 초과할 수 없다.

(1) 손상차손을 인식하기 전 상각 후 남은 금액 = ₩5,000 − ₩5,000 × $\frac{2}{5}$ = ₩3,000

(2) 환입후 장부금액 = Min(₩4,000, ₩3,000) = ₩3,000

참고로, 관련 회계처리를 예시하면 다음과 같다.

20X4.초 :	(차)	기계장치	5,000	(대)	현 금	5,000
20X4.말 :	(차)	감가상각비*	1,000	(대)	감가상각누계액	1,000
	(차)	손상차손**	1,200		손상차손누계액	1,200

* ₩5,000 × $\frac{1}{5}$ = ₩1,000

** ₩4,000 − Max(₩2,500, ₩2,800) = ₩1,200

20X5.말 :	(차)	감가상각비*	700	(대)	감가상각누계액	700
	(차)	손상차손누계액	900	(대)	손상차손환입**	900

* ₩2,800 × $\frac{1}{4}$ = ₩700

** Min(₩4,000, ₩5,000 × $\frac{3}{5}$) − ₩2,800 × $\frac{3}{4}$ = ₩900

58 ①

과거 손상차손을 인식하였던 유형자산에 대해 해당 손상차손을 환입하는 경우, 환입 후 유형자산의 장부금액은 손상차손을 인식하기전 상각 후 남은금액을 초과할 수 없다. 손상차손이 발생하는 경우 보통 손상차손누계액 계정(자산의 차감계정)을 사용하기 때문에 환입시 동 계정을 소멸시킨다.

(1) 손상차손 인식 및 환입으로 인한 유형자산 장부금액 분석

	20X0년 초	20X0년 말	20X1년 말	20X2년 말
손상전	₩1,000,000	₩600,000[*1]	₩300,000	₩100,000
손상후(환입전)			₩180,000	₩60,000[*2]
손상환입후				₩100,000[*3]

*1. $₩1,000,000 \times \frac{3+2+1}{1+2+3+4} = ₩600,000$

*2. $₩180,000 \times \frac{1}{1+2} = ₩60,000$

*3. Min(₩100,000, ₩120,000) = ₩100,000

(2) 손상차손 환입액(20X2년) = ₩100,000 − ₩60,000 = ₩40,000

참고로, 관련 회계처리를 예시하면 다음과 같다.

20X0.초 :	(차)	기계장치	1,000,000	(대)	현 금	1,000,000
20X0.말 :	(차)	감가상각비*	400,000	(대)	감가상각누계액	400,000

$* \ ₩1,000,000 \times \frac{4}{1+2+3+4} = ₩400,000$

20X1.말 :	(차)	감가상각비*	300,000	(대)	감가상각누계액	300,000
	(차)	손상차손**	120,000		손상차손누계액	120,000

$* \ ₩1,000,000 \times \frac{3}{1+2+3+4} = ₩300,000$

** ₩300,000 − ₩180,000 = ₩120,000

20X2.말 :	(차)	감가상각비*	120,000	(대)	감가상각누계액	120,000
	(차)	손상차손누계액	40,000	(대)	손상차손환입**	40,000

$* \ ₩180,0000 \times \frac{2}{1+2} = ₩120,000$

** Min(₩120,000, ₩100,000) − ₩60,000 = ₩40,000

59 ③

당해 유형자산에 대해 손상차손을 인식한 경우, 이후의 감가상각은 새로운 장부금액(회수가능액)을 잔존내용연수에 걸쳐 감가상각한다. 따라서 처분손익은 다음과 같이 계산한다.

(1) 유형자산처분손익 = 처분금액 - 처분당시 장부금액 = ₩15,000 (손실)

(2) 처분금액 = ₩90,000

(3) 처분당시 장부금액 = ① - ② = ₩105,000

① 20X5년말 장부금액 = Min(₩200,000 − 200,000 × $\frac{1}{5}$ = ₩160,000, ₩120,000)
= ₩120,000

② 20X6년 감가상각비(6개월) = ₩120,000 × $\frac{1}{4}$ × $\frac{6}{12}$ = ₩15,000

당해 유형자산의 장부금액의 흐름을 정리하면 다음의 그림과 같다.

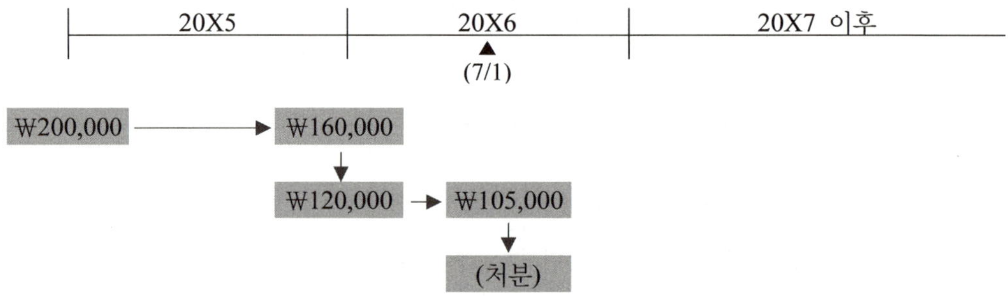

참고로, ㈜한국의 해당 기계장치 취득시점부터 처분시점까지의 모든 분개를 나타내면 다음과 같다.

20X5. 1. 1. :	(차) 기계장치	200,000	(대) 현 금	200,000
20X5.12.31. :	(차) 감가상각비	40,000	(대) 감가상각누계액	40,000
	(차) 손상차손	40,000	(대) 손상차손누계액	40,000
20X6. 7. 1. :	(차) 감가상각비	15,000	(대) 감가상각누계액	15,000
	(차) 현 금	90,000	(대) 기계장치	200,000
	감가상각누계액	55,000		
	손상차손누계액	40,000		
	유형자산처분손실	15,000		

60 ④

과거 손상차손을 인식하였던 유형자산에 대해 해당 손상차손을 환입하는 경우, 환입 후 유형자산의 장부금액은 손상차손을 인식하기전 상각 후 남은금액을 초과할 수 없다.

(1) 손상차손 인식 및 환입으로 인한 유형자산 장부금액 분석

	20X1년 초	20X1년 말	20X2년 말	20X3년 말
손상전	₩480,000	₩384,000*	₩288,000	₩192,000
손상후(환입전)			₩186,000	₩124,000**
손상환입후				₩192,000***

*1. ₩480,000 × (4/5) = ₩384,000

*2. ₩18,000 × (2/3) = ₩124,000

*3. Min(₩192,000, ₩195,000) = ₩192,000

(2) 손상차손 환입액(20X3년) = ₩192,000 − ₩124,000 = ₩68,000

참고로, ㈜한국의 해당 기계장치 취득시점부터 처분시점까지의 모든 분개를 나타내면 다음과 같다.

20X1. 1. 1. :	(차) 기계장치	480,000	(대)	현 금	480,000
20X1.12.31. :	(차) 감가상각비	96,000	(대)	감가상각누계액	96,000
20X2.12.31. :	(차) 감가상각비	96,000	(대)	감가상각누계액	96,000
	(차) 손상차손	102,000	(대)	손상차손누계액	102,000
20X3.12.31. :	(차) 감가상각비	62,000	(대)	감가상각누계액	62,000
	(차) 손상차손누계액	40,000	(대)	손상차손환입	68,000

61 ①

과거 손상차손을 인식하였던 유형자산에 대해 해당 손상차손을 환입하는 경우, 환입 후 유형자산의 장부금액은 손상차손을 인식하기전 상각 후 남은금액을 초과할 수 없다.

(1) 손상차손 인식 및 환입으로 인한 유형자산 장부금액 분석

	20X1년 초	20X1년 말	20X2년 말	20X3년 말	20X4년 말
손상전	₩4,000,000	₩3,200,000*1	₩2,400,000	₩1,600,000	₩800,000
손상후(환입전)			₩1,800,000	₩1,200,000*2	₩600,000
손상환입후					₩800,000*3

*1. ₩4,000,000 × (4/5) = ₩3,200,000
*2. ₩1,800,000 × (2/3) = ₩1,200,000
*3. Min(₩800,000, ₩2,000,000) = ₩800,000

(2) 손상차손 환입액(20X4년) = ₩800,000 − ₩600,000 = ₩200,000

참고로, 관련 회계처리를 예시하면 다음과 같다.

20X1.초 :	(차)	기계장치	4,000,000	(대)	현 금	4,000,000
20X1.말 :	(차)	감가상각비*	800,000	(대)	감가상각누계액	800,000
		* ₩4,000,000 × (1/5) = ₩400,000				
20X2.말 :	(차)	감가상각비	800,000	(대)	감가상각누계액	800,000
	(차)	손상차손*	600,000		손상차손누계액	600,000
		* ₩2,400,000 − ₩1,800,000 = ₩600,000				
20X3.말 :	(차)	감가상각비	600,000	(대)	감가상각누계액	600,000
		* ₩1,800,000 × (1/3) = ₩600,000				
20X4.말 :	(차)	감가상각비	600,000	(대)	감가상각누계액	600,000
	(차)	손상차손누계액	200,000	(대)	손상차손환입*	200,000
		* Min(₩800,000, ₩2,000,000) − ₩1,800,000 × (1/3) = ₩200,000				

차입원가의 자본화

62 ③

다음과 같이 평균지출액과 자본화이자율을 구한 후 아래의 분석모형을 이용한다.

- 평균지출액 = ₩3,000 × (12/12) + ₩2,000 × (3/12) = ₩3,500
- 자본화이자율 = $\dfrac{1{,}000 \times 5\% + 2{,}000 \times 8\% = 210}{1{,}000 + 2{,}000 = 3{,}000}$ = 7%

	평균지출액	이자율	차입원가
특정차입금	₩1,000	4%	₩40
일반차입금	2,500	7%	175(한도 210)
합 계	₩3,500		₩215

63 ③

다음과 같이 계산하면 자본화이자율은 연 10%로 계산된다.

구 분	차입금	이자율	차입원가
특정차입금	₩600,000	10%	₩60,000
일시투자수익	(200,000)	8%	(16,000)
일반차입금	650,000	10%	65,000
평균지출액	₩1,050,000		₩109,000

64 ②

본 문제에서 평균지출액, 자본화이자율 그리고 자본화할 차입원가를 산정하면 다음과 같다.

- 평균지출액 = ₩100,000 × (12/12) = ₩100,000
- 자본화이자율 : 10% (일반차입금의 차입이자율과 동일)

	평균지출액	이자율	차입원가
특정차입금	₩80,000	5%	₩4,000
일반차입금	20,000	10%	2,000 (한도 ₩20,000)
합 계	₩100,000		₩6,000

유형자산 장부금액과 손익의 추정 및 기타문제

65 ③

감가상각자산의 계정분석은 다음과 같이 수행한다.

유형자산(순액)

기 초 금 액	₩7,000,000	감 가 상 각	?	: 감가상각비
당 기 취 득	?	처 분 금 액	₩1,500,000	: 처분당시 장부금액
		기 말 금 액	₩8,000,000	
합 계	?	합 계	?	

감가상각누계액

처 분 금 액	₩1,000,000	기 초 금 액	₩4,000,000
기 말 금 액	4,500,000	감가상각비	?
합 계	₩5,500,000	합 계	₩5,500,000

감가상각누계액에 대한 계정분석으로부터

- 감가상각비 =₩5,500,000 − ₩4,000,000 = ₩1,500,000이 산출되며, 이를 유형자산(순액) 계정분석 자료에 대입하면
- 취득금액 = ₩1,500,000 + ₩1,500,000 + ₩8,000,000 − ₩7,000,000
  = ₩4,000,000이 산출된다.

66 ②

감가상각자산의 장부금액 변동은 다음과 같이 분석할 수 있다.
처분당시 장부금액 = 처분자산의 취득금액 − 감가상각누계액 = ₩10,000
∴ 처분자산의 취득금액 = ₩50,000

유형자산(순액)

기초금액	₩130,000	감가상각	₩110,000	: 감가상각비
당기취득	210,000	처분금액	?	: 처분당시 장부금액*
		기말금액	220,000	
합 계	₩340,000	합 계	₩340,000	

* 처분당시 장부금액(₩10,000) = 처분자산의 취득원가(?) − 감가상각누계액(₩40,000)

67 ②

취득한 기계장치에 대하여 보유기간 중 발생된 화재보험료는 발생한 기간의 당기비용으로 처리한다.

CHAPTER **6**

무형자산 및 기타의 자산

ACCOUNTING PRACTICE

제 1 절 주요내용 요약

학습목표

Ⅰ. 무형자산의 인식과 측정

Ⅱ. 투자부동산 및 기타

Ⅰ 무형자산의 인식과 측정

1. 무형자산의 의의

(1) 무형자산의 정의

무형자산이란 물리적 실체는 없지만 식별가능한 비화폐성자산을 말한다. 무형자산의 정의 중 가장 핵심적인 요소는 식별가능성인데, 자산은 다음 중 하나에 해당하는 경우에 식별가능하다고 본다.

① 자산이 분리가능하다. 즉, 기업의 의도와는 무관하게 기업에서 분리하거나 분할할 수 있고, 개별적으로 또는 관련된 계약, 식별가능한 자산이나 부채와 함께 매각, 이전, 라이선스, 임대, 교환할 수 있다.

② 자산이 계약상 권리 또는 기타 법적 권리로부터 발생한다. 이 경우 그러한 권리가 이전가능한지 여부 또는 기업이나 기타 권리와 의무에서 분리가능한지 여부는 고려하지 아니한다.

(2) 무형자산의 인식과 측정

무형자산은 해당 자산에서 발생하는 미래경제적효익이 기업에 유입될 가능성이 높고, 자산의 원가를 신뢰성 있게 측정할 수 있는 경우에만 인식한다. 무형자산의 인식 및 측정과 관련하여 유의할 점은 다음과 같다.

① 미래경제적효익의 유입가능성은 개별 취득하는 무형자산과 사업결합으로 취득하는 무형자산에 대하여 항상 높은 것으로 본다.

② 최초에 비용으로 인식한 무형항목에 대한 지출은 그 이후에 무형자산의 원가로 인

식할 수 없다.

③ 무형자산의 경우에는 유형자산과 달리 동 무형자산에 대한 활성시장이 존재하는 경우에만 가능하다. 만약, 재평가한 무형자산과 같은 유형 내의 무형자산을 그 자산에 대한 활성시장이 없어서 재평가할 수 없는 경우에는 원가에서 상각누계액과 손상차손누계액을 차감한 금액으로 표시한다.

④ 내용연수가 유한한 무형자산의 상각방법은 자산의 경제적 효익이 소비될 것으로 예상되는 형태를 반영한 방법이어야 한다. 다만, 그 형태를 신뢰성 있게 결정할 수 없는 경우에는 정액법을 사용한다.

⑤ 내용연수가 유한한 무형자산의 잔존가치는 다음 중 하나에 해당하는 경우를 제외하고는 영(0)으로 본다.

a. 내용연수 종료 시점에 제3자가 자산을 구입하기로 한 약정이 있다.

b. 무형자산의 활성시장이 있고 잔존가치를 그 활성시장에 기초하여 결정할 수 있으며, 그러한 활성시장이 내용연수 종료 시점에 존재할 가능성이 높다.

2. 무형자산의 내부창출(연구 · 개발지출의 자본화)

(1) 연구 · 개발지출의 자본화 원칙

연구활동(또는 내부 프로젝트의 연구단계)에 대한 지출은 발생 시점에 비용으로 인식하고, 개발활동(또는 내부 프로젝트의 개발단계)에 대한 지출에 대해서는 한국채택국제회계기준(무형자산기준서)이 정하는 사항(개발단계 지출의 자본화 요건)을 모두 제시할 수 있는 경우에만 무형자산으로 인식한다.

(2) 연구활동과 개발활동의 정의

연구 및 개발단계에서 발생한 지출의 자본화 여부를 판단하기 위해서는 우선 연구단계와 개발단계를 구분하는 것이 중요하다. 각 단계의 정의는 다음과 같다.

① 연구단계 : 새로운 과학적, 기술적 지식이나 이해를 얻기 위해 수행하는 독창적이고 계획적인 탐구활동을 말한다.

② 개발단계 : 상업적인 생산이나 사용 전에 연구결과나 관련 지식을 새롭거나 현저히 개량된 재료, 장치, 제품, 공정, 시스템이나 용역의 생산을 위한 계획이나 설계에 적용하는 활동을 말한다.

다만, 무형자산을 창출하기 위한 내부 프로젝트를 연구단계와 개발단계로 구분할 수 없는 경우에는 그 프로젝트에서 발생한 지출은 모두 연구단계에서 발생한 것으로 본다.

(3) 연구활동과 개발활동의 사례

연구활동	개발활동
① 새로운 지식을 얻고자 하는 활동 ② 연구결과나 기타 지식을 탐색, 평가, 최종 선택, 응용하는 활동 ③ 재료, 장치, 제품, 공정, 시스템이나 용역에 대한 여러 가지 대체안을 탐색하는 활동 ④ 새롭거나 개선된 재료, 장치, 제품, 공정, 시스템이나 용역에 대한 여러 가지 대체안을 제안, 설계, 평가, 최종 선택하는 활동	① 생산이나 사용 전의 시제품과 모형을 설계, 제작, 시험하는 활동 ② 새로운 기술과 관련된 공구, 지그, 주형, 금형 등을 설계하는 활동 ③ 상업적 생산 목적으로 실현가능한 경제적 규모가 아닌 시험공장을 설계, 건설, 가동하는 활동 ④ 신규 또는 개선된 재료, 장치, 제품, 공정, 시스템이나 용역에 대하여 최종적으로 선정된 안을 설계, 제작, 시험하는 활동

한편, 연구단계와 개발단계의 구분과 관련하여 각 단계의 정의 및 사례를 요약하면 다음의 그림과 같다.

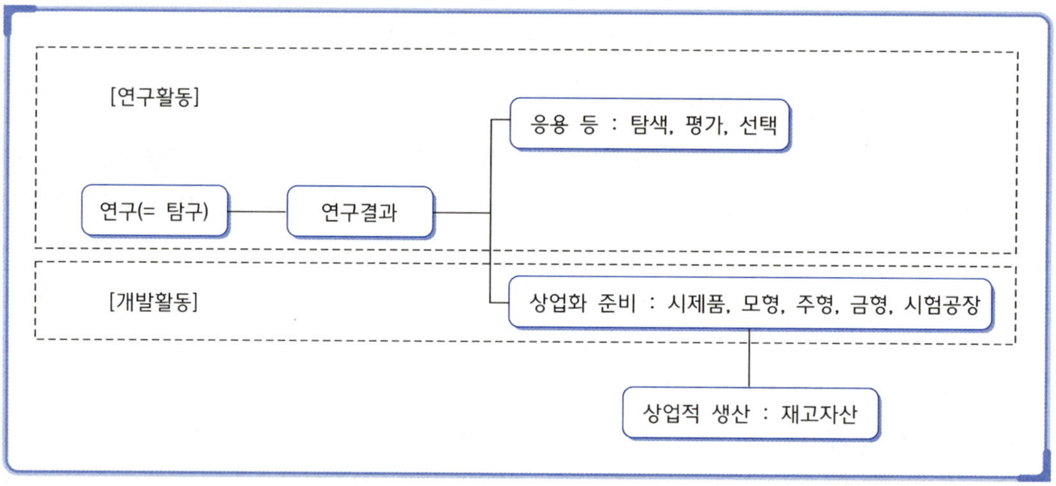

(4) 개발단계 지출의 자본화 요건

다음 사항을 모두 제시할 수 있는 경우에만 개발활동(또는 내부 프로젝트의 개발단계)에서 발생한 무형자산을 인식한다.

① 무형자산을 사용하거나 판매하기 위해 그 자산을 완성할 수 있는 기술적 실현가능성

② 무형자산을 완성하여 사용하거나 판매하려는 기업의 의도

③ 무형자산을 사용하거나 판매할 수 있는 기업의 능력

④ 무형자산이 미래경제적효익을 창출하는 방법. 그 중에서도 특히 무형자산의 산출물이나 무형자산 자체를 거래하는 시장이 존재함을 제시할 수 있거나 또는 무형자산을 내부적으로 사용할 것이라면 그 유용성을 제시할 수 있다.

⑤ 무형자산의 개발을 완료하고 그것을 판매하거나 사용하는 데 필요한 기술적, 재정적 자원 등의 입수가능성

⑥ 개발과정에서 발생한 무형자산 관련 지출을 신뢰성 있게 측정할 수 있는 기업의 능력

3. 영업권의 인식과 측정

(1) 영업권의 정의

영업권이란 개별적으로 식별하여 별도로 인식할 수 없으나, 사업결합에서 획득한 그 밖의 자산에서 생기는 미래 경제적 효익을 나타내는 자산을 의미한다.

(2) 사업결합으로 취득하는 영업권의 측정

사업결합에 참여하는 취득자는 취득일 현재 이전대가의 금액이 취득일에 측정한 식별할 수 있는 취득 자산과 인수 부채의 순액보다 큰 경우 이를 영업권으로 인식한다.

(3) 영업권의 상각과 손상인식

영업권의 상각과 손상차손인식 및 환입에 관한 지침은 다음과 같다.

① 영업권은 상각하지 않는다.

② 영업권은 자산손상 징후가 있는지 여부에 관계없이 회수가능액을 추정하고 장부금액과 비교하여 손상검사를 하여야 한다.

③ 영업권에 인식한 손상차손은 후속 기간에 환입하지 아니한다.

(4) 내부적으로 창출한 영업권

내부적으로 창출한 영업권은 자산으로 인식하지 아니한다. 내부적으로 창출한 영업권은 원가를 신뢰성 있게 측정할 수 없고 기업이 통제하고 있는 식별가능한 자원이 아니기 때문에 자산으로 인식하지 아니한다. 영업권이 식별가능하지 않은 이유는 분리가능하지 않고 계약상 또는 기타 법적 권리로부터 발생하지 않기 때문이다.

4. 초과이익의 현재가치를 이용한 영업권의 측정

(1) 영업권의 결정

초과이익의 현재가치를 이용하여 영업권을 측정하는 경우 영업권 금액은 미래 초과이익의 현재가치로 측정한다. 다만, 이 금액은 이전대가를 결정하기 위한 기초자료로 활용할 수는 있지만 직접적인 회계처리의 대상이 되는 금액은 아니다.

(2) 미래초과이익

미래초과이익은 미래 예상되는 이익에서 정상이익을 차감하여 결정한다. 여기서 미래 예상이익은 일반적으로 과거의 평균적인 경상이익으로 추정하고, 정상이익은 동종 산업의 평균적인 이익률(정상이익률)을 순자산 공정가치에 곱하여 산출한다.

(3) 기타 고려요소

초과이익의 현재가치를 이용하여 영업권을 측정하는 경우 초과이익의 지속기간(5년 또는 영구히 지속 등)과 할인율을 결정할 필요가 있다.

II 투자부동산 및 기타

1. 투자부동산의 의의

(1) 투자부동산의 정의

투자부동산은 임대수익이나 시세차익 또는 두 가지 모두를 얻기 위하여 소유자나 리스이용자가 보유하고 있는 부동산을 말한다.

① 투자부동산의 정의에서 부동산은 토지, 건물 또는 건물의 일부분 그리고 두 가지 모두가 될 수 있다.

② 재화의 생산이나 용역의 제공 또는 관리목적에 사용하거나 통상적인 영업과정에서의 판매목적으로 보유하는 부동산은 투자부동산이 아니다.

(2) 투자부동산의 인식요건

투자부동산은 투자부동산에서 발생하는 미래경제적효익의 유입가능성이 높고, 투자부동산의 원가를 신뢰성 있게 측정할 수 있을 때 인식한다.

2. 투자부동산의 측정

(1) 최초 측정

투자부동산은 최초 인식시점에 원가로 측정한다. 거래원가는 최초 측정하는 투자부동산의 원가에 포함된다.

(2) 후속 측정

투자부동산에 대해서는 원칙적으로 공정가치모형과 원가모형 중 하나를 선택하여 모든 투자부동산에 적용한다(예외 있음).

① 공정가치 모형의 적용 : 투자부동산에 대하여 공정가치모형을 선택한 경우에는 최초 인식 후 모든 투자부동산을 공정가치로 측정하고, 감가상각하지 않으며, 공정가치 변동으로 발생하는 손익은 발생한 기간의 당기손익에 반영한다.

② 원가모형의 적용 : 투자부동산의 평가방법을 원가모형으로 선택한 경우에는 모든 투자부동산에 대하여 유형자산에 대한 한국채택국제회계기준을 준용하여 원가모형으로 측정한다.

(3) 투자부동산의 계정대체

기업이 보유하는 부동산의 사용목적이 변경되는 경우 보유 부동산의 분류가 변경될 수 있다. 예를 들어, 자가사용목적으로 보유하는 부동산은 유형자산으로 회계처리하여야 하지만 임대수익이나 시세차익을 얻을 목적으로 보유하게 되는 경우에는 투자부동산으로서의 회계처리를 수행하여야 한다. 따라서 부동산의 사용목적 변경시 계정대체의 회계처리가 필요하다. 주요한 대체유형별 회계처리 방법은 다음과 같다.

주요한 대체 유형	회계처리 방법
유형자산 → 투자부동산(원가모형)	유형자산의 장부금액을 그대로 투자부동산의 장부금액으로 대체함
유형자산 → 투자부동산(공정가치모형)	대체직전에 유형자산을 재평가한 후 투자부동산으로 대체함
투자부동산(공정가치모형) → 유형자산	사용목적 변경시점의 공정가치를 유형자산의 원가로 간주하여 회계처리함

3. 생물자산과 수확물의 회계처리

(1) 생물자산과 수확물의 인식

다음의 조건이 모두 충족되는 경우에 한하여 생물자산이나 수확물을 인식한다.

① 과거 사건의 결과로 자산을 통제한다.

② 자산과 관련된 미래경제적효익의 유입가능성이 높다.

③ 자산의 공정가치나 원가를 신뢰성 있게 측정할 수 있다.

(2) 생물자산과 수확물의 측정

① 생물자산의 측정 : 생물자산은 최초 인식시점과 매 보고기간말에 공정가치에서 추정 매각부대원가를 차감한 금액(순공정가치)으로 측정하고 여기에서 발생한 평가손익은 발생한 기간의 당기손익에 반영한다. 다만, 생물자산의 공정가치를 신뢰성 있게 측정할 수 없는 경우에는 취득원가에서 감가상각누계액과 손상차손누계액을 차감하여 측정한다.

② 수확물의 측정 : 생물자산에서 수확된 수확물은 수확시점에 순공정가치로 측정한다.

(3) 생물자산 및 수확물의 측정에 따른 손익인식

생물자산을 최초 인식시점에 순공정가치로 인식하여 발생하는 평가손익과 생물자산의 순공정가치 변동으로 발생하는 평가손익은 발생한 기간의 당기손익에 반영한다. 수확물을 최초 인식시점에 순공정가치로 인식하여 발생하는 평가손익은 발생한 기간의 당기손익에 반영한다.

(4) 생물자산과 관련된 정부보조금

순공정가치로 측정하는 생물자산과 관련된 정부보조금에 다른 조건이 없는 경우에는 수취할 수 있게 되는 시점에만, 조건이 있는 경우에는 조건을 충족하는 시점에만 수익으로 인식한다.

제 2 절 기출 및 연습문제

무형자산

대표예제 국가직 7급, 2015 기출수정

다음은 ㈜한국이 20X5년 12월 31일에 지출한 연구 및 개발활동 내역이다. ㈜한국이 20X5년에 비용으로 인식할 총금액은? 단, 개발활동으로 분류되는 항목에 대해서는 지출금액의 50%가 자산 인식요건을 충족했다고 가정한다.

• 새로운 지식을 얻고자 하는 활동	₩100,000
• 생산이나 사용 전의 시제품과 모형을 제작하는 활동	₩250,000
• 공장을 건설하는 활동*	₩150,000
• 연구결과나 기타 지식을 탐색, 평가, 응용하는 활동	₩300,000
• 재료, 장치, 제품, 공정, 시스템이나 용역에 대한 여러 가지 대체안을 탐색하는 활동	₩50,000

* 상업적 생산 목적으로 실현가능한 경제적 규모가 아님

① ₩450,000 ② ₩550,000

③ ₩650,000 ④ ₩700,000

해답 ③

구 분	연구단계지출	개발단계지출
새로운 지식을 얻고자 하는 활동	₩100,000	–
생산(사용)전 시제품과 모형제작 활동	–	₩250,000
시험공장의 건설활동	–	150,000
연구결과나 지식의 탐색, 평가, 응용	300,000	–
대체안의 탐색활동	50,000	–
합 계	₩450,000	₩400,000

• 당기비용으로 처리되는 금액 = ₩450,000 + ₩400,000 × 50% = ₩650,000

01 한국채택국제회계기준에서 규정하고 있는 연구활동의 예가 아닌 것은? [국가직 9급, 2014 기출]

① 연구결과나 기타 지식을 응용하는 활동

② 공정이나 시스템 등에 대한 여러 가지 대체안을 탐색하는 활동

③ 새로운 공정이나 시스템 등에 대한 여러 가지 대체안을 평가 또는 최종 선택하는 활동

④ 생산 전의 시제품과 모형을 시험하는 활동

02 재무상태표 작성시 무형자산으로 분류표시되는 항목에 대한 설명으로 옳지 않은 것은? [국가직 9급, 2014 기출]

① 내부적으로 창출한 영업권은 무형자산으로 인식하지 않는다.

② 무형자산을 상각하는 경우 상각방법은 자산의 경제적 효익이 소비되는 방법을 반영하여 정액법, 체감잔액법, 생산량비례법 등을 선택하여 적용할 수 있다.

③ 숙련된 종업원은 미래 경제적 효익에 대한 충분한 통제능력을 갖고 있지 않으므로 무형자산의 정의를 충족시키지 못하여 재무상태표에 표시하지 않는다.

④ 영업권을 제외한 모든 무형자산은 보유기간 동안 상각하여 비용 또는 기타자산의 원가로 인식한다.

03 재무상태표에 표시되는 무형자산에 대한 설명으로 옳지 않은 것은? [국가직 7급, 2012 기출]

① 영업권을 제외한 무형자산은 식별가능성을 충족하여야 한다.

② 연구단계에서 발생한 지출은 무형자산으로 인식할 수 없다.

③ 무형자산의 상각기간은 20년을 초과할 수 없다.

④ 영업권에서 발생한 손상차손은 추후 회복할 수 없다.

04 무형자산의 인식에 대한 설명으로 옳은 것은? [국가직 9급, 2015 기출]

① 내부 프로젝트의 연구 단계에 대한 지출은 자산의 요건을 충족하는지를 합리적으로 판단하여 무형자산으로 인식할 수 있다.

② 개발 단계에서 발생한 지출은 모두 무형자산으로 인식한다.

③ 사업결합으로 취득하는 무형자산의 취득원가는 취득일의 공정가치로 인식하고, 내부적으로 창출한 영업권은 무형자산으로 인식하지 아니한다.

④ 내부적으로 창출한 브랜드, 출판표제, 고객 목록과 이와 실질이 유사한 항목은 무형자산으로 인식한다.

05 ㈜한국은 ㈜민국을 합병하고 합병대가로 ₩20,000,000의 현금을 지급하였다. 합병 시점의 ㈜민국의 재무상태표상 자산총액은 ₩15,000,000이고 부채총액은 ₩9,000,000이다. ㈜민국의 재무상태표상 장부금액은 토지를 제외하고는 공정가치와 같다. 토지는 장부상 ₩5,000,000으로 기록되어 있으나, 공정가치는 합병 시점에 ₩10,000,000인 것으로 평가되었다. 이 합병으로 ㈜한국이 영업권으로 계상하여야 할 금액은? [국가직 9급, 2015 기출수정]

① ₩0　　② ₩4,000,000

③ ₩9,000,000　　④ ₩14,000,000

06 ㈜한국은 ㈜민국에 대한 다음의 실사 결과를 이용하여 인수를 고려하고 있다.

- 자산의 장부금액 : ₩4,000 (공정가치 ?)
- 부채의 장부금액 : ₩2,500 (공정가치 ₩2,500)
- 자본금 : ₩500
- 자본잉여금: ₩300
- 이익잉여금: ₩700

만약, 이 중 75%를 ₩2,000에 취득하고 영업권 ₩500을 인식한다면 ㈜민국의 자산 공정가치는?

[국가직 9급, 2020 기출수정]

① ₩3,500 ② ₩4,000

③ ₩4,500 ④ ₩5,000

07 ㈜대한은 20×1년 7월 1일 ㈜한국의 모든 자산과 부채를 취득, 인수하는 사업결합을 하였다. 사업결합과 관련된 자료가 다음과 같을 때, 20×1년 7월 1일 ㈜대한이 인식해야 할 영업권은?

[국가직 7급, 2021 기출]

- 사업결합시점에 식별할 수 있는 ㈜한국의 순자산 장부금액은 ₩1,000,000이며, 순자산 공정가치는 ₩ 1,200,000이다.
- ㈜대한은 사업결합의 이전대가로 ㈜한국의 주주들에게 ㈜대한의 보통주 100주(주당 액면금액 ₩ 7,000, 주당 공정가치 ₩14,000)를 발행하고 교부하였다.
- ㈜대한은 사업결합과 관련하여 보통주 발행과 직접 관련된 비용 ₩10,000과 기타 수수료 ₩10,000을 현금으로 지급하였다.

① ₩180,000 ② ₩190,000

③ ₩200,000 ④ ₩400,000

08 무형자산의 회계처리에 대한 설명으로 옳지 않은 것은? [국가직 9급, 2011 기출]

① 내용연수가 비한정인 무형자산은 상각하지 않고, 매년 손상검사를 실시하여 손상차손(또는 손상차손환입)을 인식한다.

② 내부적으로 창출한 영업권은 무형자산으로 인식하지 않는다.

③ 연구개발활동과 관련하여 연구단계와 개발단계에서 발생한 지출은 무형자산의 취득원가로 처리한다.

④ 무형자산은 미래경제적효익이 기업에 유입될 가능성이 높고 취득원가를 신뢰성 있게 측정할 수 있을 때 인식한다.

09 무형자산에 대한 설명으로 옳지 않은 것은? [지방직 9급, 2012 기출]

① 연구단계에서 발생한 지출은 자산의 요건을 충족하는지를 합리적으로 판단하여 무형자산으로 인식 또는 발생한 기간의 비용으로 처리한다.

② 내부적으로 창출한 브랜드와 이와 실질이 유사한 항목은 무형자산으로 인식하지 아니한다.

③ 무형자산의 상각방법은 자산의 미래경제적 효익이 소비되는 형태를 반영한 합리적인 방법을 적용한다.

④ 무형자산은 물리적 실체는 없지만 식별가능한 비화폐성자산이다.

10 유 · 무형자산의 재평가모형에 대한 설명으로 옳지 않은 것은? [지방직 9급, 2019 기출]

① 무형자산의 재평가모형에서 활성시장이 없는 경우 전문가의 감정가액을 재평가금액으로 할 수 있다.

② 자본에 계상된 재평가잉여금은 그 자산이 제거될 때 이익잉여금으로 직접 대체할 수 있다.

③ 재평가모형에서 원가모형으로 변경할 때 비교표시되는 과거기간의 재무제표를 소급하여 재작성한다.

④ 자산을 재평가하는 회계정책을 최초로 적용하는 경우의 회계정책 변경은 소급적용하지 않는다.

11 20X1년 말 ㈜대한의 순자산 공정가치는 ₩1,000,000이고, 동종산업의 정상이익률이 연 14%이며, ㈜대한의 과거 5년간 평균순이익이 ₩170,000이었다. ㈜대한의 초과이익력이 무한정으로 지속될 것으로 가정할 때, ㈜대한의 영업권 평가액은? 단, 영업권 평가에 적용할 할인율은 연 12.5%이다. [지방직 9급, 2012 기출]

① ₩125,000 ② ₩140,000

③ ₩170,000 ④ ₩240,000

12 무형자산의 개발비로 회계처리할 수 있는 활동은? [지방직 9급, 2013 기출]

① 새로운 지식을 얻고자 하는 활동

② 생산 전이나 사용 전의 시제품과 모형을 설계, 제작 및 시험하는 활동

③ 재료, 장치, 제품 등에 대한 여러 가지 대체안을 탐구하는 활동

④ 연구 결과 또는 기타 지식을 탐색, 평가, 최종 선택 및 응용하는 활동

13 ㈜한국은 내용연수가 유한한 무형자산에 대하여 정액법(내용연수 5년, 잔존가치 ₩0)으로 상각하여 비용처리한다. ㈜한국의 20X6년 무형자산 관련 자료가 다음과 같을 때, 20X6년에 인식할 무형자산상각비는? 단, 20X6년 이전에 인식한 무형자산은 없으며, 무형자산상각비는 월할 상각한다. [국가직 9급, 2017 기출]

- 1월 1일 : 새로운 제품의 홍보를 위해 ₩10,000을 지출하였다.
- 4월 1일 : 회계법인에 의뢰하여 평가한 '내부적으로 창출한 영업권'의 가치는 ₩200,000이었다.
- 7월 1일 : 라이선스를 취득하기 위하여 ₩5,000을 지출하였다.

① ₩500　② ₩2,500
③ ₩30,500　④ ₩32,000

14 무형자산에 대한 설명으로 옳지 않은 것은? [국가직 9급, 2018 기출]

① 무형자산으로 정의되기 위해서는 식별가능성, 자원에 대한 통제 및 미래 경제적 효익의 존재라는 조건을 모두 충족하여야 한다.
② 무형자산에는 특허권, 상표권, 저작권 등이 있다.
③ 사업결합으로 취득한 식별가능 무형자산의 취득원가는 취득일의 공정가치로 평가한다.
④ 비한정내용연수를 가지는 것으로 분류되었던 무형자산이 이후에 유한한 내용연수를 가지는 것으로 변경된 경우에도 상각을 하지 않는다.

15 무형자산에 대한 설명으로 옳은 것은?

[지방직 9급, 2018 기출]

① 무형자산은 유형자산과 달리 재평가모형을 사용할 수 없다.

② 라이선스는 특정 기술이나 지식을 일정지역 내에서 이용하기로 한 권리를 말하며, 취득원가로 인식하고 일정기간 동안 상각한다.

③ 내부적으로 창출한 상호, 상표와 같은 브랜드 네임은 그 경제적 가치를 측정하여 재무제표에 자산으로 기록하여 상각한다.

④ 영업권은 내용연수가 비한정이므로 상각하지 않는다.

16 ㈜한국은 차세대 통신기술 연구개발을 위해 다음과 같이 지출하였다.

구 분	20X6년	20X7년
연구단계	₩100,000	₩100,000
개발단계	−	₩600,000

20X7년 개발단계 지출액 ₩600,000은 무형자산 인식기준을 충족하였으며, 동년 7월 1일에 개발이 완료되어 사용하기 시작하였다. 동 무형자산은 원가모형을 적용하며, 정액법(내용연수 10년, 잔존가치 ₩0)으로 상각한다. 회수가능액이 20X7년 말 ₩500,000이라고 할 때, 결산 시 인식할 손상차손은? 단, 상각비는 월할 계산한다.

[국가직 9급, 2018 기출]

① ₩40,000
② ₩70,000
③ ₩100,000
④ ₩260,000

투자부동산 및 기타자산

대표예제 국가직 7급, 2015 기출

자산의 회계처리에 대한 다음의 설명 중 가장 옳은 것은?

① 재화의 생산이나 용역의 제공 또는 관리목적에 사용하는 자산은 투자부동산으로 분류할 수 있다.

② 투자부동산은 최초 인식시점에 공정가치로 측정하고, 거래원가는 투자부동산의 원가에 포함한다.

③ 생물자산은 최초 인식시점에 원가로 측정하고, 매 보고기간말에는 공정가치로 측정한다.

④ 생물자산의 순공정가치 변동으로 발생하는 평가손익은 발생한 기간의 당기손익에 포함한다.

정답 ④

① 재화의 생산이나 용역의 제공 또는 관리목적에 사용하는 자산은 유형자산으로 분류하여야 하므로 투자부동산으로 분류할 수 없다.

② 투자부동산의 거래원가를 투자부동산의 원가에 포함한다는 것은 맞는 설명이나, 최초 인식시점에 공정가치로 측정한다는 설명은 옳지 않다. 투자부동산은 최초 인식시점에 원가로 측정한다.

③ 생물자산은 최초 인식시점과 매 보고기간말 모두 순공정가치(공정가치에서 추정 매각부대원가를 차감한 금액)로 측정한다.

17 자산에 대한 설명으로 옳지 않은 것은? [지방직 9급, 2015 기출]

① 유형자산의 감가상각방법은 적어도 매 회계연도 말에 재검토하고, 이를 변경할 경우 회계추정의 변경으로 보아 전진법으로 회계처리한다.

② 유형자산에 대해 재평가모형을 적용하는 경우 최초 재평가로 인한 장부금액의 증가액은 당기손익이 아닌 기타포괄손익으로 회계처리한다.

③ 연구개발과 관련하여 연구단계에서 발생한 지출은 당기비용으로 회계처리하고, 개발단계에서 발생한 지출은 무형자산의 인식기준을 모두 충족할 경우 무형자산으로 인식하고 그 외에는 당기비용으로 회계처리한다.

④ 투자부동산에 대해 공정가치모형을 적용하는 경우 감가상각비와 공정가치변동으로 발생하는 손익은 모두 당기손익으로 회계처리한다.

18 ㈜한국이 2018년 1월 초 건물을 취득하여 투자부동산으로 분류하였을 때, 다음 자료의 거래가 ㈜한국의 2018년 당기손익에 미치는 영향은? 단, 투자부동산에 대하여 공정가치모형을 적용하며, 감가상각비는 정액법으로 월할 계산한다. [국가직 9급, 2019 기출수정]

- 건물(내용연수5년, 잔존가치₩0) 취득금액은₩2,000,000이며, 이와 별도로 취득세 ₩100,000을 납부하였다.
- 2018년 6월 말 건물의 리모델링을 위해 ₩1,000,000을 지출하였으며, 이로 인해 건물의 내용연수가 2년 증가하였다.
- 2018년 12월 말 건물의 공정가치는 ₩4,000,000이다.

① ₩900,000　　② ₩1,000,000

③ ₩1,900,000　　④ ₩2,000,000

19 ㈜한국은 20X3년 1월 1일에 투자 목적으로 건물을 ₩10,000(내용연수 10년, 잔존가치 ₩0, 정액법 상각)에 취득하였다. 회사는 투자부동산을 공정가치모형으로 평가하고 있으며, 20X3년 결산일과 20X4년 결산일의 동 건물의 공정가치는 각각 ₩8,000과 ₩9,500이다. 이 경우 20X3년과 20X4년의 포괄손익계산서에 미치는 영향은? [국가직 9급, 2015 기출]

	20X3년		20X4년	
①	감가상각비	₩1,000	감가상각비	₩1,000
②	투자부동산평가손실	₩2,000	투자부동산평가이익	₩1,500
③	투자부동산평가손실	₩2,000	투자부동산평가손실	₩500
④	투자부동산평가손실	₩1,000	투자부동산평가이익	₩500

20 ㈜국세는 20X2년 1월 1일에 임대수익을 얻을 목적으로 건물A를 ₩150,000,000에 취득하였다. 건물A의 내용연수는 10년이고, 잔존가치는 없는 것으로 추정하였다. 20X2년 12월 31일 건물A의 공정가치는 ₩140,000,000이다. ㈜국세가 건물A에 대해 공정가치모형을 적용하는 경우 20X2년도에 평가손익으로 인식할 금액은 얼마인가? 단, ㈜국세는 통상적으로 건물을 정액법으로 감가상각 한다. [세무사, 2012 기출]

① ₩0

② ₩5,000,000 평가이익

③ ₩5,000,000 평가손실

④ ₩10,000,000 평가손실

21 ㈜한국은 20X1년 1월 1일 임대수익과 시세차익을 목적으로 건물을 ₩100,000,000(내용연수 10년, 잔존가치 ₩0, 정액법)에 구입하고, 해당 건물에 대해서 공정가치모형을 적용하기로 하였다. 20X1년 말 해당 건물의 공정가치가 ₩80,000,000일 경우 ㈜한국이 인식해야할 평가손실은? [국가직 9급, 2020 기출]

① 기타포괄손실 ₩10,000,000

② 당기손실 ₩10,000,000

③ 기타포괄손실 ₩20,000,000

④ 당기손실 ₩20,000,000

22 ㈜한국은 20X1년초에 무형자산인 라이선스를 ₩500,000(정액법 상각, 내용연수 10년, 잔존가치 ₩0, 재평가모형 적용)에 취득하였다. 20X1년 말 라이선스의 공정가치가 ₩450,000, 20X2년 말 라이선스의 공정가치가 ₩525,000이라면, 20X2년 말 인식할 기타포괄이익으로 인식할 재평가잉여금은? 단, 동 무형자산은 매년 재평가한다고 가정한다. [국가직 7급, 2021 기출수정]

① ₩25,000 ② ₩50,000

③ ₩75,000 ④ ₩125,000

23 ㈜한국은 20X1년 초 건물을 ₩1,000,000에 취득하고 그 건물을 유형자산 또는 투자부동산으로 분류하고자 한다. 유형자산은 재평가모형을 적용하며 내용연수 10년, 잔존가치 ₩0, 정액법 상각하고, 투자부동산은 공정가치모형을 적용한다. 20X1년과 20X2년 기말 공정가치가 각각 ₩990,000, ₩750,000일 경우, 다음 설명 중 옳지 않은 것은? 단, 건물은 유형자산 또는 투자부동산의 분류요건을 충족하며, 내용연수 동안 재평가잉여금의 이익잉여금 대체는 없는 것으로 가정한다. [국가직 7급, 2018 기출]

① 건물을 유형자산으로 분류한다면, 20X1년 말 재평가잉여금(기타포괄손익)이 계상된다.

② 건물을 유형자산으로 분류한다면, 20X2년 말 재평가손실(당기손익)이 계상된다.

③ 건물을 투자부동산으로 분류한다면, 20X1년 말 투자부동산평가이익(기타포괄손익)이 계상된다.

④ 건물을 투자부동산으로 분류한다면, 20X2년 말 투자부동산평가손실(당기손익)이 계상된다.

24 다음 자료에 따른 건물과 관련된 손익이 ㈜대한의 20X2년도 당기순이익에 미치는 영향은? 단, 감가상각은 월할상각한다. [국가직 7급, 2020 기출]

- 20X1년 1월 1일 투자목적으로 건물(취득원가 ₩1,000, 잔존가치 ₩0, 내용연수 4년, 정액법 상각)을 취득한 후 공정가치 모형을 적용하였다.
- 20X2년 7월 1일 ㈜대한은 동 건물을 공장용 건물(잔존가치 ₩0, 내용연수 2.5년, 정액법 상각)로 대체하여 자가사용하기 시작하였으며 재평가모형을 적용하였다.
- 일자별 건물 공정가치는 다음과 같다.

20X1년 말	20X2년 7월 1일	20X2년 말
₩1,200	₩1,400	₩1,500

① ₩300 증가　　② ₩280 감소

③ ₩180 증가　　④ ₩80 감소

25 ㈜한국은 20X6년 1월 1일에 1년 된 돼지 5마리를 보유하고 있다. ㈜한국은 20X6년 7월 1일에 1년 6개월 된 돼지 2마리와 새로 태어난 돼지 3마리를 매입하였다. 돼지의 일자별 마리당 순공정가치가 다음과 같을 때, ㈜한국이 동 생물자산과 관련하여 20X6년도 기말 재무상태표 상에 표시할 생물자산은? 단, 20X6년 중 매각 등 감소된 돼지는 없다.

[국가직 9급, 2016 기출]

일 자	내 용	마리당 순공정가치
20X6년 01월 01일	1년 된 돼지	₩8,000
20X6년 07월 01일	1년 6개월 된 돼지	12,000
20X6년 07월 01일	새로 태어난 돼지	3,000
20X6년 12월 31일	6개월 된 돼지	5,000
20X6년 12월 31일	2년 된 돼지	15,000

① ₩120,000 ② ₩141,000

③ ₩150,000 ④ ₩156,000

제 3 절 정답 및 해설

무형자산

01 ④

생산전 시제품과 모형의 시험활동은 개발활동에 포함된다.

02 ④

영업권 이외에도 아직사용할 수 없는 무형자산이나 내용연수가 비한정인 무형자산은 상각하지 아니한다.

03 ③

무형자산의 상각기간은 유형자산과 동일하게 자산의 예상사용기간에 대한 합리적인 추정치로서 20년을 초과할 수도 있다.

04 ③

연구활동(또는 내부 프로젝트의 연구단계)에서 발생한 지출은 발생 시점에 비용으로 인식하고, 개발활동(또는 내부 프로젝트의 개발단계)에서 발생한 지출에 대해서는 한국채택국제회계기준(무형자산기준서)이 정하는 사항을 모두 제시할 수 있는 경우에만 무형자산으로 인식한다. 그리고 브랜드, 제호, 출판표제, 고객목록, 그리고 이와 실질이 유사한 항목(외부에서 취득하였는지 또는 내부적으로 창출하였는지에 관계없이)에 대한 취득이나 완성 후의 지출은 발생시점에 항상 당기손익으로 인식한다.

05 ③

영업권은 이전대가의 공정가치(₩20,000,000)에서 취득 순자산의 공정가치를 차감하여 결정한다.

(1) 취득 순자산 = ₩15,000,000 − ₩9,000,000 + ₩5,000,000 = ₩11,000,000

(2) 영업권 = ₩20,000,000 − ₩11,000,000 = ₩9,000,000

06 ③

영업권 ₩500은 다음 계산식의 결과와 동일하여야 한다.

• 영업권 = ₩2,000 − (자산의 FV − ₩2,500) × 75%

따라서 자산의 공정가치(FV)는 ₩4,500 이다.

07 ③

영업권은 이전대가(공정가치)에서 취득자산과 인수부채의 순액(공정가치)을 차감하여 산정한다. 그리고 관련비용(수수료 및 주식발행비 등)은 영업권 측정시 반영하지 않고 당기비용으로 처리한다.

• 영업권 = 100주 × ₩14,000 − ₩1,200,000 = ₩200,000

08 ③

연구활동(또는 내부 프로젝트의 연구단계)에서 발생한 지출은 발생 시점에 비용으로 인식하고, 개발활동(또는 내부 프로젝트의 개발단계)에서 발생한 지출에 대해서는 한국채택국제회계기준(무형자산기준서)이 정하는 사항을 모두 제시할 수 있는 경우에만 무형자산으로 인식한다.

09 ①

연구활동(또는 내부 프로젝트의 연구단계)에서 발생한 지출은 발생 시점에 비용으로 인식하고, 개발활동(또는 내부 프로젝트의 개발단계)에서 발생한 지출에 대해서는 한국채택국제회계기준(무형자산기준서)이 정하는 사항을 모두 제시할 수 있는 경우에만 무형자산으로 인식한다.

10 ①

재평가한 무형자산과 같은 유형 내의 무형자산을 그 자산에 대한 활성시장이 없어서 재평가할 수 없는 경우에는 원가에서 상각누계액과 손상차손누계액을 차감한 금액으로 표시한다.

11 ④

다음과 같은 절차로 계산된 초과이익의 현재가치가 영업권이다.

(1)정상이익 = ₩1,000,000 × 14% = ₩140,000

(2)초과이익 = ₩170,000 − ₩140,000 = ₩30,000

(3)초과이익의 현재가치 = $\frac{₩30,000}{12.5\%}$ = ₩240,000

12 ②

새로운 지식을 얻고자 하는 활동과 연구결과나 기타 지식을 탐색, 평가, 최종 선택, 응용하는 활동 그리고 재료, 장치, 제품, 공정, 시스템이나 용역에 대한 여러 가지 대체안을 탐색하는 활동은 연구활동으로 구분한다.

13 ①

제품의 홍보를 위한 지출과 내부적으로 창출한 영업권은 자산으로 인식하지 않고, 당기비용으로 처리한다. 그러나 라이선스 취득비용은 무형자산으로 인식한다. 따라서 20X6년에 인식할 무형자산상각비는 라이선스 취득비용의 10%(= $\frac{1}{5} \times \frac{6}{12}$)가 된다.

• 무형자산상각비(20X6) = (₩5,000 − 0) × $\frac{1}{5} \times \frac{6}{12}$ = ₩500

14 ④

비한정내용연수를 가지는 것으로 분류되었던 무형자산이 이후에 유한한 내용연수를 가지는 것으로 변경된 경우에는 회계추정의 변경으로 보고, 잔여 내용연수에 걸쳐 상각대상금액을 체계적인 방법으로 배분하여 비용(적절한 경우에는 다른 자산의 원가)으로 인식하여야 한다.

15 ④

① 무형자산의 회계정책으로 원가모형이나 재평가모형을 선택할 수 있다(K-IFRS 1038 문단 72).

② 내용연수의 한정 여부 등 상황에 따라 상각여부 및 상각방법 등이 달라진다.

③ 내부적으로 창출한 브랜드, 제호, 출판표제, 고객 목록과 이와 실질이 유사한 항목은 무형자산으로 인식하지 아니한다(K-IFRS 문단 63).

16 ②

(1) 개발비의 취득원가(20X7.7.1.) = ₩600,000
(2) 20X7년의 상각비(6개월) = ₩600,000 × (1/10) × (6/12) = ₩30,000
(3) 20X7년말 손상차손 인식전 장부금액 = (1) − (2) = ₩570,000
(4) 20X7년에 인식할 무형자산손상차손 = ₩570,000 − ₩500,000 = ₩70,000

투자부동산 및 기타자산

17 ④

투자부동산에 대해 공정가치모형을 적용하는 경우에는 감가상각하지 않는다.

18 ①

공정가치모형을 적용하는 투자부동산은 감가상각을 하지 않으므로, 상기 투자부동산이 당기 손익에 미치는 영향은 투자부동산의 공정가치 평가로 인한 평가손익 뿐이다.

(1) 투자부동산평가손익 = 공정가치 − 평가전 장부금액
= ₩4,000,000 − ₩3,100,000
= ₩900,000

(2) 평가전 장부금액 = ₩2,100,000 + ₩1,000,000 = ₩3,100,000

19 ②

투자부동산을 공정가치 모형으로 측정하는 경우 감가상각은 수행하지 않으며, 공정가치의 변동분은 투자부동산 평가손익(당기손익)으로 인식한다.

(1) 20X3년 평가손익 = ₩8,000 − ₩10,000 = ₩(2,000) 평가손실
(2) 20X4년 평가손익 = ₩9,500 − ₩8,000 = ₩1,500 평가이익

20 ④

투자부동산을 공정가치모형으로 평가하는 경우 감가상각을 하지 않는다. 따라서 투자부동산 평가손익 계산을 위하여 공정가치와 비교할 장부금액은 취득원가와 동일한 ₩150,000,000이다.

- 투자부동산 평가손익 = ₩140,000,000 − ₩150,000,000 = ₩(10,000,000) 손실

21 ④

- 평가전 장부금액 = ₩100,000,000
- 공정가치 = ₩80,000,000
- 평가손익 = ₩80,000,000 − ₩100,000,000 = ₩(20,000,000) (당기손실)

참고로, 공정가치모형을 적용하는 투자부동산에 대해서는 감가상각하지 아니한다.

22 ④

동 무형자산에서는 20X1재평가시 재평가차액이 발생하지 않았고, 20X2년 재평가시에는 공정가치에서 당시 장부금액의 차이만큼 재평가잉여금이 발생하였다.

- 20X2년말 인식할 재평가잉여금 = ₩525,000 − ₩400,000* = ₩125,000
  * ₩500,000 − ₩500,000 × (2/10) = ₩400,000

23 ③

상기 건물을 유형자산으로 분류하는 경우 연도별 장부금액 및 재평가증감액은 다음과 같다.

- 20X1년말 재평가전 장부금액 = ₩1,000,000 − 100,000 = ₩900,000
- 20X1년말 재평가잉여금(기타포괄이익) = ₩990,000 − 900,000 = ₩90,000
- 20X2년말 재평가전 장부금액 = ₩990,000 − 110,000 = ₩880,000
- 20X2년말 재평가감소액 = ₩880,000 − 750,000 = ₩130,000 (이중 ₩90,000은 기타포괄손실로 인식하고, 나머지 ₩40,000은 당기손실로 인식함)

한편, 상기 건물을 투자부동산으로 분류하는 경우 연도별 장부금액 및 공정가치평가증감액은 다음과 같다.

- 20X1년말 공정가치평가전 장부금액 = ₩1,000,000
- 20X1년말 공정가치평가손실(당기손실) = ₩990,000 − 1,000,000 = ₩10,000
- 20X2년말 공정가치평가손실(당기손실) = ₩750,000 − 990,000 = ₩240,000

참고로, 상기 건물을 유형자산으로 분류하는 경우와 투자부동산으로 분류하는 경우 각각의 회계처리는 다음과 같다.

[유형자산으로 분류하는 경우]

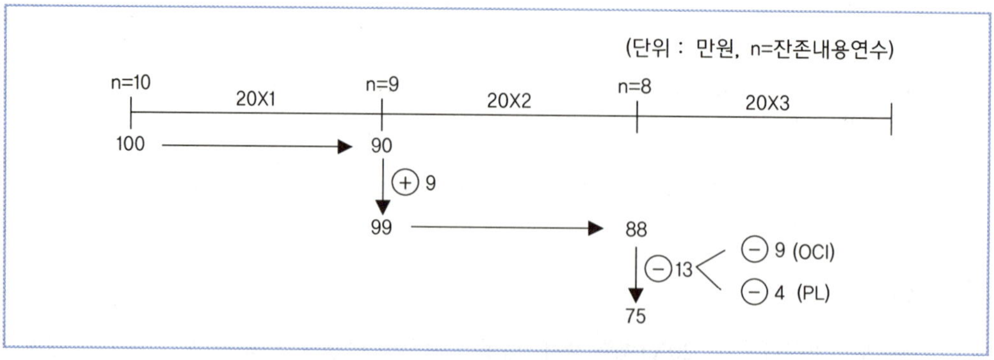

20X1. 1. 1. :	(차) 건 물	1,000,000	(대)	현 금	1,000,000
20X1.12.31. :	(차) 감가상각비	100,000	(대)	감가상각누계액	100,000
	(차) 감가상각누계액	90,000	(대)	재평가잉여금	90,000
20X2.12.31. :	(차) 감가상각비	110,000	(대)	감가상각누계액	110,000
	(차) 재평가잉여금	90,000	(대)	감가상각누계액	130,000
	재평가손실	40,000			

[투자부동산으로 분류하는 경우]

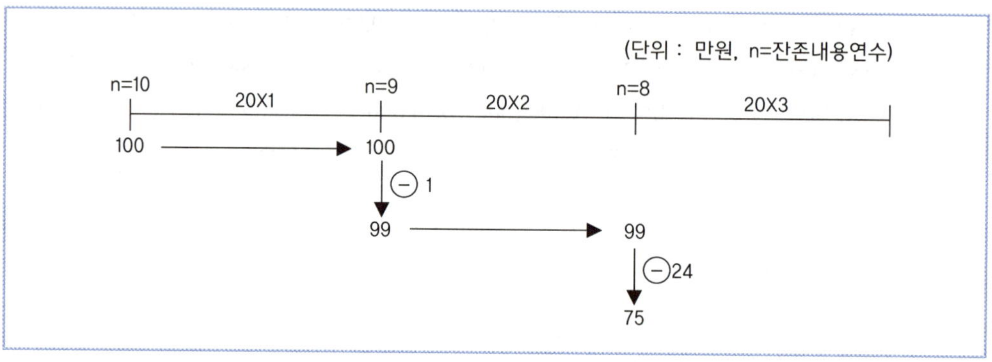

20X1. 1. 1. :	(차) 건 물	1,000,000	(대)	현 금	1,000,000
20X1.12.31. :	(차) 투자부동산평가손실	10,000	(대)	건 물	10,000
20X2.12.31. :	(차) 투자부동산평가손실	240,000	(대)	건 물	240,000

24 ④

공정가치 모형을 적용하던 투자부동산을 유형자산으로 대체할 때에는 대체시점의 부동산 공정가치를 유형자산의 원가로 간주하여 회계처리한다. 회계처리를 예시하면 다음과 같다.

일자		차변	금액		대변	금액
20X1. 1. 1.	(차)	투자부동산	1,000	(대)	현금	1,000
20X1.12.31.	(차)	투자부동산	200	(대)	투자부동산평가이익 (당기이익)	200
20X1. 7. 1.	(차)	투자부동산	200	(대)	투자부동산평가이익 (당기이익)	200
	(차)	유형자산	1,400	(대)	투자부동산	1,400
20X2.12.31.	(차)	감가상각비(*)	280	(대)	감가상각누계액	280
		*1,400 × (1/2.5) × (6/12) = ₩280				
	(차)	유형자산	380	(대)	재평가잉여금 (기타포괄이익)	380

25 ①

㈜한국은 20X6년 12월 31일 현재 태어난지 2년된 돼지 7마리와 태어난지 6개월된 돼지 3마리를 보유하고 있으며, 재무상태표에는 순공정가치로 측정하여 보고한다.

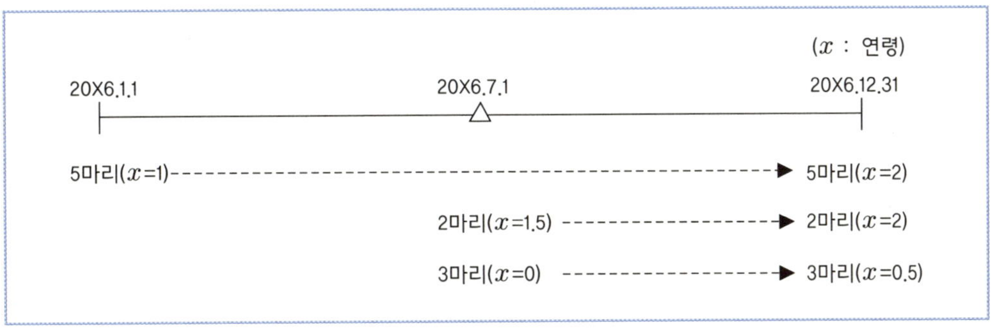

• 생물자산(돼지, 순공정가치) = 7마리 × ₩15,000 + 3마리 × ₩5,000 = ₩120,000

CHAPTER 7

현금및현금성자산

제 1 절 주요내용 요약

학습목표

Ⅰ. 현금및현금성자산의 범위

Ⅱ. 현금에 대한 통제 및 관리

Ⅰ 현금및현금성자산의 범위

1. 회계상 현금의 범위

(1) 현금의 범위

회계상 현금은 통화(지폐, 동전) 뿐만 아니라 요구불예금, 통화대용증권도 포함한다.

① 요구불예금 : 언제든지 인출할 수 있는 예금으로 보통예금과 당좌예금이 있다.

② 통화대용증권 : 금융기관에 제시하는 즉시 현금화할 수 있거나 통화를 대신하여 사용할 수 있는 증권으로서 다음과 같은 것들이 있다.

a. 각종 수표(자기앞수표 등)

b. 우편환증서

c. 만기도래한 채권의 이자표

d. 배당금지급 통지표

e. 국세환급금 통지서 등

(2) 우표와 수입인지 그리고 선일자수표

① 우표와 수입인지 : 금액적으로 중요한 경우 선급비용으로 계상한 후 사용시 당기비용으로 처리한다. 만약 금액적으로 중요하지 않다면 구입시에 당기비용으로 처리할 수 있다.

② 선일자수표 : 수표상의 발행일이 도래하지 아니한 수표로서 회계상 어음(받을 어음)으로 간주하여 매출채권 등에 통합하여 보고한다.

2. 현금성자산의 범위

(1) 현금성자산의 정의

현금성자산이란 유동성이 매우 높은 단기 투자자산으로서 확정된 금액의 현금으로 전환이 용이하고 가치변동의 위험이 경미한 자산을 말한다.

(2) 분류지침

① 현금성자산은 투자나 다른 목적이 아닌 단기의 현금수요를 충족하기 위한 목적으로 보유한다. 따라서 투자자산은 일반적으로 만기일이 단기에 도래하는 경우(예를 들어, 취득일로부터 만기일이 3개월 이내인 경우)에만 현금성자산으로 분류된다.

② 지분상품은 일반적으로 현금성자산에서 제외한다. 다만 상환일이 정해져 있고 취득일로부터 상환일까지의 기간이 단기인 우선주와 같이 실질적인 현금성자산인 경우에는 예외로 한다.

II 현금에 대한 통제 및 관리

1. 당좌예금과 당좌차월

(1) 당좌거래와 당좌예금

현금은 도난이나 분실의 위험이 높기 때문에 기업내부에 현금을 많이 보유하거나 거래처에 대한 대금결제시 거액의 현금을 사용하는 것은 적절하지 않다. 이때 기업은 은행으로부터 수령한 수표용지(당좌수표용지)를 이용하여 현금결제 대신 당좌수표를 발행하는 것이 일반적이다. 이를 위해 기업은 미리 은행의 일정한 계좌(당좌예금)에 현금을 예치해두어야 하는데, 수표의 발행은 다른 조건이 없는 한 예치된 금액한도 내에서 이루어진다.

(2) 당좌차월

당좌차월이란 당좌예금 잔액을 초과하는 당좌수표 발행액이 있을 때 동 초과금액을 의미한다. 일반적으로 당좌수표는 당좌예금 잔액의 범위내에서만 발행이 가능하지만 미리 거래 금융기관과 당좌차월에 대한 계약을 체결하였다면 수표발행액이 당좌예금잔액을 초과할 수 있다. 이와 관련하여 특정 금융기관에서 당좌차월이 발생한 경우 다른 금융기관의 당좌예금 잔액과 상계하지 아니하고, 동 차월금액은 별도의 부채 항목(단기차입금 등)으로 표시한다.

2. 은행계정조정표의 작성

(1) 은행계정조정표

은행계정조정표란 일정시점에서 당좌예금 잔액에 대해 회사의 장부에 기록된 금액과 은행 당좌거래원장 잔액이 일치하는지 여부를 확인하고, 일치하지 않는 경우 이를 조정하여 양자의 금액을 일치시켜 가는 과정을 나타내는 양식을 말한다.

(2) 차이유형의 구분

당좌예금잔액에 대한 회사와 은행간 차이는 회사와 은행간 입출금에 대한 기록시점이 다르기 때문에 발생하는 차이와 기장오류로 인한 차이로 구분할 수 있다.

① 기록시점 불일치로 인한 차이 : 다음의 4가지 유형으로 구분할 수 있다.

차이유형		대표적 사례	조정방법
회사측	은행측		
정당한 입금기록	기록 누락	은행미기입예금	은행측 잔액 가산
정당한 출금기록	기록 누락	기발행미인출수표	은행측 잔액 차감
기록 누락	정당한 입금기록	미통지입금, 받을어음 추심	회사측 잔액 가산
기록 누락	정당한 출금기록	부도수표, 수수료 및 이자비용	회사측 잔액 차감

② 기장오류 : 기록오류를 일으킨 쪽(회사 또는 은행)에서 해당 오류를 수정하면 된다.

(3) 은행계정조정표의 양식

은행계정조정표

(단위 : 원)

	회사측 잔액	은행측 잔액
수정전 잔액	×××	×××
조정항목 :		
은행미기입예금		×××
기발행미인출수표		(×××)
받을어음추심	×××	
당좌거래수수료	(×××)	
부도수표	(×××)	
⋮	⋮	⋮
수정후 잔액	×××	×××

3. 현금과부족에 대한 회계처리

현금은 그 자산의 특성상 도난이나 분실의 위험이 높아 세심한 관리 및 통제가 필요하다. 따라서 기업들은 일반적으로 정기적인 현금실사를 통하여 장부상 기록되는 현금과 실제 보유하는 현금액이 일치하는지 여부를 확인하게 된다. 이 과정에서 장부상 잔액과 실제 잔액이 일치하지 않는 경우 현금과부족이라는 임시계정을 사용하여 기록한다. 임시계정이란 보고기간 중의 기록편의를 위해 설정한 계정으로서 결산시에 다른 계정으로 대체시켜야 하는 계정이다.

(1) 현금실사시

장부상 현금잔액과 실제 현금잔액이 차이가 나는 경우, 장부상 현금잔액을 실제 현금잔액에 일치시키고 동 금액을 현금과부족 계정에 기록한다. 예를 들어 실제 현금잔액이 ₩20,000 부족한 경우 다음과 같이 회계처리 한다.

(차)	현금과부족	20,000	(대)	현 금	20,000

(2) 원인 파악시

기업이 기록한 현금과부족 금액은 기업의 현금에 대한 기록에 오류가 있다는 것을 의미하므로, 기업은 이러한 오류의 원인이 무엇인지를 밝혀 현금과부족 계정금액을 해당 계정으로 대체시켜야 한다. 만약 위의 현금과부족 금액 중 ₩15,000이 거래처에 지출한 접대비 기록의 누락에 기인한다면 다음과 같이 회계처리 한다.

(차)	접대비	15,000	(대)	현금과부족	15,000

(3) 기말 결산시

현금과부족 금액 중 결산시점까지 원인이 파악되지 않은 부분에 대해서는 잡손실(이익)로 처리한다. 만약 위의 사례에서 현금과부족 금액 ₩20,000 중 ₩5,000의 원인이 파악되지 않은 경우 다음과 같이 회계처리 한다.

(차)	잡손실(당기손실)	5,000	(대)	현금과부족	5,000

제 2 절 기출 및 연습문제

현금및현금성자산의 범위

대표예제 국가직 9급, 2014 기출

다음은 20X3년 12월 31일 현재 ㈜한국이 보유하고 있는 항목들이다. ㈜한국이 20X3년 12월 31일의 재무상태표에 현금및현금성자산으로 표시할 금액은?

지급기일이 도래한 공채이자표	₩5,000
당좌거래개설보증금	₩3,000
당좌차월	₩1,000
수입인지	₩4,000
선일자수표(20X4년 3월 1일 이후 통용)	₩2,000
지폐와 동전 합계	₩50,000
양도성예금증서*	₩2,000
환매채**	₩1,000

* 20X3년 12월 20일에 취득, 만기 20X4년 2월 20일
** 20X3년 10월 1일에 취득, 만기 20X4년 3월 31일

① ₩56,000　　② ₩57,000
③ ₩58,000　　④ ₩59,000

해답 ②

현금및현금성자산에는 통화와 요구불예금(보통예금, 당좌예금) 그리고 현금성자산에 포함된다. 현금성자산으로 분류되기 위해서는 통상 취득당시 만기가 3개월 이내에 도래하여야 한다. 당좌차월은 단기차입금으로 별도 보고하며, 수입인지는 취득시 당기비용으로 처리하거나 금액이 큰 경우에는 선급비용으로 처리한다.

(1) 현금(통화, 통화대용증권, 요구불예금) : ₩5,000 + ₩50,000 = ₩55,000
(2) 현금성자산 : ₩2,000(양도성예금증서)

01 한국채택국제회계기준에서 '현금및현금성자산'으로 분류하지 않는 것은? [국가직 9급, 2011 기출]

① 결산일 현재 만기가 3개월 이내인 특정현금과 예금

② 취득당시 만기가 3개월 이내인 상환우선주

③ 취득당시 3개월 이내의 환매조건인 환매채

④ 당좌예금

02 20X0년 12월 31일 결산일 현재 ㈜대한이 보유하고 있는 자산 중 재무상태표에 계상할 현금및현금성자산은? [국가직 9급, 2011 기출]

통 화	₩1,500
수입인지	₩100
만기가 도래한 국채이자표	₩300
송금환	₩400
배당금지급통지표	₩50
타인발행 약속어음(만기 1개월)	₩200
20X0년 12월 1일에 취득한 환매채(만기 20×1년 1월 31일)	₩500

① ₩1,500　　② ₩2,250

③ ₩2,750　　④ ₩2,950

03 ㈜한국의 2X18년 12월 31일 결산일 현재 다음의 현금 및 예금 등의 자료를 이용할 때, 2X18년 재무상태표에 보고할 현금및현금성자산 금액은? [국가직 9급, 2019 기출]

• 현금	₩30,000
• 우편환증서	₩100,000
• 우표와 수입인지	₩20,000
• 은행발행 자기앞수표	₩20,000
• 보통예금(사용제한 없음)	₩10,000
• 정기적금(만기 2X22년 1월 31일)	₩200,000
• 당좌차월	₩50,000
• 당좌개설보증금	₩80,000
• 환매조건부 채권	₩300,000 (2X18년 12월 1일 취득, 만기 2X19년 1월 31일)

① ₩360,000　② ₩440,000

③ ₩460,000　④ ₩660,000

04 재무상태표에 현금및현금성자산으로 표시될 금액은? [국가직 9급, 2020 기출]

• 수입인지	₩50,000
• 송금수표	₩50,000
• 선일자수표	₩50,000
• 자기앞수표	₩100,000
• 타인발행수표	₩100,000
• 당좌개설보증금	₩100,000
• 취득당시 만기 120일인 양도성예금증서	₩100,000

① ₩400,000　② ₩350,000

③ ₩300,000　④ ₩250,000

은행계정조정표

대표예제 국가직 9급, 2011 기출

㈜한국의 20X1년 12월 31일 현재 당좌예금 계정잔액은 ₩200,000이고, 은행의 잔액증명서상 잔액은 ₩150,000으로 그 차이의 원인은 다음과 같다. 20X1년 12월 31일 현재 재무상태표에 보고되어야 할 정확한 당좌예금잔액은?

- 12월 31일 회사는 현금 ₩150,000을 당좌예입 하였으나, 은행에서는 입금처리 되지 않았다.
- 12월 10일 발행된 수표 중 지급 제시되지 않은 수표 ₩50,000이 있다.
- 12월 30일 거래처인 ㈜충청이 ₩200,000을 ㈜한국의 당좌예금계좌에 입금하였으나, 회사에는 통보되지 않았다.
- 12월 31일 은행은 차입금에 대한 이자 ₩50,000을 회사의 당좌예금계좌에서 차감하였지만 회사는 이에 대한 회계처리를 하지 않았다.
- 12월 25일 외상매출금을 회수하여 당좌예입한 수표 ₩100,000을 ₩150,000으로 기록하였다.
- 12월 27일 비품을 처분한 대가로 받은 수표 ₩50,000을 당좌예입하였으나 부도처리되었다.

① ₩150,000　　② ₩200,000

③ ₩250,000　　④ ₩300,000

해답 ③

다음과 같이 은행계정조정표를 작성할 수 있으며, 수정후 잔액은 ₩250,000이다.

구 분		회사측 잔액	은행측 잔액
수정전 잔액		₩200,000	₩150,000
수 정 사 항 :	미기입예금		150,000
	기발행미인출수표		(50,000)
	미통지입금	200,000	
	차입금이자	(50,000)	
	기장오류	(50,000)	
	부도수표	(50,000)	
수정후 금액		₩250,000	₩250,000

05 ㈜한국의 당좌예금에 대한 다음의 자료를 이용하여 계산한 20X2년 12월 말의 정확한 당좌예금 잔액은?

[국가직 9급, 2012 기출]

> (1) 20X2년 12월 31일 ㈜한국의 당좌예금계정 잔액은 ₩920,000이다.
> (2) 은행계정명세서상의 20X2년 12월 31일 잔액은 ₩1,360,000이다.
> (3) 은행계정명세서와 ㈜한국의 장부를 비교해 본 결과 다음과 같은 사실을 발견했다.
> ① ₩60,000의 부도수표를 ㈜한국은 발견하지 못했다.
> ② 은행에서 이자비용으로 ₩5,000을 차감하였다.
> ③ 기발행미결제수표가 ₩520,000 있다.
> (4) 마감시간이 경과한 후 은행에 전달하여 미기록된 예금은 ₩240,000이다.
> (5) 자동이체를 시켜놓은 임차료가 ₩185,000 차감되었는데 ㈜한국은 알지 못했다.
> (6) 은행에서 ㈜서울에 입금시킬 돈 ₩410,000을 ㈜한국에 입금하였는데 ㈜한국은 알지 못했다.

① ₩670,000　　② ₩680,000
③ ₩690,000　　④ ₩700,000

06 20X3년 12월 31일 은행계정 조정후 ㈜대한의 장부상 정확한 당좌예금계정의 잔액은 ₩300,000이다. 이 금액은 거래은행이 보내온 20X3년 12월 31일 은행계정명세서의 잔액과 차이가 있는데, 차이가 나는 원인은 다음과 같다. 다음 자료를 이용하여 거래은행이 보내온 20X3년 12월 31일 은행계정명세서의 잔액을 추정하면?

[국가직 7급, 2014 기출수정]

> • ㈜대한이 발행한 수표 ₩5,000을 거래은행이 실수로 ₩500으로 처리하였다.
> • ㈜대한의 기발행미인출수표는 ₩20,000이다.
> • 거래은행이 미처 기입하지 못한 ㈜대한의 당좌예금 입금액이 ₩10,000이다.
> • ㈜민국이 발행한 수표 ₩4,000을 거래은행이 실수로 ㈜대한의 계정에서 차감하였다.

① ₩289,500　　② ₩290,500
③ ₩310,500　　④ ₩309,500

07 다음 자료를 토대로 계산한 ㈜한국의 정확한 당좌예금 잔액은? [국가직 9급, 2016 기출]

㈜한국의 조정 전 당좌예금 계정 잔액	₩12,200
은행 예금잔액증명서 상 잔액	₩12,500
㈜한국에서 발행하였으나 은행에서 미인출된 수표	₩2,000
㈜한국에서 입금처리하였으나 은행에서 미기록된 예금	₩700
㈜한국에서 회계처리하지 않은 은행수수료	₩500
타회사가 부담할 수수료를 ㈜한국에 전가한 은행의 오류	₩200
㈜한국에서 회계처리하지 않은 이자비용	₩300

① ₩10,700 ② ₩11,400

③ ₩13,400 ④ ₩14,100

08 다음은 ㈜대한의 20X0년 12월 31일 현재 은행계정조정표를 작성하기 위한 자료이다. 은행에서 보내온 20X0년 12월 31일 현재 수정전 예금잔액증명서상의 잔액이 ₩30,000일 경우, ㈜대한의 20X0년 12월 31일 현재 수정전 당좌예금계정 잔액은? [지방직 9급, 2011 기출]

- 20X0년 12월 중 ㈜대한에서 기발행되었으나, 기말 현재 은행에서 미인출된 수표는 ₩8,000이다.
- 20X0년 12월 31일 현재 은행의 예금잔액증명서에 반영된 부도수표 ₩9,000이 ㈜대한의 당좌예금계정에는 반영되지 않았다.
- ㈜대한이 20X0년 12월 31일 입금했으나, 은행에서는 20X1년 1월 3일 입금처리된 금액은 ₩6,000이다.
- 20X0년 12월 말까지 ㈜대한에 통보되지 않은 매출채권 추심액은 ₩12,000이다.

① ₩13,000 ② ₩25,000

③ ₩28,000 ④ ₩41,000

09 다음의 자료를 이용한 20X3년 6월 30일 조정 전 은행측 잔액 증명서상의 금액은?

[지방직 9급, 2014 기출]

(1) 20X3년 6월 30일 조정 전 회사측 당좌예금 잔액 ₩200,000
(2) 은행측 잔액증명서상의 금액과 회사측 잔액과의 차이를 나타내는 원인
- 은행예금 이자 ₩15,000
- 회사발행미지급수표 ₩100,000
- 어음추심수수료 ₩1,000
- 회사에 미통지 된 예금 ₩120,000

① ₩234,000
② ₩334,000
③ ₩384,000
④ ₩434,000

10 ㈜국세는 20X1년 12월 31일 자금담당직원이 회사자금을 횡령하고 잠적한 사건이 발생하였다. 12월 31일 현재 회사 장부상 당좌예금계정 잔액을 검토한 결과 ₩106,000이었으며, 은행측 당좌예금계정 잔액을 조회한 결과 ₩70,000으로 확인되었다. 회사측 잔액과 은행측 잔액이 차이가 나는 이유는 다음과 같다.

• 은행미기입예금	₩60,000
• 은행수수료	10,000
• 기발행 미인출수표	50,000
• 미통지입금	46,000
• 타사발행수표를 ㈜국세의 당좌예금 계좌에서 차감한 금액	22,000

위의 자료를 토대로 할 때, 자금담당직원이 회사에서 횡령한 것으로 추정할 수 있는 금액은 얼마인가?

[세무사 1차, 2012 기출]

① ₩40,000
② ₩50,000
③ ₩102,000
④ ₩142,000

11 ㈜대한의 20X6년 말 현재 은행계정조정표와 관련된 자료는 다음과 같다. 은행 측은 기발행미인출수표가 누락되었음을 확인하였다. 기발행미인출수표 금액은? [지방직 9급, 2017 기출]

- 은행의 예금잔액증명서상 금액 : ₩20,000
- ㈜대한의 장부상 금액 : ₩17,000
- 은행의 예금잔액증명서에는 반영되어 있으나 ㈜대한의 장부에 반영되지 않은 금액으로 예금이자 ₩1,000과 부도수표 ₩2,000이 있다.
- 은행은 ㈜민국의 발행수표 ₩6,000을 ㈜대한의 발행수표로 착각하여 ㈜대한의 당좌예금계좌에서 인출하여 지급하였다.

① ₩16,000　　② ₩14,000

③ ₩12,000　　④ ₩10,000

12 ㈜한국의 20×6년 12월 31일에 당좌예금 장부상 잔액이 ₩37,500이었고, 당좌예금과 관련된 다음의 사건이 확인되었다면, ㈜한국이 거래은행에서 받은 20×6년 12월 31일자 예금잔액증명서상 당좌예금 잔액은? [지방직 9급, 2018 기출]

ㄱ. ㈜한국의 거래처에서 매출대금 ₩15,000을 은행으로 입금하였으나, ㈜한국은 이 사실을 알지 못했다.
ㄴ. 은행은 당좌거래 관련 수수료 ₩2,000을 ㈜한국의 예금계좌에서 차감하였다.
ㄷ. 은행 측 잔액증명서에는 반영되어 있으나 ㈜한국의 장부에 반영되지 않은 다른 예금에 대한 이자수익이 ₩5,000있다.
ㄹ. 은행 측 잔액증명서에는 반영되어 있으나 ㈜한국의 장부에 반영되지 않은 부도수표가 ₩6,000있다.
ㅁ. ㈜한국은 은행에 ₩47,000을 예금하면서 ₩74,000으로 잘못 기록하였으나, 은행계좌에는 ₩47,000으로 올바로 기록되어 있다.

① ₩22,500　　② ₩24,500

③ ₩34,500　　④ ₩76,500

현금과부족

대표예제

㈜한국은 현금 실사잔액이 장부상 잔액보다 ₩30,000 더 많은 것을 발견하였으나 그 원인을 알 수 없어 현금과부족 계정을 이용하여 회계처리 하였다. 결산시점 이전까지 ㈜한국은 불일치의 원인이 매출채권의 회수분의 기록누락에 있음을 발견하고 이를 반영하는 회계처리를 수행하였다. 이때의 분개로 가장 적당한 것은?

① (차) 매출채권 ₩30,000 (대) 현 금 ₩30,000
② (차) 현 금 ₩30,000 (대) 현금과부족 ₩30,000
③ (차) 현금과부족 ₩30,000 (대) 현 금 ₩30,000
④ (차) 현금과부족 ₩30,000 (대) 매출채권 ₩30,000

해답 ④

㈜한국은 실사시점에 다음과 같은 회계처리를 하였을 것이다.

(차) 현 금	30,000	(대) 현금과부족	30,000

상기 분개 중 현금과부족 계정은 임시계정으로서 불일치의 원인이 파악된 시점이나 결산시점에 다른 계정으로 대체시켜야 한다. 매출채권에 대한 회수기록의 누락이므로, 정상적인 경우라면 현금계정을 증가시키고 매출채권계정 금액을 감소시켰을 것이나, 회사는 이미 현금계정 대신 현금과부족 계정을 설정하고 기록한 상태이므로, 현금계정의 증가 대신 현금과부족계정에 기록하여야 한다.

13 ㈜한강은 11월 30일을 기준으로 한 현금실사 결과 보유 현금잔액이 장부상 잔액보다 ₩50,000 적은 것을 확인하고 동 차이금액을 현금과부족 계정을 이용하여 회계처리 하였다. 12월 중 ㈜한강은 광고비 ₩65,000을 11월중 현금지급 하였으나 이에 대한 장부기록을 하지 않은 사실을 발견하였고, 이외의 추가적인 차이 원인은 밝혀내지 못했다. ㈜한강은 밝혀지지 않은 현금과부족에 대해서는 기말 재무제표에 잡손실(이익)으로 보고한다고 할 때, ㈜한강이 결산일에 보고할 잡손실(이익)은 얼마인가?

① ₩15,000 잡손실 ② ₩15,000 잡이익
③ ₩50,000 잡이익 ④ ₩65,000 잡이익

14 다음의 ㈜한강의 총계정원장 중 일부이다. 이에 대한 설명으로 타당하지 않은 것은?

현금과부족

	11/8 현 금 110,000

① 현금실사 결과 장부상 잔액이 실제 잔액보다 더 적었다는 것을 의미한다.
② 결산시점까지 현금과부족 계정을 변화시킬 아무런 사건이 발생하지 않은 경우, 동 계정은 재무상태표에 현금의 차감계정으로 보고한다.
③ 현금과부족은 현금의 장부상 잔액과 실제 잔액의 차이를 의미하므로, 장부상 잔액을 실제잔액에 맞게 조정하여야 한다.
④ 현금과부족 계정의 잔액은 차변과 대변 어느 쪽에도 나타날 수 있다.

15 ㈜한국은 20X1년 12월 1일을 기준으로 현금실사를 실시한 결과 현금잔액이 장부상 잔액보다 ₩100,000이 적은 것을 확인하고 차이금액을 현금과부족 계정을 이용하여 회계처리하였다. ㈜한국은 여비교통비로 20X1년 11월에 ₩120,000을 현금 지급하였으나 장부에 기록하지 않은 것을 결산일에 발견하였으며, 그 밖의 원인을 밝혀내지 못한 현금과부족은 잡이익(잡손실)으로 보고하였다. ㈜한국이 결산일에 할 수정분개는?

[국가직 7급, 2019 기출수정]

	차 변		대 변	
①	여비교통비	₩120,000	현금과부족	₩120,000
	현금과부족	₩20,000	잡이익	₩20,000
②	현금과부족	₩120,000	여비교통비	₩120,000
	잡손실	₩20,000	현금과부족	₩20,000
③	여비교통비	₩100,000	현금과부족	₩100,000
	현금과부족	₩20,000	잡이익	₩20,000
④	현금과부족	₩100,000	여비교통비	₩100,000
	잡손실	₩20,000	현금과부족	₩20,000

제 3 절 정답 및 해설

현금및현금성자산의 범위

01 ①

현금성자산은 통상 취득당시 만기가 3개월 이내인 특정 금융자산을 의미하므로, 결산일 현재 만기가 3개월 이내라 하더라도 취득당시 만기가 3개월을 초과하게 되는 경우 현금 및 현금성자산으로 분류하지 않는다.

02 ④

(1) 현금(통화, 통화대용증권, 요구불예금) = ₩1,500 + 300 + 400 + 50 = ₩2,250
(2) 현금성자산 = ₩200 + ₩500 = ₩700
(3) 현금및현금성자산 = ₩2,250 + ₩700 = ₩2,950

03 ③

현금및현금성자산 : 현금, 우편환증서, 은행발행자기압수표, 보통예금, 환매조건부채권

참고
- 우표와 수입인지 : 선급비용이나 발생시 당기비용으로 처리
- 정기적금 : 만기까지의 기간이 1년을 초과하므로 비유동 금융자산임
- 당좌차월 : 단기차입금으로 분류 (당좌예금에서 차감하지 않음)
- 당좌개설보증금 : 일반적으로 비유동 금융자산으로 분류함

04 ④

송금수표와 자기앞수표 및 타인발행수표는 통화대용증권으로서 회계상 현금에 포함된다. 따라서 현금및현금자산은 ₩250,000이다. 수입인지의 경우에는 비용(또는 선급비용)으로, 선일자수표는 매출채권으로 처리한다. 당좌개설보증금은 수취채권(비현금성 금융자산)으로 처리하고, 양도성예금증서의 경우에는 취득당시 만기가 3개월을 초과하기 때문에 비현금성 금융자산으로 처리한다.

은행계정조정표

05 ①

다음과 같이 은행계정조정표를 작성할 수 있으며, 수정후 잔액은 ₩670,000이다.

구 분		회사측 잔액	은행측 잔액
수정전 잔액		₩920,000	₩1,360,000
수 정 사 항 :	부도수표	(60,000)	–
	은행 이자비용	(5,000)	–
	기발행미결제수표	–	(520,000)
	미기입예금	–	240,000
	임차료 자동이체	(185,000)	–
	입금이체 오류	–	(410,000)
수정후 금액		₩670,000	₩670,000

06 ③

다음과 같이 은행계정조정표를 작성할 수 있으며, 거래은행이 보내온 은행계정명세서의 잔액은 ₩310,500으로 추정된다.

구 분		회사측 잔액	은행측 잔액
수정전 잔액		₩300,000	?
수 정 사 항 :	인출금액 오류	–	₩(4,500)
	기발행미인출수표	–	(20,000)
	은행미기입예금	–	10,000
	인출거래처 오류	–	4,000
수정후 금액		₩300,000	₩300,000

• 수정전 은행측 잔액 = ₩300,000 + ₩4,500 + ₩20,000 − ₩10,000 − ₩4,000
= ₩310,500

07 ②

다음과 같이 은행계정조정표를 작성할 수 있으며, 수정후 잔액은 ₩11,400이다.

구 분		회사측 잔액	은행측 잔액
수정전 잔액		₩12,200	₩12,500
수 정 사 항 :	기발행미인출수표	–	(2,000)
	미기입예금	–	700
	은행수수료	(500)	–
	은행오류(수수료)	–	200
	이자비용	(300)	
수정후 금액		₩11,400	₩11,400

08 ②

다음과 같이 은행계정조정표를 작성할 수 있으며, 수정전 회사측 잔액은 ₩25,000이다.

구 분		회사측 잔액	은행측 잔액
수정전 잔액		?	₩30,000
수 정 사 항 :	기발행미인출수표	–	(8,000)
	부도수표	₩(9,000)	–
	미기입예금	–	6,000
	미통지 매출채권 추심	12,000	–
수정후 금액		₩28,000	₩28,000

• 수정전 회사측 잔액 = ₩28,000 + ₩9,000 – ₩12,000 = ₩25,000

09 ④

다음과 같이 은행계정조정표를 작성할 수 있으며, 수정전 은행측 잔액은 ₩434,000이다.

구 분		회사측 잔액	은행측 잔액
수정전 잔액		₩200,000	?
수 정 사 항 :	은행예금이자	15,000	−
	기발행미지급수표	−	₩(100,000)
	어음추심수수료	(1,000)	−
	미통지입금	120,000	−
수정후 금액		₩334,000	₩334,000

• 수정전 은행측 잔액 = ₩334,000 + ₩100,000 = ₩434,000

10 ①

다음과 같이 은행계정조정표를 작성할 수 있으며, 횡령으로 추정되는 금액은 회사측 잔액보다 실제 은행측 잔액이 적은 경우 동 차액(수정후기준)을 의미한다.

구 분		회사측 잔액	은행측 잔액
수정전 잔액		₩106,000	₩70,000
수 정 사 항 :	미 기 입 예 금	−	60,000
	수 수 료	(10,000)	−
	기발행미인출수표	−	(50,000)
	미 통 지 입 금	46,000	−
	은 행 측 오 류	−	22,000
수정후 금액		₩142,000	₩102,000

• 횡령으로 추정되는 금액 = ₩142,000 − ₩102,000 = ₩40,000

11 ④

문제에 제시된 자료를 이용하여 다음과 같이 은행계정조정표를 작성할 수 있다.

구 분		회사측 잔액	은행측 잔액
수정전 잔액		₩17,000	₩20,000
수 정 사 항 :	예 금 이 자	1,000	–
	부 도 수 표	(2,000)	–
	은 행 오 류	–	6,000
	기발행미인출수표	–	(?)
수정후 금액		₩16,000	₩16,000

위의 표에서 기발행인출수표의 금액은 ₩10,000임을 알 수 있다.

12 ①

다음과 같이 은행계정조정표를 작성할 수 있으며, 예금잔액증명서상 당좌예금 잔액은 ₩이다.

구 분		회사측 잔액	은행측 잔액
수정전 잔액		₩37,500	?
수 정 사 항 :	미통지입금	15,000	–
	은행수수료	(2,000)	–
	이자수익	5,000	–
	부도수표	(6,000)	–
	기장오류(회사)	(27,000)	–
수정후 금액		₩22,500	₩22,500

현금과부족

13 ②

㈜한강이 본 현금과부족 건에 대해 수행할 회계처리를 예시하면 다음과 같다.

(1) 현금실사시 :	(차)	현금과부족	50,000	(대)	현 금	50,000
(2) 원인파악시 :	(차)	광고비	65,000	(대)	현금과부족	65,000
(3) 기말결산시 :	(차)	현금과부족	15,000	(대)	잡이익	15,000

14 ②

현금과부족 계정은 임시계정으로서 결산 재무제표 작성전에 다른 계정으로 대체시켜야 한다. 주어진 현금과부족 계정의 기록상태로 볼 때, ㈜한강은 11월 8일에 다음과 같은 회계기록을 수행한 것으로 추정된다.

(차)	현 금	110,000	(대)	현금과부족	110,000

위와 같은 회계기록은 장부상 현금잔액이 실제잔액보다 더 적은 경우, 장부상 잔액을 실제잔액에 일치시키는 분개이다.

15 ①

장부상 현금잔액과 실제 현금잔액이 차이가 나는 경우, 장부상 현금잔액을 실제 현금잔액에 일치시키고 동 금액을 현금과부족 계정에 기록한 후 현금과부족 금액 중 결산시점까지 원인이 파악되지 않은 부분에 대해서는 잡손실(이익)로 처리한다.

CHAPTER 8

금융자산 (현금및현금성자산 제외)

ACCOUNTING PRACTICE

제 1 절 주요내용 요약

학습목표

Ⅰ. 금융자산의 기초개념

Ⅱ. 금융자산의 분류별 회계처리

Ⅲ. 금융자산의 손상과 제거

[참고] 지분법 회계

Ⅰ 금융자산의 기초개념

1. 금융자산의 정의

한국채택국제회계기준에 따른 금융자산은 현금및현금성자산을 포함하는 것이지만 현금및현금성자산의 경우에는 인식과 측정상의 문제가 발생하지 않으므로 앞서 살펴 보았고 본 장에서는 이를 제외한 금융자산에 대해서만 살펴본다.

(1) 금융자산의 정의

금융자산은 다음의 자산을 말한다.

① 현금

② 다른 기업의 지분상품

③ 다음 중 어느 하나에 해당하는 계약상 권리

a. 거래상대방에게서 현금 등 금융자산을 수취할 계약상 권리

b. 잠재적으로 유리한 조건으로 거래상대방과 금융자산이나 금융부채를 교환하기로 한 계약상 권리

④ 기업 자신의 지분상품(이하 '자기지분상품'이라 한다)으로 결제하거나 결제할 수 있는 다음 중 하나의 계약

a. 수취할 자기지분상품의 수량이 변동 가능한 비파생상품

b. 확정 수량의 자기지분상품을 확정 금액의 현금 등 금융자산과 교환하여 결제하는 방법 외의 방법으로 결제하거나 결제할 수 있는 파생상품.

2. 금융자산의 분류

(1) 금융자산의 분류원칙

금융자산은 계약상 현금흐름 특성과 기업의 사업모형을 고려하여 다음과 같이 분류한다.

계약상 현금흐름 특성	지정 또는 분류선택	사업모형		
		원리금회수	원리금회수 및 매도	기타의 사업모형
있음	지정 안함	상각후원가 측정 금융자산	기타포괄손익-공정가치 측정 금융자산	당기손익-공정가치 측정 금융자산
	당기손익 지정*	당기손익-공정가치 측정 지정 금융자산		-
없음	분류선택 안함	당기손익-공정가치 측정 금융자산		
	기타포괄손익 분류선택**	기타포괄손익-공정가치 측정 선택 금융자산		

* 회계불일치를 제거하거나 유의적으로 감소시키는 경우 당기손익항목으로 지정가능
** 단기매매목적이나 조건부대가가 아닌 경우 기타포괄손익항목으로 분류선택가능

(2) 금융자산의 계약상 현금흐름 특성

금융자산의 계약 조건에 따라 특정일에 원금과 원금잔액에 대한 이자 지급(이하 '원리금 지급')만으로 구성되어 있는 현금흐름이 발생하는 특성을 말한다.

(3) 금융자산의 관리를 위한 사업모형

사업모형은 기업이 금융자산을 통한 현금흐름을 창출하기 위해 금융자산을 관리하는 방식을 의미하는 것으로서, 다음의 3가지로 구분한다.

① 계약상 현금흐름 수취가 보유목적인 사업모형
② 계약상 현금흐름의 수취 및 금융자산의 매도가 보유목적인 사업모형
③ 기타의 사업모형(예 : 금융자산의 매도만이 보유목적인 사업모형)

(4) 인식과 측정을 위한 금융자산의 분류요약

앞서 제시한 바와 같이 계약상 현금흐름 특성과 기업의 사업모형에 따라 분류된 금융자산은 다음과 같은 4가지로 분류하여 회계처리 한다.

① 상각후원가 측정 금융자산
② 기타포괄손익-공정가치 측정 금융자산
③ 당기손익-공정가치 측정(지정) 금융자산
④ 기타포괄손익-공정가치 측정 선택 금융자산

3. 금융자산의 측정방법

(1) 최초 측정

모든 금융자산은 최초 인식시점에 공정가치로 측정한다. 다만, 일반적인 금융상품의 취득과 관련하여 취득 수수료 등 거래원가가 발생한 경우에는 취득원가에 가산하지만, 당해 금융상품의 취득으로 당기손익－공정가치 측정(지정) 금융자산이 인식되는 경우에는 거래원가를 당기비용으로 처리한다.

(2) 후속측정

4가지 금융자산 분류에 따라 다음과 같이 회계처리 한다.

금융자산 분류	측정기준	평가손익	재분류조정
상각후원가 측정 금융자산	상각후원가	(미발생)	－
당기손익－공정가치 측정(지정) 금융자산	공정가치	당기손익	－
기타포괄손익－공정가치 측정 금융자산	공정가치	기타포괄손익	조정함
기타포괄손익－공정가치 측정 선택 금융자산	공정가치	기타포괄손익	조정하지 않음

II 금융자산의 분류별 회계처리

1. 상각후원가 측정 금융자산

(1) 적용요건

다음 두 가지 조건을 모두 충족한다면 금융자산을 상각후원가로 측정한다.

① 계약상 현금흐름을 수취하기 위해 보유하는 것이 목적인 사업모형 하에서 금융자산을 보유한다.

② 금융자산의 계약 조건에 따라 특정일에 원리금 지급만으로 구성되어 있는 현금흐름이 발생한다.

(2) 적용대상

상각후원가 측정모형을 적용할 수 있는 금융자산 종류로는 대여금 및 기타 수취채권(대여금, 매출채권 등)과 만기까지 보유할 목적으로 보유하고 있는 채무상품 등이 있다.

(3) 상각후원가의 측정 : 유효이자율법

유효이자율법이란 금융자산이나 금융부채의 상각후원가를 계산하고 관련 기간에 이자수익이나 이자비용을 당기손익으로 인식하고 배분하는 방법을 말한다. 여기서 유효이자율이란 금융자산이나 금융부채의 기대존속기간에 추정 미래현금지급액이나 수취액의 현재가치를 금융자산이나 금융부채의 상각후원가(금융자산의 경우, 손상을 인식하는 경우 제외)와 정확히 일치시키는 이자율을 의미한다. 따라서 상각후원가는 금융자산이나 금융부채에서 발생하는 미래 현금흐름을 유효이자율로 할인한 현재가치에 해당한다.

2. 기타포괄손익－공정가치 측정 금융자산

(1) 적용요건

다음 두 가지 조건을 모두 충족한다면 금융자산을 기타포괄손익-공정가치로 측정한다.

① 계약상 현금흐름의 수취와 금융자산의 매도 둘 다를 통해 목적을 이루는 사업모형하에서 금융자산을 보유한다.

② 금융자산의 계약 조건에 따라 특정일에 원리금 지급만으로 구성되어 있는 현금흐름이 발생한다.

(2) 적용대상

기타포괄손익－공정가치 측정모형을 적용할 수 있는 금융자산 종류로는 중도매각목적(단기매매목적이 아닌)으로 보유하고 있는 채무상품 등이 있다.

(3) 기타포괄손익－공정가치 측정 분류 선택권

금융자산의 일반적인 분류규정에도 불구하고, 기업은 당기손익－공정가치로 측정되는 '지분상품에 대한 특정 투자'에 대하여 후속적인 공정가치 변동을 기타포괄손익으로 표시하도록 최초 인식시점에 선택할 수도 있다. 지분상품에 대한 특정 투자는 단기매매항목 및 조건부 대가가 아닌 지분상품 투자를 의미한다.

3. 당기손익 – 공정가치 측정 금융자산

(1) 적용요건

상각후원가로 측정하거나 기타포괄손익 – 공정가치로 측정하는 경우가 아닌 금융자산은 당기손익 – 공정가치로 측정한다.

(2) 적용대상

계약상 현금흐름특성이 없거나, 계약상 현금흐름특성은 있지만 기업의 사업모형이 기타모형으로 구분되는 경우의 금융자산은 당기손익 – 공정가치 측정 금융자산으로 분류된다. 이에 해당하는 금융자산으로는 단기매각목적의 채무상품이나 계약상 현금흐름특성이 없는 지분상품 등이 있다.

(3) 당기손익 – 공정가치 측정 항목 지정 선택권

금융자산의 일반적인 분류규정에도 불구하고 금융자산을 당기손익 – 공정가치 측정 항목으로 지정한다면 회계불일치를 제거하거나 유의적으로 줄이는 경우에는 최초 인식시점에 해당 금융자산을 당기손익 – 공정가치 측정 항목으로 지정할 수 있다. 여기서 회계불일치란 서로 다른 기준에 따라 자산이나 부채를 측정하거나 그에 따른 손익을 인식하는 경우에 발생하는 측정이나 인식의 불일치를 말한다. 다만 한번 지정하면 이를 취소할 수 없다.

III 금융자산의 손상과 제거

1. 금융자산 손상차손의 개요

(1) 금융자산의 손상차손

계약에 따라 지급받기로 한 모든 계약상 현금흐름과 수취할 것으로 예상하는 모든 계약상 현금흐름의 차이(모든 현금 부족액)를 최초 유효이자율(또는 취득시 신용이 손상되어 있는 금융자산은 신용 조정 유효이자율)로 할인한 금액(이하 '신용손실') 중 당기손실으로 인식하는 금액을 말한다. 즉 다음의 등식을 이용하여 산출한다.

- 금융자산손상차손 = 신용손실 중 당기손실로 인식하는 금액
- 신용손실 = 현금 부족액의 현재가치(최초 유효이자율로 할인)
- 현금부족액 = 계약상 현금흐름 – 예상 현금흐름

(2) 손실충당금

상각후원가 측정 금융자산(매출채권 등) 등의 기대신용손실에 대한 충당금 및 충당부채 또는 누적손상액을 의미하는 계정을 말한다.

2. 매출채권 등에 대한 손상차손 회계처리

손상회계의 주요한 적용시점은 매 보고기간말의 손실충당금 인식과 보고기간 중의 채권제각 및 손상처리된 채권의 회수시 회계처리가 있다.

(1) 보고기간 말의 손실충당금 인식

추정된 기대신용손실금액과 수정전시산표상의 잔액을 비교하여 손실충당금을 추가인식하거나 환입한다. 예를 들어, 추정된 기대신용손실이 ₩20,000이고 수정전시산표상의 손실충당금 잔액이 ₩10,000인 경우, ₩10,000의 손실충당금을 추가인식하는 회계처리는 다음과 같다.

(차)	금융자산손상차손 (당기비용)	10,000	(대)	손실충당금	10,000

(2) 보고기간 중의 채권제각

보고기간 중에 채권의 회수불능이 확정되어 당해 채권을 제거하는 경우 당해 채권과 이미 인식된 손실충당금을 상계처리한다. 만약 이미 인식된 손실충당금 보다 더 많은 금액의 채권제거가 필요하다면 동 초과금액에 대해서는 손상차손을 추가적으로 인식한다. 예를 들어, 전기말 ₩10,000의 기대신용손실금액이 손실충당금으로 설정된 매출채권 중 ₩12,000이 회수불능으로 확정되었다면 다음과 같은 회계처리가 필요하다.

(차)	손실충당금	10,000	(대)	매출채권	12,000
	금융자산손상차손 (당기비용)	2,000			

(3) 보고기간 중 이미 제각된 채권의 회수

과거에 이미 채권의 회수불능을 확정하여 제거시킨 채권이 보고기간 중에 회수되는 경우 회수된 현금만큼 손실충당금을 추가 인식한다. 예를 들어, 과거 제거한 매출채권 ₩8,000이 특별한 사유에 의하여 보고기간 중 회수된 경우 다음과 같은 회계처리가 필요하다.

(차)	현 금	8,000	(대)	손실충당금	8,000

3. 어음의 할인

(1) 어음할인의 의의

기업이 받을어음(매출채권)을 보유하고 있으나 만기일 전에 자금을 활용하고자 한다면, 금융기관에 해당 어음을 배서하고 자금을 조달하여 사용할 수 있다. 이 때 중요한 것은 해당 어음을 양도하고 수령할 수 있는 자금이 얼마인지를 계산하는 것과 금융자산으로 계상되어 있는 동 받을어음이 장부에서 제거되면서 인식될 손익이 얼마인지를 파악하는 것이다. 이때 해당 어음에 액면이자가 약정되어 있는지 여부 및 금융기관에서 적용하는 할인율을 고려하여야 한다.

(2) 받을 어음을 배서하고 수령하는 현금

해당 어음의 만기금액에서 금융기관의 할인액을 차감한 금액(아래의 ① − ②)으로 계산한다.

① 어음의 만기금액 = 어음의 액면금액 × (1 + 액면이자율 × $\frac{\text{어음기간 월수}}{12}$)

② 금융기관 할인액 = 어음의 만기금액 × 금융기관할인율 × $\frac{\text{할인기간 월수}}{12}$

(3) 받을 어음의 할인시(매각거래로 가정) 회계처리

해당 금융자산(받을 어음)을 장부에서 제거하고, 수령한 현금과 비교하여 금융자산처분손실을 인식한다. 이 때, 받을 어음에서 발생한 이자(액면이자)를 고려하여야 한다. 금융자산처분손실의 계산방법과 관련된 회계처리를 제시하면 다음과 같다.

① 금융자산처분손실 = 수령하는 현금 − 금융자산(발생이자 포함)의 장부금액

② 금융자산의 장부금액 = 어음의 액면금액 × (1 + 액면이자율 × $\frac{\text{보유기간 월수}}{12}$)

③ 어음 할인시점의 회계처리

미수이자의 인식 :	(차)	미수이자	×××	(대)	이자수익	×××
금융자산의 처분 :	(차)	현 금	×××	(대)	금융자산(매출채권)	×××
		금융자산처분손실*	×××		미수이자	×××

* 이론상 금융자산처분이익이 발생할 수도 있지만, 현실적으로 은행의 할인율이 어음이자율보다는 높을 것이므로, 거의 모든 경우에 금융자산처분손실이 발생한다.

참고로, 상기거래가 매각거래가 아닌 차입거래 즉 어음을 담보로 제공하고 대금을 차입하는 거래로 볼 수 있는 경우 어음 할인시점의 회계처리는 다음과 같다.

(차) 현 금 ××× (대) 단기차입금 ×××

참고 지분법 회계

1. 지분법의 의의

(1) 지분법의 정의

지분법(equity method)이란 투자자산을 최초에 원가로 인식하고, 취득시점 이후 발생한 피투자자의 순자산 변동액 중 투자자의 몫을 해당 투자자산에 가감하여 보고하는 회계처리방법을 말한다. 따라서 이러한 지분법을 사용하게 되면, 피투자자의 당기순손익과 기타포괄손익 중 투자자의 몫에 해당하는 금액은 각각 투자자의 당기순손익과 기타포괄손익에 반영되게 된다.

(2) 지분법 회계의 유용성

지분법 회계처리는 유의적인 영향력(significant influence)이나 공동지배력(joint control)이 없는 지분상품에 대한 투자에 대해 적용하는 회계처리(금융상품 기준서상의 회계처리)와 다른 것이다. 금융상품 기준서(K-IFRS 1109호 '금융상품')상의 회계처리는 기본적으로 수취한 분배액에 기초하여 수익을 인식하는 회계처리 방법으로 볼 수 있다. 그러나 수취한 분배액에 기초한 수익인식 방법은 수취한 분배액이 관계기업이나 공동기업의 성과와 관련성이 거의 없을 수도 있기 때문에 관계기업이나 공동기업의 투자에 대한 투자자 수익의 적절한 측정치가 되지 않을 수도 있다. 투자자는 피투자자에 대하여 공동지배력이나 유의적인 영향력을 보유하기 때문에 관계기업이나 공동기업의 성과에 대한 지분을 가지며 따라서 그것은 투자자산의 수익이 된다. 투자자는 피투자자의 손익 중 자신의 몫이 포함되도록 자신의 재무제표의 범위를 확장시키는 방법으로 이러한 이해관계를 회계처리한다. 그 결과 지분법을 적용하면 투자자의 순자산과 당기순손익에 관하여 더 유익한 정보를 제공한다.

2. 지분법의 적용대상

지분법은 원칙적으로 관계기업 및 공동기업(이하 '관계기업 등')에 대한 투자지분에 적용한다. 여기서 관계기업이란 투자자가 유의적인 영향력을 보유하는 상대방 기업(피투자기업)을 말하고, 공동기업이란 약정의 공동지배력을 보유하는 당사자들이 그 약정의 순자산에 대한 권리를 보유하는 공동약정(joint arrangements, 둘 이상의 당사자들이 공동지배력을 보유하는 약정)을 말한다. 참고로, 유의적인 영향력과 공동지배력에 대한 정의는 다음과 같다.

구 분	정 의
유의적인 영향력	피투자자의 재무정책과 영업정책에 관한 의사결정에 참여할 수 있는 능력. 그러나, 그러한 정책의 지배력이나 공동지배력은 아니다.
공 동 지 배 력	약정의 지배력에 대한 계약상 합의된 공유로서, 관련활동에 대한 결정에 지배력을 공유하는 당사자들 전체의 동의가 요구될 때에만 존재한다.

정의된 유의적인 영향력과 공동지배력에 대한 내용을 구체적으로 살펴보면 다음과 같다.

(1) 유의적인 영향력

기업이 직접 또는 간접(예: 종속기업을 통하여)으로 피투자자에 대한 의결권의 20% 이상을 소유하고 있다면 유의적인 영향력을 보유하는 것으로 본다. 다만 유의적인 영향력이 없다는 사실을 명백하게 제시할 수 있는 경우는 그러하지 아니하다. 반대로 기업이 직접 또는 간접(예: 종속기업을 통하여)으로 피투자자에 대한 의결권의 20% 미만을 소유하고 있다면 유의적인 영향력이 없는 것으로 본다. 다만 유의적인 영향력을 보유하고 있다는 사실을 명백하게 제시할 수 있는 경우는 그러하지 아니하다. 또한 다른 투자자가 해당 피투자자의 주식을 상당한 부분 또는 과반수이상 보유하고 있다 하더라도 기업이 피투자자에 대하여 유의적인 영향력을 보유하고 있다는 것을 반드시 배제하는 것은 아니다.

(2) 공동지배력

어떠한 약정에서 둘 이상의 당사자들이 공동지배력을 보유하는 경우 해당 약정은 공동약정으로 정의된다. 여기서 공동지배력은 약정의 모든 당사자들 또는 일부 당사자들 집단이 약정의 이익에 유의적인 영향을 미치는 활동(즉, 관련활동)을 지시하기 위하여 항상 함께 행동함으로써 그 약정을 집합적으로 지배할 때 생긴다.

한편, 공동약정은 약정의 당사자들의 권리와 의무에 따라 공동영업(joint operations)이나 공동기업(joint ventures)으로 분류된다. 공동영업은 약정의 공동지배력을 보유하는 당사자들이 약정의 자산에 대한 권리와 부채에 대한 의무를 보유하는 공동약정인데, 이때 공동약정의 당사자들을 공동영업자(joint operators)라고 한다. 그리고 공동기업은 약정의 공동지배력을 보유하는 당사자들이 약정의 순자산에 대한 권리를 보유하는 공동약정인데, 이 때 공동약정의 당사자들을 공동기업 참여자(joint venturers)라고 한다. 공동약정 중 공동기업에 대한 투자지분에 대해서는 지분법을 적용하며, 공동영업에 대한 회계처리는 별도의 방법에 따른다.

3. 지분법의 적용방법(회계처리 방법)

지분법에서 관계기업 등에 대한 투자를 최초 인식시 원가로 인식하고, 취득일 이후에 변동한 피투자자의 순자산변동액 중 투자자의 몫에 해당하는 금액을 인식하기 위하여 해당 투자자산의 장부금액을 가감한다. 공동기업에 대한 투자지분의 회계처리는 계정과목 명칭만 달라질 뿐 관계기업에 대한 투자지분의 회계처리와 동일하기 때문에, 이하 회계처리방법에 대한 설명은 관계기업에 대한 투자만을 대상으로 설명하기로 하며, 관계기업의 순자산 공정가치와 장부금액이 일치하지 않는 상황에 대한 회계처리는 본서의 범위를 벗어나는 것이므로, 관계기업의 순자산 공정가치와 장부금액은 항상 일치한다고 가정하기로 한다.

(1) 회계처리의 기본원리 : 최초인식과 후속변동

투자자가 관계기업의 주식을 취득하는 경우에는 최초에 원가로 인식한다. 회계처리를 예시하면 다음과 같다.

(차)	관계기업투자	×××	(대)	현금 등	×××

최초로 인식된 관계기업투자의 장부금액(원가)은 유의적 영향력을 취득한 날 현재 관계기업의 순자산 공정가치에 투자지분율을 곱한 금액과 동일할 수도 있지만 동일하지 않을 수 있으며, 오히려 동일하지 않은 것이 더 일반적이다. 예를 들어, 순자산공정가치가 100원인 관계기업 주식의 30%를 40원에 취득한 경우, 관계기업 순자산공정가치에 투자지분율을 곱한 금액은 30원(= 100원 × 30%)이지만 관계기업 투자주식의 취득원가는 40원이므로 10원의 차이가 발생하는데, 이 부분은 관계기업에 대한 유의적인 영향을 보유하게 된 대가로 추가 지급한 것이다. 이는 개념상 '영업권(goodwill)'에 해당하는 것인데, 지분법 회계처리에서는 영업권을 별도의 자산으로 인식하지 않고, 해당 투자지분에 포함하여 인

식한다.

지분법에서는 관계기업 순자산의 가치변동 중 투자자의 몫에 해당하는 금액을 관계기업투자의 장부금액을 증감시킴으로서 반영한다. 따라서 특정시점에서 관계기업투자의 장부금액은 관계기업의 순자산가치에 투자지분율을 곱한 금액과 별도로 인식되지는 않았지만 투자지분에 포함되어 있는 영업권을 합산한 금액이 된다. 즉 다음의 식으로 나타낼 수 있다.

• 관계기업투자(장부금액) = 관계기업의 순자산가치 × 지분율 + 영업권

(2) 관계기업의 순자산 변동원인별 회계처리

지분법의 핵심은 관계기업의 순자산가치 변동 중 투자자의 몫에 해당하는 금액을 관계기업투자의 장부금액에 반영하는 것이라 하였는데, 그렇다면 동 장부금액 증감액을 무엇으로 인식할지가 문제가 된다. 기본적으로 관계기업의 순자산가치가 변동되는 원인별 회계처리 방법은 다음과 같다.

① 관계기업의 당기순손익 보고로 인한 순자산 증감

피투자자의 당기순손익 중 투자자의 몫은 투자자의 당기순손익(지분법이익 또는 지분법손실)으로 인식한다. 이에 대한 회계처리를 예시하면 다음과 같다.

(차)	관계기업투자	×××	(대)	지분법이익	×××

② 관계기업의 기타포괄손익 보고로 인한 순자산 증감

피투자자의 기타포괄손익 중 투자자의 몫은 투자자의 기타포괄손익(지분법기타포괄이익 또는 지분법기타포괄손실)으로 인식한다. 이에 대한 회계처리를 예시하면 다음과 같다.

(차)	관계기업투자	×××	(대)	지분법기타포괄이익	×××

③ 관계기업의 이익분배(현금배당)로 인한 순자산 감소

관계기업 등으로부터 받은 분배액은 투자지분의 환급으로 보는 것이므로, 동 분배액 만큼 해당 투자자산의 장부금액을 줄여준다. 이에 대한 회계처리를 예시하면 다음과 같다.

(차)	현금 등	×××	(대)	관계기업투자	×××

참고로, 관계기업이 주식배당을 실시하여 관계기업으로부터 주식을 교부받은 경우에는

관계기업의 순자산에 변화가 없고, 보유하는 관계기업주식의 가치에 변화도 없기 때문에 아무런 회계처리가 필요없다.

④ 관계기업의 기타 순자산가치 변동

관계기업의 순자산가치 변동은 앞서 언급한 손익의 발생이나 이익의 분배뿐만 아니라 기타의 자본거래를 통해서도 변동될 수 있다. 이러한 경우에는 관계기업투자 장부금액을 증감시키면서 동 금액을 투자자의 자본(지분법자본변동)에 직접 반영한다. 이에 대한 회계처리를 예시하면 다음과 같다.

(차)	관계기업투자	×××	(대)	지분법자본변동	×××

제 2 절 기출 및 연습문제

금융자산의 정의 및 분류

대표예제

금융자산의 분류원칙에 대한 한국채택국제회계기준의 설명으로 옳지 않은 것은?

① 금융자산의 계약 조건에 따라 특정일에 원리금 지급만으로 구성되어 있는 현금흐름이 발생하고, 계약상 현금흐름을 수취하기 위해 보유하는 것이 목적인 사업모형 하에서 금융자산을 보유하는 경우, 당해 금융자산은 상각후원가 측정 금융자산으로 분류한다.

② 금융자산의 계약 조건에 따라 특정일에 원리금 지급만으로 구성되어 있는 현금흐름이 발생하고, 계약상 현금흐름의 수취와 금융자산의 매도 둘 다를 통해 목적을 이루는 사업모형 하에서 금융자산을 보유하는 경우, 당해 금융자산은 기타포괄손익-공정가치 측정 금융자산으로 분류한다.

③ 금융자산을 당기손익 - 공정가치 측정 항목으로 지정한다면 회계불일치를 제거하거나 유의적으로 줄이는 경우에는 최초 인식시점에 해당 금융자산을 당기손익-공정가치 측정 항목으로 지정할 수 있다. 다만 한번 지정하면 이를 취소할 수 없다.

④ 당기손익 - 공정가치로 측정되는 모든 금융자산에 대하여는 후속적인 공정가치 변동을 기타포괄손익으로 표시하도록 최초 인식시점에 선택할 수도 있다. 다만 한번 선택하면 이를 취소할 수 없다.

해설 ④

단기매매목적이나 조건부대가가 아닌 지분상품만 기타포괄손익-공정가치 측정 항목으로의 분류를 선택할 수 있다.

01 다음의 보기 중 금융상품으로만 묶인 것은? [국가직 9급, 2013 기출]

ㄱ. 선급비용	ㄴ. 투자사채
ㄷ. 매출채권	ㄹ. 대여금
ㅁ. 이연법인세자산	

① ㄱ, ㄴ, ㄷ　　② ㄱ, ㄹ, ㅁ

③ ㄴ, ㄷ, ㄹ　　④ ㄷ, ㄹ, ㅁ

02 금융자산 및 기업 간 투자에 대한 설명으로 옳은 것은? [국가직 9급, 2015 기출수정]

① 기업이 다른 기업의 지분상품을 취득하여 배당금을 받는 경우 동 지분상품의 장부금액은 감소한다.

② 다른 기업이 발행한 채무증권의 취득 금액이 해당 기업의 보통주 가격의 20% 이상이 되는 경우, 해당 기업의 경영에 유의적인 영향력을 미칠 수 있기에 관계기업투자로 분류한다.

③ 기업이 보유한 다른 기업의 지분상품은 금융자산이 될 수 없다.

④ 기업이 보유한 기업 자신의 지분상품은 금융자산이 될 수 있다.

03 계약상 현금흐름특성이 없는 단기매각목적의 지분상품과 동일한 방식으로 인식하고 측정될 수 있는 금융자산은?

① 계약상 현금흐름특성이 있고, 기업의 사업모형이 계약상 현금흐름 수취목적인 경우의 금융자산

② 계약상 현금흐름특성이 있고, 기업의 사업모형이 계약상 현금흐름 수취목적과 금융자산 매도목적을 모두 가지는 경우의 금융자산

③ 계약상 현금흐름특성이 있고, 기업의 사업모형이 금융자산 매도목적인 경우의 금융자산

④ 계약상 현금흐름 특성이 없고, 기업의 사업모형이 계약상 현금흐름 수취목적인 경우의 금융자산에 대해서 기업이 당해 금융자산의 공정가치 변동을 기타포괄손익으로 인식할 수 있는 선택권을 정당하게 행사한 경우

04 다음 거래로 취득한 금융자산의 세부분류와 최초 인식시 측정금액은? [국가직 7급, 2017 기출수정]

> ㈜한국은 한국거래소에서 투자목적으로 ㈜서울의 주식 1주를 ₩10,000에 구입하고 수수료 ₩1,000을 지급하였다. ㈜한국은 당해 주식을 단기간 내에 매각할 예정이다. ㈜한국은 금융자산의 매도를 통해 목적을 이루는 사업모형 하에서 동 금융자산을 보유한다.

① 당기손익 – 공정가치 측정 금융자산 ₩11,000

② 기타포괄손익 – 공정가치 측정 금융자산 ₩11,000

③ 당기손익 – 공정가치 측정 금융자산 ₩10,000

④ 기타포괄손익 – 공정가치 측정 금융자산 ₩10,000

지분상품의 회계처리

대표예제 국가직 9급, 2013 기출수정

다음의 ㈜민국 주식에 대한 ㈜한국의 회계처리로 옳지 않은 것은?

- ㈜한국은 20X0년 1월 15일 ㈜민국의 주식을 ₩1,000,000에 취득하면서 기타포괄손익-공정가치 측정 금융자산으로 분류(선택권 행사)하였다.
- ㈜민국 주식의 공정가치는 20X0년 12월 31일 ₩900,000이고 20X1년 12월 31일 ₩1,200,000이다.
- 20X2년 5월 8일에 ㈜민국 주식을 ₩1,270,000(처분당시 공정가치에 해당하는 금액)에 처분하였다.

① 20X0년의 포괄손익계산서에 금융자산평가손실(기타포괄손실) ₩100,000이 계상된다.

② 20X1년 12월 31일의 재무상태표에 금융자산평가이익(기타포괄손익누계액) ₩200,000이 계상된다.

③ 20X1년 12월 31일 상기 금융자산의 장부금액은 ₩1,200,000이다.

④ 20X2년 1월 10일 발생하는 상기 금융자산의 처분손익은 ₩70,000이다.

해답 ④

㈜민국 주식을 취득하여 보유하는 동안 동 주식의 장부금액의 변화를 분석하면 다음과 같다.

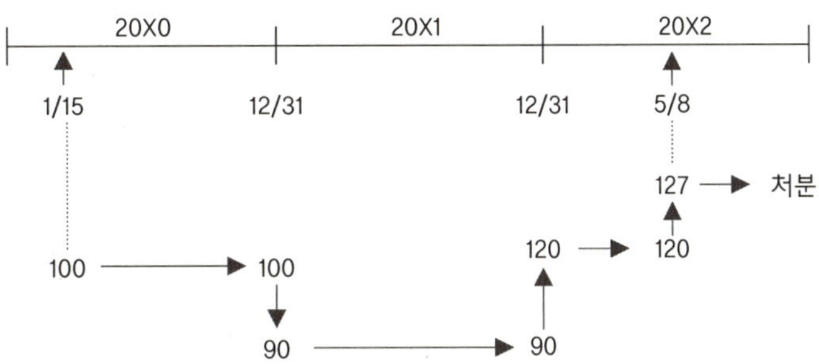

상기에 분석된 장부금액 변화를 기초로 ㈜민국 주식의 취득과 보유 및 처분시점의 회계처리를 나타내면 다음과 같다.

취득(20X0) :	(차)	금융자산	1,000,000	(대)	현 금	1,000,000
평가(20X0) :	(차)	금융자산평가손실 (기타포괄손실)	100,000	(대)	금융자산	100,000
평가(20X1) :	(차)	금융자산	300,000	(대)	금융자산평가이익 (기타포괄이익)	300,000
처분(20X2) :	(차)	금융자산	70,000	(대)	금융자산평가이익 (기타포괄이익)	70,000
	(차)	현 금	1,270,000	(대)	금융자산	1,270,000

추가적으로 회사는 기타포괄손익누계액으로 남아있는 처분된 주식의 금융자산평가이익 ₩270,000을 다음과 같이 이익잉여금으로 대체할 수 있다.

(차)	금융자산평가이익 (기타포괄손실)	270,000	(대)	이익잉여금	270,000

05 당기손익 - 공정가치 측정 금융자산으로 분류된 지분상품에서 수취한 현금배당액에 대한 회계처리로 옳은 것은? [국가직 9급, 2011 기출수정]

① 재무상태표에 기타포괄손익누계액으로 표시한다.

② 당기손익 - 공정가치 측정 금융자산의 장부금액을 감소시킨다.

③ 포괄손익계산서에 기타포괄손익으로 표시한다.

④ 포괄손익계산서에 당기수익으로 표시한다.

06 ㈜한국은 20X1년 9월 5일에 취득한 ㈜서울의 주식을 기타포괄손익 - 공정가치 측정 금융자산으로 분류한 후 20X2년 12월 31일 현재에도 그대로 보유하고 있다. ㈜서울의 주식 취득시 지급한 금액(공정가치)은 ₩500,000이고, 동 주식의 20X1년말과 20X2년말의 공정가치가 각각 ₩480,000과 ₩510,000일 때, ㈜한국의 20X2년 12월 31일의 분개는? [국가직 9급, 2012 기출수정]

①	(차)	금융자산	₩30,000	(대)	금융자산평가이익 (당기이익)	₩30,000
②	(차)	금융자산	₩30,000	(대)	금융자산평가이익 (기타포괄이익)	₩30,000
③	(차)	금융자산평가손실 (당기손실)	₩20,000	(대)	금융자산	₩20,000
④	(차)	금융자산	₩10,000	(대)	금융자산평가이익 (기타포괄이익)	₩10,000

07 다음은 ㈜한국이 보유하고 있는 금융자산에 관한 자료이다. 20X1년 말 금융자산평가손익이 포괄손익에 미치는 영향은? 단, 모든 보유 금융자산은 유의적인 영향력을 행사할 수 없다고 가정한다.

[국가직 9급, 2013 기출수정]

구 분	20X0.5.1. 취득원가	20X0.12.31. 공정가치	20X1.12.31. 공정가치
당기손익 – 공정가치 측정 금융자산	₩1,200,000	₩1,100,000	₩1,400,000
기타포괄손익 – 공정가치 측정 금융자산	₩1,000,000	₩1,500,000	₩1,700,000

① ₩200,000　② ₩300,000

③ ₩500,000　④ ₩900,000

08 ㈜한국은 20X2년 중에 매매수수료 ₩100을 포함하여 ₩1,200에 ㈜민국 주식을 취득하여 공정가치로 측정하고 공정가치 변동을 기타포괄손익으로 인식하는 회계처리를 하고 있다. 20X2년 말 현재 ㈜민국 주식의 공정가치는 ₩1,400이다. ㈜한국은 20X3년 중에 위의 금융자산의 절반(1/2)을 매각하고, ₩500(처분당시의 공정가치에 해당하는 금액)을 수취하였다. ㈜한국이 20X3년 중에 인식할 금융자산처분손익(당기손익)은?

[국가직 9급, 2014 기출수정]

① 처분손실 ₩100　② 처분손실 ₩200

③ 처분이익 ₩200　④ 처분손익 없음

09 ㈜한국은 20X3년 10월 초에 주식 10주를 주당 ₩2,000에 취득하고 수수료로 ₩1,000의 현금을 지급하였다. 20X3년 12월 31일 주식의 공정가치는 주당 ₩2,200이었다. 20X4년 1월 2일에 ㈜한국은 동 주식을 주당 ₩2,150(처분당시 공정가치에 해당하는 금액)에 모두 처분하였다. ㈜한국은 취득한 주식을 기타포괄손익－공정가치 측정 금융자산으로 분류선택 하였다. 다음 중 옳지 않은 것은? 단, 법인세는 무시한다. [국가직 9급, 2015 기출수정]

① 당기손익－공정가치 측정 금융자산으로 분류하는 경우에 주식처분손익은 달라진다.

② 당기손익－공정가치 측정 금융자산으로 분류하여도 20X4년도 당기순이익에 미치는 영향은 동일하다.

③ 당기손익－공정가치 측정 금융자산으로 분류하면 20X3년도의 당기순이익은 동 주식 취득으로 인해 ₩1,000 증가한다.

④ 당기손익-공정가치 측정 금융자산으로 분류하는 경우에 주식처분손실은 ₩500이다.

10 ㈜대한은 20X1년 7월 20일에 액면금액 ₩5,000인 ㈜한국의 주식을 주당 ₩5,000에 10주 매입하였으며, 이는 기타포괄손익－공정가치 측정 선택 금융자산으로 분류되었다. 취득시 직접 거래비용은 추가로 총 ₩1,000이 발생하였다. 동 주식과 관련한 20X1년의 추가적인 거래는 없다. 20X1년 말 동 주식의 공정가치는 주당 ₩5,500이었다. ㈜대한의 20X1년 말 재무상태표에 금융자산으로 인식될 금액과 포괄손익계산서에 인식될 손익은? [지방직 9급, 2012 기출수정]

	재무상태표(금융자산)		포괄손익계산서(평가이익)	
①	금융자산	₩51,000	당기손익	₩4,000
②	금융자산	₩51,000	기타포괄손익	₩5,000
③	금융자산	₩55,000	기타포괄손익	₩4,000
④	금융자산	₩55,000	당기손익	₩5,000

11 ㈜한국은 20X1년 7월 1일 ㈜대한의 주식 300주를 ₩60,000에 취득하면서 기타포괄손익－공정가치 측정 선택 금융자산으로 분류하였다. 20X1년 말 동 주식의 공정가치는 ₩70,000이었으며, 20X2년 6월 1일 ₩90,000(처분당시 공정가치에 해당하는 금액)에 전부 처분하였다. 20X2년 이와 관련된 거래를 제외한 당기순이익이 ₩200,000일 때, ㈜한국의 총포괄손익은? 단, 해당 거래를 제외하고 총포괄손익에 영향을 미치는 항목은 없는 것으로 가정한다.

[국가직 7급, 2012 기출수정]

① ₩200,000　　② ₩220,000

③ ₩230,000　　④ ₩290,000

12 다음은 ㈜한국이 보유하고 있는 금융자산에 관한 자료이다. 20X2년 취득 시 A사 주식은 당기손익－공정가치 측정 금융자산으로, B사와 C사 주식은 기타포괄손익-공정가치 측정 선택 금융자산으로 분류하였으며, 20X3년 중에 B사 주식을 ₩130,000(처분당시 공정가치에 해당하는 금액)에 처분하였다. 이 주식들과 관련된 손익을 인식할 때 20X3년도에 변동되는 당기순이익은? 단, 제시된 모든 주식은 유의적 영향력을 행사할 수 없다.

[지방직 9급, 2013 기출수정]

종 목	취득원가	공정가치	
		20X2년말	20X3년말
A사주식	₩100,000	₩120,000	₩110,000
B사주식	90,000	80,000	–
C사주식	80,000	100,000	120,000
합 계	₩270,000	₩300,000	₩230,000

① ₩10,000 감소　　② ₩40,000 증가

③ ₩50,000 증가　　④ ₩60,000 증가

13 ㈜한국은 20X1년 ㈜서울의 주식 1,000주를 주당 ₩5,000에 구입하고 기타포괄손익-공정가치 측정 선택 금융자산으로 분류하였다. 20X1년 말 및 20X2년 말 ㈜서울의 주당 공정가치는 각각 ₩6,000, ₩4,000이었다. 20X3년 중 ㈜한국이 ㈜서울의 주식 500주를 주당 ₩6,500(처분당시 공정가치에 해당하는 금액)에 처분할 때 인식할 금융자산처분이익은?

[국가직 7급, 2013 기출수정]

① ₩0　② ₩500,000

③ ₩750,000　④ ₩1,250,000

14 ㈜한국은 20×1년 중 (주)민국의 주식을 매매수수료 ₩1,000을 포함하여 총 ₩11,000을 지급하고 취득하였으며, 기타포괄손익-공정가치 측정 금융자산으로 분류하였다. 동 주식의 20×1년 말 공정가치는 ₩12,000이었으며, 20×2년 중에 동 주식을 ₩11,500에 모두 처분하였을 경우, 동 금융자산과 관련한 설명 중 옳은 것은?

[국가직 9급, 2021 기출]

① 취득금액은 ₩10,000이다.

② 20X1년 당기순이익을 증가시키는 평가이익은 ₩1,000이다.

③ 20X2년 당기순이익을 감소시키는 처분손실은 ₩500이다.

④ 20X2년 처분손익은 ₩0이다.

15 다음은 ㈜한국이 보유하고 있는 지분증권과 관련된 거래내역이다. 이 거래가 20X3년의 당기손익에 미치는 영향은? 단, ㈜한국은 각 피투자회사에 대해 유의적인 영향력을 행사할 수 없으며, 법인세는 무시한다.

[국가직 7급, 2014 기출]

- ㈜한국은 20X3년 2월 20일 단기매매 목적으로 다음의 지분증권을 취득하였다.

종 류	수 량	주당 액면금액	주당 취득원가
A주식	10	₩1,000	₩2,500
B주식	15	2,000	3,000
C주식	20	1,000	1,500

- 20X3년 3월 31일 A주식에 대한 배당금을 주당 ₩100씩 수령하였다.
- 20X3년 6월 1일 A주식 5주를 주당 ₩2,250에, B주식 10주를 주당 ₩2,500에 처분하였다.
- 20X3년 12월 31일 A주식, B주식, C주식의 주당 공정가치는 각각 ₩2,000, ₩1,750, ₩1,600이다.

① 손실 ₩6,250　② 손실 ₩6,750

③ 손실 ₩12,000　④ 손실 ₩13,000

16 ㈜한국은 20X5년 중 단기시세차익을 목적으로 ㈜대한과 ㈜민국의 주식을 다음과 같이 매입하였다. 취득 시 총 매입금액의 1%인 ₩8,200을 거래수수료로 지급하였다. 주식의 주당 취득원가와 결산일인 20X5년 12월 31일 현재 주식의 주당 공정가치가 다음과 같을 경우, 주식평가에 대한 회계처리로 옳은 것은? [국가직 7급, 2015 기출수정]

구 분	보유수량	주당 취득원가	주당 공정가치
㈜대한	100주	₩8,000	₩10,000
㈜민국	10주	₩2,000	₩3,000

① (차) 금융자산 ₩201,800 (대) 금융자산평가이익(당기이익) ₩201,800

② (차) 금융자산 ₩210,000 (대) 금융자산평가이익(당기이익) ₩210,000

③ (차) 금융자산 ₩201,800 (대) 금융자산평가이익(기타포괄이익) ₩201,800

④ (차) 금융자산 ₩210,000 (대) 금융자산평가이익(기타포괄이익) ₩210,000

17 ㈜한국은 20X6년 중 장기보유 목적으로 A주식을 매입하였고, 단기시세차익 목적으로 B주식을 매입하였다. ㈜한국은 20X6년 말 A주식과 B주식을 보유하고 있으며, 두 주식에 대한 취득원가와 공정가치는 다음과 같다. 20X6년 말 재무제표에 미치는 영향으로 옳지 않은 것은? 단, 취득한 주식은 발행기업에 유의한 영향을 미치지 않으며, 가능한 경우 ㈜한국은 기타포괄손익－공정가치 측정 분류선택권을 행사하는 것으로 가정한다. [국가직 7급, 2016 기출수정]

종 목	취득원가	20×6년 말 공정가치
A주식	₩100,000	₩90,000
B주식	₩60,000	₩70,000

① 당기순이익이 ₩10,000 증가한다.
② 기타포괄손익이 ₩10,000 감소한다.
③ 이익잉여금은 변동하지 않는다.
④ 총포괄손익은 변동하지 않는다.

18 12월말 결산법인인 ㈜대한은 20X3년도 초에 ㈜민국의 주식 1,000주를 1주당 ₩2,000에 취득하였다. 20X3년도 말 ㈜민국 주식의 주당 공정가치는 ₩2,400이다. ㈜대한은 20X4년도 중 보유 중인 ㈜민국의 주식 500주를 주당 ₩2,200(처분당시 공정가치에 해당하는 금액)에 처분하였다. ㈜대한이 ㈜민국의 주식을 당기손익－공정가치 측정 금융자산(FVTPL 금융자산)으로 분류하는 경우와 기타포괄손익－공정가치 측정 선택 금융자산(FVOCI 선택 금융자산)으로 분류하는 경우 ㈜대한이 20X4년도 포괄손익계산서에 반영할 금융자산처분손익은?

[지방직 9급, 2014 기출수정]

	FVTPL 금융자산		FVOCI 선택 금융자산	
①	처분손실	₩100,000	처분이익	₩100,000
②	처분손실	₩100,000	처분손익	₩0
③	처분이익	₩100,000	처분손실	₩100,000
④	처분이익	₩100,000	처분이익	₩100,000

19 ㈜한국의 A사 주식거래가 다음과 같은 경우, 20X5년의 법인세비용차감전순손익에 미치는 영향은? 단, ㈜한국은 해당주식에 대해 기타포괄손익－공정가치 측정 분류선택권을 행사한다고 가정하고 단가산정은 평균법에 의한다.

[지방직 9급, 2015 기출수정]

- 20X4년에 A사 주식 100주(액면금액 주당 ₩5,000)를 ₩500,000에 취득하였으며, 20X4년 말 공정가치는 ₩550,000이다.
- 20X5년 2월에 A사는 현금배당 10%(액면기준)와 주식배당 10%를 동시에 실시하였으며, ㈜한국은 A사로 부터 배당금과 주식을 모두 수취하였다.
- 20X5년 10월에 보유 중이던 A사 주식 중 55주를 주당 ₩6,000(처분당시 공정가치에 해당하는 금액)에 처분하였다.
- 20X5년 말 A사 주식의 주당 공정가치는 ₩7,000이다.

① ₩50,000 증가 ② ₩100,000 증가
③ ₩105,000 증가 ④ 변동없음

20 ㈜대한은 20X4년 12월 1일에 ㈜민국의 주식을 ₩1,500,000에 취득하고 기타포괄손익－공정가치 측정 선택 금융자산으로 분류하였다. 동 주식의 공정가치는 20X4년 말 ₩1,450,000이었으며, 20X5년 말 ₩1,600,000이었다. ㈜대한이 20X6년 중에 동 주식을 ₩1,650,000(처분 당시 공정가치에 해당하는 금액)에 처분하였을 경우, 20X6년의 당기순이익 및 총포괄이익에 미치는 영향은? 단, 세금효과는 고려하지 않으며, 회사는 주식의 처분시 남아있는 기타포괄손익누계액을 이익잉여금으로 대체하지 않는다고 가정한다. [지방직 9급, 2016 기출수정]

	당기순이익	총포괄이익
①	₩150,000 증가	₩50,000 증가
②	₩50,000 증가	₩150,000 증가
③	변동 없음	₩50,000 감소
④	변동 없음	₩50,000 증가

21 ㈜대한은 20X6년 초에 ㈜민국의 주식 10주를 ₩300,000(주당 취득원가 @₩30,000)에 취득하고 수수료 ₩20,000을 별도로 지급하였으며, 동 주식을 당기손익－공정가치 측정 금융자산으로 분류하였다. 20X6년 말 동 주식의 공정가치가 주당 ₩34,000일 때, ㈜대한이 동 주식에 대하여 인식해야 할 평가이익은? [지방직 9급, 2016 기출]

① ₩10,000 ② ₩20,000

③ ₩30,000 ④ ₩40,000

채무상품의 회계처리

대표예제 국가직 9급, 2014 기출수정

㈜한국은 20X3년 1월 1일 ㈜민국이 발행한 사채를 ₩952,000에 취득하여 기타포괄손익-공정가치 측정 금융자산으로 분류하였다. 동 금융자산의 분류는 기업의 사업모형을 계약상 현금흐름의 수취와 금융자산의 매도 둘 다를 통해 목적을 이루는 사업모형으로 평가한 것에 기초한 것이다. ㈜민국이 발행한 사채는 액면금액 ₩1,000,000, 만기 3년, 액면이자율 연 10%, 이자는 매년 12월 31일에 지급한다. 20X3년 12월 31일 사채의 공정가치는 ₩960,000이었다. ㈜한국은 사채의 가치가 더 하락할 것을 우려하여 20X4년 1월 1일 해당 사채를 ₩920,000에 처분하였다. 위의 거래가 ㈜한국의 20×3년도 당기순이익에 미치는 영향과 20X4년 1월 1일에 인식할 처분손익으로 옳은 것은? 단, 발행 당시 해당 사채의 유효이자율은 12%이며 법인세 효과는 없다고 가정한다.

① 당기순이익 ₩114,240 증가, 처분손실 ₩46,240
② 당기순이익 ₩114,240 증가, 처분손실 ₩40,000
③ 당기순이익 ₩108,000 증가, 처분손실 ₩46,240
④ 당기순이익 ₩108,000 증가, 처분손실 ₩40,000

해답 ①

(1) 20X3년말 상각후 원가 = ₩952,000 + 유효이자 - 액면이자 = ₩966,240

① 유효이자 = ₩952,000 × 12% = ₩114,240 (이자수익으로 인식)

② 액면이자 = ₩100,000

(2) 20X3년말 금융자산평가손익 = 공정가치 - 상각후원가 = (-)₩6,240(기타포괄손실)

(3) 20X4년초 금융자산처분손익 = 처분금액 - 상각후원가 = (-)₩46,240(당기손실)

참고로, 주어진 자료를 이용하여 상기 취득사채의 상각표와 회계처리를 예시하면 다음과 같다.

일 자	유효이자	액면이자	상각액	상각후원가
20X3년 1월 1일				₩952,000
20X3년 12월 31일	₩114,240	₩100,000	₩14,240	966,240
20X4년 12월 31일	115,949	100,000	15,949	982,189
20X5년 12월 31일	117,811	100,000	17,811	1,000,000
합 계	₩348,000	₩300,000	₩48,000	

일자		차변	금액		대변	금액
20X3. 1. 1. :	(차)	금융자산	952,000	(대)	현 금	952,000
20X3.12.31. :	(차)	현 금	100,000	(대)	이자수익	114,240
		금융자산	14,240			
	(차)	금융자산평가손실 (기타포괄손실)	6,240	(대)	금융자산	6,240
20X4. 1. 1. :	(차)	금융자산평가손실 (기타포괄손실)	40,000	(대)	금융자산	40,000
	(차)	현 금	920,000	(대)	금융자산	920,000
	(차)	금융자산처분손실 (당기손실)	46,240	(대)	금융자산평가손실 (기타포괄손실)	46,240

22 ㈜한국은 20X7년 1월 1일 상품을 ₩3,500,000에 판매하였다. 판매 시에 현금 ₩500,000을 수령하고, 잔금 ₩3,000,000은 20X7년 말부터 매년 말 ₩1,000,000씩 3년에 걸쳐 받기로 하였다. 이 매출거래와 관련하여 20X7년에 인식할 매출액과 이자수익은? 단, 유효이자율은 10%이다.

[국가직 9급, 2018 기출]

기 간	단일금액 ₩1의 현재가치	정상연금 ₩1의 현재가치
1	0.9091	0.9091
2	0.8264	1.7355
3	0.7513	2.4868

	매출액	이자수익
①	₩1,500,000	₩75,130
②	₩1,500,000	₩248,680
③	₩2,986,800	₩75,130
④	₩2,986,800	₩248,680

23 ㈜한국은 20X1년 초 타사발행 사채A(액면금액 ₩500,000, 액면이자율 연 8%, 유효이자율 연 10%, 이자 매년 말 후급)를 ₩460,000에 취득하고, 이를 '기타포괄손익－공정가치측정 금융자산'으로 분류하였다. 사채A의 20X1년 기말 공정가치는 ₩520,000이며, 20X2년 초 사채A의 50%를 ₩290,000에 처분하였다. 사채A와 관련하여 ㈜한국이 인식할 20X1년 평가이익과, 20X2년 처분이익은?

[국가직 7급, 2018 기출]

① 평가이익 ₩54,000, 처분이익 ₩30,000

② 평가이익 ₩54,000, 처분이익 ₩57,000

③ 평가이익 ₩60,000, 처분이익 ₩30,000

④ 평가이익 ₩60,000, 처분이익 ₩57,000

24 ㈜한국은 20X1년 초 채무상품 A를 ₩950,000에 취득하고, 상각후원가 측정 금융자산으로 분류하였다. 채무상품 A로부터 매년 말 ₩80,000의 현금이자를 수령하며, 취득일 현재 유효이자율은 10%이다. 채무상품 A의 20X1년 말 공정가치는 ₩980,000이며, 20X2년 초 해당 채무상품 A의 50%를 ₩490,000에 처분하였을 때 ㈜한국이 인식할 처분손익은?

[지방직 9급, 2019 기출]

① 처분손실 ₩7,500　　② 처분손익 ₩0

③ 처분이익 ₩7,500　　④ 처분이익 ₩15,000

25 ㈜대한은 20X1년 1월 1일 액면금액이 ₩1,000,000(액면이자율은 10%이고 유효이자율이 12%이며 매년 말 이자 지급)이고 만기가 3년인 시장성 있는 사채를 투자목적으로 취득하였다. 20X1년 12월 31일 이 사채의 공정가치는 ₩970,000이었고 20X2년 1월 1일 ₩974,000에 처분하였다. 취득 시 기타포괄손익－공정가치 측정 금융자산으로 분류할 경우 이에 대한 회계처리로 옳지 않은 것은? 단, 현재가치이자요소는 다음 표를 이용한다.

[국가직 7급, 2012 기출수정]

<현재가치이자요소>

기 간	이자율(10%)	이자율(12%)
1년	0.91	0.89
2년	0.83	0.80
3년	0.75	0.71
합 계	2.49	2.40

① 취득시점에서의 공정가치는 ₩950,000이다.

② 20X1년 12월 31일에 인식하여야 할 총 이자수익은 ₩114,000이다.

③ 20X1년 12월 31일 공정가치평가 전 장부금액은 ₩964,000이다.

④ 20X2년 1월 1일 처분시 인식되는 금융자산처분이익은 ₩4,000이다.

26 ㈜한국은 20X6년 1월 1일 A주식 100주를 주당 ₩10,000에 취득하여 기타포괄손익-공정가치 측정 선택 금융자산으로 분류하였으며, 20X6년 4월 1일 3년 만기 B회사채(20X6년 1월 1일 액면발행, 액면금액 ₩1,000,000, 표시이자율 연 4%, 매년 말 이자지급)를 ₩1,010,000에 취득하여 상각후원가 측정 금융자산으로 분류하였다. 20X6년 말 A주식의 공정가치는 주당 ₩9,500이고, B회사채의 공정가치는 ₩1,050,000일 때, ㈜한국의 A주식과 B회사채 보유가 20X6년도 당기손익 및 기타포괄손익에 미치는 영향은? [국가직 7급, 2012 기출수정]

① 당기손익 ₩40,000 감소, 기타포괄손익 ₩30,000 증가

② 당기손익 ₩40,000 증가, 기타포괄손익 ₩50,000 감소

③ 당기손익 ₩30,000 증가, 기타포괄손익 불변

④ 당기손익 ₩30,000 증가, 기타포괄손익 ₩50,000 감소

수취채권의 손상

대표예제 국가직 7급, 2013 기출수정

㈜한국의 20X2년 초 매출채권은 ₩100,000이며 손실충당금은 ₩10,000이었다. 그리고 ㈜한국의 20X2년도 상품매출은 ₩1,000,000이며 상품의 하자로 인한 매출에누리가 ₩20,000이었다. 또한 20X2년 중 고객으로부터의 판매대금 회수금액은 ₩700,000이었으며, 대손확정(매출채권 제각)액은 ₩5,000이었다. 20X2년 말 매출채권 손상에 대해 평가를 한 결과 미래현금흐름의 현재가치가 ₩290,000으로 추정될 때, ㈜한국이 당기비용으로 인식할 대손상각비는?

① ₩70,000　　② ₩75,000

③ ₩80,000　　④ ₩85,000

해답 ③

기말 매출채권 금액을 파악하여, 기말 손실충당금을 산출하여야 당기 대손상각비를 구할 수 있다.

(1) 기말 매출채권 = 기초 매출채권 + 당기 매출액 − 채권회수액 − 채권제각액

= ₩100,000 + (₩1,000,000 − ₩20,000) − ₩700,000 − ₩5,000 = ₩375,000

(2) 기말 손실충당금 = ₩375,000 − ₩290,000 = ₩85,000

(3) 당기대손회계처리

대손확정시 :	(차)	손실충당금	5,000	(대)	매출채권	5,000
기말설정시 :	(차)	대손상각비(손상차손)	80,000	(대)	손실충당금	*80,000

* ₩85,000 − (₩10,000 − ₩5,000) = ₩80,000

27 ㈜대한은 상품의 취득원가에 30%의 이익을 가산하여 외상으로 판매하며, 신용기간이 경과한 후 현금으로 회수하고 있다. 기초 손실충당금 잔액이 ₩40,000이며 당기 중 ₩25,000의 손상차손이 발생하였다. 기말 매출채권에 대한 기대신용손실이 ₩48,000으로 추정된 경우 적절한 기말 회계처리는?

[지방직 9급, 2014 기출수정]

① (차) 손상차손 58,000 (대) 손실충당금 58,000
② (차) 손상차손 48,000 (대) 손실충당금 48,000
③ (차) 손상차손 33,000 (대) 손실충당금 33,000
④ (차) 손상차손 25,000 (대) 손실충당금 25,000

28 ㈜한국의 매출채권과 그에 대한 미래현금흐름 추정액은 다음과 같다. ㈜한국은 매출채권의 손상회계처리를 위하여 손실충당금 계정을 사용할 경우, 기말에 인식하여야 하는 손상차손은? 단, 할인효과가 중요하지 않은 단기매출채권이며, 기중 손실충당금의 변동은 없다.

[지방직 9급, 2016 기출수정]

구 분	기 초	기 말
매출채권	₩26,000	₩30,000
추정 미래현금흐름	₩24,500	₩26,500

① ₩2,000 ② ₩3,000
③ ₩4,000 ④ ₩5,000

29 ㈜한국은 고객에게 60일을 신용기간으로 외상매출을 하고 있으며, 연령분석법을 사용하여 기대신용손실을 산정하고 있다. 20X7년 말 현재 ㈜한국은 매출채권의 기대신용손실을 산정하기 위해 다음과 같은 충당금설정률표를 작성하였다. 20X7년 말 매출채권에 대한 손실충당금(대손충당금) 대변잔액 ₩20,000이 있을 때, 결산시 인식할 손상차손(대손상각비)은?

[국가직 9급, 2018 기출]

구 분	매출채권 금액	기대신용손실률
신용기간 이내	₩1,000,000	1.00%
1일 ~ 30일 연체	₩400,000	4.00%
31일 ~ 60일 연체	₩200,000	20.00%
60일 초과 연체	₩100,000	30.00%

① ₩66,000　　② ₩76,000
③ ₩86,000　　④ ₩96,000

30 ㈜한국의 20X8년 손실충당금(대손충당금) 기초잔액은 ₩30이고 20X8년 12월 31일에 매출채권 계정을 연령별로 채무불이행률을 검사하고, 다음의 연령분석표를 작성하였다.

결제일 경과기간	매출채권	채무불이행률
미경과	₩90,000	1%
1일~30일	₩18,000	2%
31일~60일	₩9,000	5%
61일~90일	₩6,000	15%
91일 이상	₩4,000	30%

20X9년 1월 10일에 거래처인 ㈜부도의 파산으로 인해 매출채권 ₩4,500의 회수불능이 확정되었다. ㈜한국이 20X9년 1월 10일 인식할 손상차손(대손상각비)은?

[국가직 7급, 2019 기출수정]

① ₩630　　② ₩660
③ ₩690　　④ ₩720

31 ㈜한국은 20X6년 10월 1일 거래처의 파산으로 매출채권 ₩2,000을 회수할 수 없게 되어 매출채권을 제각하였으며, 대손에 대한 회계처리는 충당금설정법을 적용하고 있다. 20X5년과 20X6년의 매출채권 관련 자료가 다음과 같을 때, 20X6년 12월 31일 매출채권에 대한 손실충당금 설정에 대한 분개로 옳은 것은? 단, 20X5년 초 손실충당금 잔액은 없으며, 미래현금흐름 추정액의 명목금액과 현재가치의 차이는 중요하지 않다. [국가직 7급, 2016 기출수정]

구 분	20X5년 말	20X6년 말
매출채권	₩100,000	₩120,000
추정미래현금흐름	₩96,000	₩118,900

① (차) 손상차손 ₩900 (대) 손실충당금 ₩900
② (차) 손상차손 ₩1,100 (대) 손실충당금 ₩1,100
③ (차) 손상충당금 ₩900 (대) 손실차손환입 ₩900
④ (차) 손상충당금 ₩1,100 (대) 손실차손환입 ₩1,100

32 ㈜한국의 20X7년도 수정전시산표는 다음과 같다.

수정전시산표

현 금	₩100,000	단기차입금	₩500,000
매출채권	500,000	손실충당금	40,000
건 물	1,000,000	감가상각누계액	200,000
감가상각비	100,000	자본금	500,000
급 여	300,000	매 출	760,000
합 계	₩2,000,000	합 계	₩2,000,000

결산수정분개를 위한 자료가 다음과 같을 때, 당기순이익은? [국가직 9급, 2018 기출]

- 단기차입금에 대한 미지급 이자비용 ₩50,000이 있다.
- 매출채권 기말잔액의 10%를 기대신용손실액으로 추정한다.

① ₩200,000 ② ₩260,000
③ ₩300,000 ④ ₩360,000

33 제조업을 영위하는 ㈜한국의 20X1년 말 재무상태표에는 매출채권에 대한 손실충당금(대손충당금) 기초 잔액은 ₩200,000이며, 이익잉여금 기초 잔액은 ₩30,000이었다. 20X1년 중 발생한 다음 사항을 반영하기 전의 당기순이익은 ₩150,000이다.

- 당기 중 거래처에 대한 매출채권 ₩70,000이 회수불능으로 확정되었다.
- 20X1년 말 매출채권 총액에 대한 기대신용손실액은 ₩250,000이다.
- 7월 1일 임대목적으로 ₩200,000의 건물을 취득하였다. 내용연수는 20년이고 잔존가치는 없다. ㈜한국은 투자부동산에 대해서 공정가치모형을 적용한다. 결산일인 20X1년 말 건물의 공정가치는 ₩250,000이다.

㈜한국의 20X1년 당기순이익과 20X1년 말 이익잉여금은? [국가직 9급, 2021 기출]

	당기순이익	이익잉여금
①	₩80,000	₩70,000
②	₩90,000	₩70,000
③	₩80,000	₩110,000
④	₩90,000	₩110,000

어음의 할인

대표예제 세무사 1차, 2009 기출수정

20X8년 6월 1일 ㈜대한은 판매대금으로 만기가 20X8년 9월 30일인 액면금액 ₩1,200,000의 어음을 거래처로부터 수취하였다. ㈜대한은 20X8년 9월 1일 동 어음을 은행에서 할인하였으며, 은행의 할인율은 연 12%였다. 어음할인은 제거조건을 충족한다고 가정하며, 이자는 월할 계산한다.

(물음 1) 상기 어음이 무이자부어음인 경우 어음 할인시 ㈜대한이 인식할 매출채권처분손실을 계산하면?

① ₩2,400　　② ₩3,600
③ ₩8,000　　④ ₩12,000

(물음 2) 상기 어음이 연 10% 이자부어음인 경우 어음 할인시 ㈜대한이 인식할 매출채권처분손실을 계산하면?

① ₩2,400　　② ₩3,600
③ ₩8,000　　④ ₩12,000

물음 1 ④

무이자부어음인 경우 다음과 같이 풀이한다.

(1) 장부금액 : ₩1,200,000

(2) 현금수령액 : 만기금액 $₩1,200,000 - ₩1,200,000 \times 12\% \times \frac{1}{12} = ₩1,188,000$

(3) 금융자산처분손실 : ₩1,200,000 − ₩1,188,000 = ₩12,000

참고로, 할인일의 회계처리를 예시하면 다음과 같다.

- 이자수익 인식 : 해당 없음
- 매출채권 처분 : (차) 현 금 1,180,000 (대) 금융자산 1,200,000
  금융자산처분손실 12,000

물음 2 ①

이자부어음인 경우 다음과 같이 풀이한다.

(1) 장부금액(미수이자 포함) : $₩1,200,000 + ₩1,200,000 \times 10\% \times \frac{3}{12} = ₩1,230,000$

(2) 현금수령액

① 만기금액 : $₩1,200,000 + ₩1,200,000 \times 10\% \times \frac{4}{12} = ₩1,240,000$

② 현금수령액 : $₩1,240,000 - ₩1,240,000 \times 12\% \times \frac{1}{12} = ₩1,227,600$

(3) 금융자산처분손실 : $₩1,230,000 - ₩1,227,600 = ₩2,400$

참고로, 할인일의 회계처리를 예시하면 다음과 같다.

• 이자수익 인식 :	(차)	미수이자	30,000	(대)	이자수익	30,000
• 매출채권 처분 :	(차)	현 금	1,227,600	(대)	금융자산	1,200,000
		금융자산처분손실	2,400		미수이자	30,000

34 ㈜한국은 고객에게 상품을 판매하고 그 대가로 액면가액 ₩10,000,000, 만기 3개월, 이자율 연 9%인 약속어음을 수령하였다. ㈜한국은 이 어음을 2개월간 보유한 후 은행에서 할인할 때 ₩10,122,750을 수령하였다. 이 어음에 대한 은행의 연간 할인율은? 단, 이자는 월할 계산한다고 가정한다.

[국가직 9급, 2012 기출]

① 10%　　　② 11%

③ 12%　　　④ 13%

35 ㈜한국은 20X1년 3월 1일에 상품판매대금 ₩400,000을 만기 3개월의 어음(액면이자율 연 9%)으로 수령하였다. ㈜한국은 5월 1일에 대한은행에서 연 12% 이자율로 동 어음을 할인하였다. 이 받을어음의 할인이 금융자산 제거조건을 충족할 때, ㈜한국이 행할 회계처리는? 단, 이자는 월할 계산한다.

[국가직 7급, 2013 기출]

①	(차) 현 금	₩404,910	(대)	매출채권	₩400,000
	금융자산처분손실	₩1,090		이자수익	₩6,000
②	(차) 현 금	₩404,800	(대)	매출채권	₩400,000
	금융자산처분손실	₩1,200		이자수익	₩6,000
③	(차) 현 금	₩406,000	(대)	매출채권	₩400,000
	금융자산처분손실	₩3,000		이자수익	₩9,000
④	(차) 현 금	₩402,000	(대)	매출채권	₩400,000
	금융자산처분손실	₩2,000		이자수익	₩4,000

36 ㈜대한은 거래처에 상품을 외상으로 판매하고 액면금액 ₩5,000,000(만기가 120일이고 이자율은 6%)인 받을어음(이자부어음)을 수령하였다. ㈜대한이 발행일로부터 30일이 지난 후 주거래 은행에 연이자율 12%의 조건으로 할인받은 경우 은행으로부터 수취할 금액은? 단, 1년의 계산기간은 360일로 처리한다. [국가직 7급, 2012 기출]

① ₩4,800,000 ② ₩4,947,000

③ ₩4,998,000 ④ ₩5,048,000

37 ㈜한국은 20X1년 4월 1일에 고객에게 상품판매 대가로 이자부 약속어음(만기 5개월, 이자율 연 5%, 액면금액 ₩72,000)을 수령하였다. 이 어음을 2개월간 보유한 후 자금사정으로 ₩72,030을 받고 할인하였다. 이 어음의 할인율과 어음처분손실은? 단, 이자는 월할 계산하며, 어음할인은 제거요건을 충족한다. [국가직 7급, 2018 기출수정]

	할인율	어음처분손실
①	8%	₩570
②	8%	₩1,470
③	12%	₩570
④	12%	₩1,470

지분법 회계

대표예제

㈜한국은 20X1년초에 ㈜서울(순자산 장부금액 ₩100,000)의 의결권 있는 주식 40%를 ₩50,000에 취득하여 유의적인 영향력을 갖게 되었다. 20X1년초 ㈜서울의 순자산 장부금액은 공정가치와 동일하였다. 또한 20X1년 중에 ㈜서울이 보고한 당기순이익과 기타포괄손익은 각각 ₩10,000과 ₩4,000이며 총 ₩8,000을 모든 주주들에게 각자의 지분율에 비례하여 배당하였다. 이 이외의 기타 순자산의 변동사항은 없다.

(물음 1) ㈜한국의 20X1년말 관계기업투자의 장부금액은 얼마인가?

① ₩40,000 ② ₩46,000
③ ₩52,400 ④ ₩55,600

(물음 2) ㈜한국의 20X1년도 상기 관계기업투자가 ㈜한국의 당기순이익을 증가시킨 금액은 얼마인가?

① ₩4,000 ② ₩8,400
③ ₩11,600 ④ ₩12,400

물음 1 ③

(1) 영업권 = ₩50,000 − ₩100,000 × 40% = ₩10,000

(2) 관계기업의 20X1년말 순자산가치 = ₩100,000 + ₩10,000 + ₩4,000 − ₩8,000
= ₩106,000

(3) 20X1년말 투자주식의 장부금액 = 순자산가치 × 지분율 + 영업권
= ₩106,000 × 40% + ₩10,000
= ₩52,400

해답 물음 2 ①

당기순이익 증가금액은 관계기업의 당기순이익 중 투자자의 몫에 해당하는 금액이다.

• 당기순이익 증가금액 = ₩10,000× 40% = ₩4,000

본 문제는 다음과 같은 방법으로 분석이 가능하다.

(단위 : 원)

일 자	관계기업투자		관계기업의 순자산		
	지분(40%)	영업권	장부금액	평가차액	조정후금액
20X1.01.01.	40,000	10,000	100,000	−	100,000
당기순이익	4,000	−	10,000	−	10,000
기타포괄이익	1,600		4,000		4,000
현 금 배 당	(3,200)	−	(8,000)	−	(8,000)
20X1.12.31.	42,400	10,000	106,000	−	106,000

참고로, 관련된 회계처리를 예시하면 다음과 같다.

• 20X1.01.01 :	(차) 관계기업투자	50,000	(대)	현 금	50,000
• 20X1.12.31 :	(차) 관계기업투자	2,400	(대)	지분법이익	4,000
	현 금	3,200		지분법기타포괄이익	1,600

38 ㈜서울은 12월 결산법인이다. ㈜서울은 20X6년 1월 1일 ㈜한국의 유통보통주식 10,000주 가운데 30%에 해당하는 주식을 주당 ₩1,000에 취득함으로써 ㈜한국에 유의적인 영향력을 행사하게 되었다. 같은 시점에 ㈜한국의 순자산 장부금액은 ₩9,000,000이었다. 20X6년 9월 1일 ㈜한국은 ₩200,000의 현금배당을 선언하고 지급하였다. 20X6년 12월 31일 ㈜한국은 20X6년 당기순이익으로 ₩1,000,000을 보고하였다. 20X6년 12월 31일 ㈜서울이 보유하고 있는 ㈜한국 주식과 관련하여 재무제표에 보고해야 할 관계기업투자와 지분법손익은 얼마인가? 단, ㈜서울이 20X6년 1월 1일에 ㈜한국의 주식취득 시 ㈜서울의 순자산 공정가치와 장부금액은 일치하였다.

[서울시 9급, 2016 기출수정]

	관계기업투자	지분법손익
①	₩3,240,000	₩300,000
②	₩3,240,000	₩240,000
③	₩3,300,000	₩300,000
④	₩3,300,000	₩240,000

39 ㈜한국은 20X1년 1월 1일 장기투자 목적으로 ㈜서울의 발행주식 중 25%를 취득하였고, 이 주식에 지분법을 적용하고 있다. 취득 시점에 ㈜서울의 순자산 장부금액은 공정가치와 일치하였으며, 순자산 공정가치에 대한 ㈜한국의 지분금액은 취득 당시 매입가격과 일치하였다. ㈜서울은 20X1년 당기순이익으로 ₩12,000을 보고하였고 동일 회계연도에 ₩6,000의 현금을 배당하였다. ㈜한국의 20X1년 회계연도 말 재무상태표에 표시된 ㈜서울에 대한 투자주식 금액이 ₩50,000이라면, ㈜한국의 20X1년 1월 1일 ㈜서울 주식의 취득원가는? 단, 두 기업 간 내부거래는 없었다.

[국가직 7급, 2017 기출수정]

① ₩48,500　　② ₩50,000

③ ₩51,500　　④ ₩53,000

40 ㈜한국은 20X6년 4월 1일에 ㈜대한의 의결권 있는 주식 25%를 ₩1,000,000에 취득하였다. 취득 당시 ㈜대한의 자산과 부채의 공정가치는 각각 ₩15,000,000, ₩12,000,000이다. ㈜대한은 20X6년 당기순이익으로 ₩600,000을 보고하였으며 20X7년 3월 1일에 ₩200,000의 현금배당을 지급하였다. 20X7년 9월 1일에 ㈜한국은 ㈜대한의 주식 전부를 ₩930,000에 처분하였다. 위의 관계기업투자에 대한 설명으로 옳은 것은? [지방직 7급, 2018 기출]

① ㈜대한의 순자산 공정가치는 ₩3,000,000이므로 ㈜한국은 ㈜대한의 주식 취득 시 ₩250,000의 영업권을 별도로 기록한다.

② ㈜대한의 20X6년 당기순이익은 ㈜한국의 관계기업투자 장부금액을 ₩150,000만큼 증가시킨다.

③ ㈜대한의 현금배당은 ㈜한국의 당기순이익을 ₩50,000만큼 증가시킨다.

④ ㈜한국의 관계기업투자 처분손실은 ₩70,000이다.

41 ㈜대한은 20X1년 1월 1일에 ㈜한국의 지분 30%를 ₩30,600에 취득하여 유의적인 영향력을 행사하게 되었다. 20X1년 1월 1일 ㈜한국의 순자산 장부금액은 ₩100,000이며, 장부금액과 공정가치가 다른 항목은 다음과 같다.

구 분	장부금액	공정가치	비고
상각자산	₩9,000	₩10,000	정액법 상각, 잔여내용연수 5년, 잔존가치 ₩0
재고자산	₩3,000	₩4,000	20×1년중 모두 ㈜A에 판매

㈜한국의 20X1년 당기순이익이 ₩2,200일 때, ㈜대한이 20X1년 인식할 지분법평가이익은? [국가직 7급, 2021 기출]

① ₩60　　② ₩300

③ ₩600　　④ ₩660

제 3 절 정답 및 해설

금융자산의 정의 및 분류

01 ③

금융상품은 계약에 기초하여야 하고, 그 결과 금융자산이나 금융부채 또는 지분상품(자본)을 인식하게 되어야 한다. 선급비용은 현금 등을 수취할 계약상의 권리가 아니므로 금융자산이 아니고, 따라서 금융상품이 아니다. 이연법인세자산은 계약에 기초한 것이 아니므로 금융상품이 아니다.

02 ④

① 다른 기업으로부터 배당금을 수령하는 경우 관계기업투자가 아니라면 금융자산(지분상품)의 장부금액은 영향이 없다.
② 기업이 직접 또는 간접(예: 종속기업을 통하여)으로 피투자자에 대한 의결권의 20% 이상을 소유하고 있다면, 반증이 없는 한, 유의적인 영향력을 보유하는 것으로 본다.
③ 기업이 보유한 다른 기업의 지분상품은 금융자산이다.
④ 자기지분상품으로 결제되거나 결제될 수 있는 계약으로서 수취할 자기지분상품의 수량이 변동가능한 비파생상품 등은 금융자산이 될 수 있다.

03 ③

계약상 현금흐름특성이 없는 지분상품은 당기손익－공정가치 측정 금융자산으로 분류한다. 다만 이 경우 기업은 당해 금융자산을 기타포괄손익－공정가치 측정 금융자산으로 회계처리할 수 있는 선택권을 가지게 되지만, 당해 금융자산이 단기매매목적 금융자산이거나 조건부 대가인 경우에는 동 선택권을 행사할 수 없다. 따라서 문제에 제시된 금융자산은 오로지 당기손익－공정가치 측정 금융자산으로만 회계처리 하여야 한다. 각각의 보기별로 어떤 회계처리가 적용되어야 하는지 살펴보면 다음과 같다.

① 계약상 현금흐름특성이 있고, 기업의 사업모형이 현금흐름 수취목적인 경우의 금융자산은 상각후원가 측정 금융자산으로 회계처리 하여야 하므로 문제에 주어진 금융자산의 회계처리 방식과 다르다.

② 계약상 현금흐름특성이 있고, 기업의 사업모형이 현금흐름 수취목적과 금융자산 매도목적을 모두 가지는 경우의 금융자산은 기타포괄손익－공정가치 측정 금융자산으로 회계처리 하여야 하므로 문제에 주어진 금융자산의 회계처리와 다르다.

③ 계약상 현금흐름특성이 있고, 기업의 사업모형이 금융자산 매도목적인 경우의 금융자산은 당기손익－공정가치 측정 금융자산으로 회계처리 하므로 문제에 주어진 금융자산의 회계처리와 동일하다.

④ 계약상 현금흐름 특성이 없고, 기업의 사업모형이 현금흐름 수취목적인 경우의 금융자산에 대해서 기업이 당해 금융자산의 공정가치 변동을 기타포괄손익으로 인식할 수 있는 선택권을 정당하게 행사(즉, 단기매매목적이거나 조건부 대가가 아닌 경우)한 경우라면 당해 금융자산은 기타포괄손익－공정가치 측정 선택 금융자산으로 회계처리 하여야 하므로 주어진 금융자산의 회계처리와 다르다.

04 ③

일반적인 지분상품이므로 계약상 현금흐름특성이 없고, 매도를 통해 목적을 이루는 사업모형(기타의 사업모형) 하에서 금융자산을 보유하므로, 당기손익-공정가치 측정 금융자산으로 분류한다. 금융자산이 당기손익-공정가치 측정 금융자산으로 분류되는 경우 해당 자산의 취득 수수료는 당기비용으로 처리된다.

지분상품의 회계처리

05 ④

지분상품(금융자산)에서 수취한 배당금은 배당을 받을 권리가 확정되었고, 배당과 관련된 경제적 효익의 유입가능성이 높으며 배당액을 신뢰성 있게 측정할 수 있을 때 당기손익(당기수익)으로 인식한다. 따라서 배당금을 실제로 수취한 경우 당기수익으로 인식한다.

06 ②

20×2년말에 당해 보고기간 중의 공정가치변동분 만큼 금융자산장부금액을 증가시키고, 해당 변동분을 기타포괄이익(금융자산평가이익)으로 인식한다.

07 ③

공정가치로 측정하는 모든 금융자산의 평가손익은 공정가치의 변동분 만큼 총 포괄손익에 영향을 미치게 된다.

(1) 당기손익－공정가치 측정 금융자산 평가손익(당기손익) : ₩300,000(이익)
(2) 기타포괄손익－공정가치 측정 금융자산 평가손익(기타포괄손익) : ₩200,000(이익)

참고로, 20X1년 12월 31일 금융자산의 평가와 관련된 회계처리를 예시하면 다음과 같다.

(1) 당기손익－공정가치 측정 금융자산

(차)	금융자산	300,000	(대)	금융자산평가이익 (당기이익)	300,000

(2) 기타포괄손익－공정가치 측정 금융자산

(차)	금융자산	200,000	(대)	금융자산평가이익 (기타포괄이익)	200,000

08 ④

주식(지분상품)의 경우에는 계약상 현금흐름 특성이 없으므로 기업의 사업모형과 무관하게 당기손익－공정가치 측정 금융자산으로 분류하지만, 기업이 당해 금융자산을 기타포괄손익－공정가치 측정 금융자산으로 분류선택 할 수 있다. 문제에 주어진 주식을 공정가치로 측정하고 공정가치 변동을 기타포괄손익으로 인식한다고 하였으므로 제시된 금융자산은 기타포괄손익－공정가치 측정 선택 금융자산이다. 이렇게 분류된 금융자산의 제거시에는 누적된 기타포괄손익의 재분류가 금지되어 있으므로, 해당 금융자산의 처분시까지 발생하는 모든 공정가치 변동은 기타포괄손익으로 인식하며, 본 문제와 같이 공정가치로 처분하는 경우 처분손익은 발생하지 아니한다.

참고로, 주어진 자료를 이용한 회계처리를 예시하면 다음과 같다.

취득(20X2) :	(차)	금융자산	1,200	(대)	현 금	1,200
평가(20X2) :	(차)	금융자산	200	(대)	금융자산평가이익 (기타포괄이익)	200
처분(20X3) :	(차)	금융자산평가이익 (기타포괄손실)	100	(대)	금융자산	200
		금융자산평가손실 (기타포괄손실)	100			
	(차)	현 금	500	(대)	금융자산	500

추가적으로, 회사는 주식의 처분시점에 기타포괄손익누계액으로 남아있는 처분된 주식의 금융자산평가손실 ₩100을 이익잉여금으로 대체할 수 있다. 이 때의 회계처리를 예시하면 다음과 같다.

(차)	이익잉여금	100	(대)	금융자산평가손실 (기타포괄이익)	100

09 ②

기타포괄손익－공정가치 측정 선택 금융자산의 경우, 기타포괄손익－공정가치 측정 금융자산과 달리 처분시점에 누적된 기타포괄손익을 당기손익으로 재분류 할 수 없다.

참고로, 기타포괄손익－공정가치 측정 선택 금융자산으로 분류한 경우, 각 일자별 회계처리를 나타내면 다음과 같다.

20X3.10. :	(차)	금융자산	21,000	(대)	현 금	21,000
20X3.12. :	(차)	금융자산	1,000	(대)	금융자산평가이익 (기타포괄이익)	1,000
20X4. 1. :	(차)	금융자산평가이익 (기타포괄손실)	500	(대)	금융자산	500
	(차)	현 금	21,500	(대)	금융자산	21,500

추가적으로, 회사는 주식의 처분시점에 기타포괄손익누계액으로 남아있는 처분된 주식의 금융자산평가이익 ₩500을 다음과 같이 이익잉여금으로 대체할 수 있다.

(차)	금융자산평가이익 (기타포괄손실)	500	(대)	이익잉여금	500

한편, 회사가 동 주식을 당기손익-공정가치 측정 금융자산으로 분류하는 경우 일자별 회계처리를 예시하면 다음과 같다.

20X3.10. :	(차)	금융자산	20,000	(대)	현 금	21,000
		수수료비용	1,000			
20X3.12. :	(차)	금융자산	2,000	(대)	금융자산평가이익 (당기이익)	2,000
20X4. 1. :	(차)	현 금	21,500	(대)	금융자산	22,000
		금융자산처분손실 (당기손실)	500			

10 ③

관련된 회계처리는 다음과 같다.

20X1. 7. :	(차)	금융자산	51,000	(대)	현 금	51,000
20X1.12. :	(차)	금융자산	4,000	(대)	금융자산평가이익 (기타포괄이익)	4,000

11 ②

20X1년말 금융자산의 장부금액 ₩70,000이 20X2년중 ₩90,000으로 실현되었으므로 관련된 총포괄손익은 ₩20,000(이익)이다. 따라서 회사의 20X2년도 총포괄손익은 ₩220,000(= 200,000 + 20,000)이다.

참고로, 관련된 회계처리를 예시하면 다음과 같다.

20X1. 7. 1 :	(차)	금융자산	60,000	(대)	현 금	60,000
20X1.12.31 :	(차)	금융자산	10,000	(대)	금융자산평가이익 (기타포괄이익)	10,000
20X2. 6. 1 :	(차)	금융자산	20,000	(대)	금융자산평가이익 (기타포괄이익)	20,000
	(차)	현 금	90,000	(대)	금융자산	90,000

추가적으로 회사는 주식의 처분시점에 기타포괄손익누계액으로 남아있는 처분된 주식의 금융자산평가이익 ₩30,000을 다음과 같이 이익잉여금으로 대체할 수 있다.

(차)	금융자산평가이익 (기타포괄손실)	30,000	(대)	이익잉여금	30,000

12 ①

각각의 주식에서 발생하는 평가 및 처분손익을 분석하면 다음과 같다.

(1) A사 주식 : 금융자산평가손실 ₩10,000 (당기손실)

(차)	금융자산평가손실 (당기손실)	10,000	(대)	금융자산	10,000

(2) B사 주식 : 공정가치에 해당하는 금액으로 처분하였으므로, 금융자산처분손익(당기손익)은 발생하지 아니하고, 공정가치 측정 선택 금융자산에 해당하므로 처분시에 재분류 조정도 없다.

(차) 금융자산	50,000	(대)	금융자산평가손실 (기타포괄이익)	10,000
			금융자산평가이익 (기타포괄이익)	40,000
(차) 현 금	130,000	(대)	금융자산	130,000

추가적으로, 회사는 주식의 처분시점에 기타포괄손익누계액으로 남아있는 처분된 주식의 금융자산평가이익 ₩40,000을 다음과 같이 이익잉여금으로 대체할 수 있다.

(차) 금융자산평가이익 (기타포괄손실)	40,000	(대)	이익잉여금	40,000

(3) C사 주식 : 금융자산평가이익 ₩20,000 (기타포괄이익)

(차) 금융자산	20,000	(대)	금융자산평가이익 (기타포괄이익)	20,000

13 ①

기타포괄손익－공정가치 측정항목으로 분류선택한 지분상품의 경우에는 처분시점에 재분류조정이 금지되기 때문에, 공정가치에 해당하는 금액으로 처분하는 경우 처분시 인식할 당기손익(금융자산처분손익)은 없다.

14 ④

① 취득금액은 ₩10,000이 아니라 ₩11,000이다.
②, ③ 20X1년과 20X2년의 당기순이익에는 아무런 영향이 없다.

참고로, 각 일자별 필요한 회계처리는 다음과 같다.

20X1년 중	(차)	금융자산	11,000	(대)	현금	11,000
20X1년 말	(차)	금융자산	1,000	(대)	금융자산평가이익 (기타포괄이익)	1,000
20X2년 중	(차)	금융자산평가손실 (기타포괄손실)	500	(대)	금융자산	500
	(차)	현금	11,500	(대)	금융자산	11,500

한편, 위의 회계처리를 토대로 각 연도별 손익효과를 나타내면 다음과 같다.

	당기손익	기타포괄손익	총포괄손익
20X1년	0	₩1,000	₩1,000
20X2년	0	(500)	(500)
합 계	0	₩500	₩500

15 ③

단기매매목적의 지분상품을 취득하였고, 공정가치 측정치를 얻을 수 있으므로 당해 지분상품은 당기손익-공정가치 측정 금융자산으로 분류하여야 한다. 각 시점의 회계처리를 위한 기본적인 금액계산 및 구체적인 회계처리 예시는 다음과 같다.

(1) 금융자산의 취득원가(2/20)
 = 10주×₩2,500 + 15주 × ₩3,000 + 20주×1,500 = ₩100,000

(2) 금융자산처분당시 장부금액(6/1) = 5주 × 2,500 + 10주 × ₩3,000 = ₩42,500

(3) 금융자산의 처분금액(6/1) = 5주 × 2,250 + 10주 × ₩2,500 = ₩36,250

(4) 금융자산 처분손실(6/1) = ₩36,250 − ₩42,500 = ₩6,250 당기손실

(5) 공정가치 평가직전 금융자산의 장부금액(12/31)
 = 5주 × ₩2,500 + 5주 × ₩3,000 + 20주 × 1,500 = ₩57,500

(6) 금융자산의 공정가치(12/31)
 = 5주 × ₩2,000 + 5주 × ₩1,750 + 20주 × 1,600 = ₩50,750

(7) 금융자산평가손실(12/31) = ₩50,750 − ₩57,500 = ₩6,750 당기손실

날짜		차변	금액		대변	금액
20X3.2.20	(차)	금융자산	100,000	(대)	현 금	100,000
20X3.3.31	(차)	현 금*	1,000	(대)	배당금수익	1,000
		* 배당금 = 10주 × ₩100 = ₩1,000				
20X3.6.1	(차)	현 금	36,250	(대)	금융자산	42,500
		금융자산처분손실 (당기손실)	6,250			
20X3.12.31	(차)	금융자산평가손실 (당기손실)	6,750	(대)	금융자산	6,750

상기 회계처리 상 당기손익에 미치는 영향은 ₩1,000 − ₩6,250 − ₩6,750 = ₩(12,000) (당기손실)이다.

16 ②

단기시세차익획득목적(단기매매목적)의 지분상품을 취득하였고, 공정가치 측정치를 얻을 수 있으므로 당해 지분상품은 당기손익 - 공정가치 측정 금융자산으로 분류하여야 한다.

• 금융자산평가손익 = 100주 × (₩10,000 - ₩8,000) + 10주 × (₩3,000 - ₩2,000)
= ₩210,000 평가이익(당기이익)

17 ③

지분상품의 경우 단기매매목적이나 조건부대가가 아닌 경우 공정가치 변동분을 당기손익이 아닌 기타포괄손익으로 인식할 수 있는 금융자산 분류선택권을 행사할 수 있다. 본 문제의 경우, 장기보유목적의 A주식에 대해 이 선택권을 행사하는 것으로 간주하였다. 따라서 A주식은 기타포괄손익-공정가치 측정 선택 금융자산으로 분류하고, B주식은 당기손익-공정가치 측정 금융자산으로 분류하여 회계처리가 이루어져야 한다. 두 주식의 평가와 관련한 회계처리를 제시하면 다음과 같다.

A주식 :	(차)	금융자산평가손실 (기타포괄손실)	10,000	(대)	금융자산(A주식)	10,000
B주식 :	(차)	금융자산	10,000	(대)	금융자산평가이익 (당기이익)	10,000

상기 회계처리의 결과, 당기이익과 기타포괄손실이 각각 ₩10,000씩 발생하며, 금융자산의 전체 장부금액과 총포괄손익에 미치는 영향은 없다. 당기이익 ₩10,000이 발생하였기 때문에 이익잉여금 역시 ₩10,000만큼 증가한다.

18 ②

기업이 지분상품을 당기손익 - 공정가치 측정 금융자산(FVPL 금융자산)으로 분류하는 경우, 금융자산처분손익은 직전 평가금액과 처분금액을 비교하여 결정한다. 그러나 기타포괄손익-공정가치 측정 선택 금융자산(FVOCI 선택 금융자산)으로 분류된 주식을 공정가치에 해당하는 금액을 수령하고 처분하는 경우 금융자산처분손익은 발생하지 아니한다. 각각의 분류에 따른 회계처리를 예시하면 다음과 같다.

(1) 당기손익 - 공정가치 측정 금융자산(FVTPL 금융자산)으로 분류한 경우

20X3.초 :	(차) 금융자산	2,000,000	(대) 현 금	2,00,000
20X3.말 :	(차) 금융자산	400,000	(대) 금융자산평가이익 (당기이익)	400,000
20X4.중 :	(차) 현 금	1,100,000	(대) 금융자산	1,200,000
	금융자산처분손실 (당기손실)	100,000		

(2) 기타포괄손익－공정가치 측정 선택 금융자산(FVOCI 선택 금융자산)으로 분류한 경우

2013.초 :	(차) 금융자산	2,000,000	(대) 현 금	2,00,000
2013.말 :	(차) 금융자산	400,000	(대) 금융자산평가이익 (기타포괄이익)	400,000
2014.중 :	(차) 금융자산평가이익 (기타포괄손실)	100,000	(대) 금융자산	100,000
	(차) 현 금	1,100,000	(대) 금융자산	1,100,000

추가적으로 회사는 주식의 처분시점에 기타포괄손익누계액으로 남아있는 처분된 주식의 금융자산평가이익 ₩100,000을 다음과 같이 이익잉여금으로 대체할 수 있다.

(차) 금융자산평가이익 (기타포괄손실)	100,000	(대) 이익잉여금	100,000

19 ①

본 문제의 정확한 풀이를 위해서는 주식배당의 효과를 고려하여 각 시점의 주식수량과 단위당 가격을 계산하는 것이 중요하다. 각 시점별 주식 A의 수량 및 장부금액 총액 그리고 단위당 가격을 계산하면 다음과 같다.

구 분	수량	장부금액	단위당 가격
20X4년 주식 취득시점	100주	₩500,000	₩5,000
20X4년말 공정가치	100주	550,000	5,500
20X5년 2월(주식배당 직후)	110주	550,000	5,000
20X5년 10월(주식처분 직후)	55주	275,000	5,000
20X5년말 공정가치	55주	385,000	7,000

㈜한국이 보유한 A주식에 대한 회계처리를 제시하면 다음과 같다.

20X4.중 :	(차) 금융자산	500,000	(대)	현 금	500,000
20X4.말 :	(차) 금융자산	50,000	(대)	금융자산평가이익 (기타포괄이익)	50,000
20X5. 2 :	(차) 현 금	50,000	(대)	배당금수익	50,000
20X5.10 :	(차) 금융자산	55,000	(대)	금융자산평가이익 (기타포괄이익)	55,000
	(차) 현 금	330,000	(대)	금융자산	330,000
20X5.말 :	(차) 금융자산	110,000	(대)	금융자산평가이익 (기타포괄이익)	110,000

* 평가이익 = 55주 × (₩7,000 − ₩5,000) = ₩110,000

20X5년 10월의 회계처리와 관련하여 회사는 추가적으로 주식의 처분시점에 기타포괄손익누계액으로 남아있는 처분된 주식의 금융자산평가이익 ₩80,000을 다음과 같이 이익잉여금으로 대체할 수 있다.

(차)	금융자산평가이익 (기타포괄손실)	80,000	(대) 이익잉여금	80,000

20 ④

㈜대한이 보유한 ㈜민국의 주식에 대한 회계처리를 제시하면 다음과 같다.

일자		차변	금액		대변	금액
20X4.12 :	(차)	금융자산	1,500,000	(대)	현 금	1,500,000
20X4.말 :	(차)	금융자산평가손실 (기타포괄손실)	50,000	(대)	금융자산	50,000
20X5.말 :	(차)	금융자산	150,000	(대)	금융자산평가손실 (기타포괄이익)	50,000
					금융자산평가이익 (기타포괄이익)	100,000
20X6.중 :	(차)	금융자산	50,000	(대)	금융자산평가이익 (기타포괄이익)	50,000
	(차)	현 금	1,650,000	(대)	금융자산	1,650,000

21 ④

당기손익－공정가치 측정 금융자산의 경우, 최초 인식시 발생한 거래원가를 취득원가에 가산하지 않고, 당기손실로 처리한다. 따라서 평가이익은 10주 × (₩34,000 － ₩30,000) ＝ ₩40,000 (당기이익)이다.

채무상품의 회계처리

22 ④

자료에 제시된 매출건과 관련된 20X7년의 회계처리는 다음과 같다.

일자		차변	금액		대변	금액
20X7.1.1.	(차)	현 금	500,000	(대)	매 출	2,986,800
		매출채권*	2,486,800			

* ₩1,000,000 × 2.4868 ＝ ₩2,486,800

일자		차변	금액		대변	금액
20X7.12.31.	(차)	매출채권	248,680	(대)	이자수익*	248,680

* ₩2,486,800 × 10% ＝ ₩248,680

23 ②

(1) 20X1년 평가이익 ＝ ₩520,000 － (₩460,000 × 1.1 － ₩40,000) ＝ ₩54,000

(2) 20X2년 처분이익 ＝ ₩290,000 － (₩460,000 × 1.1 － ₩40,000) × 50% ＝ ₩57,000

24 ③

채무상품 A의 장부금액 변화는 다음과 같이 분석할 수 있다.

구 분	계산내역	금 액
20X1년초 장부금액		₩950,000
유효이자(발생이자)	₩950,000 × 10% =	95,000
액면이자 지급액		(80,000)
20X1년말 장부금액		₩965,000

[20X2년초 채무상품 A의 처분시 회계처리]

(차)	현 금	490,000	(대)	금융자산*	482,500
				금융자산처분이익	7,500

* ₩965,000 ÷ 2 = ₩482,500

25 ④

상기 채무상품의 경우 현재가치이자요소를 이용하여 발행금액(공정가치)을 결정하고, 상각표를 이용하여 상각후원가를 결정한 후, 공정가치와 차이를 비교하여 평가손익을 결정한다.

(1) 발행금액(공정가치) = ₩1,000,000 × 0.71 + ₩100,000 × 2.40 = ₩950,000

(2) 유효이자율법에 의한 상각표

일 자	유효이자	액면이자	상각액	상각후원가
20X1년 1월 1일				₩950,000
20X1년 12월 31일	₩114,000	₩100,000	₩14,000	964,000
20X2년 12월 31일	115,680	100,000	15,680	979,680
20X3년 12월 31일	120,320	100,000	20,320	1,000,000
합 계	₩350,000	₩300,000	₩50,000	

(3) 관련 회계처리(평가손익 및 처분손익의 인식)

20X1. 1. 1. :	(차)	금융자산	950,000	(대)	현 금	950,000
20X1.12.31. :	(차)	현 금	100,000	(대)	이자수익	114,000
		금융자산	14,000			
	(차)	금융자산	6,000	(대)	금융자산평가이익 (기타포괄이익)	6,000

20X2. 1. 1. :	(차)	금융자산	4,000	(대)	금융자산평가이익 (기타포괄이익)	4,000
	(차)	현 금	974,000	(대)	금융자산	974,000
	(차)	금융자산평가이익 (기타포괄이익)	10,000	(대)	금융자산처분이익 (당기이익)	10,000

상기 회계처리에서 20X2년 1월 1일의 금융자산처분이익은 ₩10,000으로 인식된다. 공정가치로 측정하고 공정가치 변동을 기타포괄손익으로 인식하는 채무상품의 경우에는 당해 금융자산을 제거하는 시점에 과거 누적 평가손익(기타포괄손익누계액)을 처분손익(당기손익)으로 재분류한다. 그러나 기타포괄손익－공정가치 측정항목으로 분류선택한 지분상품의 경우에는 누적 평가손익(기타포괄손익누계액)을 당기손익으로 재분류하지 않는다.

26 ④

A주식과 B회사채가 당기손익 및 기타포괄손익에 미치는 영향은 다음과 같다.

	당기손익	기타포괄손익
A주식	－	₩50,000 감소
B회사채	₩30,000 증가	－
합 계	₩30,000 증가	₩50,000 감소

참고로, A주식 및 B회사채와 관련하여 20X6년에 해야 할 회계처리를 나타내면 다음과 같다.

20X1.1.1 :	(차)	금융자산(A주식)	1,000,000	(대)	현 금	1,000,000
20X1.4.1 :	(차)	금융자산(B회사채)	1,000,000	(대)	현 금	1,010,000
		미수이자*	10,000			
		* ₩1,000,000 × 4% × (3/12) = ₩10,000				
20X1.12.31 :	(차)	금융자산평가손실 (기타포괄손실)	50,000	(대)	금융자산(A주식)	50,000
	(차)	현 금	40,000	(대)	미수이자	10,000
					이자수익	30,000

수취채권의 손상

27 ③

기초 손실충당금 잔액은 ₩40,000이지만, 기중의 회계처리를 통하여 ₩25,000의 손실충당금 감소가 있었으므로, 기말에 추가로 인식할 손실충당금은 ₩48,000에서 ₩15,000(= ₩40,000 − ₩25,000)을 차감한 ₩33,000이다. 참고로 관련된 회계처리를 나타내면 다음과 같다.

보고기간 중 :	(차)	손실충당금	25,000	(대)	매출채권	25,000
보고기간 말 :	(차)	손상차손(당기비용)	33,000	(대)	손실충당금	33,000

한편 이와 관련된 손실충당금 계정의 변화를 나타내면 다음과 같다.

손실충당금

기 초	₩40,000	매출채권	₩25,000
손상차손	33,000	기 말	48,000
합 계	₩73,000	합 계	₩73,000

28 ①

손실충당금 계정금액을 ₩2,000(= ₩26,500 − ₩24,500)만큼 증가시키고 동 금액만큼 손상차손(당기비용)을 인식하여야 한다.

29 ②

구 분	매출채권금액	기대신용손실률	기대신용손실금액
신용기간 이내	₩1,000,000	1.00%	₩10,000
1일 ~ 30일 연체	400,000	4.00%	16,000
31일 ~ 60일 연체	200,000	20.00%	40,000
60일 초과 연체	100,000	30.00%	30,000
합 계			₩96,000

대손상각비는 손실충당금 추가설정액으로 계산할 수 있으며 그 금액은 다음과 같다.

• 대손상각비 = ₩96,000 − ₩20,000 = ₩76,000

30 ③

(1) 20X8년 12월 31일 현재 상기 매출채권에 대한 손실충당금 잔액은 다음과 같이 ₩3,810으로 산출된다.

결제일 경과기간	매출채권	채무불이행률	회수불능액
미경과	₩90,000	1%	₩900
1일 ~ 30일	18,000	2%	360
31일 ~ 60일	9,000	5%	450
61일 ~ 90일	6,000	15%	900
91일 이상	4,000	30%	1,200
합 계	₩127,000		₩3,810

(2) 20X9년 1월 10일 매출채권 ₩4,500이 회수불능으로 확정되었을 때의 회계처리는 다음과 같다.

(차)	손실충당금	3,810	(대)	매출채권	4,500
	손상차손	690			

31 ③

손실충당금의 기초와 기말잔액을 파악한 후, 기말 추가 설정(환입)액을 계산하면 다음과 같다.

(1) 손실충당금의 기초 및 기말잔액

구 분	20X5년 말	20X6년 말
매출채권	₩100,000	₩120,000
추정미래현금흐름	(96,000)	(118,900)
손실충당금	₩4,000	₩1,100

(2) 손실충당금 기말 추가 설정액 = 기말금액 - (기초금액 - 기중감소액) = ₩900 환입

참고로, 기중 거래처 파산으로 인한 매출채권 제각시의 회계처리를 예시하면 다음과 같다.

20X6.10.1 : (차) 손실충당금 2,000 (대) 매출채권 2,000

32 ③

수정전시산표상 당기순이익 ₩360,000에 다음의 수정분개를 반영하여 수정후당기순이익을 구할 수 있다.

(차)	이자비용	50,000	(대)	미지급이자	50,000
(차)	대손상각비*	10,000	(대)	손실충당금	10,000

* ₩500,000 × 10% − ₩40,000 = ₩10,000

- 당기순이익(수정후) = ₩360,000 − ₩50,000 − ₩10,000 = ₩300,000

33 ③

주어진 자료를 이용하여 필요한 분개를 제시하면 다음과 같다.

20X1년 중	(차)	손실충당금	70,000	(대)	매출채권	70,000
	(차)	건물(투자부동산)	200,000	(대)	현금	200,000
20X1년 말	(차)	대손상각비*	120,000	(대)	손실충당금	120,000
		* ₩250,000 − (₩200,000 − ₩70,000) = ₩120,000				
	(차)	건물(투자부동산)	50,000	(대)	투자부동산평가이익*	50,000
		* ₩250,000 − ₩200,000 = ₩50,000				

- 당기순이익 = ₩150,000 − ₩120,000 + ₩50,000 = ₩80,000
- 이익잉여금 = ₩30,000 + ₩80,000 = ₩110,000

어음의 할인

34 ③

(1) 어음의 만기금액 = ₩10,000,000 × (1 + 9% × $\frac{3}{12}$) = ₩10,225,000

(2) 어음할인액 = ₩10,225,000 × 은행할인율 × $\frac{1}{12}$ = ?

(3) 현금수령액 = (1) − (2) = ₩10,122,750

∴ 은행할인율 = $\frac{₩10,225,000 - ₩10,122,750}{₩10,225,000}$ × 12 = 연 12%

35 ①

(1) 장부금액(미수이자 포함) : $₩400,000 + ₩400,000 \times 9\% \times \frac{2}{12} = ₩406,000$

(2) 현금수령액

① 만기금액 : $₩400,000 + ₩400,000 \times 9\% \times \frac{3}{12} = ₩409,000$

② 현금수령액 : $₩409,000 - ₩409,000 \times 12\% \times \frac{1}{12} = ₩404,910$

(3) 금융자산처분손실 : ₩404,910 − ₩406,000 = ₩1,090

참고로, 할인일의 회계처리를 예시하면 다음과 같다.

• 이자수익 인식 :	(차)	미수이자	6,000	(대)	이자수익	6,000
• 매출채권 처분 :	(차)	현 금	404,910	(대)	금융자산	400,000
		금융자산처분손실	1,090		미수이자	6,000

상기 회계처리에서 차변과 대변에 동일하게 나타난 미수이자를 상계하면, 문제의 보기 ① 과 같은 회계처리가 된다.

36 ②

이자부어음인 경우 현금수령액은 만기금액에서 할인액을 차감하여 계산한다.

(1) 만기금액 : $₩5,000,000 + ₩5,000,000 \times 6\% \times \frac{120}{360} = ₩5,100,000$

(2) 은행할인액 : $₩5,100,000 \times 12\% \times \frac{90}{360} = ₩153,000$

(3) 현금수령액 = ₩5,100,000 − ₩153,000 = ₩4,947,000

참고로, 본 문제가 만약 금융자산처분손실을 묻는 문제였더라면, 다음과 같이 금융자산처분손실을 계산할 수 있다.

(1) 장부금액(미수이자 포함) : $₩5,000,000 + ₩5,000,000 \times 6\% \times \frac{30}{360} = ₩5,025,000$

(2) 현금수령액

① 만기금액 : $₩5,000,000 + ₩5,000,000 \times 6\% \times \frac{120}{360} = ₩5,100,000$

② 현금수령액 : $₩5,100,000 - ₩5,100,000 \times 12\% \times \frac{90}{360} = ₩4,947,000$

(3) 금융자산처분손익 : ₩4,947,000 − ₩5,025,000 = ₩(78,000) (손실)

참고로, 할인일의 회계처리를 예시하면 다음과 같다.

• 이자수익 인식 : (차)	미수이자	25,000	(대)	이자수익	25,000
• 매출채권 처분 : (차)	현 금	4,947,000	(대)	금융자산	5,000,000
	금융자산처분손실	78,000		미수이자	25,000

37 ①

이자부어음인 경우 다음과 같이 풀이한다.

(1) 장부금액(미수이자 포함) : $₩72,000 + ₩72,000 \times 5\% \times \frac{2}{12} = ₩72,600$

(2) 현금수령액

① 만기금액 : $₩72,000 + ₩72,000 \times 5\% \times \frac{5}{12} = ₩73,500$

② 현금수령액 : $₩73,500 - ₩73,500 \times \chi\% \times \frac{3}{12} = ₩72,030$, $[\chi\% = 8\%]$

(3) 금융자산처분손실 : $₩72,600 - ₩72,030 = ₩570$

참고로, 할인일의 회계처리를 예시하면 다음과 같다.

• 이자수익 인식 : (차)	미수이자	600	(대)	이자수익	600
• 매출채권 처분 : (차)	현 금	72,030	(대)	금융자산	72,000
	금융자산처분손실	570		미수이자	6,000

38 ①

(1) 영업권 = $₩3,000,000 - ₩9,000,000 \times 30\% = ₩300,000$

(2) 분석표 작성

(단위 : 원)

일 자	관계기업투자		관계기업의 순자산		
	지분(30%)	영업권	장부금액	평가차액	조정후금액
20X6.1.1.	2,700,000	300,000	9,000,000	–	9,000,000
당기순이익	300,000	–	1,000,000	–	1,000,000
현 금 배 당	(60,000)	–	(200,000)	–	(200,000)
20X6.12.31.	2,940,000	300,000	9,800,000	–	9,800,000

(3) 회계처리

• 20X6.1.1	(차) 관계기업투자	3,000,000	(대) 현 금	3,000,000
• 20X6.9.1	(차) 현 금	60,000	(대) 관계기업투자	60,000
• 20X6.12.31	(차) 관계기업투자	300,000	(대) 지분법이익	300,000

(4) 요약 : 위의 회계처리 결과, 기말(20X6년말) 관계기업투자 장부금액은 ₩3,240,000이고, 지분법손익은 ₩300,000(이익)이다.

39 ①

다음의 분석모형을 이용한다.

(단위 : 원)

일 자	관계기업투자		관계기업의 순자산		
	지분(25%)	영업권	장부금액	평가차액	조정후금액
20X1.1.1.	48,500	−	194,000	−	194,000
당기순이익		−	12,000	−	12,000
현 금 배 당	(1,500)	−	(6,000)	−	(6,000)
20X1.12.31.	50,000	−	200,000	−	200,000

40 ②

① 영업권 해당액이 ₩250,000인 것은 옳으나, 동 금액을 별도로 표시하는 것은 아니다. 참고로, 영업권은 다음과 같이 산정한다.

• 영업권(20X6.4.1.) = ₩1,000,000 − ₩3,000,000 × 25% = ₩250,000

③ ㈜대한의 현금배당은 ㈜한국의 관계기업투자 장부금액에서 차감한다.

④ ㈜한국의 관계기업투자 처분손실은 관계기업투자의 장부금액과 처분금액(₩930,000)을 비교하여 결정된다. 20X7년 9월 1일 현재 관계기업투자의 장부금액은 20X7년의 처분일까지 발생한 손익 등의 정보가 없어 구할 수 없지만, 주어진 내용 이외의 어떠한 거래도 발생하지 않았다고 가정(비현실적이기는 하지만)하면, 다음과 같이 구할 수 있다.

• 관계기업투자(20X7.9.1.)

= ₩1,000,000 + (₩600,000 − ₩200,000) × 25% = ₩1,100,000

상기 금액을 기준으로 처분손익을 계산하면 다음과 같다.

• 관계기업투자 처분손익(20X7.9.1.) = ₩930,000 − ₩1,100,000 = ₩170,000

41 ②

지분법손익은 관계기업의 당기순이익을 지분법 기준으로 조정한 후에 지분율을 곱하여 산정하다. 관계기업의 당기순이익에서 조정할 금액은 순자산 공정가치와 장부금액의 차이가 당기손익에 영향을 미친 금액으로서 상각자산의 감가상각비 ₩200(=1,000/5)와 매출원가 ₩1,000이다. 동 금액들은 모두 비용의 증가금액으로서 지분법 기준 당기순이익 산정시 관계기업의 당기순이익에서 차감할 금액들이다.

• 20X1년의 지분법이익 = (₩2,200 − ₩200 − ₩1,000)× 30% = ₩300

본 문제는 다음과 같은 방법으로 분석이 가능하다.

(단위 : 원)

일 자	관계기업투자		관계기업의 순자산		
	지분(30%)	영업권	장부금액	평가차액	조정후금액
20X1.01.01.	30,600	−	100,000	2,000	102,000
지 분 법 손 익	300	−	2,200	(1,200)	1,000
20X1.12.31.	30,900	−	102,200	800	103,000

참고로, 관련된 회계처리를 예시하면 다음과 같다.

• 20X1.01.01 : (차) 관계기업투자 30,600 (대) 현 금 30,600
• 20X1.12.31 : (차) 관계기업투자 300 (대) 지분법이익 300

CHAPTER 9

부채의 회계처리

ACCOUNTING PRACTICE

제 1 절 주요내용 요약

학습목표

Ⅰ. 부채회계의 기초개념

Ⅱ. 금융부채

Ⅲ. 충당부채와 우발부채

Ⅰ 부채회계의 기초개념

1. 부채의 정의와 존재요건

(1) 부채의 정의

부채란 과거사건의 결과로 기업의 경제적자원을 이전해야 하는 현재의무이다.

(2) 부채의 존재요건

① 기업에게 의무가 있다.

② 의무는 경제적자원을 이전하는 것이다.

③ 의무는 과거사건의 결과로 존재하는 현재의무이다.

2. 부채의 분류

부채는 통상 유동성, 금융항목인지 여부 그리고 지출금액과 시기의 불확실성에 따라 다음과 같이 분류한다.

분류기준	분류내역 및 설명	
유동성	유 동 부 채	정상영업주기 또는 보고기간후 12개월 이내에 결제될 것으로 예상되거나, 주로 단기매매 목적으로 보유하고 있는 부채 등
	비유동부채	유동부채가 아닌 부채

분류기준	분류내역 및 설명	
금융항목인지 여부	금 융 부 채	거래상대방에게 현금 등 금융자산을 인도하기로 한 계약상 의무 또는 잠재적으로 불리한 조건으로 거래상대방과 금융자산이나 금융부채를 교환하기로 한 계약상 의무 등(매입채무, 사채 등)
	비금융부채	금융부채가 아닌 부채(선수금, 미지급법인세 등)
지출금액과 시기의 불확실성	확 정 부 채	재무상태표일 현재 부채의 존재가 확실하며 지급할 금액도 확정되어 있는 부채
	추 정 부 채	재무상태표일 현재 부채의 금액 또는 지출의 시기가 불확실한 부채(충당부채와 우발부채로 구분)

II 금융부채

1. 금융부채의 인식과 측정

(1) 금융부채의 정의

금융부채는 다음의 부채를 말한다.

① 다음 중 어느 하나에 해당하는 계약상 의무

a. 거래상대방에게 현금 등 금융자산을 인도하기로 한 계약상 의무

b. 잠재적으로 불리한 조건으로 거래상대방과 금융자산이나 금융부채를 교환하기로 한 계약상 의무

② 자기지분상품으로 결제하거나 결제할 수 있는 다음 중 하나의 계약

a. 인도할 자기지분상품의 수량이 변동 가능한 비파생상품

b. 확정 수량의 자기지분상품을 확정 금액의 현금 등 금융자산과 교환하여 결제하는 방법외의 방법으로 결제하거나 결제할 수 있는 파생상품

(2) 금융부채의 분류와 측정

금융부채는 최초 인식시점에 공정가치로 측정하고, 후속적으로는 다음의 3가지 금융부채 분류별로 다른 측정모형을 적용한다. 구체적인 내용은 다음과 같다.

구 분	분류요건(대상항목)
상각후원가 측정 금융부채	당기손익－공정가치 측정 금융부채 또는 기타 금융부채로 분류되지 않는 금융부채(사채 등)
당기손익－공정가치 측정 금융부채	단기매매금융부채*와 당기손익-공정가치 측정지정 금융부채**로 구성
기타 금융부채	개별적으로 고유한 측정방법이 규정되어 있는 금융부채(금융보증계약, 조건부 대가, 지속적 관여 접근법 적용 금융부채, 저리대출약정 등)

* 위험회피수단으로 회계처리하지 않는 파생상품부채 및 단기간내 재매입 목적으로 발행한 금융부채 등

** 회계불일치의 제거나 유의적 감소 또는 공정가치 기준으로의 관리 등에 필요한 경우에 지정가능

2. 사채의 회계처리

(1) 사채의 기본요소

사채의 기본요소는 사채관련 현금흐름을 나타내는 것으로서 다음의 3가지가 있다.

① 액면금액 : 사채 원금에 해당하는 것으로 사채의 만기시점에 지급하게 되는 금액

② 액면이자 : 약정된 이자지급일에 지급하기로 약속한 이자금액으로 사채액면금액에 액면이자율을 곱하여 지급하게 됨

③ 사채발행일과 만기일

(2) 사채의 장부금액

사채의 장부금액은 사채관련 미래현금흐름을 유효이자율로 할인한 현재가치인 상각후원가로 결정한다.

① 사채관련 미래현금흐름 = 사채액면금액 + 사채액면이자

② 유효이자율 : 금융자산이나 금융부채의 기대존속기간에 추정 미래현금지급액이나 수취액의 현재가치를 금융자산의 총 장부금액이나 금융부채의 상각후원가와 정확히 일치시키는 이자율

(3) 사채발행비의 처리 및 효과

사채발행비는 사채발행금액에서 차감하게 되므로, 사채발행비가 존재하는 경우 사채의 장부금액이 감소하여, 유효이자율이 상승하는 효과가 있다.

(4) 사채발행차금의 처리

사채발행차금은 할인발행차금과 할증발행차금이 있으며 이들의 정의와 처리방법은 다음과 같다.

구 분	정 의	처리방법
사채할인발행차금	사채액면금액 – 사채장부금액	사채의 잔여만기동안 상각하면서 이자비용에 가산
사채할증발행차금	사채장부금액 – 사채액면금액	사채의 잔여만기동안 상각하면서 이자비용에서 차감

(5) 사채상환손익

사채상환손익은 상환시점 사채의 장부금액과 사채 상환금액의 차이에 해당하는 금액이다. 금액의 계산방법과 손익의 발생이유는 다음과 같다.

구 분		내 용
사채상환손익 (계산)	사채상환이익	사채장부금액 – 사채상환금액
	사채상환손실	사채상환금액 – 사채장부금액
손익발생이유	사채상환이익	유효이자율 < 현행시장이자율
	사채상환손실	유효이자율 > 현행시장이자율
참 고	사채장부금액	미래현금흐름을 유효이자율로 할인한 금액
	사채상환금액	미래현금흐름을 현행시장이자율로 할인한 금액

III 충당부채와 우발부채

1. 충당부채와 우발부채의 개념

충당부채와 우발부채는 모두 미래 지출의 시기 또는 금액이 불확실한 항목에 대한 부채라는 점에서 공통점이 있다. 그러나 충당부채는 인식요건을 충족하여 재무상태표상의 부채로 인식하는 부채이고, 우발부채는 과거사건에 의하여 발생하였으나, 기업이 전적으로 통제할 수는 없는 하나 이상의 불확실한 미래사건의 발생 여부에 의하여서만 그 존재가 확인되는 잠재적 의무 등을 말하는 것으로 부채로 인식되지 않고 필요한 경우 주석으로만 공시되는 부채를 말한다.

2. 충당부채의 인식과 측정

(1) 충당부채의 인식요건

충당부채는 다음의 요건을 모두 충족하는 경우에 인식한다.

① 과거사건의 결과로 현재의무가 존재한다.

② 당해 의무를 이행하기 위하여 경제적효익이 내재된 자원이 유출될 가능성이 높다.

③ 당해 의무의 이행에 소요되는 금액을 신뢰성 있게 추정할 수 있다.

(2) 충당부채와 우발부채와의 구분

<table>
<tr><th colspan="2" rowspan="2">구 분</th><th colspan="2">신뢰성 있게 측정(추정) 가능</th></tr>
<tr><th>가 능</th><th>불가능</th></tr>
<tr><td rowspan="3">자원의 유출가능성</td><td>높 음</td><td>충당부채로 인식</td><td rowspan="2">우발부채로 주석공시</td></tr>
<tr><td>어느 정도 있음</td><td>우발부채로 주석공시</td></tr>
<tr><td>거의 없음</td><td>공시하지 않음</td><td>공시하지 않음</td></tr>
</table>

참고 1 우발부채의 회계처리

(1) 제삼자와 연대하여 의무를 지는 경우에는 이행할 전체 의무 중 제삼자가 이행할 것으로 예상되는 부분을 우발부채로 처리한다.

(2) 우발부채는 처음에 예상하지 못한 상황에 따라 변할 수 있으므로, 경제적 효익이 있는 자원의 유출 가능성이 높아졌는지를 판단하기 위하여 우발부채를 지속적으로 평가한다.

① 과거에 우발부채로 처리하였더라도 미래 경제적 효익의 유출 가능성이 높아진 경우에는 그러한 가능성의 변화가 생긴 기간의 재무제표에 충당부채로 인식한다.

② 이러한 경우에도 금액을 신뢰성 있게 측정할 수 없다면 재무제표에 충당부채로 인식할 수 없다.

참고 2 우발자산

(1) 우발자산이란 과거사건으로 생겼으나, 기업이 전적으로 통제할 수는 없는 하나 이상의 불확실한 미래 사건의 발생 여부로만 그 존재 유무를 확인할 수 있는 잠재적 자산을 말한다.

① 일반적으로 우발자산은 사전에 계획하지 않았거나 다른 예상하지 못한 사건으로 생기며, 그 사건은 경제적 효익의 유입 가능성을 불러온다.

② 예를 들어, 기업이 제기하였으나 그 결과가 불확실한 소송사건은 우발자산을 생기게 한다.

(2) 우발자산은 재무제표에 인식하지 아니한다.

① 우발부채의 인식으로 미래에 전혀 실현되지 않을 수도 있는 수익을 인식하는 결과를 가져올 수 있기 때문이다.

② 그러나 수익의 실현이 거의 확실하다면 관련 자산은 우발자산이 아니므로 해당 자산을 재무제표에 인식하는 것이 타당하다.

(3) 관련 상황의 변화가 적절하게 재무제표에 반영될 수 있도록 우발자산을 지속적으로 평가한다.

① 상황 변화로 경제적 효익의 유입이 거의 확실하게 되는 경우에는 그러한 상황변화가 일어난 기간의 재무제표에 그 자산과 관련 이익을 인식한다.

② 우발자산은 경제적 효익의 유입 가능성이 높은 경우에 주석으로 공시한다.

(3) 충당부채의 측정

① 최선추정치의 사용

충당부채로 인식하는 금액은 현재의무를 보고기간 말에 이행하기 위하여 필요한 지출에 대한 최선의 추정치이어야 한다. 동 금액은 보고기간 말에 의무를 이행하거나 제삼자에게 이전하는 경우에 합리적으로 지급하여야 하는 금액과 같다. 인식금액과 관련된 불확실성을 반영하기 위하여 다음의 금액을 인식금액으로 할 수 있다.

측정금액	구체적인 상황
기댓값(가능한 모든 결과에 관련된 확률을 가중평균하여 추정한 금액)	다수의 항목과 관련되는 충당부채의 측정에 사용
가능성이 가장 높은 단일의 금액	하나의 의무를 측정하는 경우에 사용

② 불확실성의 반영

충당부채에 대한 최선의 추정치를 구할 때에는 관련된 여러 사건과 상황에 따르는 불가피한 위험과 불확실성을 고려한다.

③ 현재가치 측정

화폐의 시간가치 영향이 중요한 경우에 충당부채는 의무를 이행하기 위하여 예상되는 지출액의 현재가치로 평가한다.

④ 미래 사건의 반영

현재의무를 이행하기 위하여 필요한 지출 금액에 영향을 미치는 미래 사건이 일어날 것이라는 충분하고 객관적인 증거가 있는 경우에는 그 미래 사건을 고려하여 충당부채 금액을 추정한다.

⑤ 예상되는 자산 처분이익의 미반영

예상되는 자산 처분이 충당부채를 생기게 한 사건과 밀접하게 관련되었더라도 예상되는 자산 처분이익은 충당부채를 측정하는 데 고려하지 아니한다.

(4) 인식과 측정기준의 적용

① 미래의 예상 영업손실

미래의 예상 영업손실은 충당부채로 인식하지 아니한다. 이는 부채의 정의에 부합하지 않을 뿐만 아니라 충당부채의 인식기준도 충족하지 못하기 때문이다.

② 손실부담계약

손실부담계약을 체결하고 있는 경우에는 관련된 현재의무를 충당부채로 인식하고 측정한다. 손실부담계약이란 계약상 의무 이행에 필요한 회피 불가능 원가가 그 계약에서 받을 것으로 예상되는 경제적 효익을 초과하는 계약을 말한다.

③ 구조조정

구조조정충당부채로 인식할 수 있는 지출은 구조조정에서 생기는 직접비용만을 포함해야 하며 다음의 요건을 모두 충족하여야 한다.

- 구조조정 때문에 반드시 생기는 지출
- 기업의 계속적인 활동과 관련 없는 지출

한편, 미래의 영업활동과 관련된 지출 또는 구조조정을 완료하는 날까지 생길 것으로 예상되는 영업손실은 충당부채로 인식하지 아니한다. 다만 손실부담계약과 관련된 예상 영업손실은 충당부채로 인식한다.

제 2 절 기출 및 연습문제

사채의 발행 및 상각

대표예제 국가직 9급, 2015 기출수정

㈜한국은 20X3년 1월 1일 자금조달을 위해 액면금액 ₩10,000, 표시이자율 연 6%, 만기 3년, 매년 말 이자지급 조건의 사채를 발행하였다. 사채를 발행할 당시 시장이자율이 연 12%였다면, 20X4년도에 인식할 사채 관련 이자비용은? 단, 사채발행시 사채의 현재가치는 다음의 현재가치표를 이용하여 계산하고, 계산과정에서 현가계수 외의 소수점 이하는 소수 첫째 자리에서 반올림한다.

기 간	6%		12%	
	단일금액	연 금	단일금액	연 금
3년	0.84	2.67	0.71	2.40

① ₩696 ② ₩1,025
③ ₩1,076 ④ ₩1,198

해답 ③

(1) 사채 발행금액(20X3년도 초) = ₩600 × 2.40 + ₩10,000 × 0.71 = ₩8,540
(2) 20X4년도 사채 이자비용 = 20X4년도 초 사채 장부금액* × 유효이자율 = ₩1,076
* 20X4년도 초 사채장부금액 = ₩8,540 × 1.12 − ₩600 = ₩8,965

참고로, 주어진 자료를 이용하여 상각표를 작성하면 다음과 같다.

일 자	유효이자	표시이자	상각액	장부금액
20X3. 1. 1.				₩8,540
20X3.12.31.	₩1,025	₩600	₩425	8,965
20X4.12.31.	1,076	600	476	9,441
20X5.12.31.	1,159	600	559	10,000
합 계	₩3,260	₩1,800	₩1,460	

01 ㈜대한은 20X1년 1월 1일에 표시이자율 연 10%, 액면금액 ₩10,000, 이자지급은 매년 12월 31일 후불조건, 만기 3년의 사채를 발행하였다. 발행시점에서 동 사채에 적용된 유효이자율이 연 15%일 경우 사채의 발행금액은? 단, 사채발행금액 계산에는 다음 자료를 이용하시오.

[국가직 9급, 2011 기출]

- 단일금액 ₩1의 현재가치요소(10%, 3년) = 0.75
- 단일금액 ₩1의 현재가치요소(15%, 3년) = 0.66
- 정상연금 ₩1의 현재가치요소(10%, 3년) = 2.49
- 정상연금 ₩1의 현재가치요소(15%, 3년) = 2.28

① ₩8,880 ② ₩9,090
③ ₩9,780 ④ ₩10,000

02 사채할인발행차금의 상각이 당기순이익과 사채의 장부금액에 미치는 영향은?

[국가직 9급, 2012 기출]

① 당기순이익 증가, 사채의 장부금액 증가
② 당기순이익 증가, 사채의 장부금액 감소
③ 당기순이익 감소, 사채의 장부금액 증가
④ 당기순이익 감소, 사채의 장부금액 감소

03 사채의 발행 및 발행 후 회계처리에 대한 설명으로 옳지 않은 것은? [국가직 7급, 2014 기출]

① 상각후원가로 측정하는 사채의 경우 사채발행비가 발생한다면 액면발행, 할인발행, 할증발행 등 모든 상황에서 유효이자율은 사채발행비가 발생하지 않는 경우보다 높다.

② 사채를 할증발행한 경우 사채이자비용은 현금이자지급액에 사채할증발행차금 상각액을 가산하여 인식한다.

③ 사채의 할증발행 시 유효이자율법에 의해 상각하는 경우 기간 경과에 따라 매기 인식하는 할증발행차금의 상각액은 증가한다.

④ 사채의 할인발행 시 유효이자율법에 의해 상각하는 경우 기간 경과에 따라 매기 인식하는 할인발행차금의 상각액은 증가한다.

04 ㈜한국은 사채할인발행차금을 액면이자를 지급하는 매년 말 유효이자율법에 의하여 상각한다. 20X2년 말 ㈜한국의 분개가 다음과 같고, 분개 후 사채의 장부금액은 ₩167,000일 때, 사채의 유효이자율은? [국가직 9급, 2012 기출]

(차)	이자비용	₩40,000	(대)	사채할인발행차금	₩7,000
				현 금	₩33,000

① 10% ② 15%

③ 20% ④ 25%

05 ㈜한국은 20X1년 1월 1일에 액면 ₩50,000의 사채(표시이자율 10%, 만기 3년)를 ₩47,600에 발행하였다. 동 사채로 인하여 만기까지 인식해야 할 이자비용 총액은? [국가직 9급, 2013 기출]

① ₩2,400 ② ₩15,000

③ ₩17,400 ④ ₩22,500

06 ㈜한국은 20X1년 1월 1일에 액면금액이 ₩100,000, 만기가 3년, 이자지급일이 매년 12월 31일인 사채를 ₩92,269에 할인발행하였다. 이 사채의 20X2년 1월 1일 장부금액이 ₩94,651일 때, 액면이자율은? 단, 유효이자율은 연 8%이고, 문제풀이 과정 중에 계산되는 모든 금액은 소수점 이하 반올림한다. [국가직 7급, 2013 기출]

① 4%　　② 5%

③ 6%　　④ 7%

07 ㈜지방은 20X3년 1월 1일에 액면금액 ₩1,000, 표시이자율 연 7%, 만기 2년, 매년 말에 이자를 지급하는 사채를 발행하였다. 다음은 ㈜지방이 작성한 사채상각표의 일부를 나타낸 것이다. 다음의 자료를 이용한 사채에 대한 설명으로 옳지 않은 것은? [지방직 9급, 2014 기출수정]

일자	유효이자	표시이자	상각액	장부금액
20X3. 1. 1.				?
20X3.12.31.	?	?	₩25	?
20X4.12.31.	?	?	₩27	₩1,000

① 2년간 이자비용으로 인식할 총금액은 ₩140이다.

② 사채의 발행금액은 ₩948이다.

③ 20X4년 1월 1일에 사채를 ₩1,000에 조기상환할 경우 사채 상환손실은 ₩27이다.

④ 사채의 이자비용은 매년 증가한다.

08 사채의 발행에 관한 설명으로 옳지 않은 것은? [국가직 9급, 2015 기출]

① 할인발행은 유효이자율이 표시이자율보다 큰 경우이다.

② 할증발행의 경우 발행연도의 현금지급이자는 사채이자비용보다 크다.

③ 할인발행의 경우 만기가 가까워질수록 사채의 이자비용이 감소한다.

④ 할증발행과 할인발행은 사채의 만기금액이 동일하다.

09 ㈜한국은 20X5년 1월 1일에 액면금액 ₩100,000의 사채(표시이자율 연 10%, 이자지급일 매년 12월 31일, 만기 2년)를 ₩96,620에 발행하였다. 발행사채의 유효이자율이 연 12%인 경우, 이 사채로 인하여 ㈜한국이 만기까지 부담해야 할 총이자비용은?

[국가직 7급, 2015 기출]

① ₩20,000　② ₩23,380
③ ₩25,380　④ ₩27,380

10 사채발행차금을 유효이자율법에 따라 상각할 때 설명으로 옳지 않은 것은? 단, 이자율은 0보다 크다.

[국가직 9급, 2016 기출]

① 할증발행 시 상각액은 매기 감소한다.
② 할인발행 시 이자비용은 매기 증가한다.
③ 할인발행 시 상각액은 매기 증가한다.
④ 할증발행 시 이자비용은 매기 감소한다.

11 유효이자율법에 의한 사채할인발행차금 또는 사채할증발행차금에 대한 설명으로 옳은 것은?

[국가직 9급, 2020 기출]

① 사채를 할증발행할 경우, 인식하게 될 이자비용은 사채할증발행차금에서 현금이자 지급액을 차감한 금액이다.
② 사채를 할인발행할 경우, 사채할인발행차금 상각액은 점차 감소한다.
③ 사채를 할인발행 또는 할증발행할 경우 마지막 기간 상각 완료 후 장부금액은 사채의 액면금액이 된다.
④ 사채할인발행차금의 총발생액과 각 기간 상각액의 합계금액은 같고, 사채할증발행차금의 총발생액과 각 기간 상각액의 합계금액은 다르다.

12 상각후원가측정금융부채로 분류하는 사채의 회계처리에 대한 설명으로 옳지 않은 것은?

[국가직 9급, 2021 기출]

① 사채발행시 사채발행비가 발생한 경우의 유효이자율은 사채발행비가 발생하지 않는 경우보다 높다.

② 사채의 액면이자율이 시장이자율보다 낮은 경우 사채를 할인발행하게 된다.

③ 사채를 할증발행한 경우 사채의 장부금액은 시간이 흐를수록 감소한다.

④ 사채의 할인발행과 할증발행의 경우 사채발행차금상각액이 모두 점차 감소한다.

13 ㈜한국은 20X6년 1월 1일 액면금액 ₩1,000,000, 만기 3년의 사채를 유효이자율 연 10%를 적용하여 ₩925,390에 발행하였다. 20X6년 12월 31일 장부금액이 ₩947,929이라면 이 사채의 표시이자율은?

[국가직 9급, 2017 기출]

① 7% ② 8%

③ 9% ④ 10%

14 ㈜한국은 20×1년 1월 1일 액면금액 ₩100,000, 만기 3년의 사채를 ₩92,410에 발행하였다. 사채의 연간 액면이자는 매년 말 지급되며 20×1년 12월 31일 사채의 장부금액은 ₩94,730이다. 사채의 연간 액면이자율을 추정한 것으로 가장 가까운 것은? 단, 사채발행 시 유효이자율은 9%이다.

[국가직 9급, 2018 기출]

① 5% ② 6%

③ 7% ④ 8%

15 ㈜한국은 20X7년 4월 1일 사채(표시이자율 연 10%, 만기 3년, 액면금액 ₩100,000)를 ₩95,200에 발행하였다. 한편, 사채의 발행과 관련된 사채발행비가 추가적으로 ₩2,000 발생하였다. ㈜한국이 사채발행으로 만기까지 인식해야 할 이자비용 총액은?

[지방직 9급, 2017 기출]

① ₩30,000　　② ₩34,800

③ ₩35,200　　④ ₩36,800

16 ㈜한국은 20×1년 1월 1일에 액면금액 ₩120,000, 만기 2년, 이자지급일이 매년 12월 31일인 사채를 발행하였다. ㈜한국의 회계담당자는 다음과 같은 유효이자율법에 의한 상각표를 작성하였다. ㈜한국의 동 사채에 대한 설명으로 옳은 것은?

[국가직 9급, 2019 기출]

날　짜	이자지급	유효이자	상각액	장부금액
20×1. 1. 1.				₩115,890
20×1. 12. 31.	₩10,800	₩12,748	₩1,948	₩117,838
20×2. 12. 31.	₩10,800	₩12,962	₩2,162	₩120,000

① 사채의 표시이자율은 연 8%이다.

② 20×1년 말 사채할인발행차금 상각액은 ₩2,162이다.

③ 20×2년 말 사채관련 유효이자비용은 ₩12,962이다.

④ 사채의 유효이자율은 연 12%이다.

17 ㈜한국은 1월 1일 액면금액 ₩50,000(액면이자율 연 8%, 이자 매년 말 후급)의 사채를 발행하고자 하였으나, 실제로 같은 해 4월 1일에 발행하였다. 1월 1일과 4월 1일의 유효이자율은 10%로 동일한 것으로 가정하며, 1월 1일 사채의 현재가치는 ₩47,513이다. 다음 설명 중 옳지 않은 것은? 단, 사채발행비는 발생되지 않았고, 사채이자는 월단위로 계산하며, 소수점 발생 시 소수점 이하 첫째자리에서 반올림한다. [국가직 7급, 2018 기출]

① 4월 1일의 사채액면이자 미지급액은 ₩1,000이다.

② 4월 1일의 사채장부금액은 ₩47,701이다.

③ 4월 1일의 현금수령액은 ₩48,701이다.

④ 4월 1일의 사채할인발행차금은 ₩2,487이다.

18 ㈜한국은 20×1년 1월 1일에 액면금액 ₩1,000,000(액면이자율 연 8%, 유효이자율 연 10%, 이자지급일 매년 12월 31일, 만기 3년)의 사채를 ₩950,258에 발행하였다. ㈜민국은 이 사채를 발행과 동시에 전액 매입하여 상각후원가 측정 금융자산으로 분류하였다. 다음 설명 중 옳지 않은 것은? 단, 거래비용은 없고 유효이자율법을 적용하며, 소수점 발생 시 소수점 아래 첫째 자리에서 반올림한다. [국가직 9급, 2019 기출]

① ㈜한국의 20×1년 12월 31일 재무상태표상 사채할인발행차금 잔액은 ₩34,716이다.

② ㈜민국이 20×2년 1월 1일에 현금 ₩970,000에 동 사채 전부를 처분할 경우 금융자산 처분이익 ₩19,742를 인식한다.

③ ㈜민국은 20×1년 12월 31일 인식할 이자수익 중 ₩15,026을 상각후원가 측정 금융자산으로 인식한다.

④ ㈜한국이 20×1년 12월 31일 인식할 이자비용은 ₩95,026이다.

19 ㈜한국은 20X7년 1월 1일에 다음과 같은 조건으로 3년 만기 사채를 발행하였다.

- 발행일 : 20X7년 1월 1일
- 액면금액 : ₩100,000
- 이자지급 : 매년 12월 31일에 액면금액의 연 8% 이자 지급
- 발행금액 : ₩105,344

발행일 현재 유효이자율은 6%이며, 유효이자율법에 따라 이자를 인식하고 이자는 매년 12월 31일에 지급한다. 연도별 상각액은 20X7년도 ₩1,679, 20X8년도 ₩1,780, 20X9년도 ₩1,885이며, 상각액 합계액은 ₩5,344이다. 이 사채 발행 시부터 만기까지 인식할 총 이자비용은? 단, 사채발행비는 발생하지 않았다.

[국가직 7급, 2019 기출수정]

① ₩5,344 ② ₩18,656

③ ₩24,000 ④ ₩42,656

20 ㈜한국은 20X1년 1월 1일에 액면금액 ₩1,000,000, 표시이자율 연 8%, 이자지급일 매년 12월 31일, 만기 3년인 사채를 할인발행하였다. 만기까지 상각되는 연도별 사채할인발행차금 상각액은 다음과 같다. 이러한 정보를 바탕으로 한 다음의 설명 중 옳지 않은 것은?

[국가직 7급, 2020 기출]

20X1. 12. 31.	20X2. 12. 31.	20X3. 12. 31.
₩15,025	₩16,528	₩18,195

① 20X2년 12월 31일에 인식할 이자비용은 ₩96,528이다.

② 20X1년 1월 1일 사채의 발행금액은 ₩950,252이다.

③ 이 사채의 표시이자율은 유효이자율보다 낮다.

④ 이 사채의 발행 기간에 매년 인식하는 이자비용은 동일한 금액이다.

사채의 상환

대표예제 지방직 9급, 2011 기출수정

㈜대한의 20X0년 1월 1일에 유효이자율 연 10%를 적용하여 액면금액 ₩10,000, 표시이자율 연 8%(매년 12월 31일 현금으로 이자지급), 만기 5년인 사채를 ₩9,242에 발행하였다. ㈜대한이 20X0년 12월 31일 현금 ₩11,000(연말에 현금으로 지급되는 이자부분은 별도로 지급하므로 동 금액에는 이자부분이 제외되어 있음)을 지급하고 동 사채를 전액 상환하였다면, 20X0년도 포괄손익계산서에 계상될 사채상환손실은? 단, ㈜대한은 유효이자율법을 사용하고, 원미만은 반올림하며, 법인세비용은 없는 것으로 가정한다.

① ₩800
② ₩1,000
③ ₩1,124
④ ₩1,634

해설 ④

사채상환손익은 사채상환금액과 사채관련 장부금액을 비교하여 계산한다.

(1) 사채관련 장부금액 : ₩9,242 + ₩9,242 × 10% − ₩800 = ₩9,366

(2) 사채상환손익 = ₩9,366 − ₩11,000 = (−)₩1,634 (손실)

참고로, 주어진 자료를 이용한 사채 상각표 및 상환시 회계처리를 예시하면 다음과 같다.

일 자	유효이자	표시이자	상각액	장부금액
20X0. 1. 1.				₩9,242
20X0.12.31.	₩924	₩800	₩124	9,366
20X1.12.31.	937	800	137	9,503
20X2.12.31.	950	800	150	9,653
20X3.12.31.	965	800	165	9,818
20X4.12.31.	982	800	182	10,000
합 계	₩4,758	₩4,000	₩758	

21 ㈜한국은 20X1년 1월 1일 만기 3년, 연이자율 10%(매년 12월 31일 이자지급), 액면금액 ₩100,000인 사채를 유효이자율 8% 기준으로 ₩105,151에 발행하였다. ㈜한국은 해당 사채를 20X2년 12월 31일 ₩103,000에 조기상환을 하였다. 이러한 거래와 관련된 설명으로 옳지 않은 것은? 단, 사채발행차금은 유효이자율법으로 상각하며, 소수점 이하는 반올림한다.

[국가직 9급, 2011 기출]

① 20X1년 1월 1일 사채할증발행차금 ₩5,151을 대변에 기록한다.

② 20X1년 12월 31일 사채할증발행차금의 환입액은 ₩1,588이다.

③ 20X2년 12월 31일 사채이자비용은 ₩8,285이다.

④ 20X2년 12월 31일 사채상환손실 ₩152을 차변에 기록한다.

22 ㈜한국은 20X1년 1월 1일 액면금액 ₩1,000,000 (표시이자율 연 10%, 이자지급일 매년 말 후급, 만기일 20X3년 12월 31일)의 사채를 발행하였으며 발행당시 유효이자율은 연 12%였다. 이 사채를 20X2년 1월 1일에 ₩1,000,000에 상환하였다. 상환당시의 분개는?

[국가직 7급, 2011 기출]

① (차)	사 채	×××	(대) 현 금	×××
	사채상환손실	×××	사채할증발행차금	×××
② (차)	사 채	×××	(대) 현 금	×××
	사채할증발행차금	×××	사채상환이익	×××
③ (차)	사 채	×××	(대) 현 금	×××
	사채상환손실	×××	사채할인발행차금	×××
④ (차)	사 채	×××	(대) 현 금	×××
	사채할인발행차금	×××	사채상환이익	×××

23 ㈜한국은 20X2년 12월 31일 장부금액 ₩91,322(액면금액 ₩100,000, 액면이자율 5%, 이자지급일 매년 12월 31일 후급, 만기 20X4년 12월 31일)인 사채를 20X3년 12월 31일 현금이자를 포함하여 총 ₩101,000에 상환하였다. ㈜한국이 사채상환과 관련하여 인식할 손익은? 단, 발행 당시 사채의 유효이자율은 연 10%이고, 금액은 소수점 첫째자리에서 반올림한다. [국가직 9급, 2014 기출]

① 사채상환손실 ₩546
② 사채상환손실 ₩684
③ 사채상환손실 ₩726
④ 사채상환이익 ₩684

24 ㈜한국은 액면 ₩1,000,000의 사채를 20X5년 초에 ₩950,260으로 발행하였다. 발행 당시 사채의 유효이자율은 10%, 표시이자율은 8%, 이자는 매년 말 후급, 만기일은 2017년 말이다. ㈜한국이 해당 사채 전액을 20X6년 초에 ₩960,000의 현금을 지급하고 상환할 경우 사채상환이익(손실)은? [지방직 9급, 2015 기출]

① ₩5,286 손실
② ₩5,286 이익
③ ₩6,436 손실
④ ₩6,436 이익

25 ㈜한국은 20X4년 1월 1일 액면금액 ₩10,000인 사채(3년 만기, 표시이자율 5%)를 할인발행하였다. 20X4년 12월 31일 동 사채의 장부금액은 ₩9,600이고, 20X5년도에 발생한 이자비용은 ₩600이다. ㈜한국이 20X6년 1월 1일 해당 사채를 ₩9,800에 조기상환 하였다면, 이에 대한 분개로 옳은 것은? [국가직 7급, 2016 기출수정]

	(차)		(대)	
①	사 채	₩10,000	현 금	₩9,800
			사채상환이익	₩200
②	사 채	₩10,000	현 금	₩9,800
	사채상환손실	₩100	사채할인발행차금	₩300
③	사 채	₩10,000	현 금	₩9,800
	사채상환손실	₩700	사채할인발행차금	₩900
④	사 채	₩10,000	현 금	₩9,800
	사채상환손실	₩800	사채할인발행차금	₩1,000

26 ㈜한국은 20X6년 1월 1일에 액면금액 ₩1,000, 액면이자율 연 8%, 유효이자율 연 10%, 만기 3년, 이자지급일 매년 12월 31일인 사채를 발행하였다. ㈜한국은 유효이자율법을 적용하여 사채할인발행차금을 상각하고 있으며, 20X7년 12월 31일 사채의 장부금액은 ₩982이다. ㈜한국이 20X8년 6월 30일 동 사채를 ₩1,020에 조기상환하였다면, 이때의 사채상환손실은? 단, 계산은 월할 계산하며, 소수점 발생 시 소수점 아래 첫째 자리에서 반올림한다. [국가직 9급, 2019 기출수정]

① ₩11 ② ₩20
③ ₩29 ④ ₩31

27 ㈜한국은 20X1년 1월 1일에 액면가 ₩10,000, 만기 3년, 표시이자율 8%, 이자지급일이 매년 12월 31일인 사채를 ₩9,503에 할인발행하였다. 이 사채를 20X2년 1월 1일에 ₩9,800을 지급하고 조기상환할 때, 사채상환손익은? 단, 발행일의 유효이자율은 10%이고, 금액은 소수점 첫째자리에서 반올림한다.

[국가직 9급, 2021 기출]

① 사채상환손실 ₩18

② 사채상환손실 ₩147

③ 사채상환이익 ₩18

④ 사채상환이익 ₩14

충당부채와 우발부채

대표예제 국가직 9급, 2016 기출

20X5년에 제품의 결함으로 인하여 피해를 입었다고 주장하는 고객이 ㈜한국을 상대로 손해배상청구 소송을 제기하였다. 법률전문가는 20X5년 재무제표가 승인되는 시점까지는 회사의 책임이 밝혀지지 않을 가능성이 높다고 조언하였다. 그러나 20X6년 말 현재 ㈜한국에 소송이 불리하게 진행 중이며, 법률전문가는 ㈜한국이 배상금을 지급하게 될 가능성이 높다고 조언하였다. ㈜한국의 충당부채 또는 우발부채 인식과 관련된 설명으로 옳지 않은 것은?

① 충당부채는 현재의 의무가 존재하고, 경제적 효익을 갖는 자원이 유출될 가능성이 높으며, 당해 금액을 신뢰성 있게 추정할 수 있을 경우에 인식한다.

② 20X5년의 경우 현재의 의무가 없고, 배상금을 지급할 가능성이 아주 낮다고 하더라도 우발부채로 공시할 의무는 있다.

③ 20X6년 말에는 현재 의무가 존재하고 배상금에 대한 지급 가능성이 높으므로, 배상금을 신뢰성 있게 추정할 수 있다면 충당부채를 인식해야 한다.

④ 만약 20X6년 말에 배상금을 신뢰성 있게 추정할 수 없다면 이를 충당부채로 인식하지 않고 우발부채로 공시한다.

해답 ②

현재의무의 존재가능성이 높지 아니한 경우에는 우발부채를 공시하지만, 당해 의무의 이행을 위하여 경제적효익을 갖는 자원의 유출가능성이 아주 낮은 경우에는 (우발부채로도) 공시하지 아니한다.

28 충당부채의 인식과 관련된 설명으로 옳지 않은 것은?

[국가직 7급, 2014 기출]

① 과거 사건의 결과로 현재의무가 존재해야 한다.

② 당해 의무를 이행하기 위하여 경제적 효익을 갖는 자원이 유출될 가능성이 높아야 한다.

③ 입법 예고된 법규의 세부사항이 아직 확정되지 않은 경우에는 당해 법규안대로 제정될 것이 거의 확실한 때에만 의무가 발생한 것으로 본다.

④ 신뢰성 있는 금액의 추정이 불가능한 경우에도 부채로 인식해 재무상태표의 본문에 표시한다.

29 TV를 제조하여 판매하는 ㈜한국은 보증기간 내에 제조상 결함이 발견된 경우, 제품을 수선하거나 새 제품으로 교환해 주는 제품 보증정책을 취하고 있다. 이에 대한 회계처리 방법으로 옳지 않은 것은?

[국가직 7급, 2015 기출]

① 경제적효익을 갖는 자원의 유출가능성이 높고 금액을 신뢰성 있게 추정할 수 있는 경우, 충당부채로 인식한다.

② 경제적효익을 갖는 자원의 유출가능성이 높으나 금액을 신뢰성 있게 추정할 수 없는 경우, 충당부채로 인식한다.

③ 경제적효익을 갖는 자원의 유출가능성이 높지 않으나 아주 낮지도 않은 경우, 우발부채로 공시한다.

④ 경제적효익을 갖는 자원의 유출가능성이 아주 낮은 경우, 공시하지 아니한다.

30 충당부채와 우발부채에 대한 설명으로 옳지 않은 것은? [지방직 9급, 2016 기출]

① 충당부채는 지출의 시기 또는 금액이 불확실한 부채이다.

② 충당부채와 우발부채 모두 재무상태표에 인식하지 않고 주석으로 공시한다.

③ 충당부채로 인식하기 위해서는 현재 의무가 존재하여야 할 뿐만 아니라 당해 의무를 이행하기 위해 경제적 효익이 내재된 자원의 유출가능성이 높아야 한다.

④ 현재 의무를 이행하기 위한 자원의 유출가능성은 높으나 신뢰성 있는 금액의 추정이 불가능한 경우에는 우발부채로 공시한다.

31 충당부채에 대한 설명으로 옳지 않은 것은? [국가직 9급, 2017 기출]

① 충당부채를 인식하기 위해서는 과거사건의 결과로 현재 의무가 존재하여야 한다.

② 충당부채를 인식하기 위한 현재의 의무는 법적 의무로서 의제의무는 제외된다.

③ 충당부채의 인식요건 중 경제적효익이 있는 자원의 유출가능성이 높다는 것은 발생할 가능성이 발생하지 않을 가능성보다 더 높다는 것을 의미한다.

④ 충당부채를 인식하기 위해서는 과거 사건으로 인한 의무가 기업의 미래행위와 독립적이어야 한다.

32 충당부채, 우발부채, 우발자산에 대한 설명으로 옳지 않은 것은? [지방직 9급, 2017 기출]

① 우발자산은 경제적 효익의 유입가능성이 높지 않은 경우에 주석으로 공시한다.

② 의무를 이행하기 위하여 경제적 효익이 있는 자원을 유출할 가능성이 높지 않은 경우 우발부채를 주석으로 공시한다.

③ 우발부채와 우발자산은 재무제표에 인식하지 아니한다.

④ 현재의무를 이행하기 위하여 해당 금액을 신뢰성 있게 추정할 수 있고 경제적 효익이 있는 자원을 유출할 가능성이 높은 경우 충당부채로 인식한다.

33 충당부채와 우발부채에 대한 설명으로 옳은 것은? [국가직 7급, 2020 기출]

① 미래의 예상 영업손실에 대하여 충당부채로 인식한다.

② 우발부채는 자원의 유출가능성을 최초 인식시점에 판단하며 지속적으로 평가하지 않는다.

③ 제삼자와 연대하여 의무를 지는 경우에는 이행할 전체 의무중 제삼자가 이행할 것으로 예상되는 부분을 우발부채로 처리한다.

④ 다수의 항목과 관련되는 충당부채를 측정하는 경우에 해당의무는 가능한 모든 결과에 관련된 확률 중 최댓값으로 추정한다.

34 충당부채, 우발부채, 우발자산에 대한 설명으로 옳지 않은 것은? [국가직 7급, 2021 기출]

① 제삼자와 연대하여 의무를 지는 경우에는 이행할 전체 의무 중 제삼자가 이행할 것으로 예상되는 부분을 우발부채로 처리한다.

② 관련 상황의 변화가 적절하게 재무제표에 반영될 수 있도록 우발자산을 지속적으로 평가하며, 상황 변화로 경제적 효익의 유입이 거의 확실하게 되는 경우에는 그러한 상황변화가 일어난 기간의 재무제표에 그 자산과 관련 이익을 인식한다.

③ 현재 의무를 이행하기 위하여 필요한 지출 금액에 영향을 미치는 미래 사건이 일어날 것이라는 충분하고 객관적인 증거가 있는 경우에는 그 미래 사건을 고려하여 충당부채 금액을 추정한다.

④ 구조조정충당부채로 인식할 수 있는 지출은 구조조정에서 발생하는 직접비용과 간접비용을 포함하되, 구조조정 때문에 반드시 생기는 지출이며, 기업의 계속적인 활동과 관련 있는 지출이어야 한다.

35 구입 후 첫 6개월 이내에 제조상 결함으로 생기는 수선비용을 보장하는 보증을 재화에 포함하여 판매하는 기업이 있다. 판매한 모든 생산품에서 사소한 결함이 확인될 경우에는 ₩1,000,000의 수선비용이 발생한다. 판매한 모든 생산품에서 중요한 결함이 확인될 경우에는 ₩4,000,000의 수선비용이 발생한다. 기업의 과거 경험과 미래 예상에 따르면 내년에 판매할 재화 중에서 75%는 전혀 결함이 없지만, 20%는 사소한 결함이 있고, 나머지 5%는 중요한 결함이 있을 것으로 예상한다. 이 경우에 기업은 충당부채를 측정하기 위하여 수선비용의 기댓값을 계산하여야 할 것이다. 가장 적당한 기댓값은 어느 것인가?

① ₩300,000　　② ₩400,000

③ ₩500,000　　④ ₩600,000

36 ㈜한국은 20X1년 초 ₩720,000에 구축물을 취득(내용연수 5년, 잔존가치 ₩20,000, 정액법 상각)하였으며, 내용연수 종료 시점에 이를 해체하여 원상복구해야 할 의무가 있다. 20X1년 초 복구비용의 현재가치는 ₩124,180으로 추정되며 이는 충당부채의 요건을 충족한다. 복구비용의 현재가치 계산에 적용한 할인율이 연 10%일 때 옳지 않은 것은? 단, 소수점 발생시 소수점 아래 첫째자리에서 반올림한다. [국가직 9급, 2018 기출]

① 20X1년 초 구축물의 취득원가는 ₩844,180이다.

② 20X1년도의 복구충당부채전입액(또는 이자비용)은 ₩12,418이다.

③ 20X1년 말 복구충당부채는 ₩136,598이다.

④ 20X1년도에 인식할 비용 총액은 ₩156,418이다.

제 3 절 정답 및 해설

사채의 발행 및 상각

01 ①

사채의 발행금액은 미래 현금흐름(액면금액, 액면이자)을 유효이자율로 할인한 현재가치이다.

• 발행금액 = ₩10,000 × 0.66 + ₩1,000 × 2.28 = ₩8,880

02 ③

사채할인발행차금은 사채 발행시 발행금액을 감소시킨 금액이므로 자금조달자인 사채발행자 입장에서 미리 지급한 이자성격으로 해석할 수 있다. 동 금액은 사채기간 동안 사채이자비용에 가산하게 되므로 당기순이익의 감소로 이어진다. 또한 사채할인발행차금은 사채의 장부금액이 사채 액면금액에 미달하는 금액을 의미하므로 동 금액의 상각(소멸)은 사채장부금액의 증가를 의미하게 된다.

03 ②

사채를 할증발행하게 되는 경우, 할증발행차금만큼 사채기간동안의 이자비용이 절감되는 효과가 있다. 구체적으로 사채기간 동안의 기간별 이자비용은 액면이자에서 사채할증발행차금상각액을 차감한 금액으로 인식된다. 한편, 사채발행차금의 상각액은 다음과 같은 패턴을 가진다.

(1) 할인발행시 : 상각액 = 유효이자(= 장부금액 × 유효이자율) − 액면이자. 기간경과에 따라 사채 장부금액이 점점 증가하므로 이자비용(유효이자)과 상각액 모두 증가한다.

(2) 할증발행시 : 상각액 = 액면이자 − 유효이자(= 장부금액 × 유효이자율). 기간경과에 따라 사채 장부금액이 점점 감소하므로 이자비용(유효이자)은 감소하지만 상각액은 증가한다.

04 ④

사채의 유효이자율은 상각후원가(사채 장부금액)와 미래현금흐름의 현재가치를 일치시키는 이자율을 의미하는 것으로, 사채의 이자비용은 사채 장부금액(이자지급기간의 기초시점)에 유효이자율을 곱하여 산출한다. 따라서 이자비용 ₩40,000은 사채 장부금액 ₩160,000(= ₩167,000 − ₩7,000)에 유효이자율을 곱한 금액이다.

따라서 유효이자율은, $\frac{₩40,000}{₩160,000}$ = 25%이다.

05 ③

사채의 전체기간 동안 인식해야 이자비용 총액은 현금유출액에서 현금유입액을 차감한 금액으로 계산할 수 있다.

(1) 현금유출 합계 = 액면금액 + 액면이자 = ₩50,000 + ₩5,000 × 3년 = ₩65,000

(2) 현금유입 합계(발행금액) = ₩47,600

(3) 이자비용 총액 = ₩65,000 − ₩47,600 = ₩17,400

06 ②

사채할인발행차금의 상각액은 유효이자(이자수익 인식액)와 액면이자의 차이이다. 할인발행의 경우 유효이자가 액면이자보다 더 크므로 다음의 등식이 성립한다.

• 유효이자 − 액면이자 = 사채할인발행차금상각액

(1) 20X1년 사채 할인발행차금상각액 = ₩94,651 − ₩92,269 = ₩2,382

(2) 유효이자(20X1년) = ₩92,269 × 8% = ₩7,382

(3) 액면이자 = 유효이자 − 사채할인발행차금상각액 = ₩7,382 − ₩2,382 = ₩5,000

(4) 액면이자율 = 액면이자/액면금액 = 연 5%

07 ①

주어진 정보를 이용하여 상각표를 완성할 수 있다. 기초적인 금액계산 후 완성된 상각표를 제시하면 다음과 같다.

(1) 표시이자 = 액면금액 × 표시이자율 = ₩70

(2) 발행금액 = 액면금액 − 사채할인발행차금 = ₩1,000 − (₩25 + ₩27) = ₩948

(3) 유효이자 = 액면이자 + 사채할인발행차금상각액

(4) 완성된 상각표

일 자	유효이자	표시이자	상각액	장부금액
20X3. 1. 1.				₩948
20X3.12.31.	₩95	₩70	₩25	973
20X4.12.31.	97	70	27	1,000
합 계	₩192	₩140	₩52	

(5) 사채기간(2년)동안 인식할 이자비용의 합계액은 ₩192이다.

(6) 20X4년 1월 1일 사채상환손익 = 사채장부금액(₩973) − 상환금액(₩1,000) = ₩27 손실

08 ③

할인발행의 경우 만기에 접근할수록 사채 장부금액이 증가하므로, 사채 장부금액에 동일한 유효이자율을 적용하여 산출하는 이자비용 역시 점점 커지게 된다.

09 ②

사채발행으로 인한 총이자용부담액은 현금유출액과 현금유입액의 차이다.

(1) 총현금유입액 = 발행금액 ₩96,620

(2) 총현금유출액 = 액면금액 + 액면이자 = ₩100,000 + ₩10,000 × 2 = ₩120,000

(3) 총이자비용 = ₩120,000 − ₩96,620 = ₩23,380

참고로 전체 사채기간을 하나의 회계기간으로 간주하고 일괄적으로 회계처리하면 다음과 같다.

(차)	현금(발행금액)	96,620	(대) 현금(원금 + 이자)	120,000
	이자비용(전체기간)	23,380		

10 ①

사채발행차금의 상각액은 다음과 같은 패턴을 가진다.

(1) 할인발행시 : 상각액 = 유효이자(= 장부금액 × 유효이자율) − 액면이자. 기간경과에 따라 사채 장부금액이 점점 증가하므로 이자비용(유효이자)과 상각액 모두 증가한다.

(2) 할증발행시 : 상각액 = 액면이자 − 유효이자(= 장부금액 × 유효이자율). 기간경과에 따라 사채 장부금액이 점점 감소하므로 이자비용(유효이자)은 감소하지만 상각액은 증가한다.

11 ③

각각의 선택지별로 분석하면 다음과 같다.

① 사채를 할증발행할 경우, 인식하게 될 이자비용은 현금이자 지급액에서 사채할증발행차금 상각액을 차감한 금액이다. 따라서 선택지의 설명은 옳지 않다.

② 사채할인발행차금 상각액은은 할인 및 할증발행 모두에서 기간경과에 따라 증가하게 된다. 따라서 선택지의 설명은 옳지 않다.

③ 옳은 설명이다.

④ 사채발행차금의 총발생액과 각 기간 상각액의 합계금액은 할인 및 할증발행 모두에서 동일한다. 따라서 선택지의 설명은 옳지 않다.

12 ④

사채발행차금은 유효이자와 액면이자의 차이와 같다. 액면이자는 매년 동일한 반면, 유효이자는 사채의 장부금액에 비례하여 변동한다. 할인발행의 경우에는 사채의 장부금액이 매년 증가함에 따라 유효이자(액면이자보다 큰 상태에서)가 매년 증가하여, 유효이자와 액면이자의 차이는 커지게 된다. 할증발행의 경우에는 사채의 장부금액이 매년 감소함에 따라 유효이자(액면이자보다 작은 상태에서)가 매년 감소하여, 유효이자와 액면이자의 차이는 커지게 된다. 즉, 할인발행과 할증발행 모두에서 사채발행차금은 매년 증가하게 된다.

13 ①

사채를 발행 ㈜한국의 입장에서는 상각후원가로 측정하는 금융부채(사채)를 인식하게 되는데, 동 금융부채는 상각후원가로 후속측정한다. 상각후원가로 측정하는 금융부채의 장부금액은 유효이자의 발생으로 증가하고 표시이자의 지급으로 감소하게 된다. 따라서 다음의 등식(i는 상기사채의 표시이자율을 나타냄)이 성립하게 된다.

- ₩925,390 × (1 + 10%) − 1,000,000 × i = ₩947,929

위 등식을 풀면, i(표시이자율) = 7%

14 ②

사채를 상각후원가로 측정하는 경우, 사채의 장부금액은 유효이자의 발생(이자비용의 인식)으로 증가하고, 액면이자(현금이자)의 지급으로 감소한다. 따라서 액면이자율과 관련하여 다음의 식이 성립하여야 한다.

- ₩92,410 + ₩92,410 × 9% − ₩100,000 × 액면이자율 = ₩94,370

∴ 액면이자율 = 6.3569%

15 ④

사채 발행자의 입장에서 사채기간 동안 인식되는 이자비용의 총액은 현금유출액의 합계액에서 현금유입액의 합계액을 차감한 금액과 같다.

(1) 현금유입액 = 사채 발행금액 = ₩95,200 − ₩2,000 = ₩93,200

(2) 현금유출액 = ₩100,000 × 10% × 3년 + ₩100,000 = ₩130,000

(3) 사채이자비용(총액) = (2) − (1) = ₩36,800

16 ③

① 사채의 표시이자율 = $\frac{₩10,800}{₩120,000}$ = 9%

② 사채할인발행차금상각액(20X1) = ₩1,948

④ 사채의 표시이자율 = $\frac{₩12,748}{₩115,890}$ = 11%

17 ④

4월 1일의 회계처리를 예시하면 다음과 같다.

(차)	현 금	48,701	(대)	사 채	50,000
	사채할인발행차금*1	2,299		미지급이자	1,000

*1. ₩50,000 − [₩47,513 × {1 + 10% × (3/12)} − ₩1,000] = ₩2,299

*2. ₩50,000 × 8% × (3/12) = ₩1,000

18 ②

주어진 자료를 이용하여 사채할인발행차금 상각표를 작성하면 다음과 같다.

일 자	유효이자	표시이자	상각액	장부금액
20X1. 1. 1.				₩950,258
20X1.12.31.	₩95,026	₩80,000	₩15,026	965,284
20X2.12.31.	96,528	80,000	16,528	981,812
20X3.12.31.	98,188	80,000	18,188	1,000,000
합 계	₩289,742	₩240,000	₩49,742	

① 사채할인발행차금 잔액(20X1.12.31.) = ₩1,000,000 − ₩965,284 = ₩34,716

② 금융자산처분이익(20X2.1.1.) = ₩970,000 − ₩965,284 = ₩4,716

③ ㈜민국의 회계처리(20X1.1.1.)

(차)	AC금융자산	15,026	(대)	이자수익	95,026
	현 금	80,000			

④ ㈜한국의 이자비용(20X1) = ₩95,028 × 10% = ₩95,026

19 ②

사채 발행자의 입장에서 사채기간 동안 인식되는 이자비용의 총액은 현금유출액의 합계액에서 현금유입액의 합계액을 차감한 금액과 같다.

(1) 현금유입액 = 사채 발행금액 = ₩105,344

(2) 현금유출액 = ₩100,000 × 8% × 3년 + ₩100,000 = ₩124,000

(3) 사채이자비용(총액) = (2) − (1) = ₩18,656

20 ④

① 할인발행된 사채의 각 연도별 이자비용은 표시이자에 사채할인발행차금 상각액을 가산한 금액과 같다. 따라서 20X2년의 이자비용은 다음과 같이 계산된다.
 - 표시이자 : ₩1,000,000 × 8% = ₩80,000
 - 사채할인발행차금상각액 : ₩16,528
 - 이자비용 = ₩80,000 + ₩16,528 = ₩96,528

② 할인발행된 사채의 발행금액은 액면금액에서 사채할인발행차금 상각액의 합계액을 차감한 금액과 같다. 따라서 사채의 발행금액은 다음과 같이 계산된다.
 - 사채액면금액 : ₩1,000,000
 - 상각액의 합계액 : ₩15,025 + ₩16,528 + ₩18,195 = ₩49,748
 - 사채의 발행금액 = ₩1,000,000 − ₩49,748 = ₩950,252

③ 사채의 표시이자율이 유효이자율보다 낮을 때 동 사채는 할인발행된다.

④ 할인발행된 사채의 매 연도 이자비용은 만기에 접근함에 따라 증가한다.

사채의 상환

21 ④

20X2년 12월 31일 사채상환손실은 ₩1,152으로 계산된다.

① 20X1년 1월 1일의 사채할증발행차금은 사채발행금액(₩105,151)에서 사채액면금액(₩100,000)을 차감한 ₩5,151으로 계산된다. 해당일의 분개를 나타내면 다음과 같다.

(차) 현 금	105,151	(대) 사 채	100,000
		사채할증발행차금	5,151

② 20X1년 12월 31일 사채할증발행차금의 환입액은 액면이자(₩10,000)에서 유효이자(₩8,412)를 차감한 ₩1,588으로 계산된다. 여기서 유효이자는 20X1년 1월 1일의 사채장부금액 ₩105,151에 연간 유효이자율 8%를 곱해서 산출한다. 20X1년 동 사채와 관련된 이자비용을 인식하고 사채할증발행차금을 환입하는 분개를 나타내면 다음과 같다.

(차) 이자비용	8,412	(대) 현 금	10,000
사채할증발행차금	1,588		

③ 20X2년 12월 31일 사채이자비용은 20X2년 1월 1일의 사채장부금액(₩103,563)에 연간 유효이자율 8%를 곱하여 ₩8,285으로 계산된다. 20X2년 동 사채와 관련된 이자비용을 인식하고 사채할증발행차금을 환입하는 분개를 나타내면 다음과 같다.

(차) 이자비용	8,285	(대) 현 금	10,000
사채할증발행차금	1,715		

④ 20X2년 12월 31일 사채상환손익은 사채의 장부금액과 사채 상환금액을 비교하여 결정된다. 상환시점에 사채의 장부금액은 (₩105,151 × 1.08 − ₩10,000) × 1.08 − ₩10,000 = ₩101,848으로 계산되며, 동 사채 장부금액의 상환에 ₩103,000이 소요되었으므로 사채상환손익은 ₩1,152(손실)으로 계산된다. 사채 상환시점의 분개를 나타내면 다음과 같다.

(차) 사 채	100,000	(대) 현 금	103,000
사채할증발행차금	1,848		
사채상환손실	1,152		

참고로, 주어진 자료를 이용하여 사채 상각표를 작성하면 다음과 같다.

일 자	유효이자	표시이자	상각액	장부금액
20X1. 1. 1.				₩105,151
20X1.12.31.	₩8,412	₩10,000	₩1,588	103,563
20X2.12.31.	8,285	10,000	1,715	101,848
20X3.12.31.	8,152	10,000	1,848	100,000
합 계	₩24,849	₩30,000	₩5,151	

22 ③

유효이자율이 표시이자율보다 높으므로 사채는 할인발행 되었다. 따라서 사채상환시 반드시 사채할인발행차금이 소멸된다. 사채할인발행차금은 사채의 차감계정이므로 잔액은 차변에 있었다가 소멸시에 대변기록 된다. 한편, 할인발행된 사채의 장부금액은 만기전까지는 사채 액면금액보다 더 적다. 따라서 사채상환이 액면금액으로 이루어진 본 문제의 경우 사채상환손실이 발생한다.

참고로, 주어진 자료를 이용한 사채발행금액과 사채상각표 및 사채상환과 관련된 회계처리를 예시하면 다음과 같다.

• 사채발행금액 = ₩1,000,000 × 0.71178 + ₩100,000 × 2.40183 = ₩951,963

일 자	유효이자	표시이자	상각액	장부금액
20X1. 1. 1.				₩951,963
20X1.12.31.	₩114,236	₩100,000	₩14,236	966,199
20X2.12.31.	115,944	100,000	15,944	982,142
20X3.12.31.	117,858	100,000	17,858	1,000,000
합 계	₩348,037	₩300,000	₩48,037	

• 사채상환의 회계처리

(차)	사 채	1,000,000	(대)	현 금	1,000,000
	사채상환손실	33,802		사채할인발행차금	33,802

23 ①

사채상환손익은 사채상환금액과 사채관련 장부금액을 비교하여 계산한다.

(1) 사채관련 장부금액 : ₩91,322 + ₩91,322 × 10% = ₩100,454

(2) 사채상환손익 = ₩100,454 − ₩101,000 = (−)₩546 (손실)

참고로 사채상환과 관련된 회계처리를 예시하면 다음과 같다.

(차)	사 채	100,000	(대)	현 금	101,000
	미지급이자	5,000		사채할인발행차금	4,546
	사채상환손실	546			

24 ②

사채상환손익은 사채상환금액과 사채관련 장부금액을 비교하여 계산한다.

(1) 사채관련 장부금액 : ₩950,260 + ₩950,260 × 10% − ₩80,000 = ₩965,286

(2) 사채상환손익 = ₩965,286 − ₩960,000 = ₩5,286 (이익)

참고로, 사채상환과 관련된 회계처리를 예시하면 다음과 같다.

(차)	사 채	1,000,000	(대)	현 금	960,000
				사채할인발행차금	34,714
				사채상환이익	5,286

25 ②

사채상환손익을 구하기 위해 사채상환금액과 비교할 사채 장부금액을 구하는 것이 핵심이다. 상각후원가로 측정하는 사채의 장부금액은 유효이자의 발생으로 증가하고, 액면이자의 지급으로 감소한다. 따라서 20X5년 12월 31일의 사채장부금액은 ₩9,700(= ₩9,600 + ₩600 − ₩500)이다. 그리고 사채상환손익(장부금액 − 상환금액)은 ₩100(손실)로 계산된다.

26 ③

(1) 사채상환손익 = 사채장부금액 − 사채상환금액 = ₩991 − ₩1,020 = ₩29 (손실)

(2) 사채장부금액(20X8.6.30.) = ₩982 + 유효이자 − 액면이자 = ₩991

- 유효이자(20X8.1.1. ~ 20X8.6.30.) = ₩982 × 10% × (6/12) = ₩49
- 액면이자(20X8.1.1. ~ 20X8.6.30.) = ₩1,000×10%×(6/12) = ₩40

27 ②

사채상환손익 = 사채장부금액 − 사채상환금액 = ₩(−)147
사채장부금액 = ₩9,503 × (1 + 10%) − ₩10,000 × 8% = ₩9,653

충당부채와 우발부채

28 ④

신뢰성 있는 금액의 추정이 불가능한 경우에는 우발부채로 주석공시한다.

29 ②

경제적효익을 갖는 자원의 유출가능성이 높으나 금액을 신뢰성 있게 추정할 수 없는 경우, 우발부채로 주석공시한다.

30 ②

과거사건의 결과로 발생한 현재의무 중 미래 경제적 효익의 발생가능성이 높고, 금액을 신뢰성 있게 측정할 수 있는 충당부채는 재무상태표에 부채로 인식한다.

31 ②

과거사건의 결과로 존재하게 되는 현재의무는 법적의무뿐만 아니라 의제의무도 포함되므로, 의제의무가 제외된다는 설명은 옳지 않다.

32 ①

우발자산은 자산으로 인식하지 아니하고, 경제적효익의 유입가능성이 높은 경우에만 주석으로 공시한다.

33 ③

① 미래의 예상 영업손실에 대해서는 충당부채로 인식하지 아니한다. 왜냐하면, 미래의 예상 영업손실은 부채의 정의에 부합하지 아니할 뿐만 아니라 충당부채의 인식기준을 충족시키지 못하기 때문이다.

② 우발부채는 당초에 예상하지 못한 상황에 따라 변화할 수 있으므로, 경제적효익을 갖는 자원의 유출가능성이 높아졌는지 여부를 결정하기 위하여 지속적으로 검토하여야 한다. 과거에 우발부채로 처리하였더라도 미래경제적효익의 유출가능성이 높아진 경우에는 그러한 가능성의 변화가 발생한 기간의 재무제표에 충당부채로 인식한다(신뢰성 있게 추정할 수 없는 극히 드문 경우는 제외).

④ 측정하고자 하는 충당부채가 다수의 항목과 관련되는 경우에 당해 의무는 모든 가능한 결과와 그와 관련된 확률을 가중평균한 기대가치를 추정하여야 한다.

34 ④

구조조정충당부채로 인식할 수 있는 지출은 구조조정에서 생기는 직접비용만을 포함해야 하며 특정한 조건을 충족하여야 한다.

35 ②

75% × ₩0 + 20% × ₩1,000,000 + 5% × ₩4,000,000 = ₩400,000

36 ④

유형자산의 원가에는 자산을 해체, 제거하거나 부지를 복구하는 데 소요될 것으로 최초에 추정되는 원가(현재가치로 계산한 금액)를 포함하여야 한다.

① 구축물의 취득원가 = ₩720,000 + ₩124,180 = ₩844,180

② 충당부채전입액 = ₩124,180 × 10% = ₩12,418

③ 복구충당부채 = ₩124,180 + ₩12,418 = ₩136,598

④ 비용총액(감가상각비, 이자비용) = (₩844,180 − 20,000) × $\frac{1}{5}$ + ₩12,418 = ₩177,254

CHAPTER 10

자본회계

ACCOUNTING PRACTICE

제 1 절 주요내용 요약

학습목표

Ⅰ. 자본의 기초개념
Ⅱ. 자본금의 변동과 기타 자본거래 손익
Ⅲ. 이익잉여금
Ⅳ. 자본조정 및 기타

Ⅰ 자본의 기초개념

1. 자본의 의의

자본(equity)은 기업의 자산에서 모든 부채를 차감한 후의 잔여지분이다. 따라서 재무상태표에 표시되는 자본의 금액은 자산과 부채 금액의 측정에 따라 종속적으로 결정된다. 일반적으로 자본총액은 그 기업이 발행한 주식의 시가총액, 또는 순자산을 나누어서 처분하거나 계속기업을 전제로 기업전체를 처분할 때 받을 수 있는 총액과는 다른 금액이다. 설사 이 금액이 자본총액과 일치하는 경우 이는 우연의 일치이다.

한편 자본은 기업이 보유한 경제적 자원에 대한 주주의 청구권을 나타내기 때문에 주주지분(stock-holder's equity) 또는 소유주지분이라고 하며, 채권자의 지분인 부채를 차감한 이후의 지분이라는 의미에서 잔여지분(residual equity)이라고도 한다. 자본을 청구권적인 개념에서 이해할 때, 주주의 청구권인 자본은 기업이 보유한 자산을 분할한 특정한 개별자산에 대한 주주의 권리를 의미하는 것이 아니라 자산의 총량 중에서 일정한 부분에 해당하는 비율적 의미에서의 몫을 의미한다.

또한 자본을 자금(capital)의 개념으로 이해하는 경우 기업 소유주의 순수한 자금이라는 의미에서 자기자본이라고도 하는데, 이러한 개념하에서는 기업의 자산은 총자본이라고 표현하며 부채는 타인자본이라고 표현한다.

2. 자본의 분류

자본은 크게 납입자본과 유보이익으로 분류할 수 있다. 여기서 납입자본은 주주와의 자본거래를 통해 직접 형성된 자본을 의미하고, 유보이익은 자본거래 이외의 거래(이를 통상 '손익거래'라고 부름)를 통해 발생한 손익의 누적액을 의미한다.

자본거래로 형성된 자본은 납입자본과 자본조정으로 구성되고, 손익거래로 형성된 자본은 이익잉여금과 기타포괄손익누계액으로 구성된다. 여기서 이익잉여금과 기타포괄손익누계액의 합계액은 보고기업이 창출한 이익으로 구성된다는 의미에서 유보이익이라고 부른다. 구체적으로 자본의 분류를 살펴보면 다음과 같다.

<table>
<tr><th>형성원천</th><th colspan="2">자본의 분류</th><th>자본분류별 성격</th></tr>
<tr><td rowspan="3">자본거래</td><td rowspan="2">납입자본</td><td>자본금</td><td>법정자본금</td></tr>
<tr><td>자본잉여금</td><td>자본거래상의 잉여금</td></tr>
<tr><td colspan="2">자본조정</td><td>자본의 임시계정</td></tr>
<tr><td rowspan="2">손익거래</td><td rowspan="2">유보이익</td><td>이익잉여금</td><td>당기순손익의 누적잔액. 단, 배당으로 유출된 부분은 제외</td></tr>
<tr><td>기타포괄손익누계액</td><td>기타포괄손익의 누적잔액</td></tr>
</table>

II 자본금의 변동과 기타 자본거래 손익

1. 자본금의 변동에 대한 회계처리

(1) 자본금의 의의

자본금은 상법에서 정하는 바에 따라 적립된 법정자본금으로서 소유주가 채권자의 권리를 보호하기 위하여 확보해야 하는 최소한의 자본으로 해석한다. 자본금은 상법상에 규정된 바에 따라, 액면주식을 발행한 경우에는 발행주식의 액면금액 합계액으로 계상해야 하며, 무액면주식을 발행한 경우에는 발행금액의 1/2에 미달하지 않는 금액범위 내에서 이사회가 정한 금액으로 계상해야 한다. 한편 기업이 여러 종류의 주식을 발행한 경우에는 주식의 종류별로 각각의 자본금, 즉 보통주자본금과 우선주자본금 등으로 구분하여 표시해야 한다.

(2) 자본금의 변동유형

자본금은 통상 발행주식에 1주당 액면금액을 곱한 금액으로 정의되기 때문에, 자본금이 증가되는 대표적인 유형은 주식의 발행이고, 자본금이 감소되는 대표적인 유형은 발행된 주식을 재취득하여 소각하는 것이다. 다만, 주식의 발행과 재취득처럼 자본금의 증감과 함께 기업의 순자산이 실질적으로 변화될 수도 있지만 경우에 따라서는 그렇지 않을 수도 있다. 이를 구분하기 위해 유상증(감)자와 무상증(감)자라는 용어를 사용한다.

대구분	소구분	정 의
자본금증가(증자)	유상증자	주식의 발행과 함께 기업의 순자산이 실질적으로 증가되는 형태의 자본금 변동
	무상증자	자본의 다른 분류(자본잉여금 등)를 자본에 전입하여 자본금을 증가시키고 동 금액에 해당하는 신주를 발행하여 기존 주주들에게 무상으로 교부하는 형태의 자본금 변동
자본금감소(감자)	유상감자	주식을 유상으로 취득하여 소각(법적인 감소)시킴으로서 자본금 감소대가가 실질적으로 주주에게 이전되는 형태의 자본금 변동
	무상감자	결손보전 등의 목적으로 자본금 감소부분을 자본의 다른 분류(결손금 등)로 대체시킴으로서 주주에 대한 실질적인 대가 지급이 없는 형태의 자본금 변동

참고 주식병합과 주식분할

주식병합이란 여러 개의 주식을 함께 묶어 더 적은 수의 주식으로 교체하는 것을 말한다. 이 과정에서는 대부분 발행주식수가 감소하고, 이에 반비례하여 1주당 액면금액이 증가하게 되어 자본금 전체에 변화가 없게 된다. 그러나 이와는 달리 발행주식수만 감소하고 1주당 액면금액의 변화가 없는 형태의 주식병합(감자의 형태)도 있기 때문에 주식병합으로 반드시 기업의 자본금 변화가 없다고만 볼 수는 없다.

한편, 주식분할은 감자형태 이외의 주식병합에 대응되는 개념으로서 한 개의 주식을 여러 개의 주식으로 교체하는 것을 말하는데, 이 과정에서 증가된 주식 수에 반비례하여 1주당 액면금액은 감소하게 된다. 따라서 주식분할이 있게 되면 발행주식수는 증가하고 1주당 액면금액은 감소하며 자본금 총계에는 영향이 없게 된다.

(3) 자본금증가(증자)의 회계처리

유상증자의 경우 주식의 현금발행 또는 현물출자 등이 있고, 무상증자의 경우에는 일반적인 무상증자(자본잉여금이나 법정적립금의 자본전입)와 주식배당이 있다. 각각의 회계처리를 나타내면 다음과 같다.

① 주식의 현금발행 : (차) 현 금 ××× (대) 자본금 ×××
주식발행초과금* ×××

* 유입된 현금(발행금액)보다 주식의 액면합계금액이 더 적은 경우에는 차변에 주식할인발행차금이 계상된다.

② 현 물 출 자 : (차) 유형자산 등 ××× (대) 자본금 ×××
주식발행초과금 ×××

* 유입된 자산의 공정가치(발행금액)보다 주식의 액면합계금액이 더 적은 경우에는 차변에 주식할인발행차금이 계상된다.

③ 무상증자(자본전입) : (차) 자본잉여금 등 ××× (대) 자본금 ×××

④ 주 식 배 당 : (차) 이익잉여금 ××× (대) 자본금 ×××

(4) 자본금감소(감자)의 회계처리

유상감자와 무상감자로 나누어 회계처리를 나타내면 다음과 같다.

① 유 상 감 자 : (차) 자본금 ××× (대) 현금(또는 자기주식) ×××
감자차손*

* 감자대가보다 더 많은 자본금이 감소한 경우 대변에 감자차익이 계상된다.

② 무 상 감 자 : (차) 자본금 ××× (대) 결손금 ×××

(5) 자기주식의 회계처리

자기주식이란 기업이 이미 발행한 주식을 재취득하여 보유하는 경우 해당 주식을 말한다. 자기주식의 이론적인 회계처리 방법에 대해서는 서로 다른 여러 학설이 존재하나 국제회계기준에서는 자기주식을 미발행주식으로 보아 자기주식을 취득한 경우 아예 처음부터 주식을 발행하지 아니한 것과 동일한 재무상태가 표현되도록 하는 회계처리를 규정하고 있다. 다만, 주식을 재취득하여 법적으로 소멸(소각)시키기 전까지는 자본전체의 차감계정(자본조정)으로 기록한다.

① 자기주식의 취득 : (차) 자기주식 ××× (대) 현 금 ××× } (or)
자산수증이익 ×××

② 자기주식의 매각 : (차) 현 금 ××× (대) 자기주식 ×××
자기주식처분이익* ×××

* 매각시 유입된 현금이 자기주식의 취득대가보다 더 적다면 차변에 자기주식처분손실이 계상된다.

③ 자기주식의 소각 : (차) 자본금 ××× (대) 자기주식 ×××
감자차익* ×××

* 감소한 자본금보다 자기주식의 취득대가보다 더 적다면 차변에 감자차손이 계상된다.

2. 자본거래 손익의 발생과 처리

(1) 자본거래 손익의 발생

자본거래 손익은 앞서 살펴본 자본금의 변동거래에서 주로 발생하는데 이를 요약하면 다음과 같다.

자본거래 유형		자본거래손실	자본거래이익
주식의 발행		주식할인발행차금	주식발행초과금
주식의 재취득	소 각	감자차손	감자차익
	매 각	자기주식처분손실	자기주식처분이익
자산수증(주주로부터)		N/A	자산수증이익

이러한 자본거래 손익들의 금액이 계산되는 방법(또는 정의)은 다음과 같다.

구 분	계산방법(정의)
① 주식발행초과금	주식의 발행금액 - 발행주식의 액면금액
② 감자차익	소각주식의 액면금액 - 환급금액 또는 감자재원
③ 자기주식처분이익	자기주식 처분금액 - 자기주식의 취득원가
④ 자산수증이익	증여주식의 공정가치

(2) 자본거래 손익의 회계처리

구 분		회계처리
자본거래이익		자본잉여금으로 처리
자본거래손실	회계이론	배당으로 처리(이익잉여금의 감소)
	상 법	임시계정(자본조정) → 이익잉여금 처분(주주총회)

III 이익잉여금

1. 이익잉여금의 의의

이익잉여금이란 기업의 당기순이익을 누적해 놓은 부분 중 사외유출되지 않고 남아있는 부분으로서 배당의 재원이 된다. 이익잉여금은 미처분이익잉여금과 기처분이익잉여금으로 구분할 수 있으며, 미처분이익잉여금은 배당이나 사내적립의 재원이 되며, 기처분이익잉여금은 배당을 제한하기 위해 사내에 적립한 금액으로 보통 적립금계정으로 처리한다. 이러한 적립금계정은 적립(배당제한)의 강제성 유무에 따라 법정적립금과 임의적립금으로 구분된다. 여기서는 우선 미처분이익잉여금을 중심으로 내용을 정리하기로 하며, 적립금계정에 대해서는 후술하기로 한다.

이익잉여금의 구분	내용 설명 등
미처분이익잉여금	• 배당의 재원이 되거나 사내적립될 수 있는 금액
기처분이익잉여금	• 사내적립되어 배당이 제한된 이익잉여금(적립금) • 적립의 강제성 유무에 따라 다음과 같이 구분 − 법정적립금 − 임의적립금

2. 미처분이익잉여금의 증감과 회계처리

(1) 미처분이익잉여금의 증가원인과 증가시의 회계처리

증가원인	내용 설명 등
① 집합손익의 이익잉여금 대체	결산시 마감분개의 형태로 수행
② 기타포괄손익누계액의 이익잉여금 대체	당기손익으로 재분류되지 않은 기타포괄손익항목의 소멸(대체)
③ 법정 및 임의적립금의 이입	적립금계정에서 미처분이익잉여금으로 대체
④ 결손보전	결손금이 발생하는 경우 이를 소멸시키는 성격

미처분이익잉여금의 주요 4가지 증가원인별로 회계처리를 나타내면 다음과 같다.

① 집 합 손 익 대 체 : (차) 집합손익 ××× (대) 미처분이익잉여금 ×××
② 기타포괄손익누계액 대체 : (차) 기타포괄손익누계액 ××× (대) 미처분이익잉여금 ×××

③ 적 립 금 의　이 입 : (차) 임의적립금 등　×××　(대) 미처분이익잉여금　×××
④ 결　손　보　전 : (차) 자본금　×××　(대) 미처분이익잉여금　×××

(2) 미처분이익잉여금의 감소원인과 감소시의 회계처리

감소원인	내용 설명 등
① 현금배당	미지급배당금(부채) 인식
② 주식배당	미교부주식배당금(자본조정) 인식
③ 법정 및 기타적립금의 적립	미처분이익잉여금에서 적립금계정으로 대체
④ 자본거래손실의 상각	주식할인발행차금, 감자차손, 자기주식처분손실의 상각

미처분이익잉여금의 주요 4가지 감소원인별로 회계처리를 나타내면 다음과 같다.

① 현　금　배　당 : (차) 미처분이익잉여금　×××　(대) 미지급배당금　×××
② 주　식　배　당 : (차) 미처분이익잉여금　×××　(대) 미교부주식배당금　×××
③ 적 립 금 의　적 립 : (차) 미처분이익잉여금　×××　(대) 이익준비금 등　×××
④ 자본거래손실 상각 : (차) 미처분이익잉여금　×××　(대) 주식할인발행차금 등　×××

3. 기처분이익잉여금(적립금)의 증감과 회계처리

기처분이익잉여금이란 이미 처분되어 배당의 재원으로 사용할 수 없는 이익잉여금을 말하는 부분을 말하는 것으로서, 법정적립금과 임의적립금으로 구분한다. 기처분이익잉여금의 종류와 증감원인 및 이에 따른 회계처리를 정리하면 다음과 같다.

구 분		내용 설명 및 회계처리
종 류	법정적립금	이익준비금, 기업합리화적립금, 재무구조개선적립금 등 (이익준비금이란 상법에 따라 주식배당을 제외한 이익배당액의 10% 이상을 자본금의 1/2에 달할 때까지 적립한 금액을 말함)
	임의적립금	법정한도를 초과하여 적립한 이익준비금이나 기타 기업의 임의목적에 따라 배당을 제한하기로 한 금액
증가원인	적립금의 적립	(차) 미처분이익잉여금 ×××　(대) 이익준비금 등 ×××
감소원인	적립금의 이입	(차) 임의적립금 등 ×××　(대) 미처분이익잉여금 ×××
	적립금의 사용	(차) 임의적립금 등 ×××　(대) 해당계정 ×××

Ⅳ 자본조정 및 기타

1. 자본조정

자본조정은 자본의 임시계정으로서 자본거래손실이나 기타 자본전체에 대한 조정항목들로서 대부분 단기간 내에 자본의 다른 분류로 대체되거나 소멸된다는 특징이 있다. 구체적인 항목은 다음과 같이 요약할 수 있다.

자본거래손실	기타항목
① 주식할인발행차금 ② 감자차손 ③ 자기주식처분손실	① 자기주식 ② 미교부주식배당금 ③ 전환권대가 ④ 신주인수권대가 ⑤ 신주청약증거금

2. 기타포괄손익누계액

(1) 기타포괄손익누계액의 발생과 소멸

기타포괄손익누계액은 손익으로서 기타포괄손익과 함께 발생하고, 당기손익으로 재분류되거나 자본의 다른 항목(이익잉여금 등)으로 대체되면서 소멸한다.

(2) 기타포괄손익누계액의 구분

기타포괄손익항목은 추후 어떻게 소멸 또는 소멸할 수 있는지에 따라 재분류 조정되는 기타포괄손익항목과 재분류조정이 금지되는 항목으로 다음과 같이 구분된다.

재분류되지 않는 항목	재분류되는 항목
① 유·무형자산의 재평가잉여금 ② 확정급여제도의 재측정요소 ③ 기타포괄손익 – 공정가치 측정선택 금융자산평가손익 ④ 당기손익 – 공정가치 측정지정 금융부채평가손익 중 신용위험변동에 따른 부분	① 기타포괄손익 – 공정가치 측정 금융자산평가손익 ② 해외사업환산손익 ③ 현금흐름위험회피 파생상품평가손익 중 위험회피에 효과적인 부분 ④ 지분법기타포괄손익*

* 일부항목은 재분류가 금지되는 부분도 있음

3. 자본변동표

자본변동표란 기업의 자본 분류별 변동내역을 포괄적으로 보고하는 재무제표이다. 자본변동표에는 자본의 각 구성요소별로 다음의 각 항목에 따른 변동액을 구분하여 표시한, 기초시점과 기말시점의 장부금액 조정내역 등을 표시한다.

① 당기순손익

② 기타포괄손익

③ 소유주로서의 자격을 행사하는 소유주와의 거래(소유주에 의한 출자와 소유주에 대한 배분, 그리고 지배력을 상실하지 않는 종속기업에 대한 소유지분의 변동을 구분하여 표시)

제 2 절 기출 및 연습문제

자본의 의의와 자본변동 기초

대표예제 국가직 9급, 2011 기출수정

자산총액, 부채총액 및 자본총액 어느 것에도 영향을 주지 않는 거래는?

① 건물을 장부금액으로 매각하고, 매각대금을 당좌예입하였다.

② 보유 중인 당기손익-공정가치 측정 금융자산에 대하여 평가손실이 발생하였다.

③ 주주총회에서 현금배당을 실시하기로 결의하였다.

④ 보유 중인 자기주식을 매각하였다.

해답 ①

주어진 보기에 대한 적절한 회계처리를 제시하면 다음과 같다.

①	(차)	당좌예금(자산)	×××	(대)	건 물(자산)	×××
②	(차)	금융자산평가손실(당기비용)	×××	(대)	금융자산(자산)	×××
③	(차)	미처분이익잉여금(자본)	×××	(대)	미지급배당금(부채)	×××
④	(차)	현 금	×××	(대)	자기주식(자본)	×××
					자기주식처분이익(자본)*	

* 자기주식의 취득금액(증여받은 경우에는 공정가치)보다 처분금액이 더 적은 경우에는 자기주식처분손실이 발생할 수 있음

위의 회계처리에서 보기 ①의 경우 자산계정과목간의 대체에 불과하므로 자산 및 부채 그리고 자본총계 어느 곳에도 영향을 주지 못한다.

01 자본에 대한 설명으로 옳지 않은 것은? [국가직 9급, 2013 기출수정]

① 무상증자는 자본총계를 증가시킨다.

② 주식분할은 총발행주식수를 증가시킨다.

③ 주식병합으로 자본금은 변동하지 않는 것이 일반적이지만, 때로는 감소할 수도 있다.

④ 주식배당은 자본금을 증가시킨다.

02 자본을 실질적으로 증가시키는 거래는? [국가직 7급, 2011 기출]

① 주식을 할인발행한 경우

② 유통중인 발행주식을 액면이상으로 취득하는 경우

③ 이익준비금을 자본전입한 경우

④ 주식배당을 한 경우

03 주식회사의 자본을 실질적으로 증가시키는 거래는? [국가직 9급, 2015 기출]

① 임의적립금을 적립하다.

② 이익준비금을 재원으로 무상증자를 실시하다.

③ 주식배당을 실시하다.

④ 주주로부터 자산을 무상으로 기부받다.

04 자본이 증감될 수 있는 경우를 모두 고른 것은? [국가직 9급, 2011 기출수정]

ㄱ. 주식배당　　　　　　　　ㄴ. 임의적립금의 이입
ㄷ. 해외사업환산손실의 발생　　ㄹ. 자기주식의 취득

① ㄱ, ㄴ　　② ㄴ, ㄷ
③ ㄷ, ㄹ　　④ ㄱ, ㄹ

05 자본에 대한 설명으로 옳은 것을 모두 고르면? [국가직 9급, 2014 기출]

ㄱ. 이익잉여금은 당기순이익의 발생으로 증가하고 다른 요인으로는 증가하지 않는다.
ㄴ. 주식배당을 실시하면 자본금은 증가하지만 이익잉여금은 감소한다.
ㄷ. 무상증자를 실시하면 발행주식수는 증가하지만 자본총액은 변동하지 않는다.
ㄹ. 주식분할을 실시하면 발행주식수는 증가하지만 이익잉여금과 자본금은 변동하지 않는다.

① ㄱ, ㄴ, ㄷ　　② ㄱ, ㄴ, ㄹ
③ ㄱ, ㄷ, ㄹ　　④ ㄴ, ㄷ, ㄹ

06 다음의 장부마감 전 자료를 토대로 계산한 기말 자본은? 단, 수익과 비용에는 기타포괄손익 항목이 포함되어 있지 않다.

[국가직 9급, 2016 기출]

수 익 합 계	₩2,000,000	비 용 합 계	₩1,000,000
자 본 금	₩1,000,000	주식발행초과금	₩500,000
이 익 잉 여 금	₩500,000	자 기 주 식	₩100,000
감 자 차 익	₩100,000	재 평 가 잉 여 금	₩200,000

① ₩3,500,000 ② ₩3,300,000

③ ₩3,200,000 ④ ₩3,000,000

07 다음 각 항목이 재무상태표의 자본금, 이익잉여금 및 자본총계에 미치는 영향으로 옳지 않은 것은?

[국가직 9급, 2011 기출]

	항 목	자본금	이익잉여금	자본총계
①	무상증자	증 가	증 가	증 가
②	주식배당	증 가	감 소	불 변
③	주식분할	불 변	불 변	불 변
④	유상증자	증 가	불 변	증 가

08 자본에 관한 설명으로 옳은 것만을 모두 고른 것은? [국가직 9급, 2018 기출]

ㄱ. 주식분할을 실시하면 자본 총액은 변동하지 않고 자본금은 증가한다.
ㄴ. 주식배당을 실시하면 자본 총액은 변동하지 않고 자본금은 증가한다.
ㄷ. 유상증자를 실시하면 자본 총액은 변동하지 않고 자본금은 증가한다.
ㄹ. 무상증자를 실시하면 자본 총액은 변동하지 않고 자본금은 증가한다.

① ㄱ, ㄴ
② ㄱ, ㄷ
③ ㄴ, ㄹ
④ ㄷ, ㄹ

09 자본에 영향을 미치는 거래에 해당하지 않는 것은? [국가직 9급, 2012 기출]

① 정기 주주총회에서 10%의 현금배당을 결의하다.
② 임차한 건물에 대한 임차료를 현금으로 지급하다.
③ 창고에 화재가 발생하여 보관중인 상품 중 일부가 소실되다.
④ 기계장치를 구입하고, 대금 중 절반은 현금으로 지급하고 잔액은 외상으로 하다.

10 다음 자료로 회계처리할 때 나타나지 않는 거래형태는? 단, 상품 매매는 계속기록법을 적용한다.

[국가직 9급, 2015 기출수정]

- 현금으로 자기주식 ₩1,000,000을 취득하다.
- 외상으로 기계를 ₩5,000,000에 취득하고 대금은 1개월 후에 지급하기로 하다.
- 감채기금으로 ₩1,000,000을 적립하다.
- 원가 ₩150,000인 상품을 ₩200,000에 외상판매하다.
- 주주로부터 업무용 토지 ₩500,000을 무상으로 기부받다.

① 부채의 감소 ② 부채의 증가
③ 자본의 감소 ④ 비용의 발생

11 당기에 영업을 시작한 ㈜한국의 다음 자료에 따른 이익잉여금과 자본잉여금은?

[지방직 9급, 2013 기출수정]

매출원가	₩500	감자차익	₩100
자본금	2,000	사채	1,000
매출	2,500	사채할증발행차금	250
기부금	500	감가상각비	500
주식발행초과금	500	현금성자산	2,750
재고자산	2,000	배당금수익	100
기타포괄손익－공정가치 측정 금융자산평가이익			800

	이익잉여금	자본잉여금
①	₩1,100	₩600
②	₩1,100	₩500
③	₩1,900	₩600
④	₩1,900	₩500

12 ㈜한국의 자본은 납입자본, 이익잉여금 및 자본잉여금으로 구성되어 있으며 20X5년 기초와 기말의 자산과 부채 총계는 다음과 같다.

구 분	20X5년 초	20X5년 말
자산 총계	₩100,000	₩200,000
부채 총계	₩70,000	₩130,000

㈜한국은 20X5년 중 유상증자 ₩10,000을 실시하고 이익처분으로 현금배당 ₩5,000, 주식배당 ₩8,000을 실시하였으며 ₩1,000을 이익준비금(법정적립금)으로 적립하였다. 20X5년에 다른 거래는 없었다고 가정할 때, ㈜한국의 20X5년 포괄손익계산서상 당기순이익은?

[지방직 9급, 2015 기출수정]

① ₩35,000　② ₩40,000

③ ₩43,000　④ ₩44,000

13 2018년 12월 31일에 ㈜한국에서 발생한 거래가 다음과 같을때, 2018년 말 재무상태표상 부채에 포함할 금액은?

[국가직 9급, 2019 기출수정]

- 제품보증에 대한 충당부채 ₩1,000을 설정하였다.
- 사무실을 임대하고 12개월분 임대료 ₩2,000을 미리 받았다.
- 거래처로부터 원재료 ₩1,000을 외상으로 구입하였다.
- 공장 확장 자금을 조달하기 위해 보통주 10주(주당 액면금액 ₩100, 주당 발행가 ₩200)를 발행하였다.

① ₩2,000　② ₩3,000

③ ₩4,000　④ ₩5,000

자기주식의 회계처리

대표예제 국가직 9급, 2011 기출

20X1년 12월 1일 거래에 대한 회계처리과정에서 나타나는 계정과 금액으로 옳은 것은?

- 20X1년 1월 1일 : 보통주자본금은 ₩10,000이고, 주식발행초과금은 ₩2,000이며, 이익잉여금은 ₩1,000이다.
- 20X1년 4월 1일 : 자기주식 10주를 주당 ₩700에 취득하였다. 취득한 자기주식은 주당 ₩600(주당 액면금액 ₩500)에 발행한 보통주이었다.
- 20X1년 12월 1일 : 20X1년 4월 1일에 취득한 자기주식 5주를 소각하였다.

① 자기주식처분손실 ₩1,000
② 감자차손 ₩500
③ 감자차익 ₩500
④ 자기주식처분이익 ₩1,000

해답 ③

20X1년 4월 1일과 20X1년 12월 1일의 회계처리는 다음과 같다.

<20X1년 4월 1일>

(차)	자기주식	7,000	(대)	현 금	7,000

<20X1년 12월 1일>

(차)	자본금	2,500	(대)	자기주식	3,500
	주식발행초과금	500			
	감자차손	500			

다만, 주식발행초과금을 별도로 차감하지 않는 다음과 같은 회계처리도 가능하다.

(차)	자본금	2,500	(대)	자기주식	3,500
	감자차손	1,000			

14 ㈜한국의 20X1년초의 재무상태표의 자본부분이 다음과 같을 때, 자기주식 취득과 처분 후의 재무상태표상 자본총계는? [국가직 7급, 2011 기출수정]

보통주자본금(액면금액 주당 ₩5,000)	₩100,000,000
주식발행초과금	₩10,000,000
이익잉여금	₩30,000,000
자본총계	₩140,000,000

- 20X1년중의 자본거래는 다음과 같다.
  - 7월 1일 자기주식 1,000주를 주당 ₩8,000에 취득하였다.
  - 10월 1일 위의 자기주식 중에서 200주를 주당 ₩9,000에 처분하였다.

① ₩132,000,000 ② ₩133,600,000
③ ₩133,800,000 ④ ₩140,000,000

15 ㈜백두의 20X1년 1월 1일의 자산과 부채의 총계는 각각 ₩3,500,000과 ₩1,300,000이었으며, ㈜백두의 20X1년 중 발생한 모든 자본거래는 다음과 같다.

- 3월 8일 : 20X0년도 정기주주총회(2월 28일 개최)에서 결의한 배당을 지급하였다. 구체적으로 현금배당으로 ₩130,000을 지급하였으며, 주식배당으로 보통주 100주(주당 액면금액 ₩500, 주당 공정가치 ₩550)를 발행하였다. ㈜백두는 현금배당액의 10%를 상법상의 이익준비금으로 적립하였다.
- 5월 8일 : 보통주 200주(주당 액면금액 ₩500)를 주당 ₩600에 발행하였으며, 이와 관련하여 직접적인 주식발행비용 ₩30,000이 발생하였다.
- 10월 9일 : 20X0년에 취득한 자기주식(취득원가 ₩70,000)을 ₩80,000에 재발행하였다.

㈜백두가 20X1년도 포괄손익계산서상 당기순이익과 총포괄이익으로 ₩130,000과 ₩40,000을 보고하였다면, ㈜백두가 20X1년말 현재 재무상태표상 자본의 총계로 보고할 금액은 얼마인가? 단, 법인세 효과는 고려하지 않는다. [KICPA, 2011 기출수정]

① ₩2,280,000 ② ₩2,283,000
③ ₩2,293,000 ④ ₩2,390,000

16 ㈜한국은 액면금액 ₩5,000인 주식 10,000주를 주당 ₩5,000에 발행하였다. ㈜한국은 유통주식수의 과다로 인한 주가관리 차원에서 20X1년에 1,000주를 매입소각하기로 주주총회에서 결의하였다. ㈜한국은 두 번에 걸쳐 유통주식을 매입하여 소각하였는데 20X1년 6월 1일에 주당 ₩4,000에 500주를 매입한 후 소각했고, 20X1년 9월 1일에 주당 ₩7,000에 500주를 매입한 후 소각했다고 한다면 20X1년 9월 1일의 감자차손익 잔액은? [국가직 7급, 2011 기출수정]

① 감자차익 ₩500,000

② 감자차손 ₩1,000,000

③ 감자차손 ₩500,000

④ 감자차익 ₩1,000,000

17 ㈜한국은 자기주식에 대하여 원가법을 적용하고 있다. 기중에 자기주식 20주를 외상으로 ₩40,000에 취득하였고 이 중 10주를 현금 ₩30,000에 처분하였다. 이 주식거래로 인한 결과로 옳지 않은 것은? 단, 기초 자기주식처분손익은 없다고 가정한다. [지방직 9급, 2017 기출]

① 자산은 ₩30,000 증가한다.

② 자본은 ₩20,000 감소한다.

③ 부채는 ₩40,000 증가한다.

④ 자본잉여금은 ₩10,000 증가한다.

18 20×1년 초 설립한 ㈜한국의 자본거래는 다음과 같다. ㈜한국의 20×1년 말 자본총액은?

[국가직 7급, 2020 기출]

- 20×1년 1월: 보통주 1,000주(주당 액면가 ₩5,000)를 액면발행하였다.
- 20×1년 3월: 자기주식 200주를 주당 ₩6,000에 매입하였다.
- 20×1년 4월: 자기주식 200주를 주당 ₩7,000에 매입하였다.
- 20×1년 5월: 3월에 구입한 자기주식 100주를 주당 ₩8,000에 처분하였다.
- 20×1년 9월: 3월에 구입한 자기주식 100주를 주당 ₩9,000에 처분하였다.

① ₩3,600,000 ② ₩4,100,000

③ ₩5,000,000 ④ ₩5,500,000

19 ㈜한국의 20X1년 초 자본잉여금은 ₩1,000,000이다. 당기에 다음과 같은 거래가 발생하였을 때, 20X1년 말 자본잉여금은? 단, 다음 거래를 수행하는 데 충분한 계정 금액을 보유하고 있으며, 자기주식에 대하여 원가법을 적용한다.

[국가직 9급, 2020 기출]

- 2월에 1주당 액면금액이 ₩2,000인 보통주 500주를 1주당 ₩3,000에 발행하였다.
- 3월에 주주총회에서 총액 ₩200,000의 배당을 결의하였다.
- 4월에 자기주식 100주를 1주당 ₩2,500에 취득하였다.
- 3월에 결의한 배당금을 4월에 현금으로 지급하였다.
- 4월에 취득한 자기주식 40주를 9월에 1주당 ₩4,000에 처분하였다.

① ₩1,000,000 ② ₩1,110,000

③ ₩1,510,000 ④ ₩1,560,000

20 자본의 변동을 가져오는 거래는? 단, 제시된 거래 이외의 거래는 고려하지 않는다.

[국가직 9급, 2018 기출]

① 기계장치를 외상으로 구입하였다.

② 자기주식을 현금으로 구입하였다.

③ 미래에 제공할 용역의 대가를 미리 현금으로 받았다.

④ 외상으로 판매한 대금이 전액 회수되었다.

주식의 발행 및 기타 자본변동

대표예제 국가직 7급, 2011 기출

주당 액면금액이 ₩500인 보통주 500,000주를 발행하고 있고, 이익잉여금 잔액이 ₩100,000,000인 ㈜한국은 20X1년 2월에 5%의 주식배당과 주당 ₩15의 현금배당을 선언하였다. 이러한 배당선언이 회사의 자본에 미치는 영향으로 옳지 않은 것은?

① 이익잉여금 ₩20,000,000이 배당의 재원으로 사용되었다.

② 현금배당액은 ₩7,500,000이 될 예정이다.

③ 주식배당액은 ₩7,500,000이 될 예정이다.

④ 배당선언으로 부채 ₩7,500,000이 증가한다.

해답 ③

주식배당과 현금배당에 대한 회계처리를 예시하면 다음과 같다. 다만, 주식배당으로 감소되는 이익잉여금과 배당할 현금액을 먼저 구하면 다음과 같다.

(1) 주식배당시 감소되는 이익잉여금 = 500,000주 × ₩500 × 5% = ₩12,500,000

(2) 현금배당액 = 500,000주 × ₩15 = ₩7,500,000

(3) 관련 회계처리(예시)

주식배당 :	(차)	미처분이익잉여금	12,500,000	(대)	미교부주식배당금	12,500,000
현금배당 :	(차)	미처분이익잉여금	7,500,000	(대)	미지급배당금	7,500,000

21 ㈜한국은 액면금액 ₩5,000인 보통주 100주를 주당 ₩15,000에 발행하였다. 발행대금은 전액 당좌예금에 입금하였으며, 주식인쇄 등 주식발행과 직접 관련된 비용 ₩20,000을 현금으로 지급하였다. 유상증자 이전에 주식할인발행차금 미상각 잔액 ₩400,000이 존재할 때, 동 유상증자 후 주식발행초과금의 잔액은? [국가직 9급, 2012 기출]

① ₩100,000 ② ₩500,000

③ ₩580,000 ④ ₩980,000

22 ㈜한국은 액면금액 ₩500인 주식 10주를 주당 ₩600에 발행하였는데, 주식발행비로 ₩500이 지출되었다. 위의 주식발행이 ㈜한국의 재무제표에 미치는 영향에 대한 설명으로 옳은 것은? 단, 법인세 효과는 무시한다. [국가직 9급, 2014 기출]

① 순이익이 ₩500 감소한다.

② 이익잉여금이 ₩500 감소한다.

③ 자산총액이 ₩6,000 증가한다.

④ 자본총액이 ₩5,500 증가한다.

23 다음은 ㈜한국의 20X5년 12월 31일 자본 내역이다.

• 자본금 (액면금액 @₩500)	₩3,000,000
• 주식발행초과금	₩1,500,000
• 이익준비금	₩2,000,000
• 미처분이익잉여금	₩5,500,000
• 자본총계	₩12,000,000

㈜한국은 주권상장법인이며, 20X6년 2월 주주총회에서 2,000주의 주식배당과 이익준비금을 재원으로 한 2,000주의 무상증자를 실시하기로 하였다. 주식배당과 무상증자를 실시하여 주식을 교부하였다면, ㈜한국의 자본금은?

[지방직 9급, 2016 기출]

① ₩3,000,000 ② ₩4,000,000

③ ₩5,000,000 ④ ₩6,000,000

24 주식배당과 주식분할이 자본에 미치는 영향에 대한 설명으로 옳지 않은 것은?

[지방직 9급, 2012 기출]

	주식배당	주식분할
① 자본총계	불 변	불 변
② 이익잉여금	감 소	불 변
③ 주당액면가	불 변	감 소
④ 법정자본금	증 가	증 가

25 다음은 20X1년 초 ㈜한국의 부분재무상태표이다.

• 자본금(액면금액 ₩5,000)	₩5,000,000
• 주식발행초과금	₩2,500,000
• 이익준비금	₩1,000,000
• 미처분이익잉여금	₩3,000,000

㈜한국은 20X1년 2월 25일에 주주총회를 개최할 예정이고 주주총회에서 다음의 네 개 안 중 하나를 선택할 예정이다.

(ㄱ) 미처분이익잉여금을 기초로 주식 500주를 배당하기로 결정한다.
(ㄴ) 주식발행초과금을 기초로 주식 500주를 발행하여 무상증자한다.
(ㄷ) 주식을 1 : 2로 분할한다.
(ㄹ) 주식을 3 : 1로 병합한다.

각 경우의 액면금액으로 옳은 것은? [국가직 7급, 2012 기출]

	ㄱ	ㄴ	ㄷ	ㄹ
①	₩5,000	₩5,000	₩2,500	₩15,000
②	₩2,500	₩2,500	₩5,000	₩5,000
③	₩5,000	₩5,000	₩5,000	₩5,000
④	₩2,500	₩2,500	₩2,500	₩15,000

26 다음 중 자본의 구성항목은 변동이 없고, 주당 액면금액의 변동만 발생하는 자본거래는? [국가직 7급, 2015 기출]

① 유상증자 ② 주식분할
③ 무상증자 ④ 주식배당

27 ㈜한국의 20X6년 자본 관련 거래가 다음과 같을 때, 20X6년에 증가한 주식발행초과금은? 단, 기초 주식할인발행차금은 없다고 가정한다. [국가직 9급, 2017 기출]

- 3월 2일 : 보통주 100주(주당 액면금액 ₩500)를 주당 ₩700에 발행하였다.
- 5월 10일 : 우선주 200주(주당 액면금액 ₩500)를 주당 ₩600에 발행하였다.
- 9월 25일 : 보통주 50주(주당 액면금액 ₩500)를 발행하면서 그 대가로 건물을 취득하였다. 취득당시 보통주 주당 공정가치는 ₩1,000이었다.

① ₩20,000　　② ₩40,000

③ ₩45,000　　④ ₩65,000

28 ㈜한국은 20X6년 초 보통주 10주(주당 액면금액 ₩500, 주당 발행금액 ₩600)를 발행하였으며, 주식발행과 직접 관련된 원가 ₩100이 발생하였다. ㈜한국의 주식발행에 대한 설명으로 옳은 것은? 단, 기초 주식할인발행차금은 없다고 가정한다. [국가직 9급, 2017 기출]

① 자본은 ₩6,000 증가한다.

② 자본금은 ₩5,900 증가한다.

③ 자본잉여금은 ₩900 증가한다.

④ 주식발행과 직접 관련된 원가 ₩100은 당기비용으로 인식한다.

29 ㈜한국은 20X6년 초 보통주 200주(주당 액면금액 ₩5,000, 주당 발행금액 ₩6,000)를 발행하였으며, 주식 발행과 관련된 직접원가 ₩80,000과 간접원가 ₩10,000이 발생하였다. ㈜한국의 주식발행에 대한 설명으로 옳은 것은? 단, 기초 주식할인발행차금은 없다고 가정한다.

[국가직 9급, 2017 기출]

① 자본의 증가는 ₩1,200,000이다.

② 자본잉여금의 증가는 ₩120,000이다.

③ 주식발행초과금의 증가는 ₩110,000이다.

④ 주식발행과 관련된 직·간접원가 ₩90,000은 비용으로 인식한다.

30 ㈜한국은 주식할인발행차금 잔액 ₩500,000이 있는 상태에서 주당 액면금액 ₩5,000인 보통주 1,000주를 주당 ₩10,000에 발행하였다. 주식발행과 관련한 직접적인 총비용은 ₩800,000이 발생하였다. 이 거래의 결과에 대한 설명으로 옳은 것은? 단, 모든 거래는 현금거래이다.

[국가직 9급, 2020 기출]

① 주식발행관련비용 ₩800,000은 비용처리 된다.

② 자본증가액은 ₩9,200,000이다.

③ 주식할인발행차금 잔액은 ₩500,000이다.

④ 주식발행초과금 잔액은 ₩4,500,000이다.

31 ㈜한국의 20X7년 이익잉여금 기초 잔액은 ₩50,000이었으며, 20X7년 중 다음의 거래가 있었다.

- 원가 ₩1,000의 컴퓨터 1대를 ₩5,000에 판매하였으며, 판매대금 중 ₩1,500은 현금으로 수취하였고 잔액은 외상으로 하였다.
- 건물에 대한 감가상각비 ₩200, 기계에 대한 감가상각비 ₩100을 인식하였다.
- 장기차입금에 대한 당기 이자비용 ₩400을 현금 지급하였다.
- 배당결의를 하고 배당금 ₩300을 현금 지급하였다.

㈜한국의 20X7년도 당기순이익과 20X7년 말 이익잉여금은 각각 얼마인가?

[국가직 9급, 2018 기출]

① 당기순이익 ₩3,000, 이익잉여금 ₩53,000

② 당기순이익 ₩3,000, 이익잉여금 ₩53,300

③ 당기순이익 ₩3,300, 이익잉여금 ₩53,000

④ 당기순이익 ₩3,300, 이익잉여금 ₩53,300

32 다음은 ㈜한국의 20X1년 1월 1일 자본계정의 내역이다.

자본 :	
자본금(보통주, 주당 액면금액 ₩1,000)	₩3,000,000
자본잉여금	₩1,500,000
이익잉여금	₩5,500,000
자본 총계	₩10,000,000

다음과 같은 거래가 발생하였을 때, ㈜한국의 20X1년 말 재무상태표상 자본 총계는? 단, 기초 주식할인발행차금은 없다. [국가직 9급, 2019 기출수정]

- 4월 1일: 증자를 결의하고 보통주 1,000주(주당 액면금액 ₩1,000)를 주당 ₩2,000에 전액 현금으로 납입받았다. 이때 신주발행비 ₩500,000은 모두 현금으로 지급하였다.
- 5월 1일: ㈜한국이 발행한 보통주 100주를 주당 ₩3,000에 매입하였다.
- 11월 1일: 자기주식 전량을 주당 ₩2,000에 외부 매각하였다.
- ㈜한국의 20X1년 당기순이익은 ₩1,000,000이며, 20X2년 3월 말 주주총회에서 보통주 1주당 0.1주의 주식배당을 결의하였다.

① ₩12,400,000　② ₩12,500,000
③ ₩12,800,000　④ ₩12,900,000

33 자본에 대한 설명으로 옳지 않은 것은? 단, 자기주식의 회계처리는 원가법을 따른다.

[국가직 7급, 2019 기출수정]

① 자기주식을 취득원가보다 낮은 금액으로 매각한 경우 자기주식 처분손실이 발생하며 포괄손익계산서에 비용으로 계상한다.

② 감자시 주주에게 지급하는 대가가 감소하는 주식의 액면금액보다 적을 때에는 차액을 감자차익으로 기록한다.

③ 실질적 감자의 경우 자본금과 자산이 감소하며, 감자차익 또는 감자차손이 발생할 수 있다.

④ 결손을 보전하기 위한 목적으로 형식적 감자를 실시하는 경우 자본금 감소가 이월결손금보다 큰 경우에는 감자차익이 발생한다.

34 자본에 관한 설명 중 옳지 않은 것은? [국가직 9급, 2021 기출]

① 자본조정은 당해 항목의 성격상 자본거래에 해당하지만, 자본의 차감 성격을 가지는 것으로 자본금이나 자본잉여금으로 처리할 수 없는 누적적 적립금의 성격을 갖는 계정이다.

② 상환우선주의 보유자가 발행자에게 상환을 청구할 수 있는 권리를 보유하고 있는 경우, 이 상환우선주는 자본으로 분류하지 않는다.

③ 자본잉여금은 납입된 자본 중에서 액면금액을 초과하는 금액 또는 주주와의 자본거래에서 발생하는 잉여금을 처리하는 계정이다.

④ 기타포괄손익누계액 중 일부는 당기손익으로의 재분류조정 과정을 거치지 않고 직접 이익잉여금으로 대체할 수 있다.

35 ㈜한국의 20×1년 12월 31일의 재무상태표상의 자본은 보통주자본금 ₩100,000(주식수 100주, 주당 액면금액 ₩1,000), 주식발행초과금 ₩30,000, 이익잉여금 ₩50,000으로 구성되어 있다. 20×2년의 자본과 관련된 거래내역이 다음과 같을 때, 자본 변동에 대한 설명으로 옳지 않은 것은? 단, 자기주식에 대하여 원가법을 적용하고, 기초 자기주식처분손익은 없다.

[국가직 9급, 2019 기출]

- 3월 10일: 주주에게 보통주 한 주당 0.1주의 주식배당을 결의하였다.
- 3월 31일: 3월 10일에 결의한 주식배당을 실시하였다.
- 4월 9일: 자기주식 10주를 주당 ₩2,100에 취득하였다.
- 6월 13일: 4월 9일 취득한 자기주식 4주를 주당 ₩2,200에 매각하였다.
- 8월 24일: 4월 9일 취득한 자기주식 6주를 주당 ₩1,700에 매각하였다.
- 11월 20일: 보통주 1주를 2주로 하는 주식분할을 의결하고 시행하였다.

① 자본과 관련된 거래로 인해 이익잉여금은 ₩8,000 감소한다.

② 자기주식처분손실은 ₩2,000이다.

③ 20×2년 12월 31일의 보통주자본금은 ₩110,000이다.

④ 20×2년 12월 31일의 보통주 주식수는 220주이다.

36 20X1년 자본과 관련한 다음 정보를 이용할 때, 20X1년 말 재무상태표에 표시될 이익잉여금은?

[지방직 9급, 2019 기출]

- 20X1년 기초 이익잉여금 ₩200
- 2월 25일: 주주총회에서 현금 ₩100 배당 결의와 함께 이익준비금 ₩10과 배당평균적립금 ₩20 적립 결의
- 6월 30일: 전기 이전부터 보유하던 장부금액 ₩30의 자기주식을 ₩32에 매각
- 20X1년 당기순이익 ₩250

① ₩320　　② ₩350

③ ₩352　　④ ₩450

배당금의 배분 및 기타

대표예제 세무사, 2010 기출수정

20X1년 1월 1일에 주식을 발행하고 영업을 개시한 ㈜국세의 20X3년 12월 31일 현재 재무상태표상 보통주자본금과 우선주자본금은 각각 ₩5,000,000과 ₩3,000,000이고, 그 동안 자본금의 변동은 없었다. 보통주 및 우선주의 주당 액면금액은 ₩5,000으로 동일하며, 우선주는 배당률 3%의 누적적·부분참가적(6%까지) 주식이다. 영업을 개시한 이래 한 번도 배당을 실시하지 않은 ㈜국세가 20X4년 1월에 총 ₩600,000의 현금배당을 선언하였다. 보통주와 우선주에 배분될 배당금은 각각 얼마인가? 단, 현금배당액에 대한 법정적립금은 적립하지 않는 것으로 가정한다.

	보 통 주	우 선 주
①	₩240,000	₩360,000
②	262,500	337,500
③	284,300	315,700
④	306,400	293,600

해설 ②

(1) 기본배당액 등 계산

- 보통주 : ₩5,000,000 × 3% = ₩150,000
- 우선주 : ₩3,000,000 × 3% = ₩90,000
- 우선주의 참가한도 (당기분 배당금으로 지급가능한 최대금액)
  : ₩3,000,000 × 6% = ₩180,000

(2) 배당금 배분

구 분	우선주(누적, 부분참가)	보통주	합 계
과거분 배당	₩180,000	-	₩180,000
당기분 기본배당	90,000	₩150,000	240,000
당기분 추가배당	67,500*	112,500	180,000
합 계	₩337,500	₩262,500	₩600,000

* Min(₩180,000 × $\frac{3}{8}$ = ₩67,500, ₩180,000 − ₩90,000 = ₩90,000) = ₩67,500

37 다음은 20X1년 12월 31일 ㈜한국의 자본계정에 관한 정보이다. 보통주 1주당 배당액은?

[국가직 9급, 2013 기출]

- 자본금내역
  - 보통주 ₩10,000,000
  - 우선주 A(배당률 5%, 비누적적·비참가적) ₩5,000,000
  - 우선주 B(배당률 5%, 누적적·완전참가적) ₩5,000,000
- 모든 주식은 개업시 발행하였으며 발행한 모든 주식의 주당 액면금액은 ₩5,000이다.
- 우선주에 대한 1년분 배당이 연체되었다.
- 정관에 의하여 이사회는 ₩1,550,000의 현금배당을 결의하였다.

① ₩400 ② ₩350
③ ₩300 ④ ₩250

38 ㈜한국은 20X1년 1월 1일 영업을 시작하였으며, 20X2년 말 현재 자본금 계정은 다음과 같다.

- 보통주(주당 액면금액 ₩5,000, 발행주식수 80주) ₩400,000
- 우선주 A(배당률 10%, 비누적적·비참가적; 주당 액면금액 ₩5,000, 발행주식수 40주) ₩200,000
- 우선주B(배당률 5%, 누적적·완전참가적; 주당 액면금액 ₩5,000, 발행주식수 80주) ₩400,000

모든 주식은 영업개시와 동시에 발행하였으며, 그 이후 아직 배당을 한 적이 없다. 20X3년 초 ₩100,000의 배당을 선언하였다면 배당금 배분과 관련하여 옳은 것은? [국가직 9급, 2018 기출]

① 보통주 소유주에게 배당금 ₩20,000 지급
② 보통주 소유주에게 배당금 우선 지급 후 우선주A 소유주에게 배당금 지급
③ 우선주A 소유주에게 배당금 ₩30,000 지급
④ 우선주B 소유주에게 배당금 ₩50,000 지급

39 ㈜한국은 20X2년 1월 1일 영업을 개시하였으며, 20X6년 12월 31일 현재 자본금은 다음과 같다. 모든 주식은 영업개시와 동시에 발행되었으며, 현재까지 배당을 실시한 적이 없다. 20X7년 3월 정기주주총회에서 20X6년 12월 31일을 배당기준일로 하여 ₩95,000의 현금배당을 선언하였다. ㈜한국의 보통주 주주에게 귀속될 배당금액은? [국가직 9급, 2018 기출]

- 보통주(주당액면 ₩5,000, 발행주식수 60주) ₩300,000
- 우선주(5%, 비누적적, 비참가적; 주당액면 ₩5,000, 발행주식수 20주) ₩100,000
- 우선주(5%, 누적적, 완전참가적; 주당액면 ₩5,000, 발행주식수 40주) ₩200,000

① ₩15,000　　② ₩25,000
③ ₩30,000　　④ ₩50,000

40 보통주 10,000주(액면금액 ₩5,000)를 발행하여 20X1년 기업을 시작한 ㈜한국은 20X6년 1월 1일 누적적 · 비참가적 우선주 1,000주(액면금액 ₩5,000, 액면금액의 10% 배당)를 발행하였다. ㈜한국은 20X6년과 20X7년 손실로 인하여 배당을 하지 못하였으나 20X8년 당기순이익을 기록하면서 보통주와 우선주에 대하여 총액 ₩2,500,000의 현금배당을 결의하였다. 보통주와 우선주에 대한 배당금액은? [지방직 9급, 2014 기출]

	보통주	우선주
①	₩500,000	₩2,000,000
②	₩1,000,000	₩1,500,000
③	₩1,500,000	₩1,000,000
④	₩2,000,000	₩500,000

제 3 절 정답 및 해설

자본의 의의와 자본변동 기초

01 ①

무상증자, 주식배당, 주식분할 및 주식병합은 일반적으로 자본총계를 변화시키지 않는다.

02 ①

주어진 보기에 해당하는 거래를 예시하면 다음과 같다.

①	(차)	현금 등 주식할인발행차금	×××	(대)	자본금	×××
②	(차)	자기주식	×××	(대)	현금 등	×××
③	(차)	이익준비금(법정적립금)	×××	(대)	미처분이익잉여금	×××
④	(차)	미처분이익잉여금	×××	(대)	자본금	×××

상기 회계처리의 결과 재무상태의 변화를 요약하면 다음과 같다.

① : 자산의 증가, 자본의 증가

② : 자산의 감소, 자본의 감소

③ : 자산 불변, 자본 불변

④ : 자산 불변, 자본 불변

03 ④

임의적립금의 이입은 이익잉여금 내에서의 대체이고, 이익준비금을 재원으로 한 무상증자와 주식배당은 이익잉여금이 감소된 만큼 자본금 등이 증가하여 자본총계에 변화가 없다. 그러나 주주로부터 자산을 기부받은 경우에는 기부받은 자산의 공정가치만큼 자본총계가 증가한다.

04 ③

주식배당은 자본금의 증가와 동액의 이익잉여금감소가 수반되므로 자본총계의 변화가 없고, 임의적립금의 이입은 이익잉여금내 처분된 적립금과 처분전 잉여금의 교환이므로 자본총계 뿐만 아니라 이익잉여금 총액의 변화도 없다.

05 ④

(ㄱ) 이익잉여금은 당기순이익의 발생으로 증가될 수 있지만, 자본의 다른 분류(기타포괄손익누계액 등)가 이익잉여금에 대체되어 증가할 수도 있다. 이외의 다른 설명은 모두 옳은 설명이다.

06 ③

주어진 자료는 수정후 시산표상의 금액으로 해석되는데, 이를 토대로 자본합계를 산출하면 다음과 같다.

• 자본합계 = 자본금 + 주식발행초과금 + 이익잉여금(기초) − 자기주식 + 감자차익
　　　　　+ 재평가잉여금 + 수익 − 비용 = ₩3,200,000

07 ①

무상증자의 재원이 이익잉여금인 경우 무상증자의 결과 이익잉여금은 감소한다. 그리고 무상증자, 주식배당, 주식분할 및 병합의 경우에는 일반적으로 자본총계가 변동하지 아니한다.

08 ③

ㄱ. 주식분할은 자본 총액뿐만 아니라 자본금 총액에도 영향을 미치지 못한다.
ㄷ. 유상증자를 실시하면 자본금 총액 뿐만 자본 총액도 증가하게 된다.

09 ④

주어진 보기의 거래를 분석하면 다음과 같다.

① 자본감소, 부채증가
② 비용발생, 자산감소, 자본감소
③ 비용발생, 자산감소, 자본감소
④ 자산증가, 부채증가, 자본불변(자산증가분과 부채증가분이 동일하므로)

10 ①

각각의 거래를 분석하면 다음과 같다.

- 자기주식 취득 : 자산감소, 자본감소
- 외상으로 기계취득 : 자산증가, 부채증가
- 감채기금 예치 : 자산불변, 자본불변, 부채불변
- 외상매출 : 수익발생, 자산증가, 비용발생
- 현물출자 : 자산증가, 자본증가

11 ①

(1) 자본잉여금 = 주식발행초과금 + 감자차익 = ₩600

(2) 이익잉여금 = 매출 + 배당금수익 − 매출원가 − 감가상각비 − 기부금 = ₩1,100

참고로, 본 문제에 제시된 자료를 이용하여 포괄손익계산서를 작성하면 다음과 같다.

손익계산서(당기손익 부분만 표시)

매 출 원 가	₩500	매 출 액	₩2,500
감 가 상 각 비	500	배 당 금 수 익	100
기 부 금	500		
당 기 순 이 익	1,100		
합 계	₩2,600	합 계	₩2,600

당기에 영업을 시작하였으므로, 당기에 발생한 당기순이익이 곧 당기말의 이익잉여금이 된다.

12 ①

자본의 증감은 자본거래와 손익거래의 효과로 일어난다는 점을 이용하여 다음과 같이 계산한다.

(1) 자본의 증가 = 자산의 증가 − 부채의 증가 = ₩40,000

(2) 자본거래 효과 : 유상증자 − 현금배당 = ₩5,000

(3) 손익거래 효과 : 당기순이익과 기타포괄손익 발생액

제시된 기타포괄손익이 없으므로, 당기순이익은 (1) ₩40,000에서 (2) ₩5,000을 차감한 ₩35,000으로 추정된다.

13 ③

제시된 거래별 회계처리는 다음과 같고, 부채 증가액은 총 ₩4,000이다.

(차)	제품보증비	1,000	(대)	충당부채 (부채)	1,000
(차)	현 금	2,000	(대)	선수수익 (부채)	2,000
(차)	원재료	1,000	(대)	매입채무 (부채)	1,000
(차)	현 금	2,000	(대)	자본금 (자본)	1,000
				주식발행초과금 (자본)	1,000

자기주식의 회계처리

14 ③

20X1년 7월 1일 및 10월 1일의 자기주식 거래에 대한 회계처리를 예시하면 다음과 같다.

20X1. 7.1. :	(차)	자기주식	8,000,000	(대)	현 금	8,000,000
20X1.10.1. :	(차)	현 금	1,800,000	(대)	자기주식	1,600,000
					자기주식처분이익	200,000

상기 자기주식 거래로 인하여 자본총계는 ₩7,200,000 만큼 감소하였다. 따라서 자기주식 거래 직후 자본총계는 ₩140,000,000 − ₩7,200,000 = ₩133,800,000이다.

15 ①

(1) 기초자본 = ₩3,500,000 − ₩1,300,000 = ₩2,200,000

(2) 기중거래의 효과 : 아래 거래의 효과로 인하여 자본총계가 ₩80,000 증가

① 현금배당과 주식배당 : 현금배당시 지급한 배당금 만큼 자본총계가 감소한다. 이익준비금의 적립과 주식배당은 자본내 대체거래에 불과하기 때문에 자본총계의 변화를 가져오지 못한다.

(차)	미처분이익잉여금	143,000	(대)	현 금	130,000
				이익준비금	13,000
(차)	미처분이익잉여금	50,000	(대)	자본금	50,000

② 유상증자 : 주식발행금액만큼 자본총계가 증가한다.

(차)	현 금*	90,000	(대) 자본금	100,000
	주식할인발행차금	10,000		

* 200주×₩600－₩30,000 = ₩90,000

③ 자기주식의 재발행 : 재발행시 유입된 현금만큼 자본총계가 증가한다.

(차)	현 금	80,000	(대) 자기주식	70,000
			자기주식처분이익	10,000

④ 손익의 보고 : 발생한 당기순이익과 기타포괄손익의 합계액, 즉 총포괄이익만큼 자본총계가 증가한다.

(차)	집합손익(당기순이익)	130,000	(대) 미처분이익잉여금	130,000
(차)	기타포괄손익누계액	90,000	(대) 집합손익(기타포괄손익)	90,000

(3) 기말의 자본 = 기초자본 ₩2,200,000＋기중거래 ₩80,000 = ₩2,280,000

16 ③

주식의 매입 및 소각과 관련된 회계처리를 예시하면 다음과 같다.

20X1.6.1 :	(차)	자기주식	2,000,000	(대)	현 금	2,000,000
		자본금	2,500,000		자기주식	2,000,000
					감자차익	500,000
20X1.9.1 :	(차)	자기주식	3,500,000	(대)	현 금	3,500,000
		자본금	2,500,000		자기주식	3,500,000
		감자차익	500,000			
		감자차손	500,000			

상기 회계처리에서 20X1년 9월 1일 감자차손익 잔액은 ₩500,000(차손)이다.

17 ②

제시된 거래를 분개로 나타내면 다음과 같다.

자기주식 취득 : (차) 자기주식	40,000	(대)	미지급금	40,000
자기주식 처분 : (차) 현금	30,000	(대)	자기주식	20,000
			자기주식처분이익	10,000

위의 분개가 자산, 부채 및 자본에 미치는 영향을 요약하면 다음과 같다.

(차) 자본감소	10,000	(대)	부채증가	40,000
자산증가	30,000			

18 ②

각 거래월별 자본총계의 변화를 분석하면 다음과 같다.

- 20×1년 1월 : 주식발행금액 만큼 자본증가 (+ ₩5,000,000)
- 20×1년 3월 : 자기주식 매입금액 만큼 자본감소 (− ₩1,200,000)
- 20×1년 4월 : 자기주식 매입금액 만큼 자본감소 (− ₩1,400,000)
- 20×1년 5월 : 자기주식 처분금액 만큼 자본증가 (+ ₩800,000)
- 20×1년 9월 : 자기주식 처분금액 만큼 자본증가 (+ ₩900,000)

참고로, 문제의 해결을 위해서는 자본총계의 변화만을 파악하면 되므로 일일이 분개할 필요 없이 현금(순자산)의 유출입만을 파악하면 된다. 확인목적으로 분개를 제시하면 다음과 같다.

1월 :	(차) 현금	5,000,000	(대) 자본금	5,000,000
3월 :	(차) 자기주식	1,200,000	(대) 현금	1,200,000
4월 :	(차) 자기주식	1,400,000	(대) 현금	1,400,000
5월 :	(차) 현금	800,000	(대) 자기주식	600,000
			자기주식처분이익	200,000
9월 :	(차) 현금	900,000	(대) 자기주식	600,000
			자기주식처분이익	300,000

19 ④

각 거래월에 필요한 회계처리는 다음과 같다.

2월 :	(차)	현금	1,500,000	(대)	자본금	1,000,000
					주식발행초과금	500,000
3월 :	(차)	미처분이익잉여금	200,000	(대)	미지급배당금	200,000
4월 :	(차)	자기주식	250,000	(대)	현금	250,000
	(차)	미지급배당금	200,000	(대)	현금	200,000
9월 :	(차)	현금	160,000	(대)	자기주식	100,000
	(차)			(대)	자기주식처분이익	60,000

20 ②

주어진 거래의 효과를 분석하면 다음과 같다.

① (차) 기계장치 ××× (대) 미지급금 ×××
→ 자본불변 (자산과 부채가 동일하게 증가)

② (차) 자기주식(자본조정) ××× (대) 현 금 ×××
→ 자본감소 (자산과 자본이 동일하게 감소)

③ (차) 현 금 ××× (대) 선수금 ×××
→ 자본불변 (자산과 부채가 동일하게 증가)

④ (차) 현 금 ××× (대) 매출채권 ×××
→ 자본불변 (자산내에서의 계정대체)

주식의 발행 및 기타 자본변동

21 ③

주식발행시 다음과 같은 회계처리가 필요하다.

(차)	현 금*	1,480,000	(대)	자본금**	500,000
				주식할인발행차금	400,000
				주식발행초과금	580,000

* 100주 × ₩15,000 − ₩20,000 = ₩1,480,000
** 100주 × ₩5,000 = ₩500,000

22 ④

주식발행비는 주식발행금액에서 차감하므로 다음과 같이 분석가능하다.

(차) 현 금*	5,500	(대) 자본금	5,000
		주식발행초과금	500

* 10주×₩600－₩500 = ₩5,500

23 ③

주식배당과 무상증자시 회계처리를 각각 살펴보면 다음과 같다.

(1) 주식배당

(차) 미처분이익잉여금*	1,000,000	(대) 자본금	1,000,000

* 2,000주×₩500 = ₩1,000,000

(2) 무상증자

(차) 이익준비금*	1,000,000	(대) 자본금	1,000,000

* 2,000주×₩500 = ₩1,000,000

24 ④

법정자본금은 주식수에 주식의 액면금액을 곱한 것으로서, 주식의 분할은 주식수가 증가하는 대신 액면금액이 감소하게 되어 법정자본금에 미치는 영향이 없게 된다.

25 ①

주식의 액면금액은 일반적인 배당이나 증자 및 감자로 변동하지 않는다. 다만 주식을 분할하는 경우에는 액면금액이 감소하고, 주식을 병합하는 경우에는 일반적으로 액면금액이 증가한다.

26 ②

주식분할은 주식병합에 대응되는 개념으로서 한 개의 주식을 여러 개의 주식으로 교체하는 것을 말하는데, 이 과정에서 증가된 주식수에 반비례하여 1주당 액면금액은 감소하게 된다. 따라서 주식분할이 있게 되면 발행주식수는 증가하고 1주당 액면금액은 감소하며 자본금 총계에는 영향이 없게 된다.

27 ④

㈜한국의 20X6년도 주식발행과 관련된 회계처리를 예시하면 다음과 같다.

20X6.3.2 :	(차) 현 금	70,000	(대)	보통주자본금	50,000
				주식발행초과금	20,000
20X6.5.10 :	(차) 현 금	120,000	(대)	우선주자본금	100,000
				주식발행초과금	20,000
20X6.9.25 :	(차) 건 물	50,000	(대)	보통주자본금	25,000
				주식발행초과금	25,000

상기 회계처리에서 주식발행초과금(보통주, 우선주)의 증가금액은 ₩65,000이다.

28 ③

주어진 거래를 분개하면 다음과 같다.

(차) 현 금*	5,900	(대)	자본금**	5,000
			주식발행초과금 (자본잉여금)	900

* 10주 × ₩600 − ₩100 = ₩5,900
** 10주 × ₩500 = ₩5,000

29 ②

㈜한국이 주식의 발행시점에 수행할 회계처리를 예시하면 다음과 같다.

(차) 현 금*	1,110,000	(대)	자본금**	1,000,000
주식발행비(당기비용)	10,000		주식발행초과금	120,000

* 200주 × ₩6,000 − ₩90,000 = ₩1,110,000
** 200주 × ₩5,000 = ₩1,000,000

상기 회계처리를 토대로, 주어진 보기 각각에 대해 살펴보면 다음과 같다.

① 자본의 증가금액은 유입된 현금과 동일한 ₩1,110,000이다. 여기서 주식발행비(당기비용)는 이익잉여금의 감소로 이어지므로 자본의 감소로 본다.

②, ③ 자본잉여금의 증가는 주식발행초과금의 증가액인 ₩120,000이다.

④ 주식발행비용의 경우 직접원가에 해당하는 부분은 주식발행초과금에서 차감하지만 간접원가에 해당하는 부분은 발생시점에 당기비용으로 처리하여야 한다.

30 ②

문제에 제시된 거래는 다음과 같은 분개로 분석이 가능하다.

(차)	현금	10,000,000	(대)	자본금	5,000,000
				주식할인발행차금	500,000
				주식발행초과금	4,500,000
(차)	주식발행초과금	800,000	(대)	현금	800,000

문항별로 살펴보면 다음과 같다.

① 주식발행관련비용은 주식의 발행금액에서 차감한다.

② 자본증가액은 현금의 순유입액인 ₩9,200,000으로 주어진 선택지의 설명은 옳다.

③ 주식할인발행차금은 주식발행초과금과 상계되어 잔액은 없게 된다.

④ 주식발행초과금 잔액은 주식할인발행차금과 상계되고 남은 ₩4,500,000에서 주식발행비용 ₩800,000을 차감한 ₩3,700,000이다.

31 ③

주어진 자료를 이용하여 모든 회계처리를 제시하면 다음과 같다.

(차)	현 금	1,500	(대)	매 출	5,000
	매출채권	3,500			
(차)	매출원가	1,000	(대)	상 품	1,000
(차)	감가상각비	300	(대)	감가상각누계액	300
(차)	이자비용	400	(대)	현 금	400
(차)	미처분이익잉여금	300	(대)	현 금	300

당기순이익과 이익잉여금은 다음과 같은 T-계정분석을 통하여 파악할 수 있다.

집합손익

매출원가	₩1,000	매 출	₩5,000
감가상각비	300		
이자비용	400		
이익잉여금	3,300		
합 계	₩5,000	합 계	₩5,000

이익잉여금

배당금	₩300	기 초	₩50,000
기 말	53,000	집합손익	3,300
합 계	₩53,300	합 계	₩53,300

32 ①

일자	거래분석	자본에 미치는 영향(금액)
4/ 1	발행금액만큼 자본 증가	1,000주×₩2,000 − ₩500,000 = ₩1,500,000 (증가)
5/ 1	자기주식의 매입대가만큼 자본감소	100주×₩3,000 = ₩300,000 (감소)
11/ 1	자기주식의 처분금액만큼 자본증가	100주×₩2,000 = ₩200,000 (증가)
12/31	당기순이익 발생액만큼 자본증가	₩1,00,000 (증가)
	주식배당의 경우에는 영향없음	−
합 계		₩2,400,000 (증가)

따라서 20X1년말 자본총계는 ₩12,400,000(= ₩10,000,000 + ₩2,400,000)이다.

33 ①

자기주식의 처분거래는 주주와의 자본거래에 해당하므로 동 거래에서 발생하는 손익(자기주식처분손익)은 자본잉여금이나 자본조정으로 인식하는 것이며, 포괄손익계산서에 수익이나 비용으로 인식하는 것이 아니다.

34 ①

자본조정은 자본의 임시계정으로서 자본거래손실이나 기타 자본전체에 대한 조정항목들로서 대부분 단기간 내에 자본의 다른 분류로 대체되거나 소멸된다는 특징을 가진다. 자본조정에는 자본의 차감항목들이 다수 포함되기는 하지만 모든 자본조정항목이 자본의 차감항목인 것은 아니다. 예를 들어, 미교부주식배당금이나 전환권대가 등은 자본의 차감항목이 아니다.

35 ①

각 거래일별로 회계처리를 나타내면 다음과 같다.

일자		차변	금액		대변	금액
3월 10일 :	(차)	미처분이익잉여금	10,000	(대)	미교부주식배당금	10,000
3월 31일 :	(차)	미교부주식배당금	10,000	(대)	자본금 (10주)	10,000
4월 9일 :	(차)	자기주식	21,000	(대)	현 금	21,000
6월 13일 :	(차)	현 금	8,800	(대)	자기주식	8,400
					자기주식처분이익	400
8월 24일 :	(차)	현 금	10,200	(대)	자기주식	12,600
		자기주식처분이익	400			
		자기주식처분손실	2,000			

11월 20일 : 비망기록 (분개없음) [주식수 (100주 + 10주) × 2 = 220주]

36 ②

각 시점별로 주어진 거래를 회계처리하면 다음과 같다.

일자		차변	금액		대변	금액
2월 25일 :	(차)	미처분이익잉여금	130	(대)	미지급배당금	100
					이익준비금	10
					배당평균적립금	20
6월 30일 :	(차)	현 금	32	(대)	자기주식	30
					자기주식처분이익	2
12월 31일 :	(차)	집합손익	250	(대)	미처분이익잉여금	250

위의 회계처리를 통하여 이익잉여금은 ₩150(=Δ₩130+₩10+₩20+₩250) 증가하므로, 기말 이익잉여금은 ₩350(=₩200+₩150)이 된다.

배당금의 배분 및 기타

37 ②

다음과 같이 배당금을 배분한다.

(1) 기본배당액 등 계산

- 보통주 : ₩10,000,000 × 5% = ₩500,000
- 우선주 A : ₩5,000,000 × 5% = ₩250,000
- 우선주 B : ₩5,000,000 × 5% = ₩250,000

• 보통주와 참가적우선주(우선주 B)의 배분비율 = 2 : 1 (자본금비율)

(2) 배당금 배분

구 분	우선주 A (비누적, 비참가)	우선주 B (누적, 완전참가)	보통주	합 계
과거분 배당	–	₩250,000	–	₩250,000
당기분 기본배당	₩250,000	250,000	₩500,000	1,000,000
당기분 추가배당	–	100,000	200,000	300,000
합 계	₩250,000	₩600,000	₩700,000	₩1,550,000

(3) 보통주 1주당 배당금 = ₩700,000 ÷ 2,000주 = $\left(\frac{10,000,000}{5,000}\right)$ = ₩350/주

38 ④

본 문제의 경우 우선주의 종류가 두 개 이상이고 각각에 대한 액면배당률이 서로 다르다. 이러한 경우에 보통주의 기본배당금 계산에 적용할 배당률은 참가적 우선주의 액면배당률을 이용하여 계산한다. 왜냐하면 참가적우선주가 아닌 경우 보통주의 기본배당금이 어떻게 산정되는지에 따라 우선주와 보통주의 배당금 배분결과는 달라지지 않기 때문이다.

<기본배당금 계산>

• 보통주 : ₩400,000 × 5% = ₩20,000

• 우선주 A : ₩200,000 × 10% = ₩20,000

• 우선주 B : ₩200,000 × 5% = ₩20,000

<배분결과>

구 분	우선주 A	우선주 B	보통주	합 계
과거분 배당	–	₩20,000	–	₩20,000
당기분 기본배당	₩20,000	20,000	20,000	60,000
당기분 추가배당	–	10,000*	10,000	20,000
합 계	₩20,000	₩50,000	₩30,000	₩100,000

*₩20,000 × $\frac{₩400,000}{₩400,000 + ₩400,000}$ = ₩10,000

39 ③

<기본배당금 계산>

보통주 : ₩5,000 × 60주 × 5% = ₩15,000

우선주(비누적, 비참가)(A) : ₩5,000 × 20주 × 5% = ₩5,000

우선주(누적, 완전참가)(B) : ₩5,000 × 40주 × 5% = ₩10,000

<배분결과>

구 분	우선주 A	우선주 B	보통주	합 계
과거분 배당	−	₩40,000	−	₩40,000
당기분 기본배당	₩5,000	10,000	15,000	30,000
당기분 추가배당	−	10,000*	15,000	25,000
합 계	₩5,000	₩60,000	₩30,000	₩95,000

* $₩25,000 \times \frac{₩200,000}{₩300,000 + ₩200,000} = ₩10,000$

40 ②

(1) 기본배당액 등 계산

• 보통주 : 10,000주 × ₩5,000 × 10% = ₩5,000,000

• 우선주 : 1,000주 × ₩5,000 × 10% = ₩500,000

(2) 배당금 배분

구 분	우선주 (누적, 비참가)	보통주	합 계
과 거 분 배 당	₩1,000,000	−	₩1,000,000
당 기 분 배 당	500,000	1,000,000	1,500,000
합 계	₩1,500,000	₩1,000,000	₩2,500,000

CHAPTER **11**

수익과 비용

제 1 절 주요내용 요약

학습목표

Ⅰ. 수익과 비용의 의의

Ⅱ. 수익인식의 전반적 과정

Ⅲ. 수익인식의 유형별 사례

Ⅳ. 법인세회계

Ⅰ 수익과 비용의 의의

1. 수익과 비용의 정의

수익과 비용은 기업의 이익(손실)을 측정하기 위한 요소로서 이익(손실)은 기업의 성과에 대한 측정치로 주로 활용된다. 수익과 비용은 다음과 같이 정의한다.

(1) 수익의 정의

수익은 자산의 유입이나 증가 또는 부채의 감소에 따라 자본의 증가를 초래하는 특정 회계기간 동안에 발생한 경제적효익의 증가로서, 지분참여자에 의한 출연과 관련된 것은 제외한다.

(2) 비용의 정의

비용은 자산의 유출이나 소멸 또는 부채의 증가에 따라 자본의 감소를 초래하는 특정 회계기간 동안에 발생한 경제적효익의 감소로서, 지분참여자에 대한 분배와 관련된 것은 제외한다.

이러한 수익과 비용의 정의 및 그 인식효과 등은 다음과 같이 정리할 수 있다.

구 분	정 의	인식의 결과	제외요소
수 익	특정 회계기간 동안에 발생한 경제적 효익의 증가	자산의 유입이나 증가 또는 부채의 감소에 따라 자본의 증가를 초래	지분참여자에 의한 출연과 관련된 것
비 용	특정 회계기간 동안에 발생한 경제적 효익의 감소	자산의 유출이나 소멸 또는 부채의 증가에 따라 자본의 감소를 초래	지분참여자에 대한 분배와 관련된 것

상기에서 기술한 수익과 비용의 정의는 그 본질적 특성을 식별하기 위한 것이지, 포괄손익계산서에 인식하기 위해 충족될 필요가 있는 기준(인식기준)을 정하는 것은 아니다. 인식기준에 대하여는 후술한다.

2. 수익과 비용의 표시

경제적 의사결정에 목적적합한 정보를 제공하기 위하여 포괄손익계산서에 수익과 비용을 다양한 방법으로 표시할 수 있다. 예를 들어, 기업의 정상영업활동의 일환으로 발생하는 수익과 비용 항목 및 그렇지 않은 수익과 비용 항목을 구분하여 표시하는 것이 보통이다. 이와 같은 구분은 수익과 비용 항목의 원천이 기업의 미래 현금및현금성자산의 창출능력을 평가하는 데 목적적합한 정보라는 점에 근거한 것이다. 예를 들어, 장기투자자산의 처분과 같은 부수적인 활동은 일상적으로 반복될 가능성이 낮을 것이다. 수익과 비용 항목을 이와 같이 원천별로 구분할 때에는 기업과 그 경영활동의 성격을 고려할 필요가 있다. 어떤 기업에는 정상영업활동에서 발생하는 항목이 다른 기업에는 정상영업활동 이외에서 발생하는 항목일 수 있다.

3. 수익과 비용의 인식기준

(1) 수익의 인식기준

① 수익인식의 일반원칙

수익은 자산의 증가나 부채의 감소와 관련하여 미래경제적효익이 증가하고 이를 신뢰성 있게 측정할 수 있을 때 포괄손익계산서에 인식한다. 이는 실제로 수익의 인식이 자산의 증가나 부채의 감소에 대한 인식과 동시에 이루어짐을 의미한다. 예를 들어, 재화나 용역의 매출에 따라 자산의 순증가가 인식되며 미지급채무의 면제에 따라 부채의 감소가 인식된다.

② 수익인식원칙의 적용

실무에서 일반적으로 사용하는 수익인식의 절차, 예를 들어, 수익이 가득되어야 한다는 요건은 재무회계개념체계(재무보고를 위한 개념체계)에서 제시하는 인식기준을 적용한 것이다. 그러한 절차는 일반적으로 신뢰성 있는 측정이 가능하고 충분히 확실한 항목들만을 한정하여 수익을 인식하기 위한 것이다.

한편, 기업이 인식하는 수익의 대부분은 수익이 발생할 수 있는 고객과의 계약으로부터 발생한다. 이러한 계약으로부터 수익을 인식하는 과정은 한국채택국제회계기준 제1115호(고객과의 계약에서 생기는 수익)에서 규정하고 있는데, 이에 대해서는 다음절에서 상세히 설명한다.

(2) 비용의 인식기준

① 비용인식의 일반원칙

비용은 자산의 감소나 부채의 증가와 관련하여 미래경제적효익이 감소하고 이를 신뢰성 있게 측정할 수 있을 때 포괄손익계산서에 인식한다. 이는 실제로 비용의 인식이 부채의 증가나 자산의 감소에 대한 인식과 동시에 이루어짐을 의미한다. 예를 들어, 종업원급여의 발생에 따라 부채의 증가가 인식되며 설비의 감가상각에 따라 자산의 감소가 인식된다.

② 비용인식원칙의 적용

비용은 발생된 원가와 특정 수익항목의 가득 간에 존재하는 직접적인 관련성을 기준으로 포괄손익계산서에 인식한다. 수익에 원가를 대응시키는 과정에는 동일한 거래나 그 밖의 사건에 따라 직접 그리고 공통으로 발생하는 수익과 비용을 동시에 또는 통합하여 인식하는 것이 포함된다. 재화의 판매에 따라 수익이 발생됨과 동시에 매출원가를 구성하는 다양한 비용요소가 인식되는 것이 그 예이다. 그러나 재무회계개념체계(재무보고를 위한 개념체계) 하에서 대응개념을 적용한다 하더라도 자산이나 부채의 정의를 충족하지 못하는 항목을 재무상태표에 인식하는 것은 허용되지 아니한다.

경제적효익이 여러 회계기간에 걸쳐 발생할 것으로 기대되고 수익과의 관련성이 단지 포괄적으로 또는 간접적으로만 결정될 수 있는 경우 비용은 체계적이고 합리적인 배분절차를 기준으로 포괄손익계산서에 인식된다. 이러한 비용 인식 절차는 유형자산, 영업권, 특허권과 상표권 같은 자산의 사용과 관련된 비용을 인식하기 위하여 자주 필요하다. 이러한 경우에 관련된 비용은 감가상각비 또는 상각비로 표시된다. 이 배분절차는 해당 항목과 관련된 경제적효익이 소비되거나 소멸되는 회계기간에 비용을 인식하는 것을 목적으로 한다.

미래경제적효익이 기대되지 않는 지출이거나, 미래경제적효익이 기대되더라도 재무상태표에 자산으로 인식되기 위한 조건을 원래 충족하지 못하거나 더 이상 충족하지 못하는 부분은 즉시 포괄손익계산서에 비용으로 인식되어야 한다.

한편, 제품보증에 따라 부채가 발생하는 경우와 같이 자산의 인식을 수반하지 않는 부채가 발생하는 경우에는 포괄손익계산서에 비용을 동시에 인식한다.

II 수익인식의 전반적 과정

여기서는 한국채택국제회계기준 제1115호 '고객과의 계약에서 생기는 수익'에서 규정하고 있는 수익인식의 전반적인 과정(5단계)을 이론적으로 설명한다. 이를 몇 가지 수익인식의 유형별로 적용하는 방법은 제3절 '수익인식의 유형별 사례'에서 살펴보기로 한다.

1. 수익인식의 핵심원칙

고객에 대한 재화나 용역의 이전을 나타내기 위해 수익은 그 이전하는 재화나 용역에 대해 기업이 받을 것으로 예상하는 대가(금액)를 반영한 금액으로 인식해야 한다. 핵심 원칙에 따라 수익을 인식하기 위해서는 5단계의 절차를 거쳐야 하는 데, 이는 다음과 같다.

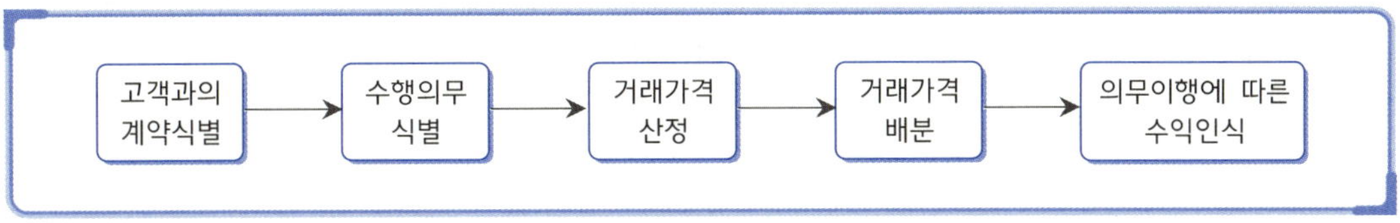

수익인식의 5단계 과정 중 1단계의 고객과의 계약식별, 2단계 수행의무 식별 그리고 5단계 의무이행에 따른 수익은 인식의 과정으로 3단계의 거래가격 산정과 4단계의 거래가격 배분은 측정의 과정으로 볼 수 있다.

2. 고객과의 계약식별[1단계]

(1) 고객과 계약의 정의

고객이란 기업의 통상적인 활동의 산출물인 재화나 용역을 대가와 교환하여 획득하기로 기업과 계약한 당사자를 말한다. 그리고 고객과의 계약이란 둘 이상의 당사자들 사이에 집행 가능한(enforceable) 권리와 의무가 생기게 하는 합의를 말한다.

(2) 고객과의 계약으로 식별할 수 있는 요건

다음 기준을 모두 충족하는 때에만, 기준서 제1115호(고객과의 계약에서 생기는 수익)의 적용범위에 포함되는 고객과의 계약으로 회계처리한다.

① 계약 당사자들이 계약을 (서면으로, 구두로, 그 밖의 사업 관행에 따라) 승인하고 각자의 의무를 수행하기로 확약한다.
② 이전할 재화나 용역과 관련된 각 당사자의 권리를 식별할 수 있다.
③ 이전할 재화나 용역의 지급조건을 식별할 수 있다.
④ 계약에 상업적 실질이 있다(계약의 결과로 기업의 미래 현금흐름의 위험, 시기, 금액이 변동될 것으로 예상된다).
⑤ 고객에게 이전할 재화나 용역에 대하여 받을 권리를 갖게 될 대가의 회수 가능성이 높다.

다만, 고객과의 계약이 위의 5가지 기준을 모두 충족하지는 못하지만 고객에게서 대가를 받은 경우에는 다음 사건 중 어느 하나가 일어난 경우에는 받은 대가를 수익으로 인식한다.

① 고객에게 재화나 용역을 이전해야 하는 의무가 남아있지 않고, 고객이 약속한 대가를 모두(또는 대부분) 받았으며 그 대가는 환불되지 않는다.
② 계약이 종료되었고 고객에게서 받은 대가는 환불되지 않는다.

3. 수행의무 식별[2단계]

(1) 수행의무의 정의

수행의무란 고객과의 계약에서 다음의 어느 하나를 고객에게 이전하기로 한 각 약속을 말한다.

① 구별되는 재화나 용역(또는 재화나 용역의 묶음)
② 실질적으로 서로 같고 고객에게 이전하는 방식도 같은 '일련의 구별되는 재화나 용역'

(2) 식별원칙

다음 기준을 모두 충족한다면 고객에게 약속한 재화나 용역은 구별되는 것이다.

① 고객이 재화나 용역 그 자체에서 효익을 얻거나 고객이 쉽게 구할 수 있는 다른 자원과 함께하여 그 재화나 용역에서 효익을 얻을 수 있다(그 재화나 용역이 구별될 수 있다).
② 고객에게 재화나 용역을 이전하기로 하는 약속을 계약 내의 다른 약속과 별도로 식별해 낼 수 있다(그 재화나 용역을 이전하기로 하는 약속은 계약상 구별된다).

약속한 재화나 용역이 구별되지 않는다면, 구별되는 재화나 용역의 묶음을 식별할 수 있을 때까지 그 재화나 용역을 약속한 다른 재화나 용역과 결합한다. 경우에 따라서는 그렇게 함으로써 기업이 계약에서 약속한 재화나 용역 모두를 단일 수행의무로 회계처리하는 결과를 가져올 것이다.

4. 거래가격 산정[3단계]

(1) 거래가격의 의의

거래가격을 산정하기 위해서는 계약 조건과 기업의 사업 관행을 참고한다. 거래가격은 고객에게 약속한 재화나 용역을 이전하고 그 대가로 기업이 받을 권리를 갖게 될 것으로 예상하는 금액이며, 제삼자를 대신해서 회수한 금액(예 : 일부 판매세)은 제외한다. 고객과의 계약에서 약속한 대가는 고정금액, 변동금액 또는 둘 다를 포함할 수 있다. 고객이 약속한 대가의 특성, 시기, 금액은 거래가격의 추정치에 영향을 미친다. 거래가격을 산정할 때에는 다음 사항이 미치는 영향을 모두 고려한다.

① 변동대가
② 계약에 있는 유의적인 금융요소
③ 비현금 대가
④ 고객에게 지급할 대가

거래가격을 산정하기 위하여 기업은 재화나 용역을 현행 계약에 따라 약속대로 고객에게 이전할 것이고 이 계약은 취소 · 갱신 · 변경 되지 않을 것이라고 가정한다.

(2) 변동대가

계약에서 약속한 대가에 변동금액이 포함된 경우에는 고객에게 약속한 재화나 용역을 이전하고 그 대가로 받을 권리를 갖게 될 금액을 추정하여야 한다.

가. 변동대가의 추정방법

변동대가(금액)는 다음 중에서 기업이 받을 권리를 갖게 될 대가(금액)를 더 잘 예측할 것으로 예상하는 방법을 사용하여 추정한다.

① 기댓값 : 기댓값은 가능한 대가의 범위에 있는 모든 금액에 각 확률을 곱한(probability -weighted) 금액의 합이다. 기업에 특성이 비슷한 계약이 많은 경우에 기댓값은 변동대가(금액)의 적절한 추정치일 수 있다.

② 가능성이 가장 높은 금액 : 가능성이 가장 높은 금액은 가능한 대가의 범위에서 가능성이 가장 높은 단일 금액(계약에서 가능성이 가장 높은 단일 결과치)이다. 계약에서 가능한 결과치가 두 가지뿐일 경우(예 : 기업이 성과보너스를 획득하거나 획득하지 못하는 경우)에는 가능성이 가장 높은 금액이 변동대가의 적절한 추정치가 될 수 있다.

나. 변동대가 추정치의 제약

변동대가와 관련된 불확실성이 나중에 해소될 때, 이미 인식한 누적 수익 금액 중 유의적인 부분을 되돌리지(환원하지) 않을 가능성이 매우 높은(highly probable) 정도까지만 추정된 변동대가(금액)의 일부나 전부를 거래가격에 포함한다. 변동대가와 관련된 불확실성이 나중에 해소될 때, 이미 인식한 누적 수익 금액 중 유의적인 부분을 되돌리지 않을 가능성이 매우 높을지를 평가할 때는 수익의 환원 가능성 및 크기를 모두 고려하여야 하는데, 수익 환원 가능성을 높이거나 그 크기를 크게 할 수 있는 요인에는 다음 항목이 포함될 수 있다.

① 대가(금액)가 기업의 영향력이 미치지 못하는 요인에 매우 민감하다. 그 요인에는 시장의 변동성, 제삼자의 판단이나 행동, 날씨 상황, 약속한 재화나 용역의 높은 진부화 위험이 포함될 수 있다.
② 대가(금액)에 대한 불확실성이 장기간 해소되지 않을 것으로 예상된다.
③ 비슷한 유형의 계약에 대한 기업의 경험(또는 그 밖의 증거)이 제한적이거나, 그 경험(또는 그 밖의 증거)은 제한된 예측치만 제공한다.
④ 폭넓게 가격할인(price concessions)을 제공하거나, 비슷한 상황에 있는 비슷한 계약의 지급조건을 변경하는 관행이 있다.
⑤ 계약에서 생길 수 있는 대가가 다수이고 그 범위도 넓다.

다. 변동대가의 재검토

각 보고기간 말의 상황과 보고기간의 상황 변동을 충실하게 표현하기 위하여 보고기간 말마다 추정 거래가격을 새로 수정한다(변동대가 추정치가 제약되는지를 다시 평가하는 것을 포함).

(3) 계약에 있는 유의적인 금융요소

가. 일반원칙

거래가격을 산정할 때, 계약 당사자들 간에 (명시적으로나 암묵적으로) 합의한 지급시기 때문에 고객에게 재화나 용역을 이전하면서 유의적인 금융 효익이 고객이나 기업에 제공되는 경우에는 화폐의 시간가치가 미치는 영향(유의적인 금융요소)을 반영하여 약속된 대가(금액)를 조정한다. 유의적인 금융요소를 반영하여 약속한 대가(금액)를 조정하는 목적은 약속한 재화나 용역을 고객에게 이전할 때(또는 이전하는 대로) 그 고객이 그 재화나 용역 대금을 현금으로 결제했다면 지급하였을 가격을 반영하는 금액(현금판매가격)으로 수익을 인식하기 위해서이다.

나. 금융요소의 포함여부 및 유의성 평가시 고려사항

계약에 금융요소가 포함되는지와 그 금융요소가 계약에 유의적인지를 평가할 때에는 다음 두 가지를 포함한 모든 관련 사실과 상황을 고려한다.

> ① 약속한 재화나 용역에 대하여 약속한 대가(금액)와 현금판매가격에 차이가 있다면, 그 차이
> ② 다음 두 가지의 결합 효과
> a. 기업이 고객에게 약속한 재화나 용역을 이전하는 시점과 고객이 재화나 용역에 대한 대가를 지급하는 시점 사이의 예상 기간
> b. 관련 시장에서의 일반적인 이자율

위의 평가에도 불구하고 고객과의 계약에 다음 요인 중 어느 하나라도 존재한다면 유의적인 금융요소가 없을 것이다.

> ① 고객이 재화나 용역의 대가를 선급하였고 그 재화나 용역의 이전 시점은 고객의 재량에 따른다.
> ② 고객이 약속한 대가 중 상당한 금액이 변동될 수 있으며 그 대가의 금액과 시기는 고객이나 기업이 실질적으로 통제할 수 없는 미래 사건의 발생 여부에 따라 달라진다(예: 대가가 판매기준 로열티인 경우).
> ③ 약속한 대가와 재화나 용역의 현금판매가격 간의 차이가 고객이나 기업에 대한 금융제공 외의 이유로 생기며, 그 금액 차이는 그 차이가 나는 이유에 따라 달라진다. 예를 들면 지급조건을 이용하여 계약상 의무의 일부나 전부를 적절히 완료하지 못하는 계약 상대방에게서 기업이나 고객을 보호할 수 있다.

다. 실무적 간편법의 적용

계약을 개시할 때 기업이 고객에게 약속한 재화나 용역을 이전하는 시점과 고객이 그에 대한 대가를 지급하는 시점 간의 기간이 1년 이내일 것이라고 예상한다면 유의적인

금융요소의 영향을 반영하여 약속한 대가(금액)를 조정하지 않는 실무적 간편법을 쓸 수 있다.

라. 할인율 적용방법

유의적인 금융요소를 반영하여 약속한 대가(금액)를 조정할 때에는 계약 개시시점에 기업과 고객이 별도 금융거래를 한다면 반영하게 될 할인율을 사용한다. 이 할인율은 고객이나 기업이 제공하는 담보나 보증(계약에 따라 이전하는 자산을 포함)뿐만 아니라 계약에 따라 금융을 제공받는 당사자의 신용 특성도 반영할 것이다. 기업이 고객에게 재화나 용역을 이전할 때(또는 이전하는 대로) 고객이 그 재화나 용역의 대가를 현금으로 결제한다면 지급할 가격으로 약속한 대가의 명목금액을 할인하는 이자율을 식별하여 그 할인율을 산정할 수 있다. 계약 개시 후에는 이자율이나 그 밖의 상황이 달라져도(예: 고객의 신용위험 평가의 변동) 그 할인율을 새로 수정하지 않는다.

마. 금융요소의 재무제표 표시

포괄손익계산서에서는 금융효과(이자수익이나 이자비용)를 고객과의 계약에서 생기는 수익과 구분하여 표시한다. 이자수익과 이자비용은 고객과의 계약에 대한 회계처리에서 인식하는 계약자산(또는 수취채권)이나 계약부채를 인식하는 정도까지만 인식한다.

(4) 비현금대가

가. 일반원칙

고객이 현금 외의 형태로 대가를 약속한 계약의 경우에 거래가격을 산정하기 위하여 비현금 대가(또는 비현금 대가의 약속)를 공정가치로 측정한다.

나. 기타 고려사항

① 비현금 대가의 공정가치를 합리적으로 추정할 수 없는 경우에는, 그 대가와 교환하여 고객(또는 고객층)에게 약속한 재화나 용역의 개별 판매가격을 참조하여 간접적으로 그 대가를 측정한다.

② 비현금 대가의 공정가치는 대가의 형태(예: 기업이 고객에게서 받을 권리가 있는 주식의 가격 변동) 때문에 변동될 수 있다. 고객이 약속한 비현금 대가의 공정가치가 대가의 형태만이 아닌 이유로 변동된다면(예: 공정가치가 기업의 성과에 따라 달라질 수 있음), 변동대가 추정치의 제약규정을 적용한다.

③ 기업이 계약을 쉽게 이행할 수 있도록, 고객이 재화나 용역(예: 재료, 설비, 노동력)

을 제공하는 경우에 기업이 그 제공받은 재화나 용역을 통제하게 되는지를 판단한다. 기업이 제공받은 재화나 용역을 통제한다면, 이를 고객에게서 받은 비현금 대가로 회계처리한다.

(5) 고객에게 지급할 대가

가. 고객에게 지급할 대가의 범위

고객에게 지급할 대가에는 기업이 고객(또는 고객에게서 기업의 재화나 용역을 구매하는 다른 당사자)에게 지급하거나 지급할 것으로 예상하는 현금 금액을 포함하며, 고객이 기업에(또는 고객에게서 기업의 재화나 용역을 구매하는 다른 당사자에게) 갚아야 할 금액에 적용될 수 있는 공제나 그 밖의 항목(예: 쿠폰이나 상품권)도 포함된다.

나. 회계처리 방법

① 고객에게 지급할 대가는 고객이 기업에 이전하는 구별되는 재화나 용역의 대가로 지급하는 것이 아니라면, 그 대가는 거래가격, 즉 수익에서 차감하여 회계처리한다.

② 고객에게 지급할 대가가 고객에게서 받은 구별되는 재화나 용역에 대한 지급이라면, 다른 공급자에게서 구매한 경우와 같은 방법으로 회계처리한다.

③ 고객에게 지급할 대가(금액)가 고객에게서 받은 구별되는 재화나 용역의 공정가치를 초과한다면, 그 초과액을 거래가격에서 차감하여 회계처리한다. 여기서 만약, 고객에게서 받은 재화나 용역의 공정가치를 합리적으로 추정할 수 없다면, 고객에게 지급할 대가 전액을 거래가격에서 차감하여 회계처리한다.

④ 따라서 고객에게 지급할 대가를 거래가격에서 차감하여 회계처리하는 경우에는 다음 중 나중의 사건이 일어날 때(또는 일어나는 대로) 수익의 차감을 인식한다.

a. 기업이 고객에게 관련 재화나 용역을 이전하여 그 수익을 인식한다.

b. (지급이 미래 사건을 조건으로 할지라도) 기업이 대가를 지급하거나 지급하기로 약속한다. 그 약속은 기업의 사업 관행에서 암시될 수 있다.

5. 거래가격의 배분[4단계]

거래가격을 배분하는 목적은 기업이 고객에게 약속한 재화나 용역을 이전하고 그 대가로 받을 권리를 갖게 될 금액을 나타내는 금액으로 각 수행의무(또는 구별되는 재화나 용역)에 거래가격을 배분하는 것이다.

(1) 거래가격 배분의 원칙

① 거래가격은 원칙적으로 상대적 개별 판매가격을 기준으로 계약에서 식별된 각 수행의무에 배분한다.

② 개별 판매가격은 기업이 고객에게 약속한 재화나 용역을 별도로 판매할 경우의 가격이다.

(2) 개별판매가격의 추정

재화나 용역의 개별 판매가격을 적절하게 추정하는 방법에는 다음이 포함되지만 이에 한정되지는 않는다.

① 시장평가 조정 접근법 : 기업이 재화나 용역을 판매하는 시장을 평가하여 그 시장에서 고객이 그 재화나 용역에 대해 지급하려는 가격을 추정할 수 있다. 비슷한 재화나 용역에 대한 경쟁자의 가격을 참조하고 그 가격에 기업의 원가와 이윤을 반영하기 위해 필요한 조정을 하는 방법을 포함할 수도 있다.

② 예상원가 이윤 가산 접근법 : 수행의무를 이행하기 위한 예상원가를 예측하고 여기에 그 재화나 용역에 대한 적절한 이윤을 더할 수 있다.

③ 잔여접근법 : 재화나 용역의 개별 판매가격은 총 거래가격에서 계약에서 약속한 그 밖의 재화나 용역의 관측 가능한 개별 판매가격의 합계를 차감하여 추정할 수 있다. 그러나 잔여접근법은 다음 기준 중 어느 하나를 충족하는 경우에만, 재화나 용역의 개별 판매가격 추정에 사용할 수 있다.

a. 같은 재화나 용역을 서로 다른 고객들에게 (동시에 또는 가까운 시기에) 광범위한 금액으로 판매한다(과거 거래나 그 밖의 관측 가능한 증거로 하나의 대표적인 개별 판매가격을 분간할 수 없어 판매가격이 매우 다양하다).

b. 재화나 용역의 가격을 아직 정하지 않았고 과거에 그 재화나 용역을 따로 판매한 적이 없다(판매가격이 불확실하다).

(3) 할인액의 배분

① 계약에서 약속한 재화나 용역의 개별 판매가격 합계가 계약에서 약속한 대가를 초과하면, 고객은 재화나 용역의 묶음을 구매하면서 할인을 받은 것이다.

② 할인액은 원칙적으로 계약상 모든 수행의무에 비례하여 배분하다. 다만, 일정한 경우에는 할인액 전체를 계약상 하나 이상이나 전부는 아닌 일부 수행의무들에만 배분할 수도 있다.

(4) 거래가격의 변동

① 계약을 개시한 다음에 거래가격은 여러 가지 이유로 변동될 수 있다.

② 거래가격의 후속 변동은 계약 개시시점과 같은 기준으로 계약상 수행의무에 배분하므로 계약을 개시한 후의 개별 판매가격 변동을 반영하기 위해 거래가격을 다시 배분하지는 않는다.

③ 거래가격의 변동액 중 이행된 수행의무에 배분되는 금액은 거래가격이 변동되는 기간에 수익으로 인식하거나 수익에서 차감한다.

6. 수행의무의 이행에 따른 수익을 인식[5단계]

고객에게 약속한 재화나 용역, 즉 자산을 이전하여 수행의무를 이행할 때(또는 기간에 걸쳐 이행하는 대로) 수익을 인식한다. 자산은 고객이 그 자산을 통제할 때 또는 기간에 걸쳐 통제하게 되는 대로 이전된다. 따라서 이전단계에서 식별한 각 수행의무가 기간에 걸쳐 이행되는 것인지 또는 한 시점에 이행되는 것인지에 대한 판단이 중요한데, 이에 대한 판단은 계약 개시시점에 수행한다. 수행의무가 기간에 걸쳐 이행되지 않는다면, 그 수행의무는 한 시점에 이행되는 것이다.

(1) 기간에 걸쳐 이행하는 수행의무

가. 판단기준

다음 기준 중 어느 하나를 충족하면, 기업은 재화나 용역에 대한 통제를 기간에 걸쳐 이전하므로, 기간에 걸쳐 수행의무를 이행하는 것이고 기간에 걸쳐 수익을 인식한다.

① 고객은 기업이 수행하는 대로 기업의 수행에서 제공하는 효익을 동시에 얻고 소비한다.
② 기업이 수행하여 만들어지거나 가치가 높아지는 대로 고객이 통제하는 자산(예: 재공품)을 기업이 만들거나 그 자산 가치를 높인다.
③ 기업이 수행하여 만든 자산이 기업 자체에는 대체 용도가 없고, 지금까지 수행을 완료한 부분에 대해 집행 가능한 지급청구권이 기업에 있다.

나. 진행률 측정(진행기준의 적용)

① 진행률 측정의 의의 : 기간에 걸쳐 이행하는 수행의무 각각에 대해, 그 수행의무 완료까지의 진행률(이하 '수행의무의 진행률'이라 한다)을 측정하여 기간에 걸쳐 수익을 인식한다.

② 진행률 측정의 목적 : 고객에게 약속한 재화나 용역에 대한 통제를 이전(기업의 수행의무 이행)하는 과정에서 기업의 수행 정도를 나타내기 위한 것이다.

③ 기간에 걸쳐 이행하는 각 수행의무에는 하나의 진행률 측정방법을 적용하며 비슷한 상황에서의 비슷한 수행의무에는 그 방법을 일관되게 적용한다.

④ 기간에 걸쳐 이행하는 수행의무의 진행률은 보고기간 말마다 다시 측정한다.

다. 진행률 측정방법

적절한 진행률 측정방법을 결정할 때, 고객에게 이전하기로 약속한 재화나 용역의 특성을 고려하여야 하는데, 여기에는 산출법(측정기준 : 수행을 완료한 정도, 달성한 결과 등)과 투입법(측정기준 : 소비한 자원, 발생원가 등)이 포함된다. 진행률 측정시 고려할 사항은 다음과 같다.

① 수행의무의 진행률을 합리적으로 측정할 수 있는 경우에만, 기간에 걸쳐 이행하는 수행의무에 대한 수익을 인식한다.

② 어떤 상황(예 : 계약 초기 단계)에서는 수행의무의 산출물을 합리적으로 측정할 수 없으나, 수행의무를 이행할 때 드는 원가는 회수될 것으로 예상할 수 있다. 이 상황에서는 수행의무의 산출물을 합리적으로 측정할 수 있을 때까지 발생원가의 범위에서만 수익을 인식한다.

③ 진행률 측정방법을 적용할 때, 고객에게 통제를 이전하지 않은 재화나 용역은 진행률 측정에서 제외한다. 이와 반대로, 수행의무를 이행할 때 고객에게 통제를 이전하는 재화나 용역은 모두 진행률 측정에 포함한다.

④ 시간이 흐르면서 상황이 바뀜에 따라 수행의무의 산출물 변동을 반영하기 위해 진행률을 새로 수정한다. 이러한 진행률의 변동은 회계추정의 변경으로 회계처리한다.

(2) 한 시점에 이행하는 수행의무

수행의무가 기간에 걸쳐 이행되지 않는다면, 그 수행의무는 한 시점에 이행되는 것이다. 고객이 약속된 자산을 통제하고 기업이 수행의무를 이행하는 시점을 판단하기 위해, 다음과 같은 통제 이전의 지표(다음이 포함되나 이에 한정되지는 않는다)를 참고하여야 한다.

① 기업은 자산에 대해 현재 지급청구권이 있다. 고객이 자산에 대해 지급할 현재 의무가 있다면, 이는 고객이 교환되는 자산의 사용을 지시하고 자산의 나머지 효익의 대부분을 획득할 능력을 갖게 되었음을 나타낼 수 있다.

② 고객에게 자산의 법적 소유권이 있다. 법적 소유권은 계약 당사자 중 누가 '자산의 사용을 지시하고 자산의 나머지 효익의 대부분을 획득할 능력이 있는지' 또는 '그 효익에 다른 기업이 접근하지 못하게 하는 능력이 있는지'를 나타낼 수 있다. 그러므로 자산의 법적 소유권의 이전은 자산을 고객이 통제하게 되었음을 나타낼 수 있다. 고객의 지급불이행에 대비한 안전장치로서만 기업이 법적 소유권을 보유한다면, 그러한 기업의 권리가 고객이 자산을 통제하게 되는 것을 막지는 못할 것이다.

③ 기업이 자산의 물리적 점유를 이전하였다. 자산에 대한 고객의 물리적 점유는 고객이 '자산의 사용을 지시하고 자산의 나머지 효익의 대부분을 획득할 능력'이 있거나 '그 효익에 다른 기업이 접근하지 못하게 하는 능력'이 있음을 나타낼 수 있다. 그러나 물리적 점유는 자산에 대한 통제와 일치하지 않을 수 있다. 예를 들면 일부 재매입약정이나 위탁약정에서는 고객이나 수탁자가 기업이 통제하는 자산을 물리적으로 점유할 수 있다. 이와 반대로, 일부 미인도청구약정에서는 고객이 통제하는 자산을 기업이 물리적으로 점유할 수 있다.

④ 자산의 소유에 따른 유의적인 위험과 보상이 고객에게 있다. 자산의 소유에 따른 유의적인 위험과 보상이 고객에게 이전되었다는 것은 자산의 사용을 지시하고 자산의 나머지 효익의 대부분을 획득할 능력이 고객에게 있음을 나타낼 수 있다. 그러나 약속된 자산의 소유에 따른 위험과 보상을 평가할 때에는, 그 자산을 이전해야 하는 수행의무에 더하여 별도의 수행의무를 생기게 할 위험은 고려하지 않는다. 예를 들면 기업이 고객에게 자산에 대한 통제를 이전하였으나 이전한 자산과 관련된 유지용역을 제공해야 하는 추가되는 수행의무는 아직 이행하지 못하였을 수 있다.

⑤ 고객이 자산을 인수하였다. 고객이 자산을 인수한 것은 '자산의 사용을 지시하고 자산의 나머지 효익의 대부분을 획득할 능력'이 고객에게 있음을 나타낼 수 있다.

III 수익인식 유형별 사례

1. 계약자산, 계약부채 그리고 계약원가의 인식과 측정

계약 당사자 중 어느 한 편이 계약을 수행했을 때, 기업의 수행 정도와 고객의 지급과의 관계에 따라 그 계약을 계약자산이나 계약부채로 재무상태표에 표시하고, 대가를 받을 무조건적인 권리는 수취채권으로 구분하여 표시한다.

(1) 계약자산과 수취채권

가. 계약자산

계약자산(contract asset)이란 기업이 고객에게 이전한 재화나 용역에 대하여 그 대가를 받을 기업의 권리로 그 권리에 시간의 경과 외의 조건(예: 기업의 미래 수행)이 있는 자산을 말한다. 고객이 대가를 지급하기 전이나 지급기일 전에 기업이 고객에게 재화나 용역의 이전을 수행하는 경우에, 그 계약에 대해 수취채권으로 표시한 금액이 있다면 이를 제외하고 계약자산으로 표시한다. 계약자산의 손상 여부는 기업회계기준서 제1109호(금융상품)에 따라 평가하고, 계약자산의 손상은 기업회계기준서 제1109호(금융상품)의 적용범위에 포함되는 금융자산과 같은 기준으로 측정 · 표시 · 공시 한다.

나. 수취채권

수취채권은 기업이 대가를 받을 무조건적인 권리를 말한다. 시간만 지나면 대가를 지급받기로 한 때가 되는 경우에 그 대가를 받을 권리는 무조건적이다. 예를 들면 기업에 현재 지급청구권이 있다면 그 금액이 미래에 환불될 수 있더라도 수취채권을 인식한다. 수취채권은 기업회계기준서 제1109호(금융상품)에 따라 회계처리한다. 고객과의 계약으로 수취채권을 최초로 인식할 때, 기업회계기준서 제1109호(금융상품)에 따른 수취채권의 측정치와 인식한 수익에 상응하는 금액 간의 차이는 비용(예: 손상차손)으로 표시한다.

(2) 계약부채

계약부채(contract liability)는 기업이 고객에게서 이미 받은 대가(또는 지급기일이 된 대가)에 상응하여 고객에게 재화나 용역을 이전하여야 하는 기업의 의무를 말한다. 기업이 고객에게 재화나 용역을 이전하기 전에 고객이 대가를 지급하거나 기업이 대가(금액)를 받을 무조건적인 권리(수취채권)를 갖고 있는 경우에 기업은 지급받은 때나 지급받기로 한 때(둘 중 이른 시기)에 그 계약을 계약부채로 표시한다.

(3) 계약원가

가. 계약체결 증분원가

계약체결 증분원가는 고객과 계약을 체결하기 위해 들인 원가로서 계약을 체결하지 않았다면 들지 않았을 원가(예: 판매수수료)로서, 동 증분원가가 회수될 것으로 예상된다면 이를 자산으로 인식한다. 다만, 계약체결 증분원가를 자산으로 인식하더라도 상각기간이 1년 이하라면 그 계약체결 증분원가는 발생시점에 비용으로 인식하는 실무적 간편법을 쓸 수 있다. 반면에, 계약 체결 여부와 무관하게 드는 계약체결원가는 계약 체결 여부와 관계없이 고객에게 그 원가를 명백히 청구할 수 있는 경우가 아니라면 발생시점에 비용으로 인식한다.

나. 계약이행원가

고객과의 계약을 이행할 때 드는 원가가 다른 기업회계기준서의 적용범위(예: 기업회계기준서 제1002호 '재고자산', 제1016호 '유형자산', 제1038호 '무형자산')에 포함되지 않는다면, 그 원가는 다음 기준을 모두 충족해야만 자산으로 인식한다.

> ① 원가가 계약이나 구체적으로 식별할 수 있는 예상 계약에 직접 관련된다(예: 기존 계약의 갱신에 따라 제공할 용역에 관련되는 원가, 아직 승인되지 않은 특정 계약에 따라 이전할 자산의 설계원가).
> ② 원가가 미래의 수행의무를 이행(또는 계속 이행)할 때 사용할 기업의 자원을 창출하거나 가치를 높인다.
> ③ 원가는 회수될 것으로 예상된다.

계약(또는 구체적으로 식별된 예상 계약)에 직접 관련되는 원가에는 다음이 포함된다.

> ① 직접노무원가(예: 고객에게 약속한 용역을 직접 제공하는 종업원의 급여와 임금)
> ② 직접재료원가(예: 고객에게 약속한 용역을 제공하기 위해 사용하는 저장품)
> ③ 계약이나 계약활동에 직접 관련되는 원가 배분액(예: 계약의 관리 · 감독 원가, 보험료, 계약의 이행에 사용된 기기 · 장비의 감가상각비)
> ④ 계약에 따라 고객에게 명백히 청구할 수 있는 원가
> ⑤ 기업이 계약을 체결하였기 때문에 드는 그 밖의 원가(예: 하도급자에게 지급하는 금액)

그러나 다음의 원가는 발생시점에 비용으로 인식한다.

① 일반관리원가
② 계약을 이행하는 과정에서 낭비된 재료원가, 노무원가, 그 밖의 자원의 원가로서 계약가격에 반영되지 않은 원가
③ 이미 이행한 (또는 부분적으로 이미 이행한) 계약상 수행의무와 관련된 원가(과거의 수행 정도와 관련된 원가)
④ 이행하지 않은 수행의무와 관련된 원가인지 이미 이행한(또는 부분적으로 이미 이행한) 수행의무와 관련된 원가인지 구별할 수 없는 원가

2. 반품권이 있는 판매

(1) 반품권이 있는 판매의 범위

일부 계약에서는 기업이 고객에게 제품에 대한 통제를 이전하고, 다양한 이유(예: 제품 불만족)로 제품을 반품할 권리와 함께 다음 사항을 조합하여 받을 권리를 고객에게 부여하기도 한다.

① 지급된 대가의 전부나 일부 환불
② 기업에 갚아야 할 의무가 있거나 의무가 있게 될 금액에 대한 공제(credit)
③ 다른 제품으로 교환

반품기간에 언제라도 반품을 받기로 하는 기업의 약속은 환불할 의무에 더하여 수행의무로 회계처리하지 않는다.

한편 고객이 한 제품을 유형 · 품질 · 조건 · 가격이 같은 다른 제품(예: 색상이나 크기가 같은 다른 제품)과 교환하는 경우에는 기업회계기준서 제1115호(고객과의 계약에서 생기는 수익)의 적용 목적상 반품으로 보지 않으며, 고객이 결함이 있는 제품을 정상 제품으로 교환할 수 있는 계약은 보증에 대한 지침에 따라 평가한다.

(2) 반품권이 있는 판매의 회계처리 방법

반품권이 있는 제품의 이전을 회계처리하기 위하여, 다음 사항을 모두 인식한다.

① 기업이 받을 권리를 갖게 될 것으로 예상하는 대가(금액)를 이전하는 제품에 대한 수익으로 인식한다. 따라서 반품이 예상되는 제품에 대해서는 수익을 인식하지 않는다.
② 환불부채를 인식한다.
③ 환불부채를 결제할 때, 고객에게서 제품을 회수할 기업의 권리에 대하여 자산을 인식하고 이에 상응하는 매출원가를 조정한다.

가. 수익으로 인식할 부분

받은(또는 받을) 금액 중 기업이 권리를 갖게 될 것으로 예상하지 않는 부분은 고객에게 제품을 이전할 때 수익으로 인식하지 않고, 환불부채로 인식한다. 이후 보고기간 말마다, 기업은 제품을 이전하고 그 대가로 권리를 갖게 될 것으로 예상하는 금액을 다시 평가하고 이에 따라 거래가격과 인식된 수익 금액을 바꾼다.

나. 환불부채의 인식

고객에게서 받은 대가의 일부나 전부를 고객에게 환불할 것으로 예상하는 경우에는 환불부채(refund liability)를 인식한다. 환불부채는 기업이 받았거나 받을 대가 중에서 권리를 갖게 될 것으로 예상하지 않는 금액(거래가격에 포함되지 않는 금액)으로 측정한다. 보고기간 말마다 반품 예상량의 변동에 따라 환불부채의 측정치를 새로 수정한다. 이에 따라 생기는 조정액을 수익(또는 수익의 차감)으로 인식한다.

다. 반환제품회수권의 인식

반환제품회수권이란 환불부채를 결제할 때 고객에게서 제품을 회수할 기업의 권리에 대해 인식하는 자산을 말한다. 동 자산은 처음 측정할 때 제품(예: 재고자산)의 이전 장부금액에서 그 제품 회수에 예상되는 원가(반품된 제품이 기업에 주는 가치의 잠재적인 감소를 포함)를 차감한다. 보고기간 말마다 반품될 제품에 대한 예상의 변동을 반영하여 자산의 측정치를 새로 수정한다. 이 자산은 환불부채와는 구분하여 표시한다.

(3) 반품권 있는 판매의 회계처리 예시

여기서는 반품권 있는 제품의 판매를 가정하고, 해당 제품의 통제를 고객에게 이전하는 시점과 반품이 실제로 일어난 시점으로 나누어 각각의 회계처리를 생각해 보기로 한다.

가. 통제의 이전시점(판매시점)

반품가능성을 합리적으로 예측할 수 있는 경우에 기업은 반품되지 않을 부분에 대한 판매가격을 매출(수익)로 인식하고, 반품될 부분의 판매가격 해당액은 환불부채로 인식한다. 회계처리를 예시하면 다음과 같다.

(차) 현금 등*	×××	(대) 매출	×××
		환불부채	×××

* 현금으로 받지 못한 경우에는 계약자산으로 인식한다.

그리고 상기와 같이 인식된 매출에 대응되는 매출원가의 발생과 재고자산의 감소를 인식하는데, 여기서 감소된 재고자산과 매출원가 발생액의 차이는 반품될 부분의 원가 상당액이 될 것인데, 이는 반환제품회수권(자산)으로 인식한다. 회계처리를 예시하면 다음과 같다.

(차) 매출원가 ××× (대) 재고자산 ×××
반환제품회수권 ×××

한편 반품가능성을 합리적으로 예측할 수 없는 경우에 기업은 매출(수익)과 계약자산을 인식할 수 없으며, 매출원가도 인식할 수 없다. 따라서 이전되어 감소된 재고자산을 인식하면서, 반환제품회수권(자산)을 인식한다. 회계처리를 예시하면 다음과 같다.

(차) 반환제품회수권 ××× (대) 재고자산 ×××

또한 재고자산의 회수원가(회수비용, 반환될 재고자산의 잠재적 가치감소 등)의 발생이 예상되는 경우에는 반환제품회수권의 감소를 인식하면서 반품비용(당기비용)으로 처리한다. 회계처리를 예시하면 다음과 같다.

(차) 반품비용 ××× (대) 반환제품회수권 ×××

나. 실제반품시점

실제반품시점에서는 환불부채를 현금으로 결제하거나 계약자산 또는 수취채권과 상계하고, 반환받은 재고자산 증가를 인식하면서 반환제품회수권을 제거한다. 회계처리를 예시하면 다음과 같다.

(차) 환불부채 ××× (대) 현금 등* ×××
* 현금으로 받지 못한 경우에는 계약자산을 감소시킨다.
(차) 재고자산 ××× (대) 반환제품회수권 ×××

만약 반환된 제품의 수량이 당초 추정보다 적다면, 추가로 매출과 매출원가를 인식하면 되고, 이와 반대로 당초 추정보다 더 많은 수량의 제품이 반품되었다면 당초 인식한 매출과 매출원가를 소멸시키면 된다. 여기서 언제나 매출의 상대계정은 현금 등(또는 계약자산이나 수취채권)이고, 매출원가의 상대계정은 재고자산(제품)이다. 이에 따라서 반환된 제품의 수량이 당초 추정보다 적은 경우의 회계처리를 예시하면 다음과 같다.

(차) 현금 등 * ××× (대) 매 출 ×××
* 상황에 따라 계약자산을 증가시킨다.
(차) 매출원가 ××× (대) 재고자산 ×××

그리고 당초 추정보다 더 많은 수량의 제품이 반품된 경우의 회계처리는 다음과 같다.

(차) 매 출	×××	(대) 현금 등*	×××

* 상황에 따라 계약자산을 감소시킨다.

(차) 재고자산	×××	(대) 매출원가	×××

한편 판매시점에서 추정한 회수비용과 다른 실제 회수비용이 발생하는 경우 동 차액은 반품시점의 당기비용으로 인식한다.

3. 건설계약

여기서는 건설계약을 기업회계기준서 제1115호(고객과의 계약에서 생기는 수익)을 적용하여 회계처리하는 방법에 대하여 살펴보기로 한다.

(1) 수익의 인식

가. 일반원칙

건설계약은 일반적으로 용역에 대한 통제를 기간에 걸쳐 이전하는 형태를 가지므로, 진행기준을 통하여 수익을 인식한다. 이 경우 수익으로 인식할 금액은 다음과 같다.

계약수익 = 당기말까지 인식할 누적계약수익 − 전기이전에 인식한 누적계약수익
　　　　 = 총계약금액 × 진행률 − 전기이전에 인식한 누적계약수익

당기말까지 인식할 누적계약수익금액 중 기업이 고객으로부터 수취할 대가에 대해 무조건적인 권리를 가지는 금액까지는 수취채권으로 인식하고, 나머지 부분은 계약자산으로 인식한다. 이와는 반대로 당기말까지 인식할 누적계약수익금액이 기업이 고객으로부터 수취할 대가에 대해 무조건적인 권리를 가지는 금액에 미달하는 경우, 동 미달금액은 계약부채로 인식한다.

나. 수행의무의 진행률을 합리적으로 측정할 수 없는 경우

수행의무의 진행률을 합리적으로 측정할 수 있는 경우에만, 기간에 걸쳐 이행하는 수행의무에 대한 수익을 인식한다. 적절한 진행률 측정방법을 적용하는 데 필요한 신뢰할 수 있는 정보가 부족하다면 수행의무의 진행률을 합리적으로 측정할 수 없을 것이다.

어떤 상황(예: 계약 초기 단계)에서는 수행의무의 결과를 합리적으로 측정할 수 없으나, 수행의무를 이행하는 동안에 드는 원가는 회수될 것으로 예상한다. 그 상황에서는 수행의무의 결과를 합리적으로 측정할 수 있을 때까지 발생원가의 범위에서만 수익을 인식한다.

(2) 비용의 인식

건설계약의 진행 중에 발생하는 원가 중 자산성이 있는 원가는 미성공사계정으로 집계하였다가, 수행의무의 이행정도에 따라 상각하여 비용(계약원가)으로 인식한다.

(3) 회계처리 예시

건설계약에 사용될 수 있는 회계처리를 살펴하면 다음과 같다.

① 계약원가 발생

계약이행원가가 발생하였고, 자산을 인식할 수 있는 요건이 충족된 경우 미성공사로 인식하고, 그렇지 못한 경우 당기비용(계약원가)으로 인식한다. 회계처리를 예시하면 다음과 같다.

계약원가 발생 :	(차) 미성공사	×××	(대) 현금 등	×××
	계약원가	×××		

② 계약수익 인식

진행기준에 따라 산출된 계약수익을 인식하면서, 동액만큼 계약자산을 인식한다. 회계처리를 예시하면 다음과 같다.

계약수익 산출 :	(차) 계약자산	×××	(대) 계약수익	×××

③ 미성공사 상각(계약원가 인식)

자산으로 계상한 원가집합 계정인 미성공사를 수행의무의 이행정도에 따라 상각하여 비용(계약원가)으로 인식한다. 회계처리를 예시하면 다음과 같다.

미성공사 상각 :	(차) 계약원가	×××	(대) 미성공사	×××

④ 수취채권 인식

기업이 고객으로부터 수취할 무조건적인 권리가 있는 금액을 수취채권으로 인식하는데, 상대계정은 계약자산으로 한다. 만약 계약자산이 수취채권과 상계하기에 부족한 경우에는 계약부채를 추가적으로 인식하면 된다. 회계처리를 예시하면 다음과 같다.

수취채권 인식 :	(차) 수취채권	×××	(대) 계약자산	×××
			계약부채	×××

⑤ 수취채권 회수

기업이 고객으로부터 수취채권을 회수한 경우, 회수한 금액만큼 수취채권에서 차감한다. 회계처리를 예시하면 다음과 같다.

수취채권 회수 : (차) 현 금 ××× (대) 수취채권 ×××

Ⅳ 법인세회계

1. 법인세회계의 의의

(1) 법인세회계의 정의

법인세회계란 기업의 재무성과를 적절히 나타내기 위해 반드시 인식되어야 할 법인세비용을 결정하고, 이와 관련된 자산과 부채를 적절하게 산출하여 나타내기 위한 회계를 말한다.

(2) 법인세회계가 필요한 이유

법인세비용의 인식근거는 기업의 법인세납세의무에 있는데, 법인세납부액은 기업의 이익을 기초로 계산되기 때문에 이러한 이익에 대응되는 법인세비용을 인식하는 것은 수익·비용 대응의 원칙에 어느정도 부합하게 된다. 그러나 세법상의 이익에 해당하는 과세소득의 범위 및 인식시기가 회계기준과 다르기 때문에 회계기준에 따라 산출된 이익에 대응시킬 법인세비용을 법인세납부액으로 결정한다면, 올바른 수익·비용이 이루어지지 않는다. 따라서 과세소득과 회계이익의 차이를 조정하여, 수익·비용 대응에 기할 수 있는 법인세비용을 산정하는 절차가 필요하다.

(3) 용어의 정의

구 분	정 의
회계이익	법인세비용 차감 전 회계기간의 손익
과세소득(세무상결손금)	과세당국이 제정한 법규에 따라 납부할(환급받을) 법인세를 산출하는 대상이 되는 회계기간의 이익(손실)
법인세비용(수익)	당기법인세 및 이연법인세와 관련하여 당해 회계기간의 손익을 결정하는데 포함되는 총액
당기법인세	회계기간의 과세소득(세무상결손금)에 대하여 납부할(환급받을) 법인세액
이연법인세부채	가산할 일시적차이와 관련하여 미래 회계기간에 납부할 법인세 금액
이연법인세자산	다음과 관련하여 미래 회계기간에 회수 될 수 있는 법인세 금액 ① 차감할 일시적차이 ② 미사용 세무상결손금의 이월액 ③ 미사용 세액공제 등의 이월액

(4) 과세소득과 회계이익의 차이

과세소득과 회계이익의 차이는 일시적 차이와 일시적 차이 이외의 차이가 있다. 일시적 차이는 특정기간의 과세소득 산출시 조정했던 방향과 반대방향의 조정이 미래기간에 반드시 일어나게 되어 기간경과에 따라 누적적인 차이효과가 자동소멸되는 차이를 말한다. 이러한 차이들은 모두 재무상태표상 자산 또는 부채의 장부금액과 세무기준액의 차이에 해당한다. 일시적차이는 가산할 일시적 차이와 차감할 일시적 차이로 구분된다.

① 가산할 일시적차이 : 자산이나 부채의 장부금액이 회수나 결제되는 미래 회계기간의 과세소득(세무상결손금) 결정시 가산할 금액이 되는 일시적차이

② 차감할 일시적차이 : 자산이나 부채의 장부금액이 회수나 결제되는 미래 회계기간의 과세소득(세무상결손금) 결정시 차감할 금액이 되는 일시적차이

2. 일시적 차이와 이연법인세

(1) 이연법인세부채

법인세법상 순자산(세무기준액)이 재무상태표상 순자산 장부금액 보다 작다면 이는 당기 이전 과세소득 계산시 차감된 일시적 차이에 의한 것이다. 이 부분은 미래 과세소득 계산시 다시 가산되어 동 일시적 차이가 소멸될 것이다. 따라서 이 경우 법인세법상 순자산(세무기준액)이 재무상태표상 순자산 장부금액에 미달하는 금액은 가산할 일시적 차이에 해당하고, 이에 미래 세율을 적용할 경우 예상되는 미래 법인세부담액 증가액이 산출되는데 이를 이연법인세부채라고 한다.

(2) 이연법인세자산

법인세법상 순자산(세무기준액)이 재무상태표상 순자산 장부금액 보다 크다면 이는 당기 이전 과세소득 계산시 가산된 일시적 차이에 의한 것이다. 이 부분은 미래 과세소득 계산시 다시 차감되어 동 일시적 차이가 소멸될 것이다. 따라서 이 경우 법인세법상 순자산(세무기준액)이 재무상태표상 순자산 장부금액을 초과하는 금액은 차감할 일시적 차이에 해당하고, 이에 미래 세율을 적용할 경우 예상되는 미래 법인세부담액 감소액이 산출되는데 이를 이연법인세자산라고 한다. 다만 이연법인자산의 경우 다음과 같은 실현가능성 검토절차가 필요하다.

① 차감할 일시적차이가 사용될 수 있는 과세소득의 발생가능성이 높은 경우에만 이연법인세자산을 인식한다.

② 과거에 실현가능성이 낮아 인식하지 않은 이연법인세자산도 매 보고기간말에 재검

토하여 회수가능성이 높아진 범위까지 이연법인세자산을 인식한다.

③ 이연법인세자산의 장부금액은 매 보고기간말에 검토하여 실현가능성에 따라 장부금액을 감액하거나 과거에 감액한 금액을 환입한다.

3. 법인세회계의 기타사항

(1) 당기 및 이연법인세 측정시 적용할 세율

① 당기 및 과거기간의 당기법인세부채(자산)는 보고기간말까지 제정되었거나 실질적으로 제정된 세율(및 세법)을 사용하여, 과세당국에 납부할(과세당국으로부터 환급받을) 것으로 예상되는 금액으로 측정한다.

② 이연법인세 자산과 부채는 보고기간말까지 제정되었거나 실질적으로 제정된 세율(및 세법)에 근거하여 당해 자산이 실현되거나 부채가 결제될 회계기간에 적용될 것으로 기대되는 세율을 사용하여 측정한다.

(2) 할인의 배제

이연법인세 자산과 부채는 할인하지 아니한다.

제 2 절 기출 및 연습문제

수익인식에 대한 일반이론

대표예제

수익인식의 핵심 원칙에 따라 수익을 인식하기 위해서는 일정한 다음의 단계를 적용해야 한다. 이러한 적용단계를 순서 없이 열거한 것이다. 순서대로 바르게 나열한 것을 고르면?

(ㄱ) 수행의무의 식별
(ㄴ) 거래가격의 산정
(ㄷ) 고객과의 계약 식별
(ㄹ) 거래가격의 배분
(ㅁ) 수행의무의 이행에 따른 수익인식

① ㄱ → ㄴ → ㄷ → ㄹ → ㅁ
② ㄴ → ㄱ → ㄷ → ㄹ → ㅁ
③ ㄷ → ㄴ → ㄱ → ㄹ → ㅁ
④ ㄷ → ㄱ → ㄴ → ㄹ → ㅁ

해설 ④

수익인식의 핵심 원칙에 따라 수익을 인식하기 위해서는 계약을 식별하고, 수행의무를 식별한 후, 거래가격을 산정하고 각 수행의무에 배분한 후 수행의무의 이행에 따라 수익을 인식하는 것이다.

01 한국채택국제회계기준 제1115호(고객과의 계약에서 생기는 수익)의 적용범위에 해당하는 고객과의 계약이 되기 위한 기준으로서 가장 바르지 못한 것은?

① 계약 당사자들이 계약을 반드시 서면으로 승인하고 각자의 의무를 수행하기로 확약하여야 한다.

② 이전할 재화나 용역과 관련된 각 당사자의 권리를 식별할 수 있어야 한다.

③ 이전할 재화나 용역의 지급조건을 식별할 수 있어야 한다.

④ 계약에 상업적 실질이 있어야 하며, 고객에게 이전할 재화나 용역에 대하여 받을 권리를 갖게 될 대가의 회수 가능성이 높아야 한다.

02 한국채택국제회계기준 제1115호(고객과의 계약에서 생기는 수익)에서 규정하고 있는 수행의무의 식별에 대한 내용으로 가장 바르지 못한 것은?

① 수행의무란 고객과의 계약에서 재화나 용역을 고객에게 이전하기로 한 약속을 말한다.

② 고객이 재화나 용역 그 자체에서 효익을 얻을 수 있는 경우, 기업의 고객에게 그 재화나 용역의 이전을 약속하였다면 그 약속한 재화나 용역은 구별되는 것이다.

③ 고객이 재화나 용역 그 자체에서 효익을 얻을 수 없는 경우, 기업의 고객에게 그 재화나 용역의 이전을 약속하였다면 그 약속한 재화나 용역은 구별되는 것이 아니다.

④ 고객에게 재화나 용역을 이전하기로 하는 약속을 계약 내의 다른 약속과 별도로 식별해 낼 수 있다면 그 재화나 용역은 구별되는 것이다.

03 한국채택국제회계기준 제1115호(고객과의 계약에서 생기는 수익)에서 규정하고 있는 거래가격의 산정에 대한 내용으로 가장 바르지 못한 것은?

① 거래가격은 고객에게 약속한 재화나 용역을 이전하고 그 대가로 기업이 받을 권리를 갖게 될 것으로 예상하는 금액을 말한다.

② 거래가격에 제삼자를 대신해서 회수한 금액(예: 일부 판매세)이 포함되어서는 아니된다.

③ 고객과의 계약에서 약속한 대가는 고정금액, 변동금액 또는 둘 다를 포함할 수 있다.

④ 거래가격을 산정하기 위하여 기업은 해당 계약의 취소 · 갱신 · 변경으로 인한 영향을 항상 고려하여야 하므로, 재화나 용역을 현행 계약에 따라 약속대로 고객에게 이전한다고 전제하여서는 아니된다.

04 한국채택국제회계기준 제1115호(고객과의 계약에서 생기는 수익)에서 규정하고 있는 거래가격의 산정에 대한 내용으로 가장 바르지 못한 것은?

① 계약에서 약속한 대가에 변동금액이 포함된 경우에는 고객에게 약속한 재화나 용역을 이전하고 그 대가로 받을 권리를 갖게 될 금액을 추정하여야 하는데, 이 때 변동대가(금액)는 기댓값과 가능성이 가장 높은 금액 중에서 기업이 받을 권리를 갖게 될 대가(금액)를 더 잘 예측할 것으로 예상하는 방법을 사용하여 추정한다.

② 변동대가와 관련된 불확실성이 나중에 해소될 때, 이미 인식한 누적 수익 금액 중 유의적인 부분을 되돌릴 가능성이 매우 높은(highly probable) 경우 추정된 변동대가(금액)의 일부나 전부를 거래가격에 포함한다.

③ 거래가격을 산정할 때, 계약 당사자들 간에 (명시적으로나 암묵적으로) 합의한 지급시기 때문에 고객에게 재화나 용역을 이전하면서 유의적인 금융 효익이 고객이나 기업에 제공되는 경우에는 화폐의 시간가치가 미치는 영향(유의적인 금융요소)을 반영하여 약속된 대가(금액)를 조정하여야 한다.

④ 고객이 현금 외의 형태로 대가를 약속한 계약의 경우에 거래가격을 산정하기 위하여 비현금 대가(또는 비현금 대가의 약속)를 공정가치로 측정한다.

05 고객과의 계약으로부터 발생하는 수익에서 거래가격 산정에 대한 설명으로 옳지 않은 것은?

[국가직 9급, 2020 기출]

① 거래가격을 산정하기 위해서는 계약 조건과 기업의 사업관행을 참고한다.

② 기업에 특성이 비슷한 계약이 많은 경우에 '기댓값'은 변동대가(금액)의 적절한 추정치일 수 있다.

③ 고객과의 계약에서 약속한 대가는 고정금액, 변동금액 또는 둘 다를 포함할 수 있다.

④ 비현금대가의 공정가치가 대가의 형태만이 아닌 이유로 변동된다면, 변동대가 추정치의 제약규정을 적용하지 않는다.

06 기업회계기준서 제1115호(고객과의 계약에서 생기는 수익)에서 규정한 수행의무의 이행 및 관련된 수익인식 방법에 대한 설명으로 옳지 않은 것은?

① 수행의무의 이행은 기간에 걸쳐 이행되거나 그렇지 않은 경우, 그 수행의무는 한 시점에 이행되는 것으로 본다.

② 기업이 재화나 용역에 대한 통제를 기간에 걸쳐 이전한다면, 기간에 걸쳐 수행의무를 이행하는 것이고 이때는 기간에 걸쳐 수익을 인식한다.

③ 고객입장에서 기업이 수행하는 대로 기업의 수행에서 제공하는 효익을 동시에 얻고 소비한다면 이는 기간에 걸쳐 수행의무를 이행하는 것으로 본다.

④ 기업이 수행하여 만든 자산이 기업 자체에는 대체 용도가 없고, 지금까지 수행을 완료한 부분에 대해 집행 가능한 지급청구권이 기업에 있다면 이러한 수행의무는 한 시점에 이행되는 것으로 본다.

07 '고객과의 계약에서 생기는 수익'에 제시되어 있는 고객과의 계약을 식별하기 위한 기준과 일치하는 내용은? [국가직 9급, 2019 기출]

① 계약당사자들이 계약을 서면으로만 승인해야 하며, 각자의 의무를 수행하기로 확약한다.

② 이전할 재화나 용역에 대한 각 당사자의 권리를 식별할 수 있다면, 재화나 용역의 대가로 받는 지급조건은 식별할 수 없어도 된다.

③ 계약에 상업적 실질 없이 재화나 용역을 서로 주고받을 수 있다.

④ 고객에게 이전할 재화나 용역에 대하여 받을 권리를 갖게 될 대가의 회수 가능성이 높다.

08 '고객과의 계약에서 생기는 수익'에 대한 설명으로 옳지 않은 것은? [국가직 9급, 2018 기출]

① 기댓값으로 변동대가를 추정하는 경우 가능한 대가의 범위에서 가능성이 가장 높은 단일 금액으로 추정한다.

② 변동대가와 관련된 불확실성이 나중에 해소될 때, 이미 인식한 누적 수익 금액 중 유의적인 부분을 되돌리지 않을 가능성이 매우 높을지를 평가할 때는 수익의 환원 가능성 및 크기를 모두 고려한다.

③ 비현금 대가의 공정가치를 합리적으로 추정할 수 없는 경우에는, 그 대가와 교환하여 고객에게 약속한 재화나 용역의 개별 판매가격을 참조하여 간접적으로 그 대가를 측정한다.

④ 고객에게 약속한 재화나 용역, 즉 자산을 이전하여 수행의무를 이행할 때 수익을 인식한다.

09 고객과의 계약에서 생기는 수익에 대한 설명으로 옳지 않은 것은? [지방직 9급, 2019 기출]

① 고객에게 이전할 재화나 용역에 대하여 받을 권리를 갖게 될 대가의 회수 가능성이 높지 않더라도, 계약에 상업적 실질이 존재하고 이전할 재화나 용역의 지급조건을 식별할 수 있으면 고객과의 계약으로 회계처리한다.

② 수익을 인식하기 위해서는 '고객과의 계약 식별', '수행의무 식별', '거래가격 산정', '거래가격을 계약 내 수행의무에 배분', '수행의무를 이행할 때 수익인식'의 단계를 적용한다.

③ 거래가격 산정 시 제삼자를 대신해서 회수한 금액은 제외하며, 변동대가, 비현금 대가, 고객에게 지급할 대가 등이 미치는 영향을 고려한다.

④ 고객에게 약속한 자산을 이전하여 수행의무를 이행할 때 수익을 인식하며, 자산은 고객이 그 자산을 통제할 때 이전된다.

10 기업회계기준서 제1115호 '고객과의 계약에서 생기는 수익'에 대한 다음 설명 중 옳지 않은 것은? [KICPA, 2018 기출]

① 계약이란 둘 이상의 당사자 사이에 집행 가능한 권리와 의무가 생기게 하는 합의이다.

② 하나의 계약은 고객에게 재화나 용역을 이전하는 여러 약속을 포함하며, 그 재화나 용역들이 구별된다면 약속은 수행의무이고 별도로 회계처리한다.

③ 거래가격은 고객이 지급하는 고정된 금액을 의미하며, 변동대가는 포함하지 않는다.

④ 거래가격은 일반적으로 계약에서 약속한 각 구별되는 재화나 용역의 상대적 개별 판매가격을 기준으로 배분한다.

⑤ 기업이 약속한 재화나 용역을 고객에게 이전하여 수행의무를 이행할 때(또는 기간에 걸쳐 이행하는 대로) 수익을 인식한다.

11 수익인식 단계에 대한 설명으로 옳은 것은?

[국가직 9급, 2019 기출]

① 수익인식 5단계 순서는 '수행의무 식별 → 계약식별 → 거래가격 산정 → 거래가격 배분 → 수행의무별 수익인식'이다.

② 계약 개시시점에 고객과의 계약에서 약속한 재화나 용역을 검토하여 고객에게 구별되는 재화나 용역을 이전하기로 한 약속을 하나의 수행의무로 식별한다.

③ 거래가격은 고객에게 약속한 재화나 용역을 이전하고 그 대가로 기업이 받을 권리를 갖게 될 것으로 예상하는 금액이며, 이때 제삼자를 대신하여 회수한 금액을 포함한다.

④ 계약 당사자들이 계약을 승인하고 각자의 의무를 수행하기로 확약하거나, 이전할 재화나 용역과 관련된 각 당사자의 권리를 식별할 수만 있으면 계약을 식별할 수 있다.

12 '고객과의 계약에서 생기는 수익'의 측정에 대한 설명으로 옳지 않은 것은?

[국가직 7급, 2019 기출]

① 거래가격은 고객에게 약속한 재화나 용역을 이전하고 그 대가로 기업이 받을 권리를 갖게 될 것으로 예상하는 금액이며, 제삼자를 대신하여 회수한 금액(예: 일부 판매세)도 포함한다.

② 계약에서 약속한 대가에 변동금액이 포함된 경우에 고객에게 약속한 재화나 용역을 이전하고 그 대가로 받을 권리를 갖게 될 금액을 추정한다.

③ 고객이 현금 외의 형태로 대가를 약속한 계약의 경우에 거래가격을 산정하기 위하여 비현금 대가를 공정가치로 측정한다.

④ 고객에게 지급할 대가에는 기업이 고객에게 지급하거나 지급할 것으로 예상하는 현금 금액을 포함한다.

13 고객과의 계약에서 생기는 수익에 대한 설명으로 옳지 않은 것은? [국가직 7급, 2020 기출]

① 거래가격을 배분하는 목적은 기업이 고객에게 약속한 재화나 용역을 이전하고 그 대가로 받을 권리를 갖게 될 금액을 나타내는 금액으로 각 수행의무에 거래가격을 배분하는 것이다.

② 개별 판매가격을 추정하기 위해 시장평가 조정 접근법을 적용하는 경우 개별 판매가격은 총 거래가격에서 계약에서 약속한 그 밖의 재화나 용역의 관측 가능한 개별 판매가격의 합계를 차감하여 추정한다.

③ 할인액 전체가 계약상 하나 이상의 일부 수행의무에만 관련된다는 관측 가능한 증거가 있는 때 외에는, 할인액을 계약상 모든 수행의무에 비례하여 배분한다.

④ 거래가격의 후속 변동은 계약 개시시점과 같은 기준으로 계약상 수행의무에 배분하므로, 계약을 개시한 후의 개별 판매가격 변동을 반영하기 위해 거래가격을 다시 배분하지 않는다.

[문제 14 -15]

㈜한국은 거래처인 ㈜대한에 사용중이던 기계장치(취득원가 ₩40,000, 감가상각누계액 ₩15,000)를 20X1년 7월 1일에 ₩30,000에 판매하고, 즉시 인도하였다. 수취할 총 대가 중 ₩10,000은 기계장치를 인도하면서 즉시 수령하고, 나머지 금액은 20X2년 6월 30일과 20X3년 6월 30일에 각각 ₩10,000씩 수령하기로 하였다. 동 거래에 포함된 금융효과는 유의적이라고 판단되며, 동 거래의 계약당사자들이 별도의 금융거래를 하는 경우 반영하게 될 이자율은 모두 연 10%로서, 이를 이용하여 화폐의 시간가치를 계산하기로 한다. 미래 현금흐름의 현재가치는 다음의 현재가치표를 이용하며 월할 계산한다.

기 간	5%		10%	
	단일금액	연 금	단일금액	연 금
2년	0.907	1.859	0.826	1.736

14 ㈜한국이 상기 기계장치의 인도시점에 인식하게 될 유형자산처분손익은 얼마인가?

① ₩3,590 손실　② ₩2,360 이익
③ ₩3,590 이익　④ ₩5,000 이익

15 ㈜한국이 상기거래와 관련하여 20X2년도에 인식할 이자수익은 얼마인가?

① ₩452　② ₩904
③ ₩1,320　④ ₩1,736

[문제 16 – 17]

㈜대한은 20X1년 10월 1일 자신이 생산한 제품 A, B, C 각 1개씩을 거래처에 판매하기로 하는 계약을 체결하였다. 계약한 대가는 모두 합쳐 ₩120,000이고, 각 제품은 서로 다른 시점에 인도하여 수행의무를 이행하기로 하였다. 실제로 제품 A는 20X1년 12월 중에 인도하였고, 제품 B와 C는 20X2년 3월에 동시 인도하여 수행의무를 완수하였다. 개별판매를 가정할 때 각 제품단위당 개별판매가격은 다음과 같다.

제품구분	개별판매가격
제품 A	₩40,000
제품 B	₩50,000
제품 C	₩70,000

16 ㈜대한은 제품 A, B, C를 각각을 항상 별도로 판매한다고 가정할 때, 동 제품묶음(제품 A, B, C)의 판매와 관련하여 20X1년에 수익으로 인식할 금액은 얼마인가?

① ₩20,000　　② ₩30,000
③ ₩40,000　　④ ₩50,000

17 ㈜대한은 보통 제품 A, B, C를 각각 별도로 판매하지만 경우에 따라서는 제품 B와 제품 C를 묶어 ₩80,000에 판매하기도 한다면, 동 제품묶음(제품 A, B, C)의 판매와 관련하여 20X1년에 수익으로 인식할 금액은 얼마인가?

① ₩20,000　　② ₩30,000
③ ₩40,000　　④ ₩50,000

18 ㈜한국은 대형 옥외전광판을 단위당 ₩30,000,000에 판매하고, 옥외전광판에 대한 연간 유지서비스를 단위당 ₩20,000,000에 제공하고 있다. 옥외전광판의 매출원가는 단위당 ₩20,000,000이며, 연간 유지서비스 원가는 단위당 ₩10,000,000이 발생한다. ㈜한국은 20×1년 7월 1일에 옥외전광판 1 단위와 이에 대한 1년간 유지서비스를 묶어서 ₩40,000,000에 판매하고 설치완료하였다. 이와 관련한 설명으로 옳지 않은 것은? 단, 기간은 월할 계산한다.

[국가직 7급, 2021 기출]

① 20×1년 7월 1일에 인식한 매출액은 ₩24,000,000이다.

② 20×1년의 매출액은 ₩32,000,000이다.

③ 20×1년의 매출총이익은 ₩7,000,000이다.

④ 20×2년의 매출총이익은 ₩6,000,000이다.

수익인식의 유형 : 반품권이 있는 판매

대표예제

㈜세종은 20X1년 초에 고객들에게 제품100개(단위당 원가는 ₩60)를 개당 ₩100에 판매하는 계약을 체결하였다. 계약내용에 따르면, 제품에 대한 통제가 이전될 때 현금을 받기로 하였는데, 실제로 20X1년초에 제품에 대한 통제가 이전되었다. ㈜세종의 사업 관행은 고객이 사용하지 않은 제품을 30일 이내에 반품하면 전액을 환불받을 수 있도록 허용한다. ㈜세종은 자신이 권리를 갖게 될 것으로 예상하는 변동대가를 추정하기 위해 기댓값 방법(이 방법은 기업이 받을 권리를 갖게 될 대가(금액)를 더 잘 예측할 것으로 예상하는 방법임)을 사용하여 97개의 제품이 반환되지 않을 것으로 추정하였다. ㈜세종은 제품의 회수원가는 중요하지 않을 것이라고 추정하고 반품된 제품은 다시 판매하여 이익을 남길 수 있다고 예상하고 있다. 20X1년초에 ㈜세종이 수행할 회계처리 또는 회계처리의 효과에 대한 설명으로 가장 옳지 않은 것은? 단, 재고자산의 장부기록방법으로 계속기록법을 가정한다.

① ㈜세종이 매출(수익)로 인식할 금액은 ₩9,700이다.

② ㈜세종이 환불부채(부채)로 인식할 금액은 ₩300이다.

③ ㈜세종이 매출원가(비용)로 인식할 금액은 ₩5,820이다.

④ ㈜세종의 자산은 ₩4,000 감소한다.

해답 ④

㈜세종의 20X1년초 회계처리를 예시하면 다음과 같다.

(차)	현 금	10,000	(대)	매출	9,700
				환불부채	300
(차)	매출원가	5,820	(대)	재고자산	6,000
	반환제품회수권	180			

위에서 각 금액의 산출근거는 다음과 같다.

(1) 매출(수익) = 97개 × ₩100 = ₩9,700

(2) 환불부채(부채) = 3개 × ₩100 = ₩300

(3) 매출원가(비용) = 97개 × ₩60 = ₩5,820

(4) 반환제품회수권(자산) = 3개 × ₩60 = ₩180

위와 같은 회계처리를 통해서 증가하는 자산은 ₩4,180(= ₩10,000 − ₩6,000 + ₩180)이다.

19 반품권이 있는 판매의 회계처리에 대한 설명 중 한국채택국제회계기준서 제1115호(고객과 의 계약에서 생기는 수익)의 내용과 서로 다른 것은?

① 반품기간에 언제라도 반품을 받기로 하는 기업의 약속도 고객에 대한 약속이므로 또 하나의 수행의무로 보아 회계처리한다.

② 기업이 받을 권리를 갖게 될 것으로 예상하는 대가(금액)를 이전하는 제품에 대한 수익으로 인식하며, 반품이 예상되는 제품에 대해서는 수익을 인식하지 않는다.

③ 환불부채를 결제할 때, 고객에게서 제품을 회수할 기업의 권리에 대하여 자산을 인식하고 이에 상응하는 매출원가를 조정한다.

④ 보고기간 말마다 반품될 제품에 대한 예상의 변동을 반영하여 반환제품회수권(자산)의 측정치를 새로 수정하고, 동 자산은 환불부채와 구분하여 표시한다.

20 ㈜세종은 고객들에게 단위당 원가가 ₩80인 제품 10개를 단위당 ₩120의 현금을 수령하면서 판매하였다. 동 제품의 판매는 고객에 대한 통제의 이전에 해당한다. 판매계약에 따르면 고객은 제품을 인도한 날로부터 2개월 이내에 반품할 수 있으며, 기업은 합리적인 방법으로 반품될 제품의 수량을 3개로 산정하였다. 따라서 제품 7개의 판매는 이미 인식한 누적 수익금액 중 유의적인 부분을 되돌리지 않을 가능성이 매우 높은 것으로 판단하였다. 그러나 동 반품기간 종료일에 제품 2개의 반품이 있었을 뿐 추가적인 반품은 발생하지 아니하였다. ㈜세종의 재고자산에 대한 장부기록은 계속기록법이라고 가정할 때, 반품기간 종료일(실제 반품시점)의 회계처리에 대한 설명으로 가장 옳지 않은 것은? 단, 회수비용은 고려하지 않는다.

① 환불부채 ₩360이 감소한다.

② 재고자산 ₩160이 증가한다.

③ ㈜세종의 이익이 ₩120 증가한다.

④ 자산이 ₩320 감소한다.

수익인식의 유형 : 건설계약 등

대표예제 국가직 7급, 2017 기출

㈜한국은 20X1년 1월 1일 총계약금액 ₩60,000의 건설공사를 수주하였다. (주)한국이 진행기준을 사용하여 해당 건설공사를 회계처리하는 경우, 20X2년 말 재무상태표에 표시할 계약자산 또는 계약부채의 금액을 구하면?

항 목	20X1년	20X2년	20X3년
발생 누적계약원가	₩8,000	₩35,000	₩50,000
총계약예정원가	40,000	50,000	50,000
계약대금 청구*	10,000	30,000	20,000
계약대금 회수	7,000	28,000	25,000

* 계약대금 청구액은 ㈜한국이 발주자(고객)로부터 대가(계약대금)를 받을 무조건적인 권리가 있는 금액이다.

① ₩2,000　　② ₩3,000

③ ₩40,000　　④ ₩42,000

해답 ①

계약자산(contract asset)은 기업이 고객에게 이전한 재화나 용역에 대하여 그 대가를 받을 기업의 권리로 그 권리에 시간의 경과 외의 조건(예: 기업의 미래 수행)이 있는 자산을 말하고, 계약부채(contract liability)는 기업이 고객에게서 이미 받은 대가(또는 지급기일이 된 대가)에 상응하여 고객에게 재화나 용역을 이전하여야 하는 기업의 의무를 말하는 것인데, 두 항목 모두 기업이 인식하는 계약수익과 무조건적인 받을 권리인 수취채권 금액(발생금액 누계)을 비교하여 산정한다. 구체적으로, 누적계약수익에서 수취채권 금액을 차감한 값이 양(+)의 값을 가진다면 계약자산으로 표시하고, 음(−)의 값을 가진다면 계약부채로 표시한다.

이와 같은 문제유형의 풀이를 위해서는 보통 다음과 같은 분석모형을 사용한다.

구 분	20X1년	20X2년	20X3년
총계약금액	₩60,000	₩60,000	₩60,000
누적발생원가	8,000	35,000	50,000
추가소요원가	32,000	15,000	−
총예정원가	40,000	50,000	50,000
진 행 률	20%	70%	100%
누적계약수익	₩12,000	₩42,000	₩60,000
당기계약수익	12,000	30,000	18,000
당기계약원가	(8,000)	(27,000)	(15,000)
당기계약이익	₩4,000	₩3,000	₩3,000

한편, 계약수익과 수취채권 및 계약자산·부채의 금액은 다음과 같다.

구 분	20X1년	20X2년	20X3년
누적계약수익	₩12,000	₩42,000	₩60,000
수취채권 발생액 누계	10,000	40,000	60,000
계약자산(부채)	₩2,000	₩2,000	−

참고로, 문제에서 제시된 거래(계약)에 대한 각 연도별 회계처리를 예시하면 다음과 같다.

(1) 20X1년도

계약원가 발생 :	(차) 미성공사	8,000	(대)	현 금	8,000
계약수익 인식 :	(차) 계약자산	12,000	(대)	계약수익	12,000
계약원가 인식 :	(차) 계약원가	8,000	(대)	미성공사	8,000
수취채권 인식 :	(차) 수취채권	10,000	(대)	계약자산	10,000
수취채권 회수 :	(차) 현 금	7,000	(대)	수취채권	7,000

(2) 20X2년도

계약원가 발생 :	(차) 미성공사	27,000	(대)	현 금	27,000
계약수익 인식 :	(차) 계약자산	30,000	(대)	계약수익	30,000
계약원가 인식 :	(차) 계약원가	27,000	(대)	미성공사	27,000
수취채권 인식 :	(차) 수취채권	30,000	(대)	계약자산	30,000
수취채권 회수 :	(차) 현 금	28,000	(대)	수취채권	28,000

(3) 20X3년도

계약원가 발생 :	(차) 미성공사	15,000	(대)	현 금	15,000
계약수익 인식 :	(차) 계약자산	18,000	(대)	계약수익	18,000
계약원가 인식 :	(차) 계약원가	15,000	(대)	미성공사	15,000
수취채권 인식 :	(차) 수취채권	20,000	(대)	계약자산	20,000
수취채권 회수 :	(차) 현 금	25,000	(대)	수취채권	25,000

21 ㈜한국은 20X2년에 ㈜민국과 컨설팅용역을 3년간 제공하기로 하는 계약을 체결하였으며, 총계약금액은 ₩5,000,000이다. ㈜한국의 용역수익 인식은 진행기준을 적용하고 있으며, 3년 동안의 컨설팅 용역과 관련된 원가 자료는 다음과 같다. ㈜한국의 20X3년 용역이익은?

[국가직 9급, 2013 기출]

구 분	20X2년	20X3년	20X4년
당기발생 용역원가	₩600,000	₩900,000	₩1,700,000
용역완료 시까지 추가소요 용역원가	₩2,400,000	₩1,500,000	–

① ₩600,000 ② ₩975,000
③ ₩1,000,000 ④ ₩1,600,000

22 다음은 ㈜대한이 20X1년 수주하여 20X3년 완공한 건설공사에 관한 자료이다.

구 분	20X1년	20X2년	20X3년
당기발생계약원가	₩20억	₩40억	₩60억
총계약원가추정액	80억	100억	120억

이 건설계약의 최초 계약금액은 ₩100억이었으나, 20X2년 중 설계변경과 건설원가 상승으로 인해 계약금액이 ₩120억으로 변경되었다. ㈜대한이 20X2년에 인식할 계약손익은? 단, 진행율은 누적발생계약원가를 총계약원가추정액으로 나누어 계산한다. [국가직 7급, 2013 기출]

① ₩5억 손실 ② ₩3억 손실
③ ₩3억 이익 ④ ₩7억 이익

23 ㈜대한은 20X4년 1월 1일에 도로건설계약(공사기간 : 20X4.1.1. ~ 20X6.12.31.)을 체결하고 공사를 진행하였다. 총계약수익은 ₩300,000이며, 이 도로를 건설하는 데 필요한 총계약원가는 ₩200,000으로 추정되었다. 당해 건설계약에서 실제로 발생한 누적계약원가가 다음과 같을 때, 이 건설계약에 대한 설명으로 옳지 않은 것은? 단, 진행률은 실제 발생한 누적계약원가를 추정총계약원가로 나눈 비율로 계산한다. [국가직 9급, 2016 기출]

	20X4년	20X5년	20X6년
누적계약원가	₩50,000	₩130,000	₩200,000

① 20X4년의 계약진행률은 25%이다.

② 20X6년의 계약수익은 ₩105,000이다.

③ 20X5년까지의 누적계약진행률은 65%이다.

④ 20X5년에 인식할 계약이익은 ₩65,000이다.

24 ㈜한국은 20X4년 초에 시작되어 20X6년 말에 완성되는 건설계약을 ₩300,000에 수주하였다. ㈜한국은 진행기준으로 수익과 비용을 인식하며, 건설계약과 관련된 원가는 다음과 같다. ㈜한국이 20X6년에 인식할 계약손익은? 단, 진행률은 발생한 누적계약원가를 추정총계약원가로 나누어 계산한다. [국가직 7급, 2016 기출수정]

구 분	20X4년	20X5년	20X6년
당기발생원가	₩30,000	₩50,000	₩120,000
완성 시까지 추가소요원가	₩70,000	₩20,000	–

① ₩60,000 이익　　② ₩60,000 손실

③ ₩80,000 이익　　④ ₩80,000 손실

25 ㈜세종은 20X1년에 ㈜대왕과 컨설팅용역을 3년간 제공하기로 하는 계약을 체결하였으며, 총계약금액은 ₩100,000이다. ㈜세종의 용역수익 인식은 진행기준을 적용하고 있으며, 3년 동안의 컨설팅 용역과 관련된 원가 자료는 다음과 같다. ㈜세종의 20X2년 계약이익은?

구 분	20X1년	20X2년	20X3년
당기발생 용역원가	₩40,000	₩15,000	₩27,000
추가소요 용역원가	?	₩25,000	–

① ₩0
② ₩13,750 이익
③ ₩15,000 이익
④ ₩16,500 이익

26 ㈜한국은 20X6년 1월 1일 계약금액이 ₩5,000,000인 교량건설 정액도급계약을 수주하였고, 20X7년 12월 31일에 완공하였다. ㈜한국은 진행기준으로 수익과 비용을 인식하며, 교량건설과 관련된 발생원가와 회수대금은 다음과 같다. ㈜한국이 20X7년에 계상해야 할 이익은? 단, 진행률은 발생원가에 기초하여 계산하고, ㈜한국이 동 도급계약과 관련하여 20X6말에 인식한 수익금액은 ₩2,500,000이다. [지방직 9급, 2017 기출수정]

	발생원가	회수대금
20X6년	₩1,600,000	₩2,200,000
20X7년	₩2,400,000	₩2,800,000

① ₩1,000,000
② ₩600,000
③ ₩500,000
④ ₩100,000

법인세회계

대표예제 국가직 7급, 2016 기출

20X1년에 설립된 ㈜한국의 20X1년도 법인세비용차감전순이익은 ₩1,000,000이다. 세무조정 결과 가산할 일시적 차이 ₩200,000과 일시적 차이가 아닌 차이 ₩80,000이 발생하여 과세소득 계산시 법인세비용차감전순이익에 가산하였다. 법인세율은 20%로서 향후에도 동일할 것으로 예상된다. 20X1년말 법인세와 관련된 회계처리로 가장 옳게 표현된 것은?

	차변		대변	
①	법인세비용	₩216,000	미지급법인세	₩176,000
			이연법인세부채	₩40,000
②	법인세비용	₩136,000	미지급법인세	₩176,000
	이연법인세자산	₩40,000		
③	법인세비용	₩224,000	미지급법인세	₩200,000
			이연법인세부채	₩24,000
④	법인세비용	₩186,000	미지급법인세	₩200,000
	이연법인세자산	₩24,000		

해답 ①

20X1년에 설립된 기업이므로 전기로부터 이월된 이연법인세 자산 · 부채는 없으므로 당기에 발생한 이연법인세 자산 · 부채만 반영하면 된다. 다음과 같이 계산한다.

	20X1	향후
회계이익	₩1,000,000	
가산할 일시적 차이	(200,000)	₩200,000
일시적 차이 이외	80,000	
과세소득(효과)	₩880,000	₩200,000
세율	20%	20%
법인세부담액(효과)	₩176,000	₩40,000

(1) 당기법인세 : ₩176,000(미지급법인세)
(2) 이연법인세 : ₩40,000(이연법인세부채)

27 ㈜한국의 20X2년 법인세비용차감전순이익은 ₩30,000이다. 20X1년 말 이연법인세부채는 ₩2,000이며, 20X2년 말 현재 장래의 과세소득을 증가시키는 가산할 일시적 차이는 ₩10,000이다. 법인세율은 매년 30%로 일정하고, 법인세에 부가되는 세액은 없다고 가정한다. 20X2년 법인세부담액이 ₩7,000일 경우 ㈜한국의 20X2년 당기순이익과 20X2년 말 이연법인세자산(또는 이연법인세 부채)은?

[국가직 9급, 2012 기출]

① 당기순이익 ₩22,000　　이연법인세부채 ₩3,000
② 당기순이익 ₩22,000　　이연법인세자산 ₩3,000
③ 당기순이익 ₩24,000　　이연법인세부채 ₩3,000
④ 당기순이익 ₩24,000　　이연법인세자산 ₩3,000

28 다음은 20X2년 초에 설립된 ㈜한국의 법인세 관련 자료이다. 20X2년 말 재무상태표에 계상될 이연법인세자산(또는 부채)은? 단, 이연법인세자산(또는 부채)의 인식조건은 충족된다.

[국가직 7급, 2013 기출]

- 20X2년도 법인세비용차감전순이익이 ₩50,000이다.
- 세무조정 결과 회계이익과 과세소득의 차이로 인해 차감할 일시적 차이는 ₩10,000이고, 접대비 한도 초과액은 ₩5,000이다.
- 법인세 세율은 20%이며 차기 이후 세율변동은 없을 것으로 예상된다.

① 이연법인세자산 ₩3,000
② 이연법인세자산 ₩2,000
③ 이연법인세부채 ₩3,000
④ 이연법인세부채 ₩2,000

29 ㈜한국의 20X6년 법인세비용차감전순이익은 ₩500,000이다. 세무조정 결과, ₩100,000의 차감할 일시적차이와 ₩150,000의 가산할 일시적차이가 발생하였다. 차감할 일시적차이는 모두 20X7년에 소멸되고, 가산할 일시적차이는 20X8년 이후에 소멸될 것으로 예상된다. 법인세율은 20X6년에 30%이고, 개정된 세법에 따라 20X7년에 25%, 20X8년 이후에는 20%가 적용된다. 20X6년말 회계처리로 옳은 것은? 단, 이연법인세자산은 미래 과세소득의 발생가능성이 높으며, ㈜한국은 당기에 설립되었다고 가정한다. [국가직 7급, 2016 기출]

	차 변		대 변	
①	법인세비용	₩140,000	미지급법인세	₩135,000
			이연법인세부채	₩5,000
②	법인세비용	₩130,000	미지급법인세	₩135,000
	이연법인세자산	₩5,000		
③	법인세비용	₩170,000	미지급법인세	₩165,000
			이연법인세부채	₩5,000
④	법인세비용	₩160,000	미지급법인세	₩165,000
	이연법인세자산	₩5,000		

30 ㈜한국은 20×1년 4월 1일에 건물을 임대하고, 3년분 임대료 ₩360,000을 현금으로 수취하였다. 세법상 임대료의 귀속시기는 현금기준이며, ㈜한국은 임대료에 대해 발생기준을 적용하여 인식한다. 세율이 20×1년 30%, 20×2년 25%, 20×3년 이후는 20%라면, 20×1년 말 재무상태표에 보고될 이연법인세자산(부채)은? 단, 다른 일시적차이는 없고, 임대료는 월할 계산하며, 미래 과세소득은 충분히 크다고 가정한다. [국가직 7급, 2021 기출수정]

① 이연법인세자산 ₩ 60,000

② 이연법인세부채 ₩ 60,000

③ 이연법인세자산 ₩ 81,000

④ 이연법인세부채 ₩ 81,000

제 3 절 정답 및 해설

수익인식에 대한 일반이론

01 ①

계약은 서면으로, 구두로, 기업의 사업 관행에 따라 암묵적으로 체결할 수 있다. 고객과 계약을 체결하는 관행과 과정은 국가(법적 관할구역), 산업, 기업에 따라 다르다. 또 이러한 관행과 과정은 기업 내에서도 각기 다를 수 있다(예를 들면 고객층에 따라, 약속한 재화나 용역의 특성에 따라 달라질 수 있다). 그 관행과 과정은 고객과의 합의로 집행 가능한 권리와 의무가 생기는지, 생긴다면 언제 생기는지를 판단할 때 고려한다.

02 ③

고객이 재화나 용역 그 자체에서 효익을 얻을 수 없는 경우에도 고객이 쉽게 구할 수 있는 다른 자원과 함께 그 재화나 용역에서 효익을 얻을 수 있다면, 기업의 고객에게 이전을 약속한 재화나 용역은 구별되는 것이다.

03 ④

거래가격을 산정하기 위하여 기업은 재화나 용역을 현행 계약에 따라 약속대로 고객에게 이전할 것이고 이 계약은 취소 · 갱신 · 변경 되지 않을 것이라고 가정한다.

04 ②

변동대가와 관련된 불확실성이 나중에 해소될 때, 이미 인식한 누적 수익 금액 중 유의적인 부분을 되돌리지(환원하지) 않을 가능성이 매우 높은(highly probable) 정도까지만 추정된 변동대가(금액)의 일부나 전부를 거래가격에 포함한다.

05 ④

고객이 약속한 비현금 대가의 공정가치가 대가의 형태만이 아닌 이유로 변동된다면(예: 공정가치가 기업의 성과에 따라 달라질 수 있음), 문단 56~58의 요구사항(변동대가 추정치의 제약)을 적용한다(K-IFRS 1115 문단 68).

06 ④

다음 기준 중 어느 하나를 충족하면, 기업은 재화나 용역에 대한 통제를 기간에 걸쳐 이전하므로, 기간에 걸쳐 수행의무를 이행하는 것이고 기간에 걸쳐 수익을 인식한다.

(1) 고객은 기업이 수행하는 대로 기업의 수행에서 제공하는 효익을 동시에 얻고 소비한다.
(2) 기업이 수행하여 만들어지거나 가치가 높아지는 대로 고객이 통제하는 자산(예 : 재공품)을 기업이 만들거나 그 자산 가치를 높인다.
(3) 기업이 수행하여 만든 자산이 기업 자체에는 대체 용도가 없고, 지금까지 수행을 완료한 부분에 대해 집행 가능한 지급청구권이 기업에 있다.

07 ④

고객과의 계약으로 회계처리하기 위해서는 다음의 다섯 가지 조건을 모두 충족하여야 한다.
(1) 계약 당사자들이 계약을 (서면으로, 구두로, 그 밖의 사업 관행에 따라) 승인하고 각자의 의무를 수행하기로 확약한다.
(2) 이전할 재화나 용역과 관련된 각 당사자의 권리를 식별할 수 있다.
(3) 이전할 재화나 용역의 지급조건을 식별할 수 있다.
(4) 계약에 상업적 실질이 있다.
(5) 고객에게 이전할 재화나 용역에 대하여 받을 권리를 갖게 될 대가의 회수 가능성이 높다.

08 ①

변동대가(금액)는 '기댓값'과 '가능성이 가장 높은 금액'에서 기업이 받을 권리를 갖게 될 대가(금액)를 더 잘 예측할 것으로 예상하는 방법을 사용하여 추정한다. 여기서 기댓값은 가능한 대가의 범위에 있는 모든 금액에 각 확률을 곱한(probability−weighted) 금액의 합을 말하고, 가능성이 가장 높은 금액은 가능한 대가의 범위에서 가능성이 가장 높은 단일 금액을 의미한다.

09 ①

고객과의 계약으로 회계처리하기 위해서는 다음의 다섯 가지 조건을 모두 충족하여야 한다. 따라서 고객에게 이전할 재화나 용역에 대하여 받을 권리를 갖게 될 대가의 회수 가능성이 높지 않은 경우에는 고객과의 계약으로 회계처리(관련 기준서를 적용)하기 위한 고객과의 계약이 아니다.
(1) 계약 당사자들이 계약을 승인하고 각자의 의무를 수행하기로 확약한다.
(2) 이전할 재화나 용역과 관련된 각 당사자의 권리를 식별할 수 있다.

(3) 이전할 재화나 용역의 지급조건을 식별할 수 있다.
(4) 계약에 상업적 실질이 있다.
(5) 고객에게 이전할 재화나 용역에 대하여 받을 권리를 갖게 될 대가의 회수 가능성이 높다.

10 ③

거래가격은 고객에게 약속한 재화나 용역을 이전하고 그 대가로 기업이 받을 권리를 갖게 될 것으로 예상하는 금액으로서, 고객과의 계약에서 약속한 대가는 고정금액, 변동금액 또는 둘 다를 포함할 수 있다. 계약에서 약속한 대가에 변동금액이 포함된 경우에는 고객에게 약속한 재화나 용역을 이전하고 그 대가로 받을 권리를 갖게 될 금액을 추정하여야 한다. 따라서 거래가격에 변동대가를 포함하지 않는다는 설명은 옳지 않다.

11 ②

① 수익인식 5단계 순서는 '계약식별 → 수행의무 식별 → 거래가격 산정 → 거래가격 배분 → 수행의무별 수익인식'이다.
② 옳은 설명이다.
③ 제삼자를 대신하여 회수한 금액은 거래가격에 포함하지 아니한다.
④ 계약을 식별하기 위해서는 기준서에서 제시한 모든 조건(5가지 조건)이 충족되어야 한다. 따라서 보기에 제시된 사항이외에 이전할 재화나 용역의 지급조건을 식별할 수 있고, 계약에 상업적 실질이 있으며, 고객에게 이전할 재화나 용역에 대하여 받을 권리를 갖게 될 대가의 회수 가능성이 높아야 한다는 조건을 추가적으로 충족하여야 계약을 식별할 수 있다.

12 ①

판매세, 특정재화나 용역과 관련된 세금, 부가가치세와 같이 제3자를 대신하여 받는 금액은, 기업에 유입되어 자본의 증가를 수반하는 경제적효익이 아니다. 그러므로 수익에서 제외한다.

13 ②

시장평가 조정 접근법은 기업이 재화나 용역을 판매하는 시장을 평가하여 그 시장에서 고객이 그 재화나 용역에 대해 지급하려는 가격을 추정하는 방법을 말한다. 선택지에서 설명하고 있는 방법은 잔여접근법에 해당한다.

14 ②

유형자산처분손익 = 처분금액 − 장부금액 = ₩2,360 이익

(1) 처분금액 = ₩10,000 + ₩10,000 × 1.736 = ₩27,360

(2) 장부금액 = ₩40,000 − ₩15,000 = ₩25,000

참고로 관련된 회계처리를 예시하면 다음과 같다.

(차)	현 금	10,000	(대)	기계장치	40,000
	미수금	17,360		유형자산처분이익	2,360
	감가상각누계액	15,000			

15 ③

수취채권의 유효이자율법에 의한 상각표를 작성하면 다음과 같다.

일 자	유효이자	현금흐름	상각액	장부금액
20X1.7. 1.				₩17,360
20X2.6.30.	₩1,736	₩10,000	₩8,264	₩9,096
20X3.6.30.	₩904*	₩10,000	₩9,096	0

위의 상각표에서 20X2년의 이자수익은 다음과 같이 계산한다.

• 이자수익(20X2년) = ₩1,736 × $\frac{6}{12}$ + ₩904 × $\frac{6}{12}$ = ₩1,320

16 ②

동 제품묶음의 판매계약에서는 거래전체에 ₩40,000(= ₩40,000 + ₩50,000 + ₩70,000 − ₩120,000)의 할인액을 포함하고 있다. 주어진 자료를 이용하여 거래가격을 배분할 때 가장 합리적인 배분방법은 상대적 개별 판매가격을 사용하여 세 가지 수행의무 모두에 비례적으로 배분하는 것이다. 문제에서는 수익으로 인식할 금액을 묻고 있으므로, 20X1년에 이행한 수행의무(제품 A의 인도)에 배분된 순금액을 계산하면 된다. 이는 전체거래가격 ₩120,000중 제품 A에 배분된 금액이 된다.

• 제품 A에 배분된 금액 = ₩120,000 × $\frac{₩40,000}{₩40,000 + ₩50,000 + ₩70,000}$ = ₩30,000

17 ③

제품 B와 C가 묶음으로서 ₩80,000에 판매되므로, 제품 A, B, C의 묶음판매로 인한 할인액은 없다. 왜냐하면 제품 A를 개별적으로 판매하고, 제품 B와 C를 묶음판매하는 경우 거래가격의 합계액이 제품 A, B, C의 묶음판매에 대한 거래가격과 동일하기 때문이다. 따라서 전체거래가격 ₩120,000중 제품 A에 배분된 금액은 개별판매가격과 동일한 ₩40,000이다.

18 ④

고객으로부터 받을 대가 ₩40,000,000 중 옥외전광판 판매에 대한 대가와 유지서비스에 대한 대가는 개별 판매가격의 비율인 3:2로 배분하여야 한다.

- 옥외전광판 판매대가 = ₩40,000,000×(3/5) = ₩24,000,000
- 유지서비스에 대한 대가 = ₩40,000,000×(2/5) = ₩16,000,000

따라서 각 연도별 매출 및 매출원가 그리고 매출총이익은 다음과 같이 분석할 수 있다.

	20X1년	20X2년	합 계
전광판 매출	₩24,000,000	–	₩24,000,000
유지서비스 매출	8,000,000	₩8,000,000	16,000,000
전광판 매출원가	20,000,000	–	20,000,000
유지서비스 매출원가	5,000,000	5,000,000	10,000,000
매출액	₩32,000,000	8,000,000	₩40,000,000
매출원가	25,000,000	5,000,000	30,000,000
매출총이익	7,000,000	3,000,000	10,000,000

수익인식의 유형 : 반품권이 있는 판매

19 ①

반품기간에 언제라도 반품을 받기로 하는 기업의 약속은 환불할 의무에 더하여 수행의무로 회계처리하지 않는다.

20 ③

판매시점과 반품시점(반품기간 종료일)의 회계처리를 예시하면 다음과 같다.

(1) 판매시점의 회계처리

(차)	현 금	1,200	(대)	매 출	840
				환불부채	360
(차)	매출원가	560	(대)	재고자산	800
	반환제품회수권	240			

(2) 반품시점의 회계처리

(차)	환불부채	360	(대)	현 금	240
				매 출	120
(차)	재고자산	160	(대)	반환제품회수권	240
	매출원가	80			

이러한 회계처리로 인하여 ㈜세종의 이익은 ₩80 감소한다.

수익인식의 유형 : 건설계약 등

21 ①

다음의 계산표를 이용하는 것이 좋다.

구 분	20X2년	20X3년	20X4년
총계약금액	₩5,000,000	₩5,000,000	₩5,000,000
누적발생원가	600,000	1,500,000	3,200,000
추가소요원가	2,400,000	1,500,000	–
총예정원가	3,000,000	3,000,000	3,200,000
진 행 률	20%	50%	100%
누적계약수익	₩1,000,000	₩2,500,000	₩5,000,000
당기계약수익	1,000,000	1,500,000	2,500,000
당기계약원가	(600,000)	(900,000)	(1,700,000)
당기계약이익	₩400,000	₩600,000	₩800,000

22 ④

다음의 계산표를 이용하는 것이 좋다.

구 분	20X1년	20X2년	20X3년
총계약금액	₩100억	₩120억	₩120억
누적발생원가	20억	60억	120억
추가소요원가	60억	40억	–
총예정원가	80억	100억	120억
진 행 률	25%	60%	100%
누적계약수익	₩25억	₩72억	₩120억
당기계약수익	25억	47억	48억
당기계약원가	(20억)	(40억)	(60억)
당기계약이익	₩5억	₩7억	₩(12억)

23 ④

다음의 계산표를 이용하는 것이 좋다. 다음의 표에 따르면 20X5년에 인식할 계약이익은 ₩40,000이다.

구 분	20X4년	20X5년	20X6년
총계약금액	₩300,000	₩300,000	₩300,000
누적발생원가	50,000	130,000	200,000
추가소요원가	150,000	70,000	–
총예정원가	200,000	200,000	200,000
진 행 률	25%	65%	100%
누적계약수익	₩75,000	₩195,000	₩300,000
당기계약수익	75,000	120,000	105,000
당기계약원가	(50,000)	(80,000)	(70,000)
당기계약이익	₩25,000	₩40,000	₩35,000

24 ②

다음의 계산표를 이용하는 것이 좋다. 다음의 표에 따르면 20X6년에 인식할 공사손익은 ₩60,000(손실)이다.

구 분	20X4년	20X5년	20X6년
총계약금액	₩300,000	₩300,000	₩300,000
누적발생원가	30,000	80,000	200,000
추가소요원가	70,000	20,000	–
총예정원가	100,000	100,000	200,000
진 행 률	30%	80%	100%
누적계약수익	₩90,000	₩240,000	₩300,000
당기계약수익	90,000	150,000	60,000
당기계약원가	(30,000)	(50,000)	(120,000)
당기계약이익	₩60,000	₩100,000	₩(60,000)

25 ②

다음의 계산표를 이용하는 것이 좋다. 다음의 표에 따르면 20X2년에 인식할 계약이익은 ₩13,750이다.

구 분	20X1년	20X2년	20X3년
총계약금액	₩100,000	₩100,000	₩100,000
누적발생원가	40,000	55,000	82,000
추가소요원가	?	25,000	–
총예정원가	?	80,000	82,000
진행률	?	68.75%	100%
누적계약수익	₩40,000	₩68,750	₩100,000
당기계약수익	40,000	28,750	31,250
당기계약원가	(40,000)	(15,000)	(27,000)
당기계약이익	₩0	₩13,750	₩4,250

26 ④

문제에 제시된 20X6년의 수익금액이 총 도급금액의 50%이기 때문에, 20X6년말 까지의 누적진행율은 50%이다. 이를 이용하여 각 연도별 손익을 계산하면 다음과 같다.

구 분	20X6년	20X7년
총계약금액	₩5,000,000	₩5,000,000
누적발생원가	1,600,000	4,000,000
추가소요원가	1,600,000	–
총예정원가	3,200,000	4,000,000
진행률	50%	100%
누적계약수익	₩2,500,000	₩5,000,000
당기계약수익	2,500,000	2,500,000
당기계약원가	(1,600,000)	(2,400,000)
당기계약이익	₩900,000	₩100,000

법인세회계

27 ①

문제풀이를 위해서는 당기법인세부담액과 이연법인세 자산 · 부채의 변동액을 계산하여야 하는데, 구체적인 계산과정은 다음과 같다.

(1) 당기말 이연법인세 : ₩10,000(가산할 일시적 차이) × 30% = ₩3,000 이연법인세부채

(2) 당기 법인세 비용 = 법인세부담액 + 이연법인세부채의 증가 = ₩8,000

(3) 당기순이익 = 법인세비용차감전순이익 − 법인세비용 = ₩22,000

28 ②

이연법인세는 일시적차이 등에 의해 발생하는데, 본 문제의 경우 차감할 일시적 차이 ₩10,000이 존재하므로, 인식요건을 충족하는 경우, 이연법인세자산 ₩2,000(= ₩10,000 × 20%)이 인식된다.

29 ①

당기법인세와 이연법인세를 산출하기 위하여 다음의 양식을 이용한다.

	20X6년	20X7년	20X8년 이후
회계이익	₩500,000		
차감할 일시적 차이	100,000	₩(100,000)	
가산할 일시적 차이	(150,000)		₩150,000
과세소득(효과)	₩450,000	₩(100,000)	₩150,000
세 율	30%	25%	20%
법인세부담액(효과)	₩135,000	₩(25,000)	₩30,000

(1) 당기법인세 : ₩135,000(미지급법인세)

(2) 이연법인세 : ₩5,000(이연법인세부채)

- 당기법인세 : (차) 법인세비용 135,000 (대) 미지급법인세 135,000
- 이연법인세 : (차) 법인세비용 5,000 (대) 이연법인세부채 5,000

30 ①

	20X1년	20X2년	20X3년 이후	합계
회계상 수익	₩90,000	₩120,000	₩150,000	₩360,000
세법상 수익	360,000	–	–	360,000
차이	₩270,000	₩120,000	₩150,000	–
세율	30%	25%	20%	
법인세효과	₩81,000	₩(30,000)	₩(30,000)	
성격	당기법인세에 가산	미래 법인세에서 차감 (이연법인세자산)		

CHAPTER 12

현금흐름표

제 1 절 주요내용 요약

학습목표

Ⅰ. 현금흐름표의 기초개념

Ⅱ. 영업활동현금흐름

Ⅲ. 투자 및 재무활동현금흐름

Ⅰ 현금흐름표의 기초개념

1. 현금흐름표의 기초

(1) 현금흐름표상의 현금

현금흐름표상의 현금은 재무상태표상의 현금및현금성자산에서 금융회사의 요구에 따라 즉시 상환하여야 하는 당좌차월을 차감한 금액을 의미한다.

(2) 현금흐름표상 활동구분 원칙

한국채택국제회계기준에서는 현금의 증감내역을 기업의 경영활동(영업활동, 투자활동, 재무활동)별로 구분하여 나타내도록 하고 있다. 원칙적으로는 다음의 활동구분에 따른다.

활동구분	활동유형
① 영업활동	기업의 주요한 수익창출활동 및 투자와 재무활동으로 분류되지 않는 활동
② 투자활동	비영업자산(유형자산 등)의 취득, 보유, 처분과 관련된 활동
③ 재무활동	자금의 조달 및 상환과 관련된 활동

(3) 활동구분의 특수항목(별도표시 항목)

이자의 수취 · 지급, 배당금의 수취 · 지급 및 법인세로 인한 현금흐름은 별도로 공시하고 매기 일관성 있게 분류하여야 한다. 구체적인 내용은 다음과 같다.

구 분	활동구분방법
이자의 수취	영업활동 또는 투자활동으로 분류
이자의 지급	영업활동 또는 재무활동으로 분류
배당금의 수취	영업활동 또는 투자활동으로 분류
배당금의 지급	영업활동 또는 재무활동으로 분류
법인세의 납부	투자 및 재무활동과 명백히 관련되어 있지 않은 경우에는 영업활동으로 분류

2. 현금흐름표의 양식

단계 구분	금 액
I. 영업활동 현금흐름	×××
1. 영업에서 창출된 현금	×××
2. 특수항목(별도표시) 현금흐름	×××
II. 투자활동현금흐름	×××
III. 재무활동현금흐름	×××
IV. 현금및현금성자산의 환율변동효과	×××
V. 현금및현금성자산의 증가	×××
VI. 기초의 현금및현금성자산	×××
VII. 기말의 현금및현금성자산	×××

II 영업활동현금흐름

1. 영업활동 현금흐름의 계산원리

영업활동 현금흐름은 영업활동 관련손익에 영업활동관련 자산 · 부채의 변동을 가감하여 산출하는데, 구체적으로는 간접법과 직접법이 있다.

(1) 간접법에 의한 경우

간접법이란 당기순손익에서 출발하여 여러 항목의 가감을 통하여 현금흐름을 계산하는 방법이다. 구체적으로 이 방법은 당기순손익에 현금을 수반하지 않는 거래, 과거 또는 미래의 영업활동 현금유입이나 현금유출의 이연 또는 발생, 투자활동 현금흐름이나 재무활동 현금흐름과 관련된 손익항목의 영향을 조정하여 표시하는 방법이다.

> 영업활동 현금흐름 = 영업활동관련손익 ± 영업활동관련 자산 · 부채의 변동

(2) 직접법에 의한 경우

직접법은 영업활동을 보다 세부적인 여러 활동으로 구분하여 구분된 세부 단위현금흐름의 합계로서 영업활동현금흐름을 계산하는 방법이다.

구 분	관련손익	자산항목	부채항목
매출활동 관련 (고객으로부터 수취)	매출액, 대손상각비(손상차손) 등	매출채권 등	선수금 등
매입활동 관련 (공급자에게 지급)	매출원가 등	재고자산, 선급금 등	매입채무 등
이자 및 배당, 법인세 관련 (영업활동으로 분류하는 경우만 해당)	이자수익(비용), 배당금수익, 법인세비용 등	미수이자, 선급이자, 선급법인세, 이연법인세자산 등	선수이자, 미지급이자, 미지급배당금, 미지급법인세, 이연법인세부채 등
기 타	종업원급여 등	선급급여	미지급급여

2. 영업활동현금흐름의 공시양식(간접법 vs 직접법)

〈간접법〉		〈직접법〉	
영업활동현금흐름		영업활동현금흐름	
당 기 순 이 익	×××	고객으로부터 수취한 현금	×××
법 인 세 비 용	×××	공급자에게 지급한 현금	(×××)
이 자 수 익	(×××)	기타영업활동 현금흐름	×××
배 당 금 수 익	(×××)	임 대 료 수 취	×××
이 자 비 용	×××	종 업 원 급 여	(×××)
⋮		보 험 료 지 급	(×××)
매출채권의 증가	(×××)	임 차 료 지 급	(×××)
재고자산의 감가	×××		
매입채무의 증가	×××		
⋮		⋮	
영업에서 창출된 현금	×××	**영업에서 창출된 현금**	×××
이 자 수 취	×××	이 자 수 취	×××
배 당 금 수 취	×××	배 당 금 수 취	×××
법 인 세 지 급	(×××)	법 인 세 지 급	(×××)
⋮		⋮	
영업활동순현금흐름	×××	**영업활동순현금흐름**	×××

직접법을 적용하여 표시한 현금흐름은 간접법에 의한 현금흐름에서는 파악할 수 없는 정보를 제공하며, 미래현금흐름을 추정하는데 보다 유용한 정보를 제공하기 때문에, 국제회계기준에서는 직접법을 사용한 영업활동 현금흐름의 보고를 권장한다.

Ⅲ 투자 및 재무활동 현금흐름

1. 투자활동 현금흐름

투자활동으로 인한 현금흐름은 주로 자산(매출채권이나 재고자산 등 영업용 자산제외)의 취득과 보유 및 처분으로 인한 현금흐름으로서 유형자산, 무형자산 또는 금융자산 등의 취득과 처분으로 인한 현금흐름으로 구성된다. 다만, 단기매매목적의 금융자산의 취득과 처분으로 인한 현금흐름은 일반적으로 영업활동 현금흐름으로 분류되며, 금융자산에서 발생한 이자수취나 배당금의 수취 시에는 기업의 선택에 따라 투자활동 또는 영업활동 현금흐름으로 분류할 수 있다.

2. 재무활동 현금흐름

재무활동으로 인한 현금흐름은 주로 자금의 조달 및 상환과 관련된 현금흐름으로서 주식의 발행이나 재취득, 사채의 발행이나 상환 또는 차입금의 차입이나 상환 등으로 인한 현금흐름으로 구성된다. 다만, 사채나 차입금 등에서 발생한 이자지급 또는 주주에 대한 배당금 지급은 기업의 선택에 따라 재무활동 또는 영업활동 현금흐름으로 분류할 수 있다.

다음은 한국채택국제회계기준(K-IFRS 1007호 문단 17)에서 제시하고 있는 재무활동현금흐름의 사례이다.

(1) 주식이나 기타 지분상품의 발행에 따른 현금유입
(2) 주식의 취득이나 상환에 따른 소유주에 대한 현금유출
(3) 담보·무담보부사채 및 어음의 발행과 기타 장·단기차입에 따른 현금유입
(4) 차입금의 상환에 따른 현금유출
(5) 리스이용자의 리스부채 상환에 따른 현금유출

다만, 차입금 또는 리스부채의 상환시에는 원금의 상환부분과 이자의 지급부분이 함께 회계처리 될 것인데, 이때 원금의 상환부분은 재무활동현금흐름으로 분류하고 이자의 지급부분은 영업활동현금흐름 또는 재무활동현금흐름 중 어느 하나로 일관성 있게 분류할 수 있을 것이다.

제 2 절 기출 및 연습문제

현금흐름표 작성과 표시의 기초

대표예제 지방직 9급, 2013 기출수정

영업활동현금흐름과 관련된 항목을 모두 고르면?

(ㄱ) 단기간내 매매할 목적으로 보유하는 금융자산의 처분
(ㄴ) 기계장치의 구입
(ㄷ) 유상증자
(ㄹ) 토지의 처분
(ㅁ) 사채의 발행
(ㅂ) 로열티수익

① ㄱ, ㄴ ② ㄱ, ㅂ
③ ㄴ, ㄹ ④ ㄷ, ㅁ

정답 ②

영업활동현금흐름이란 기업의 주요한 수익창출활동으로서 투자 및 재무활동으로 분류되지 않는 활동을 의미한다. 기계장치의 구입과 토지의 처분은 비영업자산의 취득 및 보유, 처분활동이므로 투자활동으로 분류하고, 유상증자 및 사채의 발행은 자금의 조달 및 상환과 관련된 활동이므로 재무활동으로 분류한다. 그리고 일반적인 금융자산의 취득 및 처분활동은 투자활동현금흐름으로 분류하지만, 단기매매금융자산의 취득과 처분활동은 영업활동현금흐름으로 분류한다.

01 다음 중 영업활동현금흐름으로 분류할 수 없는 활동은?

① 매입채무의 상환

② 장기차입금의 상환

③ 종업원급여의 지급

④ 배당금의 지급

02 영업활동 현금흐름의 예로 옳지 않은 것은?

[지방직 9급, 2019 기출]

① 단기매매목적으로 보유하는 계약에서 발생하는 현금유입과 현금유출

② 종업원과 관련하여 직 · 간접으로 발생하는 현금유출

③ 로열티, 수수료, 중개료 및 기타수익에 따른 현금유입

④ 리스이용자의 리스부채 상환에 따른 현금유출

03 한국채택국제회계기준에서 현금흐름표의 작성과 표시에 대한 설명으로 옳지 않은 것은?

[국가직 9급, 2011 기출]

① 영업활동 현금흐름은 직접법과 간접법 중 하나의 방법으로 보고한다.

② 금융회사가 아닌 다른 업종의 경우 배당금의 지급은 영업활동 또는 재무활동으로 분류할 수 있다.

③ 금융회사가 아닌 다른 업종의 경우 이자수입 및 배당금 수입은 투자활동 또는 영업활동으로 분류할 수 있다.

④ 법인세로 인한 현금흐름은 별도로 공시하지 않고 영업활동 현금흐름으로 분류한다.

04 이자와 배당금의 현금흐름표 표시에 대한 설명으로 옳지 않은 것은? [국가직 9급, 2015 기출]

① 금융기관이 아닌 경우 배당금 지급은 재무활동현금흐름으로 분류할 수 있다.

② 금융기관이 지급이자를 비용으로 인식하는 경우에는 영업활동 현금흐름으로 분류하고, 지급이자를 자본화하는 경우에는 주석으로 공시한다.

③ 금융기관이 아닌 경우 이자수입은 당기순손익의 결정에 영향을 미치므로 영업활동 현금흐름으로 분류할 수 있다.

④ 금융기관의 경우 배당금수입은 일반적으로 영업활동으로 인한 현금흐름으로 분류한다.

05 현금흐름표의 작성과 표시에 대한 다음의 설명 중 가장 옳지 않은 것은?

① 영업활동현금흐름은 총현금유입과 총현금유출을 주요 항목별로 구분하여 표시하는 방법으로 현금흐름표에 표시할 수 있다.

② 영업활동현금흐름은 당기순손익에 당기순손익 조정항목을 가감하여 표시하는 방법으로 현금흐름표에 표시할 수 있다.

③ 이자와 배당금의 수취 및 지급에 따른 현금흐름은 각각 별도로 공시하여야 한다.

④ 법인세로 인한 현금흐름은 별도로 공시하며 항상 영업활동 현금흐름으로 분류한다.

06 현금흐름표상 재무활동 현금흐름이 발생할 수 없는 거래는? [국가직 9급, 2017 기출]

① 차입금의 상환

② 유상증자

③ 사채의 발행

④ 주식배당

현금주의와 발생주의

대표예제 국가직 9급, 2011 기출수정

㈜한국은 포괄손익계산서를 현금주의회계에 의해 작성하였으나 발생주의회계로 전환하려고 한다. 현금주의회계에 의한 20X1년도 수익은 ₩3,800,000이고, 기말매출채권은 ₩870,000이고, 기초매출채권은 ₩350,000이고, 당기 선수수익의 증가액은 ₩30,000이라고 할 때, 발생주의회계에 따른 20X1년도 수익은?

① ₩3,310,000 ② ₩3,830,000
③ ₩4,290,000 ④ ₩4,320,000

해답 ③

매출채권 및 선수수익의 증감은 현금주의 수익(현금흐름)과 발생주의 수익과 밀접한 관련이 있다. 계정의 증감방향을 고려할 때, 다음과 같은 분석이 가능하다.

(차)	매출채권	520,000	(대)	발생주의 수익(매출 등)	?
	현금(현금주의 수익)	3,800,000		선수수익	30,000

상기 회계처리에서 차변합계와 대변합계를 동일하게 하는 발생주의 수익(매출 등)은 ₩4,290,000이다.

---

07 ㈜한국의 20X5년 기초와 기말 재무상태표에는 선급보험료가 각각 ₩24,000과 ₩30,000이 계상되어 있다. 포괄손익계산서에 보험료가 ₩80,000으로 계상되어 있다고 할 경우, 20X5년에 현금으로 지급한 보험료는? [국가직 7급, 2015 기출수정]

① ₩56,000 ② ₩74,000
③ ₩80,000 ④ ₩86,000

08 ㈜한국은 다음과 같이 1개월 동안의 경영성과에 대해 현금기준 포괄손익계산서를 작성하였다. 발생기준 포괄손익계산서로 작성할 경우 당기순이익은? 단, 법인세는 무시한다.

[국가직 9급, 2015 기출]

(1) 현금기준 포괄손익계산서 (3월 1일부터 3월 31일 까지)
   ① 매출 관련 현금수입 ₩1,820,000
   ② 급료 및 일반관리비 관련 현금지출 ₩1,220,000
   ③ 당기순이익(= ② − ③) ₩600,000

(2) 3월 1일(월초)과 3월 31일(월말)의 매출채권, 매입채무, 미지급비용, 선급비용 내역
- 월초 매출채권 ₩35,000, 월말 매출채권 ₩43,000
- 월초 매입채무 ₩48,000, 월말 매입채무 ₩54,000
- 월초 미지급비용 ₩42,000, 월말 미지급비용 ₩35,000
- 월초 선급비용 ₩21,000, 월말 선급비용 ₩26,000

① ₩590,000 ② ₩600,000
③ ₩610,000 ④ ₩614,000

09 ㈜한국은 내부보고 목적으로 현금기준에 따라 순이익을 산출한 후 이를 발생기준으로 수정하여 외부에 공시하고 있다. ㈜한국의 현금기준 순이익이 ₩55,000일 경우, 다음 자료를 토대로 계산한 발생기준 순이익은? 단, 법인세효과는 무시한다.

[국가직 9급, 2016 기출]

기초 매출채권	₩15,000	기말 매출채권	₩20,000
기초 매입채무	₩25,000	기말 매입채무	₩32,000
기초 미수수익	₩10,000	기말 미수수익	₩8,000
당기발생 감가상각비	₩3,000		

① ₩48,000 ② ₩54,000
③ ₩56,000 ④ ₩59,000

10 ㈜한국의 20X3년도 현금주의에 의한 영업이익은 ₩100,000이다. 20X3년 1월 1일에 비해 20X3년 12월 31일 선수수익은 ₩10,000 증가하였고 미수수익은 ₩20,000 증가하였다. ㈜한국의 20X3년도 발생주의에 의한 영업이익은? [국가직 9급, 2014 기출]

① ₩100,000 ② ₩110,000

③ ₩120,000 ④ ₩130,000

11 발생주의회계를 채택하고 있는 ㈜대한의 20X2회계연도의 당기순이익은 ₩25,000으로 보고되었다. 20X1년 말과 20X2년 말의 발생항목과 이연항목이 다음과 같을 때 20X2회계연도(당기)의 현금주의에 의한 당기순이익은? [국가직 9급, 2011 기출수정]

기초 미수수익	₩8,000	기말 미수수익	₩12,000
기초 미지급비용	₩6,000	기말 미지급비용	₩4,000
기초 선수수익	₩5,000	기말 선수수익	₩6,500
기초 선급비용	₩7,000	기말 선급비용	₩4,500

① ₩23,000 ② ₩26,000

③ ₩27,000 ④ ₩30,000

12 기술용역과 기술자문을 수행하고 있는 ㈜한국의 1개월 동안의 현금주의에 의한 당기순이익(순현금유입액)은 ₩500,000이다. 3월 초와 말의 미수수익, 선수수익, 미지급비용 및 선급비용 내역이 다음과 같을 때 발생기준에 의한 당기순이익은? [국가직 7급, 2014 기출]

	3월 1일	3월 31일
미수수익(기술용역료)	₩53,000	₩48,000
선수수익(기술자문료)	65,000	35,000
미지급비용(일반관리비)	24,000	34,000
선급비용(급여)	21,000	36,000

① ₩530,000 ② ₩525,000

③ ₩520,000 ④ ₩470,000

13 ㈜한국의 20X4년도 포괄손익계산서에 임차료와 이자비용은 각각 ₩150,000과 ₩100,000으로 보고되었고, 재무상태표 잔액은 다음과 같다. ㈜한국이 20X4년도에 현금으로 지출한 임차료와 이자비용은? [지방직 9급, 2017 기출]

구 분	20X4년초	20X4년말
선급임차료	–	₩15,000
미지급이자	₩40,000	–

	임차료	이자비용
①	₩135,000	₩60,000
②	₩135,000	₩100,000
③	₩165,000	₩100,000
④	₩165,000	₩140,000

14 ㈜한국은 매월 말 결산을 하고 재무제표를 작성한다. 20X9년 4월에 다음과 같은 자료 및 거래가 있었다.

- 20X9년 4월에 상품을 ₩200,000에 판매하면서 ₩150,000은 현금수취하고 ₩50,000은 5월에 받기로 하였다.
- 20X9년 4월 1일 상품재고는 ₩50,000이 있었다.
- 20X9년 4월 중에 상품 ₩100,000을 구입하면서 ₩80,000은 현금 지급하고 ₩20,000은 5월에 지급하기로 하였다.
- 20X9년 4월 30일 기말에 남아 있는 상품은 ₩10,000이다.
- 20X9년 4월 종업원 급여가 ₩10,000 발생하였고 결산일 현재 ₩5,000은 지급하지 않았다.
- 20X9년 4월 1일 향후 3개월분의 광고비 ₩3,000을 현금으로 지급하였고, 향후 2개월분의 임대료 ₩2,000을 현금으로 수령하였다.

㈜한국의 20X9년 4월 현금기준의 순이익과 발생기준의 순이익 차이는? [국가직 7급, 2019 기출수정]

① ₩14,000　　② ₩16,000

③ ₩18,000　　④ ₩20,000

15 ㈜한국은 지금까지 현금기준에 의해 손익계산서를 작성하여 왔는데, 앞으로는 발생기준에 의해 작성하고자 한다. 현금기준에 의한 20X1년의 수익은 ₩500,000이다. 20X1년의 기초 매출채권은 ₩30,000, 기말 매출채권은 ₩60,000, 기말 선수수익은 ₩20,000인 경우 발생기준에 의한 20X1년의 수익은? 단, 기초 선수수익은 없다. [국가직 9급, 2021 기출수정]

① ₩490,000　　② ₩500,000

③ ₩510,000　　④ ₩520,000

간접법에 의한 영업활동 현금흐름의 계산

대표예제 국가직 9급, 2012 기출

㈜한국의 20X2년도 사업활동과 관련한 다음의 자료를 이용하여 계산한 영업활동 현금흐름은? 단, 이자지급은 재무활동으로 분류한다.

법인세비용차감전순이익	₩5,000,000	유형자산감가상각비	₩750,000
유형자산손상차손	₩260,000	유형자산처분이익	₩340,000
매출채권증가	₩290,000	재고자산감소	₩300,000
매입채무증가	₩250,000	미지급이자비용증가	₩80,000
이자비용	₩310,000	법인세비용	₩1,500,000
미지급법인세증가	₩250,000		

① ₩4,680,000 ② ₩4,760,000

③ ₩4,990,000 ④ ₩5,020,000

해답 ③

영업활동현금흐름은 영업활동관련손익에서 영업활동관련 자산·부채의 변동을 반영하여 계산한다.

(1) 영업활동관련손익 : 당기순이익에서 영업과 무관한 손익을 제거(반영)하여 계산

= ₩5,000,000 − ₩1,500,000 + ₩750,000 + ₩260,000 − ₩340,000 + ₩310,000

= ₩4,480,000(이익)

(2) 관련 자산·부채 변동의 반영

(차)	매출채권(증가)	290,000	(대)	영업활동관련손익	4,480,000
	영업활동현금흐름	?		재고자산(감소)	300,000
				매입채무(증가)	250,000
				미지급법인세(증가)	250,000

상기 회계처리에서 차변합계와 대변합계를 동일하게 하는 영업활동현금흐름은 ₩4,990,000(유입)이다.

16 다음은 ㈜한국의 재무제표 자료이다. 당기 영업활동으로 인한 현금흐름은? 단, 주어진 자료 이외에는 고려하지 않으며, 당기순이익은 ₩3,000,000으로 가정한다. [국가직 9급, 2013 기출]

구 분	당기말	전기말
매출채권(순액)	₩130,000	₩150,000
매입채무	₩50,000	₩40,000
토 지	₩590,000	₩390,000
미지급급여	₩50,000	₩70,000

① ₩2,850,000 ② ₩2,900,000

③ ₩2,950,000 ④ ₩3,010,000

17 20X6년 초에 컴퓨터 매매업을 시작한 ㈜한국에 대한 회계정보이다. 영업활동으로부터 조달된 현금액은? 단, ㈜한국은 이자지급활동을 영업활동현금흐름으로 분류하고 있다.

[지방직 9급, 18 기출수정]

- 포괄손익계산서 (20X6년 1월 1일부터 12월 31일까지)

매출액	₩700,000
매출원가	₩400,000
매출총이익	₩300,000
이자비용	₩150,000
감가상각비	₩35,000
당기순이익	₩115,000

- 현금을 제외한 유동자산과 유동부채의 20X6년 기말잔액

매출채권	₩20,000
재고자산	₩12,000
매입채무	₩15,000

① ₩103,000 ② ₩133,000

③ ₩152,000 ④ ₩173,000

18 ㈜한국의 법인세비용차감전순이익은 ₩224,000이다. 다음 사항을 고려할 때 현금흐름표에 영업활동현금흐름으로 표시할 금액은? 단, 이자수익과 이자비용 및 법인세지급은 모두 영업활동으로 분류한다. [국가직 9급, 2014 기출수정]

감가상각비	₩40,000	유형자산처분이익	₩20,000
사채상환손실	₩10,000	이자수익	₩10,000
단기차입금 증가액	₩2,000	미수이자수익 감소액	₩6,000
매출채권 감소액	₩8,000	재고자산 증가액	₩14,000
법인세지급액	₩12,000	매입채무 증가액	₩5,000
미지급법인세 감소액	₩3,000		
기타포괄손익 - 공정가치 측정 금융자산평가이익			₩4,000

① ₩237,000 ② ₩247,000
③ ₩249,000 ④ ₩250,000

19 다음은 ㈜한국의 20X4년도 회계자료의 일부이다. 20X4년도 현금흐름표에 표시될 간접법에 의한 영업활동 현금흐름은? 단, 투자활동이나 재무활동과 명백하게 관련된 법인세 등의 납부는 없다. [국가직 9급, 2015 기출]

당기순이익	₩2,000,000	미수수익의 순증가액	₩150,000
매입채무의 순증가액	₩200,000	법인세비용	₩400,000
매출채권의 순감소액	₩500,000	미지급비용의 순감소액	₩300,000

① ₩1,850,000 ② ₩2,250,000
③ ₩2,350,000 ④ ₩2,650,000

20 ㈜대한의 20X0년 당기순이익이 ₩10,000인 경우, 다음 자료를 이용하여 영업활동으로 인한 현금흐름을 계산하면?

[지방직 9급, 2011 기출]

- 당기의 감가상각비는 ₩1,000이다.
- 전기말보다 당기말에 재고자산이 ₩200 증가하였다.
- 전기말보다 당기말에 미지급보험료가 ₩100 감소하였다.
- ₩4,000에 구입한 건물(감가상각누계액 ₩3,000)을 당기에 ₩500에 매각하였다.

① ₩10,200 ② ₩11,000

③ ₩11,200 ④ ₩11,800

21 ㈜한국의 20X1년도 현금흐름표는 간접법을 적용하였으며 그 결과 영업활동으로 인한 현금흐름은 ₩2,000,000이었다. 다음의 추가 자료를 이용하여 20X1년도 당기순이익을 계산하면 얼마인가?

[국가직 7급, 2011 기출]

매출채권의 증가	₩50,000	재고자산의 증가	₩80,000
매입채무의 감소	₩50,000	미지급비용의 증가	₩40,000
감가상각비	₩50,000		

① ₩1,870,000 ② ₩2,090,000

③ ₩2,160,000 ④ ₩2,210,000

22 다음은 ㈜대한의 현금흐름에 관한 자료이다. ㈜대한의 당기 영업활동으로 인한 현금흐름은 ₩1,000일 때, 당기순이익은?

[국가직 7급, 2013 기출수정]

재고자산의 증가	₩1,000	매출채권의 감소	₩800
사채상환손실	₩900	유형자산처분이익	₩600
차량운반구의 취득	₩2,500	미지급비용의 증가	₩700
감가상각비	₩200	자기주식처분이익	₩1,100
매입채무의 감소	₩500	단기차입금의 증가	₩3,000

① ₩800 ② ₩700

③ ₩600 ④ ₩500

23 다음은 ㈜한국의 20X3년 회계자료이다. 20X3년 영업활동에 의한 현금흐름(간접법)은? 단, 법인세지급은 영업활동으로 분류한다.

[국가직 7급, 2014 기출수정]

법인세비용차감전순이익	₩240,000	매출채권(순액)의 감소	₩40,000
감가상각비	3,000	유형자산처분손실	6,000
장기차입금의 증가	100,000	선수금의 증가	2,000
선급비용의 감소	4,000	금융자산처분이익*	7,000
매입채무의 증가	30,000	자기주식처분이익	5,000
금융자산평가손실**	10,000	법인세지급액	50,000

* 장기보유목적의 금융자산을 처분함에 따른 것임
** 당기손익－공정가치 측정 금융자산으로 분류된 단기매각목적 지분상품에서 발생한 평가손익임. 이로 인한 영향으로 금융자산의 장부금액은 당기 중 ₩10,000의 감소가 있었음

① ₩278,000 ② ₩288,000

③ ₩305,000 ④ ₩378,000

24 ㈜한국의 20X6년도 영업활동현금흐름에 영향을 미치는 재무상태표 항목의 변동사항은 다음과 같다. 이로 인하여 20X6년도의 영업활동현금흐름이 ₩900,000 증가한 경우, 미지급비용의 증감은?

[국가직 7급, 2016 기출]

매출채권의 감소	₩500,000	선수수익의 감소	₩100,000
선급비용의 감소	₩300,000	이연법인세자산의 증가	₩200,000
미지급비용의 증가(또는 감소)	?		

① ₩200,000 감소　　② ₩200,000 증가

③ ₩400,000 감소　　④ ₩400,000 증가

25 ㈜한국의 20X6년도 재무제표 자료는 다음과 같다. 20X6년도 영업활동현금흐름이 ₩1,000,000인 경우 당기순이익은?

[지방직 9급, 2017 기출]

대손상각비	₩30,000	매출채권(장부금액)증가액	₩80,000
감가상각비	₩100,000	재고자산평가손실	₩20,000
건물처분이익	₩200,000	재고자산(장부금액)감소액	₩50,000

① ₩1,130,000　　② ₩1,100,000

③ ₩1,080,000　　④ ₩870,000

26 ㈜한국의 20X1년도 당기순이익은 ₩90,000이고 영업활동 현금흐름은 ₩40,000이다. 간접법에 따라 영업활동 현금흐름을 구할 때, 다음 자료에 추가로 필요한 조정 사항은?

[국가직 7급, 2017 기출]

• 매출채권 ₩45,000 증가	• 매입채무 ₩10,000 증가
• 선급비용 ₩15,000 감소	• 선수수익 ₩12,000 감소
• 감가상각비 ₩18,000 발생	

① 미수임대료수익 ₩36,000 감소

② 미지급급여 ₩36,000 감소

③ 미수임대료수익 ₩100,000 증가

④ 미지급급여 ₩100,000 증가

27 ㈜한국의 20×1년도 당기순이익 ₩100,000이고, 감가상각비 ₩10,000, 유형자산처분이익 ₩8,000이다. 영업활동과 관련 있는 자산과 부채의 기말금액에서 기초금액을 차감한 변동금액이 다음과 같을 때, ㈜한국의 20×1년 영업활동현금흐름은? [국가직 7급, 2020 기출]

• 매출채권 ₩9,000 증가	• 선급비용 ₩4,000 감소
• 매입채무 ₩5,000 증가	• 미지급비용 ₩3,000 감소

① ₩95,000　② ₩99,000

③ ₩101,000　④ ₩105,000

직접법에 의한 영업활동 현금흐름의 계산

대표예제 국가직 9급, 2012 기출

다음의 자료를 이용하여 계산한 ㈜한국의 당기 외상매출금액은? 단, ㈜한국의 매출은 전액 외상매출이다.

• 재무상태표 정보

	기초금액	기말금액
매 출 채 권	₩493,000	₩490,540
대손충당금	₩24,650	₩24,530

• 손익계산서 상 대손상각비 계상액 : ₩23,400
• 매출로부터의 현금유입액 : ₩450,000

① ₩447,540　② ₩397,540
③ ₩471,060　④ ₩421,060

해답 ③

매출활동현금흐름과 매출활동관련손익(매출액과 대손상각비)의 차이는 매출활동관련자산ㆍ부채의 증감에 기인한다.

(차)	현금(매출활동현금흐름)	450,000	(대)	관련손익(매출, 대손상각비)	?
	대손충당금(감소)	120		매출채권(감소)	2,460

상기 회계처리에서 차변합계와 대변합계를 동일하게 하는 관련손익(매출, 대손상각비)은 ₩447,660이다. 이 금액은 대변금액이므로 매출액에서 대손상각비를 차감한 순액으로 볼 수 있는데, 대손상각비가 ₩23,400이므로, (외상)매출액은 ₩447,660 + ₩23,400 = ₩471,060이다.

28 ㈜한국의 현금주의에 의한 당기매출액은 ₩10,000이다. 기초매출채권 잔액이 ₩5,000이고 기말매출채권 잔액이 ₩3,000인 경우, ㈜한국의 발생주의에 의한 당기매출액은?

[지방직 9급, 2015 기출]

① ₩5,000 ② ₩8,000
③ ₩10,000 ④ ₩12,000

29 ㈜한국의 20X1년도 포괄손익계산서상 당기 매출액은 ₩70,000이고 대손상각비는 ₩15,000이다. 20X1년 동안 매출채권 잔액이 ₩18,000 감소하였다면 ㈜한국이 20X1년 동안 고객으로부터 수취한 현금은?

[국가직 7급, 2012 기출]

① ₩55,000 ② ₩67,000
③ ₩73,000 ④ ₩88,000

30 다음은 ㈜한국의 20X1년과 20X2년 수정전시산표의 일부이다. 20X2년 ㈜한국이 계상할 매출총이익과 직접법에 따른 영업활동으로 인한 현금증감액은? [국가직 7급, 2021 기출]

계정과목	20×1년말	20×2년 말
매출채권	₩200,000	₩100,000
재고자산	₩100,000	₩200,000
매입채무	₩200,000	₩300,000
매　출	₩500,000	₩700,000
매　입	₩600,000	₩500,000

	매출총이익	영업활동으로 인한 현금증감액
①	₩300,000	₩ 400,000 증가
②	₩300,000	₩ 400,000 감소
③	₩400,000	₩ 300,000 증가
④	₩400,000	₩ 300,000 감소

31 ㈜한국은 모든 매출이 외상으로 발생하는 회사이다. 당기 총매출액은 ₩800,000이며, 매출채권으로부터 회수한 현금유입액은 ₩600,000이다. 다음의 당기 매출채권 관련 자료를 사용하여 ㈜한국이 인식할 당기 손상차손(대손상각비)은? [국가직 9급, 2021 기출수정]

	기초	기말
매출채권	₩500,000	₩450,000
손실충당금(대손충당금)	₩50,000	₩50,000

① ₩250,000　② ₩350,000
③ ₩450,000　④ ₩550,000

32 다음은 20X1년 ㈜한국의 재무제표와 거래 자료 중 일부이다. 단, ㈜한국의 모든 매입거래는 외상으로 이루어진다고 가정한다.

기초매입채무	₩4,000
기말매입채무	₩6,000
현금지급에의한매입채무감소액	₩17,500
기초상품재고	₩6,000
기말상품재고	₩5,500
매출총이익	₩5,000

20X1년 손익계산서상 당기 매출액은? [국가직 9급, 2021 기출]

① ₩24,000 ② ₩25,000

③ ₩26,000 ④ ₩27,000

33 당기 매출액은 ₩300,000이고 대손상각비는 ₩20,000이다. 매출채권과 대손충당금의 기초 및 기말 자료가 다음과 같을 때, 고객으로부터 유입된 현금은? 단, 매출은 모두 외상매출로만 이루어진다. [지방직 9급, 2016 기출]

	기초금액	기말금액
매 출 채 권	₩300,000	₩500,000
대손충당금	₩20,000	₩20,000

① ₩80,000 ② ₩100,000

③ ₩200,000 ④ ₩280,000

34 다음은 ㈜대한의 20X1년도 재무상태표와 포괄손익계산서의 일부 자료이다. ㈜대한이 당기에 상품 매입대금으로 지급한 현금액은?

[지방직 9급, 2012 기출]

기초상품재고액	₩30,000	기말상품재고액	₩45,000
매입채무 기초잔액	₩18,000	매입채무 기말잔액	₩15,000
매출액	₩250,000	매출총이익률	40%

① ₩150,000　② ₩162,000
③ ₩165,000　④ ₩168,000

35 다음의 자료를 이용하여 20X3년의 현금흐름표를 직접법에 의하여 작성할 경우 공급자에 대한 현금 유출액은?

[지방직 9급, 2014 기출]

- 20X3년 보고기간 동안 매출원가는 ₩50,000이다.
- 20X3년의 기초와 기말 재고자산은 각각 ₩5,000과 ₩7,000이다.
- 20X3년의 기초와 기말 매입채무는 각각 ₩2,000과 ₩3,000이다.

① ₩49,000　② ₩50,000
③ ₩51,000　④ ₩52,000

36 다음은 ㈜한국의 20X6년 거래 자료이다. 20X6년 말 재무상태표상 매입채무 잔액은? 단, 매입거래는 모두 외상거래이다. [국가직 9급, 2016 기출]

당기 중 매입채무 현금지급액	₩35,000	기초매입채무	₩8,000
기초상품재고	₩12,000	기말상품재고	₩11,000
당기매출액	₩50,000	매출총이익	₩10,000

① ₩12,000　② ₩13,000
③ ₩14,000　④ ₩15,000

37 다음은 20X1년도 ㈜한국의 매입채무와 관련된 자료이다.

기초매입채무	₩80	당기매입액 중 현금지급액	₩350
기초상품재고	₩120	기말상품재고	₩110
당기매출액	₩500	매출총이익률	20%

20X1년 말 재무상태표상 표시되는 매입채무 금액은? 단, 제시된 자료 이외의 사항은 고려하지 않는다. [국가직 9급, 2011 기출]

① ₩110　② ₩120
③ ₩130　④ ₩140

38 ㈜한국은 상품을 신용에 의해서만 판매하는데, 경리담당자가 판매대금의 회수 과정에서 공금을 횡령하였다. 매출채권의 실제 기말잔액은 ₩50,000이고, 기중에 대손처리된 금액은 없다. ㈜한국이 매출원가에 20%를 가산하여 판매가를 결정한다고 할 때, 다음 자료를 이용하여 경리담당자의 횡령액을 계산하면? [국가직 9급, 2011 기출]

• 기초상품재고액	₩20,000
• 당기상품매입액	₩100,000
• 기말상품재고액	₩10,000
• 매출채권 기초잔액	₩30,000
• 매출채권 회수보고액	₩40,000

① ₩60,000 ② ₩72,000
③ ₩110,000 ④ ₩122,000

39 ㈜한국의 20X3년도 손익계산서에는 이자비용이 ₩2,000 계상되어 있고, 현금흐름표에는 현금이자지출액이 ₩1,500 계상되어 있다. ㈜한국이 자본화한 이자비용은 없으며 20X3년 12월 31일의 선급이자비용은 20X2년 12월 31일에 비해 ₩200만큼 감소하였다. 20X2년 12월 31일의 재무상태표에 미지급이자비용이 ₩300인 경우 20X3년 12월 31일의 재무상태표에 표시되는 미지급이자비용은? [국가직 9급, 2014 기출]

① ₩1,000 ② ₩800
③ ₩600 ④ ₩300

40 ㈜한국의 20X0년도 포괄손익계산서상 이자비용은 ₩100,000이다. 20X0년도 기초 미지급이자 ₩10,000, 기초 선급이자 ₩10,000, 기말 미지급이자 ₩25,000, 기말 선급이자가 ₩5,000일 때, ㈜한국이 20X0년도에 현금으로 지급한 이자금액은?

① ₩60,000　　② ₩70,000

③ ₩80,000　　④ ₩90,000

41 도소매기업인 ㈜한국의 20X6년 1월 1일부터 12월 31일까지 영업활동과 관련된 자료가 다음과 같을 때, 20X6년 매출원가는? 단, 모든 매입거래는 외상 매입거래이다.

[국가직 9급, 2017 기출]

• 기초매입채무	₩43,000	• 기말매입채무	₩41,000
• 매입채무 현금상환	₩643,000	• 기초재고자산	₩30,000
• 기말재고자산	₩27,000		

① ₩642,000　　② ₩644,000

③ ₩646,000　　④ ₩647,000

42 당기 현금흐름표상 고객으로부터의 현금유입액은 ₩54,000이고 공급자에 대한 현금유출액은 ₩31,000이다. 포괄손익계산서상의 매출채권손상차손이 ₩500일 때, 다음 자료를 이용하여 매출총이익을 계산하면? 단, 매출채권(순액)은 매출채권에서 손실충당금을 차감한 금액이다.

[지방직 9급, 2019 기출]

과 목	기 초	기 말
매출채권(순액)	₩7,000	₩9,500
매입채무	4,000	6,000
재고자산	12,000	9,000

① ₩20,500 ② ₩21,000

③ ₩25,000 ④ ₩31,000

투자 및 재무활동 현금흐름의 계산

대표예제 세무사, 2012 기출수정

20X1년 초에 설립된 ㈜대한의 20X1년 12월 31일 현재 토지의 장부금액은 ₩5,400,000이다. 이는 재평가로 인하여 증가된 ₩1,100,000이 포함된 금액이다. 또한 ㈜대한은 20X1년 3월 1일에 취득한 기계장치를 20X1년 5월 31일 ₩5,300,000에 전부 처분하고 유형자산처분손실 ₩1,845,000을 인식하였으며, 감가상각비로 ₩355,000을 계상하였다. ㈜대한은 자산의 취득 및 처분과 관련된 모든 거래는 현금으로 이루어지고 있다. ㈜대한의 20X1년도 현금흐름표에 계상될 투자활동순현금흐름은 얼마인가? 단, 토지는 20X1년 초에 취득하였으며, 재평가모형을 적용한다.

① ₩4,300,000 유출　　② ₩5,300,000 유출
③ ₩6,500,000 유출　　④ ₩7,600,000 유출

해답 ③

(1) 토지관련 현금흐름 : 토지 취득시 지출한 금액은 기말장부금액과 재평가증가액의 차이로 추정할 수 있다. 따라서 ₩5,400,000 − ₩1,100,000 = ₩4,300,000 (유출) 이다. 다음의 회계처리를 통해서도 파악할 수 있다.

(차) 토 지	5,400,000	(대)	현 금	4,300,000
			재평가잉여금	1,100,000

(2) 기계장치 관련 현금흐름 : 다음과 같은 계정분석을 통해서 파악할 수 있다.

기계장치(순액)

기초금액	₩0	감가상각	₩355,000	: 감가상각비
당기취득	?	처분금액	7,145,000	: 처분당시 장부금액*
		기말금액	0	
합 계	₩7,500,000	합 계	₩7,500,000	

* 처분당시 장부금액 = 처분금액 − 유형자산처분이익
= ₩5,300,000 + ₩1,845,000
= ₩7,145,000

상기 계정분석을 통해, 기계장치는 ₩7,500,000에 취득하여, ₩5,300,000에 처분하였음을 알 수 있다. 따라서 기계장치와 관련된 순현금흐름은 ₩2,200,000(유출)이다.

결론적으로 토지와 기계장치에서 발생한 순현금흐름(투자활동현금흐름)은 ₩(6,500,000) (유출)이다.

43 ㈜한국은 20X6년 중 취득원가 ₩20,000인 토지를 ₩30,000에 처분하고 대금은 1년 후에 받기로 했으며, 장부금액 ₩60,000(취득원가 ₩100,000, 감가상각누계액 ₩40,000)인 건물을 현금 ₩70,000에 처분하였다. ㈜한국의 20X6년 현금흐름표 상 투자활동으로 인한 현금 유입액은?

[국가직 9급, 2016 기출]

① ₩60,000　　② ₩70,000

③ ₩80,000　　④ ₩100,000

44 ㈜한국은 취득원가 ₩ 70,000의 토지를 20X7년 중 현금 ₩100,000을 받고 처분하였다. 또한 20X7년 중 새로운 토지를 ₩90,000에 구입하면서 구입대금 중 ₩30,000은 현금으로 지급하고 나머지 ₩60,000은 미지급금으로 계상하였다. ㈜한국의 20X7년 현금흐름표상 투자활동 순현금흐름은?

[국가직 9급, 2018 기출]

① ₩10,000　　② ₩40,000

③ ₩70,000　　④ ₩100,000

45 다음은 ㈜한국의 유형자산 및 감가상각누계액의 기초잔액, 기말잔액 및 당기 변동과 관련된 자료이다. ㈜한국은 당기 중 취득원가 ₩40,000(감가상각누계액 ₩20,000)의 유형자산을 ₩15,000에 처분하였다. 모든 유형자산의 취득 및 처분거래는 현금거래라고 가정할 때, 유형자산과 관련한 투자활동 순현금흐름은? 단, ㈜한국은 유형자산에 대해 원가모형을 적용한다.

[국가직 7급, 2015 기출]

과 목	기 초	기 말
유형자산	₩100,000	₩140,000
감가상각누계액	(30,000)	(25,000)

① ₩9,000 순유출　　② ₩20,000 순유입

③ ₩60,000 순유입　　④ ₩65,000 순유출

46 다음은 ㈜대한의 20X1년 현금흐름표를 작성하기 위한 회계자료의 일부다. ㈜대한이 20X1년 현금흐름표에 표시할 투자활동으로 인한 순현금흐름액은? [국가직 7급, 2019 기출]

구 분	전기 말	당기 말	당기발생
당기손익－공정가치 측정 금융자산	₩90,000	₩75,000	
기계장치	₩4,650,000	₩5,100,000	
감가상각누계액	₩1,425,000	₩1,545,000	
당기손익－공정가치 측정 금융자산 평가이익			₩15,000
기계장치 감가상각비			₩300,000
기계장치 처분이익			₩75,000

<추가자료>
- 당기손익－공정가치 측정 금융자산은 단기매매목적으로 취득한 금융자산이다.
- ₩750,000의 기계장치 취득거래가 발생하였다.
- 모든 거래는 현금거래이다.

① ₩525,000 유출　② ₩555,000 유출
③ ₩630,000 유출　④ ₩665,000 유출

47 ㈜한국의 20X6년 토지와 단기차입금 자료가 다음과 같을 때, 20X6년의 투자 및 재무현금흐름에 대한 설명으로 옳은 것은? 단, 모든 거래는 현금거래이다. [국가직 9급, 2017 기출수정]

	기 초	기 말
토지(유형자산)	₩150,000	₩100,000
단기차입금	₩100,000	₩180,000

<추가자료>

- 토지는 취득원가로 기록하며, 20X6년에 손상차손은 없었다.
- 20X6년 중에 토지(장부금액 ₩50,000)를 ₩75,000에 매각하였다.
- 20X6년 중에 단기차입금 ₩100,000을 차입하였다.

① 토지 취득으로 인한 현금유출은 ₩100,000이다.

② 토지의 취득과 매각으로 인한 투자활동 순현금유입은 ₩75,000이다.

③ 단기차입금 상환으로 인한 현금유출은 ₩80,000이다.

④ 단기차입금의 상환 및 차입으로 인한 재무활동 순현금유입은 ₩100,000이다.

48 ㈜한국의 <재무상태표상 자본> 및 <추가자료>가 다음과 같을 때, 재무활동으로 인한 순현금흐름은?

[국가직 9급, 2019 기출]

〈재무상태표상 자본〉

과 목	기 초	기 말
자본금	₩300,000	₩350,000
자본잉여금	100,000	132,000
이익잉여금	20,000	25,000
자기주식	(10,000)	–
자본총계	₩410,000	₩507,000

<추가자료>
- 당기 중 유상증자(주식의 총 발행금액 ₩80,000, 총 액면금액 ₩50,000)가 있었다.
- 기초 보유 자기주식을 기중에 전량 ₩12,000에 처분하였다.
- 당기순이익은 ₩15,000이며 배당금 지급 이외 이익잉여금의 변동을 초래하는 거래는 없었다. 단, 배당금 지급은 재무활동으로 인한 현금흐름으로 분류한다.

① ₩32,000 ② ₩52,000
③ ₩80,000 ④ ₩82,000

제 3 절 정답 및 해설

현금흐름표 작성과 표시의 기초

01 ②

장기차입금의 상환은 자금의 조달활동이므로 재무활동현금흐름으로 분류한다. 그리고 보기 ④ 배당금의 지급은 이론적으로는 자금조달의 대가로 지급하는 것이므로 재무활동현금흐름으로 분류하는 것이 타당하지만 국제회계기준에서는 재무활동현금흐름으로 분류하거나 영업활동현금흐름으로 분류할 수 있도록 하였으므로, 영업활동현금흐름으로 분류할 수 없는 활동은 아니다.

02 ④

리스이용자의 리스부채 상환에 따른 현금유출은 영업활동이 아닌 재무활동현금흐름으로 분류한다. 참고로, K-IFRS(1007호 문단 17)에서 제시하고 있는 재무활동현금흐름의 예는 다음과 같다.

(1) 주식이나 기타 지분상품의 발행에 따른 현금유입
(2) 주식의 취득이나 상환에 따른 소유주에 대한 현금유출
(3) 담보 · 무담보부사채 및 어음의 발행과 기타 장·단기차입에 따른 현금유입
(4) 차입금의 상환에 따른 현금유출
(5) 리스이용자의 리스부채 상환에 따른 현금유출

03 ④

법인세로 인한 현금흐름은 별도로 공시하며, 재무활동과 투자활동에 명백히 관련되지 않는 한 영업활동 현금흐름으로 분류한다.

04 ②

이자와 배당금의 수취 및 지급에 따른 현금흐름은 각각 별도로 공시한다. 금융회사의 경우 이자지급, 이자수입 및 배당금수입은 일반적으로 영업활동 현금흐름으로 분류한다. 그러나 다른 업종의 경우 각 현금흐름은 매 기간 일관성 있게 영업활동, 투자활동 또는 재무활동으로 분류한다. 이는 지급이자의 자본화여부와 무관하게 결정된다.

05 ④

법인세로 인한 현금흐름은 별도로 공시하며, 재무활동과 투자활동에 명백히 관련되지 않는 한 영업활동 현금흐름으로 분류하는 것이므로 항상 영업활동현금흐름으로 분류하는 것은 아니다.
보기 ①의 설명은 직접법에 의한 영업활동현금흐름의 표시방법이고 보기 ②의 설명은 간접법에 대한 설명으로서, 국제회계기준에서는 두 방법 중 어느 한 가지방법을 선택할 수 있도록 하였다.

06 ④

주식배당은 주주에 대한 이익배분 방법의 하나로서 금전의 지급에 의한 현금배당과 대비되는 개념으로서, 주주에게 주식을 새로이 발행하는 형태의 이익배당을 말한다. 주식배당시에는 금전의 지급이 없으므로 현금배당에서처럼 재무활동에서 발생하는 현금유출액은 없다.

현금주의와 발생주의

07 ④

현금유출액과 비용 인식액의 차이는 관련된 자산·부채의 증감에 기인한다.

(차)	보험료비용	80,000	(대)	현금(보험료지급액)	?
	선급보험료(증가)	6,000			

상기 회계처리에서 차변합계와 대변합계를 동일하게 하는 보험료지급액(현금유출액)은 ₩86,000이다.

08 ④

현금기준순이익과 발생기준순이익의 차이는 자산·부채의 증감에 기인한다.

(차)	현금(현금기준순이익)	600,000	(대)	당기순이익(발생기준)	?
	매 출 채 권(증가)	8,000		매 입 채 무(증가)	6,000
	미지급비용(감소)	7,000			
	선 급 비 용(증가)	5,000			

09 ①

현금기준순이익과 발생기준순이익의 차이는 자산·부채의 증감에 기인한다. 단, 감가상각으로 인한 해당 자산의 증감도 반영하여야 한다.

(차)	현금(현금기준순이익)	55,000	(대)	발생기준 순이익	?
	매출채권(증가)	5,000		매입채무(증가)	7,000
				미수수익(감소)	2,000
				감가상각누계액(증가)	3,000

상기 회계처리에서 차변합계와 대변합계를 동일하게 하는 발생기준 순이익은 ₩48,000이다.

10 ②

현금기준 영업이익과 발생기준 영업이익의 차이는 영업관련 자산·부채의 증감에 기인한다.

(차)	현금(현금기준영업이익)	100,000	(대)	영업이익(발생기준)	?
	미수수익(증가)	20,000		선수수익(증가)	10,000

상기 회계처리에서 차변합계와 대변합계를 동일하게 하는 영업이익(발생기준)은 ₩110,000이다.

11 ①

현금기준순이익과 발생기준순이익의 차이는 자산·부채의 증감에 기인한다.

(차)	현금(현금기준순이익)	?	(대)	발생기준 순이익	25,000
	미수수익(증가)	4,000		선수수익(증가)	1,500
	미지급비용(감소)	2,000		선급비용(감소)	2,500

상기 회계처리에서 차변합계와 대변합계를 동일하게 하는 현금(현금기준순이익)은 ₩23,000이다.

12 ①

현금기준순이익과 발생기준순이익의 차이는 자산·부채의 증감에 기인한다.

(차)	현금(현금기준순이익)	500,000	(대)	발생기준 순이익	?
	선수수익(감소)	30,000		미수수익(감소)	5,000
	선급비용(증가)	15,000		미지급비용(증가)	10,000

상기 회계처리에서 차변합계와 대변합계를 동일하게 하는 발생기준순이익은 ₩530,000이다.

13 ④

발생된 현금흐름은 관련된 손익으로 인식되거나 현금이외의 자산과 부채를 변동시킨다. 이러한 논리를 이용하면 ㈜한국의 임차료와 이자비용에 대하여 다음과 같은 분개를 추정할 수 있다.

(1) 임차료 : 임차료비용 발생 ₩150,000, 선급임차료의 증가 ₩15,000

(차)	관련손익(임차료비용)	150,000	(대)	현금(관련현금흐름)	?
	선급임차료(증가)	15,000			

따라서 임차료 지급관련 현금흐름은 ₩165,000(유출)으로 계산된다.

(2) 이자비용 : 이자비용 발생 ₩100,000, 미지급이자의 감소 ₩40,000

(차)	관련손익(이자비용)	100,000	(대)	현금(관련현금흐름)	?
	미지급이자(감소)	40,000			

따라서 이자 지급관련 현금흐름은 ₩140,000(유출)으로 계산된다.

14 ①

다음과 같이 분석하여 발생기준과 현금기준의 순이익 차이를 계산한다.

구 분	발생기준 순이익	관련자산 및 부채의 변동		현금기준 순이익
매출액	₩200,000	매출채권 증가	₩(50,000)	₩150,000
매출원가	(140,000)	상품감소, 매입채무 증가	60,000	(80,000)
급여	(10,000)	미지급급여 증가	5,000	(5,000)
광고비	(1,000)	선급광고비 증가	(2,000)	(3,000)
임대료수익	1,000	선수임대료 증가	1,000	2,000
차가감계	₩50,000		₩14,000	₩64,000

15 ③

발생기준 수익은 현금기준 수익에 매출채권 증가액을 가산하고, 선수수익 증가액을 차감하여 산출한다.

- 발생기준 수익 = ₩500,000 + ₩30,000 − ₩20,000 = ₩510,000

간접법에 의한 영업활동 현금흐름의 계산

16 ④

영업활동현금흐름은 영업활동관련손익에서 영업활동관련 자산·부채의 변동을 반영하여 계산한다.

(1) 영업활동관련손익(당기순이익) : ₩3,000,000

(2) 관련 자산·부채 변동의 반영

(차)	미지급급여(감소)	20,000	(대)	영업활동관련손익	3,000,000
	영업활동현금흐름	?		매출채권(감소)	20,000
				매입채무(증가)	10,000

상기 회계처리에서 차변합계와 대변합계를 동일하게 하는 영업활동현금흐름은 ₩3,010,000(유입)이다.

17 ②

영업활동현금흐름은 영업활동관련손익에서 영업활동관련순자산 증가액을 차감하여 결정한다.

(1) 영업활동관련손익 = 당기순이익 + 감가상각비 = ₩150,000

(2) 영업활동관련순자산증가 = ₩20,000 + 12,000 − 15,000 = ₩17,000 증가

(3) 영업활동현금흐름 = (1) − (2) = ₩133,000

18 ②

영업활동현금흐름은 영업활동관련손익에서 영업활동관련 자산·부채의 변동을 반영하여 계산한다.

(1) 영업활동관련손익 = 당기순이익 ± 영업과 무관한 손익조정액 = ₩245,000

(2) 당기순이익 = 법인세비용차감전순이익 − 법인세비용 = ₩215,000

*법인세비용 = 법인세지급액 − 미지급법인세감소액 = ₩9,000

(3) 영업과 무관한 손익 조정 : ₩40,000 − ₩20,000 + ₩10,000 = ₩30,000(가산)

① 감가상각비(가산) ₩40,000

② 유형자산처분이익(차감) ₩(20,000)

③ 사채상환손실(가산) ₩10,000

(4) 관련 자산·부채 변동의 반영

(차)	재고자산(증가)	14,000	(대)	영업활동손익	245,000
	미지급법인세(감소)	3,000		미수이자(감소)	6,000
	영업활동현금흐름	?		매출채권(감소)	8,000
				매입채무(증가)	5,000

상기 회계처리에서 차변합계와 대변합계를 동일하게 하는 영업활동현금흐름은 ₩247,000(유입)이다.

19 ②

영업활동현금흐름은 영업활동관련손익에서 영업활동관련 자산·부채의 변동을 반영하여 계산한다.

(1) 영업활동관련손익(= 당기순이익) = ₩2,000,000

(2) 관련 자산·부채 변동의 반영

(차)	미수수익(증가)	150,000	(대)	영업활동손익	2,000,000
	미지급비용(감소)	300,000		매입채무(증가)	200,000
	영업활동현금흐름	?		매출채권(감소)	500,000

상기 회계처리에서 차변합계와 대변합계를 동일하게 하는 영업활동현금흐름은 ₩2,250,000이다.

20 ③

영업활동현금흐름은 영업활동관련손익에서 영업활동관련 자산·부채의 변동을 반영하여 계산한다.

(1) 영업활동관련손익 = 당기순이익 ± 영업무관손익조정액 = ₩11,500

(2) 영업무관손익 : 본 문제에서는 감가상각비와 유형자산처분손익이 있는데, 유형자산처분손익을 계산하면 다음과 같이 ₩500(처분손실)이 산출된다. 따라서 당기순이익에서 조정할 영업무관손익은 ₩1,500(가산조정)이다.

(차)	감가상각누계액	3,000	(대)	유형자산	4,000
	현 금	500			
	유형자산처분손실	500			

(3) 관련 자산·부채 변동의 반영

(차)	영업활동현금흐름	?	(대)	영업활동손익	11,500
	재고자산(증가)	200			
	미지급보험료(감소)	100			

상기 회계처리에서 차변합계와 대변합계를 동일하게 하는 영업활동현금흐름은 ₩11,200 이다.

21 ②

영업활동현금흐름은 영업활동관련손익에서 영업활동관련 자산·부채의 변동을 반영하여 계산한다. 다음과 같은 회계처리 모형을 생각할 수 있다.

(차)	영업활동현금흐름	2,000,000	(대)	영업활동관련손익*	?
	매출채권(증가)	50,000		미 지 급 비 용(증가)	40,000
	재고자산(증가)	80,000			
	매입채무(감소)	50,000			

* 당기순이익에 감가상각비를 가산한 금액

상기 회계처리에서 차변합계와 대변합계를 동일하게 하는 영업활동관련손익은 ₩2,140,000이다. 본 문제에서 영업활동관련손익은 당기순이익에서 감가상각비를 가산한 금액이므로,

- 당기순이익 = 영업활동관련손익 − 감가상각비 = ₩2,140,000 − ₩50,000 = ₩2,090,000

22 ④

영업활동현금흐름은 영업활동관련손익에서 영업활동관련 자산 · 부채의 변동을 반영하여 계산한다. 다음과 같은 회계처리 모형을 생각할 수 있다.

(차)	영업활동현금흐름	1,000	(대)	영업활동관련손익*	?
	재고자산(증가)	1,000		매출채권(감소)	800
	매입채무(감소)	500		미지급비용(증가)	700

* 당기순이익 + 사채상환손실 − 유형자산처분이익 + 감가상각비. 여기서, 자기주식처분이익은 당기순이익결정에 영향을 미치는 요소가 아니므로 고려하지 않는다.

상기 회계처리에서 차변합계와 대변합계를 동일하게 하는 영업활동관련손익은 ₩1,000이다. 본 문제에서 영업활동관련손익은 당기순이익에서 사채상환손실과 감가상각비를 가산하고, 유형자산처분이익을 차감한 금액이므로,

- 당기순이익 = 영업활동관련손익 − 사채상환손실 − 감가상각비 + 유형자산처분이익
  = ₩1,000 − ₩900 − ₩200 + ₩600 = ₩500

23 ①

영업활동현금흐름은 영업활동관련손익에서 영업활동관련 자산·부채의 변동을 반영하여 계산한다. 다만 본 문제는 법인세지급액이 별도로 제시되어 있으므로, 법인세납부활동을 제외한 영업활동현금흐름을 구한 후 법인세지급액을 추가적으로 고려하여 영업활동현금흐름을 구할 수 있다. 다음과 같은 회계처리 모형을 생각할 수 있다.

(차)	현금(영업활동현금흐름)*	?	(대)	영업활동관련손익**	242,000
				매출채권(감소)	40,000
				선수금(증가)	2,000
				선급비용(감소)	4,000
				매입채무(증가)	30,000
				금융자산	10,000

* 법인세납부활동을 제외한 영업활동현금을 의미한다.

** 법인세비용차감전순이익 + 감가상각비 + 유형자산처분손실 − 금융자산처분이익. 동 계산금액은 법인세납부활동을 제외한 영업활동관련손익을 의미한다.

상기 회계처리에서 차변합계와 대변합계를 동일하게 하는 영업활동현금흐름(법인세납부활동 제외)은 ₩328,000이다. 따라서 영업활동현금흐름(법인세납부활동 포함)은 ₩278,000이다.

24 ④

본 문제는 영업활동관련손익보다 영업활동현금흐름이 ₩900,000 만큼 더 크다라는 의미로 해석할 수 있다. 즉 영업활동관련 자산·부채의 변동순액이 ₩900,000이라는 이야기이므로, 영업활동관련손익을 0으로 가정하면, 영업활동현금흐름은 ₩900,000이 되어야 한다. 이에 대해, 다음과 같은 회계처리 모형을 생각할 수 있다.

(차)	영업활동현금흐름	900,000	(대)	영업활동관련손익*	0
	선수수익(감소)	100,000		매출채권(감소)	500,000
	이연법인세자산(증가)	200,000		선급비용(감소)	300,000
				미지급비용(증가)	?

* 당기순이익 + 금융자산평가손실 − 유형자산처분이익 + 감가상각비. 여기서, 자기주식처분이익은 당기순이익결정에 영향을 미치는 요소가 아니므로 고려하지 않는다.

상기 회계처리에서 차변합계와 대변합계를 동일하게 하는 미지급비용 증가액은 ₩400,000이다.

25 ①

손익의 합계(기타포괄손익은 없다고 가정하면 당기순이익과 동일)는 현금을 제외한 자산과 부채의 변동과 현금흐름부분으로 구성된다. 그리고 이러한 논리는 각각의 활동(영업활동, 투자활동, 재무활동)별로도 모두 성립하게 된다. 이를 반영한 분석모형은 다음과 같다.

	관련손익	자산 · 부채의 변동	현금흐름
영업활동	(1) ×××	(A) ×××	(가) ×××
투자활동	(2) ×××	(B) ×××	(나) ×××
재무활동	(3) ×××	(C) ×××	(다) ×××
합 계	(4) ×××	(D) ×××	(라) ×××

위의 표에서 (4)의 금액은 당기순이익과 동일하다. 나머지 금액들은 다음과 같이 계산된다.

(1) = (4) − (2) − (3) = (가) + (A) = ₩1,030,000

(2) = 건물처분이익 − 감가상각비 = ₩100,000

(3) = 0 (제시된 자료에 재무활동 관련 손익이 없음)

(가) = ₩1,000,000 (문제에 제시됨)

(A)* = 매출채권 증가액 − 재고자산감소액 = ₩80,000 − ₩50,000 = ₩30,000

* (A)는 현금흐름과 합쳐서 손익을 구성하는 금액이므로, 순자산을 증가시키는 것이면 (+)로 계산하고, 순자산을 감소시키는 것이면 (−)로 계산한다.

지금까지의 계산결과를 표에 반영하면 다음과 같다.

<table>
<tr><th></th><th>관련손익</th><th>자산 · 부채의 변동</th><th>현금흐름</th></tr>
<tr><td>영업활동</td><td>₩1,030,000</td><td>₩30,000</td><td>₩1,000,000</td></tr>
<tr><td>투자활동</td><td>₩100,000</td><td rowspan="3" colspan="2">알수 없음</td></tr>
<tr><td>재무활동</td><td>−</td></tr>
<tr><td>합 계</td><td>₩1,130,000</td></tr>
</table>

26 ②

문제에 제시된 자료를 정리하면 다음과 같다.

	관련손익	자산 · 부채의 변동*	현금흐름
영업활동	₩108,000	?	₩40,000
투자활동	△18,000		
재무활동	0		
합 계	₩90,000		

* 현금을 제외한 순자산 감소액으로 파악함

위의 표에서 영업활동 관련손익 ₩108,000에 영업활동 관련 순자산(현금제외, 이하동일) 감소액을 가산하면 영업활동 현금흐름 ₩40,000이 되어야 하므로, 영업활동 관련 순자산 감소액은 ₩△68,000이어야 한다. 그런데, 현재 문제에 제시된 영업활동 관련 순자산 감소액은 △₩32,000(= △₩48,000 + ₩10,000 + ₩15,000 − ₩12,000)이다. 따라서 '추가로 필요한 조정사항'은 영업활동 관련 순자산을 ₩36,000만큼 증가시키는 항목이어야 한다.

27 ②

영업활동현금흐름은 영업활동관련손익에서 영업활동관련 자산과 부채의 변동을 가감하여 계산한다.

- 영업활동관련손익 = ₩100,000 + ₩10,000 − ₩8,000 = ₩102,000 (유입)
- 자산/부채의 변동 = ₩3,000 (유출)

차변 영향		대변 영향	
매출채권 증가	₩9,000	선급비용 감소	₩4,000
미지급비용 감소	3,000	매입채무 증가	5,000
		관련현금 감소	3,000
합계	₩12,000	합계	₩12,000

- 영업활동현금흐름 = ₩102,000 − ₩3,000 = ₩99,000 (유입)

직접법에 의한 영업활동 현금흐름의 계산

28 ②

관련 현금흐름과 관련 손익의 차이는 관련 자산·부채의 증감에 기인한다.

(차)	현금(현금주의 매출)	10,000	(대)	매출액(발생주의)	?
				매출채권(감소)	2,000

상기 회계처리에서 차변합계와 대변합계를 동일하게 하는 매출액(발생주의)은 ₩8,000이다.

29 ③

관련 현금흐름과 관련 손익의 차이는 관련 자산 · 부채의 증감에 기인한다.

(차)	현금(고객으로부터 수취)	73,000	(대)	매출활동관련손익*	55,000
				매 출 채 권(감소)	18,000

* 매출활동관련손익 = 매출액 − 대손상각비

30 ①

(1) 매출총이익 = 매출액 − 매출원가 = ₩300,000

(2) 매출원가 = 매입액 − 재고자산 증가액 = ₩400,000

(3) 영업활동으로 인한 현금증가액 : ₩400,000

① 매출활동현금흐름 = 매출액 + 매출채권 감소액 = ₩800,000

② 매입활동현금흐름 = 매입액 − 매입채무 증가액 = ₩400,000

31 ①

매출활동과 관련된 현금흐름(순유입)은 관련된 손익(매출액-관련 대손상각비)에서 관련 순자산의 증가액(매출채권(총액) 증가액 − 대손충당금 증가액)을 차감한 금액과 같다. 즉, 다음의 등식이 성립하여야 한다.

₩600,000 = ₩800,000-대손상각비(손상차손)+₩50,000

대손상각비(손상차손) : ₩250,000

참고로, 관련된 회계처리를 예시하면 다음과 같다.

매출발생 :	(차)	매출채권	800,000	(대)	매출	800,000
채권회수 :	(차)	현금	600,000	(대)	매출채권	600,000
손상발생 :	(차)	대손상각비	250,000	(대)	매출채권	250,000

32 ②

매출원가를 먼저 구한 후, 매출총이익과 합산하여 매출액을 구할 수 있다.

- 매입액 = 매입채무 증가액 + 현금지급에 의한 매입채무감소액 = ₩19,500
- 매출원가 = 매입액 + 재고자산 감소액 = ₩20,000
- 매출액 = ₩20,500 + ₩5,000 = ₩25,000

33 ①

고객에 대한 현금흐름은 매출활동관련손익에서 매출활동관련 자산·부채의 변동을 반영하여 계산한다.

(1) 매출활동관련손익(= 매출액 − 대손상각비) = ₩280,000

(2) 매출관련 자산·부채 변동의 반영

(차)	매출활동현금흐름	?	(대)	매출활동관련손익	280,000
	매출채권(증가)	200,000			

상기 회계처리에서 차변합계와 대변합계를 동일하게 하는 매출활동현금흐름은 ₩80,000(유입)이다.

34 ④

다음과 같이 분석한다.

(1) 매출원가 = 매출액 × (1 − 매출총이익률) = ₩150,000

(2) 당기매입액 = 매출원가 + 기말상품 − 기초상품 = ₩165,000

(3) 매입대금 지급액 = 당기매입액 + 매입채무 감소액 = ₩168,000

35 ③

공급자에 대한 현금흐름은 매입활동관련손익에서 매입활동관련 자산 · 부채의 변동을 반영하여 계산한다.

(1) 매입활동관련손익(= 매출원가) = ₩50,000

(2) 매입관련 자산·부채 변동의 반영

(차)	매입활동관련손익	50,000	(대)	매입활동현금흐름	?
	재고자산(증가)	2,000		매입채무	1,000

상기 회계처리에서 차변합계와 대변합계를 동일하게 하는 매입활동현금흐름은 ₩51,000(유출)이다.

36 ①

본 물음의 매입채무 잔액과 관련된 활동은 매입활동이다. 매입활동현금흐름(매입채무현금지급액)과 매입활동관련손익(매출원가)의 차이는 매입활동관련 자산·부채의 변동에 기인한다.

(차)	매출원가*	40,000	(대)	현금(매입활동현금흐름)	35,000
				상품(감소)	1,000
				매입채무(증가)	?

* 매출원가 = 매출 − 매출총이익 = ₩40,000

상기 회계처리에서 차변합계와 대변합계를 동일하게 하는 매입채무 증가액은 ₩4,000이다. 따라서 기말 매입채무는 ₩8,000(기초) + ₩4,000 = ₩12,000이다.

37 ②

주어진 자료를 이용하여 다음과 같은 분석이 가능하다.
(1) 매출원가 = 매출액 × (1 − 매출총이익률) = ₩400
(2) 당기매입액 = 매출원가 + 기말상품재고 − 기초상품재고 = ₩390
(3) 기말매입채무 = 기초매입채무 + 당기매입액 − 매입액 중 현금지급액 = ₩120

38 ②

다음 절차를 통해 풀이한다.
(1) 매출원가 = 기초상품 + 당기매입 − 기말상품 = ₩110,000
(2) 매출액 = 매출원가 × 120% = ₩132,000
(3) 매출채권 회수액(추정) = 매출액 − 매출채권 증가 = ₩112,000
(4) 횡령예상액 = 추정회수액 − 실제회수액 = ₩72,000

39 ③

이자비용(손익)과 이자지급액(현금흐름)이 일치하지 않는 이유는 관련된 자산 · 부채의 증감에 기인한다. 이를 분석하면 다음과 같다.

(차)	이자비용(관련손익)	2,000	(대)	현금(현금흐름)	1,500
				선급이자(감소)	200
				미지급이자(증가)	?

상기 회계처리에서 차변합계와 대변합계를 동일하게 하는 미지급이자 증가액은 ₩300이다. 20X3년말 미지급이자비용은 20X2년말 ₩300에 ₩300을 더한 ₩600이다.

40 ③

관련 현금흐름과 관련 손익의 차이는 관련 자산·부채의 증감에 기인한다.

(차) 이자비용(손익)	100,000	(대)	현금(이자지급액)	?
			미지급이자(증가)	15,000
			선급이자(감소)	5,000

상기 회계처리에서 차변합계와 대변합계를 동일하게 하는 현금(이자)지급액은 ₩80,000이다.

41 ②

매입활동현금흐름과 매입활동관련손익(매출원가)의 차이는 매입활동관련자산、부채의 증감에 기인한다.

(차) 관련손익(매출원가)	?	(대)	현금(매입활동현금흐름)	643,000
매입채무(감소)	2,000		재고자산(감소)	3,000

상기 회계처리에서 차변합계와 대변합계를 동일하게 하는 관련손익(매출원가)은 ₩644,000이다.

42 ②

(1) 매출활동현금흐름 = ₩54,000 − ₩31,000 = ₩23,000

(2) 관련 순자산변동

구 분	금 액	기록위치	현금흐름 방향	현금흐름 증감
매출채권의 증가	₩2,500	차변	유출	₩(2,500)
매입채무의 증가	2,000	대변	유입	2,000
재고자산의 감소	3,000	대변	유입	3,000
합 계			순유입	₩2,500

(3) 관련 손익 (주어진 자료만을 이용) = 매출총이익 − 매출채권손상차손
매출활동현금흐름 ₩23,000 유입 중 ₩2,500의 유입을 순자산 증감이 설명하였으므로, 나머지 ₩20,500의 유입은 관련 손익으로 설명될 수 있어야 한다. 따라서 다음 등식이 성립하여야 한다.

- ₩20,500 = 매출총이익 − ₩500, ∴ 매출총이익 = ₩21,000

투자 및 재무활동 현금흐름의 계산

43 ②

토지의 처분으로 인한 현금흐름은 없으므로 투자활동으로 인한 현금유입액은 건물의 처분액 ₩70,000이다.

44 ③

토지의 현금처분액 ₩100,000에서 취득시 현금지급액 ₩30,000을 차감하면, 투자활동활동 현금흐름은 ₩70,000(유입)임을 알 수 있다.

45 ④

감가상각자산의 장부금액 변동은 다음과 같이 분석할 수 있다.
처분당시 장부금액 = 처분자산의 취득금액 − 감가상각누계액 = ₩10,000
∴ 처분자산의 취득금액 = ₩50,000

유형자산(순액)

기초금액	₩70,000	감가상각	?	: 감가상각비
당기취득	?	처분금액	₩20,000	: 처분당시 장부금액*
		기말금액	115,000	
합 계	?	합 계	?	

* 처분당시 장부금액 = 처분자산의 취득원가 − 감가상각누계액

감가상각누계액

처분금액	₩20,000	기초금액	₩30,000
기말금액	25,000	감가상각비	?
합 계	₩45,000	합 계	₩45,000

감가상각누계액에 대한 계정분석으로부터

- 감가상각비 = ₩45,000 − ₩30,000 = ₩15,000가 산출되며, 이를 유형자산(순액) 계정분석 자료에 대입하면
- 취득금액 = ₩15,000 + ₩20,000 + ₩115,000 − ₩70,000 = ₩80,000이 산출된다.

따라서 유형자산과 관련된 투자활동현금흐름은 취득액 ₩80,000(유출)과 처분액 ₩15,000(유입)의 순액 ₩65,000(순유출)이다.

46 ②

주어진 거래내용 중 투자활동현금흐름과 관련된 항목은 기계장치의 취득과 처분 뿐이다. 따라서 다음과 같은 계정분석을 통하여 관련 현금흐름을 계산할 수 있다.

기계장치(순액)

기초금액	₩3,225,000	감가상각	₩30,000	: 감가상각비
당기취득	750,000	처분금액	120,000	: 처분당시 장부금액
		기말금액	3,555,000	
합 계	₩3,975,000	합 계	₩3,975,000	

계정분석 결과, 당기 중 다음과 같은 거래가 발생한 것으로 추정된다.

(1) 기계장치의 취득 : 현금유출

(차) 기계장치	750,000	(대) 현 금	750,000

(2) 기계장치의 처분 : 현금유입

(차) 현 금	195,000	(대) 기계장치(순액)	120,000
		기계장치처분이익	75,000

∴ 투자활동현금흐름 = Δ₩750,000 + ₩195,000 = Δ₩555,000

47 ②

주어진 자료를 이용하여 토지와 단기차입금 계정에 대한 분석을 수행하면 다음과 같다.

(1) 토지에 대한 계정분석

토 지

기 초 금 액	₩150,000	처 분 금 액	₩50,000	: 처분당시 장부금액*
당 기 취 득	−	기 말 금 액	100,000	
합 계	₩150,000	합 계	₩150,000	

* 처분당시 장부금액 = 처분금액(현금흐름) − 토지처분이익

당기 중 토지의 취득은 없는 것으로 추정되며, 처분 시 다음의 분개가 발생한 것으로 추정된다.

(차) 현 금	75,000	(대) 토 지	50,000
		토지처분이익	25,000

(2) 단기차입금에 대한 계정분석

단기차입금			
상환금액	₩20,000	기초금액	₩100,000
기말금액	180,000	차입금액	100,000
합　　계	₩200,000	합　　계	₩200,000

당기 중 단기차입금 ₩100,000을 차입하고, ₩20,000을 상환하여, 다음의 분개가 발생한 것으로 추정된다.

・차입 :	(차)	현 금	100,000	(대)	단기차입금	100,000
・상환* :	(차)	단기차입금	20,000		현 금	20,000

* 단기차입금 상환시 이자를 같이 지급하거나, 상환손익이 발생할 수도 있으나 본 문제에서는 이러한 내용이 제시되어 있지 아니하므로 이자와 상환손익은 무시하고 분개를 제시한 것임

이러한 분석내용을 바탕으로 주어진 보기를 살펴보면 다음과 같다.

① 토지의 취득으로 인한 현금유출은 없다.

② 토지의 취득과 매각으로 인한 투자활동 순현금유입은 ₩75,000이다.

③ 단기차입금 상환으로 인한 현금유출은 ₩20,000이다.

④ 단기차입금의 상환 및 차입으로 인한 재무활동 순현금유입은 ₩80,000이다.

48 ④

주어진 각 거래를 분개하면 다음과 같다.

(1) 유상증자	(차)	현 금	80,000	(대)	자본금	50,000
					주식발행초과금	30,000
(2) 자기주식 처분	(차)	현 금	12,000	(대)	자기주식	10,000
					자기주식처분이익	2,000
(3) 당기이익 발생	(차)	집합손익	15,000	(대)	미처분이익잉여금	15,000
(4) 배당금 지급	(차)	미처분이익잉여금	11,000	(대)	현 금	10,000
					이익준비금	1,000

위의 (1), (2), (4)번 분개에서 현금의 증감을 정리하면 다음과 같다.

• 재무활동현금흐름 : ₩80,000 + ₩12,000 − ₩10,000 = ₩82,000

CHAPTER **13**

재무제표의 작성과 표시

제 1 절 주요내용 요약

학습목표

- Ⅰ. 재무제표의 작성과 표시
- Ⅱ. 중간재무보고
- Ⅲ. 회계변경과 오류수정

Ⅰ 재무제표의 작성과 표시

1. 전체 재무제표의 종류

(1) 전체 재무제표

① 기말 재무상태표

② 기간 포괄손익계산서

③ 기간 자본변동표

④ 기간 현금흐름표

⑤ 주석(유의적인 회계정책 및 그 밖의 설명으로 구성)

⑥ 회계정책을 소급하여 적용하거나, 재무제표의 항목을 소급하여 재작성 또는 재분류하는 경우 가장 이른 비교기간의 기초 재무상태표

(2) 보고비중

각각의 재무제표는 전체 재무제표에서 동등한 비중으로 표시한다.

(3) 보고빈도

전체 재무제표(비교정보를 포함)는 적어도 1년마다 작성한다. 보고기간종료일을 변경하여 재무제표의 보고기간이 1년을 초과하거나 미달하는 경우 재무제표 해당 기간, 초과 및 미달의 이유 그리고 재무제표에 표시된 금액이 완전하게 비교가능하지는 않다는 사실을 공시하여야 한다.

2. 공정한 표시와 한국채택국제회계기준의 준수

(1) 공정한 표시

재무제표는 기업의 재무상태, 재무성과 및 현금흐름을 공정하게 표시해야 하는데, 한국채택국제회계기준에 따라 작성된 재무제표(필요에 따라 추가공시한 경우 포함)는 공정하게 표시된 재무제표로 본다.

(2) (한국채택)국제회계기준의 준수

① 한국채택국제회계기준을 준수하여 재무제표를 작성하는 기업은 그러한 준수 사실을 주석에 명시적이고 제한없이 기재한다.

② 한국채택국제회계기준을 준수하여 작성된 재무제표는 국제회계기준을 준수하여 작성된 재무제표임을 주석으로 공시할 수 있다.

3. 중요성과 통합표시 및 상계원칙

(1) 통합표시와 구분표시 원칙

유사한 항목은 중요성 분류에 따라 재무제표에 구분하여 표시한다. 상이한 성격이나 기능을 가진 항목은 구분하여 표시한다. 다만 중요하지 않은 항목은 성격이나 기능이 유사한 항목과 통합하여 표시할 수 있다.

(2) 상계금지 원칙

한국채택국제회계기준에서 요구하거나 허용하지 않는 한 자산과 부채 그리고 수익과 비용은 상계하지 아니한다.

4. 비교정보와 계속성 원칙

(1) 비교공시원칙

한국채택국제회계기준이 달리 허용하거나 요구하는 경우를 제외하고는 당기 재무제표에 보고되는 모든 금액에 대해 전기 비교정보를 공시한다. 당기 재무제표를 이해하는 데 목적적합하다면 서술형 정보의 경우에도 비교정보를 포함한다.

(2) 표시의 계속성

재무제표 항목의 표시와 분류는 다음의 경우를 제외하고는 매기 동일하여야 한다.

① 사업내용의 유의적인 변화나 재무제표를 검토한 결과 다른 표시나 분류방법이 더 적절한 것이 명백한 경우

② 한국채택국제회계기준에서 표시방법의 변경을 요구하는 경우

(3) 회계정책 변경, 소급재작성 또는 소급재분류

다음 모두에 해당된다면, 전기 기초를 기준으로 세 번째 재무상태표를 표시한다.

① 회계정책을 소급하여 적용하거나, 재무제표 항목을 소급하여 재작성 또는 재분류한다. 그리고,

② 이러한 소급적용, 소급재작성 또는 소급재분류가 전기 기초 재무상태표의 정보에 중요한 영향을 미친다.

재무제표 항목의 표시나 분류를 변경하는 경우 실무적으로 적용할 수 없는 것이 아니라면 비교금액도 재분류해야 한다. 비교금액을 할 때 다음 사항을 공시한다(전기 기초 포함).

① 재분류의 성격

② 재분류된 개별 항목이나 항목군의 금액

③ 재분류의 이유

5. 재무상태표 표시에 관한 지침

(1) 재무상태표에 표시되는 정보

재무상태표에는 다음에 해당하는 금액을 나타내는 항목을 표시한다.

자산항목	부채 및 자본항목
① 유형자산 ② 투자부동산 ③ 무형자산 ④ 금융자산(단, ⑤, ⑧ 및 ⑨를 제외) ⑤ 지분법에 따라 회계처리하는 투자자산 ⑥ 생물자산 ⑦ 재고자산 ⑧ 매출채권 및 기타 채권 ⑨ 현금및현금성자산 ⑩ 당기 및 이연법인세와 관련한 자산 ⑪ 매각예정으로 분류된 자산과 매각예정으로 분류된 처분자산집단에 포함된 자산의 총계	⑫ 매입채무 및 기타 채무 ⑬ 충당부채 ⑭ 금융부채(단, ⑫와 ⑬ 제외) ⑮ 당기 및 이연법인세와 관련한 부채 ⑯ 매각예정으로 분류된 처분자산집단에 포함된 부채 ⑰ 자본에 표시된 비지배지분 ⑱ 지배기업의 소유주에게 귀속되는 납입자본과 적립금

(2) 유동과 비유동의 구분

자산과 부채의 유동성 분류에 대해서는 다음의 지침에 따른다.

① 유동성 순서에 따른 표시방법이 신뢰성 있고 더욱 목적적합한 정보를 제공하는 경우를 제외하고는 유동자산과 비유동자산, 유동부채와 비유동부채로 재무상태표에 구분하여 표시한다.

② 유동성 순서에 따른 표시방법을 적용할 경우 원칙적으로 모든 자산과 부채는 유동성의 순서에 따라 표시한다. 다만, 신뢰성 있고 더욱 목적적합한 정보를 제공한다면 자산과 부채의 일부는 유동/비유동 구분법으로, 나머지는 유동성 순서에 따른 표시방법으로 표시하는 것이 허용된다. 이러한 방법을 혼합표시방법이라고 한다.

6. 포괄손익계산서 표시에 관한 지침

(1) 수익과 비용 항목의 표시

해당 기간에 인식한 모든 수익과 비용 항목은 다음 중 한 가지 방법으로 표시한다.

① 단일 포괄손익계산서

② 두 개의 보고서 : 당기손익 부분을 표시하는 별개의 손익계산서와 포괄손익을 표시하는 보고서(이 보고서는 당기순손익으로부터 시작)

(2) 포괄손익계산서에 표시되는 정보

포괄손익계산서에는 다음에 해당하는 금액을 나타내는 항목을 표시한다.

① 당기손익 부분

② 기타포괄손익 부분

③ 당기순손익

④ 총기타포괄손익

⑤ 당기손익과 기타포괄손익을 합한 당기포괄손익

(3) 포괄손익계산서(당기손익 부분)에 표시되는 정보

포괄손익계산서의 당기손익부분이나 손익계산서에는 다른 한국채택국제회계기준이 요구하는 항목에 추가하여 당해 기간의 다음 금액을 표시하는 항목을 포함한다.

① 수익

② 영업이익

③ 금융원가

④ 지분법 적용대상인 관계기업과 공동기업의 당기순손익에 대한 지분
⑤ 법인세비용
⑥ 중단영업의 합계를 표시하는 단일 금액

(4) 비용의 분류표시

기업은 비용의 성격별 또는 기능별 분류방법 중에서 신뢰성 있고 더욱 목적적합한 정보를 제공할 수 있는 방법을 적용하여 당기손익으로 인식한 비용의 분석내용을 표시한다.

성격별 분류방법	기능별 분류방법(매출원가법)
당기손익에 포함된 비용은 그 성격(예: 감가상각비, 원재료의 구입, 운송비, 종업원급여와 광고비)별로 통합하며, 기능별로 재배분하지 않는다.	비용을 매출원가, 그리고 물류원가와 관리활동원가 등과 같이 기능별로 분류한다. 이 방법에서는 적어도 매출원가를 다른 비용과 분리하여 공시한다.

비용을 성격별로 분류하는 경우 비용을 기능별 분류로 배분할 필요가 없기 때문에 적용이 간단하다는 장점이 있다. 한편 비용의 기능별 분류방법은 성격별 분류보다 재무제표 이용자에게 더욱 목적적합한 정보를 제공할 수 있다는 장점이 있지만, 비용을 기능별로 배분하는데 자의적인 배분과 상당한 정도의 판단이 개입될 수 있다는 문제점이 제기될 수 있다. 그리고 비용의 성격에 대한 정보가 미래현금흐름을 예측하는 데 유용하기 때문에, 비용을 기능별로 분류하는 경우에는 추가 공시가 필요하기도 하다.

(5) 당기순손익과 기타포괄손익의 구분과 표시

한 기간에 인식되는 모든 수익과 비용 항목은 한국채택국제회계기준이 달리 정하지 않는 한 당기손익으로 인식한다. 그리고 기타포괄손익의 표시에는 다음의 지침에 따른다.

① 당해 기간의 기타포괄손익금액을 다른 한국채택국제회계기준에 따라 후속적으로 당기손익으로 재분류되지 않는 항목과 재분류되는 항목을 각각 집단으로 묶어 표시한다.
② 기타포괄손익의 항목은 관련 법인세비용을 차감한 순액으로 표시하거나, 법인세비용차감전 금액으로 표시할 수 있다.
③ 기타포괄손익의 항목과 관련된 재분류조정을 공시한다.

(6) 열거된 기타포괄손익항목

재분류되지 않는 항목	재분류되는 항목
① 유·무형자산의 재평가잉여금 ② 확정급여제도의 재측정요소 ③ 기타포괄손익-공정가치 측정선택 금융자산평가손익 ④ 당기손익-공정가치 측정지정 금융부채평가손익 중 신용위험변동에 따른 부분	① 기타포괄손익-공정가치 측정 금융자산평가손익 ② 해외사업환산손익 ③ 현금흐름위험회피 파생상품평가손익 중 위험회피에 효과적인 부분 ④ 지분법기타포괄손익*

* 발생원천이 무엇인지에 따라 재분류가 금지될 수도 있음

7. 재무제표에 대한 주석에 표시되는 정보

주석은 다음의 정보를 제공한다.

① 재무제표 작성 근거와 구체적인 회계정책에 대한 정보

② 한국채택국제회계기준에서 요구하는 정보이지만 재무제표 어느 곳에도 표시되지 않는 정보

③ 재무제표 어느 곳에도 표시되지 않지만 재무제표를 이해하는 데 목적적합한 정보

II 중간재무보고

1. 중간재무보고의 의의

중간재무보고란 중간기간(한 회계연도보다 짧은 회계기간)에 대한 재무보고를 말하며, 중간재무보고서란 중간기간에 대한 재무보고서로서 기업회계기준서 제1001호 '재무제표 표시'에 따른 전체 재무제표 또는 이 기준서에 따른 요약재무제표를 포함한 보고서를 말한다.

2. 중간재무보고서의 구성요소

중간재무보고서에는 연차재무제표에 비하여 적은 정보를 공시할 수 있으나, 최소한 다음의 구성요소를 포함하여야 한다.

(1) 요약 재무제표 (재무상태표, 하나 또는 그 이상의 포괄손익계산서, 자본변동표, 현금흐름표)

(2) 선별적 주석

3. 중간재무제표에서의 비교표시

(1) 재무상태표 : 당해 중간보고기간말 vs 직전 연차보고기간말

(2) 포괄손익계산서 : 당해 중간기간 및 당해 보고기간 누적기간 vs 직전보고기간의 동일기간

(3) 자본변동표와 현금흐름표 : 당해 보고기간 누적기간 vs 직전보고기간의 동일기간

4. 회계정책의 적용

중간재무보고시 원칙적으로 연차기준과 동일한 회계정책을 적용(인식 · 측정)한다.

(1) 수익과 비용을 미리예측하여 인식하거나 이연시키는 방법의 적용시 연차기준과 동일한 판단기준을 적용한다.

(2) 연차기준과 중간기준의 측정 모두 합리적인 추정에 근거하지만, 일반적으로 중간기준의 측정은 연차기준의 측정보다 추정을 많이 사용한다.

(3) 직전 연차재무보고서를 연결기준으로 작성하였다면 중간재무보고서도 연결기준으로 작성해야 한다. 지배기업의 별도재무제표는 직전 연차연결재무제표와 일관되거나 비교가능한 재무제표가 아니다.

III 회계변경과 오류수정

1. 회계정책과 회계정책의 변경

(1) 회계정책

① 회계정책의 정의

회계정책이란 기업이 재무제표를 작성 · 표시하기 위하여 적용하는 구체적인 원칙, 근거, 관습, 규칙 및 관행을 말한다.

② 회계정책의 개발 및 적용

거래, 기타 사건 또는 상황에 대하여 구체적으로 적용할 수 있는 한국채택국제회계기준이 없는 경우, 경영진은 판단에 따라 회계정책을 개발 및 적용하여 회계정보를 작성할 수 있으며, 이 때 회계정보는 다음과 같은 특성을 모두 보유하여야 한다.

a. 이용자의 경제적 의사결정 요구에 목적적합하다.

b. 신뢰할 수 있다.

위의 사항을 판단을 하는 경우, 경영진은 다음 사항을 순차적으로 참조하여 적용가능성을 고려한다.

a. 내용상 유사하고 관련되는 회계논제를 다루는 한국채택국제회계기준의 규정

b. 자산, 부채, 수익, 비용에 대한 '개념체계'의 정의, 인식기준 및 측정개념

(2) 회계정책 적용의 일관성

한국채택국제회계기준에서 특정 범주별로 서로 다른 회계정책을 적용하도록 규정하거나 허용하는 경우를 제외하고는 유사한 거래, 기타 사건 및 상황에는 동일한 회계정책을 선택하여 일관성 있게 적용한다. 만약 한국채택국제회계기준에서 범주별로 서로 다른 회계정책을 적용하도록 규정하거나 허용하는 경우, 각 범주에 대하여 선택한 회계정책을 일관성 있게 적용한다.

(3) 회계정책의 변경

기업은 다음 중 하나의 경우에 회계정책을 변경할 수 있다.

① 한국채택국제회계기준에서 회계정책의 변경을 요구하는 경우

② 회계정책의 변경을 반영한 재무제표가 거래, 기타 사건 또는 상황이 재무상태, 재무성과 또는 현금흐름에 미치는 영향에 대하여 신뢰성 있고 더 목적적합한 정보를 제공하는 경우

한국채택국제회계기준을 적용함에 있어, 적용하는 회계정책을 변경하는 사례는 다음과 같다.

> ① 유형자산(투자부동산) 평가모형 : 원가모형 ↔ 재평가모형(공정가치모형)
> ② 재고자산 단가결정방법 : 선입선출법 ↔ 가중평균법

다만, 다음의 경우는 회계정책의 변경에 해당하지 아니한다.

① 과거에 발생한 거래와 실질이 다른 거래, 기타 사건 또는 상황에 대하여 다른 회계정책을 적용하는 경우

② 과거에 발생하지 않았거나 발생하였어도 중요하지 않았던 거래, 기타 사건 또는 상황에 대하여 새로운 회계정책을 적용하는 경우

또한 유형자산과 무형자산을 재평가하는 회계정책을 최초로 적용하는 경우의 회계정책 변경은 회계정책변경의 일반원칙(K-IFRS 1008)을 적용하지 아니하고 해당기준서(K-IFRS 1016, K-IFRS 1038)에 따라 회계처리한다.

(4) 회계정책변경시의 회계처리

① 회계처리의 일반원칙 : 소급적용

회계정책의 변경은 특정기간에 미치는 영향이나 누적효과를 실무적으로 결정할 수 없는 경우 등을 제외하고는 소급적용한다. 여기서 소급적용이란 새로운 회계정책을 처음부터 적용한 것처럼 거래, 기타 사건 및 상황에 적용하는 것을 말하는데, 구체적으로는 비교표시되는 가장 이른 과거기간의 영향 받는 자본의 각 구성요소의 기초 금액과 비교 공시되는 각 과거기간의 기타 대응금액을 새로운 회계정책이 처음부터 적용된 것처럼 조정한다.

② 소급적용의 예외

비교표시되는 하나 이상의 과거기간의 비교정보에 대해 특정기간에 미치는 회계정책 변경의 영향을 실무적으로 결정할 수 없는 경우, 실무적으로 소급적용할 수 있는 가장 이른 회계기간의 자산 및 부채의 기초장부금액에 새로운 회계정책을 적용하고, 그에 따라 변동하는 자본 구성요소의 기초금액을 조정한다.

그리고, 당기 기초시점에 과거기간 전체에 대한 새로운 회계정책 적용의 누적효과를 실무적으로 결정할 수 없는 경우, 실무적으로 적용할 수 있는 가장 이른 날부터 새로운 회계정책을 전진적용하여 비교정보를 재작성한다.

2. 회계추정의 변경

(1) 회계추정의 의의

회계추정의 변경이란 자산과 부채의 현재 상태를 평가하거나 자산과 부채와 관련된 예상되는 미래효익과 의무를 평가한 결과에 따라 자산이나 부채의 장부금액 또는 기간별 자산의 소비액을 조정하는 것을 말한다. 합리적 추정을 사용하는 것은 재무제표 작성의 필수적인 과정이며 재무제표의 신뢰성을 손상시키지 않는다.

(2) 회계추정의 사례

사업활동에 내재된 불확실성으로 인하여 재무제표의 많은 항목이 정확히 측정될 수 없고 추정될 수 밖에 없다. 추정은 최근의 이용가능하고 신뢰성 있는 정보에 기초한 판단을 수반한다. 추정이 필요할 수 있는 항목의 예는 다음과 같다.

① 대손

② 재고자산 진부화

③ 금융자산이나 금융부채의 공정가치

④ 감가상각자산의 내용연수 또는 감가상각자산에 내재된 미래경제적효익의 기대소비 행태

⑤ 품질보증의무

(3) 회계추정의 변경과 회계정책 변경 그리고 오류수정의 구분

추정의 근거가 되었던 상황의 변화, 새로운 정보의 획득, 추가적인 경험의 축적이 있는 경우 추정의 수정(회계추정의 변경)이 필요할 수 있다. 회계추정의 변경은 새로운 정보의 획득, 새로운 상황의 전개 등에 따라 지금까지 사용해오던 회계적 추정치를 바꾸는 것이며, 따라서 이는 오류수정에 해당하지 아니한다.

측정기준의 변경은 회계추정의 변경이 아니라 회계정책의 변경에 해당한다. 회계정책의 변경과 회계추정의 변경을 구분하는 것이 어려운 경우에는 이를 회계추정의 변경으로 본다.

(4) 회계추정 변경시의 회계처리

① 회계처리의 일반원칙 : 전진적용

회계추정의 변경효과는 다음의 회계기간의 당기손익에 포함하여 전진적으로 인식한다.

a. 변경이 발생한 기간에만 영향을 미치는 경우에는 변경이 발생한 기간

b. 변경이 발생한 기간과 미래기간에 모두 영향을 미치는 경우에는 변경이 발생한 기간과 미래 기간

회계추정의 변경효과를 전진적으로 인식하는 것은 추정의 변경을 그것이 발생한 시점 이후부터 거래, 기타 사건 및 상황에 적용하는 것을 말한다. 회계추정의 변경은 당기손익에만 영향을 미치는 경우와 당기손익과 미래기간의 손익에 모두 영향을 미치는 경우가 있다. 예를 들면, 대손에 대한 추정의 변경은 당기손익에만 영향을 미치므로 변경의 효과가 당기에 인식된다. 그러나 감가상각자산의 추정내용연수의 변경 또는 감가상각자산에 내재된 미래경제적효익의 기대소비 형태의 변경은 당기의 감가상각비뿐만 아니라 그 자산의 잔존 내용연수동안 미래기간의 감가상각비에 영향을 미친다. 위의 두 경우 모두 당기에 미치는 변경의 효과는 당기손익으로 인식하며, 미래기간에 영향을 미치는 변경의 효과는 해당 미래기간의 손익으로 인식한다.

② 전진적용의 예외

회계추정의 변경이 자산 및 부채의 장부금액을 변경하거나 자본의 구성요소에 관련되는 경우, 회계추정을 변경한 기간에 관련 자산, 부채 또는 자본 구성요소의 장부금액을 조정하여 회계추정의 변경효과를 인식한다.

3. 오류수정

(1) (전기)회계오류의 의의

전기오류란 과거기간 동안에 재무제표를 작성할 때 신뢰할 만한 정보를 이용하지 못했거나 잘못 이용하여 발생한 재무제표에의 누락이나 왜곡표시를 말한다. 이러한 오류에는 산술적 계산오류, 회계정책의 적용 오류, 사실의 간과 또는 해석의 오류 및 부정 등의 영향을 포함한다.

오류는 재무제표 구성요소의 인식, 측정, 표시 또는 공시와 관련하여 발생할 수 있다. 기업의 재무상태, 재무성과 또는 현금흐름을 특정한 의도대로 표시하기 위하여 중요하거나 중요하지 않은 오류를 포함하여 작성된 재무제표는 한국채택국제회계기준에 따라 작성되었다고 할 수 없다. 당기 중에 발견한 당기의 잠재적 오류는 재무제표의 발행승인일 전에 수정한다. 그러나 중요한 오류를 후속기간에 발견하는 경우, 이러한 전기오류는 해당 후속기간의 재무제표에 비교표시된 재무정보를 재작성하여 수정한다.

(2) 오류수정의 회계처리

① 회계처리의 일반원칙 : 소급적용

중요한 전기오류가 발견된 이후 최초로 발행을 승인하는 재무제표에 다음의 방법으로 전기오류를 소급하여 수정한다.

a. 오류가 발생한 과거기간의 재무제표가 비교표시되는 경우에는 그 재무정보를 재작성한다.

b. 오류가 비교표시되는 가장 이른 과거기간 이전에 발생한 경우에는 비교표시되는 가장 이른 과거기간의 자산, 부채 및 자본의 기초금액을 재작성한다.

② 소급적용의 예외

오류의 누적효과를 실무적으로 결정할 수 없는 경우에는 다음과 같이 회계처리 한다.

a. 비교표시되는 하나 이상의 과거기간의 비교정보에 대해 특정기간에 미치는 오류의 영향을 실무적으로 결정할 수 없는 경우, 실무적으로 소급재작성할 수 있는 가장 이른 회계기간의 자산, 부채 및 자본의 기초금액을 재작성한다.

b. 당기 기초시점에 과거기간 전체에 대한 오류의 누적효과를 실무적으로 결정할 수 없는 경우, 실무적으로 적용할 수 있는 가장 이른 날부터 전진적으로 오류를 수정하여 비교정보를 재작성한다.

제 2 절 기출 및 연습문제

재무제표의 작성과 표시

대표예제 지방직 9급, 2011 기출수정

당기순손익과 총포괄손익간의 차이를 발생시키는 항목을 모두 고른 것은?

㉠ 기타포괄손익 - 공정가치 측정 금융자산평가손익
㉡ 자기주식처분이익
㉢ 지분법이익
㉣ 현금흐름위험회피 파생상품평가손익 중 위험회피에 효과적인 부분
㉤ 주식할인발행차금
㉥ 해외사업장외화환산손익

① ㄱ, ㄴ, ㄹ ② ㄱ, ㄹ, ㅂ
③ ㄴ, ㄷ, ㅁ ④ ㄹ, ㅁ, ㅂ

해답 ②

총포괄손익은 당기순손익과 기타포괄손익의 합이다. 따라서 총포괄손익과 당기순손익의 차이는 기타포괄손익이 된다. 한국채택국제회계기준에 열거된 기타포괄손익의 주요 항목은 다음과 같다.

① 유형자산과 무형자산의 재평가잉여금(후속적 재분류 금지)
② 확정급여제도의 재측정요소(후속적 재분류 금지)
③ 기타포괄손익 - 공정가치 측정 금융자산평가손익(후속적으로 재분류함)
④ 기타포괄손익 - 공정가치 측정선택 금융자산평가손익(후속적 재분류 금지)
⑤ 당기손익 - 공정가치 측정지정 금융부채평가손익 중 신용위험 변동으로 인한 부분(후속적으로 재분류함)
⑥ 해외사업환산손익(후속적으로 재분류함)
⑦ 현금흐름위험회피 파생상품평가손익 중 위험회피에 효과적인 부분(후속적으로 재분류함)
⑧ 지분법기타포괄손익(경우에 따라 재분류 하거나 재분류가 금지됨)

01 한국채택국제회계기준에서 기타포괄손익 항목에 포함되지 않는 것은? [국가직 9급, 2012 기출수정]

① 재평가잉여금의 변동

② 확정급여제도의 재측정요소

③ 기타포괄손익－공정가치 측정 금융자산평가손익

④ 화폐성항목의 외화환산손익

02 기타포괄손익 항목 중 재분류조정과 관련하여 성격이 다른 것은? [국가직 9급, 2014 기출수정]

① 재평가잉여금

② 기타포괄손익-공정가치 측정 금융자산(기타포괄손익-공정가치 측정 선택 금융자산이 아님) 평가손익

③ 해외사업환산손익

④ 현금흐름위험회피 파생상품평가손익 중 위험회피에 효과적인 부분

03 재무상태표에 대한 설명으로 옳지 않은 것은? [국가직 7급, 2020 기출]

① 기업이 재무상태표에 유동자산과 비유동자산, 그리고 유동부채와 비유동부채로 구분하여 표시하는 경우, 이연법인세자산(부채)은 유동자산(부채)으로 분류한다.

② 유동성 순서에 따른 표시방법이 신뢰성 있고 더욱 목적적합한 정보를 제공하는 경우를 제외하고는 유동자산과 비유동자산, 유동부채와 비유동부채로 재무상태표에 구분하여 표시한다.

③ 유동자산은 주로 단기매매목적으로 보유하고 있는 자산과 비유동금융자산의 유동성대체 부분을 포함한다.

④ 보고기간 후 12개월 이상 결제를 연기할 수 있는 무조건의 권리를 가지고 있지 않으면 유동부채로 분류한다.

04 다음 자료를 이용한 ㈜한국의 당기순이익은? [국가직 9급, 2019 기출]

• 매출액	₩60,000	• 임대료수익	₩1,000
• 매출원가	₩20,000	• 미지급급여	₩500
• 급 여	₩10,000	• 선급비용	₩3,000
• 감가상각비	₩6,000	• 선수수익	₩6,000
• 대손상각비	₩2,000	• 미지급 배당금	₩1,000
• 자기주식처분이익	₩3,000	• 유형자산처분이익	₩30,000
• 기타포괄손익-공정가치 측정 금융자산평가손실			₩5,000

① ₩48,000 ② ₩50,000

③ ₩52,000 ④ ₩53,000

05 상품매매기업이 비용의 기능별 분류법에 따라 단일의 포괄손익계산서를 작성하는 경우 최소한 표시해야 할 항목이 아닌 것은? [국가직 9급, 2014 기출]

① 법인세비용 ② 매출원가

③ 금융원가 ④ 특별손실

06 단일 포괄손익계산서를 작성할 때, 당기순손익의 산정 이후에 포함될 수 있는 것만을 모두 고른 것은?

[지방직 9급, 2016 기출수정]

> ㉠ 당기손익-공정가치 측정 금융자산평가이익
> ㉡ 유형자산에서 발생한 재평가잉여금 증가액
> ㉢ 해외사업장 환산외환차이
> ㉣ 유형자산손상차손
> ㉤ 확정급여제도의 재측정요소
> ㉥ 세후 중단영업손익

① ㄱ, ㄴ, ㄹ　　② ㄴ, ㄷ, ㅁ
③ ㄴ, ㄷ, ㅂ　　④ ㄷ, ㅁ, ㅂ

07 포괄손익계산서에서 당기순손익과 총포괄손익 간에 차이를 발생시키는 항목은?

[국가직 9급, 2018 기출수정]

① 확정급여제도 재측정요소
② 감자차손
③ 자기주식처분이익
④ 사채상환손실

08 20X6년 초에 설립된 ㈜한국의 손익 자료가 다음과 같을 때, 20X6년도의 당기순이익은? 단, 손상차손은 없다고 가정한다. [국가직 9급, 2017 기출수정]

매 출	₩2,000,000	매출원가	₩500,000
유형자산감가상각비	₩100,000	임대수익	₩100,000
유형자산재평가잉여금	₩200,000	이자비용	₩100,000
당기손익－공정가치 측정 금융자산평가손실			₩200,000
기타포괄손익－공정가치 측정 금융자산평가손실			₩100,000

① ₩1,000,000 ② ₩1,100,000
③ ₩1,200,000 ④ ₩1,300,000

09 한국채택국제회계기준에 의해 보고할 때, 해당하는 금액이 있을 경우 재무상태표에 적어도 표시해야 할 항목이 아닌 것은? [국가직 9급, 2011 기출]

① 생물자산 ② 유동자산
③ 투자부동산 ④ 지분법에 따라 회계처리하는 투자자산

10 한국채택국제회계기준에서 규정하고 있는 재무제표의 작성과 표시에 대한 설명으로 옳은 것은?

① 자산과 부채를 표시함에 있어 계정과목은 유동과 비유동으로 구분한 다음 유동성이 큰 순서대로 표시한다.

② 부채로 인식하기 위해서는 부채 인식 당시에 상환금액 및 상환시기를 확정할 수 있어야 한다.

③ 주석에는 '적용한 유의적인 회계정책의 요약'보다는 '한국채택국제회계기준을 준수하였다는 사실'을 먼저 표시하는 것이 일반적이다.

④ 한국채택국제회계기준이 달리 허용하거나 요구하는 경우를 제외하고는 당기 재무제표에 보고되는 정보에 대해 전기 비교정보를 공시한다. 다만 서술형 정보는 그러하지 아니하다.

11 재무제표 표시에 대한 설명으로 옳지 않은 것은? [지방직 9급, 2019 기출]

① 재무제표의 목적은 광범위한 정보이용자의 경제적 의사결정에 유용한 기업의 재무상태, 재무성과와 재무상태변동에 관한 정보를 제공하는 것이다.

② 전체 재무제표는 적어도 1년마다 작성한다. 따라서 보고기간 종료일을 변경하는 경우라도 재무제표의 보고기간은 1년을 초과할 수 없다.

③ 재무제표의 목적을 충족하기 위하여 자산, 부채, 자본, 차익과 차손을 포함한 광의의 수익과 비용, 소유주로서의 자격을 행사하는 소유주에 의한 출자와 소유주에 대한 배분 및 현금흐름 정보를 제공한다.

④ 재무제표는 위탁받은 자원에 대한 경영진의 수탁책임 결과도 보여준다.

12 한국채택국제회계기준에 근거한 재무제표 작성과 표시의 일반원칙에 관한 설명으로 옳지 않은 것은? [국가직 9급, 2014 기출]

① 기업은 현금흐름 정보를 제외하고는 발생기준 회계를 사용하여 재무제표를 작성한다.

② 한국채택국제회계기준에서 요구하거나 허용하지 않는 한 자산과 부채, 그리고 수익과 비용은 상계하지 아니한다.

③ 재무제표 본문에서 중요하지 않다고 판단하여 구분하여 표시하지 않은 항목은 주석에서도 구분하여 표시할 수 없다.

④ 한국채택국제회계기준이 달리 허용하거나 요구하는 경우를 제외하고는 당기 재무제표에 보고되는 모든 금액에 대해 전기 비교정보를 공시하며, 재무제표를 이해하는 데 목적적합하다면 서술형 정보의 경우에도 비교정보를 포함한다.

13 재무제표 작성과 관련된 설명으로 옳은 것은? [국가직 9급, 2016 기출]

① 기업의 재무제표는 발생기준 회계만을 사용하여 작성하며, 현금기준 회계는 사용하지 않는다.

② 포괄손익계산서 상의 비용은 성격별 분류법과 기능별 분류법 중에서 매출원가를 다른 비용과 분리하여 공시하는 기능별 분류법만으로 표시해야 한다.

③ 재무제표 표시에 있어 반드시 유사한 항목은 통합하고, 상이한 성격이나 기능을 가진 항목은 구분하여 표시하여야 한다.

④ 한국채택국제회계기준에서 요구하거나 허용하지 않는 한 자산과 부채 그리고 수익과 비용은 상계처리하지 아니한다.

14 한국채택국제회계기준의 개념체계에서 재무제표 작성과 관련된 기본가정으로 옳은 것은?

[국가직 9급, 2011 기출수정]

① 재무제표는 일반적으로 기업이 계속기업이며 예상가능한 기간 동안 영업을 계속할 것이라는 가정 하에 작성된다.

② 전체 재무제표는 적어도 1년마다 작성한다. 다만, 보고기간이 1년을 초과하거나 미달하는 경우에는 그 기간과 사유, 재무제표에 표시된 금액이 완전하게 비교가능하지 않다는 사실을 추가로 공시하여야 한다.

③ 기업을 소유주와는 독립적으로 존재하는 회계단위로 간주하고, 이 회계단위의 관점에서 그 경제활동에 대한 재무정보를 측정·보고한다.

④ 한국채택국제회계기준이 달리 허용하거나 요구하는 경우를 제외하고는 당기 재무제표에 보고되는 모든 금액에 대해 전기 비교정보를 공시한다.

15 비용의 성격별 분류와 기능별 분류에 대한 설명으로 옳은 것은?

[국가직 7급, 2016 기출]

① 비용의 성격별 분류는 기능별 분류보다 재무제표 이용자에게 더욱 목적적합한 정보를 제공할 수 있다.

② 비용의 성격별 분류는 기능별 분류보다 비용을 배분하는 데 자의성과 상당한 정도의 판단이 개입될 수 있다.

③ 비용을 성격별로 분류하는 경우 비용을 기능별 분류로 배분할 필요가 없기 때문에 적용이 간단할 수 있다.

④ 비용의 기능별 분류는 성격별 분류보다 미래현금흐름을 예측하는 데 더 유용하다.

16 비용의 분류에 대한 설명으로 옳지 않은 것은? [국가직 9급, 2019 기출]

① 비용은 빈도, 손익의 발생가능성 및 예측가능성의 측면에서 서로 다를 수 있는 재무성과의 구성요소를 강조하기 위해 세분류로 표시한다.

② 비용을 성격별로 분류하면 기능별 분류로 배분할 필요가 없어 적용이 간단하고 배분의 주관적 판단을 배제할 수 있다.

③ 비용을 기능별로 분류하면 재무제표 이용자에게 더욱 목적적합한 정보를 제공할 수 있지만 비용을 기능별로 배분하는 데에 자의적 판단이 개입될 수 있다.

④ 비용을 성격별로 분류하는 기업은 감가상각비, 종업원급여비용 등을 포함하여 비용의 기능별 분류에 대한 추가 정보를 제공한다.

17 ㈜한국은 포괄손익계산서에 표시되는 비용을 매출원가, 물류원가, 관리활동원가 등으로 구분하고 있다. 이는 비용항목의 구분표시 방법 중 무엇에 해당하는가? [국가직 9급, 2019 기출]

① 성격별 분류 ② 기능별 분류

③ 증분별 분류 ④ 행태별 분류

18 다음 중 재무제표의 표시와 작성에 대한 설명으로 옳은 것은? [KICPA, 2010 기출수정]

① 재무상태표에 표시되는 자산과 부채는 반드시 유동자산과 비유동자산, 유동부채와 비유동부채로 구분하여 표시해야 한다.

② 자본의 구성요소인 기타포괄손익누계액과 자본잉여금은 포괄손익계산서와 재무상태표를 연결시키는 역할을 한다.

③ 포괄손익계산서는 당기손익을 구성하는 요소와 기타포괄손익을 구성하는 요소로 구분 표시하여 반드시 하나의 보고서로 작성해야 한다.

④ 재분류조정(reclassification adjustments)은 당기나 과거 기간에 인식한 기타포괄손익을 당기의 손익으로 재분류하는 회계처리이다.

19 재무제표 작성 및 표시에 대한 설명으로 옳지 않은 것은? [국가직 9급, 2017 기출]

① 경영진은 재무제표를 작성할 때 계속기업으로서의 존속가능성을 평가해야 한다.

② 기업은 현금흐름 정보를 제외하고는 발생기준 회계를 사용하여 재무제표를 작성한다.

③ 중요하지 않은 항목은 성격이나 기능이 유사한 항목과 통합하여 표시할 수 있다.

④ 매출채권에 대해 대손충당금을 차감하여 순액으로 측정하는것은 상계표시에 해당한다.

20 재무제표 표시에 대한 설명으로 옳은 것은? [국가직 9급, 2018 기출]

① 재무상태표에 자산과 부채는 반드시 유동성 순서에 따라 표시하여야 한다.

② 정상적인 영업활동과 구분되는 거래나 사건에서 발생하는 것으로 그 성격이나 미래의 지속성에 차이가 나는 특별손익항목은 포괄손익계산서에 구분해서 표시하여야 한다.

③ 부적절한 회계정책이라도 공시나 주석 또는 보충 자료를 통해 잘 설명된다면 정당화될 수 있다.

④ 재무제표 항목의 표시와 분류방법의 적절한 변경은 회계정책 변경에 해당된다.

21 재무제표 표시 중 포괄손익계산서에 대한 설명으로 옳지 않은 것은? [지방직 9급, 2017 기출]

① 기타포괄손익의 항목(재분류조정 포함)과 관련한 법인세비용 금액은 포괄손익계산서나 주석에 공시하지 않는다.

② 기업의 재무성과를 이해하는 데 목적적합한 경우에는 당기손익과 기타포괄손익을 표시하는 보고서에 항목, 제목 및 중간합계를 추가하여 표시한다.

③ 한 기간에 인식되는 모든 수익과 비용 항목은 한국채택국제회계기준이 달리 정하지 않는 한 당기손익으로 인식한다.

④ 기업은 수익에서 매출원가 및 판매비와관리비(물류원가 등을 포함)를 차감한 영업이익(또는 영업손실)을 포괄손익계산서에 구분하여 표시한다.

22 포괄손익계산서에 대한 설명으로 옳지 않은 것은? [국가직 9급, 2020 기출]

① 비용을 기능별로 분류하는 기업은 감가상각비, 기타 상각비와 종업원급여비용을 포함하여 비용의 성격에 대한 추가 정보를 공시한다.

② 재분류조정을 주석에 표시하는 경우에는 관련 재분류조정을 반영한 후에 당기손익의 항목을 표시한다.

③ 수익과 비용의 어느 항목도 당기손익과 기타포괄손익을 표시하는 보고서 또는 주석에 특별손익 항목으로 표시할 수 없다.

④ 유형자산재평가잉여금을 이익잉여금으로 대체하는 경우 그 금액은 당기손익으로 인식하지 않는다.

23 재무제표 표시에 대한 설명으로 옳지 않은 것은? [국가직 7급, 2021 기출]

① 상이한 성격이나 기능을 가진 항목은 구분하여 표시하며, 다만 중요하지 않은 항목은 성격이나 기능이 유사한 항목과 통합하여 표시할 수 있다.

② 재무제표의 표시통화를 천 단위나 백만 단위로 표시할 때 중립성이 제고될 수 있으며, 이러한 표시는 금액 단위를 공시하고 중요한 정보가 누락되지 않는 경우에 허용될 수 있다.

③ 전체 재무제표(비교정보를 포함)는 적어도 1년마다 작성하며, 보고기간종료일을 변경하여 재무제표의 보고기간이 1년을 초과하거나 미달하는 경우 재무제표 해당 기간뿐만 아니라 보고기간이 1년을 초과하거나 미달하게 된 이유와 재무제표에 표시된 금액이 완전하게 비교가능하지는 않다는 사실을 추가로 공시한다.

④ 재무제표 항목의 표시나 분류를 변경하는 경우 실무적으로 적용할 수 없는 것이 아니라면 비교금액도 재분류해야 하며, 비교금액을 재분류할 때 재분류의 성격, 재분류된 개별 항목이나 항목군의 금액, 재분류의 이유를 공시한다(전기 기초 포함).

24 '재무제표의 표시'의 일반사항에 대한 설명으로 옳지 않은 것은? [국가직 7급, 2019 기출]

① 계속기업으로서의 존속능력에 유의적인 의문이 제기될 수 있는 사건이나 상황과 관련한 중요한 불확실성을 알게 된 경우, 경영진은 그러한 불확실성을 공시하여야 한다.

② 매출채권에 대한 대손충당금과 같은 평가충당금을 차감하여 관련 자산을 순액으로 측정하는 것은 상계표시에 해당하지 아니한다.

③ 한국채택국제회계기준이 달리 허용하거나 요구하는 경우를 제외하고는 당기 재무제표에 보고되는 모든 금액에 대해 전기 비교정보를 표시하며, 서술형 정보는 당기 정보만 표시한다.

④ 기업은 현금흐름 정보를 제외하고는 발생기준 회계를 사용하여 재무제표를 작성한다.

25 주석에 관한 설명으로 옳지 않은 것은? [국가직 9급, 2020 기출]

① 한국채택국제회계기준에서 요구하는 정보이지만 재무제표 어느 곳에도 표시되지 않는 정보를 제공한다.

② 재무제표 어느 곳에도 표시되지 않지만 재무제표를 이해하는 데 목적적합한 정보를 제공한다.

③ 재무제표의 이해가능성과 비교가능성에 미치는 영향을 고려하여 실무적으로 적용 가능한 한 체계적인 방법으로 표시한다.

④ 재무제표에 첨부되는 서류로 주요 계정과목의 변동을 세부적으로 기술한 보조적 명세서이다.

26 중간재무보고에 대한 설명으로 옳지 않은 것은? [국가직 9급, 2019 기출]

① 중간재무보고는 6개월, 3개월 등으로 보고기간을 설정할 수 있다.

② 직전 연차 재무보고서를 연결기준으로 작성하였다면 중간재무보고서도 연결기준으로 작성해야 한다.

③ 중간재무보고서는 당해 회계연도 누적기간을 직전 연차보고기간 말과 비교하는 형식으로 작성한 재무상태표를 포함하여야 한다.

④ 중간재무보고서는 당해 회계연도 누적기간을 직전 회계연도의 동일기간과 비교하는 형식으로 작성한 현금흐름표를 포함하여야 한다.

27 20X3년 12월 31일 현재 ㈜한국의 재무제표 정보를 이용하여 계산한 유동자산 금액은? [국가직 7급, 2017 기출]

- 20X1년 10월 1일 3년 만기로 발행한 사채의 장부금액 ₩100,000이 남아 있다.
- 결산일 현재 만기가 8개월 남은 정기예금 ₩200,000이 있다.
- 당좌예금 ₩50,000이 있다.
- 만기가 3년 남은 정기적금 ₩500,000이 있다.
- ₩100,000에 취득한 단기매매금융자산의 기말 공정가치가 ₩150,000이다.

① ₩900,000　　② ₩500,000

③ ₩400,000　　④ ₩350,000

28 ㈜한국은 20X1년 1월 1일 영업을 시작하였다. 20X1년과 20X2년에 발생한 다음 거래들을 참고하여 20X2년 말 재무제표에 자산으로 계상하여야 할 금액은? 단, 일자는 월할 계산 하며, 금액 정보가 없는 자산항목은 계산에 반영하지 않는다. [국가직 7급, 2017 기출]

일 자	내 용
20X1. 3. 1.	제품 제작용 기기를 ₩10,000에 구입하면서 운반비 ₩500과 설치비 ₩1,500을 함께 지급하였다. 감가상각은 내용연수 5년, 잔존가액 ₩0으로 정액법을 사용한다.
20X2. 1. 7.	20X1년 말에 주차장으로 사용할 목적으로 토지를 ₩100,000에 구입하고 구입한 토지위의 사용하지 못하는 건물에 대한 철거비용으로 ₩20,000을 지급하였다. 철거에서 파생된 고철은 ₩5,000에 처분하였다.
20X2. 6. 1.	₩6,000 상당의 소모품을 구입하여 20X2년 12월 31일까지 3/4을 사용하였다.
20X2. 7. 1.	₩100,000 상당의 상품을 매입하여 이 중 ₩10,000 상당의 상품은 불량으로 인하여 반품하고 나머지 상품 중 90%는 20X2년 12월 31일까지 판매하였다.
20X2. 10. 1.	₩20,000의 무상증자를 실시하였다.

① ₩128,100　　② ₩133,100

③ ₩134,100　　④ ₩153,100

29 ㈜한국의 20X4년 말 수정전시산표와 결산정리사항은 다음과 같다. 결산정리사항을 반영한 20X4년 말 재무상태표 상의 자산총액은?

[지방직 9급, 2017 기출수정]

수정전시산표

과 목	금 액	과 목	금 액
현 금	₩92,000	매입채무	₩32,000
매출채권	65,000	손실충당금	2,000
상 품	5,000	단기차입금	35,000
매 입	100,000	미지급금	50,000
건 물	300,000	미지급비용	10,000
임차료	10,000	감가상각누계액	30,000
급 여	7,500	자본금	250,000
보험료	3,500	이익잉여금	40,000
이자비용	5,000	매 출	135,000
		임대수익	4,000
차변합계	₩588,000	대변합계	₩588,000

<결산정리사항>

- 20X4년 말 재고자산은 ₩3,500이다.
- 건물 ₩300,000은 20X3년 1월 1일에 취득하였고 정액법(내용연수 10년, 잔존가액 ₩0)으로 상각한다. 단, 건물은 원가모형을 적용한다.
- 보험료 미경과액은 ₩1,750이다.
- 20X4년 말 현재 매출채권의 회수가능액을 ₩60,000으로 추정하였다.

① ₩397,250　② ₩430,000
③ ₩462,250　④ ₩530,000

30 제조기업인 ㈜한국의 20X1년도 자료를 이용하여 영업손익을 계산하면? [국가직 9급, 2019 기출수정]

• 매출액	₩100,000
• 이자비용	₩5,000
• 이자수익	₩10,000
• 매출원가	₩70,000
• 감가상각비	₩10,000
• 종업원급여	₩5,000
• 기타포괄손익-공정가치 측정 금융자산평가이익	₩10,000
• 광고선전비	₩5,000

① 영업이익 ₩10,000　　② 영업손실 ₩10,000

③ 영업이익 ₩20,000　　④ 영업손실 ₩20,000

회계변경과 오류수정

대표예제 국가직 9급, 2012 기출

다음 ㈜한국의 재무자료를 이용하여 계산한 20X2년의 당기순이익은?

(1) 20X2년의 수정 전 당기순이익은 ₩46,000이다.

(2) 기말에 발견된 오류는 다음과 같다.

① 기말재고자산을 ₩10,000 과대계상하였다.

② 선급비용 ₩5,000을 당기비용으로 처리하였다.

③ 미지급비용 ₩3,000을 누락하였다.

④ 20X2년 초에 현금으로 지급한 기계장치에 대한 자본적 지출액 ₩20,000을 수선비로 처리하였다. 기계장치의 잔존가치는 없으며, 내용연수는 20X2년초부터 시작하여 5년이며, 정액법으로 감가상각한다.

(3) 법인세는 무시하며, 모든 오류는 중대하다고 가정한다.

① ₩50,000　　② ₩54,000

③ ₩58,000　　④ ₩64,000

해답 ②

오류수정에 필요한 수정분개는 다음과 같다.

(차)	매출원가	10,000	(대)	재고자산	10,000
(차)	선급비용	5,000	(대)	당기비용	5,000
(차)	당기비용	3,000	(대)	미지급비용	3,000
(차)	기계장치	20,000	(대)	수선비	20,000
	감가상각비	4,000		감가상각누계액	4,000

• 정확한 당기순이익 = ₩46,000 − ₩10,000 + ₩5,000 − ₩3,000 + ₩20,000 − ₩4,000
= ₩54,000

31 회계변경을 회계정책의 변경과 회계추정의 변경으로 분류할 때, 그 분류가 다른 것은?

[국가직 9급, 2017 기출수정]

① 감가상각자산의 감가상각방법을 정률법에서 정액법으로 변경

② 감가상각자산의 내용연수를 10년에서 15년으로 변경

③ 감가상각자산의 잔존가치를 취득원가의 10%에서 5%로 변경

④ 감가상각자산의 측정모형을 원가모형에서 재평가모형으로 변경

32 회계정책의 변경에 해당하지 않는 것은?

[국가직 7급, 2017 기출]

① 유형자산 감가상각 방법을 정액법에서 정률법으로 변경

② 투자부동산 평가방법을 원가모형에서 공정가치모형으로 변경

③ 재고자산 측정방법을 선입선출법에서 평균법으로 변경

④ 영업권에 대해 정액법 상각에서 손상모형으로 변경

33 12월 말 결산법인인 ㈜한국은 당기와 전기금액을 비교표시하는 형태로 재무제표를 작성하고 있다. ㈜한국은 20X1년 급여 ₩20,000에 대한 회계처리를 누락하고, 20X1년도 결산이 마무리 된 후인 20X2년 6월 30일에 동 급여를 지급하여 비용으로 계상하였다. ㈜한국이 20X2년 11월 1일에 이러한 오류를 발견하였다면, 전기오류수정을 위한 회계처리로 옳은 것은? [국가직 9급, 2012 기출수정]

①	(차) 급 여	₩20,000	(대) 현 금	₩20,000
②	(차) 이익잉여금	₩20,000	(대) 급 여	₩20,000
③	(차) 급 여	₩20,000	(대) 이익잉여금	₩20,000
④	(차) 미지급급여	₩20,000	(대) 급 여	₩20,000

34 다음은 ㈜한국의 비품과 관련된 내용이다. 오류수정 분개로 옳은 것은? [국가직 9급, 2013 기출]

- ㈜한국은 20X1년 1월 1일 비품에 대해 수선비 ₩10,000을 비용으로 회계처리 했어야 하나 이를 비품의 장부금액에 가산하여 정액법으로 상각하였다.
- 20X1년 1월 1일 수선비 지출시 비품의 잔여 내용연수는 5년이고 잔존가치는 없다.
- 20X3년도 재무제표 마감 전 수선비 지출에 대한 오류가 발견되었다. 단, 법인세효과는 무시하며 해당 비품의 최초 취득원가는 ₩500,000이다.

①	(차) 이익잉여금	₩10,000	(대) 비 품	₩10,000
	감가상각누계액	₩6,000	감가상각비	₩6,000
②	(차) 이익잉여금	₩10,000	(대) 비 품	₩10,000
	감가상각누계액	₩2,000	감가상각비	₩2,000
③	(차) 이익잉여금	₩4,000	(대) 비 품	₩10,000
	감가상각누계액	₩6,000		
④	(차) 이익잉여금	₩6,000	(대) 비 품	₩10,000
	감가상각누계액	₩6,000	감가상각비	₩2,000

35 결산과정에서 아래의 수정사항을 반영하기 전 법인세비용차감전순이익이 ₩100,000인 경우, 수정사항을 반영한 후의 법인세비용차감전순이익은? [지방직 9급, 2015 기출수정]

- 선급보험료 ₩30,000 중 1/3의 기간이 경과하였다.
- 대여금에 대한 이자발생액은 ₩20,000이다.
- 미지급급여 ₩4,000이 누락되었다.
- 유형자산의 재평가*로 인한 자산재평가손실 ₩50,000이 누락되었다.
- 기타포괄손익－공정가치 측정 금융자산평가이익 ₩16,000이 누락되었다.
- 자기주식처분이익 ₩30,000이 누락되었다.

* 동 유형자산은 당기에 처음으로 재평가한 것이다.

① ₩56,000　② ₩72,000

③ ₩102,000　④ ₩106,000

36 ㈜대한은 20X6년에 처음 회계감사를 받았는데, 기말상품재고에 대하여 다음과 같은 오류가 발견되었다. 각 연도별로 ㈜대한이 보고한 당기순이익이 다음과 같을 때, 20X6년의 오류 수정 후 당기순이익은? 단, 법인세효과는 무시한다. [국가직 9급, 2016 기출]

연 도	당기순이익	기말상품재고(오류내용)
20X4년	₩15,000	₩2,000(과소평가)
20X5년	₩20,000	₩3,000(과소평가)
20X6년	₩25,000	₩2,000(과대평가)

① ₩25,000　② ₩23,000

③ ₩22,000　④ ₩20,000

37 ㈜한국이 20X1년에 재고자산 평가방법을 선입선출법에서 총평균법으로 변경한 결과 20X1년 기초재고자산과 기말재고자산이 각각 ₩50,000, ₩20,000 감소하였다. 이와 같은 회계변경이 ㈜한국의 20X1년 기초이익잉여금과 당기순이익에 미치는 영향은? [지방직 9급, 2019 기출]

	기초이익잉여금	당기순이익
①	₩50,000 감소	₩20,000 감소
②	₩50,000 증가	₩20,000 감소
③	₩50,000 감소	₩30,000 증가
④	영향 없음	₩30,000 증가

38 ㈜한국의 외부감사인은 ㈜한국이 제시한 20X7년도 포괄손익계산서에서 다음과 같은 오류가 있음을 발견하였다. 오류 수정 전 당기순이익은 ₩10,000,000이다.

• 임차료 과대계상액	₩900,000
• 이자수익 과소계상액	₩600,000
• 감가상각비 과소계상액	₩500,000
• 기말상품 과대계상액	₩300,000

상기 오류를 수정한 후의 올바른 당기순이익은? [국가직 9급, 2018 기출]

① ₩9,300,000　② ₩9,500,000

③ ₩9,800,000　④ ₩10,700,000

39 다음은 ㈜한국이 20X1년도 재무제표 작성 시 누락한 거래들이다. 이를 반영할 경우 20X1년도에 증가하는 당기순이익은?

[국가직 9급, 2018 기출]

- 토지 최초 재평가로 인한 기말 평가이익 ₩30,000
- 사업결합과정에서 발생한 염가매수차익 ₩15,000
- 공정가치모형 적용 투자부동산의 기말 평가이익 ₩14,000
- 당기손익-공정가치 측정 금융자산으로 분류되는 주식 취득시 발생한 거래원가 ₩10,000

① ₩5,000
② ₩19,000
③ ₩29,000
④ ₩49,000

40 ㈜한국은 당기에 다음과 같은 오류를 발견하고, 장부 마감 전에 이를 수정하였다. 오류수정 전 당기순이익이 ₩100,000이라고 할 때, 오류수정 후 당기순손익은?

[지방직 9급, 2019 기출]

- 당기 7월 1일 수령한 선수임대료 ₩120,000을 전액 임대료수익으로 계상하였다. (임대기간은 당기 7월 1일부터 차기 6월 30일까지이다)
- 당기 발생 미지급급여 ₩100,000을 누락하고 인식하지 않았다.
- 당기 발생 미수이자 ₩40,000을 누락하고 인식하지 않았다.
- FOB 도착지 인도조건으로 당기 12월 29일 선적하여 차기 1월 5일 인도예정인 상품에 대해 당기 12월 29일에 매출 ₩200,000과 매출원가 ₩150,000을 인식하였다.

① 당기순이익 ₩30,000
② 당기순이익 ₩70,000
③ 당기순손실 ₩70,000
④ 당기순손실 ₩150,000

제 3 절 정답 및 해설

재무제표의 작성과 표시

01 ④

화폐성 항목의 외화환산손익은 한국채택국제회계기준에서 열거된 기타포괄손익항목이 아니므로 당기손익 항목이다.

02 ①

재평가잉여금은 후속적으로 재분류조정이 금지되는 기타포괄손익항목이지만 나머지 항목은 후속적으로 재분류조정 된다.

03 ①

기업이 재무상태표에 유동자산과 비유동자산, 그리고 유동부채와 비유동부채로 구분하여 표시하는 경우, 이연법인세자산(부채)은 비유동자산(부채)으로 분류한다.

04 ④

(1) 당기순이익 = 당기수익 - 당기비용 = ₩53,000
(2) 당기수익 : 매출액, 임대료수익, 유형자산처분이익 (합계금액 : ₩91,000)
(3) 당기비용 : 매출원가, 급여, 감가상각비, 대손상각비 (합계금액 : ₩38,000)

05 ④

한국채택국제회계기준에서는 수익, 영업이익, 금융원가, 법인세비용, 중단영업손익 등을 반드시 표시(금액이 있는 경우)하여야 할 항목으로 규정하고 있으며, 비용을 기능별로 분류할 경우 비용을 매출원가, 물류비, 마케팅비 등으로 분류표시하여야 한다.

06 ②

본 문제는 기타포괄손익에 해당하는 항목을 고르는 문제이다. 국제회계기준에서 기타포괄손익 항목으로 열거한 항목을 반드시 숙지하여야 할 것이다(Section 1 주요 내용요약 참조).

07 ①

포괄손익계산서에서 당기순손익과 총포괄손익 간에 차이를 발생시키는 이유는 기타포괄손익 때문이다. 주어진 보기 중에 기타포괄손익에 해당하는 것은 확정급여제도의 재측정요소뿐이다. 참고로 감자차손은 자본조정 항목이고 자기주식처분이익은 자본잉여금 항목이며 사채상환손실은 당기손실 항목이다.

08 ③

유형자산재평가잉여금과 기타포괄손익-공정가치 측정 금융자산평가손실은 기타포괄손익으로 인식하므로, 이를 제외한 손익이 당기순이익이 된다. 따라서 ㈜한국의 20X6년도 당기순이익은 다음과 같이 계산할 수 있다.

항 목	금 액
매 출	₩2,000,000
매출원가	(500,000)
유형자산감가상각비	(100,000)
임대수익	100,000
이자비용	(100,000)
당기손익-공정가치 측정 금융자산평가손실	(200,000)
당기순이익	₩1,200,000

09 ②

한국채택국제회계기준 제1001호(재무제표 표시)에 열거된 '재무상태표에 표시되는 정보'에는 유동자산이 열거되어 있지 않다(Section 1 주요 내용요약 참조).

10 ③

① 반드시 유동성 구분을 해야 할 필요는 없으며, 유동성 순서에 따른 표시방법을 따를

필요도 없다.

② 인식 당시 미래 상환할 금액과 상환시기를 확정할 수 없는 충당부채도 부채로 인식할 수 있다.

④ 당기 재무제표를 이해하는데 목적적합하다면 서술형 정보의 경우에도 전기 비교정보를 공시한다.

11 ②

전체 재무제표(비교정보를 포함)는 적어도 1년마다 작성한다. 만약, 보고기간종료일을 변경하여 재무제표의 보고기간이 1년을 초과하거나 미달하는 경우 재무제표 해당 기간뿐만 아니라 다음 사항을 추가로 공시한다.

(1) 보고기간이 1년을 초과하거나 미달하게 된 이유

(2) 재무제표에 표시된 금액이 완전하게 비교가능하지는 않다는 사실

12 ③

주석에는 한국채택국제회계기준에서 요구하는 정보이지만 재무제표(본문) 어느 곳에도 표시되지 않는 정보 또는 재무제표(본문) 어느 곳에도 표시되지 않지만 재무제표를 이해하는 데 목적적합한 정보를 표시할 수 있다. 따라서 필요한 경우 재무제표 본문에 구분표시하지 않은 항목에 대해서도 상세히 기술할 수 있다.

13 ④

① 기업은 현금흐름 정보를 제외하고는 발생기준 회계를 사용하여 재무제표를 작성한다.

② 기업은 비용의 성격별 또는 기능별 분류방법 중에서 신뢰성 있고 더욱 목적적합한 정보를 제공할 수 있는 방법을 적용하여 당기손익으로 인식한 비용의 분석내용을 표시한다.

③ 유사한 항목은 중요성 분류에 따라 재무제표에 구분하여 표시하고, 상이한 성격이나 기능을 가진 항목은 구분하여 표시한다. 다만 중요하지 않은 항목은 성격이나 기능이 유사한 항목과 통합하여 표시할 수 있다.

14 ①

현행 재무보고를 위한 개념체계에서 재무제표의 기본가정으로 규정하고 있는 것은 계속기업의 가정이다. 보기 ②, ③ 그리고 ④ 모두 그 자체로는 맞는 설명이지만 현행 재무회계 개념체계하에서 재무제표의 기본가정으로 보지는 않는다.

15 ③

①, ② : 이 방법은 성격별 분류보다 재무제표이용자에게 더욱 목적적합한 정보를 제공할 수 있지만 비용을 기능별로 배분하는데 자의적인 배분과 상당한 정도의 판단이 개입될 수 있다(K-IFRS 1001 문단 103).

③ 비용을 성격별로 분류하는 경우 비용을 기능별 분류로 배분할 필요가 없기 때문에 적용이 간단할 수 있다(K-IFRS 1001 문단 102).

④ 비용의 성격에 대한 정보가 미래현금흐름을 예측하는 데 유용하기 때문에, 비용을 기능별로 분류하는 경우에는 추가 공시가 필요하다(K-IFRS 1001 문단 105).

16 ④

비용을 기능별로 분류하는 기업은 감가상각비, 기타 상각비와 종업원급여비용을 포함하여 비용의 성격에 대한 추가 정보를 공시한다.

17 ②

기업은 비용의 성격별 또는 기능별 분류방법 중에서 신뢰성 있고 더욱 목적적합한 정보를 제공할 수 있는 방법을 적용하여 당기손익으로 인식한 비용의 분석내용을 표시한다. 비용의 기능별 분류법은 '매출원가'법으로서, 비용을 매출원가, 그리고 물류원가와 관리활동원가 등과 같이 기능별로 분류한다.

18 ④

① 해당 기업의 입장에서 어떠한 방법이 더 목적적합한 정보를 제공하는지 판단하여 유동항목과 비유동항목을 이분하여 표시할 수도 있고, 유동성이 큰 순서대로 표시할 수도 있으며 양자를 혼용할 수도 있다.

② 두 개의 재무제표간 연결고리는 포괄손익계산서상의 당기순이익과 기타포괄손익을 재무상태표에 반영시키는 이익잉여금과 기타포괄손익누계액이다. 자본잉여금은 이러한 역할과 거리가 멀다.

③ 반드시 하나의 보고서로 표시하여야 하는 것은 아니다. 경우에 따라서는 손익계산서와 포괄손익계산서로 분리하여 보고할 수도 있다.

19 ④

K-IFRS 제1001호(재무제표 표시) 문단 33에서는 상계표시로 거래나 그 밖의 사건의 실질이 반영되는 경우를 제외하고는, 포괄손익계산서, 재무상태표, 별개의 손익계산서(표시하는 경우)에서의 상계표시는 발생한 거래, 그 밖의 사건과 상황을 이해하고 기업의 미래현금흐름을 분석할 수 있는 재무제표이용자의 능력을 저해하기 때문에 자산과 부채, 그리고 수익과 비용은 구분하여 표시할 것을 요구하고 있다. 다만, 재고자산에 대한 재고자산평가충당금과 매출채권에 대한 대손충당금과 같은 평가충당금을 차감하여 관련 자산을 순액으로 측정하는 것은 상계표시에 해당하지 아니한다.

20 ④

① 재무상태표 항목의 구분표시는 유동성 순서에 따른 표시방법이 신뢰성 있고 더욱 목적적합한 정보를 제공하는 경우에 한정된다. 이러한 경우를 제외하고는 유동자산과 비유동자산, 유동부채와 비유동부채로 재무상태표에 구분하여 표시한다(K-IFRS 1001 문단 60).

② 수익과 비용의 어느 항목도 당기손익과 기타포괄손익을 표시하는 보고서 또는 주석에 특별손익 항목으로 표시할 수 없다(K-IFRS 1001 문단 87).

③ 부적절한 회계정책은 이에 대하여 공시나 주석 또는 보충 자료를 통해 설명하더라도 정당화될 수 없다(K-IFRS 1001 문단 18).

21 ①

기타포괄손익의 항목은 관련 법인세비용을 차감한 순액으로 표시하거나, 법인세비용차감전 금액으로 표시할 수 있다.

22 ②

재분류조정은 포괄손익계산서나 주석에 표시할 수 있다. 재분류조정을 주석에 표시하는 경우에는 관련 재분류조정을 반영한 후에 기타포괄손익의 항목을 표시한다(K-IFRS 1001 문단 94).

23 ②

흔히 재무제표의 표시통화를 천 단위나 백만 단위로 표시할 때 더욱 이해가능성이 제고될 수 있다.

24 ③

한국채택국제회계기준이 달리 허용하거나 요구하는 경우를 제외하고는 당기 재무제표에 보고되는 모든 금액에 대해 전기 비교정보를 공시하며, 당기 재무제표를 이해하는 데 목적적합하다면 서술형 정보의 경우에도 비교정보를 포함하여야 한다.

25 ④

주석은 재무제표에 첨부되는 서류라기 보다는 다른 재무제표와 함께 재무제표의 일부를 구성하게 된다. 또한 재무제표에 대한 주석에 주요 계정과목의 변동을 세부적으로 기술할 수는 있지만 이를 기술한 보조적인 명세서가 주석을 의미하는 것은 아니다.

26 ③

중간재무보고서는 당해 중간보고기간말과 직전 연차보고기간말을 비교하는 형식으로 작성한 재무상태표를 포함하여야 한다.

27 ③

문제에 제시된 항목 중 유동자산에 해당하는 것은 정기예금 ₩200,000과 당좌예금 ₩50,000 그리고 단기매매금융자산 ₩150,000이다.

28 ②

(1) 제품제작용 기기(장부금액) = ① − ② = ₩7,600

① 취득원가 = ₩10,000 + ₩500 + ₩1,500 = ₩12,000

② 감가상각누계액 = $(₩12,000 - ₩0) \times \frac{1}{5} \times (1 + \frac{10}{12})$ = ₩4,400

(2) 토지(장부금액) = ₩100,000 + ₩20,000 − ₩5,000 = ₩115,000

(3) 소모품(장부금액) = $₩6,000 \times (1 - \frac{3}{4})$ = ₩1,500

(4) 상품(장부금액) = (₩100,000 − ₩10,000) × (1 − 90%) = ₩9,000

∴ 자산합계 = (1) + (2) + (3) + (4) = ₩133,100

29 ①

(1) 수정전시산표상의 자산총액 = ₩92,000 + 65,000 + 5,000 + 300,000 − 2,000 − 30,000
= ₩430,000

(2) 수정분개의 영향 : 자산총액이 ₩32,750 감소

① 재고자산 관련 : 다음의 수정분개가 필요하며, 이를 통해 자산이 ₩1,500 감소한다.

(차) 매출원가	5,000	(대)	상품(기초)	5,000
매출원가	100,000		매입	100,000
상품(기말)	3,500		매출원가	3,500

② 감가상각 관련 : 다음의 수정분개가 필요하며, 이를 통해 자산이 ₩30,000 감소한다.

(차) 감가상각비*	30,000	(대)	감가상각누계액	30,000

* 20X4년말 감가상각누계액 − 수정전시산표 잔액 = ₩300,000 × $\frac{2}{10}$ − ₩30,000 = ₩30,000

③ 선급보험료 관련 : 다음의 수정분개가 필요하며, 이를 통해 자산이 ₩1,750 증가한다.

(차) 선급보험료	1,750	(대)	보험료	1,750

④ 대손충당금 관련 : 다음의 수정분개가 필요하며, 이를 통해 자산이 ₩3,000 감소한다.

(차) 대손상각비*	3,000	(대)	손실충당금	3,000

* 20X4년말 손실충당금 − 수정전시산표 잔액 = (₩65,000 − 60,000) − ₩2,000 = ₩3,000

(3) 기말 재무상태표상 자산총액 = (1)의 금액에 (2)의 영향을 반영한 금액 = ₩397,250

30 ①

- 영업수익 : 매출액 → ₩100,000
- 영업비용 : 매출원가, 감가상각비, 종업원급여, 광고선전비 → 합계 ₩90,000
- 영업이익 = 영업수익 − 영업비용 = ₩10,000

회계변경과 오류수정

31 ④

감가상각의 3요소(잔존가치, 내용연수, 감가상각방법)와 관련된 모든 변경은 회계추정의 변경에 해당한다. 잔존가치 및 내용연수는 모두 추정에 의한 것이므로 이들의 변경은 당연히 회계추정의 변경에 해당하는 것이다. 그리고, 감가상각방법은 자산의 미래경제적효익이 소비될 것으로 예상되는 형태를 반영하여 결정하여야 하는데 이에 대해서는 기업이 적어도 매 회계연도 말에 재검토하여, 자산에 내재된 미래경제적효익의 예상되는 소비형태가 유의적으로 달라졌다면, 달라진 소비형태를 반영하기 위하여 감가상각방법을 변경한다. 따라서 감가상각방법의 변경은 미래 경제적 효익의 소비형태에 대한 추정의 변경에 해당하는 것이다.

32 ①

국제회계기준에서는 유형자산 감가상각 방법을 변경하는 것은 미래 경제적 효익의 소비형태에 대한 추정의 변경에 해당하므로 회계추정의 변경으로 본다.

33 ②

회사의 회계처리와 올바른 회계처리를 비교하여 수정분개를 수행한다.

(1) 회사의 회계처리

(차)	급 여	20,000	(대)	현 금	20,000

(2) 올바른 회계처리

(차)	이익잉여금	20,000	(대)	현 금	20,000

(3) 수정분개

(차)	이익잉여금	20,000	(대)	급 여	20,000

34 ④

20X3년도 장부마감전 회사측 회계처리와 올바른 회계처리를 비교하여, 수정 회계처리를 제시하면 다음과 같다.

(1) 회사측 회계처리

(차)	비 품	10,000	(대)	현 금	10,000
	감가상각비(2013)	2,000		감가상각누계액	6,000
	이익잉여금(2011 - 2012)	4,000			

(2) 올바른 회계처리

(차)	이익잉여금(2011)	10,000	(대)	현 금	10,000

(3) 수정 회계처리

(차)	이익잉여금(2011-2012)	6,000	(대)	비 품	10,000
	감가상각누계액	6,000		감가상각비(2013)	2,000

35 ①

각각의 오류내용을 수정하는 회계처리는 다음과 같다.

(차)	보험료비용(당기손실)	10,000	(대)	선급보험료	10,000
(차)	미수이자	20,000	(대)	이자수익(당기이익)	20,000
(차)	종업원급여(당기손실)	4,000	(대)	미지급급여	4,000
(차)	재평가손실(당기손실)	50,000	(대)	유형자산	50,000
(차)	금융자산	16,000	(대)	금융자산평가이익 (기타포괄이익)	16,000
(차)	현 금	x	(대)	자기주식	x - 30,000
				자기주식처분이익 (자본잉여금)	30,000

수정전 법인세비용차감전순이익 ₩100,000에 위의 회계처리내용 중 당기손익으로 인식되는 항목을 반영하면,

• 수정후 법인세비용차감전순이익 = ₩100,000 - ₩10,000 + ₩20,000 - ₩4,000 - ₩50,000
= ₩56,000 (순이익)

36 ④

20X5년 기말상품의 과소평가로 20X6년 매출원가가 ₩3,000만큼 감소하였고, 20X6년 기말상품의 과대평가로 20X6년 매출원가가 ₩2,000만큼 감소하였다. 결과적으로 20X6년 매출원가

가 ₩5,000만큼 감소하여 당기순이익이 ₩5,000만큼 과대평가되어 있으며, 이를 수정하는 경우 정확한 당기순이익은 ₩25,000 − ₩5,000 = ₩20,000이다.

37 ③

관련된 회계처리를 예시하며 다음과 같다.

[기초 재고자산의 감소 반영]

(차) 미처분이익잉여금	50,000	(대) 매출원가	50,000

[기말 재고자산의 감소 반영]

(차) 매출원가	20,000	(대) 재고자산	20,000

참고로, 위의 회계처리를 통합하여 하나의 회계처리로 나타내면 다음과 같다.

(차) 미처분이익잉여금	50,000	(대) 매출원가	30,000
		재고자산	20,000

38 ④

각 항목에 대한 오류의 수정방법과 이러한 수정이 당기순이익에 미치는 영향은 다음과 같다.

항 목	오류수정 방법	당기순이익 영향
임차료 과대계상	임차료 감소	₩900,000
이자수익 과소계상	이자수익 증가	600,000
감가상각비 과소계상	감가상각비 증가	(500,000)
기말상품 과대계상	매출원가 증가	(300,000)
합 계		₩700,000

따라서 수정후 당기순이익 = ₩10,000,000 + ₩700,000 = ₩10,700,000

39 ②

주어진 거래들에 대한 수정분개를 제시하면 다음과 같다.

(차)	토 지	30,000	(대)	재평가잉여금(기타포괄이익)	30,000
(차)	순자산	15,000	(대)	염가매수차익(당기이익)	15,000
(차)	투자부동산	14,000	(대)	투자부동산평가이익(당기이익)	14,000
(차)	수수료비용(당기손실)	10,000	(대)	현 금	10,000

상기 분개의 결과 당기순이익에 미치는 영향은
₩15,000 + 14,000 − 10,000 = ₩19,000(증가) 이다.

40 ③

주어진 자료를 이용하여 항목별 오류수정분개를 제시하면 다음과 같다.

[임대료수익 계상오류]

(차)	임대료수익	60,000	(대)	선수임대료	60,000

[미지급급여 계상누락]

(차)	급 여	100,000	(대)	미지급급여	100,000

[미수이자 계상누락]

(차)	미수이자	40,000	(대)	이자수익	40,000

[매출 인식시점 기록오류]

(차)	매 출	200,000	(대)	매출채권	200,000
	재고자산	150,000		매출원가	150,000

상기 오류수정분개를 통하여 ㈜한국의 이익이 ₩170,000이 감소하였으므로, 수정후이익은 ₩70,000 (손실)로 계산된다.

CHAPTER **14**

재무비율 분석과 주당이익

제 1 절 주요내용 요약

학습목표

Ⅰ. 재무비율분석

Ⅱ. 주당이익

Ⅰ 재무비율 분석

1. 재무비율분석 개요

재무비율분석이란 재무제표 이용자가 재무제표에 표시된 특정정보간의 상관관계를 나타내는 지표를 측정하여 자신의 의사결정에 활용하는 것을 말한다. 재무제표 이용자의 의사결정 목적에 따라 이러한 지표들은 보통 기업의 재무건전성, 효율성 및 수익성 지표 등으로 구분된다. 다만 재무건전성 지표는 단기적 측면의 유동성 비율과 장기적 측면의 안정성 비율로 세분할 수 있다.

2. 재무건전성 지표

기업의 재무건전성을 파악하기 위한 지표로는 유동성을 나타내는 유동비율과 당좌비율이 있으며, 장기적 안정성을 나타내는 부채비율, 자기자본비율 그리고 이자보상비율이 있다. 각각의 정의는 다음과 같다.

① 유동비율 $= \dfrac{\text{유동자산}}{\text{유동부채}}$

② 당좌비율 $= \dfrac{\text{당좌자산}}{\text{유동부채}}$

- 재무비율분석 목적상 기업의 유동자산은 통상 당좌자산과 재고자산으로 구성되어 있다고 가정한다. 따라서 당좌자산은 유동자산에서 재고자산을 차감한 금액으로 계산할 수 있다.

③ 부채비율 $= \dfrac{\text{부채총계}}{\text{자본총계}}$

- 경우에 따라서는 분모에 자본총계대신 자산총계를 사용하기도 한다.

④ 자기자본비율 $= \dfrac{\text{자본총계}}{\text{총자본(= 총자산)}}$

⑤ 이자보상비율 $= \dfrac{\text{이자비용 + 법인세비용 + 당기순이익}}{\text{이자비용}}$

3. 효율성 지표

기업의 수익창출의 근간에 되는 자산의 효율적 사용정도를 지표화한 것이다. 대표적인 지표로는 재고자산의 활용정도를 나타내는 재고자산회전율과 매출채권의 활용(회수)정도를 나타내는 매출채권회전율 그리고 총자산회전율 등이 있다. 본 지표는 기업의 수익성을 나타내기도 하기 때문에 넓은 의미로는 다음에서 설명되는 수익성 지표에 포함하기도 한다. 효율성 지표의 종류 및 각각에 대한 정의는 다음과 같다.

① 매출채권회전율 $= \dfrac{\text{신용매출액}}{\text{평균매출채권}}$

② 재고자산회전율 $= \dfrac{\text{매출원가}}{\text{평균재고자산}}$

③ 총자산회전율 $= \dfrac{\text{매출액}}{\text{평균총자산}}$

상기 활동성 지표 중 매출채권회전율의 역수는 매출채권회전(회수)기간이 되고, 재고자산 회전율의 역수는 재고자산의 회전기간이 되는데, 두 회전기간의 합은 기업의 재고자산이 판매되어 현금으로 회수되기까지의 기간으로 보통 '정상영업주기'라고 부른다.

$$\begin{aligned}\text{정상영업주기} &= \text{재고자산회전기간} + \text{매출채권회전(회수)기간} \\ &= \frac{1}{\text{재고자산회전율}} + \frac{1}{\text{매출채권회전율}}\end{aligned}$$

4. 수익성 지표

수익성 지표는 기업의 투하자본 등 영업규모에 비해 얼마만큼의 이익을 획득하고 있는지를 나타내는 지표로서 투하자본(총자산 또는 자기자본) ₩1의 수익력을 나타내는 총자산이익률(ROA, Return on Assets)과 자기자본이익률(ROE, Return on Equity)이 있고, 보통주 1주의 수익력을 나타내는 주당이익(EPS, Earnings per Share) 등이 있다. 각각의 정의는 다음과 같다.

① 총자산이익률(ROA) $= \dfrac{\text{당기순이익}}{\text{평균총자산}}$

② 자기자본이익률(ROE) $= \dfrac{\text{당기순이익}}{\text{평균자기자본}}$

③ 주당이익(EPS) $= \dfrac{\text{보통주귀속순이익}}{\text{유통보통주식수}}$

- 자세한 내용은 본 장의 내용요약(주당이익) 참조.

5. 자기자본이익률(ROE)의 분해

기업의 재무비율 중 가장 핵심적인 지표로 여겨지는 자기자본이익률은 다음과 같은 여러 지표들이 종합적으로 연관되어 결정되는 지표로 해석할 수 있다.

$$
\begin{aligned}
\text{자기자본이익률(ROE)} &= \frac{\text{당기순이익}}{\text{매출액}} \times \frac{\text{매출액}}{\text{평균총자산}} \times \frac{\text{평균총자산}}{\text{평균자기자본}} \\
&= \frac{\text{당기순이익}}{\text{매출액}} \times \frac{\text{매출액}}{\text{평균총자산}} \times \left(1 + \frac{\text{평균총부채}}{\text{평균자기자본}}\right) \\
&= \text{매출액순이익률} \times \text{총자산회전율} \times (1 + \text{부채비율}) \\
&= \text{총자산이익률(ROA)} \times (1 + \text{부채비율}) \\
&= \frac{\text{총자산이익률}}{\text{자기자본비율}}
\end{aligned}
$$

그 밖의 재무지표(비율)로는 성장성지표, 생산성지표 및 시장가치비율 등이 더 있으나, 이들의 내용은 중요한 지표가 아니거나 본서의 범위를 벗어나는 것이므로 설명을 생략하기로 한다.

II 주당이익

1. 의의

주당이익이란 기업의 재무성과를 유통보통주식수로 나눈 금액으로서 보통주 1주당 순이익의 측정치를 말한다. 이러한 주당이익은 이익의 종류와 참여지분의 범위에 따라 다음과 같이 구분한다.

		참여지분의 범위	
		실제발행보통주(A)	A + 희석성 잠재적 보통주
이익의 종류	당 기 순 손 익	기본주당순손익	희석주당순손익
	계 속 영 업 손 익	기본주당계속영업이익	희석주당계속영업손익

2. 기본주당순손익의 계산

기본주당순이익(BEPS, basic EPS)은 보통주당기순손익(분자)을 가중평균유통보통주식수(분모)로 나누어 다음과 같이 계산한다.

$$\text{기본주당순이익} = \frac{\text{보통주당기순이익(P)}}{\text{가중평균유통보통주식수(N)}}$$

(1) 보통주당기순손익 = 당기순손익 − 우선주배당금. 단, 우선주배당금은 비누적적 우선주의 경우에는 당해 보고기간과 관련하여 배당결의된 세후 배당금으로 하며, 누적적 우선주의 경우에는 배당결의와 관계없이 당해 보고기간과 관련한 세후 배당금으로 함

(2) 가중평균유통보통주식수 : 당해 보고기간 동안 실제 유통된 보통주식수를 유통기간에 따라 가중평균한 값으로 계산. 단, 다음의 항목에 대한 고려가 필요.

고려항목	처리방법
자기주식	보유기간 동안 유통보통주식에서 제외
당기 중 유상증자	주식 발행일을 기준으로 기간경과에 따라 가중평균
무상증자, 주식배당, 주식분할, 주식병합	해당 사건(무상증자 등)이 당해 보고기간의 기초 또는 신주발행일에 실시된 것으로 보고 가중평균
주주 우선배정 신주발행	공정가치에 의한 유상증자와 무상증자가 혼합된 것으로 간주하여 가중평균

3. 희석주당순손익의 계산

희석주당순이익(DEPS, diluted EPS)은 희석성 잠재적보통주의 희석효과를 분자와 분모에 반영하여 다음과 같이 계산한다.

$$\text{희석주당순이익} = \frac{\text{보통주이익(P) + 희석성 잠재적보통주 관련이익(P')}}{\text{가중평균유통보통주식수(N) + 희석성 잠재적보통주식수(N')}}$$

(1) (희석성) 잠재적보통주의 종류

① 전환형 : 전환우선주, 전환사채 등

② 비전환형 : 신주인수권부사채, 주식선택권 등

③ 기타 : 조건부발행보통주, 선택형 결제계약, 매입옵션, 매도풋옵션 등

(2) 전환형 잠재적 보통주의 희석효과(전환가정법)

① 희석성 잠재적보통주(N') = 발행가능한 주식수(N1). 단, 여기서 잠재적보통주의 전환이나 행사 등으로 발행되는 주식수는 잠재적보통주의 보유자에게 가장 유리한 전환비율 또는 행사가격을 이용하여 계산한다.

② 관련된 이익의 증가분(P')

a. 전환우선주 : 전환우선주 배당금

b. 전환사채 : 세후 이자비용

(3) 비전환형 계약의 희석효과(자기주식법)

① 희석성 잠재적보통주(N') : 발행가능한 주식수(N1) − 매입가능한 주식수(N2)

단, 여기서 매입가능한 주식수는 다음과 같이 계산한다.

$$\text{매입가능한 주식수(N2)} = \frac{\text{주식발행시 유입될 현금}}{\text{보통주 평균시가}}$$

여기서, 유입될 현금 = N1 × 행사가격*

② 관련된 이익의 증가분(P')

a. 신주인수권부사채 : 신주인수권부사채(상환할증금) 세후 이자비용

b. 주식선택권 : 세후 주식보상비용

4. 주가이익비율(PER)

주가이익비율(PER, price earnings ratio)은 현재 주가와 주당순이익(EPS)의 관계를 나타내는 비율로서 현재 주가의 적정성 등을 검토할 때 활용한다. 주가이익비율의 계산공식을 다음과 같다.

$$\text{주가이익비율(PER)} = \frac{\text{현재(기말)시점의 주가(Price)}}{\text{주당순이익(EPS)}}$$

제 2 절 기출 및 연습문제

재무비율 분석

대표예제 국가직 9급, 2012 기출

기초 및 기말 상품재고액이 각각 ₩46,000과 ₩34,000이고, 당기의 매출총이익이 ₩48,000이며, 당기의 재고자산회전율이 4.8회일 때, 당기의 매출액은? 단, 재고자산회전율 계산시 평균금액을 이용한다.

① ₩198,000 ② ₩200,000
③ ₩220,000 ④ ₩240,000

해답 ④

재고자산회전율은 한 보고기간동안 평균적인 재고자산의 규모에 대한 매출원가의 상대적 규모(매출원가 ÷ 평균재고자산)를 의미한다. 기초와 기말재고자산 금액이 주어졌으므로 평균재고자산금액을 구할 수 있고, 여기에 재고자산회전율을 곱하면 매출원가가 계산되며, 여기에 매출총이익을 더하면 문제에서 요구하는 매출액이 계산된다.

(1) 평균재고자산 = (₩46,000 + ₩34,000) / 2 = ₩40,000
(2) 매출원가 = ₩40,000 × 4.8회 = ₩192,000
(3) 매출액 = 매출원가 + 매출총이익 = ₩240,000

01 기업의 안전성을 나타내는 비율이 아닌 것은? [국가직 9급, 2011 기출]

① 부채비율　　② 자기자본비율

③ 이자보상비율　　④ 배당성향

02 ㈜대한의 기초재고자산과 기말재고자산은 각각 ₩400, 유동부채는 ₩500, 매출총이익은 ₩6,000, 유동비율은 200%, 매출총이익률은 60%인 경우 재고자산회전율과 당좌비율은? 단, 재고자산회전율은 매출원가를 기준으로 한다. [국가직 7급, 2018 기출]

	재고자산회전율(회)	당좌비율(%)
①	10	60
②	10	120
③	25	60
④	25	120

03 ㈜한국의 매출채권회전율은 8회이고 재고자산회전율은 10회이다. 다음 자료를 이용한 ㈜한국의 매출총이익은? 단, 재고자산회전율은 매출원가를 기준으로 한다. [지방직 9급, 2018 기출]

과 목	기 초	기 말
매출채권	₩10,000	₩20,000
재고자산	₩8,000	₩12,000

① ₩20,000　　② ₩16,000

③ ₩13,000　　④ ₩12,000

04 ㈜한국의 20×1년 매출액은 ₩3,000,000이고, 기초재고자산은 ₩100,000이었다. 20×1년 말 유동부채는 ₩100,000, 유동비율은 400 %, 당좌비율은 100 %이다. 또한, 재고자산평균처리기간이 36일이라면 매출총이익은? 단, 재고자산은 상품으로만 구성되어 있고, 1년은 360일로 계산한다. [국가직 9급, 2021 기출]

① ₩0 ② ₩500,000

③ ₩1,000,000 ④ ₩2,000,000

05 자기자본이익률(return on equity)의 분해로 옳은 것은? [국가직 7급, 2011 기출]

① 매출액순이익률 × 총자산회전율 × (1 + 부채자본비율)

② 총자산순이익률 × 매출액회전율 × (1 + 부채자본비율)

③ 매출액순이익률 × 자기자본회전율 × (1 + 부채자본비율)

④ 총자산순이익률 × 자기자본회전율 × (1 + 부채자본비율)

06 ㈜한국의 20X3년도 자료가 다음과 같을 때, ㈜한국의 20X3년도 자기자본순이익률(ROE = 당기순이익 ÷ 자기자본)은? 단, 기타포괄손익은 없다고 가정한다. [국가직 9급, 2014 기출]

자산총액(기초와 기말금액 동일)	₩2,000억
매출액순이익률	10%
총자산회전율	0.5
부채비율(= 부채 ÷ 자기자본)	300%

① 5% ② 10%

③ 15% ④ 20%

07 기말재고자산은 개별법, 평균법 및 선입선출법 등의 방법으로 평가한다. 이와 같은 재고자산의 평가방법에 의하여 영향을 받지 않는 것은? [국가직 9급, 2015 기출]

① 부채비율　　② 당좌비율

③ 이자보상비율　　④ 주가이익비율

08 유동비율이 150%일 때, 유동비율을 감소시키는 거래는? [국가직 9급, 2015 기출]

① 매출채권의 현금회수　　② 상품의 외상매입

③ 매입채무의 현금지급　　④ 장기대여금의 현금회수

09 ㈜한국의 현재 유동비율과 부채비율은 각각 200%와 100%이다. ㈜한국이 2년 후 만기가 도래하는 장기차입금을 현금으로 조기 상환한 경우 유동비율과 부채비율에 미치는 영향은? [국가직 9급, 2018 기출]

① 유동비율 증가, 부채비율 증가

② 유동비율 감소, 부채비율 감소

③ 유동비율 증가, 부채비율 감소

④ 유동비율 감소, 부채비율 증가

10 ㈜한국의 현재 유동자산은 ₩100, 유동부채는 ₩200이다. 다음 거래가 ㈜한국의 유동비율에 미치는 영향으로 옳지 않은 것은? [국가직 9급, 2020 기출수정]

① 토지를 ₩30에 취득하면서 취득 대금 중 ₩10은 현금으로 지급하고 나머지는 2년 후에 지급하기로 한 거래는 유동비율을 감소시킨다.

② 재고자산을 현금 ₩10에 구입한 거래는 유동비율에 영향을 미치지 않는다.

③ 단기차입금을 현금 ₩20으로 상환한 거래는 유동비율에 영향을 미치지 않는다.

④ 3년 만기 사채를 발행하고 현금 ₩30을 수령한 거래는 유동비율을 증가시킨다.

11 ㈜한국은 거래처에서 수령한 받을어음을 담보로 어음금액을 어음기간 동안 은행에서 단기차입하였다. 이 거래가 유동비율과 부채비율에 미치는 영향으로 옳은 것은? 단, 이 거래가 반영되기전 회사의 유동비율은 100%, 부채비율은 200%이다. [국가직 7급, 2011 기출]

① 유동비율은 증가하고, 부채비율은 감소한다.

② 유동비율은 감소하고, 부채비율은 증가한다.

③ 유동비율은 변함없고, 부채비율은 증가한다.

④ 유동비율과 부채비율이 모두 증가한다.

12 실지재고조사법을 사용하는 ㈜한국은 기말 결산직전에 기말 현재 선적지인도기준으로 운송중에 있는 매입상품이 있음을 발견하였다. 이 거래가 당기의 재무제표에 반영될 경우 당기의 총자산회전율과 이자보상비율에 미치는 영향으로 옳은 것은? 단, ㈜한국의 매입기록은 정확하다고 가정한다. [국가직 7급, 2012 기출]

① 총자산회전율은 감소하고, 이자보상비율은 증가한다.

② 총자산회전율은 증가하고, 이자보상비율은 감소한다.

③ 총자산회전율은 감소하고, 이자보상비율은 변함없다.

④ 총자산회전율은 증가하고, 이자보상비율은 변함없다.

13 실지재고조사법을 적용하고 있는 ㈜한국은 20X3년도 재무제표를 작성하는 중에 20X3년 매입이 ₩300 누락되었고, 20X3년 기말재고자산이 ₩150 과대평가되었음을 확인하였다. 이와 같은 오류를 수정하지 않았을 경우에 대한 설명으로 옳지 않은 것은? 단, 재고자산회전율은 매출액을 평균재고자산으로 나눈 값으로 하며, 법인세는 무시한다. [국가직 9급, 2015 기출]

① 20X4년 재고자산회전율은 실제보다 증가된다.

② 20X3년 당기순이익은 ₩450 과대평가 된다.

③ 20X4년 당기순이익은 ₩150 과소평가 된다.

④ 20X3년 재고자산회전율은 실제보다 감소된다.

14 다음 자료를 토대로 계산한 ㈜한국의 당기순이익은? [국가직 9급, 2016 기출]

평균총자산액	₩3,000
부채비율(= 부채/자본)	200%
매출액순이익률	20%
총자산회전율 (평균총자산 기준)	0.5회

① ₩100　　② ₩200

③ ₩300　　④ ₩400

15 ㈜대한은 20X0년 회계기간 동안 매출채권 기초잔액 ₩36,000, 기말잔액 ₩40,000, 현금매출액 ₩150,000, 매출채권회전율이 5.0 이다. ㈜대한의 20X0년 매출액은? 단, 매출채권회전율의 계산은 외상매출액 및 기초와 기말 매출채권 잔액의 평균을 이용한다. [지방직 9급, 2011 기출]

① ₩190,000　　② ₩340,000

③ ₩350,000　　④ ₩465,000

16 기초매출채권 잔액이 ₩800이고, 기말매출채권 잔액은 ₩1,200이다. 매출채권 평균회수기간이 36.5일이라면 당기 매출액은? 단, 1년은 365일이라고 가정한다. [국가직 7급, 2015 기출]

① ₩8,000　　② ₩10,000
③ ₩12,000　　④ ₩14,000

17 ㈜한국의 현재 유동비율은 120%, 자기자본이익률(ROE)은 10%이다. 은행에서 자금을 차입하여 단기차입금으로 처리한 경우, 유동비율과 자기자본이익률(ROE)에 각각 미치는 영향은? [국가직 7급, 2013 기출]

	유동비율	자기자본이익률
①	감소	영향 없음
②	증가	영향 없음
③	감소	증가
④	증가	감소

18 ㈜한국의 현재 유동비율은 130%, 당좌비율은 80%이다. 매입채무를 현금으로 상환하였을 때 유동비율과 당좌비율에 각각 미치는 영향은? [지방직 9급, 2015 기출]

	유동비율	당좌비율
①	감소	영향 없음
②	증가	영향 없음
③	감소	증가
④	증가	감소

19 다음은 ㈜한국의 20X5년 12월 31일 재무상태표이다.

재무상태표

㈜한국 20X5년 12월 31일 현재 (단위 : 원)

현금	2,000	매입채무	?
매출채권	?	단기차입금	2,000
재고자산	?	사채	10,000
유형자산	20,000	자본금	?
		이익잉여금	5,000
자산합계	50,000	부채및자본합계	50,000

20X5년 12월 31일 현재 유동비율이 300%일 때, 자본금은? [지방직 9급, 2016 기출]

① ₩15,000 ② ₩20,000

③ ₩23,000 ④ ₩25,000

20 ㈜한국은 상품을 ₩500에 구입하면서 대금 중 ₩250은 현금으로 지급하고 나머지는 3개월 이내에 갚기로 하였다. 이 거래직전의 유동비율과 당좌비율이 각각 200%, 100%라고 할 때, 이 거래가 유동비율과 당좌비율에 미치는 영향으로 옳은 것은? [국가직 9급, 2017 기출]

	유동비율	당좌비율
①	감소	감소
②	변동없음	감소
③	감소	변동없음
④	변동없음	변동없음

21 ㈜한국의 20X1년 초 재고자산은 ₩25,000이고, 당기매입액은 ₩95,000이다. ㈜한국의 20X1년 말 유동비율은 120%, 당좌비율은 70%, 유동부채는 ₩80,000일 때, 20X1년도 매출원가는? 단, 재고자산은 상품으로만 구성되어 있다.

[국가직 9급, 2019 기출]

① ₩52,000 ② ₩64,000
③ ₩76,000 ④ ₩80,000

22 다음 자료를 이용할 경우 재고자산회전율은? 단, 재고자산회전율과 매입채무회전율의 분모 계산 시 기초와 기말의 평균값을 이용한다.

[국가직 9급, 2017 기출]

• 기초재고자산	₩700,000	• 기말재고자산	₩500,000
• 기초매입채무	₩340,000	• 기말매입채무	₩160,000
• 매입채무회전율	4회		

① 4회 ② 3회
③ 2회 ④ 1회

23 ㈜한국의 당기 매출은 외상 거래만 있었다고 할 때, 다음 자료를 이용한 활동성 비율분석의 해석으로 옳지 않은 것은? 단, 활동성비율 계산 시 분모는 기초잔액과 기말잔액의 평균금액을 이용하며, 1년을 360일로 계산한다. [국가직 9급, 2020 기출]

매출채권

기초	₩1,000	현금	₩47,000
매출액	50,000		
합 계	₩51,000	합 계	₩51,000

재고자산

기초	₩1,000	매출원가	₩25,000
매입채무	20,000		
현금	8,000		
합 계	₩29,000	합 계	₩29,000

① 매출채권회전율은 20회이다.

② 재고자산회전율은 12회이다.

③ 매출채권의 평균회수기간은 18일이다.

④ 재고자산의 평균판매기간은 36일이다.

24 다음은 상품매매 기업인 ㈜한국의 재무비율을 산정하기 위한 자료이다.

• 매출	₩4,500,000	• 기초매출채권	₩150,000
• 기초재고자산	₩240,000	• 매출원가	₩4,000,000
• 기말매출채권	₩450,000	• 기말재고자산	₩160,000

㈜한국은 매출이 전액 외상으로 이루어지며, 재고자산회전율계산시 매출원가를 사용할 경우, 매출채권회전율과 재고자산평균처리기간은? 단, 1년은 360일, 회전율 계산 시 기초와 기말의 평균값을 이용한다. [국가직 7급, 2021 기출]

	매출채권회전율(회)	재고자산평균처리기간(일)
①	15	18
②	15	36
③	30	18
④	30	36

25 ㈜한국은 20X1년 1월 1일 토지를 ₩100,000에 구입하였고 이 토지에 재평가모형을 적용한다. 20X1년 12월 31일 이 토지를 재평가한 결과 공정가치는 ₩90,000이다. ㈜한국이 20X1년 12월 31일 수행한 재평가회계처리에 영향을 받지 않는 재무비율은? [국가직 7급, 2017 기출]

① 부채대자본비율　　② 매출액순이익률

③ 총자산회전율　　④ 당좌비율

주당이익

대표예제 국가직 9급, 2015 기출수정

㈜한국의 최고재무책임자(CFO)인 홍길동 전무가 20X4년 12월 31일 결산 후 추가성과급을 받을 수 있는 경우는? 단, 법인세는 무시한다.

> (1) 홍길동 전무는 20X4년 12월 31일 결산 후 ㈜한국의 주당순이익이 ₩500 이상이면 추가성과급을 받는 조건의 근로계약이 체결되어 있다.
> (2) ㈜한국의 20X4년 12월 31일 장부 마감 전 당기순이익은 ₩6,000,000이다.
> (3) 비참가적우선주에 대한 우선주배당금은 ₩240,000이다.
> (4) ㈜한국의 보통주 관련 자료는 다음과 같다.
> - 20X4년 1월 1일 : 10,000주
> - 20X4년 7월 1일 (납입기일) : 유상증자 5,000주
> - 20X4년 10월 1일 : 자기주식 2,000주 취득

① 주당순이익이 ₩500 이상이므로 아무런 행동을 취하지 않는다.
② 재고자산의 평가방법을 변경하여 기말재고자산 잔액을 ₩200,000 증가시킨다.
③ 유형자산의 내용연수를 변경하여 당해연도 감가상각액을 ₩230,000 감소시킨다.
④ 장부금액이 ₩500,000인 유형자산을 현금 ₩750,000을 받고 장부마감 전 매각처분한다.

해답 ④

주당순이익은 보통주순이익을 유통보통주식수로 나누어 계산한다.

(1) 보통주순이익 = 당기순이익 − 우선주배당금(비참가적) = ₩5,760,000

(2) 유통보통주식수 = $10,000주 \times \frac{12}{12} + 5,000주 \times \frac{6}{12} - 2,000주 \times \frac{3}{12}$ = 12,000주

(3) 주당순이익 = ₩480/주

현재 주당순이익은 ₩500에 미달하지만, ₩240,000(= 12,000 × ₩20)의 이익증가가 있는 경우에 주당순이익은 ₩500이 된다. 보기 ④의 경우 유형자산처분이익 ₩250,000이 예상되므로, 성과급을 수령할 수 있게 된다.

26 다음 ㈜국제의 회계정보에 대한 설명으로 옳은 것은? 단, 당기 중 유통주식수의 변화는 없었다.

[지방직 9급, 2018 기출]

• 당기매출액	₩1,500,000
• 당기순이익	₩200,000
• 총자산순이익률	20%
• 발행주식수	50,000주
• 자기주식수	10,000주

① 주당순이익은 ₩5이다.

② 유통주식수는 50,000주이다.

③ 평균총자산은 ₩3,000,000이다.

④ 총자산회전율은 3회이다.

27 다음은 ㈜한국의 20X1년 주당이익 계산과 관련한 자료이다. ㈜한국의 배당결의가 이미 이루어졌을 경우 기본주당순이익은?

[국가직 7급, 2021 기출수정]

- 기초유통보통주식수 : 800주 (액면금액 ₩1,000)
- 기초전환우선주 : 500주 (액면금액 ₩1,000, 비누적적, 비참가적)
- 20X1년 7월 1일에 400주의 전환우선주가 400주의 보통주로 전환(기중 전환된 우선주에 대해서는 보통주 배당금 지급)
- 당기순이익 : ₩50,000
- 연 배당률 : 우선주 10 %, 보통주 8 %

① ₩30　　② ₩35

③ ₩40　　④ ₩62.5

28 ㈜한국의 20X1년 당기순이익은 ₩3,000,000이다. ㈜한국의 20X1년 1월 1일 유통주식수는 10,000주이며, 4월 1일 자기주식 1,000주를 취득하였고, 10월 1일에는 유상증자를 통해 3,000주를 발행하였다. 20X1년 우선주배당금이 ₩400,000인 경우, ㈜한국의 주당순이익은? 단, 가중평균유통주식수는 월수로 계산한다. [국가직 9급, 2011 기출]

① ₩200　　② ₩250

③ ₩260　　④ ₩300

29 ㈜대한의 2010회계연도 보통주에 귀속되는 당기순이익이 ₩1,000,000일 때 20X0년 12월 31일 결산일 현재 기본주당이익을 산출하기 위한 가중평균유통보통주식수는? 단, 가중평균유통보통주식수는 월할로 계산한다. [국가직 9급, 2011 기출수정]

〈유통보통주식수의 변동〉

일 자	내 용	주식수
20X0년 01월 01일	기 초	12,000주
20X0년 03월 01일	유상증자	3,000주
20X0년 07월 01일	자기주식 취득	1,000주

① 9,000주　　② 14,000주

③ 18,000주　　④ 21,000주

30 ㈜한국의 주식은 주당 ₩1,000에 시장에서 거래되고 있다. 다음 자료를 이용하여 계산한 ㈜한국의 가중평균유통보통주식수는? 단, 우선주는 없다. [국가직 7급, 2012 기출]

당기순이익	₩60,000
주가수익률(PER)	5(500%)
부채총계	₩3,000,000
자본금	₩200,000
자본총계	₩1,000,000

① 200주 ② 300주
③ 400주 ④ 500주

31 ㈜한국의 20X2년 가중평균유통보통주식수는 10,000주이고, 20X2년도 당기순이익은 ₩4,000,000이다. ㈜한국은 20X1년 7월 1일 우선주 3,000주를 발행하였는데, 동 우선주의 액면배당률은 4%이고, 1주당 액면금액은 ₩5,000이다. ㈜한국의 20X2년 기본주당순이익은? [지방직 9급, 2013 기출수정]

① ₩310 ② ₩330
③ ₩340 ④ ₩370

32 ㈜한국은 20X1년 3월 7일 자기주식 500주를 매입하고 20X1년 7월 7일 이 중 100주를 소각하였다. 그리고 20X1년 8월 31일 자기주식 200주를 ㈜서울에 매도하였다. ㈜한국의 20X1년 자기주식거래가 ㈜한국의 유통주식수에 미치는 영향은? [국가직 9급, 2017 기출]

① 500주 감소 ② 300주 감소
③ 200주 감소 ④ 변화 없다.

33 다음의 자료를 이용하여 산출한 ㈜한국의 20X1년 말 주가이익비율(PER)은? 단, 가중평균 유통보통주식수는 월할 계산한다. [국가직 7급, 2018 기출]

- 20X1년도 당기순이익: ₩88
- 20X1년 1월 1일 유통보통주식수: 30주
- 20X1년 7월 1일 유상증자: 보통주 25주(주주우선배정 신주발행으로 1주당 발행금액은 ₩4이며, 이는 유상증자 권리락 직전 주당 종가 ₩5보다 현저히 낮음)
- 20X1년 12월 31일 보통주 시가: 주당 ₩6

① 1.5　　② 2.0

③ 2.5　　④ 3.0

34 신설법인인 ㈜한국의 당기순이익은 ₩805,000이며, 보통주 1주당 ₩200의 현금배당을 실시하였다. 유통보통주식수는 1,000주(주당 액면금액 ₩500), 우선주식수는 500주(주당 액면금액 ₩100, 배당률 10%)이다. 보통주의 주당 시가를 ₩4,000이라 할 때 옳은 것은? 단, 적립금은 고려하지 않는다. [국가직 9급, 2018 기출]

① 보통주의 기본주당순이익은 ₩805이다.

② 보통주의 주가수익비율은 20%이다.

③ 보통주의 배당수익률은 5%이다.

④ 배당성향은 20%이다.

35 다음은 ㈜한국에 관한 20X1년 자료이다. 이를 이용하여 계산한 ㈜한국의 20X1년 희석주당이익은? 단, 가중평균유통주식수는 월할 계산하며, 소수점 발생 시 소수점 이하 첫째자리에서 반올림한다.

[국가직 7급, 2019 기출]

- 기초유통보통주식수 2,000주(액면금액 ₩1,000)
- 기초유통우선주식수 1,000주(비누적적·비참가적 전환우선주, 액면금액 ₩1,000, 전환비율 1:1)
- 7월 1일 보통주 600주를 시장가격으로 발행
- 기말까지 미전환된 전환우선주는 액면금액의 5%를 배당
- 기중 전환된 우선주는 없었음
- 당기순이익은 ₩1,000,000

① ₩264　　② ₩278

③ ₩288　　④ ₩303

제 3 절 정답 및 해설

재무비율 분석

01 ④

기업의 배당성향은 안정성이 아닌 수익성을 나타낸다.

02 ②

- 유동자산 = ₩500×200% = ₩1,000 = 당좌자산 ₩600 + 재고자산 ₩400
- 당좌비율 = $\frac{₩600}{₩500}$ = 120%
- 매출원가 = $\frac{₩6,000}{60\%}$ × (1 − 60%) = ₩4,000
- 재고자산회전율 = $\frac{₩4,000}{₩400}$ = 10회

03 ①

- 매출채권회전율 = $\frac{매출액}{평균\ 매출채권(₩15,000)}$ = 8회, ∴ 매출액 = ₩120,000
- 재고자산회전율 = $\frac{매출원가}{평균\ 재고자산(₩10,000)}$ = 10회, ∴ 매출원가 = ₩100,000
- 매출총이익 = 매출액 ₩120,000 − 매출원가 ₩100,000 = ₩20,000

04 ③

- 재고자산평균처리기간(회전기간) = $\frac{평균재고자산}{매출원가}$
- 기말 유동자산 = 유동부채×유동비율 400% = ₩400,000
- 기말 당좌자산 = 유동부채×당좌비율 100% = ₩100,000
- 기말 재고자산 = 기말 유동자산 − 기말 당좌자산 = ₩300,000
- 평균 재고자산 = (₩100,000 + ₩300,000)/2 = ₩200,000
- 매출원가 = 평균재고자산/회전기간(0.1년) = ₩2,000,000
- 매출총이익 = 매출액 − 매출원가 = ₩1,000,000

05 ①

자기자본순이익률(ROE)은 다음과 같이 분해될 수 있다.

• ROE $\left(= \frac{\text{당기순이익}}{\text{자기자본}}\right) = \frac{\text{당기순이익}}{\text{매출액}} \times \frac{\text{매출액}}{\text{총자산}} \times \frac{\text{총자산}}{\text{자기자본}}$

여기서 마지막에 곱해진 $\left(\frac{\text{총자산}}{\text{자기자본}}\right)$은 $\left(\frac{\text{총부채} + \text{자기자본}}{\text{자기자본}}\right)$으로 표현할 수 있고, 이를 정리하면 $\left(1 + \frac{\text{총부채}}{\text{자기자본}}\right)$가 되어 (1 + 부채비율)로 표현할 수 있다.

06 ④

자기자본순이익률(ROE)은 다음과 같이 분해될 수 있다.

• ROE $\left(= \frac{\text{당기순이익}}{\text{자기자본}}\right) = \frac{\text{당기순이익}}{\text{매출액}} \times \frac{\text{매출액}}{\text{총자산}} \times \frac{\text{자기자본} + \text{총부채}}{\text{자기자본}}$

= 매출액순이익률 × 총자산회전율 × (1 + 부채비율)

= 10% × 0.5 × 4

= 20%

07 ②

재고자산평가방법이 달라지는 경우, 자산 및 자본총계, 법인세비용차감전순이익, 당기순이익 등이 달라지나 당좌자산과 유동부채의 금액은 달라지지 않으므로 재고자산평가방법이 당좌비율에 미치는 영향은 없다.

08 ②

유동비율은 $\frac{\text{유동자산}(x)}{\text{유동부채}(y)}$ 로 계산한다. 각각의 보기별로 분석하면 다음과 같다.

① 유동자산 불변, 유동부채 불변. 따라서 유동비율은 불변이다.

② 유동자산 증가, 유동부채 증가. $\frac{x}{y} > 1$인 상태에서, x, y가 동액만큼 증가하면 $\frac{x}{y}$는 감소한다.

③ 유동자산 감소, 유동부채 감소. $\frac{x}{y} > 1$인 상태에서, x, y가 동액만큼 감소하면 $\frac{x}{y}$는 증가한다.

④ 유동자산 증가, 유동부채 불변. 따라서 유동비율은 증가한다.

09 ②

주어진 재무비율이 유동비율과 부채비율이므로, 이들의 계산에 필요한 '유동자산', '유동부채' 그리고 '자기자본'의 변화를 분석하면 된다.

구 분	유동비율 구성요소		부채비율 구성요소	
	분 자	분 모	분 자	분 모
	유동자산	유동부채	총부채	자기자본
장기차입금 상환	감 소	불 변	감 소	불 변
재무비율 변화	감 소		감 소	

10 ③

① 유동자산이 ₩10 감소하고 유동부채는 변화가 없으므로 유동비율은 감소한다. 따라서 옳은 설명이다.
② 유동자산과 유동부채에 모두에 변화가 없다. 따라서 옳은 설명이다.
③ 유동자산과 유동부채가 모두 ₩20씩 감소한다. 현재의 유동비율이 100% 미만이므로, 이러한 변화는 분자의 감소율이 분모의 감소율보다 크기 때문에 유동비율을 감소시킨다. 따라서 선택지의 설명은 사실과 다른 설명이다.
④ 유동자산은 증가하지만 유동부채에는 변화가 없으므로, 유동비율은 증가한다. 따라서 옳은 설명이다.

11 ③

받을어음을 담보로 어음금액을 단기차입한 경우의 회계처리를 나타내면 다음과 같다.

(차) 현 금 ××× (대) 단 기 차 입 금 ×××

상기 회계처리의 효과는 유동자산과 유동부채 및 부채총계를 동액만큼 증가시키지만, 자본총계에는 영향이 없는 것이다.

(1) 유동비율(현재 100%)에 미치는 영향 : 분자와 분모가 동일한 상태에서 분자와 분모가 동일하게 증가하면 유동비율은 변동하지 않는다.
(2) 부채비율(현재 200%)에 미치는 영향 : 분모인 자본총계는 불변이고, 분자(부채총계)만 증가하므로 부채비율은 증가한다.

12 ①

선적지인도기준으로 운송 중에 있는 매입상품은 기말재고자산에 포함시키고 당기매입액에 포함한다. 총자산회전율과 이자보상비율은 총자산, 매출액, 이자비용, 법인세비용, 당기순이익과 관련이 있으므로, 이들에 미치는 영향을 살펴보면 다음과 같다.

(차) 재고자산	×××	(대) 매출원가	×××

상기 회계처리의 효과는 총자산이 증가하고, 매출원가는 감소한다는 것이다. 또한 매출원가의 감소분만큼 당기순이익이 증가한다. 한편, 매출액, 이자비용, 법인세비용에는 영향이 없다. 따라서 총자산증가로 인한 총자산회전율 감소와 당기순이익 증가로 인한 이자보상비율 증가가 예상된다.

13 ①

매입누락(₩300)과 기말재고의 과대평가(₩150)는 20X3년 매출원가를 ₩450만큼 과소계상하게 하고, 20X4년 매출원가를 ₩150만큼 과대계상하게 한다. 따라서 20X3년 당기순이익은 ₩450만큼 과대평가 되었고, 20X4년 당기순이익은 ₩150만큼 과소평가 되었다. 한편, 20X3년과 20X4년의 평균재고자산은 실제보다 증가되므로 양 년도의 재고자산 회전율은 모두 감소한다.

14 ③

총자산이익률(ROA)은 다음과 같이 분해된다.

• ROE $\left(= \frac{\text{당기순이익}}{\text{자기자본}}\right) = \frac{\text{당기순이익}}{\text{매출액}} \times \frac{\text{매출액}}{\text{총자산}}$ = 매출액순이익률 × 총자산회전율

= 20% × 0.5 = 10%

따라서 당기순이익 = 평균총자산 × ROA = ₩3,000 × 10% = ₩300

15 ②

다음과 같은 절차를 통해 풀이한다.

(1) 평균매출채권 = (₩36,000 + ₩40,000)/2 = ₩38,000

(2) 외상매출액 = 평균매출채권 × 매출채권회전율 = ₩190,000

(3) 매출액 합계 = 현금매출액 + 외상매출액 = ₩340,000

16 ②

매출채권평균회수기간은 매출채권회전율의 역수이다. 따라서 매출채권회전율은 $\frac{365\text{일}}{36.5\text{일}}$ = 10회전이다.

(1) 평균매출채권 = (₩800 + ₩1,200)/2 = ₩1,000

(2) 매출액 = ₩1,000 × 10회전 = ₩10,000

17 ①

자금을 단기적으로 차입한 경우의 회계처리는 다음과 같다.

(차) 현 금	×××	(대) 단기차입금	×××

위의 회계처리의 효과는 유동자산의 증가, 유동부채 및 부채총계의 증가이다. 그러나 자기자본에는 아무런 영향이 없다.

(1) 유동비율(현재 120%)에 미치는 영향 : 분자가 분모보다 큰 상태에서 분자와 분모가 동일 금액만큼 증가하면 유동비율은 감소한다.

(2) 자기자본이익률(10%) : 당기순이익(분자)에 변화가 없고, 자기자본(분모)에도 영향이 없으므로 자기자본이익률은 변화가 없다.

18 ④

매입채무를 현금으로 상환하는 경우의 회계처리는 다음과 같다.

(차) 매입채무	×××	(대) 현 금	×××

위의 회계처리의 효과는 유동자산 및 당좌자산 그리고 유동부채가 동일한 금액만큼 감소한다는 것이다.

(1) 유동비율(현재 130%)에 미치는 영향 : 분자가 분모보다 큰 상태에서 분자와 분모가 동일 금액만큼 감소하면 유동비율은 더 커진다.

(2) 당좌비율(현재 80%) : 분자가 분모보다 작은 상태에서 분자와 분모가 동일한 금액만큼 감소하면 당좌비율은 더 작아진다.

19 ④

유동비율은 유동자산을 유동부채로 나눈 비율이다.

(1) 유동자산 = ₩50,000 − ₩20,000 = ₩30,000

(2) 유동부채 = 유동자산 ÷ 유동비율 = ₩10,000

(3) 자 본 금 = 부채및자본합계 - 유동부채(매입채무 + 단기차입금) - 사채 - 이익잉여금
= ₩50,000 - ₩10,000 - ₩10,000 - ₩5,000
= ₩25,000

20 ①

유동비율은 유동자산을 유동부채로 나눈 비율이고, 당좌비율은 당좌자산을 유동부채로 나눈 비율로서 ㈜한국이 거래직전 재무비율은 다음과 같이 나타낼 수 있다.

(1) 유동비율 $= \dfrac{\text{유동자산}}{\text{유동부채}} = 200\%$

(2) 당좌비율 $= \dfrac{\text{당좌자산}}{\text{유동부채}} = 100\%$

이러한 상태에서 제시된 거래를 분개하면 다음과 같다.

(차) 상품(유동자산)	500	(대) 현금(유동 및 당좌자산)	250
		매입채무(유동부채)	250

상기 분개를 보면, 유동자산이 ₩250 증가하고, 유동부채가 ₩250 증가하며, 당좌자산은 ₩250 감소함을 알 수 있다. 유동비율의 경우 분자가 분모보다 큰 상황에서 동일금액만큼씩 증가하게 되는 것이므로 유동비율은 200%에 미치지 못하게 된다. 그러나 당좌비율은 분자는 감소하고 분모는 증가하는 상황이므로 그 수준이 언제나 감소하게 된다. 따라서 ㈜한국의 유동비율과 당좌비율은 모두 감소하게 된다.

21 ④

(1) 유동자산 = ₩80,000 × 120% = ₩96,000
(2) 당좌자산 = ₩80,000 × 70% = ₩56,000
(3) 재고자산(기말) = (1) - (2) = ₩40,000
(4) 매출원가 = 기초재고자산 + 당기매입재고자산 - 기말재고자산
= ₩25,000 + ₩95,000 - ₩40,000
= ₩80,000

22 ③

재고자산회전율을 구하려면, 매출원가와 평균재고자산을 파악하여야 한다. 그리고 매출원가를 산정하기 위해서는 당기매입액을 파악하여야 하는데, 당기매입액은 매입채무회전율에 평균매입채무를 파악하여야 한다. 따라서 평균재고자산과 평균매입채무를 먼저 계산하여야 한다.

(1) $평균재고자산 = \frac{기초재고자산 + 기말재고자산}{2} = ₩600,000$

(2) $평균매입채무 = \frac{기초매입채무 + 기말매입채무}{2} = ₩250,000$

(3) 당기매입액 = 평균매입채무 × 4회(회전율) = ₩1,000,000

(4) 매출원가 = 기초재고자산 + 당기매입액 − 기말재고자산 = ₩1,200,000

(5) $재고자산회전율 = \frac{매출원가}{평균재고자산} = \frac{₩1,200,000}{₩600,000} = 2회$

23 ②

- 기말매출채권 : ₩51,000 − ₩47,000 = ₩4,000
- 기말재고자산 : ₩29,000 − ₩25,000 = ₩4,000
- $매출채권회전율 = \frac{신용매출액}{평균매출채권} = \frac{₩50,000}{₩2,500} = 20회$
- $재고자산회전율 = \frac{매출원가}{평균재고자산} = \frac{₩25,000}{₩2,500} = 10회$
- $매출채권의\ 평균회수기간 = \frac{1}{매출채권회전율} = \frac{1}{20} \times 360일 = 18일$
- $재고자산의\ 평균판매기간 = \frac{1}{재고자산회전율} = \frac{1}{10} \times 360일 = 36일$

24 ①

- $매출채권회전율 = \frac{매출}{평균\ 매출채권} = \frac{₩4,500,000}{₩300,000} = 15회$
- $재고자산처리기간 = \frac{평균\ 재고자산}{매출원가} = \frac{₩200,000}{₩4,000,000} \times 360일 = 18일$

25 ④

㈜한국의 20X1년 12월 31일 재평가회계처리를 예시하면 다음과 같다.

(차) 재평가손실(당기손실)	10,000	(대) 토 지	10,000

위의 회계처리가 각각의 재무비율에 미치는 영향을 분석하면 다음과 같다.

재무비율 구분		부채비율	매출액회전율	총자산회전률	당좌비율
재무비율 산식		$\frac{\text{부채}}{\text{자기자본}}$	$\frac{\text{당기순이익}}{\text{매출액}}$	$\frac{\text{매출액}}{\text{총자산}}$	$\frac{\text{당좌자산}}{\text{유동부채}}$
구성요소	부 채	불변	–	–	–
	자 기 자 본	감소	–	–	–
	매 출 액	–	불변	불변	–
	당기순이익	–	감소	–	–
	총 자 산	–	–	감소	–
	당 좌 자 산	–	–	–	불변
	유 동 부 채	–	–	–	불변
재무비율 영향		증가	감소	증가	불변

주당이익

26 ①

① 주당순이익 $= \dfrac{₩200,000}{50,000주 - 10,000주} = ₩5/주$

② 유통주식수 = 발행주식수 - 자기주식수 = 40,000주

③ 평균총자산 $= \dfrac{₩200,000}{총자산이익률} = ₩1,000,000$

④ 총자산회전율 $= \dfrac{₩1,500,000}{₩1,000,000} = 1.5회$

27 ③

- 가중평균유통보통주식수 = 800주 × (12/12) + 400주 × (6/12) = 1,000주
- 우선주배당금 = 100주 × ₩1,000 × 10% = ₩10,000
- 보통주 당기순이익 = ₩50,000 − ₩10,000 = ₩40,000
- 기본주당순이익 = ₩40,000/1,000주 = ₩40/주

28 ③

잠재적보통주의 내용이 제시되지 않았으므로 기본주당순이익을 묻고 있는 것으로 볼 수 있다. 다음의 단계를 거쳐 풀이한다.

(1) 보통주순이익 = 당기순이익 − 우선주배당금 = ₩2,600,000

(2) 유통보통주식수 $= 10,000 \times \dfrac{12}{12} - 1,000 \times \dfrac{9}{12} + 3,000 \times \dfrac{12}{12} = 10,000주$

(3) 기본주당순이익 = (1) ÷ (2) = ₩260/주

29 ②

$$12,000주 \times \frac{12}{12} + 3,000주 \times \frac{10}{12} - 1,000주 \times \frac{6}{12} = 14,000주$$

30 ②

주가수익률(PER)은 주가를 주당순이익(EPS)로 나눈 비율이다. 따라서 ㈜한국의 주당순이익은 ₩1,000 ÷ 5 = ₩200이다. 또한 주당순이익은 보통주당기순이익을 유통보통주식수로

나눈 비율이므로 다음과 같이 계산할 수 있다.

• 주당순이익 = 보통주당기순이익 ÷ 유통보통주식수
• 보통주당기순이익 = 당기순이익 – 우선주배당금 = ₩60,000 – ₩0 = ₩60,000
• 유통보통주식수 = ₩60,000 ÷ ₩200 = 300주

문제에 제시된 부채총계 등의 자료는 불필요한 자료이다.

31 ③

기본주당순이익은 보통주순이익을 유통보통주식수로 나누어 산출한다.

(1) 보통주순이익 = 당기순이익 – 우선주배당금* = ₩3,400,000

* 우선주배당금 = 3,000주 × ₩5,000 × 4% = ₩600,000

(2) 주당순이익 = ₩3,400,000/10,000주 = ₩340/주

32 ③

문제에 제시된 자기주식 관련거래가 유통주식수에 미치는 영향은 다음과 같다. 문제에서는 가중평균유통주식수를 요구한 것이 아니라 가중평균하기 전인 (단순한) 유통주식수만을 묻고 있는 점에 유의하여야 한다.

거래구분	유통주식수 변화	증감수량
(1) 자기주식 매입	유통주식수 감소	(500)주
(2) 자기주식 소각	유통주식수 불변	–
(3) 자기주식 매도	유동주식수 증가	300주
합계		(200)주

33 ④

주가이익비율(PER)은 주가를 주당순이익(EPS)로 나눈 비율이므로 먼저 주당순이익을 산출하여야 한다. 주당순이익 산출시 가중평균유통보통주식수를 산출하여야 하는데, 이 과정에서 기중에 주주우선배정방식으로 저가의 신주발행이 있는 경우에는 정상가격 기준으로 유상증자 주식수를 계산하고, 추가 발행분은 무상증자로 간주한다.

기준일자	주식수	비 고	가중평균유통보통주식수
20X1.1.1.	30주	기초 주식수임	30주 × (12/12) = 30주
20X1.7.1.	20주	25주 × ₩4 ÷ ₩5 = 20주	20주 × (6/12) = 10주
20X1.7.1.	5주	25주 – 20주 = 5주, 10% 무상증자	(30주 + 10주) × 10% = 4주
합 계			44주

• 주당순이익(EPS) $= \frac{₩88}{44주} = ₩2/주$

• 주가이익비율(PER) $= \frac{₩6}{₩2} = 3배$

34 ③

① 기본주당순이익 $= \frac{\text{보통주 당기순이익}}{\text{유통보통주식수}} = \frac{\text{당기순이익} - \text{우선주배당금}}{\text{유통보통주식수}}$

$$= \frac{₩805{,}000 - 500주 \times ₩100 \times 10\%}{1{,}000주} = ₩800/주$$

② 주가수익비율 $= \frac{\text{보통주 주당시가}}{\text{기본주당순이익}} = \frac{₩4{,}000}{₩800} = 5배$

③ 배당수익률 $= \frac{\text{주당 배당금}}{\text{보통주 주당시가}} = \frac{₩200}{₩4{,}000} = 5\%$

④ 배당성향 $= \frac{\text{주당 배당금}}{\text{기본주당순이익}} = \frac{₩200}{₩800} = 25\%$

35 ④

(1) 희석주당이익 $= \frac{P + P'}{N + N'}$

여기서, P : 보통주에 귀속되는 당기순이익

P' : 희석성 잠재적 보통주 관련이익 (우선주순이익 등)

N : 가중평균유통보통주식수

N' : 희석성잠재적보통주식수 (모든 희석성 잠재적보통주가 보통주로 전환되었다고 가정할 경우 추가적으로 유통되었을 가중평균유통보통주식수)

(2) P = ₩1,000,000 − 1,000주 × ₩1,000 × 5% = ₩950,000

(3) P' = ₩50,000(= 1,000주 × ₩1,000 × 5%) (우선주순이익)

(4) N = 2,000주 + 600주 × (6/12) = 2,300주

(5) N' = 1,000주 (우선주식수)

(6) BEPS(기본주당이익) = ₩950,000/2,300주 = ₩413/주

(7) DEPS(희석주당이익) = ₩1,000,000/3,300주 = ₩303/주 (희석효과 있음)

저자소개

조석희

[학력] 성균관대학교 경영학부(경영학사)
한양대학교 대학원(경영학 석사/박사)

[경력] (전) 서울보험계리법인 근무
한영회계법인 근무
삼영회계법인 근무
웅지세무대학교 교수(회계학)
한국회계학회 이사 역임
세무사시험 출제위원(세법) 역임
서울특별시 공무원채용시험, 공인자격시험(회계학) 출제 및 선정위원 역임

(현) 공인회계사 · 세무사 · 보험계리사
한국계리학회 이사
보험금융연구(보험연구원 刊) 편집위원
삼일인포마인 자문위원
국립안동대학교 경영회계학부 교수

[저서 및 논문] IFRS하에서의 보험회계 (2판), 신영사, 2015
파생금융상품 조세제도 개관, 삼일인포마인, 2017
코어세법 I, II, III (2판), 나우 퍼블리셔, 2022
IFRS 회계원리 (2판), 도서출판 탐진, 2022
지급여력비율수준에 따른 회계정보의 가치관련성에 관한 연구, 2013 등 다수

회계원리 연습(5판)

초판발행 • 2017. 3. 31
5판발행 • 2022. 3. 2

저자와의 협의하에 인지 생략

지은이 • 조 석 희
펴낸이 • 김 대 명
펴낸곳 • 나우퍼블리셔
등록번호 • 2020년 1월 20일 (제2020-000005호)

주소 • 서울특별시 성동구 한림말5길 11 덕성빌딩
전화 • 010-9133-5272 | 팩스 02-6305-3639
전자우편 • nowpublisher@daum.net
홈페이지 • www.nowpublisher.co.kr

ISBN • 979-11-91345-35-3 93320
정가 30,000 원

잘못된 책은 구입하신 곳에서 교환해 드립니다.
저자와 출판사의 허락 없이 내용의 전부 또는 일부를 인용하거나 발췌하는 것을 금합니다.
무단으로 배포나 복제할 경우 법적 처벌을 받을 수 있습니다.